广西文化年鉴

GuangXi Culture YearBook

2010

广西壮族自治区文化厅　编

余益中　主编

南海出版公司出版

数字·2009文化广西

◆机　构

2009年全区文化机构总数9,856个,(2009年机构数比上年减少的主要原因是音像制品批发、零售、出租机构划归新闻出版局)其中:

全区艺术表演团体135个,其中文化部门116个。

全区艺术表演场馆24座,其中文化部门22座。

全区公共图书馆100个(县级图书馆84个),全区市群众艺术馆14个,县级文化馆99个,乡镇社区文化站1,140个(乡镇文化站1,126个)。

全区艺术教育机构6个,艺术创作机构2个,艺术科研机构9个。

全区娱乐场所2,896个,网吧4,973个,演出经纪机构9个,艺术品经营机构11个,其他经营机构39个。

全区文物保护管理机构59个,文物科研机构5个,博物馆62个,文物商店4个。

全区文化及相关产业机构9,856个,其中文化部门产业机构1,903个,其他部门文化产业机构7,953个;在文化部门产业机构中,国有1,666个,其他3个。

◆人　员

全区文化从业人员67,188人,其中文化部门从业人员14,288人,其他部门从业人员52,900人。

◆经　费

全区文化文物经费全年收入132,981.5万元,其中:财政拨款92,967.2万元,与上年收入108,134.7万元及其中的财政拨款72,625.1万元相比,分别增加24,846.8万元、20,342.1万元,增长22.98%、28.01%。当年人均文化事业费19.14万元。

全区文化文物经费全年收入113,175.1万元,比上年经费支出104,698.4万元增加8,476.7万元,增长8.1%。

◆投　资

全区文化设施年内建设项目261个,计划投资额51,743.7万元,国家投资11,257.1万元,与上年计划投资额36,911万元、国家投资17,704万元相比分别增

热烈祝贺《广西文化

全国地方志系统第二届

加 14,832.7 万元、减少 6,446.9 万元，增长 40.18% 下降 36.4%；本年实际完成 13,864.6 万元，竣工项目 102 个，面积 6.69 万平方米。

◆事　业

全区艺术表演团体年内创作首演剧目 21 个。全年演出 1.35 万场，平均每团 99.9 场，观众 1,265.3 万人次，其中到农村演出 0.56 万场、观众 625.1 万人次。演出收入 2,193.4 万元。

全区艺术表演场馆演出 1.62 万场，其中艺术演出 0.16 万场，平均每单位演出 675.8 场，观众 152.7 万人次，艺术收入 191.2 万元。

全区公共图书馆总藏量 1,770.6 万册（件），其中图书馆 1,312 万册；总流量 1,100.2 万人次，其中：外借 368.3 万人次、773.8 万册次；购书费 1,563.4 万元；电子阅览室终端 2,838 台。本年人均藏书 0.27 册，人均购书费 0.322 元。

全区群众艺术馆，文化馆（站）共举办展览 2,202 个；组织文艺活动 15,537 次；举办训练班 7,222 个，培训 36.4 万人次；组织各类理论研讨和讲座 156 场；对公众开放阅览室面积 1.46 万平方米；由本馆指导的：馆办文艺团体 73 个，群众业余文艺团队 6,342 个；馆办老年大学 15 个。

全区文化市场经营机构固定资产原值 293,809.5 万元，经营面积 227 万平方米，营业收入 273,767 万元，利润总额 90,785.9 万元，应付工资总额 49,620.6 万元。

全区文博机构藏品 32.5 万件，陈列、展览 302 个；参观 692.5 万人次，门票收入 1,416.4 万元。其中：博物馆藏品 27.4 万件，陈列展览 270 个；参观 616.6 万人次，门票收入 95.8 万元。

◆产　业

全区文化产业全年总产出 373,969.6 万元。增加值 272,107 万元，与上年总产出 265,186 万元及增加值 216,439 万元相比，分别增加 108,783.6 万元、55,668 万元，增长 41%、25.7%。

年鉴》2010 年荣获

年鉴评奖专业类一等奖

院长：林燕飞

广　西　歌

广西歌舞剧院前身为广西省民族歌舞团，成立于1954年1月，2004年8月经自治区人民政府批准更名为广西壮族自治区歌舞剧院，内设广西歌舞剧院歌舞团、交响乐团、民族乐团、舞美艺术制作中心。该院汇聚了众多的民族艺术精英，创作和演出了许多具有广西本土文化特色的作品，几十年来，不但很好地完成了自治区党委和政府下达的各项演出任务，超额完成了每年度的演出指标，而且积极组织声乐、舞蹈、器乐节目或作品参加全区和全国的各类专业比赛，均获得好名次，如舞蹈《拉木歌》、《坐夜》、《花山战鼓》、《担》，歌曲《青山里流出一条红水河》、《壮族人民歌唱毛主席》、《晨雾中牛铃在响》；器乐曲《壮乡春早》、《侗寨狂欢夜》、交响幻想曲《歌仙·刘三姐》、大型交响音画《广西畅想》等影响深远。2001年我院创编的民族歌舞诗《漓江诗情》参加第二届全国少数民族文艺会演荣获创作金奖、演出金奖、舞美金奖及13个单项奖。曾被文化部评为全国文化工作先进集体。近几年来，出色完成了随广西壮族自治区政府代表团赴澳洲及东南亚各国出访演出、赴京参加广西文化舟演出和庆祝国庆60周年献礼演出以及自治区庆祝国庆60周年、自治区成立50周年文艺晚会演出，参加上海世博会广西活动周文艺演出等，特别是创编音乐剧《桂花雨》参加第九届中国艺术节，荣获第十三届文华大奖特别奖、剧作奖、舞台美术奖及艺术节表演奖。

① 时任中共中央总书记、国家主席江泽民接见广西歌舞剧院演员
② 时任国务院总理朱镕基接见广西歌舞剧院演员
③ 庆祝自治区成立50周年献礼演出大型交响音画《广西畅想》
④ 2010上海世博会广西活动周《壮美广西》文艺演出
⑤ 2009韩国《中韩缘文化年》文艺演出
⑥ 广西歌舞剧院赴德保县文化下乡演出
⑦ 广西民族乐团出访越南演出
⑧ 音乐剧《桂花雨》第二场演出
⑨ 彝族舞蹈《赶墟归来阿哩哩》1980版演出
⑩ 舞蹈《漓江诗情》2001年参加第四届全国少数民族会演获创作、表演、舞美金奖
⑪ 舞蹈《美人漓江》演出

舞 剧 院

④

⑤

⑥

⑦

⑧

⑨

⑩

⑪

团长：陈家明

广西

广西杂技团成立于1952年，现设有演员队、舞美队、财务室、行政办、艺术创编室和演出部等7个部门，在职68人，其中一级演员2人，二级演员16人。近年来，本团主创的《抖杠》、《转碟》、《溜冰》、《地圈》等一批高技巧及优秀节目在参加国内外重大比赛演出中获奖，其中，大型民族风情杂技晚会《赶太阳》2006年获广西文艺创作“铜鼓奖”。《六人顶碗》2008年获广西第七届中等教育“红铜鼓”专业比赛一等奖。特别是2009年成功创作了一台广西历史上的首部四幕童话杂技剧《小雪猫与独耳鼠》，在同年9月参加的第七届广西戏剧展览会演出评比中获得大型剧目展演的“桂花金奖”并10个单项奖。

从2004年至2006年，该团连续3次应邀到韩国进行商演，在首尔、釜山等30个城市巡回演出近400场，观众达15万人次，取得良好的经济效益，受到广泛赞誉。2007年2月，赴菲律宾参加由菲华商联总会与马尼拉市联合举办的“迎新春民族杂技晚会”演出，菲律宾总统及家人在我驻菲大使李进军陪同下观看了演出，观众3000人，深受好评。几年来，该团每年都深入到隆安、上林、凌云等贫困县的十多个乡镇开展文化下乡演出活动,为活跃农村群众文化生活作出了积极贡献。

①

②

③

①8月21日自治区主席马飚到广西杂技团调研
②4月27日晚演出后余益中厅长与演员合影
③自治区领导与演员合影
④《玉笛晓春》群蝶舞
⑤《猫城习武》抖杠—对抖直体空翻
⑥《鼠宫狂歌》钻圈
⑦获奖证书
⑧获奖牌匾
⑨《玉笛晓春》开幕造型
⑩《鼠宫狂歌》晃管(五管)
⑪《春满蝶苑》芭蕾站头造型
⑫剧终谢幕“大蝴蝶”

杂技团

④

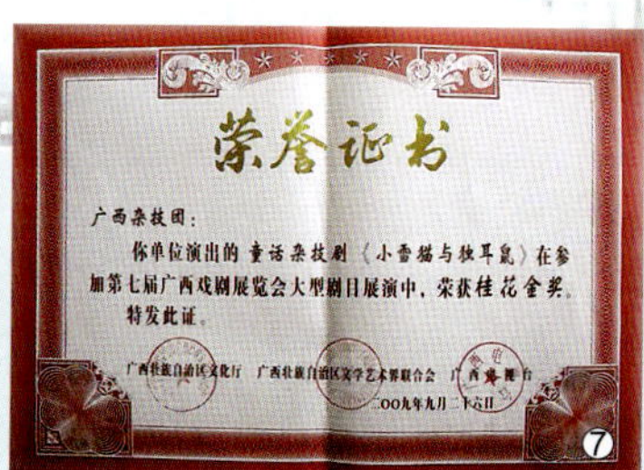
荣誉证书

广西杂技团：

你单位演出的童话杂技剧《小雪猫与独耳鼠》在参加第七届广西戏剧展览会大型剧目展演中，荣获桂花金奖。

特发此证。

广西壮族自治区文化厅　广西壮族自治区文学艺术界联合会　广西电视台

二〇〇九年九月二十六日

⑦

第七届广西戏剧展览会大型剧目展演

广西杂技团　童话杂技剧　《小雪猫与独耳鼠》

桂花金奖

广西壮族自治区文化厅　广西壮族自治区文学艺术界联合会　广西电视台

二〇〇九年九月

⑧

⑤

⑨

⑩

⑥

⑪

⑫

团长：龙　倩

广西桂剧团成立50余年来，抢救整理、创作、排演了大量的深受基层民众喜爱的桂剧传统剧目，培育出尹羲、苏国璋等桂剧艺术家和大批优秀的桂剧艺术专业人才，为继承弘扬发展桂剧艺术发挥了骨干作用。2006年，桂剧经国务院批准列入第一批国家级非物质文化遗产名录，广西桂剧团是国家非物质文化遗产保护传承的执行单位，在非物质文化遗产传承人秦彩霞、筱兰魁的指导下，恢复排演了如传统戏《春娥教子》等一批濒临失传的桂剧传统剧目。

新编大型桂剧《欧阳予倩》是广西桂剧团近年来排演的一出人物纪实性桂剧剧目，该剧突破了数十年来桂剧不过长江的局限，参加了在杭州举行的第三届全国地方戏优秀剧目（南方片）展演并获成功，并晋京为欧阳予倩诞辰120周年纪念大会作了专场演出，与会代表和欧阳予倩的亲属观看后盛赞该剧成功演出。此外，广西桂剧团还创作排演了《七步吟》、《红楼梦》等大型剧目。

近年来，广西桂剧团在新领导班子率领下，在政府主导的文化体制改革中作了一些有益的尝试，对剧团内部管理机制和业务运作机制进行了调整改革，建立了桂戏坊剧场，并以此为基地，排演了一台整合多种艺术形式、适合大众口味、为广大观众所喜爱的综艺类节目组合《锦衣绣口》，作为桂戏坊常演项目。《锦衣绣口》刚一推出就受到社会各界的广泛关注和欢迎。

广西桂剧团积极拓展国内外综艺演出市场，参加了上海世博会广西馆演出，并连续数年应邀参加南京国际梅花节、深圳国际文化艺术节、西安文化产业节等国内大型艺术会展的演艺活动，多次受邀前往法国、越南、新加坡和我国台湾地区进行演出访问活动。

①自治区文化厅厅长余益中、副厅长李民胜亲临现场检查桂戏坊设备设施建设进展情况
②广西桂剧团非物质文化遗产保护传承基地揭牌仪式
③努力创新、锐意改革的新领导班子
④龙倩团长在纪念欧阳予倩座谈会上
⑤《欧阳予倩》剧组赴京演出结束时与著名京剧艺术家梅葆玖先生合影
⑥⑦桂戏坊《锦衣绣口》演出现场
⑧广西桂剧团送戏下社区演出

桂剧团

校长：潘世明

广西艺

广西艺术学校始建于1959年，是广西自治区直属公办综合型中等艺术职业学校。2007年被自治区教育厅认定为“自治区级重点中等职业学校”，2008年被国家教育部认定为“国家级重点中等职业学校”，2009年被自治区教育厅评为职业教育攻坚示范学校。校长潘世明被中国艺术职业教育学会授予“改革开放30年中国艺术职业教育优秀教师”，被国家人力资源和社会保障部、文化部评为全国文化系统先进工作者。

学校分园湖、长堽两个校区，占地面积50亩，主体校区位于南宁市园湖南路24号，现有在职教职工123人，在校生约1000人。目前开设有戏曲表演、杂技与魔术表演、音乐（声乐、器乐）、舞蹈表演、美术设计、播音与节目主持、木偶与皮影表演及制作等7大专业，开设有面向社会招生的短期培训班，还开设有艺术类高考考前辅导以及声乐、拉丁舞、美术、器乐、少儿芭蕾考级、DJ等专业培训班。

学校秉承“育人为本，德高艺精”的校训，狠抓办学质量，突出办学特色，为繁荣广西文艺舞台、振兴广西艺术教育事业、培养文艺接班人作出了突出贡献。50年来学校为社会培养输送了近万名各类文艺人才，其中在广西专业文艺团体、机关单位担任处级以上领导职务的有30余人，国家一级演员、一级编导、一级美术师、研究员50余人。1978年以来学校毕业生多人获得“文华奖”、“梅花奖”、“五个一工程奖”、“牡丹奖”，师生参加各类比赛获奖300多项，其中国际金奖1项，国家级奖47项，省部级奖100多项，杂技节目《抖杠》代表我国在法国巴黎参加第12届世界“明日杯”杂技比赛获金奖头奖，为广西文艺界获得了第一块国际大赛金牌。

① 文化厅厅长余益中（前左一）到我校长堽校区视察
② 学校领导班子：校长潘世明（左二）、党总支书记龙长生（右二）、副校长李其华（左一）、副校长周建培（右一）
③ 独具民族性、艺术性、现代性的校门
④ 广西艺术学校省重、国重、示范学校、理事单位牌匾
⑤ 声乐研讨——成果奖
⑥ 潘世明校长荣获“全国文化系统先进工作者”称号
⑦ 潘世明校长荣获改革开放三十年中国艺术职业教育优秀教师称号
⑧《桌上溜冰》
⑨ 黑衣壮舞蹈《捶布》获2009年第七届中国舞蹈“荷花奖”民族民间舞蹈比赛“十佳作品奖”
⑩ 壮族舞蹈《唱山歌》获2006年全国“桃李杯”舞蹈比赛优秀创作奖和优秀表演奖，广西音乐舞蹈比赛创作、表演一等奖
⑪ 瑶族舞蹈《鸣哒情》获2007年第六届中国舞蹈“荷花奖”民族民间舞蹈大赛“十佳作品”奖，2008年广西第七届中等艺术教育“红铜鼓”专业比赛一等奖
⑫ 壮族舞蹈《糯玉香》获2009年全国文华艺术院校奖第九届“桃李杯”舞蹈比赛“表演三等奖”、“优秀剧目奖”、“优秀园丁奖”
⑬ “原生态合唱”获第14届CCTV青年歌手电视大奖赛广西赛区二等奖
⑭ 壮族舞蹈《田埂里的故事》获2010年第七届中国舞蹈“荷花奖”校园舞蹈大赛““十佳作品”奖
⑮ 广西艺术学校承办中国艺术职业教育学会第23届年会

术　学　校

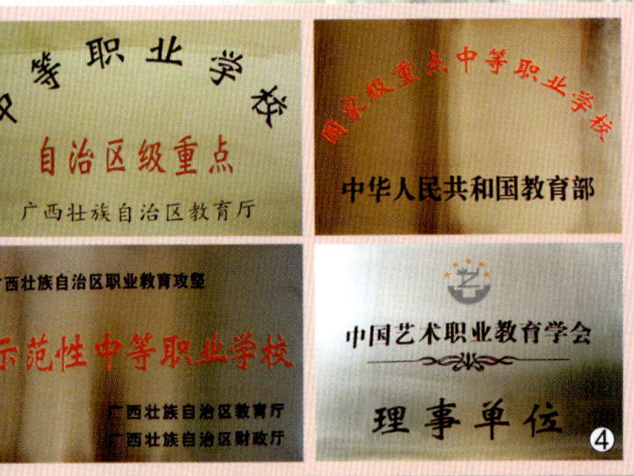

④

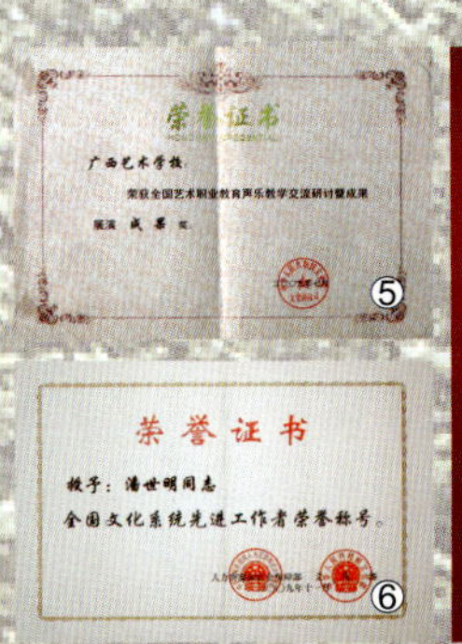

⑤ ⑥

⑦

⑧

⑨

⑩

⑪

⑫

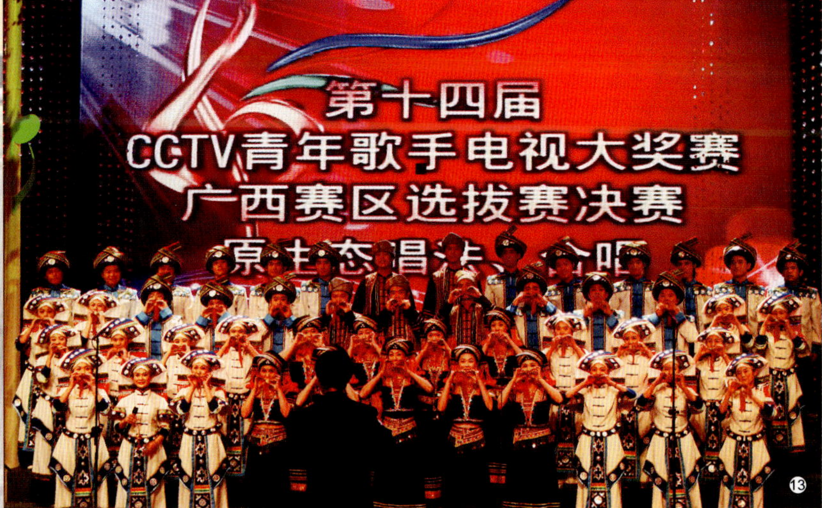

⑬

⑭

⑮

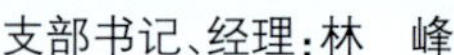

支部书记、经理：林　峰

广  

①

广西文物商店成立于1978年，前身为“邕华斋”，位于南宁市繁华的民族大道与古城路交汇处，是目前广西南宁市唯一经国家文物局批准，具有文物对内对外销售资格，专营文物、古玩的经营机构。现有南宁市的古城路总店和唐山路古玩花鸟市场内的分店“邕华斋”两个营业部。经营范围：收购社会流散文物，销售国家政策允许销售的文物商品、古玩、珠宝玉器、工艺品、文化用品。在编12人，其中副研究馆员2人，馆员5人，其他专业技术人员5人。该店成立以来，发挥人才优势和信誉优势，积极深入市场，致力开拓创新，几十年来共向自治区内各级博物馆提供一、二、三级文物藏品1000多件，协助主管单位开展广西文物古玩市场管理、文物鉴定、咨询等工作，多次与西南各省以及上海、广州等地文物经营机构联合举办展销会，在引导和规范市场上充分发挥国有文物商店的骨干作用，赢得了良好的社会公信力，取得了较好的经济效益和社会效益。

②

③

④

⑤

① 全国政协前副主席王光英视察广西文物商店
② 文化厅副厅长覃溥在广西文物商店指导工作
③ 商店经营文物：(明)青花梅瓶
④ 商店经营文物：(清)竹雕佛手纹杯
⑤ 商店经营文物：(清)宣德款凤眼铜炉
⑥ 经理林峰(左)、原经理吴才权(右)在越南考察中国古代沉船出水瓷器
⑦ 专业技术人员正在工作
⑧ 文物古玩营业厅
⑨ 文物爱好者选购藏品
⑩ 广西文物商店

物 商 店

⑥

⑦

⑧

⑨

⑩

广西文化年鉴

2010

余益中　主编

广西壮族自治区文化厅 编
南海出版公司出版

图书在版编目(CIP)数据

广西文化年鉴. 2010 / 广西壮族自治区文化厅编. 一海口：南海出版公司，2010.11
ISBN 978-7-5442-5018-4

Ⅰ. ①广… Ⅱ. ①广… Ⅲ. ①文化事业—广西—2010—年鉴 Ⅳ. ①G127.67-54

中国版本图书馆 CIP 数据核字(2010)第 223097 号

GUANGXI WENHUA NIANJIAN
广　西　文　化　年　鉴　2010

编　　写　广西壮族自治区文化厅
责任编辑　徐世坤　毛立斌
特约编辑　杨春秀　白　雪　段启顺
封面设计　臧　磊
出版发行　南海出版公司　电话:(0898)66568511
公司地址　海口市海秀中路 51 号星华大厦 5 楼　邮编:570206
电子邮箱　nanhaicbgs@yahoo.com.cn
经　　销　新华书店
印　　刷　广西民族印刷厂
开　　本　889×1230 毫米　1/16
印　　张　28.375
字　　数　600 千字
版次印次　2010 年 11 月第 1 版　2010 年 11 月第 1 次印刷
书　　号　ISBN　978-7-5442-5018-4
定　　价　168.00 元

《广西文化年鉴》(2010)

编纂委员会

宁秀育　广西文化稽查总队队长
徐欣禄　广西图书馆馆长
廖昆铭　广西群众艺术馆馆长
吴伟峰　广西博物馆馆长
黄志涛　广西自然博物馆书记
王　頠　广西民族博物馆馆长
林　强　广西文物考古研究所所长
廖明君　广西民族文化艺术研究院院长
常剑均　广西艺术创作中心主任
潘世明　广西艺术学校校长
林燕飞　广西歌舞剧院院长
黄民胜　广西壮剧团团长
龙　倩　广西桂剧团团长
杨步云　广西彩调剧团团长
陈家明　广西杂技团团长
张民甫　广西木偶剧团团长
诸家设　广西话剧团团长
顾才源　广西京剧团团长
盛　洁　广西演出公司经理
李　卉　广西文化物资供应公司经理
石春玲　广西舞台设备技术研究院院长
林　峰　广西文物商店经理
陈晓玲　南宁市文化新闻出版局局长
李丽珍　柳州市文化局局长
张执雪　桂林市文化局局长
温　伦　梧州市文化新闻出版局局长
周善明　北海市文化局党委书记
卢　岩　防城港市文化新闻出版局局长
林钦娟　钦州市文化新闻出版局局长
陈日清　贵港市文化局局长
李　克　玉林市文化局局长

《广西文化年鉴》(2010)

编辑部

《广西文化年鉴》(2010)

撰稿人

自治区文化厅 任保胜 陈 菊 黄燕熙 吴 兵
伍 兵 严 俨 刘国健 邱玉红
杨晓凤 叶 平 罗 燕 唐 筠
广西文化信息中心 刘创举
广西文化稽查总队 袁 境
广西图书馆 李 臻
广西群众艺术馆 赵兴文
广西博物馆 陶少艺
广西民族博物馆 农学坚 吴伟镔 龚世扬 樊苗苗
徐 昕 李建勇 陆思宇 麦 西
田 宇 肖亚群 黄诗莉
广西文物考古研究所 农丽娜
广西民族文化艺术研究院 杨丹妮 黎学锐 许晓明 谭玲玲
广西艺术创作中心 裴志勇 李甜芬
广西艺术学校 何荣任
广西歌舞剧院 费 强
广西壮剧团 潘小波
广西桂剧团 阳 杰 李 静
广西彩调剧团 周锡生
广西杂技团 陈庆勋
广西木偶剧团 钟吉湖
广西话剧团 黄 勇
广西京剧团 陈 峰
广西演出公司 盛 洁
广西文物物质供应公司 张 羽
广西舞台设备技术研究所 黄昊华
广西文物商店 淡秋平

南宁市文化新闻出版局　刘建军　卢学能　潘雨茜　周　凝
李　霞　李舒琳　邵发建　梅晓光
蒲晓东　姚　彧　黎彦彤　吴朝霞
刘钦荣　韦贵雄　张六瑞　蒙显初
林树鸿　农宜徙　何生德　潘城任
农肖晟　黄芥夫　覃卫文　黄宝荣
文耀华

柳州市文化局　陈冬梅

桂林市文化局　荣健霄　陶　佳　秦七一　孙小良
黄　琼　白　薇　李竺铁　董语昌
阳艳羽　杨迪忠　黄流琪　王朝德
韦志葵

北海市文化局　徐锡维

梧州市文化新闻出版局　徐海生　张绪潮　朱汝国　李建军

玉林市文化局　周桂民

钦州市文化新闻出版局　苏其光　韦文锋　董　杰　赖　幸

防城港市文化新闻出版局　何守强

贵港市文化局　冯贵淳　廖其坚　李　娟　黎建军
凌真达　苏静华　杨　方　杨联伟
杨　洪　刘　达　李延军　邓桂风

百色市文化新闻出版局　麻　高

河池市文化局　汤海平　蓝耀英　杨　晓

崇左市文化局　朱庆明　韦双庆　农彩生　渠爱民
陆新宁　何曼宁　陆桂芳

贺州市文化局　谢月明

来宾市文化新闻出版局　陈大权

目　录

领导文章特载

全区文化概览

区直文化单位

各市文化建设

文化政策法规

文化调研报告

文化专题报道

文化大事记

文化风采

领导文章特载

领导文章特载

政府工作报告

——2009年1月10日在广西壮族自治区第十一届

人民代表大会第二次会议上(节选)

广西壮族自治区主席　马　飚

兴起文化建设新高潮。加强文化基础设施建设,实施广西文化艺术中心、广西铜鼓博物馆、广西美术馆等项目,加强市县两级群众艺术馆、文化站、图书馆、博物馆和"农家书屋"等建设。繁荣哲学、社会科学和文化艺术,推出一批艺术精品,策划推出一批精品出版物。继续做好文物普查和保护、非物质文化遗产保护、古籍保护整理。加强重点文化产业项目建设,积极推动桂林文化产业园、广西北部湾经济区文化产业圈及广西文化产业示范基地建设。实施重振广西体育雄风行动计划,加强体育后备人才培养和基础设施建设,加快体育产业发展。

着力打造广西文化新高地

余益中

当前，广西文化发展的形势越来越好，进入了加快发展的黄金机遇期。一是文化建设的政策环境越来越好。国务院先后印发《关于进一步繁荣发展少数民族文化事业的若干意见》、《文化产业振兴规划》、《关于进一步促进广西经济社会发展的若干意见》，文化部也在研究策划“春雨工程”，扶持少数民族地区文化建设，文化发展的政策支撑越来越强。二是文化建设的宏观环境越来越好。党和国家对文化工作高度重视，文化在国家建设中的作用日益凸显，对文化建设的投入力度不断加大，为文化发展奠定了坚实基础。2009年12月2日至3日，马飚主席、沈北海常委、李康副主席专门到区直文化系统考察调研文化体制改革和文化产业发展情况。在座谈会上，马飚主席强调：“随着我区进入全方位开放和加快发展的新时期，我区文化产业也将进入一个大发展的时期，我区文化建设将迎来新高潮”。这是马飚主席对当前广西文化发展形势的重要判断，体现了自治区领导对文化建设的高度重视。三是文化建设的社会环境越来越好。中国—东盟博览会的连续举办，极大地提升了广西在国家经济外交布局中的战略地位，使广西成为我国对东盟交往开放的重要窗口，推动我区进入了全面开放开发的新阶段；中央支持广西的政策也将很快产生效应，社会文化消费需求日益旺盛；区内外媒体对我区文化建设的报道分量和力度不断加大，全社会对文化建设的关注和参与程度不断提高，各级党委、政府推进文化建设的热情也越来越高涨。四是文化建设的区位环境越来越好。中国—东盟自由贸易区已于2010年1月1日正式建成，我区地处中国—东盟自由贸易区的中心，有利于发挥与东盟地缘相近、人文相通的优势，深化对东盟的文化交流合作。这些越来越好的文化建设环境，给广西文化又好又快发展创造了诸多有利机遇，为构建广西文化发展新高地提供了极为良好条件和打下坚实基础。

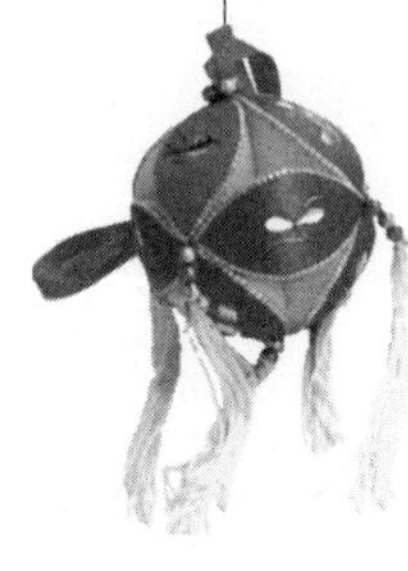

打造广西文化新高地，必须高举中国特色社会主义伟大旗帜，坚持以邓小平理论和“三个代表”重要思想为指导，深入贯彻落实科学发展观，全面落实党的十七大关于推动社会主义文化大发展大繁荣的战略任务，围绕建设广西气派、壮乡风格、现代特征、开放包容的先进文化省区，建设富裕文明和谐新广西的目标，抢抓机遇争主动，突破重点带全局，狠抓落实求实效，大力繁荣文化事业，发展壮大文化产业，形成强大的文化引领能力、文化服务力、文化创新力、文化竞争力、文化支撑力，把文化产业发展成为我区又一个千亿元产业，把广西建设成为中国—东盟文化产业发展与交流的枢纽和聚集区，成为我国西部文化产业的高地和泛珠区域文化产业群的重要支撑点，形成与我区区位相匹配的文化环境，与经济社会发展相适应的文化优势，与人民群众需求相适应的文化条件，与文化资源优势相媲美的文化产业，全面形成广西文化新高地。

一、在提升文化引领能力上下功夫

只有牢牢把握社会主义先进文化的发展方向，以社会主义核心价值体系为根本，扎实推进和谐文化建设，文化发展才有主心骨、精气神、发动机，才能充分发挥文化的引领思想、凝聚人心、聚集力量、振奋精神的作用。

要按照十七大要求，把建设社会主义核心价值体系作为文化工作的主题，把社会主义核心价值体系贯穿于文化建设全部过程，全面贯彻落实马飚主席提出的“和谐文化在基层”精神，弘扬、建设和发展以和谐文化为核心的广西优秀传统文化，让更多的人了解广西文化，喜爱广西文化，增强文化认同的自信心和自豪感。

1. 开辟广西特色和谐文化发展的新境界

广西特色和谐文化是广西成为“民族团结的模范、维护祖国统一的模范、维护社会稳定的模范、民族关系‘三个离不开’的模范”的重要文化基础。要加强广西和谐文化传统思想研究，深入挖掘广西和谐文化内涵和底蕴，充分认识广西和谐文化的历史价值和现实价值，继承发扬广西和谐文化传统。面向基层，突出农村，积极开展“和谐文化在基层”活动，以流动舞台活动、广场文化活动、节庆文化活动等各种群众互动性强、参与性广、影响性大的形式，唱和谐、演和谐、颂和谐，在润物细无声中塑造人、鼓舞人、引导人、感染人，使“以和谐为本、以和谐为美、以和谐为善”的思想植根人心，以文化的和谐巩固和促进社会的和谐。

2. 充分挖掘利用广西民族文化遗产的社会价值

文化遗产是传承民族文化的载体、联结民族情感的纽带，也是广西经济社会和文化价值观念、审美理念演进的历史见证。保护传承好广西民族文化遗产，对于增进民族团结、促进社会和谐、维护国家统一具有重要的意义。要认真贯彻“保护为主、抢救第一、合理利用、继承发展”的方针，科学规划，理顺管理体制，实施重点文物保护工程，重视和解决好当前城镇化、工业化和交通建设、新农村建设中的文物保护问题，重视和加强非物质文化遗产的抢救、保护、研究、传播。大力发展博物馆事业，一定要在“藏”“研”“展”“开”四个方面下重力气推进，出效益、出成果。要配合经济社会发展的主战场，将文化遗产保护和经济社会发展结合起来，充分挖掘和合理利用文化遗产历史价值、科学价值和社会价值，变文化遗产优势为文化发展优势和经济发展优势。

3. 打响广西当代文化的“派头”和气势

文化精品是传递民族精神的火炬，是文化发展繁荣的重要标志。要实施打造广西气派舞台艺术精品工程，大力培养、大胆使用广西本土人才，推出本土名家大师，创新艺术生产演出机制，提升推广精品老剧(节)目，创作排演精品新剧(节)目，推出具有广西气派、时代风格、市场反映热烈、群众喜闻乐见的戏剧、曲艺、音乐、舞蹈等舞台艺术精品，推出一批叫得响、立得住、传得广、留得下的精品力作，改变对广西“有历史没文化、有文化没影响、有文人没名人”的偏见，打出广西的“派头”和气势，彰显广西当代文化发展新成果，引领先进文化方向。

二、在提升文化服务能力上下功夫

文化只有在服务人民、服务社会中争作为，才能体现出文化本身的价值、彰显本身的地位。要大力提高文化服务能力，把公共文化服务体系建设放在全局工作的重要位置来抓。公共文化是在现阶段最广大人民群众必须享有的文化，公共文化服务体系是保障人民群众享有公共文化权益的服务体系，要按照公益性、基本性、均等性、便利性的原则，从满足人民群众“求乐、求知、求技”的精神文化需求出发，科学谋划公共文化建设做什么、怎么做、怎么做成。

1. 进一步完善公共文化服务网络

积极争取文化建设项目和资金，突出抓好乡镇综合文化站和社区文化中心建设，积极争取往上向县级“两馆”延伸，往下向村级文化室延伸。建设广西铜鼓博物馆、广西美术馆、广西自然博物馆、广西非物质文化遗产

保护传承中心、广西北部湾博物馆等标志性文化工程，推进区直院团设施的改造提升。

2. 深入实施重点文化惠民工程

要抓住工业化、城市化进程加快、新农村建设力度加大和中央扩大内需的机遇，以“一十百千万”工程体系为抓手，面向基层、面向农村、面向社区，着力推进文化惠民、文化惠农的深入落实。用好用足公共文化服务体系建设的“推手”，继续推进文化信息资源共享工程、“三求”文化惠农工程、文化下乡工程、新农村文化致富工程等重点文化工程建设。要认真总结村级公共服务中心和乡镇综合文化站管理使用新经验，争取扩面铺开，使更多的老百姓得到实惠。

3. 探索建立基层公共文化经费保障机制

积极争取发改委和财政部门的支持，争取把公共文化服务所需日常经费纳入财政预算，解决基层图书馆、文化馆（站、室）的运行经费问题，保障正常运转和功能的发挥。

4. 建立健全公共文化服务考核评价机制

逐步建立和完善以市场和人民群众评价为主要指标的绩效评估机制，制定图书馆、博物馆、文化馆（站、室）、艺术院团的评估和绩效标准，把考评结果与拨款、奖励直接挂起钩来，促进各级各类公益性文化机构组织建设，完善服务公示制度和服务质量评价体系，建立健全工作岗位规范，进一步拓宽服务领域，增强服务能力，提高服务水平，营造良好环境，为城乡居民提供优质高效、普遍均等的公共文化服务。

三、在提升文化创新能力上下功夫

文化发展是最需要创新胆略、创新意识、创新能力的领域。体制障碍是文化发展的关键症结所在，体制改革是文化工作的难点所在，文化体制改革特别是院团体制改革已成为近年来我区文化发展的一个“瓶颈”。中央和自治区关于文化体制改革的任务书、时间表、路线图已经明确，早改就能早主动，早改就能早受益，要加快进度、加大力度，在重要和关键领域取得决定性进展，建立充满活力的文化体制，有效形成勇于创新、敢于创新、善于创新的文化发展环境。

1. 努力创新文化宏观管理体制

转变政府职能，加快推进政企分开、政事分开、政资分开、政府与市场中介组织分开，逐步实现由办文化向管文化转变，强化政策调节、市场监管、社会管理和公共服务职能。积极推进依法行政，减少和规范行政审批。推动建设一批新型行业组织和市场中介机构，充分发挥中介机构、文化行业组织在行业管理和市场调节中的作用。建立起党委领导、政府管理、行业自律、文化单位依法运营的文化管理体制和职责明确、反应灵敏、运转有序、统一高效的宏观调控体系。

2. 重点推进文艺院团的改革

继续推动广西演出公司转企改制。加快推进广西杂技团的改革步伐。加快组建广西地方戏剧院，广西桂剧团、壮剧团、彩调剧团三个地方戏曲剧团是国家级非物质文化遗产保护的责任单位，整合资源、调整布局已酝酿多年，要迈出实质性步伐。指导推进市县国有艺术院团的体制改革，按照整合资源、调整布局、优化结构、提高效益的要求，大力推进演艺资源优化重组。文艺院团的改革要积极慎重地推进，成熟一个改一个；改到深处是产权，改到难处是人员，一定要明晰产权，妥善处理好人员合理安置、流动和待遇问题。

3. 培育龙头文化产业集团和战略投资者

加快组建广西演艺集团，计划对广西歌舞剧院、杂技团、木偶剧团、话剧团四个院团和演出公司、文化物资公司进行资产重组和结构调整，通过建立现代企业制度，实行新的艺术生产机制、艺术产品的营销机制和多渠道融资筹资机制，盘活现有资产，使国有资产保值增值，把演艺集团建设成为产权清晰、责权明确、管理科学、自主经营、自我发展的法人实体和市场竞争主体。推动组建广西文化投资集团，计划由自治区财政注资引导，吸收国有骨干文化企业、民营文化企业和金融机构入股，实行市场化运作，推动资源重组和结构调整，支持我区重点文化产业项目的发展。

四、在提升文化竞争能力上下功夫

文化产业作为发展速度最快、发展潜力最大的新型产业、绿色产业、黄金产业，作为文化与经济相互交融的产业形态，具有高科技、高收益、低耗能等特性，在转方式、调结构、扩内需、保增长、增就业等方面具有独特的优势。文化产业的强弱是一个地区文化竞争力的集中体现，是一个地区综合实力的重要体现。要抢抓机遇，发挥优势，乘势而上，加快把文化产业建设成为我区国民经济重要的千亿元产业。

1. 努力构建各具特色的文化产业聚集区

加强区域间文化产业的整合和扩张，形成文化产业跨区域的分工协作，建立合理有序的文化产业地域分工和布局体系。中心城市根据资源优势和区位特点规划建设具有比较优势的文化产业园区，重点建设广西北部湾文化产业圈、广西文化产业园区、桂林文化产业示范园区、柳州文化产业园区等，引导特色文化产业有序聚集，发展壮大特色文化产业集群，发挥中心城市文化产业的产业集聚和辐射带动作用，引导文化产业向集约化、规模化方向发展。

2. 着力构建特色优势产业

就行业发展而言，应该有适合本地区的龙头产业。要以文化资源为依托，以内容创新为核心，以科技进步为支撑，重点推进体现广西相对优势的文化产业发展，推动文化产业结构优化升级。巩固和发挥已有品牌优势，创造和推广新品牌，以品牌吸附资本，拓展市场，形成产业核心竞争力，努力形成文化旅游、演艺、动漫等若干特色优势产业，分别依靠这些龙头产业来推动文化产业的全面发展。

3. 加快推进具有重大示范效应和产业拉动作用的重大项目

要实施重大项目带动战略，坚持“重点抓项目，抓重点项目”的方针，确保“策划储备一批、招商建设一批、做优做强一批”，努力推动广西文化产业园区、刘三姐演艺城、南宁文化产业中心、南宁动漫城和柳州、桂林、北海动漫基地等重大项目取得实质性进展。强化资本市场对文化产业的支撑作用，对项目起到的巨大的放大效应。要逐步打造政府引导和市场带动相结合的文化投融资平台，引进战略投资者，加大资本运作力度。以项目吸引投资，滚动发展，不断扩大产业规模，促进文化产业链的延伸，加快形成文化产业密集区。

4. 加快文化“走出去”步伐

大力推动政府间的文化交流，鼓励优势文化企业跨区域发展。支持文化企业研发“广西气派、中国风格、国际品格”的外向型文化产品，打造境外山水实景演出、“彩虹之光”中文艺术教育等国际化品牌。办好中国—东盟文化产业论坛和展览，抓好中国—东盟文化产业物流园区、中国—东盟文化人才培养基地、中国—东盟文化交流培训基地建设，构建中国—东盟文化交流合作的集聚区。鼓励通过国际合作、委托代理、发展出口基地和境外直接投资等多种形式，积极参与国际国内文化市场竞争大胆引进和采用国内外先进的技术、管理和人才，积极拓展文艺演出、动漫游戏、工艺美术等文化产品出口和服务贸易，促进大批文化精品力作走向全国，出口境外。

五、在提升文化支撑能力上下功夫

一方文化的繁荣发展，归根结底都在于人。一个时代的思想文化大厦，必然要有一批大师和大家来支撑，一个国家地区文化的繁荣兴盛，必然要有一批领军人物来带动。要把握人才短缺这个制约文化发展的普遍性问题，大力造就在全国乃至世界上有地位的拔尖文化人才，掌握知识生产力的文化创新人才，横跨经济文化两个领域的文化产业领军人物。

1. 重点抓好文化产业人才队伍建设

要大力培养、造就和凝聚高层次、创新型文化产业人才，建设一支懂文化、精技术、善经营、会管理的文化产业人才队伍。重点培养和引进影响力强、号召力大的文化产业领军人物，既懂文化又会管理、既懂文化艺术又通晓科技和研发、既懂专业业务又擅长市场营销的复合型人才。要拓宽文化产业人才的培养渠道，加强与高等院校、科研院所和各类教育机构的沟通与合作，采取“请进来”和“走出去”相结合的办法，努力培养一支高素质的文化产业人才队伍。

2. 突出抓好公共文化服务人才队伍建设

建立健全公共文化服务人才培养培训和继续教育制度，以基层和农村公共文化服务人才为重点，整合资源、完善机制、创新内容、扩大规模，构建多层次、多渠道、多门类的公共文化服务人才培养培训体系。开展基层文化骨干培训大行动，培养一批基层农村和城市社区的文艺骨干。按照国家有关规定要求，逐步实施职业资格管理制度。

3. 努力抓好人才环境的优化

要建立与文化发展要求和改革开放要求相适应的人才培养和引进机制，要眼睛向内，实施“培星计划”，力推本土人才成长，给本土人才表现的舞台和发展的空间；眼睛向下，善于发现人才，基层有很多优秀的、有培养前途的人才，只要有舞台，就能显示出才华；眼睛向外，对人才不求所有，但求所用。要建立与文化领域创造性劳动相适应的人事管理制度，推行人员聘用制度和岗位管理制度，形成充满生机与活力的用人机制。要建立与文化生产规律和市场经济规律相适应的分配制度，按岗定酬、按任务定酬、按业绩定酬，建立重实绩、重贡献，向优秀人才和关键岗位倾斜，灵活多样的分配激励机制。努力使广西成为更适合人才干事创业的地方，更有利于人才发挥作用的地方，更能实现人才价值的地方，促进文化人才积聚，形成人才辈出、人尽其才的生动局面。

（作者：广西壮族自治区文化厅厅长）

坚持精品战略，努力打造具有广西气派的舞台艺术精品

李格训

努力打造具有广西气派的舞台艺术精品，是我区文化文艺发展的一个重要战略，并列入了2010年自治区人民政府工作报告的重要内容。各级文化行政管理部门以及全区艺术工作者，应义不容辞的承担起这一历史使命。

一

坚持精品战略，努力打造具有广西气派的舞台艺术精品是时代、人民赋予文艺工作者的历史使命。

我们今天所处的时代，是一个以变革、调整、创新为显著特征的时代，是中华民族崛起在世界之林，走向复兴的时代。作为文化行政管理部门和艺术工作者，要站在这个伟大时代的潮头，顺应这种历史的潮流，以文艺的改革与创新，适应和推动时代的进步，努力开掘当代中华民族文化的精神深度与审美高度。从当代中国人民的伟大实践中去寻找艺术创作的题材、人物、情节和语言，为人民立传，为历史写照，为时代立言，创作出中国气派、广西气派的艺术精品。

我们的艺术作品要为广大人民群众所接受、所喜欢。创作具有思想性、艺术性、观赏性相统一，社会效益和经济效益相统一的艺术精品，是我们的终极追求，也是我们的奋斗目标。一方面，我们要反对艺术的唯意识形态性，在公共的生活领域里大力拓展文化消费、文化娱乐和文化休闲，尊重差异，包容多样，满足各种层次、各种群体的文化需求。另一方面，我们也要反对艺术的去意识形态化，反对文化领域出现的低俗、媚俗之风，更要在民族文化精神层面，大声呼唤属于我们这个时代的艺术精品，大力提升人民审美理想和审美情趣。我们这个地域辽阔、人口众多的泱泱大国，我们这样一个有着五千年辉煌文化的民族，我们所处在这样一个伟大的时代，在祖国各个领域都有精品和奇迹不断涌现的今天，我们的艺术领域里不能只留下一些文化快餐以及一些只是风靡一时的流行文化消费品，而更应该留下体现民族精神、时代风貌、中国气派的精神图谱和艺术大师，以流芳百世，光照后人。

一手抓文化事业，一手抓文化产业，这是我们坚定不移的文化发展方针。大力发展文化产业，是文化事业繁荣发展的一个重要组成部分，也使艺术精品得以更好的传播，让更广泛的人民群众所消费的重要途径。但我们必须看到，发展文化产业，在很大层面上，是以艺术精品的打造为基础的。可以说没有艺术精品的支撑，就很难有文化产业品牌的形成。在国内外产生广泛影响的山水实景演出《印象·刘三姐》，它已成为广西乃至全国的一个文化产业品牌，但这个文化产业项目发展的基础却是源自广西的艺术精品《刘三姐》，以及广西多年来积累的银落舞等（出自广西第一部民族音乐剧《白莲》）一大批民族歌舞的精粹。近年来涌现的不少艺术精品力作，通过市场的运作，本身就是很有市场竞争力的文化产业项目。因此，我们在大力抓文化产业的同时，不仅不能弱化艺术精品生产的工作，而且更应以艺术精品生产为龙头，带

动文化产业发展，打造更多的文化产业品牌。

二

艺术创作必须给艺术家创作的自由，充分发挥艺术家的智慧和灵感。但作为文化行政管理部门，又必须履行艺术精品生产的组织者和管理者的职责，重视和关注艺术创作的倾向，引导艺术家沿着正确的方向发展。

首先，要深刻把握中国特色社会主义核心价值体系，引导艺术家自觉的为构建社会主义核心价值体系作出自己的努力。文艺应该成为人们前进的精神火把。在民族和时代的旗帜下，文艺精神追求和审美理想是任何时候的文艺所必须担当的历史使命。当代中国正面临着社会的重大转型期，让中国特色社会主义核心价值观深入人民群众之中，建设和谐社会，文艺有着不可替代的重要功能。艺术作品应该讴歌真善美，鞭挞假丑恶。用艺术的形式，形象的思维，对当代社会的人生观、道德观、价值观作出积极的引导和评判。反对在艺术作品中美丑、善恶不分，更应反对在作品中宣扬堕落、腐朽、颓废的思想道德观念。我们反对在艺术作品中说教，反对作品中的概念化，但并不意味着作品可以放弃思想，放弃倾向。古今中外的精品力作，无不在作品的人物和情节中渗透着艺术家的精神追求和审美理想。

其次，要引导艺术工作者真切地关注人民群众的现实生活，大力反映人民群众的火热生活。人民群众是历史的创造者，是中国特色社会主义建设的主体。同时，广大人民群众也是艺术作品的受众主体。从某个意义上说，人民群众是艺术工作者的衣食父母。要引导艺术工作者到人民群众中去与他们同甘苦，共命运，了解人民群众的新思想，从人民的火热生活中激发灵感，寻找人物、情节以及诗情画意。真正反映人民群众的生活的作品，真正与人民群众心灵沟通的作品，才能产生社会的共鸣，为人民群众所喜欢。即便是以历史的或神话传说为题材的作品，也要努力在作品中体现思想内涵和文化内涵，使之更好的与当代人民在思想上和文化上有沟连，得到某些慰藉和启迪。总之，艺术作品只有关注人民群众，关注民生，人民群众才会关注艺术作品本身。那些孤芳自赏、无病呻吟的所谓“大制作”的作品只能是无人问津，束之高阁。

最后，要引导艺术工作者以满腔热情和认真严谨的态度去创作反映少数民族的题材和生活，创作和演出更多更好的少数民族艺术作品。深厚的民族文化积淀和丰富多彩的少数民族生活，是我区艺术创作得天独厚的优势，也是我区能生产出在国内外具有影响力作品的重要基础。但我们也要注意，在创作和演出反映少数民族题材作品的时候，一定要做到严谨、认真。要以怀着对少数民族同胞和少数民族文化一腔热情和敬畏之感去创作和演出。对少数民族的生活和文化，要从真善美的有机统一，以及艺术家的独到审美把握去反映少数民族的过去、现在和未来，更多的展现美好的、亮丽的、发展的一面，而不应猎奇、片面的展示过去落后的一面。要更多的反映我区少数民族在中华民族这个大家庭中正日益繁荣发展的新生活。

三

坚持精品战略，重视艺术精品的创作和生产，不能停留在口号上，必须积极采取有力的措施，务实推进艺术创作生产，努力抓好精品创作工作。

第一，从本地区的实际情况出发，扬长避短，认真制定艺术创作规划，抓好具有地方特色的重点题材和剧目的创作。各级文化行政管理部门一定要根据当地实际情况，从实际出发，认真做好“十二五”的艺术创作规划，做好题材规划和创作规划。各地的艺术创作题材规划一定要发扬当地的民族、地方的文化资源优势，确定创作题材和重点。同时，还要根据当地的经济发展的状况，经济实力，确定创作的类型和形式，做到扬长避短，根据自身情况量力而行，量力而为，不要不切实际的盲目立项。

艺术创作规划，既要抓新题材、新剧目的创作，也要重视对保留剧目和原来有较好基础的旧剧目的修改提高，应该把这类剧目的修改提高列入创作规划之中。

第二，采取切实有效的激励措施，激活创作机制，激发创作热情，鼓励广大文艺工作者多出好作品。各地、各单位应该根据各自的实际情况，提出一些切实可行的鼓励艺术创作的具体的措施和扶持办法，充分调动广大文艺工作者的创作热情，为优秀艺术作品的产生提供推动力。文化行政管理部门重视艺术创作要有实招，必须要出台相关具体的激励机制、办法、措施，才能提供真正意义上的保障。

为了能把我区广大艺术工作者的心窝捂热，更好地调动作家、艺术家的积极性，创造性，文化厅已经草拟了《广西舞台艺术重点创作项目扶持暂行办法（草案）》，通过召开全区的艺术创作会议广泛征求各方面的修改意见，对该《办法》进一步完善，并积极争取自治区财政更大的支持。我们希望通过公开公平公正地运作，产生更多优秀的文艺作品。希望各市也能从自身的情况出发，想出新办法，新措施，进一步繁荣当地的艺术精品创作。

第三，办好艺术活动和艺术赛事，以各种类别的比赛为抓手，推出新作品，发现新人才，促进艺术精品的创作和生产。定期、有计划地举办艺术活动和艺术赛事，并进行评比奖励，这是抓好精品生产的一个重要抓手，也是推动艺术创作的发展和鼓励文艺工作者的从业精神的重要措施。近年来，在艺术赛事的活动和评奖中，不能正确对待评奖，艺术创作中的功利主义倾向常有发生，这是值得注意的。

艺术创作应该淡化评奖，不能为了参加评奖而创作。但是也要看到，举办艺术活动和评奖同时也是艺术精品推出的重要手段和措施。我们不能片面地否定举办艺术赛事和评奖活动。从文化行政部门管理层面上来说，我们的艺术活动和艺术赛事所倡导的评奖不是一般意义上的评奖，而是着眼于发展过程中的积累，繁荣基础上的提高，意在通过艺术评奖，调动各地和文艺工作者的积极性，为广西的舞台艺术积累一批优秀的剧目，发现和培养一批优秀人才。近年来，我们以舞台艺术精品建设为龙头，狠抓艺术创作，促进了我区文艺舞台的进一步繁荣。2009年我区举办的第七届广西剧展和第五届音乐舞蹈比赛等艺术活动也推动了艺术创作，涌现出了一批面向生活、面向实际、面向群众，艺术质量较高的作品，发现一批有潜质的艺术人才。各地也要根据当地的实际，办好各种艺术活动和赛事，促进精品和人才的脱颖而出。

第四，加大人才培养力度，关注中青年艺术人才，提高青年演员的生活条件和待遇，防止人才断层。任何一项事业都是要靠人才队伍去建设，文艺创作更是如此。一支充满活力，才华横溢的创作队伍是繁荣文艺创作的主力军。各级文化主管部门要重视建设文艺队伍。现在广西各专业艺术院团反映比较突出的是文艺创作队伍出现了青黄不接的现象。当然我们也看到不断地涌现出一大批的新锐。对年轻人，比如“80后”、“90后”，我们要给予更多的关注，更充分的信任。

对于艺术创作队伍的建设我们要做好三个方面的工作：首先，要为现有的艺术人才创造更好的生活条件，提供更宽松的创作环境，激发他们的创作活力和创作热情，使老树发新芽。二是要充分的信任年轻人，重视中青年人才队伍建设，改善年轻演员的生活待遇，

给年轻人创造深入生活、提高综合素养的条件，增加艺术实践的机会。三是要大力引进人才，充实艺术创作队伍。我们不仅要重视专业文艺创作队伍的建设，同时要加强群众队伍的建设和培养。广大的人民群众不仅是文艺作品的主体，同时也是文艺创作本体的主体。我们要面向基层，重心下移，搞好群众性的文艺创作活动，要善于发现人才，培养出一支宏大的群众性文艺队伍，专群结合，这样我们艺术创作的队伍才是一支浩荡的大军。

我们正处在继往开来的重要历史时期，进一步繁荣文化事业，壮大文化产业，是时代的要求和潮流的走向，也是文化自身发展的需要。我们将继续挖掘民族文化资源，在精品剧目的创作和生产上争取实现新突破，整合释放广西民族文化的能量，弘扬民族优秀文化，发展地方特色文化，坚持精品战略，全面提升广西文化发展综合品格，努力打造具有广西气派的舞台艺术精品，为建设文化广西作出新贡献。

（作者：广西壮族自治区文化厅副厅长）

公共文化服务均等化问题的思考与对策

陈映红

党的十七大报告提出，缩小区域发展差距必须注重实现基本公共服务均等化、引导生产要素跨区域合理流动。2010年温家宝在十一届全国人大三次会议《政府工作报告》上指出：实施区域发展总体战略，重在发挥各地比较优势，有针对性地解决各地发展中的突出矛盾和问题；重在扭转区域经济社会发展差距扩大的趋势，增强发展的协调性；重在加快完善公共财政体系，促进基本公共服务均等化。随着我国综合国力的提高，公共文化服务体系建设得到较大推进，财政投入加大，文化基础设施建设项目不断增多，文化设备不断更新和完善，文化队伍建设也在不同程度上得到加强。但是，由于文化历年欠债太多，基础过于薄弱，城乡基本公共设施差别较大，享受文化的权益也各不同，加上体制和机制的问题，城乡文化均等化的问题，应该尽快列入基本公共服务的重要内容加以解决。

一、公共文化服务均等化存在的问题

问题一：公共服务的意识日益增强，但公共文化服务在经济社会发展中的地位偏低。进入二十一世纪以来，党中央和国务院非常关心重视公共文化服务体系建设，下发了中办国办相关文件，加大了财政对文化重点项目的投入，特别是对西部地区的倾斜政策，促进了文化的繁荣和发展。但是，由于长期以来，重视经济建设而忽视了文化建设，重视了经济指标而忽视了文化指标，重视了人们的温饱而忽视了人们精神文化的提高，造成了社会道德的丢失，传统文化的遗失，公共文化服务的单一，城乡文化的差距，文化人员的不被重视，使文化成为人们默认的“弱势群体”。

问题二：公共文化基础建设得到增强，但城乡差距仍然较大。近年来，文化部门在发改、财政等部门的支持下，突出抓好文化重点工程项目建设。一是大力加强文化信息资源共享工程建设。到2009年12月，全国已经建成了一批文化信息资源共享工程分中心和基层点。二是通过重点工程的建设，提升了农村的公共文化服务的能力，解决了公共文化服务的项目机制和资金投入渠道问题，改善了公共文化服务设施落后的局面。非物质文化遗产保护工作，送书下乡工程、农村电影放映工程、流动舞台车配送工程等一些重大有影响的文化项目，已经成为公共文化服务的品牌。三是一批围绕农村的文化产业蓬勃兴起，如：影视制作业、出版业、发行业、印刷复制业、广告业、演艺业、娱乐业等等，为农村公共文化服务提供了坚实的产业支撑。但是，大中小城市的文化设施差距非常大，部分新建城市仍然沿用县级文化馆和图书馆的设施，县级文化馆和图书馆也存在着设施老化的问题，乡镇综合文化站建设工作虽然大部分设施已经建立起来，但发挥的作用却非常有限，文化站的设备远远不足，有的还存在“空壳”的现象，文化站正常的开放时间和人员仍无法保障，文化站长有大约2/3的时间从事经济、稳定、计生等中心工作，村级和社区文化室（或中心）的建设还没有提上议事日程。

问题三：公共文化财政投入比例逐年提高，但城乡差距仍然很大。国家对文化的投入逐年增加，各级政府将公共文化服务体系纳入经济社会发展的总体规划，纳入财政支出预算，纳入各级政府的议事日程，不断加大

经费投入，加大对农村的基础设施建设，如：广西先后启动了边境文化长廊、“东巴凤”基础设施大会战、大石山区五县基础设施大会战、桂西五县基础设施大会战等等。2000年以来，自治区、市、县等各级财政共投入3亿多元新建了36个县级文化(图书)馆，新建了900多个乡镇文化站，400个村示范图书室，大大改善了农村的文化生活环境，为农村群众提供了精神文化阵地。

全国文化事业费投入情况(亿元)

	2003年	2004年	2005年	2006年	2007年	2008年
文化事业费(亿)	94.03	113.66	133.82	158.03	198.91	248.04
人均事业费(元)	7.27	8.74	10.23	11.91	15.04	24.67

数据来源：《中国文化文物统计年鉴》

但是由于对文化投入的不均衡，产生了社会事业部门间、城市与农村、老城市与新城市间、城市居民间与农村群众享受文化权益等的不均衡，同在一个地方，却享受不到同样的文化待遇。

问题四：文化人才培训增强，但农村文化技术人才仍然远远不足。近年来，文化部门开展了送电影下乡、送文化下乡、“农村小康文化示范户”和“村屯优秀文艺队”评选等活动，扶持、鼓励文化示范户和农村业余文艺团体的发展，举办了不同层次和类别的舞蹈、美术、音乐、书法、农村文化能人、文艺骨干、文化站长、图书馆长等培训班，受益群众逐年增加。但直接面对广大农村群众的培训班仍相当有限，农村的文化人才素质仍停留在较低的水平。有的乡镇文化站长不会唱歌，不会编排节目，能使用的文化人才缺乏，人员知识结构不均，队伍不稳定，专干位虚薪低，积极性不高，能影响带动群众提高文化素质的能力有限。

问题五：服务的手段大大增强，但仍然不能满足群众要求。各有关部门通过政府购买服务、送书下乡等手段，积极购买适合农村需要的优秀剧本版权，免费供给基层艺术团体使用，让老百姓看得起戏、看得起电影。各基层剧团始终坚持服务广大农民群众，坚持常年活跃在农村基层，编排了许多农民群众喜闻乐见的大戏、小品、小戏等，为广大农民群众送去欢乐。农民自办文化的热情也在不断高涨。但由于服务的设施有限，服务手段单一，创新机制不强，农村群众求乐、求知、求技，随时能就近、便利看书看电影看戏，且在娱乐中提高自己的艺术技能的需求仍无法满足。

二、原因分析

一是思想上，各级政府重视的程度不同，经济社会发展不平衡，造成文化的差异也较大。经济发达的地方，领导重视文化，文化的发展也较快；经济欠发达的地方，领导想重视但没有能力和精力来支持，结果文化的落后面越大。经济好的地区，群众享受文化的权益非常明显；落后和欠发达地区，群众能享受到的公共文化非常有限。

二是机制或载体上，地方政府管文化的定位不明，职能不清，文化部门的管理权利有限，职能上分级管理，财力上分灶吃饭，可用的资金和增长的幅度相当有限，造成了经济发展了，文化却落后了，城乡文化的不均衡状况越来越突出。

三是经费上，投入的重点在经济和影响民生的重大事项，文化总是摆在“茶余饭后”考虑的事情，是“装饰”和锦上添花的事情，只要每年安排一点儿就行了。

四是管理上，没有能够将公共服务的职能进一步明确化，认为文化工作是文化人的事情，要求不高，只不过需要时有人唱唱跳跳，娱乐娱乐就行了。部分文化站还存在过去通过关系进来的人员，他们一没有文化，二没有技能，三不愿学习，又无法开除，怎么办？只有维持现状了。

五是体制或手段上，没有制约的手段和体系，活力不强，激励不够。文化工作有钱就多做些，没有钱就少做些。农村文化的面太大，单靠文化部门现在争取的有限资金，根本无法满足群众现阶段的需要。

三、主要对策

1. 必须进一步提高对公共文化服务重要性的认识

温家宝总理在十一届全国人大三次会议政府工作报告时提出：“国家发展、民族振兴，不仅需要强大的经济力量，更需要强大的文化力量”。“没有先进文化的发展，没有全民族文明素质的提高，就不可能真正实现现代化”。公共文化服务，是政府公共服务的重要内容，是指以政府部门为主的公共部门提供的、以保障公民的基本文化生活权利为目的、向公民提供公共文化产品与服务的制度和系统的总称，包括公共文化服务设施、资源和服务内容，以及人才、资金、技术和政策保障机制等方面内容。公共文化服务均等化，就是要逐步实现覆盖城乡、结构合理、发展平衡、网络健全、运行有效、惠及全民的市、县（市、区）、乡镇（街道）、行政村（社区）等四级基层公共文化服务体系，全面提高公共文化服务水平，创新公共文化服务方式，保障城乡群众能够就近、便捷、免费享受各种公益性文化服务，不断满足人民群众的基本文化生活和权益，全面提高人的素质，推动文化建设与经济建设、政治建设、社会建设协调同步发展。

2. 必须进一步明确政府对文化的主导作用

温家宝总理在十一届全国人大三次会议政府工作报告时还提出：政府要更好地履行发展公益性文化事业的责任，保障人民群众的基本需求和权益。要解决公共文化服务均等化的问题，必须以政府为主导、以公益性文化单位为骨干、鼓励全社会积极参与，努力建设公共文化产品生产供给、设施网络、资金人才技术保障、组织支撑和运行评估为基本框架的覆盖全社会的公共文化服务体系。政府的主导作用，一是为文化提供公益性的服务。统筹和协调城乡发展，让城乡群众能享受到基本的、均等的公共文化服务。二是通过多种方式，整合部门和社会资源，提供群众最直接需要的公共文化产品，解决城乡群众看书看电影看戏、开展文化活动难等问题。三是制定和落实各项文化建设、文化产业和文化惠民的政策，将公共文化服务纳入政府工作的议事日程，纳入国民经济和社会发展的总体规划，纳入年度财政预算，纳入责任制考核的内容，纳入各种评价体系。

3. 必须进一步提高财政对公共文化服务的普惠政策

财政的投入要确保每年对文化的投入不低于同级财政增长的比例，加大对经济欠发展地区的财政转移支付，采取省（自治区）市县文化（图书、博物）馆、乡镇综合文化站、公共文化服务中心（室）基本运行保障资金、政府购买服务、项目补贴、定向助资、贷款贴息、以奖代补、减税免税、文化支出绩效评价等方

式，增强地方政府提供公共服务的能力，缩小中西部地区与东部地区、城市与农村（社区）在享有公共服务方面的差距，不断满足人民群众求乐、求知、求技的文化热情和需求。

4. 必须进一步提高城乡文化人才技术队伍的综合素质

文化的繁荣和发展关键在人。提高文化人才技术队伍建设，一是把好入口关。采取逢进必考的办法，先培训、后考试、再发上岗证的办法，提高文化队伍人员的素质；二是确保文化人员基本的政治、生活、学习待遇，保证城乡文化人员基本的文化培训、素质提高、改善环境的权益；三是建立公共文化服务评价体系，充分发挥文化人才技术队伍的作用，有为才有位。鼓励文化人才努力工作，增强做好文化工作的自觉性、自信心、自强力；鼓励先进地区的文化人才，利用资金和技术力量支持落后地区的文化建设，先繁荣的带发展困难的地区。

5. 必须进一步加大文化均等化的法制保障

公共文化服务是一项民生工程，不能削弱必须加强。要实现文化的均等化，一是必须做好科学规划，按照城乡文化一体化的要求，确定实施的目标，加大实施文化惠民工程，优先安排关系人民群众切身利益的重大公共文化服务项目，将文化基础设施建设和公共文化资源配置向基层、特别是农村和中西部地区倾斜，推进省（自治区）市级美术馆、图书馆、文化馆、博物馆等免费为群众开放，丰富人民群众的精神文化生活，并通过立法程序，将目标落实给各级政府，确保逐年有计划地的完成任务；二是加大文化的立法，不但要落实好现有的文化政策，还要通过立法，将必要的文化政策上升为法律法规，做到有规可行、有规必行、违规必究。如：目前文化部已经出台了关于《乡镇综合文化站管理办法》，并以部长令的形式明确办法于 2009 年 10 月 1 日实施。这本来是一件非常好的事情，但是，文化部的法令，对文化部门非常有用，可到了地方政府那里，特别是涉及到相关政策的时候，执行起来就不畅了。因此，文化的政策，必要的时候还要列入人大和政府法规进程，以利于基层进一步实施。三是将考核文化均等化纳入政府的绩效评估体系。不但要重点考虑经济建设的指标，也要重点考虑社会建设、民生，特别不能忽略了文化建设的指标，必须确保经济社会协调、健康、可持续发展。

（作者：广西壮族自治区文化厅副厅长）

把握文化产业发展的机遇趋势特点 加快推进广西文化产业跨越式发展

唐正柱

去年国务院颁发了《文化产业振兴规划》，标志文化产业进一步上升为国家的战略产业。结合广西实际，深入解读并贯彻落实好国家的《文化产业振兴规划》，是一项重要而紧迫的任务。为此，我们要把握文化产业发展所面临的机遇、趋势和特点，采取切实有效的对策，加快推动我区文化产业跨越式发展。

一、历史机遇

当前我区的文化产业和全国的文化产业一样，进入了发展的黄金机遇期，可以说是前所未有、千载难逢。《增广贤文》说："运去金成铁，时来铁似金。"机遇就是"时"和"运"。我们要抓准机遇，抓住机遇，抓好机遇，首先要搞清楚有哪些机遇。

1. 领导高度重视

党和政府高度重视，为文化产业发展提供了坚强的领导保证、思想保证和组织保证，为文化产业发展提供源源不断的动力。加快发展文化产业是胡锦涛总书记提出的转变经济发展方式"八个加快"重点工作之一。温家宝、李长春、刘云山、刘延东等中央领导都高度重视。就我区来说，郭声琨书记、马飚主席、陈际瓦副书记、李金早常务副主席、沈北海常委、李康副主席等领导就加快我区文化产业的发展作过重要指示。马飚主席在2009年12月到宣传文化系统调研时强调，要把文化产业作为我区兴起文化建设新高潮的突破口来抓，使文化产业快速发展成为千亿元产业。为了贯彻落实中央和自治区的指示精神，在今年初召开的全区文化工作会议上，余益中厅长强调，今年工作的一个重中之重是开拓文化产业这片新天地。

2. 科学理论指导

科学发展观为文化产业的发展提供了行动指南。各级各部门逐步明确了一手抓公益性文化事业，一手抓经营性文化产业，一手努力构建覆盖城乡惠及全民的公共文化服务体系，一手壮大文化产业、繁荣社会主义文化市场，一手抓繁荣，一手抓管理的文化发展思路，为文化产业的发展统一了思想，明确了思路，指明了方向。

3. 首次规划蓝图

国家颁布的《文化产业振兴规划》是继钢铁、汽车、纺织等十大产业振兴规划后出台的又一重要产业振兴规划。这是中华人民共和国后的第一次，是纲领性文件，标志着文化产业上升为国家的全局性、战略性的产业来支持和培育。规划确定了发展文化产业的指导思想、基本原则、重点产业、主要任务和支持的政策措施。既指明了前进方向，又明确了保障措施，提振了加快发展的信心。具有重要而深远的意义。

4. 金融危机契机

金融危机是产业的一次大洗牌。有的要压缩产能，有的要调整，有的要出局，从而为文化产业腾出了很大的发展空间。

5. 转变发展方式

是一次事关中华民族伟大复兴、长治久安的革命。"调结构、转方式"为充分发挥文化产业的独特优势提供了新的契机。文化产

业是低碳经济，以内容为核心，是建设环境友好型、资源节约型的有效途径。它是创意经济，易于新技术、新载体对接，就业形式灵活，是发展新兴业态，增加就业的有效途径。

6. 市场需求旺盛

随着我国经济战略转型和持续快速增长，全面建设小康社会目标的逐步实现，人民群众生活水平不断提高，文化消费需求日趋活跃，并且朝着高品质、多样化和个性化发展。目前，我国文化消费水平仅为同样发展中国家的四分之一，文化消费的潜力远没有释放出来。优秀文化产品供给不足，与人民群众日益增长的文化需求不相适应。

7. 体制创新动力

随着文化体制改革深入推进，为文化产业发展提供强大动力。2009 年进入全面提速、全面推开的阶段：加大力度，加快进度。国有经营性文化单位转企改制，合格的市场主体的不断涌现，推动文化产业加快发展。面向观众，面向市场，文化产业的发展具有无限广阔的天地。通过加快政府职能的转变，为文化产业发展创造更好的外部环境。

8. 科技迅猛发展

为文化产业创新业态、转型升级提供了有利条件。文化产业与科技相互交融、相互促进，已成为世界经济发展进程中的一道引人注目的景观。数字技术、信息技术的推广运用，催生出电子票务、网络游戏、手机文化、数字文化节目制作、三维动画等文化业态。更为重要的是，使传播渠道拓宽、传播速度加快，为内容产业提供了快车道。

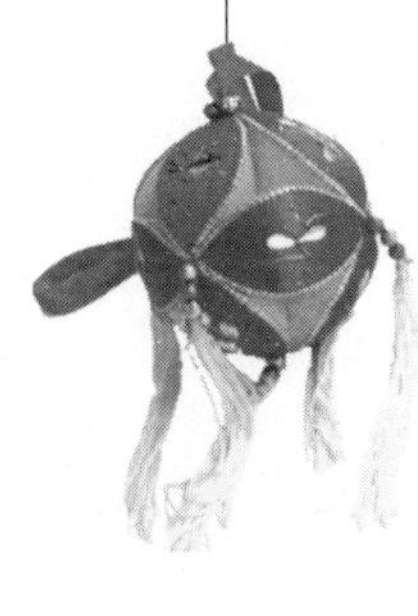

9. 国际空间拓展

随着我国改革开放的深入，经济实力的显著增强，国际影响力的不断扩大，发展模式的备受关注，文化魅力的日益显现，越来越多的人把目光投向中国，这为文化产品和服务"走出去"提供了广阔空间。特别是北京奥运会，上海世博会扩大了中国文化在世界的影响力。

10. 广西自身优势

广西沿海、沿江、沿边，地处华南经济圈、西南经济圈和东盟经济圈的结合部，是连接中国与东盟的桥头堡。我区具有十分丰富的民族文化、历史文化、山水文化、海洋文化、生态文化，再加上得天独厚的自然景观，有利于实现科学发展观关于人与人、人与自然和谐发展的要求。中国—东盟自贸区于 2010 年 1 月 1 日建成，广西作为中国与东盟合作交流的重要平台和桥梁的作用愈益突显。持续举办的中国—东盟博览会、南宁国际民歌艺术节等活动提升了广西的地位，一批推动文化产品和服务走向全国乃至国际市场的平台已初步形成。

二、发展趋势

我国的文化产业发展具有以下六大趋势。

1. 正处于由自发走向自觉的阶段

前面所列的各种机遇，诸如领导高度重视，尊重文化产业的发展规律，加强科学规划，重视文化产业的布局分工，在财政、土地、税收、金融等方面的大力支持等，都表明这一点。

2. 正进入快速发展、高速增长的阶段

从国内需求来看，人们对文化产品和服务的消费需求将呈快速增长态势。从国际需求来看，国际市场对我国文化产品的需求也在大幅度增加。从近年来我国文化产业的发展数据来看，年均超过 15％的速度，高于 GDP 速度。从产业生命周期来说，我国文化产业目前整体上仍处在"成长期"。预计今后 10 至 20 年，将以年均 15％以上的速度增长。

3. 文化资源进入大调整大整合时期

文化产业作为产业，必然要发挥市场配置资源的基础性作用。当前我国文化体制改革的一个重点就是推动骨干文化企业的跨地区、跨行业、跨媒体、跨所有制的资源整合。行业的界限将越来越模糊，文化艺术、广播影视、新闻出版的界限区别将逐步消失。

大整合的结果之一是产业集中度将显著提高。会形成以大企业（企业集团）占支配地位的、大中小企业协调发展的市场结构。结果之二是企业空间聚集加快，产业发展呈现簇群化。文化产业园是产业簇群的一种表现形式。经过若干年发展，我国将产生一批具有区域竞争力甚至具有国际声誉的文化产业园区。

4. 文化与科技、旅游、制造业等行业的大结合大融合

与科技的结合。以数字技术为代表的高科技对文化产业的影响主要有3个方面：(1)数字技术的突破和运用直接导致了以互联网为代表的新兴媒体的诞生。(2)数字技术在传统文化产业中的运用，极大地提升了传统文化产业的科技含量，实现了产业链和价值链的延伸，促进了传统文化产业的升级换代，并使之焕发出新的活力。比如，电影拍摄正在进入"无胶片"时代和"3D"时代。(3)数字技术的突破和运用，极大地加快了产业融合的速度，催生了崭新的业态。比如"数字内容产业"。

与旅游业结合。文化是旅游的灵魂。旅游与文化深度融合，是转变旅游发展方式的必然要求和根本途径。不同的文化传统和文化样式，为发展各具特色的旅游文化提供了独特资源。越是民族的，越是世界的；越具特色的，越有吸引力。要推动旅游项目的文化创新，提升旅游商品的文化创意，提高导游的文化素养，创造良好的文化环境，努力把提升文化内涵、体现人文关怀贯穿到旅游的全过程。

与制造业的结合。制造业发展到一定程度，通过文化创意提升附加值。没有创造业做支撑，文化创意产业也做不大。譬如佛山陶瓷成为一个大产业，其特点是将书法、名画瓷砖化。采取的是"前店后厂"模式。

5. 传统文化产业比重下降，新兴文化产业比重快速上升，进而抢占主体地位

以网络服务、数字出版为代表的新兴文化产业的比重快速上升，并将取代传统文化产业占据主体地位。目前我国新兴文化产业的从业人员已超过传统文化行业，创造的价值也超过传统的几个产业部门。比如，2009年，网络游戏的产值是电影票房的5倍。新兴媒体由于新颖性、互动性、体验性、便捷性、信息量大等优点迅速赢得了消费者的青睐。年青一代获取资讯的渠道大多依靠网络等新兴媒体，而报纸等传统媒体的读者群已经呈现出老化趋势。

以图书出版、报纸、电影为代表的传统文化产业的比重将进一步下降；譬如这些年图书产业的重要方面是课本及课辅读物支撑。约占⅔。随着课本轮换制，甚至无纸化，图书出版将面临更加严峻的挑战。需要指出的是，传统文化产业的衰退是相对的，是在文化产业比例中的下降，而不是绝对值的下降。我国传统文化产业如图书出版、电影、报业等的普及率、市场饱和程度与发达国家相比，还有很大的差距。例如，美国平均每人每年看5次电影，我国每人平均5年看1次电影。传统文化产业突破体制束缚，改变增长方式，提高创新能力，积极应对新兴媒体的挑战，在未来仍然具有较大的发展空间。

6. 区域竞争日趋激烈，区域发展不平衡进一步扩大

我国文化产业出现了不同地区你追我赶、共同发展的局面。但地区发展不平衡在加剧。文化产业除了旅游产业是自然资源依赖型的产业外，其余大都是资金、技术、人才密集型的产业。发达地区在这些生产要素上都占绝对优势。竞争的结果必然是发达地区

明显占上风。落后地区好不容易积累的资金、技术、人才都被吸引到要素利润率高、投资风险小、机会多的发达地区。结果是强者愈强，弱者愈弱。从总体上说，东部经济发达省份的文化产业发展规模、创收能力大大高于中西部地区。譬如广东与云南，分别是东部、西部有代表性的文化产业成为支柱的省份。云南在2008年的文化产业增加值达300亿元(当年云南的GDP是5700亿，在全国排25位)，同年广东省文化产业增加值为2720亿元(当年广东GDP达35696亿，在全国排第1位)，云南仅相当于广东的1/9，还不包括云南的统计口径可能比广东宽松一些。

当然，也要看到，广大中西部地区虽然经济欠发达，但文化资源异常丰富。应在全国范围内考虑文化产业的分工，找准自己的最佳定位。如果能够科学规划，准确定位，政策得当，措施得力，发扬优势，突出特色，在某些领域或环节演奏“第一小提琴”是完全有可能的。

三、文化产业特点

由于文化产业是朝阳产业，许多从事文化产业的人还没有正确认识文化产业的内在特性，经常混淆文化产业和文化事业、文化产业和文化资源的界线。搞清楚文化产业的特点，尊重文化产业的发展规律，方能实现文化产业的跨越式发展。

文化产业，按照联合国教科文组织的定义，是指按照工业标准生产、再生产、储存以及分配文化产品和服务的一系列活动。就文化产业的范围来说，2009年《文化产业振兴规划》强调了九大重点领域，包括文化创意、影视制作、出版发行、印刷复制、广告、演艺娱乐、文化会展、数字内容、动漫产业。除此之外，应该还包括旅游休闲、信息咨询、体育比赛、体育娱乐、文化设备、文化载体等。

有许多与文化产业相关的名称，分别从不同角度描述文化产业的特点。创意产业是从创造者、策划者、设计者的个人创造力出发，强调文化产业的智能化、创新性、技术性特征。内容产业是知识经济浪潮中以信息高新技术、互联网与数字化为基础产生的概念，关注当代数字类产品、特别是媒体产业的文化内容。版权产业是从知识内容、市场权益出发的分类，主要是美国(北美)采用的文化产业概念，高度关注知识产权的归属，与美国作为版权大国的国家利益有着密切关系。文化经济，体现文化与经济交融的特点。眼球产业、注意力经济的说法产生于当代媒体的巨大成果，更关注文化产业的当代传播方式。说文化产业是休闲产业、体验产业，更突出当代消费者的精神性、文化性、娱乐性需求的独特方式。

文化产业作为一种产业，既具有一般现代产业的特点，又具有独特性。作为一般产业的特点是，企业主体性、市场导向性、生产规模性、经营竞争性、产业集群性等，作为文化产业的特点是文化性、创造性、娱乐性、杂交性、驱动性、双效性、发展可持续性。

企业主体性。要求文化企业作为市场主体来完成。自主经营、自负盈亏。而不是由政府部门包办，或者由非营利性机构来做。因此，国有的经营性文化单位要转企改制，建立现代企业制度，充当中国文化产业的生力军。文化馆、群众艺术馆等事业单位是服务主体，不是市场主体，无法承担发展文化产业的重任。

市场导向性。要面向市场，从消费者需求包括潜在需求出发，策划生产文化产品、设计文化服务。文化产业不是艺术家个人或圈子的自弹自唱，自娱自乐。文化产业首先是面向大众消费的文化，是为社会公众服务的文化。之所以强调这一点，是因为，过去我们长期搞戏剧创作、歌曲创作好像就是为了参加比赛获个奖，而不考虑上座率。有顺口溜说，财政是主要投入，领导是基本观众，获奖是最高目的，仓库是最后归宿。这样是不行的。

生产规模性。一定的生产规模是产品生产能否形成产业化重要标志。为了实现良好的经济效益，需要采取分工协作方式，批量化、标准化、大规模的生产。将文化产品由原来分散的、小规模的生产经营方式，转变为分工协作的批量化、标准化、大规模生产，是文化产业化的重要特征。因为，这不仅降低了对劳动者个人技术的要求，而且还提高了生产效率，降低了价格，打开了普通大众的消费市场。

经营竞争性。文化产业当中的各个行业、企业之间存在竞争关系。比如说我们现在的新媒体和传统媒体之间存在着竞争关系，网络阅读可能冲击印刷媒体的阅读，产业之间会相互替代。文化产业往往是成者为王，赢者通吃。譬如，全世界60%的动漫产自日本。

产业集群性。文化产业是人才密集型、技术密集型、文化密集型、资本密集型结合的产业集群。所以要建文化产业园区，实现企业簇群化发展；要打造文化产业链，通过产业链来实现规模效益和提升附加值。

文化性。以文化为主要内容，所以叫内容产业。文化性这一特点，要求我们充分挖掘富有地方特色的文化资源，来策划和实施文化产业项目。譬如《印象刘三姐》就很好地运用了以刘三姐为代表的广西少数民族文化、民歌文化、服饰文化等资源。

创造性。创意产业尤其强调创造创新。特别重视设计业作为一个整体在产业中的高端地位和重要价值。美国哈佛大学商学院市场营销专家罗伯特·海斯教授说："15年前各公司在价格上竞争，今天在质量上竞争，明天将在设计上竞争。"现代的许多好的工业品就是高科技加高设计，譬如名牌服装和汽车。近些年的一些豪华晚会的弊病是"制造大于创造，技术大于艺术"。

娱乐性。文化产业表现出娱乐化的价值倾向，注重产品对大众的视听享受。过分的话，可能造成注重形式轻视内容，追求商业价值而忽视社会效益。缺乏思想深度的文化产品，通常只能追求一时的感官刺激，无法产生广泛而持久的影响力，因而也难以获得市场长期的支持。优秀的文化产品，通常是思想性、艺术性、娱乐性的统一。

驱动性。文化产业成为推动国家经济发展的发动机。不仅自身作为新的经济增长点，发展成为支柱产业，而且成为经济的一个重要驱动力，推动其他产业的发展。特别在我国转变经济发展方式的今后一个时期，文化产业在调整经济结构、拉动内需方面将发挥重要作用。

杂交性。文化产业能够与第一产业、第二产业、第三产业进行结合，文化产业本身也相互结合。一方面是改造、提升传统产业，另一方面催生新兴产业。杂交的特点，展示了文化产业旺盛的生命力和较强的创新应变能力。

双效性。要求经济效益与社会效益的统一。文化产业具有财富创造能力强、经济回报高、受益时间长的特点。文化产业也是人心工程、文明工程、道德工程，并非只要赚钱就做，而要肩负社会责任，有利于世道人心。任何情况下都要把社会效益放在首位。要把教育功能与娱乐功能巧妙地结合起来，实现双效统一。

发展可持续性。传统制造业附加值低、资源消耗多、环境污染大，使得经济增长与资源环境的矛盾越来越大。文化产业以创意为源头，以内容为核心，资源消耗小，环境污染少，就业需求大，未来发展空间大，能够达到既要金山银山又要绿水青山的目标。

四、加快我区文化产业发展的基本对策

1. 抓规划

规划很重要。是避免盲目发展、保证科学发展的一个前提。必须结合实际，体现系统性、前瞻性、科学性。确定好指导思想、基本原则、发展目标、发展布局、发展重点、发展措施等。国家出台《文化产业振兴规划》之后，自治区高度重视，马飚主席批示由我厅牵头制订《广西文化产业发展规划》。目前正在修改完善中。各市县也应抓紧制订规划。要指导重点企业做好发展规划。

我区的战略目标是，把文化产业打造成为千亿元产业。年均增长速度达20%以上，到2015年，文化产业增加值达到670亿元，占全区GDP的比重达到4%以上；到2020年超过1600亿元，占全区GDP的比重达到5%，成为支柱产业。为此，要不断推出一批重点项目，扶持一批重点企业，培育一批优秀人才，推出一批面向市场、双效统一的文化精品，打造一批有全国影响的文化品牌，建设一批特色鲜明、效益优良的文化产业园(区)和基地。

2. 抓项目

坚持“重点抓项目、抓重点项目”的方针，加快建设一批先导性、基础性、战略性、具有重大示范作用和产业拉动作用的文化产业项目。文化厅和各市都要建立文化产业项目库。确保做到三个一批：“策划招商一批、加快建设一批、做优做强一批。”

做优做强一批。将实景演出、金壮锦、出版发行集团、有线网络公司等一批产业项目做大做强做优。像金壮锦也是有特色、有潜力、有发展空间的项目。比如“大型实景演出，梅帅元团队已经做了八个，还计划进台湾、进东盟。

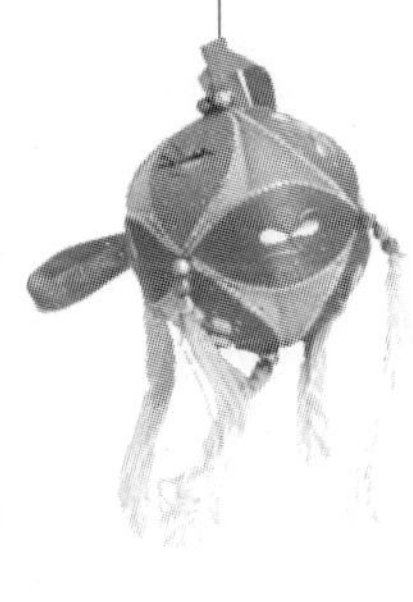

加快建设一批。一些已经确定的项目，如南宁动漫城、广西文化产业园、南宁文化产业中心、老南宁等项目要加快推进。特别是像广西投资集团这样的实体，一旦成立，将会成为重要的驱动力。

策划招商一批。譬如中国—东盟文化博览园、钦州陶文化园等，这样的大型项目在进一步策划，招商。这也包括天天演方面的项目。要在南宁、桂林等地打造特色鲜明、常演常新、市场效益好的节目，也可以排演一台展示广西文化魅力、能够在全国、在外国巡演的节目。要努力实现文化项目走出去，文化企业走出去，文化产品走出去。

3. 抓特色

我区丰富、独特、多元的民族文化资源，是发展民族文化产业的核心资源。譬如铜鼓文化、花山文化、海上丝绸之路文化、南珠文化、红色文化、抗战文化、刘三姐文化、南宁国际民歌艺术节、实景演艺、生态文化、长寿文化、绣球，等等。各市、县要以具有代表性的文化资源为依托，因地制宜，发挥优势，彰显特色。

全区要建立合理有序的布局体系。不要重复建设，一哄而上。资源整合和分工协作的目的，主要是解决同质化的问题。譬如歌舞表演，都搞大拼盘；礼品，都送绣球；民俗表演，都背新娘。要体现差异化、个性化。从而形成各展所长、各具特色而又优势互补、相互辉映，形成串珠成线、连线成片、城乡互动、多产联动的全区文化产业协调发展新局面。

对于县乡来说，比较好的做法是“一地一品，做强做大”。在全区要打造一批文化产业的示范点，包括示范县、示范乡、文化特色示范街、示范村。选择一批自然景观优美、人文资源丰富、交通比较便利的地方，加大扶持和指导力度，推动文化、旅游、交通、生态保护、城乡风貌改造、新农村建设、扶贫等资源的整合，加强文化产业与旅游、体育、教育、科技、信息、休闲等领域的联动发展，为我区探索一条县市深入贯彻落实科学发展观、加快县域经济发展的新模式。

4. 抓人才

人才资源是第一资源。有了梅帅元，才有山水实景演艺。要大力培养、造就和凝聚高层次、创新型文化产业人才，建设一支懂文化、精技术、善经营、会管理的文化产业人才队伍。要重点培养和引进影响力强、号召力大的文化产业领军人物；既懂文化又会管理、既懂文化艺术又通晓科技和研发、既懂专业业务又擅长市场营销的复合型人才；还有创意人才、营销人才、融资人才、研究人才等等；还要造就从事文化产业的劳动者。

自治区和各市要建立文化产业人才库。要制订和实施文化产业人才教育培训计划，建立多层次、多渠道的文化产业人才培训体系。办好广西文化产业人才培训班。请北京、上海等地进行文化产业方面的培训。要充分发挥高等院校、科研院所和各类教育机构的作用，鼓励高等院校设立文化创意产业方面的院系，形成优势学科，源源不断地培养文化创意产业人才，要在若干大学挂牌成立广西文化产业研究基地，加强对产业理论的研究和产业项目的策划、论证。年内完成广西文化产业协会的换届工作，真正发挥协会的应有作用。

5. 抓保障

组织保障。举例来说，《印象刘三姐》从创意、立项、投资、论证、演出和推广，始终发挥着政府的前瞻引导、积极促进的作用。自治区去年成立了自治区文化体制改革和产业发展领导小组及其办公室，由陈际瓦副书记为组长，李今早常务副主席、沈北海常委、李康副主席任副组长，自治区政府办公厅、党委宣传部、文化厅、财政厅、发改委、国土资源厅、国资委、广电局、新闻出版局等相关单位为成员。该机构在领导、决策、协调等方面发挥重要作用。没有文化产业科的市文化局要尽快成立文化产业科，有产业科的要进一步充实力量。

体制保障。2009 年全国文化体制改革进入全面提速阶段。总的要求是“做优做强一批，整合重组一批，停办退出一批”。体制改革的结果是为文化产业提供合格的市场主体，进而发挥国有文化企业的生力军作用。

政策保障。一是加大政府的财政投入。通过贷款贴息、项目补贴、补充资本金等方式，支持文化产业基地建设，支持重点项目及跨区域整合，支持国有控股文化企业股份制改造，支持文化领域新产品、新技术的研发，支持大宗文化产品和服务的出口以及人才培训和项目的启动、宣传等。二是降低文化产业的准入门槛。落实国家关于非公有资本、外资进入文化产业的有关规定，根据文化产业不同类别，通过独资、合资、合作等多种途径，积极吸收社会资本和外资进入政策允许的文化产业领域，参与国有文化企业的股份制改造，形成以公有制为主体、多种所有制共同发展的文化产业格局。三是落实税收优惠政策。有《国务院办公厅关于印发文化体制改革中经营性文化事业单位转制为企业和支持文化企业发展两个规定的通知》（国办发〔2008〕114 号）中的相关税收优惠政策，对转企改制企业实行相应的税收优惠政策。四是在文化产业的项目用地上实行相关的倾斜政策。譬如说国家准备出台鼓励民营资本建电影院的政策。房产商建电影院，可以按协议价要地。增一块银幕，国家补贴 50 万等。五是加大金融支持。国家成立中国文化产业投资基金。拟筹资 200 亿以上。鼓励金融机构加大对文化企业的金融支持力度。积极倡导、鼓励担保和再担保机构大力开发、支持文化产业发展。支持有条件的文化企业进入主板、创业板上市融资，鼓励已上市文化企业通过公开增发、定向增发等再融资方式进行并购和重组，迅速做大做强。支持符合条件的文化企业发行企业债券等。

（作者：广西壮族自治区文化厅副厅长）

发展与民生呼唤的使命——关于北部湾博物馆和西江文化博物馆建设的初步设想

覃 溥

从2008年开始，中国政府决定以中央财政支持为主，在全国有步骤地实施公益博物馆和纪念馆的免费开放，至2009年全国已有近1440座博物馆和纪念馆畅开怀抱，迎接了来自国内外的8.2亿观众，"到博物馆参观去！"一时成为中国近两年国家公共服务和民众文化休闲的热门话题。

国家有充分保障人民大众文化权益的义务和责任，国家经济发展与文化繁荣的成果要惠及民众，文化遗产保护要积极融入国家经济发展，这是今天中国政府鲜明的文化政策和导向。中国博物馆已经走过了100多年的历程，回顾看，没有哪一个时代如同今天这样博物馆作为国家公共文化服务体系的重要组成部分受到如此高度重视；没有哪一个时代如同今天这样博物馆受到人民大众的如此关注和参与；没有哪一个时代如同今天这样博物馆与国家社会和经济的发展联系得那么紧密（有权威机构的统计，国家财政对文化遗产保护及利用的投入，其投入产出比在我国的平均数已达到1∶8）；没有哪一个时代如同今天这样认识到文化遗产保护及运用（博物馆事业发展）成效如何，已经成为地区、国家之间竞争实力的重要构成。

广西有36个博物馆和纪念馆分别于2008年和2009年列入中央财政支持实施免费开放单位，自治区政府和自治区财政以到位的认识、积极的响应和超常的投入保证了列入单位如期免费开放。2010年伊始，国家即明确关于公益博物馆和纪念馆的免费开放政策将继续推进，财政上将更全方位的以有效支持方式和力度予以保障，中国公益博物馆和纪念馆的免费开放也将进入强调地区平衡发展和服务质量提升的重要阶段。

在这样的背景下，广西的博物馆和纪念馆建设在布局上的地区不平衡、在特色与类型配置上的不够丰富、不同地区人民群众在享受文化权益上的不平等（国家强调所在地的居民应是博物馆免费开放的主要受众）和全区文化遗产保护融入区域经济社会发展上的整体力量较薄弱等一系列问题便日益凸现。广西各级的文化（文物）行政主管部门都意识到了问题，并在积极思考和行动。关于建设北部湾博物馆（百年军事要塞遗址博物馆）和西江文化博物馆（以下均称"两馆"）的设想、调研、与地方文化（文物）行政主管部门的探讨和研究，以及与地方政府的积极沟通、协商，最终形成共识等一系列工作正是在此背景下启动并有效进行。

一、关于北部湾博物馆（百年军事要塞遗址博物馆）

1."百年军事要塞"的保护与利用是这个项目设想的发端

广西近代百年军事要塞是我国近代史上最大规模的军事设施之一，其沿现那坡县的中越边境线中国边境的一侧向至现北海市海岸伸延布署，绵延1200多公里，涉及靖西县、龙州县、凭祥市、大新县、宁明县、防城港市、钦州市等三市五县（市），军事要塞含炮台、碉台165座，关隘109处，关卡66处，其中大小连城提督行署及其东西两翼的城墙、炮台、碉台等工事多保存完整，有"南疆小长城"之称。2006年5月25日我区将沿线遗址整合申报，获国务院以"百年军事要塞遗址和友谊关"为名公布为第六批全国重点文物保护单位。

根据《文物法》"县级以上人民政府文物行政部门应当根据不同文物的保护需要，制定文物保护单位和未核定为文物保护单位的不可移动的文物的具体保护措施，并公布施行"的规定，在"百年军事要塞遗址和友谊关"公布为全国重点文物保护单位后，广西文物局开始酝酿《规划》的编制。而百年军事要塞遗址的主要文物点分布在北部湾经济区，既沿海又沿边，战略地位十分重要，随着北部湾经济区开放开发建设，大型基本建设项目涉及上述文物的情况已越来越多，必须制定相应的文物保护规划并纳入当地的城乡发展总体规划，正确处理文物保护与经济发展的关系，并科学利用这份珍贵的历史文化遗产，为区域软实力构建提供高层次组合。

2007年起，对百年军事要塞各文物点的前期调研开始组织，并形成工作成果——《规划编制纲要》。由于《规划》涉及地域广阔，工作量大，专业性、法规性极强，对北部湾区域文化发展的意义要求远瞩与超越相关前沿，指导性与操作性兼具，编制难度较高等情况，《规划》特邀了中国文化遗产研究院作为主要编制机构，并根据不同专业同时集合广西文物考古研究所、北京双宁文物保护技术有限公司、哈尔滨工业大学景观设计研究中心、中国地质大学等5家研究机构约50多位各行业专家与技术人员参与，2008年《规划》编制的文献资料收集、实地勘测、专题研究等工作开始全面实施。

2."北部湾博物馆(百年军事要塞遗址博物馆)项目的提出

(1) 项目的提出是《规划》编制工作深入过程中的必然成果，是贯彻科学发展观并运用于文化遗产保护事业，构建北部湾经济区文化软实力，为区域发展提供强大后劲的需要。而《国务院关于进一步促进广西经济社会发展的若干意见》(以下均称《若干意见》)的下发、中国—东盟自由贸易区的建成，甚至海南岛将建成国际旅游岛等国家重大决策和区域发展方向，都更是为项目的建设提供了重要条件。

(2) 北部湾区域丰富的文化遗产遗存是建设博物馆的资源基础。沿边沿海1200多公里上布署的广西百年军事要塞遗址是历史留给广西人民的一份珍贵文化遗产，是近代史上中国人民保卫祖国疆土，浴血奋战、视死如归的壮烈见证，是今天爱国主义教育的生动教材；保存完好的、寓丰富军事建筑艺术于无限风光在"要塞"的军事要塞遗址景观、此次《规划》编制工作的丰富成果、近年北部湾区域一系列国家战略发展的轨迹与成就，都为建设一座历史遗址展示与博物馆展示相结合的现代化博物馆提供了丰富厚实的内容基础。

(3) 这一区域需要补上现代城市博物馆的缺失。建国60年了，但北部湾区域的北海市、防城港市和钦州市一直没有城市博物馆的建设。改革开放30年前这一区域谈不上博物馆的建设有较多的客观原因，但在改革开放30年后、尤其是今天北部湾社会经济高速发展，北部湾经济区设立后北海市、防城港市和钦州市三市地位突出时，一座展现北部湾区域悠久历史和宏伟未来的窗口式现代城市博物馆的建设已成必要。

(4) 博物馆的建设已关乎这一区域的国家形象和国家文化安全。由于处于沿海沿边，北部湾沿海地区和中越边境地区受战争等因素的影响长期得不到国家的有力的建设资金投入，经济和文化建设长期相对发展滞后，而连城要塞及友谊关文物残损破败严重，缺乏有效的保护和利用手段，已影响到国家形象和国家文化安全、文物安全。项目的建

设将是构筑北部湾经济区文化软实力的战略性标志工程，并对北部湾经济区的文化形象提升和国际地位产生深远意义的影响。

(5)《规划》这一项浩大工程(历时近三年、已投入资金约400多万元)所获得的多方面资料和载体多样的丰硕成果，又为项目的建设提供了另一份丰厚的内容基础。广西百年军事全线要塞遗址调查、勘测遗址拍摄和相关史料查询、整理等野外及案头工作已基本完成，进入《规划》总合和总编阶段；龙州小连城、凭祥大连城专项规划已完成规划初稿，全部成果将于2010年第三季度提交国家相关部门评审、申请纳入“十二五”国家大遗址、文物保护重点项目库。

为此，顺应形势发展及要求，《规划》增加广西百年军事要塞遗址博物馆项目研究和策划的内容，并从资源整合、布局科学和规模适度、以及投资控制等全面考虑，提出了广西北部湾博物馆与广西百年军事要塞遗址博物馆的合二为一建设。

3. 项目建设的定位、内容和相关配套

(1) 建设目标、发展定位：为区域提供一座集北部湾区域自然与人文发展史、特色地域历史与文化、今日北部湾兴起与发展、公共文化服务、爱国主义教育和旅游产业发展等内容、功能及发展目标为一体的，对区域经济社会发展服务性强、文化地位与影响力超越一般化、与沿边沿海百年军事要塞遗址旅游紧密结合、文化产业链多接的大型区域城市博物馆。

(2) 资源整合、承载厚重：项目展示内容将室内展示与露天展示相结合由北部湾史话(千年海上丝绸之路)、百年军事要塞与南国边关长城、风声水起北部湾(北部湾今日)、重点军事要塞建筑复原露天展示、《南国边关烽火》高科技影视片，接待与观众服务中心六大部分组成。

(3) 超前规划、产业并举：辅以文化遗产保护与展示为主要内容的旅游项目建设，为博物馆的发展提供可持续性，为伸延布署在沿边沿海1200多千米范围内的广西百年军事要塞遗址编制专题保护与发展规划，通过详细调查、测绘与研究，科学编制保护和利用的总体发展规划(已在进行)，提出具体的保护措施、设计修缮方案和开发利用计划，保护与维修工程首选全线上保存较好、景观良好、管理与安全等开放与旅游条件较成熟的文物点，致力于利用已畅通的沿边开发一条起于那坡县终至北海市、以军事史探幽及边关风光之旅为主题内容的综合性旅游线路和项目，与博物馆的静态展示呼应，也为广西旅游业发展提供新的增长点。

4. 北部湾博物馆(百年军事要塞遗址博物馆)落户钦州市，基于对自治区党委、政府关于北部湾发展战略的深入认识

(1) 钦州人文历史厚重。钦州是有1400多年悠久历史，是1200千米的广西百年军事要塞沿线遗址的遗存地之一，是著名民族英雄刘永福、冯子材的故乡，区域内以保护完好的刘永福冯子材旧居古建筑群为代表的历代文物遗迹众多；以中国历史文化名村大芦村为代表的民族民俗完整传承；以钦州坭兴陶有1300多年的历史荣为国家级非物质文化遗产名录之一为代表的一大批非物质文化遗产项目彰显文化遗产资源及人文历史积淀厚重，有着建设广西北部湾博物馆的丰富历史文化资源基础。

(2) 钦州有承接重大文化项目的最佳环境。钦州地处北部湾经济区的中心位置，北距南宁100多千米，东南距北海100千米，西南距防城港50千米，背靠大西南，面向东南亚，是我国西南地区走向世界的最近出海通道和门户，是中国—东盟自由贸易区的前沿地带，是广西与东盟国家经贸往来与文化交流的桥头堡，是广西北部湾经济区开放建设的主战场；在原有桂海、钦防等高等级公路和

钦北、钦防等铁路的基地上，随着广西北部湾经济区“五铁两高”交通项目的加快建设，钦州交通更加便捷，城市辐射带动功能将跨越式增强。

钦州自然与人文资源丰富。钦州现有365万人口，是中国大蚝之乡、香蕉之乡、奶水牛之乡；自然风光秀美，有三娘湾、刘冯旧居、八寨沟三个国家4A级旅游景区，以及茅尾海、龙门群岛等景色独特的滨海旅游景点；国家级历史名村灵山大芦村、浦北越州古城遗址、毗邻海上丝绸之路重要遗址——国家考古大遗址合浦汉墓保护区等历史遗产，这些都为项目的建设提供了资源支撑与配合。

“钦州精神”是北部湾博物馆（百年军事要塞遗址博物馆）落户钦州市的关键支撑。国家批准实施《广西北部湾经济发展规划》给钦州发展带来了千载难逢的历史机遇，在实施“以港兴工，三化互动”发展战略，“建大港、兴产业、造新城”的宏伟目标中，钦州市创造了“一天填海40亩”、“海上修路600米”、“七天建设一层楼”的建设速度，演绎了“精卫填海”、“愚公移山”的现代神话，弘扬了钦州精神，自治区党委和政府的高度评价钦州速度，赞誉其代表了北部湾速度，广西速度。

（3）钦州市委、市政府对构建公共文化服务体系的高度重视，对文化遗产保护与利用在经济社会发展中的独特作用的敏锐认识，对城市博物馆建设在提升城市文化品味、构筑综合实力甚至竞争力的作用的远见，对北部湾博物馆（百年军事要塞遗址博物馆）这样在国内为数不多的以海洋文化发展史伴边关军事史的“双栖”博物馆的情有独钟，以及与自治区文化厅在建设项目上诸多问题的共识，更是使得这个相对复杂的项目具备了可行性。

二、关于西江文化博物馆

笔者在五年前的《领头鼎立，北跃南起，东西渐进——广西“十一五”文博事业发展格局漫谈》一文中有过一段对桂东地区文物保护和博物馆建设状况的展望：“……这是一块饱得江河文明滋润，远古与历代文化遗产星罗棋布，保存着深厚历史文化底蕴的沃土。曾为桂东地区历代的重要出海通道，汉唐以来在货物集散方面堪与广州相媲美的贺州；古瓷器生产与出口基地的容县与北流、古郡守所在地贵港……，重点文物保护单位与文物藏品的数量和级质与桂柳阵容相当，贺州临贺古城、容县真武阁、桂平金田起义旧址、北流铜鼓、广西考古史之最贵港罗泊湾汉墓、陆川谢鲁山庄与梧州孙中山纪念堂等都盛名在外。贺州、梧州、玉林、桂平、容县和贵港等文物保护管理机构都是广西最早设立的，其丰富收藏贯通旧石器时代至近代，精品比例甚高，与大桂林比肩广西文博的重要两翼……。由于种种的原因，这一区域的文博事业过去几年发展的步伐节奏稍有减缓，但是随着整体情况的变化、一批城市博物馆的建设、即将公布的广西第六批全国重点文物保护单位也¼在此，将更加强这个区域文化遗产资源在全区的地位，桂东文博事业重振雄风的‘十一五’战役己经奏起序曲”。之所以回顾旧文，是感叹五年己去，希冀的局面没有如期而至，此前也没有“引领”局面打开的更有力措施，问题如鲠在喉。

梧州市文化局新到任的温伦局长参加2010年元月召开全区文物工作会期间，因听在策划北部湾博物馆和柳州工业博物馆的建设而有感“梧州市能不能考虑建设西江博物馆?”，令闻者茅塞顿开。形势急转向好，2010年3月初梧州市委常委、永梅副市长代表梧州市与益中厅长面见商议，共同启动建设西江文化博物馆的前期筹划工作。

1. 建设西江文化博物馆是时代的呼唤

广西在桂东地区没有一座真正意义的博物馆，这是笔者用“问题如鲠在喉”形容的背景，而在这一块“饱得江河文明滋润，远古与历代文化遗产星罗棋布，保存着深厚历史文化底蕴的沃土”之上，没有博物馆这样可以充分展示的平台是令人遗憾的！

用人们耳熟能详的“生产力决定上层建筑”可以解释过去一切。但是时代在向前发展，今日之桂东也已非昨日桂东。国务院《若干意见》关于广西“两区一带”国家战略的实施，地处北部湾经济区和珠三角经济圈交汇点的大梧州区域正在迎来前所未有的大好发展机遇，桂东文博事业的重振雄风已有了良好的外在环境，建设一座引领局面的大型博物馆时机也终于到来。

2. 梧州市作为广西境内唯一位于西江河畔的城市，是建设西江博物馆的最佳选址地

珠江流域主流西江发源于云南，由南盘江、红水河、黔江、浔江及西江等河段组成，主要支流有北盘江、柳江、桂江、贺江等，其中浔江与桂江在梧州市交汇成就西江。历史上梧州曾是西江地区的政治、经济、军事、文化中心，作为一座有着近 2200 年的历史文化名城，其历史遗存丰富，人文底蕴十分深厚。先秦时期的苍梧古国、两汉时期的交州州治、明朝时的两广总督府均在梧州辖地内、民国时期也一度成为广西省政府所在地；梧州也是我国唯一继承了“苍梧”这一地名的城市，是古苍梧文化的唯一继承者，是西江文化的源头、海上丝绸之路的交汇点、佛教最早登陆点、粤语的发源地、全国最早建成的孙中山纪念堂……其历史与文化千年来曾深刻的影响岭南文化的发展。

3. 西江文化博物馆将如何“汇成”

立意有了，但是“西江”百川成就，源远流长，题目的设定既是可大亦可小，内容组合也是庞然与玲珑皆可选择。经过大家初期的思考和研究，我们决定迎接压力与挑战，往谓之“大”去做前期。如同做好学问要读万卷书、行千里路，“将赡才力、务在博见”，亦是做“大”西江文化博物馆需要秉持的态度，因为有容乃大。

西江文化博物馆建设拟以七大部分展开：一是西江流域历史文化区：总体展示整个西江流域概况，源头、中段、下游的地理和景物风貌，以及流域地区的历史沿革。二是西江流域珍贵文物区：集中展示最有代表性的西江流域珍贵文化遗存。三是西江流域政治、军事、经济历史区：展示西江流域范围内的重要历史事件和人物。四是西江民俗、宗教区：展示西江流域最有代表性的民俗风情、宗教历史。五是西江流域文化艺术历史区：展示西江流域的历史文化名人、书画、音乐、舞蹈，以及其他非物质文化遗产等。六是梧州历史文化区：主要展示舜帝文化、古广信文化、龙母文化、骑楼文化。七是机动区：举办西江流域内各主要城市（包括广东）的交换专题展示。

4. 西江文化博物馆对大梧州的意义

文化是民族之魂，没有文化的城市是没有品位的城市。目前梧州市仍没有一座上规模的现代化博物馆，缺少全面展示梧州深厚历史文化底蕴的平台。建设与打造西江经济带、建设西江亿吨黄金水道相呼应与匹配的西江文化博物馆，对于提高梧州的城市品位与知名度，增强该市的文化软实力、城市综合竞争力和对内外的文化交流地位的影响力有着深远的意义。

西江文化博物馆将是一个多功能的大平台。整个西江流域尚未有反映西江文明的综合性博物馆。利用梧州市特有的地缘、语缘、商缘优势建设西江文化博物馆，展示西江文明史的进程与发展成就，同时整合大梧州乃至整个西江流域丰富的文化遗产资源，形成文化遗产旅游业的集群效应，对于加强流域内的方方面交流与共享，带动旅游、促进商贸等发展，促进大梧州经济社会的全面可持续发展将产生不可替代的特殊

作用。

西江文化博物馆的建设将造就梧州市的跨越。区内南宁、柳州、桂林、百色四市已建或正在建一定规模的现代化城市博物馆，相对应这些城市的博物馆文化分别辐射桂南、桂中、桂北和桂西地区，并在文化层面上促进了这些城市作为区域性中心城市地位的提高。因此，在梧州市建设西江文化博物馆，不仅可以填补桂东、南地区没有高规格博物馆的空白，更可以迅速提升梧州的城市文化品位，确立和巩固梧州作为桂东南以及西江黄金水道中心城市的地位，由此促进西江沿线城市，以及粤港澳地区乃至滇黔等省的经济与文化交往，其文化影响力的长效不可估量。

结语

“两馆”的建设因各方面的共识已由“动议”进入了初期策划。而两个项目因时逢国务院《若干意见》给两市带来重大历史发展机遇之际，又都恰巧被所在地政府以远见与战略初定安排在未来城市新发展的重要连接点上建设：一是牵引钦州城市发展新格局、位于滨海地区、集“江、海、湖、山、岛”为一体“钦州滨海新城”；一是由梧州市与苍梧县以“生态＋新城”为核心定位，并突出“未来新城、宁静港湾、旅游胜地、游憩乐园、宜居天堂”等五大开发建设主题共建的“苍海”新区。两新城（区）滨海临江、一张白纸上将画最新最美的画，“两馆”寓于其中成为新区的重项之一不仅可以成就自身的璀璨，并将以深厚历史文化内涵与现代化科技运用寓于一体的新城名片影响与提升新城文化品位，赋予新城更高附加值，在加快新城建设速度上将产生不同他项的特殊贡献。“两馆”建设在理念、模式及运作上将走更多创新与突破以往的道路，并将彼此共享与呼应，融入自治区级各个博物馆群体，形成集合效应。“两馆”建设因此将是广西文化遗产保护融入区域经济社会发展、提高自身服务广西新发展能力最具挑战的实践。

对未来的展望是激励人的：以一小时“经济圈”统计，“两馆”在三年左右建成后，以那时的交通快捷局面，“两馆”的地域幅射达广西六至八个大中城市（乃至周边广东省部分市、县），享有文化权益的受众仅地域内居民就逾广西人口的 3/5 强；以大型现代博物馆内部就业需求和延伸服务业发展，“两馆”的建成后不同层面的就业拉动将至千人之上；参考现有已开放大型博物馆的情形分析，各具特色的“两馆”建成后将为区域内的旅游业提供“一种可以无偿使用的优质资源”，在配合区域内的旅游景点中，原来的旅游线路将由“温线”变“热线”，其文化与经济的高度融合所产生的拉动与贡献绝非可以小视……

“两馆”的建设由动议至蓝图、直至实现的过程将任重道远。“非知之艰，行之惟艰”，这是在“两馆”建设前期应怀有的审慎心态。而有志者事竟成，加速建设大文化的广西形势给了“两馆”建设天时地利，背负使命上路的人们有理由充满信心地去为其之最终实现而努力奋斗。

（作者：广西壮族自治区文化厅副厅长、广西文物局局长）

以新的理念提升广西对外文化工作水平

马红英

对外文化工作是国家对外开放总战略的重要组成部分。在世界经济全球化、文化多元化深入发展，我国我区对外开放不断扩大的历史大背景下，对外文化工作既充满机遇，又面临挑战，加强对外文化工作已经刻不容缓。我们要抢抓机遇，树立新观念，实施新方略，努力提升对外文化工作水平，开辟对外文化工作新境界。

一、进一步深化认识，树立对外文化工作的新观念

1. 深刻认识新形势下对外文化工作的重要性

党和国家领导人高度重视和关怀对外文化工作，2009 年胡锦涛、温家宝、李长春、习近平、刘云山、刘延东等党和国家领导同志高度重视，先后就对外文化工作作出 60 多次批示，重点涉及国家形象塑造、依法管理、战略规划、文化外交、文化安全、文化贸易、文化中心建设、文化走出去等方面。我们要贯彻落实好党和国家对外文化工作部署和要求，深化对对外文化工作地位和作用的认识，把对外文化工作摆在更加重要的位置上。

加强对外文化工作，是扩大中国文化影响力、提升中国文化软实力的迫切需要。100 年来中国的长期衰弱，导致中国文化处于被西方俯视的地位，文化交流“西强我弱”。改革开放以来，我国经济发展突飞猛进，国民经济保持了年均 9.7%的增长速度，经济总量跃居世界第三位，综合国力不断增强。但是，至今中西文化交流中国文化仍然处于下风，中国文化对外传播严重“赤字”和“入超”，文化软实力现状与我国经济大国地位极不相适应。只有大力加强对外文化工作，才能全方位、多层次展示中国文化本身的内涵和魅力，扩大中国文化向世界的传播和影响力，加快提升中国文化软实力。

加强对外文化工作，是传播中国文化价值观、增进中国与世界各国人民相互了解和友谊，营造良好国际环境的迫切需要。中国传统文化以和谐理念为核心，致力于追求天人和谐、人际和谐、身心和谐，体现了世界普世价值。在复杂多变的国际形势下，加强和改进对外文化工作，通过大力建设各种文化交流平台和文化品牌项目、开展有民族特色和国际影响的文化交流活动，大力传播以和谐理念为核心的中国文化价值观，在世界广泛传播中国声音、中国理念、中国形象，让中国了解世界，让世界了解中国，为改革开放的顺利进行营造了有利的国际环境。

加强对外文化工作，是推进文化创新、增强文化发展活力的迫切需要。“文化只有在对外传播、交流、融合、激荡中才能保持最旺盛的创造力和生命力”。在经济全球化、文化多元化、社会信息化的趋势日益明显的今天，世界文化交流的规模越来越大，速度越来越快，层次越来越深，加强对外文化工作比以往任何时候更加重要。只有加强对外文化工作，变被动应对为主动出击，深化对外文化交流合作，在传承民族文化精髓基础上吐旧纳新，文化才能有强大的生命力。

2. 进一步增强做好广西对外文化工作的责任感、使命感、紧迫感

在新形势下加强对外文化工作，提升对外文化工作水平是文化部门和文化工作者义不容辞的责任。我们要进一步提高做好对外

文化工作的责任感、使命感、紧迫感，增强对外文化工作的主动性，打好对外文化工作的主动仗。

增强配合国家整体外交战略、发挥文化在国家外交中的独特作用的责任感。文化与政治经济一起构成了我国整体外交工作的三大支柱。中华人民共和国成立60年以来，特别是新世纪以来，对外文化工作从计划经济条件下较为有限的官方文化交流逐步探索，在继承中创新发展，目前已初步形成为文化外交、文化交流、文化外宣和文化贸易四大工作领域，构建起全方位、多层次、宽领域、多渠道的工作格局。对外文化工作在国家外交工作中的作用越来越突出，文化部门和文化工作者要增强责任意识，更加有效地发挥文化在国家外交中的独特作用。

增强加快提升广西文化软实力、服务广西经济社会发展的使命感。作为具有鲜明民族文化特色和丰富民族文化资源的少数民族自治区，广西民族文化历史悠久，资源丰富，区域性、民族性、多元性特征突出，堪称"民族文化富矿"。但是，当前广西文化在海内外的知名度和美誉度还不够高、市场竞争力和影响力还不够强，其国际经济社会价值还有很大的拓展空间。我们要增强使命感，着力把丰厚独特的文化资源转变为文化生产力、转变为文化"走出去"的优势，转变为对外文化传播和贸易的优势，进一步提升广西文化的国际影响力，树立广西文化的国际新形象，全面提升广西文化的软实力，以文化软实力提升经济硬实力，服务广西经济社会发展。

增强深化广西与东盟文化交流合作、提高对东盟开放合作水平的紧迫感。在当前对东盟文化交流合作中，广西具有相对的地缘人缘优势，得地利之先。但是，部分省区在稳定原有对外文化交流格局下充分关注了与东盟的文化交流与合作。据了解，云南省已全面展开与东盟文化交流与合作，在有关国家举行了大规模文化活动的同时有重点地选择了一些国家进行文化交流与合作。广东省也将举办中国—东盟非物质文化遗产论坛，以此为突破口开展与东盟文化交流合作。福建、四川等有关省市也更加重视与东盟的交流合作。这些省区文化资源丰厚，文化交流合作的投资及政策相对完善，文化交流合作的能力在不断提升。我们要增强紧迫感、危机感，赢得主动，抢得先机，在中国—东盟自由贸易区建设中发挥更大的作用，提高对东盟开放合作的水平。

二、创新思路，打造品牌，构建对外文化工作新格局

文化的竞争力、影响力主要通过文化品牌实现，必须把握机遇，积极规划和实施对外文化重点项目，以重点项目为依托全力打造能体现广西特色和优势的系列化、国际化文化品牌，构建起对外文化工作新格局，全面提升对外文化工作的效率和水平。

1. 打响文化贸易品牌

大型山水实景演出《印象·刘三姐》以独特的艺术感染力和良好的社会经济效益，吸引着众多的国内外观众和业内人士。以其制作人梅帅元为核心的广西创作管理运营团队迄今已经在全国推出了7个山水实景演出，积累了丰厚的大型山水实景演出创意理念、规划设计、资本运作、人才管理、运营方式等方面的经验。通过广西创作运营团队与境外的名山名水相结合，打造境外实景演出，在中国尚属开先河之举。要把握当前各种有利时机，大力打响国际山水实景演出这一走向世界的中国文化品牌，着力推出具有国际影响力的广西实景演出创意团队品牌企业，输出山水实景系列产品，形成山水实景演出版块，打造出中国的"迪斯尼"。通过打响国际山水实景演出品牌，以其示范和鼓动效应，实现和带动广西文化企业"走出去"、广西文化产品

"走出去"、广西文化服务"走出去",在国际文化市场上占有一席之地。

目前广西已经与东盟一些国家达成了共同打造大型实景演出的意向,其中有些项目已经进入了实质性操作阶段,有些项目正在对接洽谈中。由广西和越南合作建设的下龙湾实景演出《越南越美》将是中国第一部在境外打造的实景演出,也是世界上第一部海上实景演出,目前该项目各项工作进展顺利。此外,广西与柬埔寨合作建设的吴哥实景演出《微笑的高棉》、与马来西亚合作建设的山水实景演出《马六甲》等项目的前期工作正有序展开,同时还积极推进新加坡山水实景项目的考察及签订合作意向工作。

2. 打响文化交流合作品牌

要充分发挥广西的优势,积极争取在广西设立国家级的中国—东盟文化交流培训基地,以"立足广西、面向东盟、辐射亚洲、服务全国"为理念,通过不断努力和开展绚丽多彩的活动,将"基地"打造成为广西与东盟文化交流合作的品牌。作为国家对东盟文化交流合作的前沿阵地、国际国内文化合作交流的集约型平台,一是承接文化部与东盟的文化交流合作培训计划和任务;二是配合一年一度东盟博览会的召开和东盟主题国的主题,举办东盟文化博览园各项文化活动;三是推动广西与东盟的文化交流合作培训全面展开,同时为全国各省市对东盟的文化交流合作提供服务。今年将有计划地在基地开展10+3文化人力资源培训班、10+3博物馆馆长培训班、中国—东盟红铜鼓艺术教育展等活动。

3. 打响文化传播品牌

要实施"彩虹之光"华文艺术教育演出计划,打响向海外青少年传播中华文化的特色品牌。该计划以海外青少年作为活动的受众对象,通过青少年喜闻乐见的寓教于乐艺术形式和丰富多彩的互动活动,着重培养他们对中华文化的价值观和思维方式的理解与认同,让他们与中华文化共同成长。

"彩虹之光"华文艺术教育演出计划拟以海外文化艺术中心、孔子学院、华文学校、当地学校、青少年专业剧场以及华人聚居区或当地社区为核心,有效整合各类优秀的文化艺术资源,从"经典京剧"、"缤纷话剧"、"精彩杂技"、"妙趣木偶"、"魅力桂剧"、"健康武术"和"华彩盛宴"七大版块及由七大版块衍生出的系列活动展开。目前,该项目的前期准备工作已展开。

4. 打响文化外宣品牌

要充分发挥文化外宣的积极作用,树立并打响"广西文化舟"这一对外文化宣传品牌。通过具有广西鲜明地域特色及浓郁民族风情的舞台艺术精品、美术精品、博览精品、旅游精品展演展示和文化名人学术交流等形式,向海内外整体推介广西的灿烂文化、美丽山水及开放环境,宣传和谐的广西、美丽的广西、魅力的广西、活力的广西、开放的广西、文化的广西、充满希望的广西,使之成为广西对外文化宣传的品牌。

在未来五年内,对外文化工作配合我区外事工作大局,要以"广西文化舟"为载体,通过不断打造有影响力和感召力的文化外宣节目,形成广西文化外宣的格局,以此带动文化贸易、文化旅游的开展,达到促进广西优秀文化走出去、提升广西文化软实力及国际影响力、树立广西新形象及弘扬广西时代精神风貌的效果,为广西政治、经济、社会、文化的全面协调可持续发展提供强有力的服务和智力支撑。

三、完善落实各项政策措施,提供做好对外文化工作的良好保障

1. 切实加强领导

加强组织领导是做好对外文化工作的关键。建议从以下几个方面加强对对外文化工作的组织领导。一是各级党委政府、有关部

门要高度重视对外文化工作，把对外文化工作纳入重要议事日程，摆上全局工作更加突出的位置，切实加强组织领导，扎实推进我区对外文化的各项工作。二是围绕经济社会发展和对外工作总体部署，把对外文化工作纳入中国—东盟自由贸易区建设和《广西北部湾经济区发展规划》实施的大格局，更好地促进广西对外文化工作的发展。三是要认真研究制定全区对外文化发展规划，明确对外文化工作的目标任务、方法步骤，统筹推进，突出重点，分步实施，力求实效。

2. 创新工作机制

创新工作机制是做好对外文化工作的保障。一要建立部区合作机制。要进一步贯彻部区合作精神，争取文化部将广西定位为中国—东盟开放合作的文化交流合作与贸易中心，争取文化部从政策、资金、项目等方面给予配套支持与倾斜，力争将广西与东盟文化合作行动计划及重点项目列入文化部“十二五”对外文化工作规划纲要，列入文化部对外文化贸易重点项目，使广西能更好地配合中央面向东盟，服务全国，充分发挥广西作为中国—东盟文化交流桥头堡的功能与作用。二要建立厅际协调机制。要建立由自治区文化厅牵头、相关部门参与的对外文化工作厅际协调机制，部门联动，实现资源共享、网络共享、品牌共享，改变各自为阵、各自为战的局面，统筹对外文化工作资源，形成全区对外文化工作一盘棋，增强对外文化工作合力。三要建立政府、企业、民间共同参与推进的机制。对外文化工作是一项长期性、系统性的工程，单靠政府的力量是不够的，必须举全社会之力。要坚持政府在对外文化工作中的主导地位，转变政府职能，逐步从办文化向管文化转变，强化政府管理和服务的职能。积极鼓励、引导民间的文化资源参与对外文化工作，逐步建立以民间和企业为主体的对外文化工作格局，形成“官、民、商”并举的对外文化工作局面。

3. 完善政策措施

完善的配套支持政策是加强对外文化工作的支撑。建议与国家对外文化交流、对外文化企业、对外文化贸易的激励奖励政策相配套，借鉴四川、广东等省市的做法，设立对外文化交流专项经费，由自治区财政纳入年度预算安排，对重大对外文化交流项目予以重点支持；尽快出台《促进我区文化产品和服务出口的实施意见》、《商业演出展览文化产品出口指导目录管理办法》等有关文化交流和贸易的文件，明确投融资、税收、贷款、进出口方面的优惠政策，重点支持境外商业演出、展览等文化产品生产与服务出口，鼓励文化企业境外文化投资和开发，开拓海外市场。

4. 建设人才队伍

加快建设一支有较高素质、精通业务、高效精干、结构合理的对外文化工作队伍是做好对外文化工作的保证。目前，广西对外文化工作无专门机构、无专门队伍，并且队伍建设尚未起步，严重制约对外文化工作的开展。一要积极争取解决好对外文化工作专门机构编制的问题。抓紧建立健全自治区、市、县对外文化工作机构和队伍，市、县（区、市）文化行政部门要明确对外文化工作的分管领导和专职或兼职外事干部，逐步充实对外文化工作队伍的力量，建立和完善全区对外文化工作联络制度和联络员网。二要加大对有国际视野、善于运用国际经验和惯例的国际化高端人才的培养和引进力度。培养和引进相结合，加强文化内容创新人才和国际文化管理运作人才的培养和引进工作。“走出去”与“请进来”相结合，通过设立专项基金、企业委托培养、交流等方式，为文化人才到国外深入学习提供机会，使文化人才能够直接接触国外市场；同时邀请国外知名导演、编剧、文化营销人员等定期来广西进行交流合作。加快建立一支具有国际视野、熟悉国外企业经营

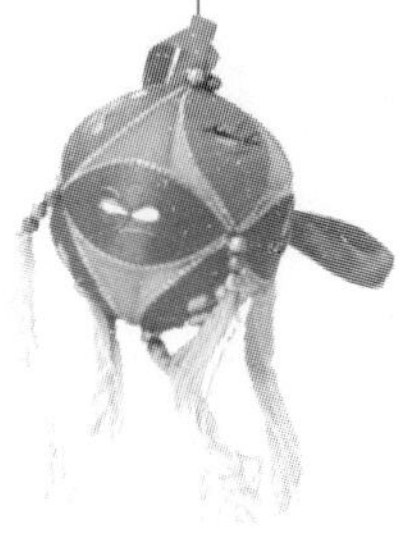

方式、善于运用国际经验和惯例的国际化高端人才队伍，为“走出去”发展战略蓄积人才资本。

5. 增强调研实效

对外文化工作调研是加强对外文化工作实效性的基础。要建立对外文化工作调研长效机制，认真调查研究我区对外文化工作的现状和发展态势，深刻分析我区对外文化工作的优势和薄弱环节，吸纳国际上通行的好做法，借鉴兄弟省区市的好经验，增强对外文化工作的计划性、预见性和主动性，使我们的优势更优，特色更明，发展更快。要建立和实施对外文化交流和文化贸易定期统计制度，加强定量定性分析，促进提高对外文化工作的针对性和实效性；同时，进行对外文化交流和文化贸易理论创新研究，加强“走出去”理论和策略的前瞻性战略性研究，为文化企业进入国际市场提供规划指导。

（作者：广西壮族自治区文化厅副巡视员）

全区文化概览

全区文化概览

2009年广西文化工作综述

2009年，在自治区党委、人民政府的正确领导下，全区文化系统全面贯彻党的十七大精神，深入学习实践科学发展观，按照“高举旗帜、围绕大局、服务人民、改革创新”的总要求，围绕“保增长、保民生、保稳定，保持广西发展良好势头”和“庆祝中华人民共和国成立60周年”的主线，谋划早、措施实、干劲足，努力推动文化建设和发展，文化工作亮点纷呈。

——公共文化服务体系建设扎实。投资7498万元建成2007年至2008年国家下达广西212个乡镇综合文化站项目任务；投资5879万元建成文化信息资源共享工程县级支中心45个、乡镇基层点499个、村级基层点783个，并为其采购、发放和调试设备。广西铜鼓博物馆、广西美术馆建设正式启动，贵港市图书馆、防城港市图书馆等一批文化设施开工建设，广西民族博物馆正式对外开放。全区免费开放的博物馆、纪念馆增加到36个。组织举办第十五届“八桂群星奖”文艺汇演，评选表彰全区优秀村（屯）文艺队40个、全区小康文化示范户99户，培育了一批优秀文艺团队。自治区群众艺术馆红棉艺术团参加全国老年人舞蹈模特大赛获金奖。桂平市金凤凰合唱团获全国首届农民合唱比赛金奖，宜州市少儿舞蹈参加全国少儿艺术大赛获金奖，河池市金铜鼓艺术团受邀参加2009年中国教育电视台春节联欢晚会。组织开展第四次县级以上公共图书馆评估。积极开展送书下乡、送戏下乡等文化惠民活动，把国家配送价值100万元的87978册图书送到5个国贫县、62个乡镇，送戏下乡慰问演出1100场。各地群众文化活动丰富多彩，南宁的“绿城歌台”、桂林的“漓江之声”、钦州的“快乐周末”、“央视激情广场走进临桂”等广场文化活动红红火火、精彩纷呈。来宾市文化惠民“三求”工程试点工作引起国家的重视和关注。

——艺术创作生产演出繁荣。着力实施打造广西气派舞台艺术精品，涌现了一批优秀剧目。北海市创排的大型舞剧《碧海丝路》荣获第十一届精神文明建设“五个一工程”奖；自治区歌舞剧院创排的音乐剧《桂花雨》赴京参加庆祝中华人民共和国成立60周年献礼演出，并滚动进入2008—2009年度国家舞台艺术精品工程（二期）剧目；自治区桂剧团创排的桂剧《烽火“南欧”》入选第三届全国地方戏（南北片）优秀剧目展演三等奖，并被邀请晋京参加纪念欧阳予倩诞生120周年活动；百色市创排的壮族歌剧《壮锦》获中国戏剧节“剧目奖”；南宁市的小品《旅店夜话》获第三届全国小戏小品大赛专业组一等奖；柳州市创排的舞蹈《铜鼓敲出壮乡情》参加庆祝中华人民共和国成立60周年大型音乐舞蹈史诗《复兴之路》演出获得好评。出色完成广西“国庆彩车”设计制作游行任务，获首都国

庆60周年群众游行指挥部颁发的最佳设计奖、创新奖等7项奖。配合自治区中心工作、重点工作和全区重大宣传活动，成功举办了庆祝中华人民共和国成立60周年文艺晚会和纪念百色起义、龙州起义80周年文艺演出以及第五届泛珠三角区域合作与发展论坛暨经贸洽谈会开幕式文艺演出、“保增长迎国庆送欢乐”6000亿元全区全社会固定资产投资项目慰问演出等重大演出活动，扩大文化系统的影响，提升了文化系统的地位。

——文化遗产保护工作积极主动。第三次全国文物普查野外调查工作取得新进展，至2009年12月31日，按乡镇计全区普查启动率达99.9%，调查登记不可移动文物11491处，其中新发现6140处，基本完成文物田野调查任务。宁明花山岩画保护工程顺利开工，广西连城要塞遗址及友谊关文物保护与展示规划正式编制，灵川商道古村、东兴京族、融水苗族等3个民族生态博物馆建成并开放。公布第6批自治区文物保护单位79处，自治区文物保护单位增至355处。组织实施了南宁市广西土改工作团二团团部旧址、广西沿海铁路等32个文物保护和考古调查发掘项目，抢救保护了一批重要文物。基本完成国家文物局“馆藏文物调查及数据库管理系统”建设试点。柳州市博物馆荣获全国博物馆十大陈列展览精品最佳制作奖。非物质文化遗产普查通过检查验收，共汇集资源线索13万余条，编印普查资料汇编350册。评选命名第二批自治区级非物质文化遗产项目代表性传承人78人，5人获“国家级非物质文化遗产项目代表性传承人”荣誉称号。公布、实施首批10个非物质文化遗产传承基地建设。组织开展第4个文化遗产日系列活动。广西非物质文化遗产精品展览获在澳门举办的第二届世界遗产旅游博览会最佳展台设计奖。自治区图书馆、广西师范大学图书馆入选国务院公布的第二批全国古籍重点保护单位，我区有45部古籍入选第二批国家珍贵古籍名录。

——文化产业发展持续升温。落实国家文化产业振兴规划，组织编制和实施广西文化产业发展规划。继续实施重大项目带动战略，积极推动南宁动漫城、广西文化产业园区、刘三姐演艺城等重点文化产业项目建设。桂林市成立的桂林市文化产业投资有限责任公司，负责桂林文化产业园区项目的建设和投融资工作。正式启动桂林游戏软件动漫产业园区、桂林动漫戏曲文化产业园、桂林云尚动画制作有限公司等文化产业项目建设。积极扶持引导文化产业示范基地发展。《印象·刘三姐》2009年演出497场、票房收入1亿多元。组织开展了中国—东盟文化产业论坛评估论证，成功举办2009中国—东盟文化产业论坛。圆满完成第五届中国(深圳)国际文化产业博览交易会、首届中国宁夏国际文化艺术旅游博览会和第四届中国(北京)国际文化创意博览会的参会参展工作，分别获得“优秀组织奖”、“优秀展示奖”、“创意设计奖”。文化产业得到自治区党委、政府的高度重视，马飚主席到区直文化系统调研，并主持召开文化体制改革和文化产业发展座谈会，决定成立广西文化投资公司、设立广西文化产业发展专项资金，自治区安排1亿元作为专项资金。

——文化市场整治有力。组织开展净化社会文化环境、文化市场集中整治、动漫市场集中整治、元旦春节文化市场专项整治等4次集中整治活动。全区各级文化行政管理部门和执法机构出动管理执法人员15.73万人次，检查文化经营摊点16.38万家次，受理举报1343件，立案调查1566件，办结案件1445件，收缴非法音像制品38.75万盒(张)，责令整改2752家次，停业整顿291家次，取缔违法违规经营场所194家，吊销《文化经营许可证》14家。顺利完成广西文化网络监管平台建设，并与文化部中央网络监管中心成功链接。积极推进文化市场综合执法办公系统试点工作。清理行政审批项目 47 项，制定了《项目规范审批流程图》、《行政审批操作规范》和《行政审批办理指南》，实现了行政审批“八公开”、“五统一”，缩短了审批时限，提高了审批效率。2009 年 1—10 月文化厅政务审批窗口 8 次获得效能排序第一名，在政务窗口满意度评价中，“非常满意”率达 100%。

——对外文化交流丰富活跃。“广西文化舟东盟行”和“中国—东盟文化交流培训中心”项目得到中央领导的高度重视，文化部提出“同意‘广西文化舟东盟行’项目和建立‘中国—东盟文化交流培训中心’”，广西积极介入国家对外文化交流总体布局、构建中国—东盟区域文化交流合作新格局的设想得到了进一步的支持与肯定。组织起草《东盟自由贸易区框架下的广西对外文化合作与交流计划纲要》，积极融入自治区与东盟合作交流的总体规划。发挥民族文化资源优势，积极组团参加 2009 年泰国春节品牌演出，组织歌舞剧《刘三姐》赴马来西亚演出，派出民乐小组参加中国驻越南使馆国庆招待会和中越双方合办的《今日中国》图片展开幕式文艺演出。全年对外文化交流 50 多起，1220 人次，涉及韩国、澳大利亚、新西兰、台湾等 10 多个国家和地区，涵盖演出、展览、文博交流等活动领域，对外商业演出 7 起，演出 269 场。进一步拓展交流领域，逐步从相对单一的艺术交流延伸到文物展览、文化艺术教育等多领域、多方位的交流，呈现团组增多、人员增多、载体多元的良好发展态势。

——文化体制改革稳中求进。贯彻落实中央和自治区文化体制改革要求，积极推进深化文化体制改革创新。自治区演出公司的改革方案上报自治区人民政府审核，自治区杂技团的改革方案上报自治区文改办征求意见。柳州市委、柳州市人民政府已正式批转《关于整合直属专业剧团和柳州文化艺术中心等单位资源、推进机制创新的改革方案》，柳州市艺术剧院去年正式挂牌成立。积极争取自治区财政的支持，区直剧团演出效益奖励专项资金总额从 2008 年的 150 万元增加到 2009 年的 750 万元，较好地促进了区直剧团的改革、发展。会同自治区人事厅制定了《广西壮族自治区文化事业单位岗位设置结构比例指导标准》，推动文化事业单位从身份管理向岗位管理转变，完成直属文化事业单位岗位设置方案的审核、报批工作，进一步深化了公益性文化事业单位劳动、人事、收入分配三项制度改革。完成了自治区本级电影行政管理职能划转。

——党的建设和人才队伍建设新招频出。坚持固本强基，狠抓理论学习，注重活动创新，开展学习型党组织检评工作，推进学习型党组织创建，党员干部的思想政治水平有了新提高，基层党组织建设有了新加强。深入开展学习实践科学发展观活动和“党组织服务年”活动，积极开展形势宣讲、文化培训、企业帮扶、文化产业项目推进、服务“三农”演出、民族文化保护等一系列服务活动。深入开展廉政文化建设，党风政风建设得到进一步加强。大力推进干部培训工作，2009 年自治区本级共举办各类培训班 18 个，参训学员 800 人次。自治区艺术学校跨入国家级重点中等职业学校行列。很值得一提的是，由我厅牵头，会同广西作家协会、漓江画派促进会，把全区相关优质资源组合在一起，成功申报了广西文化艺术创作人才小高地，构建了文化艺术领军人才培养的新平台，并且得到了第一批资助经费。

——各项保障工作服务到位。通过抓机构、抓管理、抓制度、抓细节，文化法制、依法行政、人大建议和政协提案办理、文化科技、文化宣传、政务公开、老干服务、计划生育、后勤保障、综合治理等工作明显改观，综合保障

能力不断加强，单位面貌呈现可喜新气象。各个市的保障工作做得很好。区直机关来说，2009年在保障工作方面下了一些工夫，如收回厅机关办公大楼，重新装修，改善了机关办公条件，提高了机关形象。再如，文化系统离退休人员多，老干部服务工作能跟得上，抓得好，在复杂的形势下，保持了文化系统的和谐稳定。

专业艺术

【专业艺术表演团体创作演出】 广西年内有县级以上艺术表演团体103个，从业人员4247人；新创作剧（节）目1298个，其中大型剧目228个，小型剧（节）目1070个；全年演出8978场，观众1651.06万人次，演出总收入2300.95万元。

【艺术精品创作评选获奖】 9月，由北海歌舞剧院演出的舞剧《碧海丝路》参加中宣部举办的第十一届精神文明“五个一工程”评选获“五个一工程”歌舞类奖；10月，由广西歌舞剧院演出的《桂花雨》参与“2007—2008”年度国家舞台艺术精品工程“十大精品剧目”评选，滚动入选为“2008—2009”年度资助剧目参与2010年“十大精品剧目”精品评选；8月，由广西桂剧团演出的《欧阳予倩》参加文化部举办的第三届全国地方戏优秀剧目（南北片）展演获三等奖；11月，百色隆林民族歌舞团排演的群舞《迁徙记忆·蜡染》和广西艺术学院舞蹈学院排演的双人舞《历程》参加文化部举办的第八届全国舞蹈比赛，在全国157个节目中获得表演奖优秀奖和创作奖优秀奖；12月，百色市右江民族歌舞团演出的《壮锦》参加由中国文联、中国剧协举办的中国戏剧节演出，获得剧目奖，剧中饰演阿妈的青年演员韦艺荣获优秀演员奖。

【全区舞蹈编导创作研讨会】 3月7日，全区舞蹈编导创作研讨会在来宾市象州县召开，著名舞蹈研究专家、原文化部艺术司于平司长，余益中厅长，来宾市和象州县有关领导以及来自全区14市和区直文化系统相关院团的70余名舞蹈编导出席了研讨会。会议针对我区舞蹈创作资源丰富但舞蹈编导及作品整体水平不高的实际情况，重点分析了广西舞蹈创作的优劣，为今后的舞蹈创作提出了新办法、新思路。文化厅厅长余益中在会上作了重要讲话，充分肯定了广西2008年的舞蹈艺术创作工作，深刻分析了2009年艺术创作工作的态势，对打造优秀的舞蹈作品、在全国的舞蹈比赛中取得好成绩提出了明确的要求。本次研讨会专门邀请了原文化部艺术司于平司长、广西舞协温国鸣主席、广西舞蹈专家覃国康为全区的舞蹈编导作了专题讲课，并围绕新时期广西的舞蹈创作进行了广泛交流和深入探讨。

【全区艺术创作会议】 12月13日，全区艺术创作会议在百色市召开，文化厅厅长余益中、副厅长李格训，百色市委常委、宣传部长、副市长叶乐阳等领导以及来自区艺术创作中心、民族文化艺术研究院、文化信息中心、文化厅直属八院团、文化物资供应公司等单位，全区14个市的文化局、市级专业文艺院团领导、百色市所辖县的代表共107人参加会议。会议传达了全国艺术创作会议和中央、自治区领导有关文化工作的讲话精神，总结了全区艺术创作情况，并围绕出台《广西扶持专业舞台艺术重点创作项目暂行办法》（草案）以及文化厅抓艺术创作工作等议题展开了分组讨论，提出了许多建设性意见。文化厅余益中厅长在会上作了重要讲话，深入分析了全区艺术创作面临的新形势，强调艺术创作要服从、服务于经济工作发展的大局，提醒全区创作者在创作时要处理好传统与现代、继承与创新、市场与质量等多方面关系，并对未来的艺术创作工作提出了更高的要求。文化厅李格训副厅长也对本次会议进行了总结发言，并对艺术创作工作提出了具体的要求。

【第五届广西音乐舞蹈比赛】 6月至8月，第五届广西音乐舞蹈比赛举行，本次比赛将以往由文化厅单独举办扩展为与自治区文联、广西电视台共同举办，分两个阶段进行。第一阶段初赛于6月26日至7月4日分别在各市举行，共有全区各市、各专业团体、大中院校选送的269个节目参加(其中声乐作品126个、器乐作品53个、舞蹈作品90个)，组委会组织有关专家评委组成三个评审小组分赴各市进行评审。第二阶段复(决)赛于7月25日—8月4日在南宁市举行，共有通过初赛的144个节目参加(其中有声乐作品61个、器乐作品28个、舞蹈作品55个)。本届比赛于8月6日晚在广西儿童剧院举行了颁奖晚会，圆满落下帷幕。这次比赛包括声乐(含音乐剧)、器乐、舞蹈(含舞剧、舞蹈诗等)三个艺术种类，大多为现实题材、具有广西特色的新创作作品，共设有编导、表演、作曲、声乐、演奏、舞美、服装设计和优秀组织等奖项，最终广西歌舞剧院舒春秀、钦州市歌舞团朱妮等5人获得了声乐类演唱一等奖；歌曲《等我》、《彝山酒歌》等4部作品获得了声乐类作品一等奖；广西歌舞剧院广西交响乐团、广西艺术学院现代实验乐团等6团体获得器乐类演奏一等奖；交响音画《广西畅想》第一乐章、钢琴与交响乐队《古寨门》等5部作品获得器乐类作品一等奖；桂林市歌舞团双人舞《步枪》、广西艺术学院舞蹈学院群舞《起跑线》等10部作品获得舞蹈类节目一等奖；广西军区演出队群舞《奔袭》、广西艺术学院舞蹈学院独舞《子君》等10部作品获得舞蹈类表演一等奖。

【第七届广西戏剧展览会】 4至9月，第七届广西戏剧展览会在南宁举行。本届剧展筹备四年多、为期半年、分两个阶段进行，由文化厅独办的剧展拓展为由文化厅、广西文联、广西电视台三家合办。第一阶段小戏小品展演于4月23日至28日举办，共展演了来自全区13个市和6个区直剧团的51个剧目，第二阶段大型剧目展演于9月10日至26日举办，共展演了来自全区5个市和8个区直院团的15台大型剧目。本届剧展参演剧目涵盖了桂剧、彩调剧、壮剧、粤剧等广西主要地方剧种，亦有杂技剧、京剧、木偶剧、歌剧、舞剧、音乐剧等表演形式，邕剧、客家山歌剧、牛娘戏、采茶戏、京哈剧、鹩剧等一些分布于广西各地的剧种也参加了此次展演。中央电视台、《人民日报》社、新华社、《广西日报》社、广西电视台等媒体对本届剧展进行了大量宣传报道，扩大了剧展的影响力，自治区政府主席马飚，自治区党委常委、政府副主席李金早，自治区党委常委、宣传部长沈北海，自治区政府副主席李康等领导及全区社会各界群众观看了剧展剧目演出。本届剧展颁奖晚会于9月26日在广西电视台演播大厅举行，自治区副主席李康，自治区党委原副书记、自治区文联主席潘琦出席晚会并为获奖代表颁奖，最终北海歌舞剧院演出的舞剧《碧海丝路》、广西歌舞剧院演出的音乐剧《桂花雨》、广西京剧团演出的京剧《御赐玉棋》、广西桂剧团演出的桂剧《欧阳予倩》获得组委会颁发的桂花特别奖；广西杂技团演出的杂技剧《小雪猫与独耳鼠》、贺州市歌舞团演出的客家山歌剧《仙姑岭茶歌》等10部作品获得桂花金奖；广西彩调剧团杨步云、北海歌舞剧院杨剑峰等59人获优秀表演奖。

【广西《刘三姐》艺术团赴台湾文化艺术交流】 5月21至30日，配合自治区政府做好今年在台湾举办的“2009年桂台经贸合作研讨会”，自治区文化厅组织广西《刘三姐》艺术团赴台进行文化艺术交流演出活动，期间分别于5月23日和5月28日晚在台北中山纪念馆和

高雄劳工育乐中心演出了新版歌舞剧《刘三姐》，并与台方签署了《桂台文化交流备忘录》等合作协议。5月22日下午，在自治区人民政府举办的“桂台经贸合作研讨会暨媒体见面会”上，《刘三姐》艺术团副团长杨步云代表广西文化艺术交流促进会与台湾“中华青年文化交流促进会”副理事长签署了《桂台文化交流备忘录》。5月23日上午，自治区主席马飚、副主席陈武、自治区台办主任刘侃以及台湾“中华青年交流促进会”理事长周守训等专程到台北中山纪念馆看望《刘三姐》艺术团的全体演职员，并于当晚与辜振倬云、巫秀娥、陈美惠、蒋方智怡及台各界群众2000多人一同观赏演出。

【第五届泛珠三角区域合作与发展论坛暨经贸洽谈会开幕式文艺演出】 6月9日，第五届泛珠三角区域合作与发展论坛暨经贸洽谈会开幕式文艺演出在南宁市人大会堂举行。本届泛珠大会原为2008年举办，因当时四川发生地震，活动临时取消，改至今年举行。原定开幕式演出是在民族广场举办，后根据各种综合情况，今年调整为室内演出，最后确定由柳州市歌舞团的广西民族印花《八桂大歌》作为开幕式演出。全国政协副主席李兆焯，全国人大常委会原副委员长何鲁丽，自治区党委书记、自治区人大常委会主任郭声琨，自治区主席马飚以及香港特别行政区行政长官曾荫权、澳门特别行政区行政长官何厚铧、福建省省长黄小晶、江西省省长吴新雄、湖南省省长周强、广东省省长黄华华、海南省省长罗保铭、四川省省长蒋巨峰、贵州省省长林树森、云南省省长秦光荣等领导与中央有关部委领导、泛珠各方代表团、柬埔寨、越南、文莱驻华大使、广西社会各界群众一同观看了演出。

【“保增长、迎国庆、送欢乐”6000亿元全区全社会固定资产投资项目慰问演出活动】 根据自治区党委、自治区人民政府的决策部署，服务6000亿元全区全社会固定资产投资项目的各项工作，自治区文化厅组织演出团队赴6000亿元全区全社会固定资产投资项目工地进行慰问演出活动。活动于8月9日晚在广西体育中心举行了慰问演出启动仪式，自治区党委常委、宣传部部长沈北海，自治区总工会主席徐文彦，自治区文化厅厅长余益中、副厅长李格训等领导观看了演出，并宣布慰问演出活动正式启动。本次慰问演出活动分为三个演出小分队，第一小分队由广西京剧团组成，第二小分队由广西桂剧团组成，第三小分队由广西杂技团组成。

【庆祝中华人民共和国成立60周年系列文化活动】 为庆祝中华人民共和国成立60周年，中宣部、文化部今年在北京举办了“庆祝中华人民共和国成立60周年献礼演出”活动。8月22—23日，由广西歌舞剧院创作演出的音乐剧《桂花雨》作为广西唯一一台入选剧目，在北京天桥剧场进行了献礼演出。全国政协副主席李兆焯，全国人大常委会副秘书长王万宾，国家发改委副主任穆虹、国家民委副主任杨健强、吴仕民，全国妇联副主席、全国总工会副主席陈秀榕，原国家民委副主任江家福等，以及财政部、文化部等国家部委的有关领导，部分驻京使馆大使及夫人在自治区文化厅厅长余益中的陪同下出席观看演出。9月29日，由自治区文化厅举办的广西庆祝中华人民共和国成立60周年大型歌舞音画《五星红旗》在南宁人大会堂上演。自治区党委书记郭声琨、自治区主席马飚等自治区四大班子领导与全区各界代表观看了演出。第五届广西音乐舞蹈比赛、第七届广西戏剧展览会也同时作为庆祝中华人民共和国成立60周年系列文化活动。

【纪念欧阳予倩诞辰120周年系列活动】 受中国文学艺术界联合会、中国戏剧家协会的邀请，自治区文化厅组织广西桂剧团新编现代桂剧《欧阳予倩》于11月9日晚在中央戏剧学院实验剧场参加纪念欧阳予倩诞辰120周年文艺演出活动。著名京剧表演艺术家梅葆玖，欧阳予倩亲属、欧阳山尊夫人徐静媛，自治区文化厅厅长余益中以及来自中国文联、中国剧协、中央戏剧学院等首都文艺界代表，在京工作的广西籍人士代表，欧阳予倩故乡——湖南浏阳市代表，北京大学、中央民族大学、中央戏剧学院等北京高校学生代表观看了演出。

【纪念百色起义、龙州起义80周年文艺演出】 根据《自治区党委自治区人民政府关于举行百色起义、龙州起义80周年纪念活动的通知》，由自治区党委宣传部牵头，自治区文化厅负责组织筹备的纪念百色起义、龙州起义80周年文艺演出活动于12月11日在百色市举行的。本次活动由总政歌舞团和广西各方院团共同演出，中央代表团领导，广西党委、政府领导，红七军、红八军将士亲属代表及社会各界群众观看了演出，并给予高度评价。

【纪念地方人大常委会设立30周年纪念晚会】 12月26日，《为了人民的重托——纪念地方人大设立常委会30周年文艺晚会》在自治区人大会堂举行。本场晚会由自治区文化厅创作，广西歌舞剧院、广西话剧团、广西杂技团、广西南宁现代舞蹈学校、广西艺术学院附属中等艺术学校、广西教育学院合唱团、广西岱青体育舞蹈俱乐部、广西大学滑轮协会等单位参与了演出。

群众文化

【组织开展全国文化先进县的申报工作】 由自治区文化厅社文处牵头、各业务处室参与，组织2个评估小组于1月12—14日分别到申报广西文化先进县的龙胜各族自治县、永福县、环江毛南族自治县和东兰县四县，以听取汇报、查看档案、实地检查、抽查等方式开展文化先进县评估工作。3月20日上午，组织两个评估组成员召开“文化先进县评估情况总结会”，讨论汇总了2个评估小组的综合意见，根据评估结果，结合各申报县近年的各项文化建设、发展情况，认为永福县、东兰县各项文化基础设施建设比较好、文化工作成绩比较突出，同意推荐永福县、东兰县为广西社会文化先进县并征求文化厅相关处室意见。6月4日文化厅召开党组会，讨论并决定推荐永福县、东兰县为广西社会文化先进县。

【广西公共文化服务体系建设经验交流会】 8月12—13日，在北海市召开了全区公共文化服务体系建设经验交流会暨全区公共文化服务体系建设理论研讨会。自治区人民政府副主席李康出席并讲话。自治区文化厅领导、各市分管文化工作的政府副秘书长、文化局局长、文化局分管副局长、社文科长和部分群众艺术馆馆长、县文化馆馆长、乡镇党委书记和文化站站长等140多人参加了此次会议。会议由自治区人民政府办公厅副巡视员冼祖元主持。在会上，北海市、来宾市的领导和北海市南康镇文化站、贺州市平桂区沙田镇党委、南宁市横县图书馆、贺州市八步区文化馆的代表作了各自在开展公共文化服务体系建设方面的经验交流。探讨了广西公共文化服务机制、服务设施、服务机构、队伍建设以及公益性文化单位在数量、布局和种类上的统筹等方面建设。会议期间，与会代表还考察了南康镇乡镇综合文化站和北海市群众艺术馆，并参加了北海市“魅力北部湾”群众文化活动启动仪式。交流会一共收到论文76篇，内容涉及文化馆、文化站、农村文化室、图书馆、图书室和群众文化活动。会后编辑出版了《广西公共文化服务体系建设理论研讨会论文集》。

【自治区政府重点研究课题《新形势下广西农村群众文化建设导向研究》】 5至12月，由广西艺术研究院、广西群众艺术馆、自治区图书馆以及区内群众文化研究专家组成课题组，进行搜集、整理资料，考察调研，撰写课题研究报告。此课题是广西壮族自治区人民政府办公厅发布2009年全区12项重点研究课题之一。课题内容包括"现状·失重导向"，"对策·目标导向"，"措施·服务导向"三大部分。

【自治区第十五届"八桂群星奖"评奖活动】 2至9月。由自治区文化厅主办，各市文化局承办"八桂群星奖"评奖活动。类别有音乐、舞蹈、戏剧、小品、美术、书法、摄影七类。在全国"群星奖"复赛决赛中，增加了合唱、民间艺术、群众文化活动项目奖。

公共图书馆

【概况】 广西共有14个市，110个县（市、区），现有省级图书馆2个，市级图书馆11个，县市区级图书馆84个，2个市级少儿图书馆。部分城区没有图书馆建制和人员编制；部分县（市、区）图书馆有建制和人员编制，但是没有场地；部分县（市、区）有建制、人员编制和场地，但是面积不达标；部分县（市、区）图书馆面积虽已达标但设施设备陈旧，年久失修，有的甚至已成危房。其中22个城区没有图书馆建制；10个县（市、区）有图书馆建制和人员编制，但是没有场地；20个县（市、区）图书馆面积＜1000平方米；17个县（市、区）图书馆面积≤1000平方米＜1500平方米；28个县（市、区）图书馆面积≤1500平方米＜2000平方米；13个县（市、区）图书馆面积在2000平方米以上。

【文化资源共享工程】 2009年广西共享工程建设以构建公共文化服务体系为目标，稳步推进，进展顺利。1. 完成建设2009年度财政部、文化部给广西下达的县级支中心建设指标18个，乡镇基层服务点325个，村级服务点9123个。至目前，已累计建设完成100个县级支中心、924个乡镇基层服务点、9906个村级服务点。同时，申请到了2010年度的9个县级支中心指标、192个乡镇指标和4447个村级指标。2. 各级共享工程点利用文化共享工程资源，积极组织开展各种文化、科普活动，向社会提供公众文化服务。加强农村科普文化宣传，共享先进科普资源，提高农民群众的科学文化素质和科技致富意识，结合节假日活动、三下乡活动等送知识、送资源到农村，并及时组织、协调和支持各基层点开展多种活动。积极发挥共享工程网点平台优势，走进学校、走进农村，把先进文化成果惠及千家万户。共享工程的服务效果良好，受到农民群众的欢迎。

【联合参考实时咨询】 "联合参考咨询网"是2005年由我国公共图书馆自愿加入、合作建立的公益性服务机构，宗旨是以海量的数字图书馆馆藏资源为基础，以因特网丰富的信息资源和各种信息搜寻技术为依托，24小时内为咨询人士提供免费的网上参考咨询和文献远程传递服务。截止目前，参与的公共图书馆已经达到62个，从事参考咨询的馆员有471人。广西图书馆作为参与较早的图书馆之一，年内联合参考实时咨询13527项，与去年同期比增长了298.3%；"网上参考咨询"解答205832项，与去年同期比增长了72.3%；文献传递共42500篇，与去年同期比增长了82.2%。在与全国参与的62个图书馆文献传递回复数量相比，广西图书馆排在第二，仅次于广东中山图书馆，实时咨询文献传递排行第一，这大大延申和拓展了图书馆的信息服务范围，使图书馆的信息、知识服务职能大大加强和深化，并使公益性特色进一步突出，取得了广泛的社会效益。

【第四次公共图书馆评估】 11月23—26日，由福建省文化厅副厅长陈朱为组长，陕西省图书馆馆长谢林、全国文化信息资源建设管理中心规划发展处处长王芬林、辽宁省图书馆副馆长王筱雯、湖南省图书馆副馆长伍艺一行组成的文化部省级公共图书馆评估督导组(第七组)，到广西进行第四次省级公共图书馆评估定级和共享工程督导工作。在评估督导汇报会上，自治区文化厅马红英副巡视员和徐欣禄馆长分别作了汇报。在26日的评估督导反馈会议上，督导组认为，广西的图书馆工作坚持科学发展观，很好地贯彻落实了党的十七大提出的"推动社会主义文化大发展、大繁荣"、"兴起社会主义文化建设新高潮"的要求，建设思路清晰，重点突出，文化创建氛围浓厚，特色明显，成效显著。

【广西分中心共享工程网络知识竞赛】 9月，广西分中心举办了共享工程知识竞赛活动。大赛采取网络答题的形式，竞赛内容涉及文化共享工程基本知识、各种软硬件使用和服务技能等。活动得到了各级支中心的积极配合和大力支持。有48人参加了竞赛，经过参赛人员认真激烈争夺，本次竞赛评选出一等奖1名、二等奖3名、三等奖4名和优秀组织奖3名。10月17日，共享工程广西分中心网络知识竞赛在广西图书馆三楼会议室举行了颁奖仪式。

【第二届中国—东盟图书展暨图书馆业合作论坛】 10月18—20日，由中国国家图书馆、广西壮族自治区新闻出版局主办，广西壮族自治区图书馆、广西新华书店集团有限公司承办的第二届中国—东盟图书展暨图书馆业合作论坛于在广西壮族自治区图书馆举行，包括三个部分：1. 中国—东盟图书展。它汇集了中国及柬埔寨、越南、泰国、马来西亚等东盟国家的200多家出版机构2000多个品种6000余册图书和音像制品。2. 中国东盟图书馆交流座谈会。国家图书馆馆长詹福瑞，柬埔寨图书馆界人士等参加了交流会。交流会上，专家们畅所欲言，气氛热烈。他们认为图书馆作为公共文化服务的重要领域，要把握时机，精心策划，通过项目合作的方式，如文献交流、数字化技术交流、人才培养，古籍文化遗产的保护等方面来加强与东盟国家图书馆界的深度合作。3. 中国东盟图书馆业合作论坛。这次的主题是"图书馆与文化遗产"，现场设有提问环节，通过专家们的精彩演讲，引起了在场图书馆人和公众的深入思考。目前，中国—东盟各图书馆之间的文化交流与合作已成为必然趋势，广西图书馆界面临着北部湾经济区的发展所带来的挑战与发展机遇，充分利用中国—东盟博览会搭建起的良好平台，开展互访、考察、学术交流、地方特色文献资源交流已成为必然，中国—东盟图书展暨图书馆业合作论坛将有望成为中国与东盟各图书馆之间合作交流的重要平台和一年一度的重大节日。

【全区图书馆馆长管理和服务理念创新研讨班】 11月6—8日，由中华人民共和国文化部、美国博物馆及图书馆服务署主办，中国图书馆学会、广西文化厅、广西图书馆、广西图书馆学会、美国伊利诺依大学厄本那香槟校区图书馆及美国华人图书馆员协会共同承办的"2009年中美图书馆员专业交流项目—广西图书馆馆长管理和服务理念创新研讨班"在广西图书馆举办。来自全区公共图书馆、高校图书馆和专业图书馆的代表共156人参加了这次活动。美方6位专家李海鹏、英惠奇、周练红、陈同丽、王红、黄柏楼分别从图书馆的管理、立法、绩效评估、公共关系、馆员制度等方面孜孜不倦、深入浅出地讲解，既有理论，也有案例。期间，美方专家还解答了学员们提出的各种问题，两国图书馆同行们进行

了热烈讨论和现场互动。结业仪式上，自治区文化厅黄燕熙处长等代表中国图书馆学会和广西图书馆学会向美方专家颁发了荣誉证书，胡京波代表中国图书馆学会向活动承办单位广西图书馆和广西图书馆学会颁发了《感谢状》，在结业仪式主席台上就座的领导和专家向学员代表颁发了结业证书。这次培训班提供了一次让广西图书馆界了解美国同行的契机，使国内外在相互交流中加深了彼此间的了解，互通了发展信息，搭建了友谊与信任的平台，这对于广西全区图书馆事业在借鉴国外的先进经验中获得快速发展必将起到积极的作用。

【图书下乡工程】 年内，接收并完成文化部送书下乡工程共计 186 套 87978 册图书，分别送给广西 6 个市的 17 个县，141 个乡镇图书馆。接收国家图书馆西部援助赠书 8 万多册，分别送给广西 77 个市、县图书馆。

【古籍保护工作厅际联席会议】 5 月 25 日，广西 2009 年古籍保护工作厅际联席会议在广西图书馆会议室召开。文化厅副厅长陈映红和广西科技厅、财政厅、文化厅、新闻出版局、档案局、宗教事务局、文物局等厅际联席会议成员单位的有关人员出席了会议。会上广西图书馆副馆长黄艳传达 4 月 13 日在浙江嘉兴召开的全国古籍保护工作会议精神。广西文化厅社文处处长李为民通报广西 2008 年古籍保护工作开展情况和 2009 年将开展的主要工作。会议还审议通过"广西古籍重点保护单位"名录，将上报自治区政府批准。文化厅副厅长陈映红在会上讲话强调，要继续加强古籍的普查、征集、保护、研究工作；大力宣传古籍保护工程的意义和成果，争取社会各方面的支持；不断加强古籍保护专业队伍的建设，做好人员的培训、培养。同时，她还就厅际联席会议各成员单位加强协作和沟通，共同促进古籍保护工程在广西的实施提出了意见。会议结束后与会人员到广西图书馆古籍书库现场对广西图书馆古籍保护工作进行了检查指导。

【广西古籍保护工作专家委员会第一次会议召开】 1 月 13 日，广西古籍保护工作专家委员会第一次会议在广西古籍保护中心召开，文化厅社文处副处长黄燕熙、广西古籍保护工作专家委员会委员参加了会议。会上，黄燕熙副处长传达了 2008 年 7 月全国古籍保护工作会议精神，并对 2009 年广西古籍保护工作作出部署；广西古籍保护中心主任徐欣禄介绍了广西古籍保护中心 2008 年工作开展情况。黄燕熙副处长代表文化厅为古籍保护工作专家委员会委员颁发了聘书。会上，专家委员根据文化部办公厅《关于申报第二批〈国家珍贵古籍名录〉及第二批全国古籍重点保护单位的通知》(办社图函[2008]488 号)精神，到广西图书馆古籍书库现场工作，对广西图书馆申报第二批《国家珍贵古籍名录》的古籍进行研讨、筛选、评定，依据广西图书馆申报古籍的情况，根据古籍定级标准，商定广西申报《国家珍贵古籍名录》的要求，并按标准对全区其他 8 个古籍收藏单位申报第二批《国家珍贵古籍名录》的材料进行初步筛选、评定、汇总。此外，专家委员还根据"全国古籍重点保护单位"和"广西古籍重点保护单位"评定办法，认真评选把关，推荐我区 4 个单位申报第二批全国古籍重点保护单位，并提交了 5 个"广西古籍重点保护单位"的推荐名单给自治区文化厅。

【中国图书馆学会年会文艺演出】 中国图书馆学会年会暨学会 30 周年会庆大会在广西南宁举办。大会由中国图书馆学会主办、广西图书馆协办。11 月 4 日下午，中国图书馆学会年会闭幕式暨文艺演出在邕江宾馆多功能厅隆重举行。来自全国各地的专家、学者及各省与会代表 800 多人汇聚一堂，座无虚席。广西图书馆的职工们为本届年会献出了精心准备的文艺节目，有歌曲演唱《北京喜讯到边寨》、《欢迎你来壮乡来》、《天路》、《快乐老爹》，还有壮族歌舞《迎亲盘歌》和《打棍出箱》等精彩节目。这次文艺演出开启了年会由协办单位员工直接参加演出的先河，展示了图书馆积极向上的精神风貌，演出取得了圆满成功，获得本届年会主办方中国图书馆学会的高度好评，国内外业界同仁也都赞不绝口。

【"文化共享杯"竞赛】 10月22日—26日，"文化共享杯"——全国文化信息资源共享工程知识与技能竞赛在浙江省萧山区支中心隆重举行，由广西省级分中心潘攀、横县支中心傅佳佳、横州镇龙池基层服务点吴贤玲组成的广西分中心代表队，在初赛中脱颖而出，取得优异成绩，荣获本次大赛优秀组织奖。省级分中心参赛代表潘攀在竞赛中发挥出色，获得本次竞赛活动优秀选手奖。

文　物

【文博机构及藏品】 广西共有各级文物博物馆机构130个，其中：博物馆（纪念馆）62个、文物管理所（站）59个、文物工作队3个、考古所1个、文物商店4个，文物保护中心1个，形成了覆盖全自治区100%的三级文物保护网络。各级各类博物馆、纪念馆、文物管理所（站）现有收藏各类文物28.17万件（套），其中一级文物333件，二级文物4529件。广西现存登记在册的地上地下不可移动文物有1万余处，已公布的各级文物保护单位1948处，其中全国重点文物保护单位42处200多个点，自治区文物保护单位355处，县（市）级文物保护单位1671处。年内自治区人民政府公布第六批自治区文物保护单位79处。国家一级博物馆1个，国家二级博物馆4个，国家三级博物馆12个。全区免费开放博物馆、纪念馆36家。全区文博单位业务用房21.56万平方米，其中陈列展览用房总面积8.57万平方米，文物库房总面积2.40万平方米。全区文博系统从业人员1422人，获得高级专业技术职称人员89人，中级专业技术职称人员275人。

【博物馆藏品和人力资源的交流共享与共谋发展研讨会】 4月28日～30日，由自治区文化厅、自治区文物局举办的"博物馆藏品和人力资源的交流共享与共谋发展研讨会"在南宁市隆重召开，中国博物馆学会、国家博物馆、中国文物报社、广西博物馆、广西自然博物馆、广西民族博物馆等国内20多个部门、博物馆30多人以及全区各市文化局、各文博单位的负责人130人参加了会议，还特别邀请了东盟地区（除新加坡）的9个国家及日本、韩国的博物馆馆长参加会议。时任自治区文化厅副厅长陈映红代表文化厅致辞。国家文物局副局长、中国博物馆学会会长张柏应邀出席会议并发表主旨演讲。会议共收到论文20篇（东盟与日韩共11篇），19人就会议主题发言。会议就中外博物馆之间的文物藏品和人力资源的交流、共享、发展，国际合作议题进行了广泛探讨。

【全区文物工作会议暨广西2008年第三次全国文物普查工作总结会】 4月28日，自治区文化厅、自治区文物局在南宁市召开了2009年全区文物工作会议暨广西2008年第三次全国文物普查工作总结会，全区各市文化局、各文博单位的负责人130人参加了会议。会上，时任自治区文化厅副厅长陈映红总结了2008年度广西文物普查的工作情况，全面布置了2009年文物工作及第三次普查第二阶段的工作任务。此次会议还邀请上海社会科学院花建研究员讲授《文化遗产保护和创意开发》。

【区直文博单位领导工作会议】 7月24日，自治区文化厅在南宁市广西民族博物馆召开

区直文博单位领导工作会议，自治区文化厅厅长余益中、副厅长覃溥出席会议并讲话，自治区文化厅直属广西博物馆、广西自然博物馆、广西民族博物馆、广西文物商店、广西文物考古研究所、广西文物保护研究设计中心六单位馆长(主任)、书记和办公室主任，及自治区文物局全体人员共25人参加会议。

【广西民族生态博物馆工作会议】 9月9日，自治区文化厅、自治区文物局在南宁市召开广西民族生态博物馆工作会议。自治区文化厅副厅长兼自治区文物局局长、广西民族博物馆馆长覃溥，自治区文物局、广西民族文化艺术研究院以及10个县市分管生态博物馆工作的文化局局长、书记，民族生态博物馆所在地的村支书和广西民族博物馆从事民族生态博物馆研究的专业人员40多人参加了会议。南丹、三江、靖西、贺州、那坡、灵川、东兴、金秀、融水、龙胜等民族生态博物馆所在县(市)文化(体)局、博物馆的相关负责人汇报了各自生态博物馆的展示与信息资料中心、保护区的建设情况、民族文化保护工作的开展和参观接待等工作和下一步工作计划。覃溥副厅长对广西民族生态博物馆的建设提出了具体要求。

【国家文物局单霁翔局长调研广西较少民族文化遗产保护工作】 9月1日～5日，全国政协常委、提案委员会副主任、原中纪委副书记刘峰岩为组长和全国政协委员、教科文卫体委员会委员、国家文物局局长单霁翔为副组长的全国政协提案委员会专题调研组一行16人赴广西环江毛南族自治县、罗城仫佬族自治县、东兴市调研人口较少民族文化遗产保护情况。9月1日，自治区主席马飚、自治区政协主席马铁山，自治区党委常委、纪委书记石生龙等领导在南宁会见了全国政协提案委员会专题调研组一行。9月4日，自治区文化厅与自治区政协在南宁市广西民族博物馆联合召开全国政协重点提案专题调研座谈会，全国政协提案委员会专题调研组、自治区政协副主席黄日波、自治区文化厅厅长余益中、副厅长覃溥出席座谈会。会上，覃溥副厅长汇报了广西民族文化遗产保护情况汇报，单霁翔局长在广西人口较少民族文化遗产专题调研座谈会上发言。

【广西第三次全国文物普查和文物调查及数据库管理系统建设项目工作会议】 10月16日，自治区文化厅、自治区文物局在南宁市召开广西第三次全国文物普查和文物调查及数据库管理系统建设项目工作会议，全区14个市文化局分管文物工作的局领导和科长、各相关文博单位的负责人80人参加了会议。自治区文化厅副厅长、文物局局长覃溥，自治区文化厅文物处处长、文物局常务副局长谢日万出席会议并讲话。

【中国古迹遗址保护协会文物保护与博物馆管理工作研讨会】 11月20日～26日，中国古迹遗址保护协会文物保护与博物馆管理工作研讨会在南宁市召开。会议结束后，参会人员赴北海、崇左、百色等市县参观考察合浦汉墓群、花山岩画、靖西县旧州壮族生态博物馆、百色起义纪念馆等全国重点文物保护单位和博物馆。

【海峡两岸纪念刘永福学术研讨会】 12月3日～5日，自治区台湾事务办公室和钦州市人民政府主办，钦州市台湾事务办公室承办，台北市广西同乡会、广西历史学会、中共钦州市委宣传部、钦州市文化局、钦州市海外联谊会、钦州市刘冯研究会、钦州市博物馆协办的海峡两岸纪念刘永福学术研讨会在钦州市召开。两岸嘉宾、专家学者65人出席研讨会。

【文物保护维修】 经国家文物局、自治区文化厅批准、立项，年内国家、自治区和地方投入750万元，对北海近代建筑群的涠洲盛塘天主堂、城仔教堂，宁明花山岩画，贺州临贺故城，桂林李宗仁故居，忻城莫土司衙署，全州燕窝楼，龙州小连城、梧州中山纪念堂等8余处全国重点文物保护进行保护、维修。对南宁市广西省土改工作队二团团部旧址、钟山县莲花戏台、柳州市摩崖石刻、灌阳县关帝庙、陆川县谢鲁山庄、龙州业秀园等6处自治区文物保护单位，以及南宁商会旧址等多处市(县)文物保护单位进行修缮。开展连城要塞遗址和友谊关、柳州白莲洞遗址、忻城莫土司衙署、昆仑关战役旧址等文物保护规划编制工作。广西壮族自治区文物局、广西文物考古研究所联合中国文化遗产研究院、北京双宁文物保护技术有限公司、哈尔滨工业大学景观设计研究中心、中国地质大学(武汉)等6家研究机构组成项目组，完成了靖西、那坡、大新、宁明、龙州、凭祥、东兴等12市、县(区)沿海沿边1200多千米的勘察、测绘工作，中国文化遗产研究院完成编制《广西连城要塞遗址和友谊关文物总体保护规划》和正在细化编制《大连城遗址文物保护专项规划》和《小连城遗址文物保护专项规划》。百色起义、龙州起义纪念工程顺利完成。配合自治区党委、政府纪念百色起义、龙州起义80周年和韦拔群烈士诞辰115周年活动，文化文物部门组织开展了东兰韦拔群故居遗址、劳动小学旧址、广西农民运动讲习所旧址(列宁岩)等旧址维修保护工程，红八军军部旧址修复和龙州起义纪念馆陈列改造等工作，百色市组织百色起义纪念公园建设，保证了纪念活动的顺利进行。另外，龙州中国工农红军第八军军部旧址、八路军桂林办事处旧址等利用旅游国债修建基础设施，文物保护的环境有了很大改善。12月28日，由广西文物保护研究设计中心承担的因汶川地震受损的世界文化遗产——四川省都江堰古建筑群伏龙观抢救保护工程竣工，国家文物局单霁翔局长、童明康副局长和自治区文化厅覃溥副厅长参加了竣工仪式，并通过工程验收。国家文物局、四川省领导高度评价伏龙观抢救保护工程，对广西文物保护研究设计中心给予表扬。

【第三次文物普查工作】 3月和8月，自治区第三次文物普查领导小组办公室两次组织全区第三次文物普查工作督察，检查问题，及时采取措施解决，推进调查。10月，各地级市文物普查领导小组办公室专门召开会议督促辖区内的县(市)加快普查工作进度，组织本辖区工作督察巡导。6月11日，自治区财政厅、自治区文化厅联合印发《广西壮族自治区第三次文物普查专项经费使用管理办法》(桂财教[2009]64号)，规范专项普查经费的使用和管理，解决普查人员补助费和购买人身意外伤害保险问题，提高了一线普查人员的工作积极性。12月11日，根据国家文物局《第三次全国文物普查实地文物调查阶段验收指导意见》(文物普查函[2009]1001号)，自治区第三次文物普查领导小组办公室制定《第三次全区文物普查实地文物调查阶段验收工作方案》。截止12月31日，全区累计到位文物普查经费2423.01万元，其中财政部、国家文物局安排广西本年度文物普查专项补助经费172万元，自治区财政安排170万元。一线普查人员合计1015人。按乡镇计，全境普查启动率为99.9%，109个县(区)中共有99个完成实地文物调查，全境普查完成率为98.8%，调查登记不可移动文物11491处，其中新发现6140处，复查5351处，基本完成田野调查任务。在开展田野调查的同时，自治区第三次文物普查领导小组办公室组织广西文物考古研究所开展广西明清边防军事设施调查、广西江河流域古文化遗址、骆越文化遗址调查、广西少数民族代表性建筑普查；广西自然博物馆开展广西洞穴遗址及古人类化石地点调查；南宁市孔庙博物馆开展广西文庙调查；百色市右江民族博物馆开展百色旧石器遗址调查等14个专题普查，深化普查成果。

【公布第六批自治区文物保护单位】 5月4日,《广西壮族自治区人民政府关于核定并公布第六批自治区文物保护单位的通知》(桂政发[2009]38号)公布了79处第六批自治区文物保护单位,其中古文化遗址7处、古墓葬5处、古建筑38处、石刻4处,近现代重要史迹及代表性建筑25处。至此,广西的自治区文物保护单位增至355处。自治区人民政府在通知中要求全区各地区、各部门依照《中华人民共和国文物保护法》等法律法规和《国务院关于加强文化遗产保护的通知》,进一步贯彻"保护为主、抢救第一、合理利用、加强管理"的工作方针,科学规划,妥善处理文化遗产保护与经济发展、人民群众生活条件改善的关系,认真做好自治区文物保护单位的保护、管理和利用工作。

【推荐第七批全国重点文物保护单位】 根据国家文物局《关于开展第七批全国重点文物保护单位申报工作的通知》(文物保发〔2009〕14号)要求,自治区文化厅组织文物专家,从全区14个地级市文化行政部门推荐报送的拟推荐全国重点文物保护单位的材料中,遴选出谢鲁山庄、柳城巨猿洞等60处文物保护单位推荐上报国家文物局审批。

【宁明花山岩画保护】 年内,争取到财政部、国家文物局安排花山岩画宁明花山岩画方案设计、遥感测绘、地质勘察、危石清理、搭脚手架追加项和平台地基加固、码头维修、砌筑驳岸工程保护经费共500万元。2月～6月中国文化遗产研究院和中国地质大学开展第一工作区域岩画本体病害调查、记录、描述、绘图、统计、分析;完成第一期花山岩画本体病害详细勘察,调查面积825平方米,完成病害调查记录表1209份,计算机制图57份,CAD制图纸绘制1280平方米,查明了调查区域病害的类型、分布特征、分布区域标注绘图、面积统计、病害各种性能指标的纪录、分析、危害性评估等,并于6月提交成果。3月19日～22日,自治区文物局在南宁市召开广西宁明花山岩画保护专家委员会咨询会,时任自治区文化厅副厅长陈映红,自治区文物局局长、自治区文化厅文物处处长覃溥出席会议并讲话。国家文物局文物保护司文物处处长许言,中国文化遗产研究院、国家文物局科技保护专家组成员黄克忠研究员,故宫博物院、国家文物局科技保护专家组成员陆寿麟研究员,中国文化遗产研究院总工程师、副院长侯卫东,四川省文物考古研究院、国家文物局科技保护专家组成员马家郁研究员,陕西省考古研究院杨军昌研究员,西安文物保护修复中心齐扬研究员,上海同济大学戴仕炳教授,中国地质大学方云教授,自治区文物局副局长、研究员陈远璋,广西文物考古研究所所长、副研究员谢日万,广西文物保护研究设计中心主任、副研究员张宪文等专家参加会议,并对本体调查工作、粘接加固材料试验等进行评审,提出了尽快编制应急性保护设计方案。2008年8月～2009年8月中国文化遗产研究院与上海德赛堡建筑材料有限公司开展岩画开裂岩体粘接加固材料试验研究;通过资料搜寻、科学调研,筛选天然水硬石灰作为粘结加固试验材料,并进行相关性能指标的实验研究。7月完成封口材料试验;8月完成注浆粘接加固材料试验,提交了水硬性石灰试验研究保护和临时抢救性加固设计方案。8月8日～10日,自治区文物局在南宁市召开花山岩画第一期抢救性加固工程设计方案评审会暨前期勘察、实验成果验收会,自治区文化厅副厅长、自治区文物局局长覃溥出席会议并讲话。中国文化遗产研究院、国家文物局科技保护专家组成员黄克忠研究员,甘肃省敦煌研究院李最雄研究员,故宫博物院、国家文物局科技保护专家组成员陆寿麟研究员,四川省文物考古研究院、国家文物局科技保护专家组成员马家郁研究员,中国

文化遗产研究院詹长法研究员，北京大学吴晓红教授，中国科学院地质研究所、国家文物局专家组成员教授、博士导师曲永新，原水电部水利勘察研究院总工程师、国家文物局专家组成员教授级高级工程师冯水滨，中国文化遗产研究院院长、研究员顾玉才，中国文化遗产研究院高级工程师王金华，联合国教科文组织驻北京办事处专员杜晓凡，上海同济大学戴仕炳教授，中国地质大学方云教授，自治区文物局副局长、研究员陈远璋，自治区文物局副局长、副研究员谢日万，广西文物保护研究设计中心主任、副研究员张宪文，广西博物馆研究员兰日勇，广西博物馆主任、副研究馆员黄槐武等专家参加会议，花山岩画保护工程前期调查、勘察、试验三项成果通过验收，原则同意花山岩画本体开裂岩体第一期抢救性加固设计方案。8 月 25 日向国家文物局报送了《广西宁明花山岩画本体开裂岩石第一期抢救性加固工程设计方案》。9 月武汉中国地质大学开展宁明花山岩画病害机理分析工作。12 月 4 日，自治区文化厅在南宁市明园饭店召开广西宁明花山岩画保护工程启动仪式新闻发布会，新闻发布会由马红英副巡视员主持，自治区文化厅余益中厅长、覃溥副厅长出席发布会并讲话，岩画专家中国文化遗产研究院王金华研究员、上海同济大学戴仕炳教授、广西博物馆兰日勇研究员出席发布会并回答了记者的提问。中央电视台、广西电视台、新华社、人民日报、广西日报等 30 家新闻媒体参加了新闻发布会。12 月 8 日，自治区文化厅、崇左市人民政府、宁明县人民政府联合在宁明县举行宁明花山岩画第一期保护工程开工仪式，正式启动实施岩画本体开裂抢救保护工程和平台加固工程。国家文物局副局长童明康、自治区副主席李康、自治区人民政府办公厅副主任吴建新、自治区文化厅厅长余益中、副厅长兼文物局局长覃溥、崇左市委书记崔智友，以及国家文物局文物保护与考古司副司长许言、黄晓帆，中国文化遗产研究院院长顾玉才、副院长马清林，中国文化遗产研究院、国家文物局科技保护专家组成员黄克忠、四川省文物考古研究院、国家文物局科技保护专家组成员马家郁、甘肃省敦煌研究院、国家文物局科技保护专家组成员李最雄、联合国教科文组织驻北京办事处专员杜晓帆、中国地质大学教授方云、国家博物馆副馆长董琦、四川省成都市考古研究院研究员雷玉华、中国艺术研究院教授顾森、山东省博物馆研究员孔庆生、中国人民大学历史学院教授魏坚、中铁西北科学研究院有限公司教授级高工李传珠等领导、专家出席开工仪式。自治区发改委、财政厅、建设厅、国土资源厅、民委、文物局、旅游局、环保局等宁明花山岩画厅际联席会成员单位和项目建设单位、施工单位、宁明县有关单位约 150 人参加了开工仪式。开工仪式由崇左市冯学军副市长主持。12 月 9 日～10 日，童明康副局长赴崇左、北海等市考察全国重点文物保护单位北海近现代建筑、北海珠海路老街等文化遗产保护、博物馆建设。

【考古发掘与研究】 为配合国家拉动内需，加快大型基本建设项目，积极为地方经济发展服务，完成南宁至北海、钦州至防城港、贵阳至广州、玉林至铁山港、黎塘至钦州、湘桂铁路等 6 条铁路；南宁市外环、六景至钦州港、河池至都安、岑溪至水汶、六寨至河池、河池至宜山、三江至柳州、灌阳至全州、百色至靖西、玉林至铁山港等 10 条高速公路；防城港核电站、德保县多旁水库、华能百色电厂、百色嘉亿纸业、广西冠桂糖业、合浦工业大道、贵港绿洲小区 B 地块等 10 个建设项目涉及用地的考古调查、勘探，勘探面积 129 万平方米。经国家文物局批准，完成合浦草鞋村遗址、玉林至铁山港高速公路用地、新建贵阳至广州铁路贺州寿峰古墓群、贵港绿洲小区 B 地块建设用地等建设项目

涉及的83座古墓葬的抢救性发掘工作，发掘面积4000余平方米，抢救了一批珍贵文物，发现一批重要的遗迹，为考古科学研究提供了新线索、新依据。广西自然博物馆获国家和自治区自然科学基金资助，开展“广西那派盆地早白垩世脊椎动物群及其古环境研究”、“亚洲两栖动物多样性及主要类群的系统发育研究”和“桂西南中越边境地区两栖爬行动物多样性调查与研究”等项目调查。

【博物馆建设】 4月30日，由自治区文化厅、自治区文物局主办，广西民族博物馆承办的广西民族博物馆正式对公众免费开放暨《西部记忆——西部五省(区)民族历史瑰宝联展》在广西民族博物馆隆重举行了开幕仪式，国家文物局张柏副局长出席开幕式并致辞，并为“西部记忆——西部五省(区)民族历史瑰宝联展”剪彩。年内，崇左市壮族博物馆、梧州市博物馆、贵港博物馆、防城港市博物馆、环江毛南族博物馆、浦北县博物馆、融水苗族自治县民族博物馆等先后开工建设。广西铜鼓博物馆、南宁市博物馆、桂林博物馆、柳州工业博物馆、西江文化博物馆、北部湾博物馆、贺州矿业遗址博物馆等正在规划建设。12月29日，贵港博物馆开工奠基仪式隆重举行。时任自治区文化厅副厅长陈映红、贵港市委书记赖德荣、市长唐成良等领导和相关单位代表以及文化系统共400多人参加了奠基开工仪式。该馆占地面积42亩，建筑面积约10000平方米，计划投资4550万元，建成后将成为集收藏、展示、教育于一体的综合性场馆。广西民族生态博物馆建设“1+10工程”项目之一的灵川县长岗岭商道古村生态博物馆、东兴京族博物馆暨东兴京族生态博物馆和融水苗族自治县小桑苗族生态博物馆举行了开馆仪式。5月27日，广西民族生态博物馆建设“1+10工程”的第六个项目，也是我区首家建在全国重点文物保护单位中的生态博物馆灵川长岗岭商道古村生态博物馆在灵川县灵田乡建成并开馆。时任广西壮族自治区文化厅副厅长陈映红、灵川县委书记余秋平、自治区文物局局长覃溥和桂林市文化局副局长刘洪伟共同为该馆揭牌。该馆位于灵川县灵田乡东北约10千米，2005年12月灵川县正式启动建设长岗岭商道古村生态博物馆，经过3年多的建设如期完工。灵川长岗岭商道古村生态博物馆由展示与信息资料中心和长岗岭明清建筑两部分组成。展示与信息资料中心(五福堂)建筑面积约600多平方米，总投资149万元，基本陈列《商道古风》，展示、收藏当地汉族400多年来的社会生活、生产、服饰、习俗、商贾等600余件文物和200余张图片。7月29日，东兴京族博物馆暨东兴京族生态博物馆竣工开放仪式在东兴市江平镇沥尾京岛风景名胜区举行，自治区文联主席潘琦、时任自治区文化厅副厅长陈映红、自治区文物局副局长陈远璋、防城港市领导共同为东兴京族博物馆暨东兴京族生态博物馆揭牌。为充分发挥传统博物馆与生态博物馆的各自优势，整合京族文化资源，结合东兴的实际情况，京族博物馆与京族生态博物馆合二为一进行建设，京族生态博物馆以京族博物馆为依托，以京族聚居地沥尾、巫头、山心为保护范围，将自然生态与民族传统文化相结合，实行整体保护和动态保护。2007年编制完成项目建设详细规划书，2008年4月1日动工建设，该馆占地面积25.6亩，建筑面积2838平方米，设有展厅、文物库房、信息资料中心、研究中心、小型会议室和办公室等，基本陈列《大海是故乡——广西东兴京族文化展》，展览从居住环境、服饰文化、生产劳动、音乐艺术、传统节日和民间信仰等方面，展现京族古朴而浓郁的文化。11月26日，融水苗族自治县小桑苗族生态博物馆竣工开放仪式在融水苗族自治县安太乡小桑屯举行，自治区文化厅副厅长、文物局局长覃溥

出席开馆仪式，并为博物馆揭牌。柳州、融水市县两级和广西博物馆、广西民族博物馆的部分领导也应邀出席了开馆仪式。2004年12月成立融水苗族自治县小桑苗族生态博物馆，2008年编制完成项目建设详细规划书，2009年1月动工建设，该馆信息资料与展示中心占地面积1600平方米，建筑面积594平方米，总投资100万元，采用苗族传统木结构吊脚楼的建筑形式，设置有陈列展厅、文物库房、办公、信息资料和接待等工作室。基本陈列《广西融水苗族民俗文化展》，分为生产生活、多彩服饰、芦笙坡会、民间工艺、信仰习俗、苗族婚礼等展示内容，展出苗族文物250余件（套）、图片170余幅。信息资料与展示中心建成开放后与由小桑屯、培秀屯、元宝屯、江竹屯组成的生态博物馆保护区构成苗族生态博物馆，并对苗族的自然环境、人文环境、有形遗产、无形遗产进行动态保护。

【博物馆免费开放】 1月25日，中共中央宣传部、财政部、文化部、国家文物局联合下发了《关于印发免费开放博物馆纪念馆名单的通知》（文物博发[2010]9号），确定了广西壮族自治区自然博物馆、广西民族博物馆等31个博物馆、纪念馆为第二批免费开放单位。第二批免费开放名单是：广西壮族自治区自然博物馆、广西民族博物馆、南宁市邓颖超纪念馆、横县博物馆、柳州市博物馆、柳州市大韩民国临时政府抗日斗争陈列馆、柳州市胡志明旧居陈列馆、桂林博物馆、桂林市李宗仁文物管理处、桂北民俗博物馆、梧州市博物馆、中共梧州地委、广西特委旧址、梧州中山纪念堂、太平天国革命在永安史实陈列馆、苍梧李济深故居、北流市博物馆、容县博物馆、博白县博物馆、右江民族博物馆、田东县博物馆、靖西县壮族博物馆、那坡县博物馆、凌云县博物馆、贺州市博物馆、河池革命纪念馆、东兰县革命纪念馆、南丹里湖白裤瑶生态博物馆、象州县博物馆、金秀瑶族自治县瑶族博物馆。为此，我区免费开放博物馆、纪念馆增至36个，其中文物系统占了34个。截止12月31日，免费开放博物馆、纪念馆共接待参观人数近400万人次。全年国家和自治区安排我区博物馆、纪念馆免费开放专项经费3161.75万元，使免费开放博物馆、纪念馆完善了配套服务设施，改造提升了陈列展览，提高了讲解队伍业务素质。

【公布国家二级、三级博物馆名单】 5月份，国家文物局公布“国家二级博物馆”、“国家三级博物馆”。桂林博物馆、桂海碑林博物馆、柳州市博物馆、百色起义纪念馆评为国家二级博物馆；广西地质博物馆、桂林市靖江王陵博物馆、桂林甑皮岩遗址博物馆、八路军桂林办事处纪念馆、靖西县壮族博物馆、右江革命纪念馆、右江民族博物馆、兴安县博物馆、博白县博物馆、横县博物馆、金秀瑶族自治县瑶族博物馆、中国红军第八军革命纪念馆评为国家三级博物馆。

【文物陈列展览】 年内，完成了列入全国红色旅游景区（点）、自治区爱国主义教育基地——百色起义纪念馆、右江革命纪念馆、韦拔群纪念馆，以及全国免费开放博物馆纪念馆——广西博物馆等陈列展览改造提升工作。广西民族博物馆举办了“西部记忆——西部五省（区）民族历史瑰宝联展”、“天工开神物，八桂孕华章—广西工艺品大展”、“缤纷中国——中国民间文化遗产抢救工程成果暨民族民间服饰文化展”等4个展览，引进印度尼西亚文物珍品展；广西博物馆举办“平淡是真——馆藏古代生活器具展”等27个展览，引进了“海上丝路遗珍——越南出水陶瓷精品展”；广西自然博物馆举办了“北部湾海洋生物展”等16个展览；梧州市博物馆举办了“苍梧春秋文物精品展”等等。年内共举办文物陈列展览164个。柳州市博物馆“深邃的侏罗纪世界—古生物化石展”荣获国家文物

局“第八届全国博物馆陈列展览十大精品评选——最佳制作奖”。

【文物征集】 1月～7月，贺州市博物馆开展《贺州瑶族风情》、《百年八步》陈列展览文物征集工作。在贺州市征集有关八步城市历史发展、人文景观、金融、工商业、矿产、民俗文物500件，其中有新桂系时期在八步流行的各种钱币，沈鸿英的银票，爱国民主人士何香凝、梁漱溟在八步留下的书画作品，矿产公司的契约、股票、文书等，《八步日报》、《新华电讯》最早的报纸。征集了贺州瑶族的山瑶、平地瑶、红瑶、盘瑶、包帕瑶、小尖头瑶、土瑶、东山瑶、西山瑶、天堂瑶、开山瑶支系的民族服饰，银饰，以及被列入全国首批非物质文化遗产保护名录的贺州瑶绣，织布机、经书、道家神像、石雕神像、狩猎工具、生产生活工具400多件民族民俗文物。3月～12月，广西自然博物馆科研人员先后10次到达北海市的沙湾、铁山港石头埠、合浦沙田和公馆，防城滈尾，广东省湛江市，海南省的海口市、琼海博鳌、万宁县、陵水县和三亚市开展北部湾海洋生物标本征集和北部湾潮间带底栖无脊椎动物多样性调查，共完成5个断面的海洋生物多样性标本采集。采集和收集了海洋生物标本包括海兽、腔肠动物、环节动物、鱼类等标本约389种，征集到宽吻海豚、江豚、鲸鲨、无沟双髻鲨、浅海长尾鲨、乌翅真鲨、侧条真鲨、黄金宝贝等海洋兽类、海洋鱼类、贝类、珊瑚和各种无脊椎动物珍贵罕见的软体动物标本6000多件。3月13日，根据《自治区成立50周年大庆筹备委员会办公室关于移交大庆接收所剩礼品的请示》(桂庆筹办报[2009]2号)，自治区成立50周年大庆筹备委员会办公室移交广西民族博物馆16件(套)礼品。6月12日，北京康世科技开发有限责任公司、北京驰骏网络咨询服务有限责任公司等机构董事长康凤生先生(原在桂林工作，现定居北京)向桂林博物馆捐赠觚、鼎、豆等商至唐时期的10件青铜器，桂林博物馆馆长葛华向其颁发了“桂林博物馆最高荣誉纪念奖”。

【“5·18国际博物馆日”及“文化遗产日”宣传活动】 为了保护好珍贵的精神家园，进一步提高社会公众的文化遗产保护意识，营造了全民共同参与保护文化遗产的良好氛围，自治区文物局下发了国家文物局《关于开展“5·18国际博物馆日”宣传活动的通知》(文物博发[2009]12号)和国家文物局《关于开展2009年文化遗产日活动的通知》(文物政发〔2009〕10号)，围绕国际博物馆日“博物馆和旅游”和文化遗产日“保护文化遗产，促进科学发展”的活动主题，开展了形式多样，内容丰富的大型活动。如梧州市文化局和市级文博单位6月13日晚上在市政广场开展全国第四个文化遗产日大型宣传活动，通过“三普”图片展、文艺演出、有奖问答、散发宣传资料等宣传活动，向广大市民展示了该市文化遗产保护及第三次全国文物普查所取得的重要成果。玉林市举办《广西非物质文化遗产保护成果图片展》、《馆藏文物精品图片展》、《民俗民间文化图片展》、《第三次文物普查成果图片展》等现场图片展览，设立有奖竞猜活动，吸引群众前来参与。容县文博工作人员向群众发放“容县各级文物保护单位简介”、“博物馆日之由来”及“中国文化遗产的保护”等宣传资料，免费向群众提供陶瓷、玉器、青铜器等文物知识咨询。

【“文物调查及数据库管理系统建设”项目】 作为全国第三批“文物调查及数据库管理系统建设”项目推广省份之一，完成全区“文物调查及数据库管理系统建设”项目馆藏一级文物和部分二、三级文物信息数据、影像数据录入、汇总工作。柳州市、玉林市文物影像数据采集工作组和广西自然博物馆继续开展所承担的河池、百色、崇左市(县、区)馆藏二、三级文物影像数据采集工作。11月20日～12月20日，自治区文物局在南宁市举办全区“文物调查及数据库管理系统建设”项目管理系统软件培训班，来自全区14个地市的各文博单位60多名学员参加了培训班学习。培训内容采取老师授课，学员集中汇总本辖区文物收藏单位的馆藏珍贵文物信息、影像数据。截止12月31日，完成26720条珍贵文物信息数据、25825件文物影像数据的汇总工作。从集成、管理和共享资源的利用出发，完成了广西文物信息中心的基础设施建设和中心机房建设，广西文物信息中心选址定在广西民族博物馆内，该信息中心面积300平方米。广西文物信息中心机房按照“运行稳定、技术先进、经济合理、安全适用”的技术要求，由新建的广西民族博物馆负责完成建设。通过政府采购的机房硬件设备主要包括PC服务器、光纤通道交换机、光纤磁盘阵列、备份管理服务器、路由器、交换机、UPS设备、专用空调等。12月，经过技术人员数月精心调试后，机房开始正式运行。目前，机房设备运行正常。

【文物安全和行政执法督察】 年内，完成广西博物馆、桂平市博物馆、平乐县文物管理所等3个重点博物馆、文物库房的安防、消防和库房保管设施方案批复、安装工作。6月9日～10日，组织有关技防方面专家对桂林市李宗仁文物管理处管理的李宗仁官邸、八路军桂林办事处纪念馆文物安全技术防范系统工程进行了验收。根据国家文物局的工作部署开展了元旦、春节、国庆期间文物博物馆安全和服务、汛期文物安全、文物消防等工作的大检查。9月14日～18日，国家文物局文物行政执法专项督察组刘铭威副司长一行5人在自治区文化厅文物处处长、文物局常务副局长谢日万的陪同下，赴南宁、百色、柳州、桂林等市督察了广西壮族自治区博物馆、右江工农民主政府旧址、田东县博物馆、百色起义纪念馆、中国工农红军第七军军部旧址、柳州市博物馆、柳侯祠、韩国临时政府抗日斗争活动旧址、胡志明旧居、三江侗族博物馆、程阳永济风雨桥、灵渠和靖江王陵等博物馆、文物保护单位执行文物保护法律法规情况和文物安全情况。

【对外文化交流】 应越南文化体育旅游部和越南国家历史博物馆的邀请，5月13日～20日，时任自治区文化厅副厅长陈映红带领广西文化代表团一行10人拜会了越南文化体育旅游部副部长陈战胜先生、越南国家历史博物馆馆长范国军先生，考察了越南占美岛、会安古镇、美山圣地遗址、国家历史博物馆、越南民族学博物馆等文物保护单位、博物馆。5月14日越南国家历史博物馆和广西壮族自治区博物馆共同签署了《越南国家历史博物馆和广西壮族自治区博物馆未来五年合作意向书》，并就项目的具体事宜进行了洽谈和交流。广西民族博物馆举办有东盟国家博物馆参加的“博物馆藏品和人力资源交流共享与共谋发展研讨会”，引进了印尼国家博物馆文物珍品展，与缅甸国家博物馆相互赠送纪念品。广西博物馆引进越南出水陶瓷展，并同广西文物考古研究所与越南国家博物馆合作出版《海上丝绸之路遗珍——越南出水陶瓷》，正在编辑出版《越南铜鼓》一书。广西文物考古研究所与越南考古研究院举办了广西—越南考古工作交流会，与越南、老挝签订合作发掘古文化遗址的协议，将于2010年赴老挝发掘。9月8日～14日，桂林博物馆举办“俄罗斯功勋艺术家列宾美术学院教授克林姆·李作品展”。龙州县红八军纪念馆与越南有关机构在胡志明研究、史料征集、展览方面建立了长期的交流合作。为纪念民族英雄刘永福赴台115周年，扩大对民族英雄刘永福的宣传，11月19日～27日，钦州市委宣传部组织钦州市台湾事务办公室、钦州市博

物馆等单位一行6人赴台湾开展“追寻刘永福在台足迹”文化交流活动。活动组考察了高雄市旗律炮台、台南市安平古堡炮台、亿载金城炮台、彰化县八卦山炮台和开会地台南市孔子庙明伦堂等刘永福在台抗日时曾战斗过的地方。收集了有关刘永福在台湾抗日期间的史料，如台北市台湾博物馆提供了刘永福在台湾抗日期间发出的告示、官银票、债券、对刘永福人像的文字描述稿、刘永福相片和有刘永福印章的一幅对联“书有未曾经我读，事无不可对人言”等，并把这些资料记录成光碟赠送给活动组。南投文献馆赠送了《台战演义》等有关刘永福的书籍、图片资料。

【文博宣传出版】 1月，由广西壮族自治区博物馆、广西文物考古研究所和越南国家历史博物馆编著、科学出版社出版《海上丝绸之路遗珍——越南出水陶瓷》。4月，时任广西民族博物馆馆长覃溥主编、广西民族出版社出版《守望家园——广西民族博物馆与广西民族生态博物馆“1＋10工程”建设文集》。5月，由吴伟峰、黄启善、谢日万、梁富林主编、广西壮族自治区博物馆、广西文物考古研究所、广西河池市文化局合著、广西民族出版社出版《河池铜鼓》。11月，由柳州白莲洞洞穴科学博物馆编著，蒋远金研究员等主编、科学出版社出版《柳州白莲洞》。12月，桂林博物馆编著、葛华馆长主编、人民美术出版社出版《桂林博物馆藏品之三——李培庚桂林山水油画及其艺术》。

【文博管理干部业务培训】 为了开展形式多样、内容丰富的培训工作，自治区文物局组织全区各市文化局、文博单位28人于10月28日～11月1日赴陕西省西安市参加国家文物局、中国国际贸易促进委员会、陕西省人民政府举办今年中国国际文物保护博览会，考察了陕西省历史博物馆、大明宫遗址、兵马俑博物馆、法门寺博物馆、碑林博物馆、半坡遗址博物馆、汉阳陵博物馆等文物保护单位和博物馆，与陕西省历史博物馆进行交流。11月3日～16日，由国家文物局主办，广西壮族自治区文化厅、广西壮族自治区文物局承办的广西地市级文博单位管理干部暨全国重点文物保护单位保护管理机构负责人培训班在南宁市广西民族博物馆举办，来自全区各市文化局分管文物工作局领导和科室负责人、各市、县级文博单位管理干部和全国重点文物单位保护管理机构负责人，以及自治区文化厅直属文博单位负责人共130人参加了培训。11月4日，国家文物局机关党委专职副书记黄元，广西壮族自治区文化厅副厅长兼自治区文物局局长覃溥、自治区文化厅文物处处长兼自治区文物局常务副局长谢日万等领导同志出席开班仪式并讲话。此次培训历时12天，培训内容包括文物保护法律法规、文物保护管理、博物馆管理、文物行政执法、文物博物馆安全防范、管理学基础等相关课程。集中在10天的时间内安排了18个专题讲座。邀请对文化遗产保护研究深入、理论素养较高的国家文物局、中国文物信息咨询中心、中国文化遗产研究院、中国城市规划设计院、西北大学、中共广西壮族自治区党校、广西壮族自治区博物馆、广西文物考古研究所、广西文物保护研究设计中心等单位16位领导和知名专家进行授课。培训期间组织学员考察了广西壮族自治区博物馆、广西民族博物馆、南宁市昆仑关战役遗址博物馆、南宁孔庙博物馆、东兴京族博物馆暨京族生态博物馆、京族哈亭、交东贝丘遗址、“大清国钦州界”1号和5号界碑等博物馆、文物保护单位。此次培训在国家文物局高度重视和具体指导，以及全体学员的共同努力下，取得了圆满成功。通过培训，学员们在思想和业务素质等方面都有很大收获，培训取得了明显成效。此次培训共收到参训学员理论文章近100篇。结业仪式上，覃溥副厅长等领导同志向参训学员颁发了岗位培训证书。12 月 30 日～31 日，由自治区文物局和玉林市文化局联合举办的玉林市文博干部业务培训班暨文博单位讲解大赛在玉林城区举行，来自全市 7 个县(市)区文博系统的工作人员 50 余人参加培训学习并获得了结业证书。此次培训班为期两天，邀请了经验丰富的领导专家——自治区文化厅副厅长、自治区文物局局长覃溥，自治区文化厅文物处处长、自治区文物局常务副局长谢日万，自治区文化厅文物处副处长吴兵，广西博物馆馆长吴伟峰，广西民族博物馆党委书记梁志敏等前来授课。课程内容包括了新形势下的文化遗产保护和博物馆工作面临的问题、文物保护工作、古建筑基础、生态博物馆概论、文物征集与保护以及博物馆管理基础等一系列课程。通过两天的学习培训，学员们的业务水平和综合能力得到有效提高和巩固。

【庆祝中华人民共和国成立 60 周年全国文化遗产保护宣传讲解大赛】 4 月 21 日，自治区文物局在南宁市举办“庆祝中华人民共和国成立 60 周年全国文化遗产保护宣传讲解大赛”广西选拔大赛，全区 30 位选手参加选拔。经选拔，6 名优秀讲解员代表广西参赛，并在赛前接受了严格的培训。广西参赛代表团荣获“庆祝中华人民共和国成立 60 周年全国文化遗产保护宣传讲解大赛”团体三等奖，柳州市博物馆黄芳香获二等奖，广西民族博物馆梁燕理、赵缓缓获三等奖，取得历年来参加国家组织的全国讲解员比赛中的最好成绩。

【获奖情况】 6 月 11 日，国家文物局下发了《关于向长期从事文物博物馆工作人员颁发荣誉证书的决定》(文物人发[2009]20 号)，对从事文物工作 30 周年以上的文博干部职工进行表彰。我区有关文博单位共 71 位同志获得国家文物局颁发的从事文物工作 30 年荣誉证书。12 月 4 日，广西壮族自治区博物馆推荐的南宁市中山北段小学志愿者服务团队获得中国博物馆学会、宁波市文化广电新闻出版局主办，中国文物报社、《中国博物馆》杂志社、宁波博约博物馆文化发展基金会承办的“牵手历史——首届中国博物馆十佳志愿者之星”提名奖。12 月 21 日，容县获得中华人民共和国文化部、国家文物局授予全国文物工作先进县光荣称号。

【首批国家国防教育示范基地】 9 月 27 日，国家国防教育办公室决定，命名昆仑关战役旧址、百色起义纪念馆、八路军桂林办事处旧址为首批国家国防教育示范基地之一。

【百色中国统一战线传统教育基地挂牌】 11 月 19 日，百色中国统一战线传统教育基地挂牌仪式在百色起义纪念馆举行。这是继重庆之后，经中央统战部批准的第二个全国统一战线传统教育基地。中央统战部办公厅副秘书长、政策研究室主任庄聪生，中共广西壮族自治区党委常委、统战部部长黄道伟，致公党中央副主席、广西壮族自治区政协副主席、致公党广西区委会主委黄格胜，广西壮族自治区政协副主席黄日波，广西壮族自治区政协副主席、农工党广西区委会主委彭钊，广西壮族自治区党委统战部副部长黄汉明，区党委统战部副部长兼工商联党组书记冯成善，民盟广西区委会主委刘慕仁，民建广西区委会主委钱学明，民进广西区委会主委陈自力，民革广西区委会副主委梁崎峰，九三学社广西区委会专职副主委林繁，百色市委书记、市人大常委会主任刘正东，市委常委、统战部部长黄运志，市人大常委会副主任李廷荣，市政协副主席韦启良等出席挂牌仪式。

非物质文化遗产

【申报联合国“急需保护的非物质文化遗产名录”】 3 月 16 日，广西完成“铜鼓习俗”申报联合国“急需保护的非物质文化遗产名录”申报文本。项目的内容简介：铜鼓习俗是生活在中国珠江流域中上游地区的壮族、布依族、水族、苗族、瑶族、彝族等族群世代传承的以铜鼓使用为核心的综合性民间习俗，主要包括铜鼓铸造习俗、铜鼓命名习俗、铜鼓启用习俗、铜鼓收藏习俗、铜鼓乐舞习俗和使用铜鼓的各种习俗（婚恋习俗、丧葬习俗、节庆习俗），具有以音乐为核心的艺术功能、以权力象征为核心的社会功能和以沟通神人为核心的宗教功能。铜鼓习俗是广西民族文化的重要象征之一。“铜鼓习俗”申报联合国急需保护的非物质文化遗产名录，对保护传承铜鼓文化，提高广西民族文化的知名度和美誉度，推动广西社会文化发展，具有非常重大的意义。

【参加“中国传统手工艺大展”】 2月9日—24日，我区“侗族木构建筑营造技艺”和“钦州坭兴陶烧制技艺”参加文化部元宵节期间在国家农展馆举办的“中国传统手工艺大展”。国家级非物质文化遗产名录项目代表性传承人杨似玉、李人帡到会现场展示。

【命名“国家级非物质文化遗产项目代表性传承人”】 6月13日，中国第四个“文化遗产日”，我区“邕剧”代表性传承人洪琪、“壮族三声部民歌”代表性传承人温桂元、“京族哈节”代表性传承人罗周文、“布洛陀”代表性传承人黄达付佳、“钦州坭兴陶烧制技艺”代表性传承人李人帡被文化部命名为“国家级非物质文化遗产项目代表性传承人”。

【开展中国第四个“文化遗产日”系列宣传活动】 农历“三月三”期间，在武鸣县举办的“广西第二届歌王大赛”拉开第四个“文化遗产日”宣传活动的序幕，保护宣传活动的主题是“弘扬民族艺术，延续中华文脉”，主要内容：在首府南宁举办了传统戏剧专场演出、在高校举办非物质文化遗产保护专题讲座、在自治区图书馆举办广西非物质文化遗产普查工作成果展、《民族风情》摄影展、公布第二批自治区级非物质文化遗产名录项目代表性传承人、公布10个第一批非物质文化遗产传承展示基地。

【组团参加第二届澳门世界文化遗产博览会】 11月12日—14日，应澳门政府邀请，广西组织非物质文化遗产项目参加在澳门举办的世界文化遗产旅游博览会。我区展出的内容有独特的壮族木构建筑展架、五彩斑斓的民族服饰、原汁原味的侗族织布绣花、清脆动听的天琴弹唱、以及壮族织锦技艺、壮族绣球制作技艺、钦州坭兴陶等。我区团队及展品获组委会“最佳展台设计奖”。

【完成非物质文化遗产普查工作】 几年来全区举办525期普查培训班，对16081人进行普查培训；全区文化系统投入3517人，发动社会力量28668人，开展非物质文化遗产资源普查；召开了1207次普查座谈会，参与人数23587人；走访传承人19958人，调查项目101350个，文字记录6745.09万字，拍摄72980张照片，录音1440.63小时，摄像5150个小时，收集3296件实物。最后汇集文字资料1023.2册，音像资料1758盒，电子资料5475.836G。截至6月底，广西14个地级市已收集资源线索数131502条，重点普查项目超过4500项。包括16类的内容，其中民间文学67115项，传统音乐10180项，传统舞蹈2672项，传统戏剧4942项，曲艺691项，杂技189项，传统美术1301项，传统技艺8142项，生产商贸习俗5142项，消费习俗4884项，人生礼仪4887项，岁时节令3552项，民间俗信9001项，民间知识1784项个，体育、游艺与竞技2772项，传统医药3918项，其他328项。各市、县共完成了《非物质文化遗产普查成果汇编》400多册。12月顺利通过了文化部的验收。

【第三批国家级非物质文化遗产名录】 10月底，我区共推荐53个项目参加第三批国家级非物质文化遗产名录的申报工作，并于12月底前完成文本修改重新上报工作。

【开展全区第三批自治区级非物质文化遗产项目代表性传承人评审】 开展了全区第二批自治区级非物质文化遗产项目代表性传承人的评审工作，全区推荐参评人员有108人，经专家评审，共有78人通过，并于6月13日中国第四个“文化遗产日”公布。

【建立自治区非物质文化遗产保护传承基地】依托国家级和自治区级非物质文化遗产名录项目，建立保护传承展示基地(中心)，利用和整合非物质文化遗产资源，采用真人、图片、实物、音像展示等方式，使非物质文化遗产变成让群众“看得见、摸得着”的直观活态文化。文化厅于年内第四个“文化遗产日”，公布了10个自治区级非物质文化遗产研究、传承基地(展示中心)。

【非物质文化遗产保护传承执法检查】 根据自治区人大常委会年内监督工作计划，自治区人大常委会执法检查(柳州、桂林)组于6月8日—12日，对柳州市、桂林市、河池市、百色市贯彻实施《广西壮族自治区民族民间传统文化保护条例》的情况进行了检查。

【非物质文化遗产先进获奖】 中国第四个“文化遗产日”，广西“侗族木构建筑营造技艺”国家级非物质文化遗产项目代表性传承人杨似玉被人力资源和社会保障部、文化部授予全国非物质文化遗产保护先进工作者称号，贺州市八步区文化馆被文化部授予非物质文化遗产保护工作先进集体称号，“壮剧”国家级非物质文化遗产代表性传承人闭克坚、百色市文化局社文科长潘泰新、三江侗族自治区县文化和体育局党组书记杨永和被文化部授予非物质文化遗产保护工作先进个人称号。

文化市场

【文化市场管理机构及相关业务】 我区的文化市场近年来经过整顿、培育、规范和发展，已形成一定的规模，全区共有文化市场经营企业7949家，其中娱乐场所2896家，网吧4973家，从业人员5万多人，资产总计31.6亿元，主营业收入25.4亿元，交税1.9亿元，创造增加值20.8亿元。

【全面开展净化社会文化环境专项治理工作】2月23日余厅长参加“全国净化社会文化环境工作会议”回邕，迅速召开厅党组扩大会议，传达学习了《中央办公厅、国务院办公厅关于进一步净化社会文化环境，促进未成年人健康成长的若干意见》和文化部欧阳坚副部长的重要讲话。文化市场处综合各处室的实施意见制订了《文化厅贯彻落实〈中央办公厅、国务院办公厅关于进一步净化社会文化环境促进未成年人健康成长的若干意见〉的实施方案》和《广西文化厅净化社会文化环境专项治理行动方案》，下发各地实施，全面开展净化社会文化环境活动。整治期间，文化厅督查组分别在余益中厅长和李格训副厅长的领导下，深入到各市进行督查，召开经营管理者座谈会，听取意见并提出要求。从3月至6月，全区各地文化市场管理部门在专项治理行动中，全区共出动管理执法人员8500人次，检查网吧16870家，检查娱乐场所413家次，处罚违规网吧、娱乐场所481家，停业整顿55家，吊销经营许可证6家，罚款80多万元。通过开展专项整治活动，规范了文化市场秩序，净化了社会文化环境。

【全区文化市场管理执法工作会议】 为了深入学习，迅速贯彻全国净化社会文化环境工作会议和文化市场管理工作会议精神，规范文化市场，以良好的社会文化环境迎接建国

60周年，3月份，市场处在来宾市武宣县召开全区文化市场管理执法工作会议，提出2009年全区文化市场主要抓好净化社会文化环境的整治工作，强调要加大对文化市场的监管力度；扎实稳步推进南宁、柳州两市文化市场综合执法改革的进程；按时完成广西文化网络监控平台的建设；用新的文化发展观为指导，进一步繁荣广西的文化市场。自治区文化厅李格训副厅长在会上强调：在新的一年里，各级文化行政部门要从讲政治、讲大局、讲稳定、促发展的高度出发，加强领导，创新思路，强化措施，狠抓落实，把各项工作做细，圆满完成本年度各项工作目标任务。

【开展文化市场集中整治行动】 按照文化部《关于开展文化市场集中整治行动的通知》和唐正柱副厅长在8月份召开的全区文化局长会上的要求，市场处组织部署了从7月1日至10月31日的全区文化市场集中整治行动，7月和9月，文化厅市场处和文化稽查总队分别4次派出督查组分赴全区各地督查文化市场集中整治行动情况。整治期间，全区各级文化市场管理执法部门上下联动、同心协力，加大检查力度和监管范围，7月至10月31日，共出动人员90435人次、检查文化经营摊点99993家次，受理举报638件，立案调查969件，办结案件845件，收缴非法音像制品127496(盒、张)，罚款200,7145万元，责令整改1676家次，停业整顿203家次，吊销《文化经营许可证》9家。

【履行文化厅政务服务窗口工作】 年内，市场处严格按文化厅行政审批业务归口处室集中审批的职责，做好窗口各项行政审批工作。一是清理全区(市、县)文化系统的行政审批项目47项；二是推进行政审批标准化工作，对每个审批项目规范审批流程图，统一审批标准，压缩审批时限，制定了《行政审批操作规范》、《行政审批办理指南》；三是把审批项目、审批事项录入政务中心行政审批系统。实现了“八公开”、“五统一”，依法依规依程序严格审批。受理办结的50项行政审批项目中，实际办结时间比法定办结时间提速70%，在自治区政务服务中心电子系统运行情况统计中，截至10月份，有8个月获效能排序第一名单位之一，在政务窗口的电子满意度评价系统中得到了100%非常满意的好成绩。

【完成广西文化网络监控中心建设并成功与文化部链接】 根据中央领导同志视察中央监管平台的重要指示，结合广西的实际情况和特点，文化厅市场处提出建设监控中心方案，积极向自治区文化厅党组汇报文化网络监控中心的工作进程，争取支持，并派员到山东、上海考察学习，积极开展各项促进工作。在厅党组的支持和处室的努力下，落实了场地、经费和人员，于10月31日顺利完成了文化网络监控中心建设并与文化部成功链接。

【开展全国文化市场综合执法办公系统试点工作】 根据文化部办公厅《关于开展全国文化市场综合执法办公系统试点工作的通知》，文化部决定在山东、江苏、浙江、湖南、广西等省区开展试点工作，经研究并报文化厅领导批准，首批试点城市确定为南宁市，南宁市文化市场综合执法办公系统试点工作实施方案上报了文化厅，目前试点工作正在南宁市六个城区展开。

【全区统一集中销毁侵权盗版音像制品和各类非法出版物活动及广西知识产权宣传周活动】 保护知识产权，打击非法盗版活动是文化市场管理的一项重要职责，文化厅市场处积极参与和组织参加广西知识产权宣传周活动，按照要求制作了主题为：“依法打击违法行为，维护市场秩序，保护知识产权”宣传板报及宣传横幅，活动期间还分发了《音像制品

管理条例》并解答群众咨询。4月22日，全区统一集中销毁侵权盗版音像制品及各类非法出版物活动，文化厅市场处组织了全区各地文化市场管理部门参加活动，并参加了南宁分会场活动，南宁分会场共销毁23万张非法音像制品，其中13万张由文化厅、南宁市文化行政部门提供。

【开展平安建设联系点工作及文化市场安全生产督查工作】 按照《自治区综治委关于开展平安建设联系点工作的通知》，文化厅确定平安建设联系点为贺州昭平县。为切实有效地开展此项工作并取得成效，市场处制定了《关于开展平安建设联系点工作方案》，明确了工作目标，确定了任务和要求，并主动深入昭平开展平安建设的调研，协助昭平开展平安建设的有关工作。主动配合安全生产管理部门做好场所检查，每季度派员参加区安委会的督查组到市、县督查。

【全区文化市场行政执法工作检查评比活动】 11月中下旬，文化厅文化市场处对全区文化市场行政执法工作进行检查考评，检评内容严格按《广西壮族自治区文化市场行政执法考评标准》执行，主要包括执法工作、市场秩序、监督指导、队伍建设等四大内容，并增加加分项目和减分项目。此次考评采取交叉检查方法，由广西文化厅市场处及稽查总队领导带队，每市派出文管办或稽查队负责人1人，分成5个小组对全区14市进行检评。

【全区文化市场行政管理执法培训班暨文化市场管理工作会议】 12月21—24日，自治区文化厅在南宁召开全区文化市场行政管理执法培训班暨文化市场管理工作会议。文化厅市场处、稽查总队全体同志、各市文化局分管文化市场工作的局领导、文化市场科长、稽查支队队长共120多人参加会议。会上，唐正柱副厅长就全年的工作进行了总结，并对文化市场的管理工作表示了充分肯定。他指出，我区文化市场管理工作重点突出、工作责任明确、创新工作思路、工作作风扎实、成绩显著，为文化市场的发展繁荣和健康有序作出了积极贡献。唐正柱副厅长强调要继续做好文化市场管理的各项日常工作，开展元旦、春节期间抓好文化市场专项整治工作，加快和完善我区文化网络监控平台的建设，科学规划，合理布局，促进广西文化市场的发展繁荣，积极推进我区文化市场综合执法改革，加强信息上报。市场处李为民处长分析了当前我区文化市场的现状，指出了当前存在问题的原因，并对如何加强我区文化市场管理提出了工作思路，布置我区文化市场2010年的几项主要工作，也表达了保证2010年文化市场健康繁荣的决心。会议还邀请专家对与会人员进行文化市场的规范管理、娱乐市场管理及行政审批、网络文化管理、文化行政执法取证实务和音像市场与动漫市场管理等5个方面的培训。

【先进表彰】 年内，广西文化厅文化市场管理处获得全区“扫黄打非”先进集体，姚立华(广西文化稽查总队副总队长)、班欣荣(南宁市兴宁区文体局副局长)、刘政(柳州市文化局市场科科长)、许可(桂林市文化稽查支队)、孔繁军(藤县文体局副局长)、梁彬(容县文体局局长)、谢云峰(东兴市文体局副局长)、覃禄(防城区文化稽查大队副大队长)、陈礼猛(来宾市文化稽查支队支队长)共9人获得该年全区“扫黄打非”先进个人。

文化产业

【文化产业机构及产出】 2009年，广西文化系统文化产业总产出373,969.6万元，实现增加值272,107万元。文化及相关产业机构9856个，从业人员67188人。其中，文化部门产业机构 1903 个，从业人员 14288 人；其他部门文化产业机构 7953 个，从业人员 52900 人。在文化部门产业机构中，国有机构 1666 个，其他 3 个。

【自治区文化体制改革与文化产业发展领导小组成立】 11 月，自治区文化体制改革与文化产业发展领导小组成立。自治区党委副书记陈际瓦任组长，自治区党委常委、自治区副主席李金早，自治区党委常委、宣传部部长沈北海，自治区副主席李康任副组长，自治区党委、自治区人民政府、自治党委组织部、自治区党委宣传部、自治区编办、自治区发展改革委、自治区财政厅、自治区人事厅、自治区劳动保障厅、自治区国土资源厅、自治区文化厅、自治区审计厅、自治区国资委、自治区地税局、自治区广电局、自治区工商局、自治区新闻出版局、自治区国税局等有关部门领导任成员。自治区文化体制改革与文化产业发展领导小组下设办公室，作为领导小组的日常办事机构。办公室设在自治区党委宣传部。

【研究推进全区文化体制改革和文化产业发展工作会议】 12 月 3 日，自治区主席马飚在南宁主持召开会议，研究部署推进我区文化体制改革和文化产业发展工作，自治区党委常委、宣传部部长沈北海，自治区副主席李康，自治区人民政府秘书长王跃飞，自治区人民政府副秘书长、办公厅主任周异决，自治区党委宣传部，自治区编办、发展改革委等部门、单位以及南宁市人民政府的负责人参加会议。会议听取了自治区文化厅、新闻出版局，广西出版总社、广西日报社、新华书店集团、接力出版社关于文化体制改革工作、文化产业发展工作和动漫产业工作的情况汇报，研究部署了当前和今后一个时期我区文化建设和文化产业发展的重点工作。

【全区文化系统文化产业工作会】 4 月 28—30 日在南宁举行。会议对全区特别是广西北部湾经济区文化系统文化产业工作的主要情况做了总结，研究部署了下一步我区文化产业发展的重点工作。全区 14 个市文化局分管文化产业工作的局长、科长和厅直属有关单位负责人及媒体记者共 73 人参加会议。自治区文化厅余益中厅长、李格训副厅长出席会议。余益中厅长在会上作了题为《争分夺秒、抢抓机遇，加速文化产业发展》的重要讲话，强调各级文化部门要务实抓好文化产业工作，加速推动文化产业发展。与会代表对余益中厅长的讲话及《广西文化系统文化产业行动计划（初稿）》进行了认真讨论。会议还邀请到上海社会科学院文化产业中心主任、研究员花建作了题为《文化软实力建设和区域发展》的专题讲座，花建研究员就广西文化产业具体项目的策划运作与会议代表展开了热烈的互动。

【中国—东盟文化产业论坛评估报告论证会】 为了进一步提升中国—东盟文化产业论坛的举办水平和规格，自治区文化厅会同上海社会科学院文化产业研究中心组成课题组对论坛进行评估，形成了《中国—东盟文化产业论坛评估报告》。3 月 26 日，文化部文化产业司和广西文化厅共同在北京举办了中国—东盟文化产业论坛评估报告论证会。文化部文化产业司司长刘玉珠、副司长李晓磊、广西文化厅厅长余益中、副厅长李格训、上海社会科学院文化产业研究中心主任、《中国—东盟文化产业论坛评估报告》专家课题组组长花建研究员和齐勇锋、陈少峰、许宁宁、国世平、王纯杰、赵红川、李建平等 7 位论证专家参加了会议。会上，花建研究员全面介绍了评估报告的主要内容，7 位论证专家对评估报告进行了评议和论证。经过讨论，专家们一致认为评估报告在大量调查研究的基础上，全面分析了 2006—2008 年三届中国—东盟文化产业

论坛的国际背景、总体定位和发展沿革，总结了论坛在多个方面取得的重要收获和基本经验，也提出了论坛有待改进的方面。文化部产业司刘玉珠司长充分肯定了前三届论坛所取得的成绩，并提出今后论坛要办得更有专业性、针对性、持续性和影响力，进一步办出特色、办出影响、办出水平，成为品牌。

【中国—东盟文化产业论坛】 10月28—31日，由文化部文化产业司、对外文化联络局和广西文化厅共同主办“2009中国—东盟文化产业论坛”。文化部部长助理丁伟出席了“2009中国—东盟文化产业论坛”开幕式并致辞。本届论坛主题是“文化产业与社会发展”，有“金融危机给中国与东盟各国文化产业带来的机遇和挑战”、“民族文化遗产的传承保护与产业开发”、“奥林匹克与文化产业”、“大型实景演艺的特点及效果评价”、“创意与城市发展”、“中国—东盟自由贸易区框架下文化产业的合作”等6个议题。论坛邀请到中国和东盟9国的文化官员及中国、东盟国家、美国、英国、日本等国的专家学者、企业家等正式代表共68人，列席代表180人。得到中央、香港和广西区市的30多家媒体的高度关注，共刊发消息230多篇。论坛活动丰富，包括开幕式、主题发言、文化产业战略互动对话、专题晚会、项目考察等。本届论坛是全球应对金融危机之时、国家发布《文化产业振兴规划》之际、中国—东盟自贸区即将建成前举办的一次重要文化产业论坛。

【扶持原创动漫产业发展】 向文化部推荐广西哈虎网络科技有限公司等7个原创动漫演出作品及创作团队、《校园刘三姐》等3个原创漫画作品及创作团队和《哈虎看奥运四格漫画系列》原创手机动漫作品申请国家原创动漫扶持计划(2009)，其中广西哈虎网络科技有限公司获得扶持资金。

【参加第五届中国(深圳)国际文化产业博览交易会获奖】 5月15日至18日，自治区副主席李康率自治区文化厅、广电局、新闻出版局等相关厅局及各市组成的广西代表团约150人参加了第五届中国(深圳)国际文化产业博览交易会。广西在本届文博会1号馆和4号馆分别设置了210平方米和36平方米的特装展位，以“构建广西北部湾文化产业圈”为主题，通过电视专题宣传片《壮乡放歌—碧海丝路的文化交响》以及展位的图片、文字、宣传资料等，宣传了广西文化产业发展成就。实物展台推出北部湾地区南珠、坭兴陶精品展示，并设置广西精美的绣球、壮锦、民族服饰展示区和原生态织布演示区。广西桂剧团演员给观众带来具有广西民族特色、展现北部湾风情的节目以及抛绣球观众互动活动。共推出了11个招商引资项目，发放项目册2000册，3家参展商参展，共达成交易额约6.5万元，通过文博会组委会统一向300多家媒体公开发布宣传材料。广西北海歌舞剧院的舞剧《碧海丝路》应邀作为文博会主推项目在文博会期间连续演出二场。广西获得了该届文博会的“优秀组织奖”和“优秀展示奖”。

【参加首届中国宁夏国际文化艺术旅游博览会获奖】 9月8日至16，自治区陈章良副主席率自治区文化厅、民委、广播电影电视局、旅游局及各市共同组成的广西代表团约50人参加了首届中国宁夏国际文化艺术旅游博览会。广西博览会省区综合展馆设300平方米特装展位，以“发挥文化资源优势，构建以北部湾引领广西文化旅游圈”为主题，通过电视专题宣传片《壮乡放歌—碧海丝路的文化交响》以及展位的图片、文字、宣传资料等，宣传了广西文化产业精品。广西桂剧团演员给观众带来具有广西民族特色、展现北部湾风情的节目以及抛绣球观众互动活动。共推出了11个招商引资项目，发放《2009广西文化

产业重点投融资项目册》600本。广西获得了该届文艺旅博会的“优秀组织奖”和“创意设计奖”。

【参加第四届中国(北京)国际文化创意产业博览会获奖】 11月25日至29日，由自治区文化厅副厅长唐正柱为团长的代表团参加博览会。广西在省市综合馆设置36平方米特装展位，以“创意广西，魅力壮乡”为主题，通过文字、图片、宣传片等宣传和推介了广西文化产业发展取得的成就和重点项目。共推出了11个招商引资项目，发放招商引资项目册200份，1家参展商参展，达成交易额约6万元，获得了组委会颁发的“最佳组织奖”。

【电影行政管理职能划归广电部门】 根据中共中央宣传部、中央机构编制委员会办公室、文化部和国家广电总局联合下发的《关于进一步理顺地方电影管理体制的通知》(中宣发[2008]31号)精神和《自治区党委宣传部、自治区编办、自治区文化厅、自治区广电局关于全区电影行政管理职能调整划转工作的实施意见》(桂办发[2009]7号)精神，自治区文化厅、广电局会商决定：自3月1日起，将自治区文化厅承担的电影发行、放映管理、电影专项资金收缴和管理、电影发行放映的市场监管职责统一划归自治区广播电影电视局，将广西壮族自治区电影公司划归自治区广播电影电视局。

对外文化交流

【海上丝路遗珍——越南出水陶瓷精品展】 3月，由越南国家历史博物馆、广西壮族自治区博物馆、广西文物考古研究所联合举办的“海上丝路遗珍——越南出水陶瓷精品展”在广西壮族自治区博物馆隆重开展。此次精品展共展出119套、224件陶瓷器物，开展当天参展人次达1万人。

【广西玉林市博白县杂技团应邀赴澳大利亚、新西兰、英国演出】 应澳大利亚YML娱乐公司、新西兰The Edge公司、英国斯比瑞特演出公司的邀请，广西玉林市博白县杂技团共派出30人于2008年12月10日至今年9月20日赴澳大利亚、新西兰、英国巡回演出。演员们的精湛技艺，使得国外的观众赞不绝口，十分喜爱。

【广西东方民族实验歌舞团赴香港演出】 应香港变脸王国际艺术中心的邀请，广西东方民族实验歌舞团于1月20日至6月20日期间，共派出31名演职员赴香港参加由香港旅游发展局举办的旅游节演出，受到香港市民的热烈欢迎。

【广西艺术团赴泰国参加“2009中国春节文化活动”】 1月23日至2月4日，应泰国政府的邀请，广西壮族自治区文化厅组成广西艺术团赴泰国参加由中国文化部、中国驻泰国大使馆、泰国旅游体育部主办的“2009中国春节文化活动”，给泰国观众带去中国壮乡的祝福。此次出访，广西艺术团精心选取了具有广西浓郁地方特色和民族风情的文艺节目，既有广西原生态民歌《壮乡美》、三声部民歌《蝉虫歌》，也有壮族群舞《甜蜜蜜》、人偶舞蹈《苗妹》和杂技《女子转碟》等16个节目，还专门为泰国观众准备了泰国歌曲《白莲》。1月26日下午，泰王国诗琳通公主和泰国总理阿披实、副总理素贴、泰国旅游和体育部长春蓬、曼谷市长素坤潘等政府高级官员，以及由中国政府文化代表团团长、文化部副部长赵少华率领的中国政府文化代表团参加了“2009中国春节文化活动”开幕式。广西艺术团的演出在泰国主流社会和华人社会中引起巨大反响，广西优秀民族传统文化艺术给泰国观众留下了深刻的印象，给广西树立了新形象。

【“中国—东盟文化产业论坛”论证会】 3月，

文化部文化产业司、文化部对外文化联络局、广西壮族自治区文化厅在北京共同召开了"中国—东盟文化产业论坛"论证会。论证会邀请了诸多领导、学者及相关人士参加，达到了预订目标，取得了丰硕成果。

【木偶剧《反斗兔智斗聪明猴》在港演出】 木偶剧《反斗兔智斗聪明猴》将广西木偶剧团的人力、智力、技术、制作等资源与香港、美国方的资金、演出网络等资源进行有机结合，由广西木偶剧团与香港明日教育机构、美国美宝矿艺术团共同合作打造完成，产权归三家所有。该剧于4月19日至5月18日在香港牛池湾文艺中心剧院、上环文娱中心共成功演出10场。

【广西民族博物馆与东盟十国博物馆馆际合作座谈会】 为构筑广西与东盟各国文化交流及博物馆间的合作并搭建平台，广西壮族自治区文化厅于4月28日至5月2日在南宁市和桂林市联合举办"中国广西民族博物馆与东盟十国博物馆馆际合作座谈会"，以促进广西与东盟各国文化交流及各博物馆事业的共同发展。会议特邀日本、韩国相关博物馆列席。此次会议主题为："博物馆藏品、人力资源共享交流，共谋发展"。出席座谈会代表有文莱、印度尼西亚等东盟七国及日本、韩国相关博物馆馆长约16人。会议特邀国家文化部、国家文物局领导及专家出席，国内有60位省市级博物馆馆长受邀与会。

【广西文化代表团考察越南】 5月13日至5月20日，应越南文化体育旅游部和越南国家历史博物馆的邀请，以广西壮族自治区文化厅陈映红副厅长为团长的广西文化代表团对越南进行了考察。代表团就双方的文化交流已经取得的成果和今后将要合作的事项交换了意见。考察期间，越南国家历史博物馆和广西壮族自治区博物馆共同签署了《越南国家历史博物馆和广西壮族自治区博物馆未来五年合作意向书》，并就项目的具体事宜进行了洽谈和交流。

【新版歌舞剧《刘三姐》赴台演出】 5月21日至30日，以广西壮族自治区人民政府马飚主席为团长的广西经贸文化代表团出访台湾，新版歌舞剧《刘三姐》随团出访。《刘三姐》在台湾的演出引起强烈反响，出现一票难求的现象。同时，广西壮族自治区文化厅与台湾相关文化机构达成了诸多合作共识，广西文化艺术交流促进会与台湾中华文化艺术促进协会签署了《桂台文化交流合作备忘录》。

【越南文艺考察团来桂访问考察】 6月18日，广西壮族自治区文化厅分管外事工作的陈映红副厅长在广西艺术学校会见了以阮登章为团长的越南文艺考察团。双方围绕艺术演出团体体制、机制、人才培训、演出合作等议题进行了热烈友好的座谈，并表示今后将进一步洽谈，促进合作项目。

【广西壮族自治区博白县杂技团应邀赴加拿大演出】 7月9日至8月2日，应加拿大埃德蒙顿展览馆的邀请，玉林市博白杂技团赴加拿大阿尔伯塔省埃德蒙顿展览馆D场馆演出。每天演出3场，共演出30场。演员们娴熟的技艺、精湛的表演，赢得了加拿大观众的高度好评和赞扬，特别是《绸吊》、《肩上芭蕾》等高难度节目，由于表演水平高、难度大，更是深受国外观众欢迎，惊险、刺激的演出，赢得观众阵阵长时间的掌声。

【密克罗尼西亚联邦副总统阿利克参观广西民族博物馆】 7月13日，密克罗尼西亚联邦副总统阿利克在广西壮族自治区文化厅副厅长陈映红的陪同下参观了广西民族博物馆的"穿越时空的鼓声——铜鼓文化展"、"五彩八桂——广西民族文化陈列"和"西部记忆——西部五省（区）民族历史瑰宝展"。参观过程中，阿利克副总统对广西民族文化、民族服饰

和民族工艺品表现出了浓厚的兴趣，并高度评价了广西民族博物馆的陈列展览。

【广西刘三姐艺术团赴马来西亚参加建交活动演出】 7月23日至30日，为庆祝中国与马来西亚建交35周年，应马来西亚华文作家协会邀请，以广西文化厅马红英副巡视员为团长的广西刘三姐艺术团一行40人携歌舞剧《刘三姐》赴马来西亚进行演出交流。演出交流活动获得了圆满成功，马来西亚首都吉隆坡的多家媒体对本次交流活动作了专题报道。

【广西文化产业考察团赴英国、西班牙、葡萄牙进行考察】 9月9日至19日，应英国伦敦文化艺术访问协会、西班牙中西文化交流协会、葡萄牙葡中合作及发展促进会的邀请，由广西壮族自治区文化厅厅长余益中为团长，有文化部文化产业司、广西壮族自治区文化厅、广西壮族自治区财政厅和上海社会科学院专家参加的课题组，一行6人前往英国(3天)、西班牙(5天)、葡萄牙(3天)进行了实地考察。出访期间，一、推动在谈项目。主要有：如何借鉴联合国教科文组织命名的“创意之都”、欧盟“欧洲文化之都”和联合国教科文组织世界遗产在构建广西北部湾文化产业圈发展中进行文化产业创意和内容创新，打造广西的“创意之都”和“文化之都”和研究世界文化遗产的政策措施和做法。二、推动合作项目。主要有演艺业、动漫业、文化会展业、文化节庆业、文化产业资源保护和整合、开发，特别是旧城改造的文化案例进行交流合作。三、举办文化产业合作项目座谈会。座谈内容主要是政府部门引导推动文化产业项目合作的政策和办法、文化创意产业战略伙伴和项目合作意向。

【广西艺术团赴越南演出】 9月29日，应中国驻越南大使馆的邀请，广西壮族自治区文化厅派出了广西民乐小组一行9人，赴越南河内参加中国驻越南大使馆国庆招待会和中越双方合办的《今日中国》图片展开幕式文艺演出。演出结束后，我驻越大使馆孙国祥大使和使馆领导特地向广西壮族自治区文化厅发函，对此次演出表示感谢，并建议文化厅对民乐小组全体成员予以表扬。

【第二届“中国—东盟京剧爱好者南宁演唱会”】 10月9日至12日，由广西京剧艺术促进会和广西壮族自治区文化厅共同主办的第二届“中国—东盟京剧爱好者南宁演唱会”在南宁市明园新都酒店举办。来自中国、越南、泰国、老挝、马来西亚、新加坡、德国、英国、比利时等国的京剧爱好者、京剧艺术工作者、京剧教育及推广人士等欢聚一堂，共享国粹京剧艺术的魅力。四天时间里，200多名中外老少京剧票友们纷纷登台献唱，为观众免费奉献了6场京剧演唱会。演唱会期间还召开了“中国—东盟京剧发展与传播”研讨会，来自中国及东盟国家的专家学者们纷纷从本国的实际情况出发，对京剧艺术理论、实践活动、发展传播等议题进行了深入的探讨和研究。

【第十一届南宁国际民歌艺术节】 10月20—24日，以“新十年·新民歌”为主题的第11届南宁国际民歌艺术节在南宁隆重举行。本届民歌艺术节集合过去10年南宁国际民歌艺术节的文化精髓，从民族性、国际性、现代性、艺术性和群众性这五个特点出发，全面展现民歌艺术节的魅力，不断提升民歌艺术节的气质和品味，凸显品牌效应。参加本届南宁国际民歌艺术节的外国艺术团体为历年最多，主要有老挝艺术团、韩国艺术团、爱尔兰艺术团、捷克布拉格之春合唱团、匈牙利鸟之声合唱艺术团、阿根廷探戈舞蹈团、马来西亚芙中(雪隆)校友会合唱团、印度恩弟亚尼迪亥舞蹈团、德国索布民族歌舞团等。

【中国—东盟文化产业论坛】 10月28—31日，由文化部文化产业司、对外文化联络局、广西壮族自治区文化厅共同主办的“2009 中国—东盟文化产业论坛”在南宁召开。文化部部长助理丁伟、广西壮族自治区人民政府副秘书长杜新、广西壮族自治区文化厅厅长余益中等领导出席开幕式并致辞。此次论坛的主题是“文化产业与社会发展”，议题涵盖了“金融危机”、“文化遗产”、“奥林匹克”、“实景演艺”、“创意与城市”以及“中国—东盟自由贸易区”等文化产业领域内以及与文化产业密切相关的前沿及关键问题。来自文莱、柬埔寨、印尼、老挝等东盟国家和美、英、日等国的专家、企业家共 200 多人参会。论坛内容包括大会主旨发言、战略互动对话及考察观摩文化产业项目等。

【韩国果川市文化艺术团参访广西艺术学校】 10 月 23 日，韩国果川市文化艺术团趁参加南宁国际民歌艺术节演出的间隙到广西艺术学校进行文化交流。艺术团一行 8 人参观了广西艺术学校满天星教学大楼及图书馆，双方围绕“中韩两国音乐及文化艺术方面的发展情况”这一主题进行了交流。在交流演出中，韩国文化艺术团表演了管乐五重奏、独唱等节目。

【韩国永同郡兰溪国乐团访问防城港】 10 月 25—27 日，防城港市友好城市韩国永同郡的兰溪国乐团对该市进行了友好访问。10 月 26 日晚，兰溪国乐团在防城港市中心区人民会堂为观众奉献了一台韩国音乐晚会。音乐晚会分为传统音乐和国乐管弦乐两个部分，主要节目有《寿齐天》、《上灵山》、《散调合奏》、《清声曲》、《风物祭》、《流》、《街头》、《大地》、《庆典》等，为观众展示了韩国的国乐精华。

【越南下龙湾海上实景演出《越南越美》】 越南下龙湾海上实景演出《越南越美》是我国首个境外实景演出类的文化合作贸易项目，是广西壮族自治区文化厅今年努力推进的重点项目。《越南越美》项目的文学台本已经完成，9 月越方投资公司与中方投资公司进行了商谈，签订了相关项目协议，广西壮族自治区文化厅马红英副巡视员参加了商谈。《越南越美》项目的新址已经选定，中越双方力争能在 2010 年试演，为中越建交 60 周年、中越友好年献礼。

【柬埔寨吴哥实景演出《微笑的高棉》】 柬埔寨吴哥实景演出《微笑的高棉》是广西壮族自治区文化厅今年努力推进的重点项目。3 月广西壮族自治区人民政府马飚主席率团访问柬埔寨期间，将广西与柬埔寨合作投资建设的柬埔寨吴哥实景演出《微笑的高棉》项目写入了双方签订的《广西壮族自治区人民政府和柬埔寨王国政府商业部经贸合作备忘录》。8 月 24 日，广西壮族自治区文化厅余益中厅长、陈映红副厅长、马红英副巡视员一行在北京拜会了文化部副部长赵少华，再次汇报了《微笑的高棉》项目的进展情况。9 月 3 日广西壮族自治区文化厅余益中厅长一行又拜会了柬埔寨驻南宁使馆总领事英洪先生，就柬埔寨项目的对接问题进行了商谈。《微笑的高棉》文学台本已完成。

【缅甸国家博物馆与广西民族博物馆互赠纪念品】 10 月 29 日，出席“2009 中国—东盟文化产业论坛”的缅甸代表、缅甸历史委员会副主席托拉，受缅甸国家博物馆馆长之托，专程前往广西民族博物馆，向该馆赠送缅锦、银钵及书籍《绿城仰光》、《缅甸自然风光》、《缅甸佛像》等。广西壮族自治区文化厅余益中厅长向缅方回赠万寿纹壮锦，以示感谢。这项活动吸引了 10 多家区内外媒体的争相报道。

【印度尼西亚文物珍品展】 10 月至 2010 年 1 月，为迎接中国—东盟自由贸易区的建成，由印度尼西亚文化旅游部、广西文化厅共同主办，印度尼西亚国家博物馆、广西民族博物

馆共同承办的"印度尼西亚文物珍品展"在广西民族博物馆隆重举行。这是广西民族博物馆引进的第一个东盟国家文物展,也是印度尼西亚国家博物馆的展品第一次在广西展出,实现了广西民族博物馆与东盟国家博物馆的第一次实质性合作。

【梧州粤剧团赴澳门交流演出】 11月11—16日,应澳门永乐大戏院的盛情邀请,梧州粤剧团赴澳门参加澳门新桥区"庆祝澳门回归10周年系列活动"的粤剧专场演出。该团演出了《孟丽君》、《豆腐西施》、《二乔招亲》以及折子戏《上路》、《拦马》、《斩经堂》等经典传统粤剧,受到了澳门观众的热烈好评,极大地促进了梧、澳两地的文化交流。

艺术教育

【广西艺术学校建校50周年庆典活动】 11月6日,广西艺术学校在南宁举行建校50周年庆祝大会。自治区人大常委会邵博文副主任、自治区政协黄日波副主席、国家文化部政策法规司韩永进司长、自治区文化厅余益中厅长、自治区文联潘琦主席、自治区体育局局长容小宁、广西师范学院党委书记于璪、自治区教育厅黄宇副厅长、自治区文化厅陈映红副厅长、广西艺术学院黄志豪副院长、自治区文化厅副巡视员马红英、文化部文化科技司牛根富处长、刘玉普副处长等领导出席大会。参加大会的还有中国艺术职业教育学会第23届年会的代表、友好单位的特邀嘉宾、历届校友及广西艺术学校全体师生。文化部文化科技司牛根富处长宣读了文化部的贺信,广西艺术学校校长潘世明致辞,自治区教育厅副厅长黄宇、自治区文联主席潘琦、自治区文化厅厅长余益中、人大常委会副主任邵博文在会上做了重要讲话,大会由广西艺术学校书记龙长生主持。广西艺术学校建校50周年庆典活动还有《岁月如歌》专题文艺晚会、《广西艺术学校建校50周年校史·书画展》、出版《艺苑星光》——广西艺术学校教育教学优秀论文选编等。

【中国艺术职业教育学会第二十三届年会】 11月8日,由国家文化部文化科技司主办,广西艺术学校承办的中国艺术职业教育学会第23届年会在南宁召开。文化部政策法规司司长韩永进、自治区文化厅厅长余益中、自治区文化厅副厅长陈映红、文化部文化科技司处长牛根富、副处长刘玉普出席会议。来自全国各地的150所艺术职业院校的校长及代表参加了会议。自治区文化厅厅长余益中在年会上介绍了广西经济文化等方面的情况。文化部政策法规司司长韩永进作文化体制改革专题报告,文化部文化科技司处长牛根富作2009年学会工作报告,南京艺术学院院长周建明等代表作专题发言。

【广西艺术学校被教育部认定为国家级重点中等职业学校】 广西艺术学校现有教职员工220人,在校生1000人。学校开设有戏曲表演、杂技与魔术表演、音乐(包括声乐、器乐)表演、舞蹈表演、美术设计、播音与节目主持、木偶与皮影专业等七大专业,还开设有声乐、拉丁舞、美术、器乐、少儿芭蕾考级辅导、DJ等专业培训班。该校勇于改革创新,采取"校团挂钩、订单培养"与"双向洽谈、自主择业"相结合的方式办学,先后与广州军区战士杂技团、成都军区战旗杂技团、大连杂技团、区直八大剧团以及地市剧团合作办学,毕业生就业率达95%以上,1月被教育部认定为国家级重点中等职业学校。

文化经费

【文化文物系统单位经费收入】 年内,全区文化文物经费收入 112,639.4 万元，其中：财政拨款 92,967.2 万元，与上年经费收入108,134.7万元和财政拨款72,625.1万元相比，分别增加 4,504.7 万元、20,342.1万元，增长 4.17%、28%。全年人均文化事业费19.14 元。

文化文物系统单位经费收入表

（单位：万元）

	收入合计	财政拨款
总　计	112,639.4	92,967.2
1. 文化合计	96,562.5	81,216.2
其中：艺术表演团体	22,360.6	17,385.2
艺术表演场馆	2,172.9	95.6
图书馆	12,415.6	11,353.4
群众文化	14,998.0	13,511.3
2. 文物合计	13,208.9	9,696.4
其中：博物馆	9,440.7	7,347.8
3. 教育合计	2,868.0	2,054.6

【文化文物系统单位经费支出】 年内，全区文化文物经费支出 113,175.1 万元，比 2008 年经费支出 104,698.4 万元增加 8,476.7 万元，增长 8%。

文化文物系统单位经费支出表

（单位：万元）

	支出合计	基本支出	工资福利支出	商品和服务支出
总　计	113,175.1	68,177.9	36,818.2	36,419.3
1. 文化合计	95,579.3	58,310.3	32,146.6	30,285.1
其中：艺术表演团体	22,532.1	15,547.7	9,715.1	7,619.0
艺术表演场馆	2,141.0	977.9	702.2	743.5
图书馆	12,343.4	8,050.3	4,766.3	2,262.3
群众文化	14,562.4	11,457.4	8,238.7	2,454.9
2. 文物合计	14,911.2	8,075.3	3,718.3	5,787.0
其中：博物馆	11,097.0	6,811.1	2,913.0	4,993.9
3. 教育合计	2,684.6	1,792.3	953.3	347.2

【文化产业增加值】 年内，全区文化产业总产出373,998万元，增加值272,128.7万元，跟上年总产出265，186万元和增加值216,439.1万元相比，分别增加108,812万元、55,689.6万元，增长41％、25.74％。

（单位：万元）

	总产出	增加值
总　　计	373,998.0	272,128.7
艺术业	25,200.1	19,104.7
其中：艺术表演团体	22,518.5	17,051.1
艺术表演场馆	2,681.6	2,053.6
图书馆	9,899.5	7,877.1
群众文化	13,667.4	11,498.5
艺术教育	2,165.9	1,864.8
文化市场经营机构	273,767.0	208,268.1
动漫企业	7,586.2	2,980.1
文艺科研	674.0	598.5
文物业	11,505.2	6,053.2
其他文化及相关产业	29,532.7	13,883.7

文化队伍

【文化系统人员构成】 全区文化系统（含机关、企事业单位）年内在编人员有10416人。其中：公务员868人，占全员人数8.33％；企事业单位行政人员2513人，占24.13％；专业技术人员有7035人，占67.54％；女性4615人，占全员人数44.31％。少数民族4473人，占42.94％。博士3人，占0.03％；研究生180人，占1.73％；大学2624人，占25.20％；大专3705人，占35.57％；中专及以下3904人，占37.48％。35岁及以下3471人，占33.32％；36岁至50岁5026人，占48.25％；51岁及以上1919人，占％18.42。全区文化系统公务员868人，其中：女性275人，占公务员数31.68％；少数民族436人，占50.23％；博士1人，占0.11％；研究生76人，占8.76％；大学372人，占42.86％；大专298人，占34.33％；中专及以下121人，占13.94％；35岁及以下225人，占25.92％；36岁至50岁534人，占61.52％；51岁及以上109人，占12.56％。全区文化系统企事业单位行政人员2513人，其中：女性1044人，占行政人员数41.54％；少数民族1082人，占43.06％；研究生11人，占0.43％；大学350

人，占13.93%；大专881人，占35.06%；中专及以下1271人，占50.58%；35岁及以下631人，占25.11%；36岁至50岁1348人，占53.64%；51岁及以上534人，占21.25%。全区文化系统企事业单位专业技术人员7035人，其中：正高级专业人员160人，占专业技术人员数2.27%；副高级专业人员748人，占10.63%；中级专业人员2104人，占29.92%；初级专业人员3002人，占42.67%；未聘任专业人员1021人，占14.51%；女性3296人，占46.85%；少数民族2955人，占42%；博士2人，占0.03%；研究生93人，占1.32%；大学1902人，占27.04%；大专2526人，占35.90%；中专及以下2512人，占35.71%；35岁及以下2615人，占37.17%；36岁至50岁3144人，占44.69%；51岁及以上1276人，占18.14%。

【广西文化艺术创作人才小高地申报成功】 根据广西文化艺术人才培养和队伍建设规划，以文化艺术人才小高地为抓手，突出重点培养建设项目，推进广西文化艺术人才培养和队伍建设。为打造文化建设的高精尖人才队伍，在稳步推进4个区直文化艺术人才小高地的基础上，2009年初，由自治区文化厅牵头筹建以广西艺术创作中心、广西作家协会、漓江画派为建设载体的广西文化艺术创作人才小高地申报成功，列入自治区党委、政府办公厅第三批人才小高地，实现广西文化艺术人才培养模式新的突破，成为我区文化人才培养工作的一大亮点。按照《广西文化艺术创作人才小高地项目管理实施方案》，漓江画派促进会收集整理《漓江画派文献集》3册；郑军里、阳山、刘南一、张冬峰等9位美术家作品入选国家文化部、中国文联美术家协会主办的第十一届全国美术展览。广西艺术创作中心抓住广西第七届剧展的良机，创作了壮族歌剧《壮锦》、音乐剧《白头叶猴》等4部大型戏剧作品；组织对桂剧《欧阳予倩》、京剧《御赐玉棋》等一批冲击国家级舞台艺术精品剧目的研讨修改工作。广西作家协会一批青年作家的优秀作品，分别被国内著名文学期刊《小说月报》、《小说选刊》刊登；作家东西创作改编的20集电视剧《没有语言的生活》，获得中宣部第十一届“五个一工程奖”，广西文化艺术创作人才小高地建设成效显著。

【文化艺术培训班】 文化厅举办全区基层文化站站长首期培训班、文化市场行政执法、青年演员表演技巧等各门类培训班18个，参加培训人员约800人次。

【文化艺术人才培养】 根据文化部要求和广西壮族自治区文化厅总体工作安排，为加强公共文化服务体系建设，加大基层文化队伍建设的力度，文化厅将利用5年时间，分期分批举办文化馆（站）长培训班，将全区文化馆长、文化站长轮训一遍。7月，由广西壮族自治区文化厅主办、广西群众艺术馆承办的为期5天的第一期全区文化馆（站）长培训班在防城港东兴市举办，来自防城港市辖区的文化站长、8个边境县的文化馆长以及全区14个市的群众艺术馆正副馆长共50多名学员参加了本期培训。文化厅陈映红副厅长、防城港市席扬副市长以及文化厅人事教育处、社会文化处、防城港市文化局的领导出席了开班典礼。陈映红副厅长在开班典礼上讲话。培训班采取课堂集中授课与参观考察学习相结合的方式，聘请有关领导和专家授课，组织学员进行实地考察和讨论交流。

【文化厅在职干部教育培训基地挂牌成立】 为贯彻《干部教育培训工作条例》和《广西壮族自治区党委组织部关于2008—2010年全区大规模培训干部工作的实施意见》，3月3日，广西壮族自治区文化厅在广西图书馆报告厅举行干部教育培训基地揭牌仪式。自治

区文化厅厅长余益中、副厅长陈映红、自治区党委组织部干部教育处副处长刘鹏飞、自治区人事厅公务员处调研员王力平出席揭牌仪式，共同为培训基地揭牌。陈映红副厅长主持揭牌仪式，余益中厅长和刘鹏飞副处长致词，来自文化厅机关各处室及厅直属各单位115名领导及人事干部出席揭牌仪式。余益中厅长在揭牌仪式上表示，文化厅将充分发挥干部教育培训基地的功能和作用，坚持用马克思主义中国化的最新理论成果培训干部，抓好科学发展观教育，着力提高推动文化事业科学发展的本领；坚持用党的方针政策和文化法律法规培训干部，着力提高依法行政、科学管理的本领；坚持用文化改革的实践经验和最新成果培训干部，着力提高求真务实、开拓创新的本领；坚持用各类业务知识和科学文化知识培训干部，着力提高文艺创作质量、文化科技创新能力和公共文化服务水平，提高开拓文化市场、发展文化产业，扩大对外文化交流的本领；坚持用党的优良传统和作风教育干部，引导干部讲党性、重品行、作表率，着力增强党性修养。努力培养一支政治上靠得住、工作上有本事、作风上过得硬、人民群众信得过的党政干部队伍，为推动广西文化大发展大繁荣提供强有力的思想政治保证、人才保证和智力支持。

【区直文化系统事业单位招聘考官培训班】 3月3日，广西壮族自治区文化厅在文化厅干部教育培训基地举行区直文化系统事业单位招聘考官培训班，培训班由文化厅副厅长陈映红主持，自治区人事厅公务员管理处调研员王力平作专题辅导，来自文化厅机关及厅直属各单位115名学员参加培训。

【区直文化系统保密教育讲座】 为增强文化厅机关工作人员以及厅直属各单位涉密人员保密意识，确保国家秘密安全，7月14日下午，自治区文化厅举行区直文化系统保密教育讲座，讲座由文化厅副厅长唐正柱主持，广西壮族自治区保密局局长谢可年作专题讲座。这次培训是文化厅在职干部全员培训的重要内容之一。厅机关各处室、机关服务中心、广西文化信息中心、广西壮族自治区文化稽查总队全体工作人员和厅直属各单位领导班子成员、保密员、人事干部250人出席讲座。

【在职干部教育培训】 11月，全国文化干部培训工作座谈会在北京召开，广西壮族自治区文化厅在职干部教育培训工作得到文化部表彰，陈映红副厅长代表文化厅在全国文化干部培训工作座谈会上作先进经验介绍，广西创建的“三级联动”的组织协调、“两轮驱动”的经费保障、“分类指导”的培养开发、“以人为本”的培训激励、科学规范的质量评估的在职干部教育培训工作“五种机制”受到文化部及会议代表的好评。

【文化部全国文化干部培训广西文化干部培训班】 11月2日至8日，国家文化部人事司、广西壮族自治区文化厅联合在中央文化管理干部学院举办文化部全国文化干部培训广西文化干部培训班，文化厅机关、厅直属单位和各市文化局50名学员参加培训。培训班采取理论学习与工作实践相结合、专家授课与交流研讨相结合、课堂教学与实地考察相结合的形式，请文化部及清华大学、国家行政学院、中央文化管理干部学院的领导和专家作公共文化服务体系建设、集聚优势的发展战略、文化市场管理中的问题与对策、文化产业发展问题等专题辅导报告，并组织学员参观考察北京798文化创意产业园、国家大剧院、首届中国动漫艺术大展等文化创新项目，到全国文化体制改革先进单位北京朝阳区文化馆进行现场教学，对学员进行有针对性的重点培训，使学员们不断深化对文化理论、法规、文化市场与文化产业、文化体制改

革、公共文化服务体系建设、文化创新等相关业务知识的认识，增强了文化创新意识，树立了文化发展的新理念，政治素养和业务能力得到进一步的提高。国家文化部人事司副司长周庆富、广西壮族自治区文化厅副厅长陈映红、中央文化管理干部学院副院长段周武、文化部人事司监督与培训处处长张波出席开班仪式并讲话。学习班学员的学习态度和纪律作风得到文化部领导的肯定。

【全国文化系统先进集体和先进工作者】 为表彰先进，树立一批在新时期文化建设和文化体制改革中做出突出成绩的典型，发挥先进典型引领和示范作用，11月，中华人民共和国人力资源和社会保障部、文化部作出《关于表彰全国文化系统先进集体和先进工作者的决定》（人社部发[2009]150号），柳州市文化局、广西壮族自治区局图书馆、广西壮族自治区木偶剧团、滕县文化和体育局、靖西县文化和体育局等5个单位被授予"全国文化系统先进集体"荣誉称号，南宁市文化局局长陈晓玲、广西艺术学校校长潘世明、广西桂剧团团长龙倩、桂林市艺术研究所一级编剧杨戈平、博白县杂技团团长苏伟、贺州市平桂管理区沙田镇综合文化站站长蒋仕宽、陆川县文化馆馆长李德禄等7名同志被授予"全国文化系统先进工作者"荣誉称号。

【文化体制改革稳步推进】 8月，广西壮族自治区文化厅在传达、学习全国文化体制改革经验交流会精神、《中共中央宣传部、文化部关于深化国有文艺演出院团体制改革的若干意见》和《文化部关于贯彻落实〈深化国有文艺演出院团体制改革的若干意见〉的通知》的基础上，采取发挥院团主观能动性和文化厅统筹规划相结合的办法，初步确定了广西国有文艺演出院团改革的路线图、时间表和任务书。10月，文化厅党组研究制定了《广西国有文艺院团体制改革的总体方案》，方案围绕转企改制的中心环节，坚持面向市场、贴近群众，坚持区别对待、分类指导，坚持以人为本、强化保障，坚持遵循规律、循序渐进，综合考虑广西的艺术品种、历史沿革、事业发展、市场需求、资源状况、民族地区情况等多种因素，将广西国有艺术演出院团分为率先转企改制、目前暂时实行事业体制、保留事业体制几种类型，明确各自发展定位和改革侧重点，全面推进广西国有文艺院团的整体改革。

【文化事业单位岗位设置管理】 8月，根据人事部《事业单位岗位设置管理试行办法》（国人部发[2006]70号）、《〈事业单位岗位设置管理试行办法〉实施意见》（国人部发[2006]87号）、《关于文化事业单位岗位设置管理的指导意见》（国人部发[2007]19号）和自治区人事厅《关于印发〈广西壮族自治区事业单位岗位设置管理实施意见〉的通知》（桂人发[2008]85号）文件规定，结合广西文化事业单位的实际情况，广西壮族自治区文化厅与人事厅联合下发《关于印发广西壮族自治区文化事业单位岗位设置结构比例指导标准的通知》（桂人发[2009]42号），对广西文化事业单位岗位设置结构比例指导标准的适用范围、岗位类别、名称及等级、岗位类别结构比例、岗位等级结构比例作出了明确的规定。9月，广西壮族自治区文化厅举办区直文化系统事业单位岗位设置管理实施工作动员大会，大会由文化厅人事教育处处长孙毅主持，文化厅副厅长陈映红在会上作动员讲话，宣布广西文化系统事业单位岗位设置管理实施工作正式进入实施操作阶段，并深刻阐述事业单位岗位设置管理工作的重要意义，对做好文化事业单位岗位设置管理工作提出了具体的意见。区直文化系统事业单位主要领导和人事干部50人参加会议。12月，广西壮族自治区文化厅在南宁举办区直文化系统事业单位岗位设置管理实施培训班，培训班由文化厅

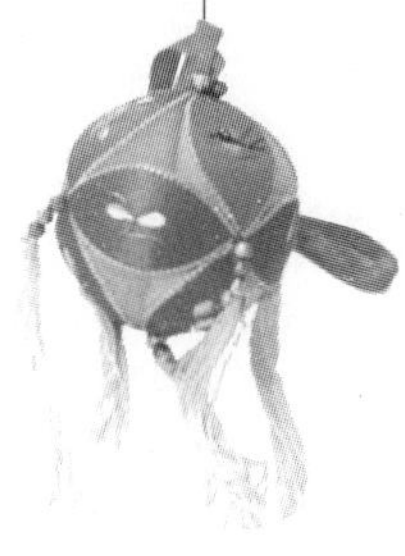

人事教育处处长孙毅主持，邀请广西壮族自治区人事厅专业技术人员处处长黄智宇和公务员处调研员王力平作专题辅导。区直文化系统事业单位主要领导和人事干部50人参加培训。

【专业技术人员职称评审】 根据广西壮族自治区职称改革工作领导小组办公室《关于二〇〇九年度全区企事业单位开展专业技术资格职务评聘及考试工作的通知》(桂职办[2009]108号)精神，9月，自治区文化厅下发《关于开展二〇〇九年度全区艺术、图书资料、文物博物、群众文化系列专业技术资格职务评审工作的通知》(桂文发[2009]84号)，布置开展专业技术资格申报评审工作。9月—11月，专业技术人员个人准备和各单位、各系列人事(职改)部门审核接收公示有关材料，12月召开各系列评委会评审，报批评审结果。2009年，广西申报文化系列高级职称的专业人员有246人，其中：正高级职称50人，副高级职称196人；申报中级专业技术资格50人(事业单位49人、非公有制经济和社会组织1人)，申报初级专业技术资格13人(事业单位8人、非公有制经济和社会组织5人)；经评审、公示、审批，25人取得文化系列正高级专业技术资格职务，通过率50%，其中：事业单位24人、机关1人，通过率50%；90人取得文化系列副高级专业技术资格职务，通过率46%，其中：事业单位90人、通过率46%；28人取得文化系列中级专业技术资格职务，通过率56%，其中：事业单位27人、通过率55%，非公有制经济和社会组织1人，通过率100%。10人取得文化系列初级专业技术资格职务，通过率77%，其中：事业单位5人、通过率63%，非公有制经济和社会组织5人，通过率100%。

【专业技术资格转正定职】 根据广西壮族自治区职称改革工作领导小组办公室《关于印发〈广西壮族自治区专业技术资格推荐评审认定暂行办法〉的通知》(桂职办[2000]49号)规定，经考核，为广西歌舞剧院等单位20名见习期满的大专以上高等院校毕业生办理转正定职手续。

【广西文化系列高级职称评审信息化建设】 2009年，按照自治区职称改革领导小组的统一部署，广西文化系列高级职称申报、评审按照统一的职称信息标准，通过统一的职称信息工作平台进行，实现从职称申报信息的采集、上报，评审过程管理，评审情况处理等全过程的信息化、自动化，使职称评审管理和服务工作趋于高效、快捷、方便，成为职称改革新的一大亮点。一是依托广西文化信息网络做好高级职称评审信息化建设的宣传和服务工作，积极宣传高级职称评审信息化建设的意义和有关职称政策、信息，让广大文化专业人员及时知晓信息化申报评审的各项要求，增强高级职称评审信息化建设的透明度，为广西文化系列高级职称评审信息化建设营造良好的人文环境。二是举办职称评审软件系统操作技术技能培训，采用现代化的多媒体教学与操作练习、现场答疑相结合形式，分别对申报职称的专业人员、职称工作人员、评委进行有针对性地培训，使他们在较短的时间内熟悉掌握评审软件系统的操作方法和流程。三是加强技术跟踪服务，配备软件系统操作技术服务人员，全程跟踪申报评审工作，发现问题，及时处理解决，确保申报评审工作顺利开展。四是严格操作规则和工作程序，要求每一位申报评审职称的专业人员都是按规定将有关材料以格式固定的电子文档通过职称评审软件系统来填报个人信息，经单位和主管部门审核后，集中安排文化系列评审委员会通过局域网计算机统一进行网上评审，最后通过服务系统将评审结果上报自治区职称改革领导小组办公室。

文化设施

【乡镇综合文化站建设投资】 根据国家发展改革委、文化部《关于印发全国“十一五”乡镇综合文化站建设规划的通知》（发改社会[2007]2427号）和国家发展改革委《关于下达乡镇综合文化站建设2008年新增中央预算内投资计划的通知》（发改投资[2008]3221号）的部署和要求，2009年在国家和自治区的大力支持下，全区新建成乡镇综合文化站156个。完成投资5648万元，其中中央专项建设投资2700万元；自治区专项建设资金1782万元；地市自筹资金1166万元。为了加快全区乡镇综合文化站的建设进度，余益中厅长、陈映红副厅长分别带领计划财务处及相关业务处人员多次深入到相关项目市、县（市、区）和乡镇，督促检查乡镇文化站的建设情况。通过实地检查和听取建设、施工、监理单位对乡镇文化建设情况的汇报，积极帮助协调解决建设用地、规划、地方资金配套等问题，加快了项目建设的进度，为完成国家下达我区乡镇综合文化站的建设任务打下了坚实的基础，文化厅计划财务处切实负起指导、督促和检查的责任，对项目建设中发现的问题进行跟踪核查，排出项目建设进度时限表，并加强对乡镇综合文化站建设进度统计人员的培训，建立了较完善的项目跟踪制度、工程旬报制度。

区直文化单位

区直文化单位

广西文化信息中心

【业务培训与交流】 今年以来，以学习党的十七大精神和十七届三中全会精神和学习实践科学发展观为主线、掀起广西文化建设新高潮的思路为重点，加强业务培训，通过学习交流考察等形式提高中心人员综合素质。年初，由自治区文化厅办公室领导带领中心全体人员前往自治区人事厅信息中心进行考察学习，通过实地考察和交流，加强了对信息工作的认识。10 月 13 日，自治区文化厅副巡视员马红英再次率领信息中心从事信息工作的同志赴广东文化厅进行考察学习。通过学习经济发达省区先进经验，看到了差距，充分认识到信息宣传工作在文化建设中的重要性，同时认识到文化信息化建设是一项全局性、系统性、长期性的工作，增强了加快发展、奋发图强的紧迫感和责任感，为下一步推动区文化信息工作向前发展奠定了良好的基础。

【文化活动的宣传与策划】 年内，配合自治区文化厅做了“兴起文化建设新高潮”、“培星运动”、“打造广西气派的舞台艺术精品”等文化发展规划，组织策划宣传了“广西宣传文化系统文化惠民工程系列活动”、“全区文化局长会议”、“广西投资 80 多亿元兴起文化建设新高潮”、桂剧《欧阳予倩》（原名《烽火“南欧”》）进高校巡演、“自治区成立 50 周年文艺晚会《山歌好比春江水》表彰大会”、全区文化信息工作会议、全区文化系统文化产业工作会、广西民族博物馆开馆仪式、广西文化厅“基层文化服务—企业行”主题实践活动、桂剧《欧阳予倩》赴杭州参加第三届全国地方戏优秀剧目展演、全区公共文化服务体系建设经验交流会、第五届音乐舞蹈比赛、音乐剧《桂花雨》晋京演出、第七届广西剧展、中国—东盟文化产业论坛、广西第 15 届八桂“群星奖”、桂剧《欧阳予倩》晋京参加纪念欧阳予倩诞辰 120 周年演出、广西宁明花山岩画保护工程启动、“八桂德艺双馨青年集结号—2009 广西文艺青年革命老区行”等活动。其中，第七届广西剧展宣传报道（包括小品消息展演与大型剧目展演）共发表消息 289 条。赴京报道《桂花雨》的稿件被央视网、中新网、中国网等国家重点新闻网站采用。2009 中国—东盟文化产业论坛共刊发消息 230 篇（条）。广西宁明花山岩画保护工程启动共刊发消息 319 篇（条）。“八桂德艺双馨集结号—2009 广西文艺青年革命老区行”共刊发消息 59 条。此外，还协助《当代广西》杂志做好全年文化宣传报道工作；为国家发改委、自治区党委宣传部、发改委等单位撰写和提供中华人民共和国成立 60 周年文化建设成就文章和图片；为《广西人大》杂志、《广西政协报》宣传广西文化建设成就组稿和撰稿等。

【广西文化厅网站】 6月，对文化厅政府门户网站进行重新改版，改版后的网站频道增至19个，基本做到“天天都有新信息”，网站访问人次和页面浏览量较改版前增加了数十倍，时效性大为提高，点击率和影响面明显扩大。广西文化信息中心共自采稿件158篇，在网站上刊发照片500多张，发稿数量是去年同期发稿数量的21倍。在信息中心网站自采稿件中，共有20多篇、幅稿件、照片被《广西日报》、《南国早报》、广西新闻网等省级媒体采用，10多篇、幅稿件、照片被中国文化报等中央级媒体和文化报直管网站采用。在第七届广西戏剧大型剧目展演期间，中心工作人员及时报道每场演出盛况，全程坚持在演出结束次日将相关信息发布在网上，共计发布图片近200余幅。剧展图片还被多家省级媒体、艺术院团和社会团体广泛使用于新闻报道、文化交流、教学等领域。在2009中国—东盟文化产业论坛的报道中，广西文化信息中心以图文形式对论坛全程进行了现场直播，这在我区厅级官方网站中创了先河，亦成为我区首个能够图文直播大型活动的厅级官方网站，收到了良好的效果，有效地为论坛的成功举办造势。

【政府信息公开】 为建立健全政府信息公开机制、流程，5月，我信息中心草拟了《广西壮族自治区文化厅政府信息公开实施办法(试行)》。经多次征求意见，反复修改，同时经文化厅政务公开领导小组会议研究和厅务会议审议通过，6月底正式印发分发各处室遵照执行，完善了政务信息公开制度。9月，我中心组织工作人员到自治区政务服务中心参加“广西壮族自治区政府系统智能通讯及数据交换平台”和“广西壮族自治区政府信息共享平台”应用软件的相关培训。“广西壮族自治区政府系统智能通讯及数据交换平台”和“广西壮族自治区政府信息共享平台”是自治区人民政府用于建立全区政府系统电话联系、政务公开数据库和全区政府信息共享数据库，为全区各级公务员提供即时通信、数据交换、政务公开和政府共享信息查询的应用软件。培训结束后，中心工作人员结合自治区文化厅工作实际就相关内容进行数据录入，强化政务公开的时效性。9月，国务院办公厅调研组赴广西进行政府信息公开工作督查。此间，作为自治区图书馆迎检工作的协助指导机构，我中心草拟了《广西壮族自治区文化厅关于指导自治区图书馆迎接自治区政府信息公开领导小组开展政府信公开专项检查的工作方案》，并配合图书馆做好政府信息查阅场所相关资料的收集、整理、归档。国务院办公厅督查办及自治区人民政府政务信息公开领导小组对自治区文化厅指导图书馆开展政府信息公开工作给予了肯定。

【文化信息报送工作】 年内，自治区文化厅围绕自治区党委、自治区人民政府和文化部重点工作安排，报送了一批高质量的文化信息，文化信息工作取得了历史性突破。有《广西抓住机遇加大文化建设力度》、《广西大力推进农村文化建设显成效》、《广西积极探索文化体制改革新路》等信息被文化部办公厅的信息刊物采用。文化部办公厅采用信息中心3条，中宣部办公厅采用9条，自治区党委宣传部办公厅采用37条，自治区党委办公厅5条，自治区政府办公厅采用8条。在全年的全区文化信息工作会议上，自治区人民政府办公厅信息处负责同志指出自治区文化厅信息工作排名处在全区政府系统前列，对文化信息工作成绩给予了肯定。

【文化科研课题】 2月初，信息中心同志翻阅相关材料并进行充分的市场调研分析，确定项目研究方向，拟建立一个“在线浏览、产品选择、创造数字经济环境和生活环境、形成网上数字消费市场”的“广西文化电子信息服务

平台建设”项目。该课题在组长陈映红，副组长马红英、李萍、周保旺、蒙毓刚的带领下，于6月初向文化部申报。8月，“广西文化电子信息服务平台建设”项目从中央和地方文化部门申报的108个科技创新项目中脱颖而出，入选文化部文化科技司“2009年度文化部科技创新项目立项名单”图书馆、文化信息类立项。该项目也是广西唯一入选文化部“2009年度文化部科技创新项目立项”的项目，代表全区在文化电子信息服务创新科技研究的方向和水平，对促进科学技术在文化领域的广泛应用具有十分重要的作用。8月，信息中心已按《文化部科技创新项目管理办法(暂行)》的规定和要求签署《文化部科技创新项日合同》。

【信息系统安全】 10月，信息中心着手机房装修和搬迁工作，按现代机房建设的规范和标准，建成了面积达50平方米左右的现代化机房，可以容纳15台机柜。新建机房安置了监控系统还配备了各种新的设施，如：恒温恒湿的空气调节，可靠的供电系统和气体灭火安全消防系统等。另外在网络基础设施的建设中，网络工程部承担了繁重的网络设施的建设和维护管理工作，努力为用户提供优良的网络服务。同时强计算机信息系统安全保密管理，明确上网审批责任。8月，信息中心认真落实上级保密工作精神，结合自治区文化厅的实际情况，对厅机关88台办公计算机进行检查，完成了厅内主要信息系统的安全保密备案工作。根据自治区保密工作的要求和我厅计算机信息管理、特别是计算机上网的问题，明确用于收发和传阅文件、信息管理的计算机单独使用，做到“涉密信息不上网，上网信息不涉密”。

【广西文化】 年内，《广西文化》围绕自治区文化厅该年工作重点，一是重点采访报道全国和全区性文化会议，如去年12月第三次文物普查领导小组第二次(扩大)会议、全区文化工作会议、花山岩画保护专家委员会咨询会、第七届广西戏剧展览会、全区文化信息工作会议、全区公共文化服务体系建设经验交流会、中国—东盟文化论坛的报道、百色起义80周年等。二是深度报道全区重大文化事件及活动如：文化厅“乡土情深”艺术团“三下乡”、“广西文化舟”泰国行、自治区文化厅建立干部教育培训基地、自治区文化厅基层文化服务——企业行、广西第七届剧展小戏小品展演的报道、广西音乐舞蹈比赛、广西第七届剧展、庆祝中华人民共和国60华诞重大文化活动的报道等。三是开辟专栏系列报道，如：与社文处合作对国家级和自治区级非物质文化遗产名录项目在每期封底以图文形式报道宣传；与广西文物保护研究设计中心合作，在每期封三以图文形式宣传文物保护；与人教处合作刊发全区文化系统工作者的文化艺术论文，为艺术人才小高地建设服务；等等，产生很好的效应。据统计，全年《广西文化》共刊登文章300多篇。

【广西电视台驻文化厅记者站】 自2月记者站成立以来，自治区文化厅制定了《广西电视台驻自治区文化厅记者站暂行管理办法》。截至11月30日，记者站完成了“区直剧团重点剧目创作演出”、“净化社会文化市场”、“公共文化服务”、“广西艺术团赴泰国演出”、“非物质文化遗产保护活动”、“第七届广西剧展”、“第六届中国东盟博览会”等多个专题宣传报道共计32条(其中专题3—8分钟重点报道3条，上送中央报道“广西各族群众庆祝建国60周年主题文化活动”重点新闻2条，内容①桂剧“烽火南欧”新闻报道；②中华人民共和国成立60周年大庆文化活动剧展)。随文化厅文化活动采访和文化建设宣传报“咨询台”播出专题新闻和新闻夜班快报文化活动4条。专题采访厅领导以及文化名人、

专家、演职员12批次。组织“净化社会文化市场”专题报道一次，随同文化厅活动全区新闻采访16次，收集整理文化厅文化活动影视存档资料素材2000多分钟，拍摄录制全区文化艺术舞台片31部56小时。特别是第七届广西剧展活动期间，记者站播发18条新闻，基本做到天天有新闻。第六届中国—东盟文化产业论坛期间，记者站对整个文化活动进行全程跟踪报道，论坛活动内容在广西新闻网播出2条，其中专题新闻1条。通过记者站全方位、多角度地新闻报道，广西文化厅全年新闻报道数量为去年同期电视报道广西文化工作新闻的10倍。

【广西通志·文化志】 年内，广西文化信息中心内部出版了《广西文化志资料汇编》第十二辑（图书馆专题资料），编印《广西通志·文化志》修志简报第一期，完成了《广西通志·文化志》全书文本数字化校对。6月，《广西通志·文化志》编辑部完成了文化部办公厅下达的《广西文化建设60周年》研究课题。

广西文化稽查总队

【概况】 广西文化稽查总队以净化社会文化环境专项整治为工作主线，以网吧、电子游戏、娱乐场所等市场检查为执法重点，全年接上级部门以群众信件或电话举报近30起，经核实转到市县稽查队处理16起；全年共检查各类经营单位1802家次，检查演出活动55场次，出员检查共1422人次。全年分期分批地组织队员参加文化部举办的全国性执法培训班，培训率达100%。12月底与市场处联合举办了一期全区文化行政执法培训班，参加培训的各市、县（区）的文化行政管理执法人员近200人。该年广西文化稽查总队被全国扫黄打非领导小组办公室授予“扫黄打非”先进集体荣誉称号并获得奖金两万元。

【开展净化社会文化环境专项整治工作】 为全面贯彻落实中办、国办《关于进一步净化社会文化环境，促进未成年人健康成长的若干意见》（中办[2009]6号），为未成年人健康成长创造良好的社会文化环境，根据广西净化社会文化环境促进未成年人健康成长责任分解中关于文化市场工作要求，自治区文化稽查总队在文化厅党组的直接领导下自从3月5日至6月10日积极投身在全自治区范围开展的文化市场净化社会文化环境专项治理行动。此项活动分为宣传动员、专项治理、督导检查巩固提高三个阶段。据统计，文化市场净化社会文化环境专项整治行动启动以来，全自治区各级文化行政执法机构共出员执法66891人次，检查各类文化经营场所63818家次，立案648件，办结案件593件，移交案件37件，收缴非法音像制品26万张，对违规经营场所处以警告1076家次，罚款165万元，停业整顿88家次，取缔违规经营场所55家，吊销《文化经营许可证》5家。

【协调处理安全隐患】 6月，文化部转来“北海市百年老街如今沦为酒巴街”的群众来信，总队立即指派总队李球健书记、姚立华副总队长会同北海市文化局的有关同志对群众来信反映的问题进行了实地走访与调查。经调查，北海市珠海路“老街”尚不属于文物保护单位，2007年由政府改造为商业步行街，目前共有80多家业主商家进驻经营，其中有29家音乐酒吧属无证照经营，检查中发现存在严重消防安全隐患、危房安全隐患和严重的噪音扰民问题。根据调查情况总队以调查报告的形式向厅领导汇报，经研究最终决定以文化厅的红头文件发文给北海市文化局，提出了具体整治要求，并要求北海市文化局将珠海路目前的经营情况、存在消防、安全等问题以及因此可以产生的严重后果向北海市人民政府报告，力争尽快妥善解决。文件抄报了杨道喜副主席、李康副主席，并抄送自治区安监局、工商局、消防总队、北海市人民政府，造就了强大的势能，从而有效地妥善地处理了此件棘手事件。

【开展暑期督查专项行动】 根据自治区文化厅分管领导的指示和部署，针对暑期未成年人进入网吧有所增多的现实状况，广西文化稽查总队开展了一次全区性的暑期网吧专项督查行动。此次行动既是对全自治区开展净化社会文化环境工作的一次验收，也是对文化部部署7—10月开展文化市场集中整治行动的工作启动。此次行动共分为三个督查组，对9个地级市进行检查。督查采取明查暗访相结合的形式，每个乡镇抽查网吧不少于2家，县城抽查网吧不少于6家，市级抽查网吧不少于10家。三个督查组从7月25日起出发至8月3日收队，共检查了9个地级市29个县(市、区)个57乡镇，检查网吧297家，起到了督促指导基层稽查队伍开展工作的良好作用。

【迎国庆专项检查活动】 为落实文化部督查组在广西督查时提出的指导性意见，推动全自治区文化市场集中整治行动的深入开展，9月8日至9月17日，以自治区文化厅市场处处长李为民和广西文化稽查总队总队长宁秀育为组长的督查组深入桂林市、柳州市、河池市、贺州市、梧州市、玉林市等市(县)再次督查文化市场集中整治行动情况并开展以迎国庆、保平安、促稳定为主题的专项检查活动。由于工作的深入与细致，由于全区文化市场管理与执法工作者的共同努力，于祖国60大庆期间，全区的文化市场，既平安稳定，又有序繁荣。

【开展文化市场交叉大检查】 为了全面地有效地推进全区文化市场行政执法的绩效，征得厅处领导同意后，年底，具体策划组织了广西壮族自治区文化市场行政执法绩效考评及全区文化市场交叉大检查活动，对基层文化市场行政执法机构整体绩效进行考核评比。考评组由市场处及总队领导带队，每市派1名代表，分成五个小组对全区14市进行全方位检查，考评内容包括执法工作、市场秩序、监督指导、队伍建设等内容，考评方式是既听汇报，又实地检查市场，还查看各种证据材料：例如执法文书、巡查情况记录、机构编制经费的相关文件等等，对基层执法工作进行全面评估。有力地推进全区文化市场行政执法工作，并使其跃上新台阶。

【网络文化市场监管平台建设工作启动】 按照《文化部关于加快推进全国网络文化市场计算机监管平台建设的通知》(文市函[2009]186号)的要求，为加强组织领导、加快推进广西文化厅网络文化市场监管平台建设工作，实现与文化部全国网络文化市场计算机监管平台联通，经厅领导批准，由文化厅文化市场处、文化稽查总队和信息办有关负责同志组成了广西文化厅网络文化市场计算机监管平台建设工作小组。在工作小组协调下由文化稽查总队承担广西文化厅网络文化市场计算机监管平台建设的具体工作。总队接受任务后，领导班子认真研究建设方案、落实专人负责，克服重重困难，争取了文化厅领导和厅市场处、办公室、计财处、信息中心，以及文化部

文化市场发展中心的大力支持，解决了机房建设经费、监管平台硬件设备经费、机房建设用址、监管平台展示厅用址、宽带接入、政府采购硬件设备、安装调试各种网络设备、安装文化部统一设计开发的监管平台软件等一系列问题，终于如期完成了文化部和文化厅党组交给的任务，按照文化部的要求于10月31日与文化部全国网络文化市场计算机监管平台正式联通。

广西图书馆

【概况】 广西图书馆年内在职员工共192人，其中大专以上文化程度150人，占总人数的78%。高级职称22人，中级职称88人，初级职称77人。全年经费总投入3525万元，比上年增加了29.33%。其中财政拨款事业经费2585万元，全年购书经费570万元。全年新增馆藏图书60698种，151472册，现总藏书量为2361309册。在全区率先实行免费开放，年接待到馆读者1370515人次，借阅书刊3219591册次，新增持证读者27938个，累计持证读者41158个。全年共建立馆外流通点49个。

【联合参考实时咨询】 “联合参考咨询网”是2005年由我国公共图书馆自愿加入、合作建立的公益性服务机构，宗旨是以海量的数字图书馆馆藏资源为基础，以因特网丰富的信息资源和各种信息搜寻技术为依托，24小时内为咨询人士提供免费的网上参考咨询和文献远程传递服务。截止目前，参与的公共图书馆已经达到62个，从事参考咨询的馆员有471人。广西图书馆作为参与较早的图书馆之一，年内联合参考实时咨询13527项，与去年同期比增长了298.3%；“网上参考咨询”解答205832项，与去年同期比增长了72.3%；文献传递共42500篇，与去年同期比增长了82.2%。在与全国参与的62个图书馆文献传递回复数量相比，广西图书馆排在第二，仅次于广东中山图书馆，实时咨询文献传递排行第一，这大大延伸和拓展了图书馆的信息服务范围，使图书馆的信息、知识服务职能大大加强和深化，并使公益性特色进一步突出，取得了广泛的社会效益。

【第四次公共图书馆评估】 11月25日下午，由福建省文化厅副厅长陈朱为组长，陕西省图书馆馆长谢林、全国文化信息资源建设管理中心规划发展处处长王芬林、辽宁省图书馆副馆长王筱雯、湖南省图书馆副馆长伍艺一行组成的文化部省级公共图书馆评估督导组(第七组)，到广西图书馆进行第四次省级公共图书馆评估定级和共享工程督导工作。在评估督导汇报会上，自治区文化厅马红英副巡视员和徐欣禄馆长分别作了汇报。汇报结束后，评估督导组实地考察了数据制作工作室、网络中心机房、文学图书借阅室、东盟文献阅览室、地方图书阅览室、古籍书库、采编中心等业务部门和服务窗口。督导组严格按照国家文化部颁布的公共图书馆评估标准和图书馆评估细则，从办馆条件、基础业务建设、读者服务工作、信息服务、业务研究辅导协作、文化共享工程建设、管理等七个方面逐项进行材料审核。在26日的评估督导反馈会议上，督导组认为，广西图书馆坚持科学发展观，很好地贯彻落实了党的十七大提出的“推动社会主义文化大发展、大繁荣”、“兴起社会主义文化建设新高潮”的要求，建设思路清晰，重点突出，文化创建氛围浓厚，特色明显，成效显著。

【广西分中心共享工程网络知识竞赛】 9月，广西分中心举办了共享工程知识竞赛活动。大赛采取网络答题的形式，竞赛内容涉及文化共享工程基本知识、各种软硬件使用和服务技能等，活动得到了各级支中心的积极配合和大力支持。有48人参加了竞赛，经过参赛人员认真激烈争夺，本次竞赛评选出一等奖1名、二等奖3名、三等奖4名和优秀组织奖3名，10月17日，共享工程广西分中心网络知识竞赛在广西图书馆三楼会议室举行了颁奖仪式。

【政府信息公开查询督查】 9月22日，由国务院办公厅督查室副主任刘斌为组长的国务院办公厅政府信息公开督查调研组一行4人，到广西图书馆督查调研政府信息公开贯彻实施情况。自治区人民政府副秘书长黄胜杰、自治区文化厅副巡视员马红英等相关领导和人员陪同检查。检查组到地方图书阅览室的政府信息公开查询区，现场查看了政府信息公开的文献，并上机查询了政府公开信息，了解读者使用情况了。随后还听取了徐欣禄馆长的工作汇报。目前，图书馆征集了90家厅局级、企事业单位的2008—2009年政府信息公开文件，经过整理上架的约纸质文件有300多盒。同时，还依托本馆计算机网络系统建立了“政府信息公开查询平台”，设立了“国家政府信息查询”、“广西政府信息查询”、“广西政府直属机构信息查询”、“公共信息查询”等栏目，提供了国家和自治区60个政府网站的直接链接。更新充实了“广西政策法规专题数字资源”收录广西政策法规2530条，内容涵盖广西政治、经济和社会各方面。新建了“广西政府公开文件数据库”，为公众在网上查阅广西政府信息公开文件带来方便。督查调研组对我馆开展的政府信息公开查询工作表示满意，给予了好评，希望政府有效支持图书馆开展政府信息公开工作，图书馆要认真做此项工作，为社会提供优质服务。

【八桂讲坛】 “八桂讲坛”是由广西“知识工程”办公室和广西图书馆共同推出的面向社会、面向公众，以丰富服务内容，营造良好学习氛围为目的的公益性讲座活动。由“广西文化”、“热点关注”、“美好生活”三个主题系列讲座组成，它汇集了文化、艺术、科学、教育、法律等各个领域的区内外专家学者，通过他们严谨的科学精神，精深的学术造诣，来传播先进文化思想，普及科学知识，提高公众科学文化素质，从而充分发挥广西图书馆公益性机构的社会教育职能。年内，举办各类讲座共47期，听众6640人次。其中广西民族大学文学院陈金文教授主讲“漫谈端午节”、广西少数民族古籍办欧薇薇主任的“古壮文古籍文献”等广受读者青睐。

【广图展览】 “广图展览”是广西图书馆为拓宽服务渠道，丰富文化传播手段，提升图书馆文化品味，向社会公众正式推出的公益性文化服务活动。年内，精心组织有关文化、科技、卫生等各种内容的展览26场，展出200天，参观人次约36万人次。6月13日文化遗产宣传日的活动上，梁汉昌先生“广西民族文化展”，他用一个个镜头一步一个脚印地考察广西各民族丰富多彩的文化，以精美的摄影作品来真实生动地传达广西各民族的文化信息。还有“广西古籍工作成果展”、“广西首届知青艺术作品、历史资料展”、“文化的认同，心灵的回归—广西统一战线庆祝中华人民共和国成立60周年暨多党合作制度确立60周年书画摄影作品展”等，这些展出影响都较大，备受读者好评。

【第二届广西中小学生网页制作大赛】 2月20日—5月23日，广西少儿图书馆举办第二

届广西中小学生网页制作大赛。“这是面向广西中小学生的现代信息技术应用比赛，围绕建国60周年这一主线，以“科技让我们生活更美好”为主题开展网页制作比赛，共有13个市县38个学校约11000人参加，评出一、二、三等奖及优秀奖、最佳创意奖共72名。5月23日举行了隆重的颁奖典礼，自治区党委宣传部的领导以及获得一等奖的选手参加了颁奖典礼，广西电视台、南宁电视台、南国早报、南国早报网、小博士报等媒体都对本次比赛作了采访并进行了报道，对于比赛的成功举办给予很高的评价。该活动项目荣获2009年全国科技活动周广西活动优秀项目奖。

【少儿读者服务】 年内，广西少儿图书馆共举办了19场次少儿读者活动，参加活动人数达44730人次，在社会上产生了极大的影响。2月20日—5月23日，举办第二届广西中小学生网页制作大赛。3月开始，开展“看动画，快成长”低幼儿童观影活动。每周一、三、五上午定期在低幼儿童阅览室播放适合低幼儿童观看的动画片，对低幼儿童开展学前教育。现已播放117期，观影人数约1170人。4月9—11日，开展“阅读接力传递爱心”活动。跟随自治区党委宣传部、自治区文明办考察调研组一行，携带价值1万元的1000多册图书赴龙胜开展向少数民族贫困山区学生和留守儿童赠书活动。4月25日，参与组织由广西文化厅、自治区“知识工程”办公室联合举办的“2009年全民阅读活动暨广西少年儿童阅读年活动启动仪式”，拉开了广西少年儿童阅读年活动的帷幕。5月，举行为祖国喝彩——南宁市第二届“我阅读、我快乐”少儿故事大王选拔赛的预赛以及决赛暨颁奖典礼，这次比赛约有17260人参加。5月20日，还组织开展了“让我们在阅读中一起成长：阅读表演秀”活动，约300人参与了该项活动。这一系列活动的开展，受到了广大未成年人读者及家长的广泛欢迎和普遍满意，这使广西图书馆少儿图书馆真正成为少年儿童的知识乐园和未成年人思想道德教育及科技教育的重要基地。

【第二届中国—东盟图书展暨图书馆业合作论坛】 10月18—20日，由中国国家图书馆、广西壮族自治区新闻出版局主办，广西壮族自治区图书馆、广西新华书店集团有限公司承办的第二届中国—东盟图书展暨图书馆业合作论坛于在广西壮族自治区图书馆举行，包括三个部分：1、中国—东盟图书展。它汇集了中国及柬埔寨、越南、泰国、马来西亚等东盟国家的200多家出版机构2000多个品种6000余册图书和音像制品。2、中国东盟图书馆交流座谈会。国家图书馆馆长詹福瑞，柬埔寨图书馆界人士等参加了交流会。交流会上，专家们畅所欲言，气氛热烈。他们认为图书馆作为公共文化服务的重要领域，要把握时机，精心策划，通过项目合作的方式，如文献交流、数字化技术交流、人才培养，古籍文化遗产的保护等方面来加强与东盟国家图书馆界的深度合作。3、中国东盟图书馆业合作论坛。这次的主题是“图书馆与文化遗产”，现场设有提问环节，通过专家们的精彩演讲，引起了在场图书馆人和公众的深入思考。目前，中国—东盟各图书馆之间的文化交流与合作已成为必然趋势，广西图书馆界面临着北部湾经济区的发展所带来的挑战与发展机遇，充分利用中国—东盟博览会搭建起的良好平台，开展互访、考察、学术交流、地方特色文献资源交流已成为必然，中国—东盟图书展暨图书馆业合作论坛将有望成为中国与东盟各图书馆之间合作交流的重要平台和一年一度的重大节日。

【科技下乡服务】 3月12—16日，广西图书馆参加了广西科技厅组织厅机关及相关单位赴梧州苍梧沙头镇、河池九圩镇开展的“科技下乡服务春耕生产”活动。广西图书馆结合沙头镇、九圩镇农业经济结构和种养需求，编印了甘蔗、香猪、鸡、鸭养殖和水稻、柑橘种植等120个专辑资料。同时，还带上全国文化信息资源共享工程配置的“中国农业知识仓库”光盘和自建的农村种植养殖技术专题资源库到活动现场，通过手提电脑和打印机进行现场检索、打印。现场发放农业种养殖技术专辑资料共计13000多份，解答农民群众咨询40多人次，提供打印资料260多页。通过活动，进一步拓展了图书馆服务模式，延伸了服务触角，促进了公共图书馆服务农村网络的建设与发展。

【图书馆服务宣传周】 5月30日，广西图书馆举办了以“庆祝中华人民共和国成立60周年”和“积极开展全民阅览活动”为主题的2009年服务宣传周活动，开展公益讲座、有奖知识问答、趣味猜谜、精美图书赠送等内容丰富、参与性强的活动，丰富有趣的活动吸引了众多读者的参与，取得良好的服务效果。首先进入图书馆的前100位读者赠送精美图书——《八桂讲坛录》。随后在“图书馆知识有奖问答”宣传板前，读者手拿答题卡，饶有兴致地在“广西图书馆简介”、“广西少年儿童图书馆介绍”、“讲座展览阵地服务”、“广西图书馆东盟阅览室”、“广西文化信息资源共享工程”、“广西图书馆地方文献部”、“广西图书馆信息服务部介绍”、“广西图书馆数据库”等宣传板查找答案，不一会儿就有不少读者便填写完毕到领奖处兑奖。另外，趣味猜谜活动也吸引了众多读者参与，场面热烈。还有来自新华书店、南国书店、武汉三新书业等区内外书商开展的精品图书展销活动，购买这些书都可享受一定的打折优惠，对读者来说也是难得的惊喜。

【全区图书馆馆长管理和服务理念创新研讨班】 11月6—8日，由中华人民共和国文化部、美国博物馆及图书馆服务署主办，中国图书馆学会、广西壮族自治区文化厅、广西图书馆、广西图书馆学会、美国伊利诺依大学厄本那香槟校区图书馆及美国华人图书馆员协会共同承办的“2009年中美图书馆员专业交流项目—广西图书馆馆长管理和服务理念创新研讨班”在广西图书馆举办。来自全区公共图书馆、高校图书馆和专业图书馆的代表共156人参加了这次活动。美方6位专家李海鹏、英惠奇、周练红、陈同丽、王红、黄柏楼分别从图书馆的管理、立法、绩效评估、公共关系、馆员制度等方面孜孜不倦、深入浅出地讲解，既有理论，也有案例。期间，美方专家还解答了学员们提出的各种问题，两国图书馆同行们进行了热烈讨论和现场互动。结业仪式上，自治区文化厅黄燕熙处长等代表中国图书馆学会和广西图书馆学会向美方专家颁发了荣誉证书，胡京波代表中国图书馆学会向活动承办单位广西图书馆和广西图书馆学会颁发了《感谢状》，在结业仪式主席台上就座的领导和专家向学员代表颁发了结业证书。这次培训班提供了一次让广西图书馆界了解美国同行的契机，使国内外在相互交流中加深了彼此间的了解，互通了发展信息，搭建了友谊与信任的平台，这对于广西全区图书馆事业在借鉴国外的先进经验中获得快速发展必将起到积极的作用。

【图书下乡工程】 年内，广西图书馆接收并完成文化部送书下乡工程共计186套87978册图书，分别送给广西6个市的17个县，141个乡镇图书馆。接收国家图书馆西部援助赠书8万多册，分别送给广西77个市、县图书馆。同时参加广西文化厅、广西科技厅送书下基层活动，并深入到百色等地送书约6000多册；此外，中国图书馆学会赠送30万码洋图书，也都分别被送到各县乡图书馆。这些措施，缓解了县、乡图书馆长期购书经费不

足、图书补充不足的问题。

【古籍保护工作厅际联席会议】 5月25日，广西2009年古籍保护工作厅际联席会议在广西图书馆会议室召开。文化厅副厅长陈映红和广西科技厅、财政厅、文化厅、新闻出版局、档案局、宗教事务局、文物局等厅际联席会议成员单位的有关人员出席了会议。会上广西图书馆副馆长黄艳传达4月13日在浙江嘉兴召开的全国古籍保护工作会议精神。广西文化厅社文处处长李为民通报广西2008年古籍保护工作开展情况和2009年将开展的主要工作。会议还审议通过"广西古籍重点保护单位"名录，将上报自治区政府批准。文化厅副厅长陈映红在会上讲话强调，要继续加强古籍的普查、征集、保护、研究工作；大力宣传古籍保护工程的意义和成果，争取社会各方面的支持；不断加强古籍保护专业队伍的建设，做好人员的培训、培养。同时，她还就厅际联席会议各成员单位加强协作和沟通，共同促进古籍保护工程在广西的实施提出了意见。会议结束后与会人员到广西图书馆古籍书库现场对广西图书馆古籍保护工作进行了检查指导。

【广西古籍保护工作专家委员会】 1月13日，广西古籍保护工作专家委员会第一次会议在广西古籍保护中心召开，文化厅社文处副处长黄燕熙、广西古籍保护工作专家委员会委员参加了会议。会上，黄燕熙副处长传达了2008年7月全国古籍保护工作会议精神，并对今年广西古籍保护工作作出部署；广西古籍保护中心主任徐欣禄介绍了广西古籍保护中心2008年工作开展情况。黄燕熙副处长代表文化厅为古籍保护工作专家委员会委员颁发了聘书。会上，专家委员根据文化部办公厅《关于申报第二批〈国家珍贵古籍名录〉及第二批全国古籍重点保护单位的通知》（办社图函[2008]488号）精神，到广西图书馆古籍书库现场工作，对广西图书馆申报第二批《国家珍贵古籍名录》的古籍进行研讨、筛选、评定，依据广西图书馆申报古籍的情况，根据古籍定级标准，商定广西申报《国家珍贵古籍名录》的要求，并按标准对全区其他8个古籍收藏单位申报第二批《国家珍贵古籍名录》的材料进行初步筛选、评定、汇总。此外，专家委员还根据"全国古籍重点保护单位"和"广西古籍重点保护单位"评定办法，认真评选把关，推荐我区4个单位申报第二批全国古籍重点保护单位，并提交了5个"广西古籍重点保护单位"的推荐名单给自治区文化厅。

【文化信息资源共享工程建设督导】 11月26日上午文化部文化共享工程督导组王芬林处长到南宁市的青秀区支中心、蒲庙镇文化活动中心、西乡塘区三联村现场督导和检查共享工程建设和服务工作。王芬林处长在南宁市青秀区支中心查看了主机房、电子阅览室后，与青秀区支中心的相关负责人进行了座谈。还仔细翻阅了支中心历次读者服务工作的登记表和照片档案，对支中心读者活动存挡工作表示满意。在西乡塘区三联村现场督导和检查时，王处长详细了解了共享工程与广西党员干部远程教育系统合作的情况，并现场点播了共享工程在远教平台"文化共享"栏目中发布的视频节目。对广西共享工程与广西党员干部远程教育系统合作，共建共享资源的工作表示了肯定。

【图书服务活动进社区】 12月26日，当代生活报社区服务大篷车启动6周年庆典在南宁市翠湖新城小区举行，广西图书馆被评为年度当代生活报社区服务大篷车活动优秀公益服务单位。从2008年开始，广西图书馆的"汽车图书馆"就参加了大篷车活动，利用周末时间，先后进入十几个社区、广场，开展现场办证、阅览、咨询、发放宣传资料等服务，吸引了广大居民前来阅读，这对活跃社区居民

的精神文化活动，营造良好的社区读书环境发挥了积极作用，同时也扩大了广西图书馆的社会影响力，为和谐文化社区的建设作出了应有的贡献。

【全国古籍重点保护单位】 自国家启动古籍保护工作以来，广西图书馆在自治区政府和文化厅的领导支持下，高度重视古籍保护工作的开展，充分认识古籍保护工作的重要性和紧迫性，大力推进古籍保护的工作的实施，取得了可喜的成绩，荣获了国务院公布的第二批“全国古籍重点保护单位”称号，15种古籍入选第二批《国家珍贵古籍名录》。6月11日，在国务院召开的全国非物质文化遗产保护、古籍保护暨文博事业杰出人物表彰、颁证、授牌电视电话会议广西分会场上，自治区副主席李康向广西图书馆颁发了“全国古籍重点保护单位”牌匾。

【中层干部换届选举】 5月6日上午，广西图书馆中层干部聘任大会隆重举行，新一届22名中层干部接过了聘书，这标志着图书馆新一届中层干部聘任工作基本完成。这次中层干部竞聘工作从3月15日—5月6日，历时52天。先后进行了民主推荐、竞聘演讲、员工代表和评委现场考评、群众民主考核和馆领导班子研究测评等几个阶段，在公正公平的原则下，通过全馆同志的共同努力完成了中层干部的调整工作。新一届的中层干部产生充分尊重了群众意愿。新任中层干部的平均年龄约41岁，与上届相比更加年轻，学历结构和职称结构也都有提高或持平。

【中国图书馆学会年会文艺演出】 中国图书馆学会年会暨学会30周年会庆大会在广西南宁举办。大会由中国图书馆学会主办、广西图书馆协办。11月4日下午，中国图书馆学会年会闭幕式暨文艺演出在邕江宾馆多功能厅隆重举行。来自全国各地的专家、学者及各省与会代表800多人汇聚一堂，座无虚席。广西图书馆的职工们为本届年会献出了精心准备的文艺节目，有歌曲演唱《北京喜讯到边寨》、《欢迎你到壮乡来》、《天路》、《快乐老爹》，还有壮族歌舞《迎亲盘歌》和《打棍出箱》等精彩节目。这次文艺演出开启了年会由协办单位员工直接参加演出的先河，展示了图书馆积极向上的精神风貌，演出取得了圆满成功，获得本届年会主办方中国图书馆学会的极高的评价，国内外业界同仁也都赞不绝口。

【数据资源建设】 广西图书馆新增设广西民族民俗库1个，并继续完善补充广西政策法规、广西文坛、八桂讲坛等10个数据库，全年新增数据6046条，文字1511万字(其中校对修改广西政策法规库中原有数据1093条，437万字)，图片3829张，视频11250余分钟，视频资源总量约为260GB。拍摄八桂讲坛视频32期，编辑30期，拍摄活动21场。以及接收国家中心下发的1.6TB资源及光盘，并制作乡镇版资源管理系统和资源导入程序。

【“文化共享杯”竞赛】 10月22—26日，“文化共享杯”—全国文化信息资源共享工程知识与技能竞赛在浙江省萧山区支中心隆重举行，由广西省级分中心潘攀、横县支中心傅佳佳、横州镇龙池基层服务点吴贤玲组成的广西分中心代表队，在初赛中脱颖而出，取得优异成绩，荣获本次大赛优秀组织奖。省级分中心参赛代表潘攀在竞赛中发挥出色，获得本次竞赛活动优秀选手奖。

【文化共享工程广西县级支中心技术培训班】 4月17—26日和8月16—27日分别举办了2期文化共享工程县级支中心技术培训班，培训桂南片区26个县支中心(含2006年的百色和武鸣两个点)学员93人，培训涉及共享工程建设、共享工程数字资源利用、图书馆虚拟专用网、图书馆自动化管理、联合编目等内容。这些实用性极强的知识受到了各县

级分中心技术人员的高度欢迎。培训期间，学员们都十分珍惜这次培训机会，主动提出要利用每天晚上的时间来上机操作练习，以巩固白天上课所学的技术和知识。授课讲师也积极响应大家的要求，每晚都在电子阅览室对培训学员逐一进行指导。为了考核学员们对知识和技能的掌握程度，还根据课程安排了相应的测试，测试采取笔试和上机操作两部分交叉进行，学员们都取得良好的培训成绩，顺利结业。这些培训班的开办对于培养专业技术人才队伍，促进县支中心工作的开展将起到很好的推动的作用。

【全馆教育培训】 年内，广西图书馆共派出30多人分别赴北京、云南、河南、辽宁、重庆和浙江等地参加由文化共享工程国家管理中心、国家图书馆、国家古籍保护中心等组织的数字信息服务、视频资源制作、信息系统建设、信息报送、文献编目、古籍编目和少数民族古籍保护、碑帖鉴定与保护等专业培训班学习。同时还选派专业骨干到广西民族大学图书馆学专业进行研究生学历学习，目前，他们都已顺利毕业。另外，还举办全馆数字资源信息利用培训学习与测试，99.5%的职工通过了测试。除此之外，还以项目为载体，拉动人才队伍建设。依托广西文化厅“数字资源建设与研究”人才小高地，进行人才定向培养，参与国家数字图书馆和文化共享工程项目合作与培训；通过馆定科研项目，促进了业务工作的开展和人才成长。通过开展培训学习，全馆人均学习时间85学时，达到了省级图书馆评估标准最高指标。这不断激发了全体干部职工钻研业务知识、提高业务技能的热情，而且加深了他们对业务知识的理解和运用，也有助于全面提升图书馆业务水平和服务质量，推进学习型图书馆的建设。

【图书馆接受捐赠书籍】 年内，广西图书馆共接受来自各方面的捐赠书籍3979种、5603册。其中广西人民出版社、广西科技出版社、广西民族出版社等八大区内出版社向广西壮族自治区图书馆呈缴图书1662种1820册。广西民族古籍整理办公室、广西国际博览事务局、广西文史研究馆等174个机构团体，向广西壮族自治区图书馆赠送图书1547种2645册。除此之外，李康、江东洲、盘朝月、陈映红、董迎春等152位社会各界人士向广西图书馆赠送图书文献630种998册。这些书内容丰富，种类繁多，极具收藏及参考价值，如《创新之路—2004年广西人事人才新闻作品选编》、《2009年广西人事人才工作新闻宣传资料汇编》、《中国文物地图集》、《中国—东盟博览会发展报告》、《中国—东盟商务与投资峰会发展报告》、《连接中国—东盟自由贸易区的桥梁：广西通道经济研究》、《侗族款词（上、下）》、《桂林山水人文诗词漫话》等，受到了广大读者的喜爱。

【科技活动周】 5月16日，全国科技活动周广西活动开幕式暨绿城科普广场活动在南宁市朝阳花园正式拉开帷幕。这次活动主题是“携手建设创新型广西”。广西图书馆围绕主题宣传图书信息服务和知识宣传，在科技活动周期间参加了绿城广场、水电社区和百色广场的科普宣传服务活动。活动中，图书馆充分利用自身的信息资源优势，为市民读者开展信息咨询、图书阅览、现场办证、有奖问答、趣味猜谜和科普资料发放等活动。活动共接待读者15000多人次，发放宣传资料13800多份，售刊280多本，汽车图书馆阅览200多人次，发放的1000份调查表全部回收，活动取得了良好的效果。

【先进表彰】 广西图书馆年内被文化部授予“全国文化系统先进集体”荣誉称号，被中国图书馆学会评为全民阅读活动先进单位，被广西壮族自治区人民政府授予“广西古籍重点保护单位”称号，被自治区文化厅评为“广西群众文化服务先进集体”称号和授予“人口计生先进单位”锦旗。在公共图书馆评估中获得一级馆。广西图书馆学会获2008年中国科协全国省级“学会之星”殊荣。另外，广西图书馆党总支获得“先进基层党组织”称号，黄胜珠、张晓梅等9位共产党员获得“优秀共产党员”称号，张金根、何金玲获得“优秀党务工作者”称号，徐欣禄获得“区直系统优秀共产党员”的荣誉称号。

广西群众艺术馆

【概况】 年内，自治区文化厅下文将广西艺术创作中心、广西民族文化艺术研究院从南宁市民主路11—4号搬至自治区文化厅办公楼(南宁市思贤路38号)办公，自此，艺术馆拥有了建筑面积为1800平方米的独立的馆舍馆址。现内设业务部室有美术摄影部、戏剧曲艺部、音乐舞蹈部、调研编辑部、活动策划部和行政办公室等部室，编制40人。有在职职工34人，其中正高职称3人，副高职称15人，中级职称9人，初级职称7人。承办或组织开展全区大、中型群众文化活动9项(个)，推出全区群众文艺新作496件(篇)，观众约10万人次。开办全区非物质文化遗产普查培训班和群众业余文艺骨干培训班共25期，培训学员750人次。组织召开全区群众文化理论研讨会6次，与会群文理论骨干254人次，推出全区群文理论研究成果206篇。建立基层群众文化服务点4个，点上开办各类群众文艺培训班20期，培训学员400人次。建立馆属业余文艺团队9个，队员450人，演出300场，观众约10万人次。编辑出版《文化新视野》、《群文决策参考》共16期、《广西公共文化服务手册》1册、《作品集(广西壮族自治区劳动保障系统美术书法摄影展)》1册，共刊发文字144万字，美术书法作品192幅。收集、整理非物质文化遗产保护项目8个，其中3个已申报国家级非物质文化遗产保护名录，5个报省级非物质文化遗产保护名录。全馆业务人员共撰写群众文化论文、调查报告、群文辅导教材26篇，其中3篇参加自治区文化厅主办的全区公共文化服务体系建设理论研讨会活动，分别获一、二、三等奖；共创作文艺作品40多件，其中《广西彩车“壮乡欢歌”》和小戏《一张公示》、音乐剧《探家婆》、油画《清茶》等分别获首都国庆60周年北京市筹备委员会群众游行指挥部颁发的最高奖和广西第十五届“八桂群星奖”金、银奖。

【广西彩车“壮乡欢歌”】 由本馆设计、组织制作的广西彩车“壮乡欢歌”经过长达半年的打造磨合，于10月1日国庆60周年庆典“群众游行”亮相北京天安门广场。彩车的设计、制作和组织工作分别荣获了由首都国庆60周年北京市筹备委员会群众游行指挥部颁发的“彩车设计制作优秀奖”、“奋进杯奖”、“首都国庆60周年群众游行优秀组织奖”、“首都国庆60周年群众游行创新成果单位(团队)奖”4项奖，同时，对彩车设计、制作的具体人员和一线工作人员也分别授予“首都国庆60周年群众游行指挥部专家组成员突出贡献奖”、“首都国庆60周年群众游行优秀工作者”的荣誉称号。彩车回邕后置放在自治区民族博物馆。

【广西第三届少年儿童艺术比赛】 7月24日，由本馆主办的2009年广西第三届少年儿童艺术比赛在南宁举行。有来自全区12个

市的600多名少年儿童参加。参赛节目283个，经角逐，获金奖70名，银奖130名，铜奖83名。9个单位获组织奖。112名老师获优秀辅导奖。

【广西第十五届“八桂群星奖”文艺会演】 10月26日至28日，由自治区文化厅主办，本馆承办的2009年广西第十五届“八桂群星奖”文艺会演在南宁举行。有来自全区各地市的15个代表队496件作品（节目）参赛。经评委评定，共评出音乐、舞蹈、戏剧、曲艺类金奖10个、银奖16个、铜奖27个、优秀奖35个；美术书法摄影类金奖27个、银奖43个、铜奖48个、优秀奖34年。为表彰组织工作出色的单位和部门，共评出优秀组织奖8个，组织奖7个。

【第六届中国—东盟博览会民俗礼仪迎宾】 10月17日至22日，由自治人民政府主办，本馆承办的第六届中国—东盟博览会民俗礼仪迎宾活动在南宁举行。迎送地点在南宁机场远机坪、廊桥和贵宾通道。共组织了167人的工作班子（包括演员、礼仪小姐、工作人员），共迎送境内外宾客383批次，迎送总人数1439人。

【广西劳动保障系统美术、书法、摄影作品展】 7月15日至17日，由自治区劳动和社会保障厅主办，本馆承办的广西劳动保障系统美术、书法、摄影作品展在南宁市举行。有来自全区劳动和社会保障系统的192幅作品参展。经专家评审组评审，评出美术作品一等奖1名、二等奖2名、三等奖3名；书法作品一等奖3名、二等奖6名、三等奖9名；摄影作品一等奖3名、二等奖7名、三等奖9名。为表彰组织工作突出的单位和部门，评出优秀组织奖8个，组织奖7名。

【中国西部原生态山歌（民歌）柳州赛歌会】 9月18日，由柳州市人民政府主办，本馆与柳州市委宣传部、柳州市文化局、柳州市民委承办，广西金嗓子集团冠名的中国西部原生态山歌（民歌）柳州赛歌会在柳州市举行。有来自全国12省（自治区、直辖市）的90多名原生态民歌手参加。经评委评定，获最佳金嗓子演唱奖62名，最佳嗓子风采奖32名，组织奖13名。

【第七届中国西部民歌（花儿）歌会】 9月13日至16日，由中国文化部主办的第七届中国西部民歌（花儿）歌会在宁夏银川举行。本馆组织3名歌手参加比赛，经角逐，获银奖1名，优秀奖2名。

【广西第三届知青文艺汇演】 12月12日至13日，由本馆与广西新闻网、广西人民广播电台经济台主办、广西北部湾文化传媒有限公司承办的广西第三届知青文艺汇演在南宁市举行。有来自全区各地市的1000多名选于150个节目参赛。参赛节目分为声乐类、舞蹈类、曲艺类、器乐类和家庭才艺类五个类别。经评委评定，声乐类获一等奖2名，二等奖3名，三等奖5名；舞蹈类获一等奖2名，二等奖3名，三等奖5名；曲艺类获一等奖1名，二等奖2名，三等奖3名；器乐类获一等奖1名，二等奖，三等奖3名；家庭才艺类获优秀奖1名。

【广西第二届歌王大赛】 3月29日，由自治区文化厅、武鸣县委员会、武鸣县人民政府主办，本馆与武鸣县文化馆承办的广西第二届歌王大赛在武鸣县举行。自治区文化厅副厅长陈映红参加了开幕式并观看了比赛。本次赛事活动共有来自全区10个市11支代表队44名山歌手参加。经过角逐，有5名歌手获歌王奖，10名歌手获歌手奖。为表彰本次活动组织工作出色的单位和部门，贵港、钦州、来宾、南宁4市文化局获优秀组织奖，桂林、防城港、百色、崇左、柳州5市文化局获组织奖。

【田东县“芒果节”创作活动】 6月，受田东县文体局邀请，由我馆和广西音乐家协会共同组成的歌曲创作小组赴田东县参加“芒果节”创作活动。共创作歌曲8首，其中《芒果园里的笑声》被选为田东县“芒果节”节歌。

【全区文化馆长、文化(站)干部轮训班】 7月13日至17日，由自治区文化厅主办、本馆承办的广西文化厅第一期全区文化馆(站)干部轮训班在防城港市开班。有来自防城港市辖区的文化站站长、8个边境县的文化馆馆长和全区14个市的群众艺术馆正副馆长共50多人参加了培训。自治区文化厅副厅长陈映红、防城港市副市长席扬以及自治区文化厅人教处、社文处、防城港市文化局的领导出席了开班典礼。自治区文化厅副厅长陈映红以及自治区文化厅社文处、人教处、自治区群众艺术馆、自治区图书馆的领导分别在班上作了《基层文化工作者的责任与使命》、《当前我区基层文化建设现状和乡镇文化站主要工作》、《文化体制改革的探索与研究》、《文化站建设和管理知识》、《文化共享工程乡镇分中心建设与服务》的讲课。

【非物质文化遗产保护】 年内，完成了藤县的《牛哥戏》、《藤县舞狮》，苍梧县的《六堡茶》，天等县的《打榔舞》、《霜降祭》、《拜囊海》，隆安县的《芒那节》、《农具节》等8个项目的文本撰写。《牛哥戏》、《藤县舞狮》、《六堡茶》申报国家级非物质文化遗产保护名录，其中《藤县舞狮》获通过进入第三批国家级非物质文化遗产保护名录。《打榔舞》、《霜降祭》、《拜襄海》、《芒那节》、《农具节》申报广西(省级)非物质文化遗产保护名录并通过进入名录。

【非物质文化遗产普查工作】 4月至8月，结合非物质文化遗产普查工作，分别在藤县、苍梧、横县、全州举办文化馆(站)非物质文化遗产普查员培训班4期，培训学员200人。为北海、南宁、梧州等市整理民族民间非物质文化遗产项目56个。

【群众文艺辅导培训班】 年内，开办音乐舞蹈、戏剧曲艺、美术书法等群众文艺辅导培训班21期，培训学员550人(次)。

【南、北、钦、防四市研讨“魅力北部湾”群众文化品牌】 3月，南宁、北海、钦州、防城港四市群众艺术馆共同举行的南北钦防四市研讨“魅力北部湾”群众文化品牌活动在北海市举行。参加本次研讨活动的人员，除南、北、钦、防四市的群众艺术馆馆长外，还有来自全区各地的有关市级群众艺术馆、县级文化馆馆长和群众文化理论研究有关专家，与会人员共30人。活动就如何打造“魅力北部湾”群众文化品牌这一主题进行了广泛的探讨和研究，并围绕着其主题达成了四点共识，即“北海共识”：一、共同举办群众文化系列活动。建立广西北部湾经济区群众文化交流制度，每年在南、北、钦、防其中一市举办一届“魅力北部湾”群众文化活动。二、共同开展文艺创作。共同组织开展文艺创作交流活动，每年推出一批具有北部湾文化特色的文艺作品，逐步打造和形成北部湾文化品牌。三、共同出版《魅力北部湾》(年鉴)。每年联合出版《魅力北部湾》(年鉴)。四、共同开展北部湾群众文化调查研究。每年围绕一个研讨课题，召开一次群众文化理论研讨会。同时决定，首届“魅力北部湾”群众文化活动在北海市启动。

【广西北部湾群众文化理论研讨会暨广西新农村文化建设理论研讨会】 12月3日，由本馆和广西群众文化学会、南宁市群众艺术馆、北海市群众艺术馆、钦州市群众艺术馆、防城港市群众艺术馆主办的广西北部湾群众文化理论研讨会暨广西新农村文化建设理论研讨会在北海市召开。有来自南宁、来宾、防城港、钦州、北海、贺州、桂林等市群文理论工作者共50人参加。共收到论文86篇，宣读17

篇。

【全区群众艺术馆馆长联席会】 3月22日，由馆组织的全区群众艺术馆馆长联席会在梧州市召开。有来自全区南宁、梧州、桂林、河池、百色、钦州、防城港、贵港、玉林、北海、崇左、柳州、梧州、来宾14个市的群众艺术馆馆长和自治区文化厅社文处、梧州市文化局的领导共24人参加。会上，各市群众艺术馆馆长就如何做好新时期对群众文化的组织、辅导、指导、研究和非物质文化遗产保护等工作进行了广泛的交流和借鉴。

【"魅力北部湾"群众文化活动座谈会】 6月4日，由自治区文化厅主办，本馆与南宁、北海、钦州、防城港4市群众艺术承办的"魅力北部湾"群众文化活动座谈会在北海召开。有来自全区各地市文化局局长、文化（艺术）馆馆长和群文专家共40人参加。会上，自治区文化厅副厅长陈映红就如何办好"魅力北部湾"群众文化活动提出了六点建议：一是抓好群众艺术品的展示；二是抓好群众才艺的展示；三是抓好群众文艺的展演；四是抓好群众文化成果的展示；五是抓好群众文化理论的研讨；六是抓好非物质文化遗产的展示。会上拟定7月在北海启动"魅力北部湾"群众文化活动，活动内容定为三大块，即"魅力北部湾"美术书法摄影展、优秀文艺节目展、群众文化理论研讨会。同时还拟定广西公共文化服务体系建设理论研讨会在北海市召开。

【"魅力北部湾"群众文化活动启动仪式】 8月12日，由自治区文化厅主办，本馆与南宁、北海、钦州、防城港4市联合承办的"魅力北部湾"群众文化活动启动仪式在北海市举行。自治区文化厅副厅长陈映红、北海市市委常委、宣传部长、副市长李蔚参加了本次活动并作了讲话。前来参加本次活动的有全区各地市文化局局长、文化（艺术）馆馆长和群文专家共50人。本次活动以展示"魅力北部湾"群众美术、书法、摄影为主（"魅力北部湾"活动系列之一），共展出美术作品50件，书法作品47件，摄影作品68件。

【广西公共文化服务体系建设理论研讨会】 12月13日，由自治区文化厅主办，本馆承办的广西公共文化服务体系建设理论研讨会在北海市召开。有来自全区各地群众文化理论骨干60多人参加。共收到论文120篇。经评选，获一等奖10篇，二等奖20篇，三等奖40篇。自治区文化厅副厅长陈映红莅临指导并作了讲话。

【基层文化服务点】 年内，在武鸣县双桥镇和乐屯，崇左市江州区濑湍小学、邕宁宁县那马镇那马小学、南宁市兴宁区官桥小学等建立基层文化服务点，开办音乐、舞蹈、戏剧、美术、摄影培训班共20期，培训学员400人（次），组织开展文艺演出活动4场，观众8000人（次）。

【建立业余文艺团队】 年内，建立了红棉艺术团、红梅合唱团、知青艺术团、"母亲"合唱团、"蓝月亮"艺术团、"群星"艺术团、朱瑾艺术团、广西群众艺术馆电子乐团、广西群众艺术馆"火车头"管弦乐团等9个群众性业余文艺团队，队员共450人。全年在南宁市辖区内参加各种节庆演出和下社区演出活动共约300场（次），观众约10万人。此外，还经常参加对外文化交流活动并获奖，如12月红棉艺术团和红棉合唱团的舞蹈《乡球飞》、声乐《羊角追》参加在上海举行的2009全球华人"乐铃杯"才艺比赛，获表演奖和最佳气质奖；9月和10月红棉艺术团表演的舞蹈《壮乡瑶》，分别参加在苏州举行的2009"走进苏州·七彩夕阳"全国老年人舞蹈模特大赛和在香港举行的国际第十届"紫荆花"中老年音乐舞蹈大赛，均获金奖。

【编辑出版】 年内，编辑出版《文化新视野》4期、《群文决策参考》12期、《广西公共文化服务手册》1册、《作品集(广西壮族自治区劳动保障系统美术书法摄影展)》1册。共刊发文字144万字,美术书法作品192幅。

【群文理论研究成果】 年内,全馆人员共撰写发表群文论文、调查报告、群文辅导教材26篇。其中《构建覆盖广西公共文化服务体系之我见》、《推进广西农村公共文化服务体系建设,满足人民群众精神文化需求》三篇论文在自治区文化厅主办的全区公共文化服务体系建设理论研讨会中分别获一、二、三等奖。

【群众文艺创作】 年内,全馆人员共创作音乐、舞蹈、戏剧、曲艺、美术、书法、摄影等文艺作品40多件。其中小戏《一张公示》、音乐剧《探家婆》、油画《清茶》等作品分别获广西第十五届"八桂群星奖"金、银奖。

广西博物馆

【概况】 内设办公室、财务科、老干科、保卫科、陈列研究部、保管部、宣传教育部、民族文物苑管理部、信息资料部、文物修复保护研究室和广西文物考古研究所等11个部门。共有编制100人,在职职工98人,具有中级职称人员41人,高级职称人员24人。馆藏文物41683件(套),包括出土文物、近现代文物、书画、陶瓷器和杂项等,其中一级文物144件(套),二级文物1882件(套),三级文物2665件(套)。年内共举办长设文物展览2个,临时展览27个,共接待国内外观众约26万人次。

【设计、制作"瓯骆遗粹——广西百越文化文物陈列"】 该陈列是广西博物馆的品牌展览,是大型展览"广西历史漫步"之一。陈列运用科学的手段展示广西考古发掘出土的史前至三国时期具有浓郁广西地方特色的珍贵文物,反映广西悠久灿烂的历史文化面貌,展示广西各族人民的伟大创造力和对缔造统一多民族的中华大家庭作出的卓越贡献。展览突出展示了广西历史文化的特点,集中了广西考古发掘和科学研究的最新成果,为观众正确解读古代广西的政治、经济和文化生活提供最直接的实物资料。该展将是展示我区悠久历史文化的重要窗口,是弘扬民族优秀文化,进行爱国主义教育的重要阵地。为了确保展览的思想性、科学性、艺术性,曾先后三次就陈列内容召开了专家论证会,展览形式设计与施工面向社会公开招标。2010年春节正式开幕与观众见面。

【平淡是真——馆藏古代生活器具展】 9月9日"平淡是真——馆藏古代生活器具展"开幕。这是利用馆藏文物资源举办的一个观众喜闻乐见的展览。展览分为饮食器具、家居用品、衣物配饰和摆设及其他用品等四个单元,共展出150件(套)文物展品,年代跨度从春秋战国时期到清代两千多年间,主要是古人日常起居、社交、礼仪、修身养性和娱乐艺术活动所使用的铜质、玉质、瓷制各式生活器具,反映古人真切的生活面貌。

【石涛作品——特种邮票首发式暨石涛作品真迹典藏展】 3月22—24日,中国邮政发行《石涛作品选》特种邮票一套,为扩大广西的文化影响,宣传广西的文化艺术,广西邮政举办《石涛作品选》特种邮票首发式同时与广西博物馆合作举办"石涛作品真迹暨集邮展览"。从广西壮族博物馆馆藏书画作品中精选了《墨竹图》、《山亭独坐图轴》、《木石幽居

图轴》、《浅绛山水图轴》等四幅石涛不同时期的作品展出。

【举办种类书画、摄影临时展览】 年内，先后组织举办了“百年帅门艺风——帅立志、帅立国、帅立功、帅立风作品展”、“第八届南宁市教育系统迎春书画艺术展”、“空中看广西辉煌50年大型图片展”、“民族的记忆——广西世居民族原生态文化摄影展”、“庆祝中华人民共和国成立60周年全区林业系统职工书画摄影展”、“广西人口和计划生育30周年成就图片展”等27个临时展览。

【接待、开放和讲解工作】 有效开展接待、开放和讲解工作。每日开放接待观众近千人次以上，全年接待国内外观众共26万余人次，自治区郭声琨、马飚、李金早、沈北海、李康、潘琦、黄格胜等领导多次到我馆出席开幕式或参观考察。接待的国内外嘉宾，有国家文物局博物馆与社会文化司副司长、国家文化部发改委乡镇综合文化建设专项检查工作规划组、中国文化遗产研究院副院长、福建省文化厅厅长、香港特首夫人、新加坡教育局、越南考古研究所以及各兄弟博物馆的专家同行等等。还为各种代表团、旅行团和学生讲解500多场(次)。

【开展社会教育活动】 一是继续共建爱国主义教育基地。2009年，我馆先后与南宁五中、南宁市南湖小学、广西教育学院等学校开展共建爱国主义教育基地活动；邀请了广西艺术学院、南宁职业技术学校、南宁市中山北段小学等8所共建学校的代表举行座谈会，就“如何更好地开展共建工作”请共建单位献言献策。二是开展文物知识宣讲进校园、进社区、进乡村宣传活动。与广西日报社的“社区服务大篷车”合作，组织“广西出土文物精品图片展”、“广西古遗址、古建筑图片展”进到大板二区、江南新兴苑、南宁广发重工集团有限公司城北生活区及翠湖新城等社区进行博物馆文物知识宣传活动，被评为2008—2009年度当代生活报社区服务大篷车活动“优秀公益服务单位”。三是配合学校开展社教活动。与南宁市中山北小开展了“民族团结一家亲”主题教育活动；以讲座的形式先后到南宁五中、广西师范学院、桂林工学院南宁分院、广西国际商务职业技术学院等大中专院校开展宣传活动。充分发挥博物馆是“学校第二课堂”的作用。

【开展“5·18国际博物馆日”和“中国文化遗产日”宣传活动】 一是结合5·18国际博物馆日“博物馆与旅游”的主题，与南宁海外旅行社联手推出了两条精品的博物馆旅游线路：“广西博物馆——合浦汉墓一日游”和“广西博物馆——昆仑关战役遗址一日游”。通过博物馆文化游的形式展示博物馆作为文化休闲和旅游目的地的独特意义。二是面向社会招聘了第三批志愿者，使更多的人加入到博物馆的行列。三是在“中国文化遗产日”，组织开展了“小小讲解员”的培训和上岗工作。来自中山路北小的9名小学生成为广西博物馆首批“小小讲解员”，使广大青少年进一步参与到博物馆的宣传活动中来。在“首届中国博物馆十佳志愿者之星”的评选活动中，南宁中山北小荣获“提名奖”。

【文物修复保护工作】 年内，完成广西民族博物馆3面铜鼓、田东县博物馆1面铜鼓和1件铜编钟、乐业县博物馆7件纸质文物的复制。完成田东县博物馆文物库房的改造方案。修复保护完成广西博物馆馆藏古器物63件、古字画26件。协助完成《越南铜鼓图录》的拓片托裱和拍摄工作。完成柳州市博物馆和玉林市博物馆一批古字画修复保护工作。编制完成《贵州省黔西南州博物馆馆藏金属文物保护修复方案》、《上海中国航海博物馆铜鼓复制合同》等文物修复保护方案。受秦兵马俑博物馆国家文物局基地办委托，对陶质彩绘文物保护修复档案、保护方案、病害分类及图示规范审稿。添置了价值近百万元的超景深显微镜一台。

【参加中国首届文物保护博览会】 10月，本馆参加了在西安举办的中国首届文物保护博览会。由保管部、陈列研究部、宣教部、文物苑管理部等部门组织内容及展品布置广西博物馆的展位。展出期间，广西博物馆展位以其丰富的内容、独特的展示方式成为文物保护博览会一道亮丽的风景线，吸引了众多观众的目光。

【藏品保管和数据库建设】 年内，完成广西博物馆保管部文物库房的维修改造工作。完成《广西博物馆馆藏书画精品集选》信息采集及编著等工作。组织人员进行馆藏文物数据库的录入和拍摄工作，完成馆藏一、二、三级文物的文字录入工作和1000余件文物的拍摄工作。

【开发博物馆文化产业】 开发本馆馆藏国家一级文物铜凤灯的仿制品和青花竹节杯，为博物馆打造了做工精美、艺术价值、收藏价值极高的工艺产品。并仔细对开发的铜凤灯仿制品和青花竹节杯产品进行验收，有效进行营销策划。

【信息资料工作】 阅览室全年接待读者600人次。积极加强与书店等相关部门的联系，通过购买、交换等多种方式，收藏区内外文博专业相关的文献资料，丰富典藏内容。全年完成购书162册、加工新书入库315册、编目上架期刊合订本219册；继续开展古籍普查和修复工作，完成2册县志的修复，继续馆藏古籍经部、平装库历史类的编目数据录入工作。配合区古籍保护中心的古籍普查。

【入选"广西古籍重点保护单位"】 广西博物馆收藏图书7万多册，其中有珍贵的古籍线装书30716册，手抄本601册，弥足珍贵。2009年4月，我馆入选了全区首批"古籍重点保护单位"。我馆藏品《大乘庄严经论》金刻本、《灵飞经》明拓本两部古籍荣获第二批国家珍贵古籍名录，另有《从器志》西汉木牍、《大唐三藏对教序》南宋拓本、《大乘庄严经论一卷》金刻本、《灵飞经》明拓本等四部古籍荣获广西珍贵古籍名录。

【科学研究】 年内，本馆专业技术人员在各类学术刊物上共发表学术论文约50篇，编写出版了《广西博物馆文集》(第六辑)、《博物馆免费开放的思考》、《海上丝路遗珍—越南出水陶瓷》、《河池铜鼓》、《土州土志—土司文化面面观》等著作。其中《河池铜鼓》一书的出版更是引起了学界的关注和好评，该书是我馆河池铜鼓研究课题的研究成果。它是在广西河池市进行广泛的铜鼓调查的基础上完成的研究专著。全书约120万字，202幅插图，98幅彩色照片。共调查1458面铜鼓。内容包括河池铜鼓的来源及管理、河池铜鼓的分布、河池铜鼓的类型、河池铜鼓的年代、河池铜鼓的使用、河池铜鼓的社会功能、河池铜鼓音乐、丰富多彩的演奏乐谱、河池铜鼓舞蹈、河池铜鼓文化的弘扬等。并收录了流传于该地区的河池铜鼓歌谣、河池铜鼓传说的故事。

【广西博物馆第二届学术研讨会】 12月，举办了"博物馆与旅游——广西博物馆第二届学术研讨会"，全馆干部职工踊跃撰写论文参加会议，共收到学术论文36篇，有24名代表在会上发言阐明观点，从不同角度论述了博物馆与旅游的关系，并为博物馆如何利用资源发展旅游提出了许多有建设性的建议。

【国际学术合作项目】 广西博物馆与越南国家历史博物馆保持着良好的合作，在学术合作项目上，双方学者借助共同举办展览的契机，共同完成了《海上丝路遗珍—越南出水陶瓷》一书。年内，广西博物馆派人赴越南、老

挝进行考察，与越南国家历史博物馆、老挝国家博物馆就合作展览、考古发掘等有关事宜进行洽谈。广西博物馆与越南国家历史博物馆签定了5年合作计划书，加强双方在展览、学术及考古发掘方面的合作。双方共同开展《越南铜鼓》一书的编写出版工作，广西博物馆先后派出二批研究人员赴越南交流、收集、整理相关资料。

【物业管理】 为规范广西博物馆的物业后勤管理工作，使博物馆的保卫、保洁、绿化、水电等工作社会化、专业化、规范化，通过政府采购，引进了广西万怡物业公司为博物馆的展示区、办公区、宿舍区的保洁、绿化、安全保卫、水电维护提供服务和管理。12月起广西万怡物业公司正式进驻开展工作。

广西自然博物馆

【概况】 广西自然博物馆成立于1985年5月31日，1989年1月1月正式对外开放。全馆年末在编员工20人，其中正高职称者6人，副高职称者1人，中级职称者6人，初级职称者7人。内设办公室、地学部、生物部、展教部、行政保卫科等部门。年内开展的各类展览及活动共接待观众43万人次，其中未成年19万人次。全年新增入库藏品443件，完成文物数据库建设项目及广西科技厅藏品信息库项目的藏品图像采集工作，共采集照片1360张。全年发表文章15篇，其中《Nature》等SCI检索刊物论文5篇，国家核心期刊2篇，其他刊物文章8篇。本年度共获得区直机关先进基层党组织等各类奖项25项。

【北部湾海洋生物展】 10月1日对公众开放。《北部湾海洋生物》以独特的形式向观众展示了广西的海洋生物物种及物种多样性的进化过程。展览包括“海底热带雨林——珊瑚”、“鲸鲨闹海”、“贝类世界”及“北部湾的鱼类资源”四个内容。该展览以崭新的展示理念，生动形象地向广大群众宣传了北部湾得天独厚的优势和丰富的自然资源。

【全国科技活动周广西活动】 全国科技活动周广西活动期间，广西自然博物馆紧密围绕“携手建设创新型国家”主题，以科学发展观为指导，突出“推进自主创新、促进和谐发展”这一主线，组织开展“北部湾海洋动物标本展”等一系列科普活动及科技周巡展，公众参与率高，反响强烈。5月16日开展的朝阳广场科普活动中发放2000多份科普宣传资料，受益观众约2万人次。发放科普调查、科普知识有奖问卷、礼品500份。5月17日，组织团队参加自治区妇联、科技厅、文明办主办，在兴宁区明秀水电社区开展的“爱祖国、爱家园、节能减排”科普传播进社区主题实践活动。参与活动观众达2000余人次。发放宣传资料500余份，发放科普调查、科普知识有奖问卷、礼品300份。

【“5·18国际博物馆日”活动】 5月18日，结合全国科技活动周参加由自治区国土资源厅、自治区科技厅主办，广西自然博物馆等单位协办的“善待地球、节约能源、保护环境”科普宣传活动在南宁市蒲庙镇朝阳初级中学启动。蒲庙镇朝阳初级中学及蒲庙镇永乐小学共2500多师生参加活动。其中600名学生参与签名活动，发放宣传资料1000余份，发放科普调查、科普知识有奖问卷、礼品300份。5月19日，赴南宁市第一中学开展科技周科普宣传活动，向广大学生发放科普知识宣传资料并举行了“认识海洋、保护海洋，人与自然和谐相处签名活动”。该次活动共有2200多师生参加，其中300名学生参与签名活动，发放国际博物馆日有关宣传资料1000余份，发放科普调查、科普知识有奖问卷、礼品300份。

【“文化遗产日”活动】 6月13日是我国第四个文化遗产日，广西自然博物馆在广场开展系列宣传活动，12块大版面板报展示建馆以来文化遗产事业发展喜人局面、文物工作者的精神面貌。活动广场设有专家咨询台、有奖问卷小考场及“我与恐龙的约会”亲子DIY挖掘“化石”大赛，吸引众多观众和小朋友的参与。当天活动发放有奖问卷300份、文物法宣传资料1000多份，参与人数达5000人。广西电视台都市频道新闻在线、广西电视台资讯台新闻、中央电视台9频道、南国早报、南宁晚报、南宁日报等多家媒体相继报道该次活动的情况。

【科普展览获奖】 在广西文化厅、广西科技厅、广西科协等部门的大力支持下，广西自然博物馆开展了富有成效的科普展览工作，一年来共获得8项奖项，分别是全国科技活动周广西活动暨绿城广场“优秀项目奖”；全国科技活动周广西活动“优秀巡回展奖”；全国科普教育基地“优秀活动”；广西科技活动周科普长廊“三等奖”；当年还获广西科技活动周“优秀项目奖”；全国科技活动周南宁市活动“优秀项目奖”；南宁市科协“优秀科普教育基地奖”；广西日报社当代生活报“优秀公益服务单位”。

【自治区直属机关先进基层党组织】 中共广西自然博物馆党支部广大党员同志长年坚守文博第一线，在科研、展教、野外考古发掘等领域中取得众多成果，该支部被评为年度自治区直属机关先进基层党组织光荣称号，与广西财政厅党委、广西科技厅党委、广西电网公司党委等6个单位一起，被区直工委列为全区基层组织建设经验推广对象，向全区各基层组织介绍党建经验。

【野外洞穴普查工作】 3月—7月，莫进尤研究馆员等同志赴灵川、阳朔、恭城、钟山等县调查贵广铁路文物地点，在阳朔和钟山共发现两处旧石器地点，在钟山发现一处洞穴哺乳动物化石地点。此外，对钟山、平乐县的洞穴进行调查，在钟山县发现两处古人类化石地点，在平乐县鸡母岩发现一处古人类化石地点，获得一批重要的人类牙齿、巨猿牙齿和哺乳动物牙齿化石材料。

【鱼类研究】 1月，我馆工作人员在宁明盆地高岭屯采集到一批具有重要科研价值的第三纪鱼化石和植物化石，发现鲤科一新类型。3月，陈耿娇博士到山东省博物馆、山东临朐博物馆、山旺国家地质公园对比鲤科及鳅科化石。

【恐龙发掘与调查】 5月，莫进尤研究馆员等同志对那派盆地恐龙化石地层进行调查，在距1973年发掘地点不远的那派村下妙屯甘蔗地发现一处极具潜力的恐龙化石地点。甘蔗地的主人曾经发现一节那派盆地首次发现的鸟脚类恐龙尾椎。11月中旬，继续对那派盆地派芒点进行试掘，获得两枚兽脚类恐龙牙齿化石。对田东县和大新县的洞穴进行哺乳动物化石调查，在田东林逢镇一处洞穴中发现大量的打击石器和人类化石，在大新县的洞穴调查中发现了猩猩化石、人类牙齿和其他哺乳动物牙齿化石。8月初，与法国国家科研中心研究员 EricBuffetaut 一行三人对那派盆地恐龙化石地点进行调查，在派芒化石点发现一枚棘龙类恐龙牙齿。同时进行的野外试掘中，在下妙屯的试掘中发现大量的瓣鳃类、鱼类鳞片和少量恐龙骨骼化石，在下麦屯甘蔗地发现一块肢骨断块，在派芒点的试

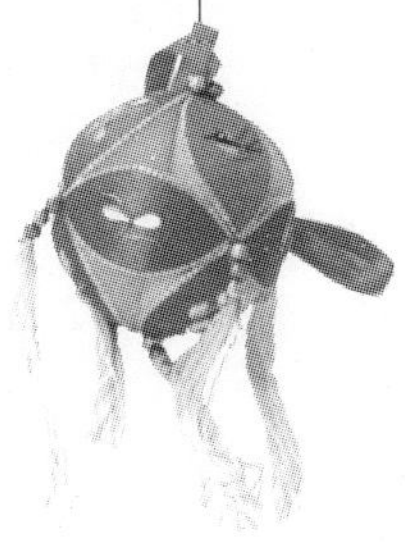

掘中发现少量的恐龙骨骼化石，并征集到一枚巨型兽脚类恐龙牙齿化石。

【北部湾海洋生物多样性调查】 4—12月，广西自然博物馆生物部科研人员开展北部湾海洋动物多样性调查和标本采集的征集工作。先后10次到北海、北海市沙湾、铁山港石头埠、合浦沙田和公馆，防城滿尾，广东省湛江市、海南省的海口市、琼海博鳌、万宁县、陵水县和三亚市开展北部湾海洋动物标本征集和北部湾滩涂动物多样性调查，共完成5个断面的海洋生物多样性标本采集，并征集到宽吻海豚、江豚、鲸鲨、无沟双髻鲨、浅海长尾鲨、乌翅真鲨、侧条真鲨、黄金宝贝等海洋兽类、海洋鱼类、贝类、珊瑚和各种无脊椎动物6000多件。

【广西中越边境地区两栖爬行动物多样性调查与研究】 3—12月，广西自然博物馆生物部科研人员先后5次到广西十万大山国家级自然保护区，龙州县弄岗国家级自然保护区、春秀水源林自然保护区，那坡县德孚水源林自然保护区、老虎跳水源林自然保护区开展桂西南中越边境地区两栖爬行动物多样性调查，共采集到两栖爬行动物标本共200多件和一批蝌蚪。其中，在十万大山自然保护区内的平龙山采集的一种树蛙和在弄岗国家级自然保护区内采集到的一种水树蛙，为迄今为止世界未发现的新物种。

【亚洲两栖动物多样性调查工作】 5月，广西自然博物馆生物部科研人员与中科院成都生物研究所和日本京都大学到猫儿山、姑婆山、大瑶山开展《亚洲两栖动物多样性及主要类群的系统发育研究》项目野外调查。目的是逐步了解亚洲两栖动物多样性，在此基础上开展主要类群的系统发育研究，进而为两栖动物的有效保护和合理应用提供理论依据和技术支撑。同时，通过对前期所获资料的研究，认为分布于广西的肥螈属物种当中，有可能存在新的物种，需要进一步的研究资料标本采集。本次野外调查，共获肥螈属物种和疣螈属物种等各种两栖动物50多件。

【学术研究与论文发表】 3月18日，《英国皇家学会学报B辑》网络版发表了莫进尤、徐星和Susan合作研究的论文《鳞龙类下颞弓的演变—中国南方晚白垩世发现的新观点》。江西发现的天宇蜥具有完整的下颞弓和固定的方骨，表明缺乏下颞弓是鳞龙类的原始形态之一，缺失该形态结构的现存新西兰楔齿蜥并非人们所认为的“活化石”。6月18日，英国《自然》杂志发表了莫进尤研究馆员参与合作研究的论文《中国侏罗纪发现的角鼻龙类揭示鸟类手指同源性》。这篇文章根据在中国西部准噶尔盆地侏罗纪地层中新发现的一个小型原始兽脚类食草恐龙（泥潭龙）化石的研究，提出了恐龙的爪向鸟类翅膀演化的新证据。鸟类在手指退化过程中第一和第五指首先退化，但由于发育机制的变化，同源异型转化造成了中间三个手指发育了内侧三个手指的形态，地龟化石是茂名盆地发现的三种龟类之一，在六十年代曾进行首次报道，但材料较为破碎。我馆收藏了六件地龟化石，这些材料将有助于更好地了解其形态结构以及茂名盆地动物群的组成和古环境的研究。莫进尤参与的该项研究论文将在《法国地质学会通报》上发表。扶绥笼草岭发现了至少三个个体的蜥脚类恐龙，其中一大两小。通过对小个体的五节背椎进行对比研究，表明其属于大鼻龙类，比赵氏扶绥龙原始，代表蜥脚类恐龙当中的新属种。研究论文已投往《地质学报》（英文版）。陈耿娇研究馆员完成了山东山旺长胸鳍花鳅的重新研究，对该种的种征作了修订，完成了对已知中国鲤科和鳅科化石的总结工作，撰写博士论文《中国东部及南部中新世鲤形目化石》。8月3日，国际权威刊物《人类进化》刊登了王頠研究馆员

发表的文章"中国南方广西的步兵盆地吹风洞发现的巨猿牙齿化石"，介绍了广西步兵盆地吹风洞发现的步氏巨猿化石的研究成果。吹风洞共发现了92颗巨猿牙齿化石，约占吹风洞哺乳动物群的9%，是迄今为止除柳城巨猿洞外发现巨猿牙齿最多的洞穴之一。其中，11颗牙齿显示出龋齿特征，强烈磨蚀的第三臼齿表明巨猿以较为坚硬的纤维性植物为食，或者表明其寿命较长。巨猿的上犬齿和下第三前臼齿显示出性别的形态差异。从伴生的哺乳动物群分析，巨猿的生存年代为更新世早期。6月，国际权威刊物英国《自然》杂志刊出文章《亚州神秘的古猿》中报道和澄清了关于东亚最早的人类化石的问题。此前，重庆巫山龙骨坡、云南元谋和印度尼西亚的默多克托被认为是大约200万年第一批走出非洲的人类，沿着印度洋北岸和喜马拉雅山南麓到达东亚。然而，近期的研究使得这一假说变得更加质朴迷离。巫山的标本以前被认为是人类的祖先，但是自从我们在广西田东么会洞发现180万年的高等灵长类化石之后，国际学术界对此前的推测提出强烈的质疑。文章介绍了广西自然博物馆今年来开展洞穴发掘和研究取得的卓有成效的工作。大大提高了广西自然博物馆在国际科学界的学术研究地位。王頠研究馆员与中科院古脊椎所合作对崇左发现的与晚期智人共存的巨猿化石进行综合研究，文章发表在我国著名刊物《科学通报》54卷第19期。生物部科研人员发表了3篇研究论文："Phylogeography of the endangered black－breasted leaf turtle (*Geoemyda spengleri*) and conservation implications for other chelonians"发表在"Amphibia－Reptilia" 2009年第30期。"再引入黑颈长尾雉夜栖行为与夜栖地选择" 发表在"四川动物"2009年第28期。"小蔗螟 Cyt b 基因序列的分析研究（鳞翅目：螟蛾总科：草螟亚科）" 发表在"四川动物"2009年第28期。

广西民族博物馆

【概况】 广西民族博物馆位于南宁市青秀山风景区内，占地130亩，总建筑面积约3万平方米，建设总投资约2.5亿元，是自治区财政全额拨款的全民所有制博物馆，直属自治区文化厅。该馆于5月1日正式长期免费对公众开放，其功能定位为专题性民族文化博物馆，以广西各民族繁衍生存、融合发展的社会发展物证、文化与艺术遗存、典籍等文化遗产及其研究成果的收藏、保护、研究及宣传展示为主要任务，同时兼顾周边各省以及东南亚各国相关民族的文化资料及文物的搜集、收藏、研究与展示，使之兼具中国—东盟博览会的文化交流功能，成为中国乃至世界相关民族文化研究和交流中心之一。馆内设有3个基本陈列，即《五彩八桂——广西民族文化》、《穿越时空的鼓声——铜鼓文化》和《中国与东盟》，另外还设有1个临时展厅。露天展示园占地约60亩，是室内基本陈列的延伸和补充，集中展示（演）广西各民族具有代表性的传统民居建筑、民族工艺和民俗风情。其他服务设施还有：对外开放的多功能会议厅、民族民俗文化及东盟文化图书馆、信息资料中心和连接广西10个民族生态博物馆的网上博物馆。馆内机构设置齐全，设有办公室、事业发展研究部、文物保护和保管部、信息资料部、社会宣传工作部、物业与安全管理部、产

业开发部等7个部门。目前全馆职工共114人，其中事业在编人员52人，后勤服务聘用人员9人，馆内自聘人员53人；在学历上，有博士研究生学历1人，硕士研究生学历12人，本科学历50人，本科以上学历人员占全馆总人数的55%；在学科结构上，在编的专业技术人员涵盖人类学、民族学、历史学、博物馆学、社会学、美术学、英语、计算机、文物保护、文物修复、图书档案管理、信息工程等专业，其中正高级职称2人，副高级职称2人，中级职称11人，初级职称25人，分别占专业技术人员总数的8%、21%和48%；有享受国务院政府特殊津贴专家1人，入选"新世纪百千万人才工程"国家级人选1人；在年龄结构上，52名专业技术人员中，35岁以下人员41人，36—45岁人员6人，46岁以上人员5人，是一支老、中、青结合，满怀热情、积极向上、朝气蓬勃的队伍。

【西部记忆——西部五省(区)民族历史瑰宝展】 该展览是为庆祝中华人民共和国成立60周年，展示西部灿烂的民族文化，由广西文物局与广西民族博物馆共同发起，广西、内蒙古、宁夏、青海、新疆五省(区)文物局联合主办，广西民族博物馆、广西博物馆、广西考古研究所、内蒙古博物院、宁夏博物馆、青海博物馆、新疆博物馆联合承办。于5月1日在广西民族博物馆展出，展期三个月。此次展览充分整合了广西、内蒙、宁夏、青海、新疆五省(区)博物馆藏品和人力资源，开创了西部省区博物馆馆际合作举办联展的先河，为各民族群众奉献了一场跨越时空、近距离欣赏西部各省(区)民族文化的盛宴。

【汉风唐韵——广西民间收藏汉唐陶塑艺术精品展】 该展览于9月至10月在广西民族博物馆展出，由广西壮族自治区文化厅主办，广西民族博物馆和广西文物收藏家协会承办。此次展览共展出汉唐陶塑艺术品近百件，题材广泛，内容包罗万象，不仅有武士俑、文官俑、歌舞杂技俑外，还有众多劳动者的形象，以及动物、建筑模型和生活用具等。

【天工开神物，八桂孕华章——广西工艺品大展】 广西民族博物馆和广西工艺美术协会为庆祝中华人民共和国成立60周年而举办的临时展览，于9月至12月在广西民族博物馆展出。该展览从全区各地遴选了200余件工艺美术作品，涵盖了坭兴陶、壮锦、刺绣、角雕和贝雕等20余个品种，具有浓郁的地域特点和民族特色，再现广西工艺美术源远流长的历史。该展览分为"坭兴新韵"、"奇雕巧刻"、"织锦刺绣"、"编织经纬"、"多彩画艺"、"他山之石"、"生态博物馆之光"七个部分，不仅有传统民族民间工艺品，也有当代工艺美术大师利用新技法、新创意创作成的新作品，充分展示了广西工艺美术的精、奇、巧、美，体现了建国以来广西工艺美术事业发展的新成果、新成就。开放后得到观众一致好评。

【印度尼西亚文物精品展】 该展览于10月至12月在广西民族博物馆展出，由广西民族博物馆和印度尼西亚国家博物馆共同举办，旨在配合中国—东盟博览会的召开，以促进中国与东盟各国的文化交流与发展，是广西民族博物馆引进的第一个东盟国家的展览。本展览展示了印度尼西亚国家博物馆收藏的珍贵文物，包括面具、首饰、雕像、武器、木偶、织物等，共80多件(套)，品种繁多，内容丰富，特色鲜明，是印度尼西亚各民族智慧的结晶。

【参加"缤纷中国——中国民间文化遗产抢救工程成果暨民族民间服饰文化展"】 为迎接和庆祝中华人民共和国成立60周年，展示中国民间文化遗产抢救和保护的成果，中国文学艺术界联合会和中国民间文艺家协会联合主办的《缤纷中国——中国民间文化遗产抢救工程成果暨民族民间服饰文化展》于11月

在北京民族文化宫展出。广西民族博物馆作为其中的一个协办单位，也参与了该展览。广西民族博物馆在此次展览中共展出包括壮族、瑶族、侗族、京族、仫佬族、毛南族等传统民族服饰19件(套)以及具有浓郁壮乡特色的堆绣绣球。

【呵护传统，传承文明——广西民族生态博物馆“1+10”工程建设图片展】 7月，《世界本土文化展》在云南大学展出。该展览由国际人类学与民族学联合会第十六届大会组织委员会主办，由中国人类学民族学研究会承办，中国民族博物馆与云南大学协办。广西民族博物馆的《呵护传统，传承文明——广西民族生态博物馆“1+10”工程建设图片展》作为《世界本土文化展》的子展览在十六届人类学民族学大会期间参与展出，该图片展为国内外人类学和民族学专家介绍了广西民族生态博物馆的有关情况以及民族生态博物馆建设以来所取得的成就，获得专家学者的青睐和好评。

【档案和信息资料管理】 今年是广西民族博物馆工程项目的收尾年，各项工程即将进入验收阶段。该馆全年已收集整理工程资料上千份，形成预立卷案卷170余卷，已完成了工程档案整理工作的60%。另外，及时开展了2008年文书文件的整理、编目、归档，共收集文书资料500余份，整理成卷17卷。采购、接收了一批适合该馆业务工作需求的专业书籍600多册；向广西日报社和邮局征订了2010年的期刊和报纸共计64种；向馆内人员提供图书和期刊借阅211人次、工程和文书档案借阅189人次、设备档案借阅13人次。

【信息化与网络建设】 本年度广西民族博物馆在信息化与网络建设方面开展了一系列工作。首先，开通了电信光纤，将前网站的域名转移到新IP地址，并完成网上博物馆和图书馆电脑、网络设计和布置，积极配合国家文物咨询中心对“广西1+10生态博物馆”网站平台的方案书进行优化，并对公共环境(网上博物馆及图书馆)电脑安装防毒系统及备份操作系统，同时，跟进信息中心机房的网络设备的调试安装，在Apache，MySQL，PHP，Joomla等开源平台下经过二次开发搭建了新网站、论坛及网上博物馆(www.gxmb.com)，保证了网上博物馆的对外开通；其次，在施工单位的全力配合下，广西文物信息中心于8月正式投入使用。

【藏品管理】 为便于今后工作的开展，该馆将暂存广西壮族自治区博物馆及各地市文博单位的6000余件(套)民族、民俗文物运回新馆库房，按质地分类别进行整理、存放和资料记录。鉴于南方潮湿的气候条件及广西民族博物馆特殊的地理位置，博物馆从防霉、防虫、防尘三个角度采取多种措施(如配置除湿机、空气洁净屏等)切实保障文物藏品安全。

【民族文物征集与收藏】 为丰富馆藏，扩大征集范围，博物馆对贵州省凯里市张通贤等人送来的民族服饰、生活用品、银饰做了认真的鉴选、登记、拍照，从中选出101件(套)具有民族特色和地方代表性的服饰进行了征购。

【文物调查及数据库管理系统建设】 根据《广西民族博物馆文物调查及数据库管理系统建设项目进展及工作方案》，该馆邀请区内数据库工作进展情况较好的玉林市博物馆负责同志到现场交流、指导，同时积极与国家文物局、自治区博物馆及考古所相关负责同志联系、沟通，共完成2000余件藏品影像信息采集和信息系统录入。

【接收自治区50大庆各单位赠送的礼品】 根据自治区大庆办(广西壮族自治区成立50周年大庆筹备委员会办公室)报自治区人民政府桂庆筹办报[2009]2号文——《自治区成

立50周年大庆筹备委员会办公室关于移交大庆接收所剩礼品的请示》及自治区高雄副主席的批示，该馆分别与区政协、财政厅、民委、自治区黄金局、韵阳文化艺术有限公司办理了礼品交接手续，共接收各单位赠送给广西壮族自治区成立50周年大庆的礼品16件(套)。

【完善库房、实验室后续设施建设】 为加快库房、实验室文物保护基础设施建设，该馆购置了除湿机、空气洁净屏、超声波清洗器、洁牙机、红外线干燥箱、培养箱等，并配置了理化实验室、清洁消毒室、预处理室、生物实验室的各项基础设备。实验室已投入使用，各项文物保护研究课题也将逐步展开。

【汛期库房、展厅文物安全大检查】 根据《广西壮族自治区文化厅办公室关于加强和改进全区馆藏文物保护管理工作的紧急通知》，该馆对库房、展厅文物及文物环境进行了彻底检查、及时排除了可能存在的安全隐患，对出现的问题做到早发现、早处理。

【缅甸国家博物馆与广西民族博物馆互赠礼品】 10月29日，出席2009中国—东盟文化产业论坛的缅甸代表、缅甸历史委员会副主席托拉，受缅甸国家博物馆馆长之托，专程前往广西民族博物馆，向该馆赠送一幅缅锦、一樽银钵及《绿城仰光》、《缅甸自然风光》、《缅甸佛像》书籍等礼品。自治区文化厅厅长余益中代表广西民族博物馆向缅方回赠万寿纹壮锦。这些代表着缅甸人民深情厚谊的珍贵纪念品，将永远珍藏在广西民族博物馆内，并会适时与公众见面，以宣传缅甸的优秀文化。互赠纪念品活动，将有助于双方加深了解，增进友谊，加强两馆之间的合作交流。

【免费对外开放】 4月30日上午，广西民族博物馆正式对公众免费开放暨《西部记忆——西部五省(区)民族历史瑰宝展》开幕仪式在馆内大堂隆重举行。中国国家文物局副局长、中国博物馆学会理事长张柏、自治区人民政府副主席李康、自治区政协副主席黄日波、自治区文化厅厅长余益中以及各相关厅局负责人、东盟九国(除新加坡外)和日本、韩国等国家博物馆的16位相关专家，以及国内各省、自治区、直辖市38位博物馆的领导和专家，广西各县市文物管理所、博物馆的130多位领导，共约300人出席了开幕仪式。至年底，广西民族博物馆共接待社会各界观众约20万人次。

【党和国家领导人到广西民族博物馆参观指导】 新建成的广西民族博物馆得到了党和国家领导人的关怀，本年度先后有中共中央政治局常委、中央纪律检查委员会书记贺国强，中共中央政治局常委、全国政协主席贾庆林，中共中央政治局委员、中央书记处书记、中央组织部部长李源潮，原全国人大常委会副委员长兼秘书长盛华仁等莅临广西民族博物馆参观指导。

【国家文物局领导到广西民族博物馆指导工作】 国家文物局高度重视广西民族博物馆的各项工作，9月4日国家文物局副局长童明康，12月9日国家文物局局长单霁翔先后到广西民族博物馆视察。国家文物局领导对广西民族博物馆所取得的成绩给予了充分肯定，并对陈列展览、文物收藏、社会服务以及文化遗产保护等各项工作作出了重要指示。

【重要外宾到广西民族博物馆参观】 本年度广西民族博物馆先后接待了密克罗尼西亚联邦副总统阿利克、老挝国会副主席赛宋蓬·丰威汉、泰国教育部部长朱林·拉萨那威西等重要外宾的参观。广西民族博物馆的陈列展览给外宾留下了深刻影响，增进了各国人民对广西民族文化的了解。

【五一黄金周志愿者挂牌上岗服务】 广西民族博物馆早在正式竣工之前，就已经开展了志愿者招募工作。通过选拔、专业知识培训及实地见习，至本年度该馆已经拥有一支初具规模的志愿者服务队伍。5月1日，来自广西教育学院、广西中医学院等学校的志愿者正式挂牌上岗服务，为该馆“五一”黄金周的观众接待工作做出了贡献。志愿者队伍已成为广西民族博物馆社会服务的重要力量。

【国际博物馆日主题活动】 5月18日，为配合国际博物馆日——“博物馆与旅游”的主题活动，广西民族博物馆召开广西生态博物馆之旅合作座谈会。南宁市旅游局相关领导和驻邕各大旅行社的主要负责人出席了座谈会，就如何开发和利用广西民族生态旅游资源，最大限度地发挥广西各生态博物馆以及广西民族博物馆的社会服务职能进行了深入探讨。

【“文化遗产日”好戏连台】 6月13日是我国第四个文化遗产日，广西民族博物馆结合“保护文化遗产，促进科学发展”的主题，开展了广西彩调折子戏演出、广西壮锦传统织造工艺现场展演、“文化遗产日”知识有奖问答等一系列活动。活动吸引了大量观众到该馆参观，既加深了观众对广西民风民俗的认识，又普及了文化遗产保护知识，体现了博物馆在保护文化遗产工作中的重要性。

【非物质文化展演】 国庆期间，龙州天琴表演队、山水苗妹组合、马山壮族多声部民歌组合等应邀到广西民族博物馆为广大观众送上了精彩的民族歌舞表演，来自广西贺州的客家茶人向观众展示了客家擂茶的制作工艺，让来自各地的观众领略到了广西非物质文化的魅力。

【“2009月圆南宁·国际狂欢夜”晚会】 10月3日，“2009月圆南宁·国际狂欢夜”晚会在广西民族博物馆的露天展示园举行。晚会吸引了近千名市民和来自21个国家的外国朋友，大家欢聚一堂同庆中秋佳节，共度狂欢之夜。南宁电视台对本台晚会进行了现场直播。晚会的成功举办，增进了各国人民之间的文化交流，进一步提高了广西民族博物馆的知名度。

【参加“帅府杯”庆祝中华人民共和国成立60周年全国文化遗产保护宣传讲解大赛获奖】

12月10至13日，广西民族博物馆派出了两名讲解员参加了由中国博物馆学会主办的“帅府杯”庆祝中华人民共和国成立60周年全国文化遗产保护宣传讲解大赛。该馆2名参赛选手梁燕理、赵媛媛从28个参赛省市的近200名选手中脱颖而出，分获中文组三等奖、英文组三等奖。

【参加“我邀明月颂中华”诗歌配乐朗诵比赛获奖】 9月28日，广西民族博物馆派出柏美玉、倖子钧两名选手参加了由自治区党委宣传部、自治区文化厅主办的“我邀明月颂中华”——经典爱国诗词配乐朗诵大赛。两位选手以一首苏轼的《明月几时有》获一等奖。

【参加“爱国歌曲大家唱”获奖】 9月3至4日，广西壮族自治区文化厅举办区直文化系统“爱国歌曲大家唱”活动。经过初赛和决赛的角逐，广西民族博物馆代表队凭借出色的发挥，赢得比赛一等奖。

【参加“我与祖国共奋进”演讲比赛获奖】 12月30日下午，自治区文化厅举办了《我与祖国共奋进——为应对金融危机献计献策》主题演讲比赛。广西民族博物馆派出3名选手参赛，其中梁燕理获一等奖、黄诗莉获二等奖，黄晓文获优秀奖。

【“博物馆藏品与人力资源交流共享与共谋发展”国际研讨会】 4月30日，广西民族博物馆组织召开了“博物馆藏品与人力资源交流共享与共谋发展”国际研讨会。此次会议有东盟及日韩共11个国家级博物馆馆长或相关负责人16人与会，国内各省各大城市博物馆馆长或副馆长30多人与会。会议共收到论文20篇(东盟与日韩11篇),19人就会议主题发言。各馆负责人介绍了博物馆的藏品资源与人力资源及对外交流的情况,说明当今世界形势下博物馆资源共享的重要性,表示了各博物馆之间交流合作的强烈愿望。此次会议取得了极大的成功,进一步加强了广西民族博物馆与东盟、日韩以及国内各个博物馆的交流与合作。

【《守望家园—广西民族博物馆与广西民族生态博物馆“1+10工程”建设文集》出版】 该文集于4月由广西民族出版社出版,覃溥主编。全书共计41万字,分为生态博物馆研究和博物馆与民族文化研究两个部分。其中生态博物馆研究部分系广西民族博物馆承担国家文物局文物保护科学和技术研究课题——“广西民族生态博物馆模式与可持续发展研究”的成果,内容包括广西民族生态博物馆建设与发展模式、生态博物馆社区内民族文化的传承与发展、生态博物馆建设与发展民族文化旅游的关系、广西民族生态博物馆的管理与运营方式的研究等。博物馆与民族文化研究部分的论文内容涵括了文物保护、博物馆学和民族文化等方面。

【灵川长岗岭商道古村生态博物馆竣工开馆】 5月27日,灵川长岗岭商道古村生态博物馆竣工开放仪式在灵川县灵田乡举行。自治区文化厅副厅长陈映红、灵川县委书记余秋平、自治区文物局局长覃溥和桂林市文化局副局长刘洪伟共同为该馆揭牌。长岗岭商道古村生态博物馆是“广西民族生态博物馆建设1+10工程”项目之一,也是我区首家建在全国重点文物保护单位中的生态博物馆。位于灵川县灵田乡东北约10千米的长岗岭村是一座古村落,历史文化积淀丰厚。2005年,灵川县正式启动建设长岗岭商道古村生态博物馆,经过3年多的建设如期完工。长岗岭商道古村生态博物馆的信息中心占地300多平方米,馆舍建筑面积600多平方米,总投资149万元,收集了反映当地汉族400余年来的社会生活、生产、服饰、习俗、商贸活动等600余件文物和200余张图片。该馆将遵循“文化保护在原地”的理念,通过“居民参与”的方式,在发展中保护民族文化。

【东兴京族博物馆暨东兴京族生态博物馆竣工开放】 7月29日,东兴京族博物馆暨东兴京族生态博物馆竣工开放仪式在东兴市江平镇氵万尾京岛风景名胜区举行,自治区文联主席潘琦、自治区文化厅副厅长陈映红以及防城港市领导共同为东兴京族博物馆暨东兴京族生态博物馆揭牌。东兴京族博物馆暨东兴京族生态博物馆是国家扶持人口较少民族发展项目,也是广西民族生态博物馆“1+10工程”的重要组成部分。为充分发挥传统博物馆与生态博物馆的各自优势,整合京族文化资源,结合东兴的实际情况,京族博物馆与京族生态博物馆合二为一进行建设,京族生态博物馆以京族博物馆为依托,以京族聚居地氵万尾、巫头、山心为保护范围,将自然生态与民族传统文化相结合,实行整体保护和动态保护。2007年编制完成项目建设详细规划书,2008年4月启动博物馆的建设,博物馆占地26亩,建筑面积3000平方米,设有展厅、文物库房、信息资料中心、研究中心、小型会议室和办公室等,馆内常设基本陈列《大海是故乡——广西东兴京族文化展》,展览从居住环境、服饰文化、生产劳动、音乐艺术、传统节日和民间信仰等方面,通过实物、场景、图片、音像来全方位展现京族古朴而浓郁的文化。

【融水安太苗族生态博物馆竣工开放】 12月26日,融水安太苗族生态博物馆竣工开馆仪式在融水苗族自治县安太乡小桑屯举行,自治区文化厅副厅长兼文物局局长覃溥出席融水安太苗族生态博物馆的开馆活动。融水安太苗族生态博物馆于2005正式纳入“十一五”期间广西民族生态博物馆“1＋10”工程的规划中，同年7月开始进行选点考察，2008年编制完成项目建设详细规划书。保护范围包括小桑、培秀、元宝、江竹等苗族聚居的村屯。该项目于2009年1月启动信息资料与展示中心的建设，信息资料与展示中心占地面积1600平方米，建筑面积594平方米，包括3栋品字型按照当地建筑风格和建筑方法建造起来的苗族传统木结构吊脚楼，设有展厅、文物库房、办公室、信息资料室和接待室等。展厅设主题陈列《广西融水苗族民俗文化展》，分“生产生活”、“多彩服饰”、“芦笙坡会”、“民间工艺”、“信仰习俗”、“苗族婚礼”等展示内容，展出苗族文物250余件（套）、图片170余幅，全面地展现了苗族的文化底蕴和独特魅力。

【广西民族生态博物馆工作会议】 9月9日，广西民族生态博物馆工作会议在南宁召开。文化厅副厅长兼广西文物局局长、广西民族博物馆馆长覃溥同志，自治区文化厅文物处副处长吴兵同志，广西民族文化艺术研究院院长廖明君同志以及10个县市分管生态博物馆工作的文化局局长、书记，广西民族博物馆从事民族生态博物馆研究的工作人员参加了会议。会议由文化厅文物处吴兵副处长主持。会上，南丹、三江、靖西、贺州、那坡、灵川、东兴、金秀、融水、龙胜等先后建设民族生态博物馆的县（市）文化（体）局、博物馆的相关负责人汇报了各自生态博物馆的建设情况。已建成信息资料中心并全面开展保护工作的南丹、三江、靖西、贺州四个县市，主要汇报了生态博物馆保护区的建设、民族文化保护工作的开展和参观接待等工作和下一步工作计划；刚建成信息资料中心并开始开展保护工作的那坡、灵川、东兴三个县市，主要汇报了信息资料中心的后续建设、生态博物馆保护区的建设和民族文化保护工作的开展等工作和下一步工作计划；正在建设当中的金秀、融水、龙胜三个县，主要汇报了信息资料中心的建设情况。各县市汇报后，广西民族博物馆事业研究发展部农学坚主任、广西民族博物馆莫志东副馆长相继发言，对“广西民族生态博物馆建设1＋10工程”进行了总结并提出了宝贵意见。最后，覃溥副厅长对广西民族生态博物馆的建设提出了具体要求。

【人员招聘】 经自治区编办、自治区人事厅批准，广西民族博物馆在自治区文化厅人教处、驻文化厅纪检监察室的指导监督下，开展了2009年公开招聘工作，此次招聘工作申请使用编制15个，顺利面向社会公开招聘13人，调入引进人员1人，其中5人为研究生，8人为本科生，调入1人为中级职称。

【军民共建】 为共建和谐邻里关系，增进军民鱼水情，本年度广西民族博物馆与75707通讯部队共同签订了《军民共建协议》，开展了多次拥军爱民联谊活动，军民关系稳步发展，为共同推进和谐社会发展提供了有利平台。

广西文物考古研究所

【概况】 广西文物考古研究所前身是1974年成立的广西壮族自治区文物工作队。2006年3月更名为广西文物考古研究所，现由广西博物馆代管而又是具有相对独立管理体制的财政拨款事业单位，承担全区文物调查、考古勘探、考古发掘、科学研究和文物保护工程设计、施工任务。内设办公室、史前考古研究室、历史时期考古研究室、文物保护工程研究室等4个部门。现有干部职工32人，其中在编人员19人，聘用13人。在编的研究馆员有8人，副研究馆员4人，馆员4人，助理馆员3人。年内，完成文物调查20项，考古勘探12项，考古发掘4项，文物保护工程勘察设计15项，施工15项。

【发掘资料整理】 为加强考古资料整理，逐步解决历年考古资料积压较重问题是我们近年的工作重点之一。年内我所努力克服人手少、缺少整理场地等困难，采取租借整理场地、返聘退休老同志、改善考古人员野外工作待遇、与有关科研院所合作等办法，统筹安排，在繁忙的田野工作中见缝插针指定专人负责，努力开展发掘资料整理工作。继续整理积压多年的南北二级公路合浦文昌塔段汉墓，请退休老同志整理他们在职期间经手发掘但已积压多年的广西岩洞葬调查、武鸣马头先秦墓群发掘资料整理等。同时近年发掘的邕宁顶狮山、百色革新桥、都安北大岭遗址、百色百达遗址、田阳那赖遗址、百色大梅遗址等7个项目发掘资料的整理也已全面展开，未来1—3年内将得以陆续出版。资料积压问题得到一定程度的缓解，我们期望3—5年内基本解决发掘资料的积压问题。

【贵港绿洲小区B地块用地范围古墓发掘】 为了配合贵港绿洲小区B地块用地的建设，广西文物考古研究所派出专业技术人员于2009年9月8日至2009年9月30日对贵港绿洲小区B地块用地范围所涉及古墓葬进行发掘。此次发掘共清理墓葬4座，除一座为砖室墓外，其余3座均为土坑墓，时代均为汉代。全长为11.75米的砖室墓由东西侧室、横前堂、甬道、封门、墓道六部分构成。虽然该墓屡遭盗扰，但出土的器物依然丰富、共出土器物58件套，类别有陶、铜、铁、玉石等，器类不仅有鼎、罐、壶、篚一类实用器皿，还有井、仓、灶等模型明器。在一些器物内还发现一些实物及香料；3座土坑墓中有两座为同坟异穴竖土坑合葬墓，出土的文物有井、仓等模型明器，该墓还出土了铜弩、铜箭镞等兵器，从出土器物判断，这两座墓应为夫妻合葬墓。另外一座土坑墓出土的器物较为丰富，除了出土模型明器外，还有鼎、盒、壶一类的礼器。此次发掘为研究两汉时期器物形态的发展演变、岭南地区青瓷器的发展历程提供了很好的资料。

【合浦中站寮尾古墓葬】 位于合浦县廉州镇中站村，南宁至北海二级公路从中穿过，是国家重点文物保护单位——合浦汉墓群的边缘部分。2008年9月至2009年8月，因合浦工业园的建设在公路东侧的寮尾村民小组发掘古墓32座。墓葬均为砖室墓，多合葬，形制丰富，有带单或双侧室墓、直列式双墓道合葬墓、穹窿顶合券顶砖室墓、横直券顶合穹窿顶砖室墓、横直券顶砖室墓、砖木合构墓、双穹窿顶砖室墓等类型。墓葬都已在历史上被盗掘，有的被盗多次，所余随葬品不多且破碎严重，有陶瓷器、铜器、铁器、滑石器、琉璃玛瑙串饰等，共约500件。从形制和随葬品初步判断，墓葬的年代从东汉晚沿至三国时期。

【贺州凤凰岭古墓群考古发掘】 墓群位于贺州市贺街镇西塘村背后的凤凰岭上，西距临贺故城约5千米。因贵阳至广州快速铁路工程建设，3月至5月对贺街制梁场及货运站用地范围进行考古发掘，共发掘墓葬51座，类别有土坑墓、砖室墓及石室墓三种，初步判断时代分属于东汉晚期至三国、南朝及明清三个时期。东汉晚期至三国墓共21座，均为竖穴土坑墓，形制有长方形和“凸”字形两种，其中长方形墓葬11座，均为窄长条形，长宽比多大于4∶1，个别墓葬达5∶1，“凸”字形10

座，除4座规模稍大外（墓室长度一般在5米左右，宽度不足三米），其余6座规模均较小（墓室长宽比一般在3∶1，个别墓葬达4∶1），墓道均较窄较短，随葬品基本组合为罐、釜、铁刀、纺轮。这批墓葬是广西东汉晚期至三国土坑墓一次最集中的发现，对我们研究汉代土坑墓发展及延续使用时间提供了重要的实物参考。另外，在这些土坑墓中，特别是长方形竖穴土坑墓，其长宽比多大于4∶1，少数甚至达到或超过5∶1，这种情况与广西战国时期土著越人墓十分相似，对我们了解这批墓葬的族属及汉越文化的交流融合有着极为重要的意义。南朝墓共25座，包括砖室墓22座、土坑墓2座、石室墓1座。除5座小砖室墓无墓道外，其余墓葬均有短甬道及墓道，且规模稍大，墓葬大部分破坏较严重，多数墓葬四壁及铺地砖都被取走，很少有随葬品出土。另外，南朝墓中发现5座小型砖室墓，其墓室内宽均在20～30厘米左右，有两座为合葬墓，两个墓室并列相连，浑然一体，显然为一次性构筑而成，推测这类墓葬属于二次葬。明清墓葬共5座，其中明代墓4座、清代墓1座，均为竖穴土坑墓。规模较小，一般仅在两侧放置粮坛。

【配合基本建设考古工作】 受自治区文化厅委托，年内进行了大量配合公路、铁路、水电和其他工程建设部门的基本建设项目考古工作，做好考古调查、发掘和抢救保护工作。完成了广西沿海铁路南宁至钦州北、钦州至北海、钦州至防城港、玉林至铁山港铁路、广西沿海铁路黎塘至钦州、湘桂铁路、百色至靖西高速公路、灌阳（永安关）至全州（凤凰）高速公路、六景至钦州港高速公路、三江至柳州高速公路、岑溪至水汶高速公路、河池至都安高速公路、南宁市外环公路、六寨至河池高速公路、河池至宜山高速公路、广西方元电力鹿寨热电联产项目工程建设、长洲水利枢纽三线四线船闸工程建设选址、华能百色电厂、钦州电厂厂址、广西嘉亿纸业有限公司工程建设等20个基本建设项目的文物调查。完成了新建贵阳至广州铁路贺州寿峰古墓群、合浦精神医院规划用地、合浦工业大道建设用地、防城核电、华能百色电厂工程选址、宜州至河池高速公路、六寨至河池高速公路、广西嘉亿纸业有限公司工程建设用地、广西冠桂糖业、玉林至铁山港高速公路、贵港绿洲小区B地块建设涉及古墓葬考古勘探、新建贵阳至广州铁路桂林分指挥部建设用地等12个建设项目的考古勘探，勘探面积1293368.1平方米。完成了“镰晖苑”工程建设用地范围内古墓、玉林至铁山港高速公路用地、新建贵阳至广州铁路贺州寿峰古墓群、贵港绿洲小区B地块建设用地涉及古墓葬等4个建设项目83座古墓葬进行抢救性发掘，发掘面积3460平方米，抢救了一批珍贵文物，发现一批重要的遗迹，为考古科学研究提供了新线索、新依据。

【科研课题的主动考古发掘】 为开展海上丝绸之路——合浦港的研究，同时结合厦门大学学生考古实习，经国家文物局批准，2007～2009年我所对位于合浦县城西南郊的草鞋村遗址进行了两次主动发掘。发掘和清理的面积达2000多平方米，清理出包括窑、水井、沟、工作坑、灶坑、房址等较为完整的遗迹70多处。地层堆积统一划分为7层：①层为表土；②～③层为近现代扰乱层；④层土色灰，质疏松，夹较多红砖块，出土陶瓷器以红砖、陶碗、钵为主；⑤层可分为A、B、C三小层，土色灰红、灰黄或灰白，包含物主要为筒、板瓦、瓦当，也有网坠、纺轮、陶罐、陶盆等；⑥层为红土，仅分布于1区，包含物不多，见少量板瓦片和陶片。⑦层为灰褐色土，见少量几何印纹硬陶和夹砂陶。出土遗物的年代从西汉中期一直到明代，由于窑址的地层破坏扰乱

严重，地层与大部分窑床的对应关系尚不明晰，需进一步的发掘和研究。

【文物保护维修】 经国家文物局、自治区文化厅批准立项，年内国家、自治区和地方投入资金，对广西农民运动讲习所旧址、广西连城要塞遗址、广西忻城莫土司衙署官邸、广西忻城莫土司大夫第、广西忻城莫土司衙署官邸后苑、东兰县列宁岩、南宁市昆仑关古关楼、古驿道等8处全国重点保护保单抢险加固，对东兰县韦拔群烈士故居、特牙庙、田东县八仙山摩崖造像、横县伏波庙、武宣县文庙、柳州市东门楼东段城墙、东兰劳动小学旧址、南宁市新会书院、灵川县海阳庙明心寺后殿等9处自治区文物保护单位和来宾市文辉塔、南宁商会旧址、玉林市文庙大成殿、宾阳县陈良佐旧居、灵川县明镇南门抢险、灵川县湖南会馆、南宁市商会旧址、广西土改工作团第二团团部旧址、武鸣县陆荣廷墓等9处市县级文物保护单位进行了保护维修。

【交流合作研究】 2月28日—3月10日，应越南、老挝两国的邀请，我所派出2名考古专家赴越南、老挝参加为期12天的考古交流合作会议。越南国家历史博物馆、老挝国家博物馆、广西壮族自治区博物馆的领导出席了洽谈会，三方共同探讨了史前文化的关系和三国之间的文化交流及区域合作。会议期间，参观考察了越南、老挝的史前文化遗址、考古发掘工地并签署了《中国、越南、老挝合作发掘意向书》。三方的合作时间从2009年至2012年，计划2010年共同发掘老挝的ThamHuaPhu遗址，三方各派2名考古专家组成发掘队伍共同完成此次的考古发掘工作，发掘成果争取出版专刊并拟在北京举行新闻发布会，中方邀请越南、老挝有关人员出席会议。具体合作意向经三方共同细商后再签署协议。

广西民族文化艺术研究院

【概况】 广西民族文化艺术研究院成立于2001年，直属广西壮族自治区文化厅，是广西唯一专事民族文化艺术考察研究与非物质文化遗产保护的自治区级科研机构，其前身是广西省戏曲改进委员会(1951年)和广西艺术研究所(1985年)。工作职能：围绕文化行政部门的中心工作，为建立有中国特色社会主义文化艺术科学的学科体系，开展民族文化艺术科学基础理论研究；积极参与民族文化艺术实践，研究民族文化艺术生产与管理规律、建设发展战略；收集、整理、保护、研究以及开发利用民族民间文化艺术资源，建立并完善民族文化艺术档案管理及信息咨询服务系统；开展对外文化艺术交流与传播，研究、借鉴世界各国优秀文化艺术成果。该院人员编制38人，现有人数69人(在职29人、离休人员7人、退休人员33人)，其中博士研究生1人，硕士研究生6人，具有高级专业技术人员职务资格34人，中级专业技术人员职务资格15人，享受国务院特殊津贴4人，文化部优秀专家1人，广西优秀专家2人。设有“民族文化研究中心”、“民族艺术研究中心”、“民族艺术杂志社”、“歌海杂志社”、“信息资料中心”、“艺术教育中心”、“离退休干部管理中心”、“行政办公室”，建有“广西民族文化网”，并创办有南宁创艺艺术职业学校。主办有《民族艺术》杂志、《歌海》杂志、《广西非物质文化遗产》杂志。年内承担各级各类课题13

项，出版学术专著4部，发表论文40篇，集体获奖6项，个人获奖15项。

【民族艺术】 季刊，16开本，128页。国内外公开发行，国际标准连续出版物号ISSN1003—2568，国内统一连续出版物号CN45—1052/J，邮发代号：48—58。创刊于1986年，由广西民族文化艺术研究院主办、中国艺术人类学学会及广西非物质文化遗产研究中心联办，主编廖明君。开设非物质文化遗产保护、学术访谈、文化研究、艺术探索、神话与图像、艺术考古、艺术·民族·文化等栏目，致力展示中华民族民间艺术文化研究的学术性期刊，具有鲜明的学术个性、开阔的学术视野和较高的学术品位，受到国内外学术界的高度评价，被评为全国中文核心期刊(是全国综合性艺术类三份期刊之一)、中文社会科学引文索引来源期刊、中国人文社会科学核心期刊、RCCSE中国核心学术期刊、中文社会科学引文索引来源期刊(CSSCI)，被国内外诸多权威学术机构收藏(北京大学、中国社会科学院、台湾汉学中心、美国哈佛大学等)。2009年被评为广西社科优秀期刊和优秀期刊装帧设计奖。

【歌海】 双月刊，16开本，128页。国内外公开发行，国际标准连续出版物号ISSN1007—4910，国内统一连续出版物号CN45—1228/J，邮发代号：48—88，系CNKI系列数据库来源期刊、书生数字期刊网来源期刊、中国精品文艺作品文献库来源期刊、中国学术期刊网络出版总库来源期刊、中文科技期刊数据库(全文版)来源期刊，主编廖明君。是一份以民族民间音乐考察研究为主要对象，融学术性、艺术性、民族性为一体的专业刊物。年内该刊物办刊取得了自治区文化厅的大力支持，解决了部分办刊经费，同时，年内特聘3位特邀编辑加强了编辑部的编校力量，在原基础上不断探索新的办刊思路，提高刊物质量，开源节流，取得了显著的工作成效。扬长避短，独具匠心，刊物原有风格仍保持广西"歌海之乡"的地域特色，重点推新作，育新人，出精品。在栏目设置上，除了继续打造原有的"歌海新歌"、"艺术探索"、"艺术教育"、"文化研究"等主打栏目外，还加大了学术含量，开辟了"特稿"、"戏剧研究"、"民族民间音乐研究"、"文化视野"等栏目。在内容上，"特稿"栏目，刊登由专家学者撰写的较有影响的文章；配合广西文化厅、广西文联、广西电视台共同举办的第五届广西音乐舞蹈比赛的工作，刊登"广西第五届广西音乐舞蹈比赛声乐获奖作品"，发表20余首获奖作品。开辟第七届广西剧展剧评栏目，刊登7篇评论文章。极力推进广西文化事业的繁荣和发展，打造广西气派的音乐舞蹈精品，提高广西本土歌曲的创作水平。

【广西非物质文化遗产】 内部资料性刊物，双月刊。创刊于2006年，由广西文化厅主管，广西非物质文化遗产保护中心、广西民族文化艺术研究院和广西非物质文化遗产研究中心主办，主编陈映红。传达上级领导部门关于非物质文化遗产保护工作的方针政策；宣传非物质文化遗产保护工作的重大意义；通报全区非物质文化遗产保护工作情况；指导全区的非物质文化遗产保护工作。主要栏目有高层动态、地方经纬、学术视野、五彩八桂、八面来风、特别报道、图说非物质文化遗产等。

【"桂西北作家群的文化诗学研究"课题项目】

广西哲学社会科学"十一五"规划2008年度青年项目。项目编号：08CZW002。成果形态：专著。项目负责人：黎学锐。研究内容及成效："桂西北作家群"作为广西文学创作队伍的主力部队，近年来在小说、诗歌、散文等方面均取得了突破性成就，撑起了广西文学欣欣向荣的局面。"文化诗学"是一种新的批

评方法论，通过对文学文本和文学现象的解析，提倡深度的精神文化，提倡人文关怀，提倡诗意追求，体现出一种新的历史观，具有整体视野性和文化研究性。课题以“文化诗学”为理论依据，努力从文化的视野、诗学的角度去追寻“桂西北作家群”崛起的背后所隐藏着的历史文化语境，进而探析文学文本与文化语境之间的相互关联相互塑造，既从文化层面又从文学角度去挖掘把握“桂西北作家群”的形成原因、发展态势、风格特征及可能走向等。本课题将“桂西北作家群”置入到“文化诗学”的语境中来进行考察研究，可以更好地把握该作家群崛起背后所隐藏的文化底蕴等深层次因素，这不仅对研究当代广西文学的发展与走向有着重要的现实意义，而且对当下中国的地域文学研究以及少数民族文学研究同样具有普泛价值与借鉴意义。

【“学校教育与非物质文化遗产保护——以广西少数民族歌手学习班为例”课题项目】 广西哲学社会科学“十一五”规划2008年度青年项目。项目编号：08CMZ003。成果形态：论文集。项目负责人：杨丹妮。项目以广西少数民族歌手班创办经历的命运变迁以及取得的经验教训作为一种文化现象的个案，总结学校教育与非物质文化遗产保护相结合的传承模式在整合资源、部门协调、效果作用以及面临的突出问题，启发人们对跨模式传承导致的文化根性位移后民歌传承态势和可能存在的潜在误区进行广泛和深入的思考，将对非物质文化遗产尤其是对民间音乐的传承与保护提供有理论实践意义的决策依据。

【“宗教生态与民族地区和谐社会的构建——以桂西多元宗教为例”课题项目】 广西哲学社会科学“十一五”规划2008年度青年项目。项目编号：08CZJ001。成果形态：论文集。项目负责人：许晓明。该课题以“宗教生态”理论为依据，以少数民族聚居的桂西隆林多民族多宗教地区和德保县单一民族地区的两种民族地区典型的宗教生态系统为考察对象，通过历时性与共时性研究论证宗教生态与民族地区和谐社会构建的关系。课题运用跨学科的理论与研究方法，结合人类学田野考察、社会学的统计量化分析、史学纵向反思的方法，在宗教学基础理论上，从桂西多元宗教的田野志与文献资料入手，形成系列研究论文的调查报告，展现桂西多元宗教生态历史与现状及与社会和谐之间的关系，以解析现实民族宗教问题。

【《广西北部湾经济区文化发展研究》出版】 余益中、刘士林、廖明君主编。广西人民出版社出版，出版日期：3月。韩德明、许彰明、杨丹妮、许晓明、黄怡鹏、黎学锐、史晖、黄羽参与编撰。上篇为《广西北部湾经济区文化发展报告》，主要从城市群、文化城市理论和前景规划角度来构建广西北部湾经济区文化发展的整体框架，下篇为《广西北部湾经济区文化资源报告》，主要对广西北部湾经济区以南亚热带边海风光为代表的自然遗产资源、以海上丝绸之路为代表的物质文化遗产资源、以京族哈节为代表的非物质文化遗产资源和以中国—东盟博览会为代表的都市文化资源进行全面的盘点。通过文化发展的创新性思考和文化资源的系统性展示，为广西北部湾经济区文化发展提供学术支撑和智力支持。

【《壮族始祖——创世之神布洛陀》出版】 廖明君著。广西人民出版社出版，出版日期：9月。《壮族始祖——创世之神布洛陀》以壮族始祖布洛陀为研究对象，由“一方水土一方神”、“开天辟地的创世之神”、“人与自然的智慧之神”、“人与人的至善之神”和“万古传扬创世歌”五章构成。在全面、深入考察，充分掌握各种资料的基础上，充分运用民族学、人类学、神话学和宗教学等学科的理论、方法和视角，对布洛陀文化进行全面、深入和多维的研究，揭示了布洛陀文化的起源、主要内涵和历史变迁，阐述了布洛陀文化的重要价值、独特功能及其现实意义。认为布洛陀文化现象产生的自然时空就是具有亚热带特征的大河(珠江)流域地理环境，布洛陀文化产生的人文背景，则是历史悠久的以“那”文化为特征的稻作文明。壮族始祖布洛陀在宇宙起源、开天辟地、人类起源等方面具有神奇伟大的力量，为壮民族的诞生、生存与发展作出了独特的贡献。始祖布洛陀通过其所具有的超人智慧，帮助壮族先民与树、花、水稻、狗、鸟、牛、蚂拐等自然万物发生了种种联系，进而形成了人与自然的文化循环。在此基础上，始祖布洛陀在人与人的关系上，通过协调处理好父子、母女、兄弟、婆媳等之间的矛盾，强调敬老护幼，坚持赏善罚恶，主张和谐有序，从而使壮族社会得以稳定、和谐、发展。总之，布洛陀创造了宇宙天地、人类生命、自然万物，制定了道德伦理、文化习俗，是壮民族的人文始祖。文字简洁生动，图片精美传神，具有较高的理论意义和学术价值。

【《多维视野中的文化对话——中青年学者访谈录》(上)出版】 廖明君访谈。民族出版社出版。出版时间：7月。本书收集了廖明君研究员就文化研究的诸多议题与国内多位中青年学者的学术访谈，包括《口传史诗的误读》、《中国简帛学：走向世界的民族之学》、《现代社会中的乡土知识与民间智慧》、《取用新材料，研究新问题》、《禁忌与文学、法律及其它》、《源于田野的文化思考》、《民俗学的当下关怀》、《〈山海经〉与上古学术传统》、《田野研究的“五个在场”》、《中国文化精神的本体论阐释》、《朝向神话研究的新视点》、《人与自然的文化对话》、《在江南探寻中国民族的诗性精神》、《从妙峰山看中国》、《〈山海经〉与中国古代学术体系》、《传统节日与非物质文化遗产保护》、《非物质文化遗产保护的日本经验》、《迎接神话学的范式变革》、《中国都市化进程的理性观察与人文关切》等19篇。

【《多维视野中的艺术对话——中青年学者访谈录》(下)出版】 廖明君访谈。民族出版社出版。出版时间：7月。本书收集了廖明君研究员就艺术研究的诸多议题与国内多位中青年学者的学术访谈，包括《走向田野的艺术研究》、《性别文化学视野中的东方戏曲研究》、《“本体性否定”与艺术批评》、《重视“中国经验”》、《音乐与文化的关系何在》、《民间戏剧、戏剧文化的研究及意义》、《艺术学的元理论思考与学科建设》、《史前文化艺术研究跨学科跨文化视野》、《沉醉于民俗艺术的园田》、《中华戏剧与宗教文化》、《汉画像与中国传统审美观念的探讨》、《宗教、民俗与戏剧形态研究》、《既显笙歌弦韵　更见文化精神》、《宗教美术的宗教行为性质思考》、《戏剧的发生、形成与传播》、《从中西戏剧的发生看文化的时代性与民族性》、《音乐研究的新视野》、《艺术民俗学研究：将乡民艺术“还鱼于水”》、《中国南方早期佛教艺术》、《大地飞歌：民族审美经验的研究方法及其理论意义》、《图像与观念：艺术考古前沿问题研究》、《“巫乐”研究的新探索》、《传统音乐与非物质文化遗产保护》等23篇。

【《中国曲艺志·广西卷》出版】 12月由中国ISBN中心出版。主编顾建国。1987年11月广西文化厅在长沙与中国曲艺志总部签订编纂议定书，并在广西艺术研究所设立编辑部。20年来历届编辑部成员及广大基层工作人员对广西各民族各地区的曲艺进行了大量的普查、收集、整理工作，通过多次编纂会议对曲种进行甄别鉴定。志书由综述、图表、志略、传记组成。其中志略含曲种、曲(书)目、音乐、表演、机构、演出场所、演出习俗、文物、报刊专著、轶闻传说、谚语术语、其他等。志书

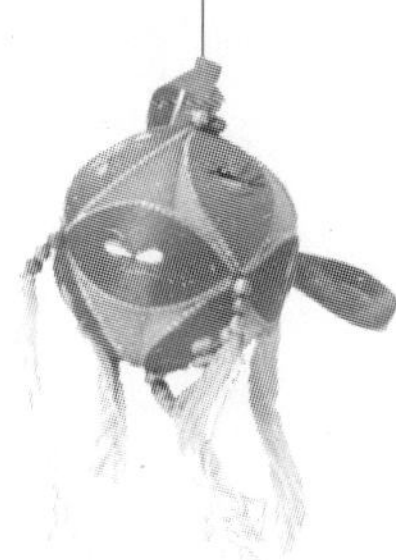

严格按照编纂体例要求，较客观、全面地记述广西曲艺艺术的历史和现状以及发展与艺术特征。记述下限至1985年。

【《广西特色文化发展研究》编撰】 广西自治区重大招标项目。由广西师范学院和广西民族文化艺术研究院共同组成课题组。广西民族文化艺术研究院项目参与人：廖明君、韩德明、史晖、黄怡鹏、许晓明、杨丹妮、黎学锐、黄羽。项目分上下两篇，上篇是广西特色文化发展报告，主要从广西特色文化的内涵、特征、类型及作用；广西特色文化的发展成就与典型分析；广西特色文化发展中的主要问题及原因分析；国内外特色文化发展经验对广西的启示；广西特色文化发展的总体思路；推进广西特色文化发展的对策建议；关于加快广西特色文化建设的若干意见七个方面阐述了广西特色文化发展的总体情况。下篇是广西特色文化资源报告，主要从独具特色的生态文化资源、源远流长的历史文化资源、丰富多彩的民族文化资源、影响深远的红色文化资源等方面来展示类型多样、内涵深厚的广西特色文化资源。

【《广西民族戏剧发展史》编撰】 年内4月，《广西民族戏剧发展史》编撰工作正式启动。项目负责人：廖明君。项目参与人：韩德明、谭玲玲、李劲草、黄怡鹏、史晖、许晓明、黎学锐、杨丹妮、黄羽。第一部分主要是从人文环境、生成规律、基本特征和传承与发展四个方面对广西民族戏剧进行概述。第二部分从形成历史与发展现状，剧团、演员和代表剧目，舞台艺术，审美特征和演出习俗等四个方面对壮族戏剧、汉族戏剧以及其他民族戏剧的发展史逐一进行梳理与研究。

【《中国地域文化通览·广西卷》编撰】 经国务院领导同志批准立项、由中央文史研究馆牵头，广西文史研究馆承担该省区卷的编撰任务。廖明君研究员参加该项目的编撰工作。该项目充分体现广西地域文化的亮点、重点和特点，而且要做到准确、生动、鲜明，多方位展示作者的创新意识和创新成果，达到涵盖性、学术性、可读性兼备，把这套丛书打造成立意高远、内容殷实、史论结合、特色鲜明的“传世精品”。

【《广西文艺六十年》编撰】 4月10日，“广西文艺60年”研究工作正式启动。此次活动由广西文联主办，广西文艺理论家协会承办，广西作家协会、广西戏剧家协会、广西音乐家协会、广西美术家协会、广西曲艺家协会、广西舞蹈家协会、广西民间文艺家协会、广西摄影家协会、广西书法家协会、广西杂技家协会、广西电影家协会、广西电视家协会、《广西文学》、《南方文坛》、《美术界》协办。全面回顾和总结60年来广西文艺的发展历程、辉煌成就和宝贵经验，思考和探讨今后一个时期广西文艺的发展战略和重要举措，进一步推动广西文艺事业大繁荣大发展。韩德明副研究员、彭梅玉研究馆员参加舞蹈、戏剧等分论部分的编撰工作。

【“企业文化服务——平果铝业行”主题实践活动】 4月16日，按照区直机关工委关于基层党组织开展组织活动创新活动以及开展“党组织服务年”的要求，在文化厅机关党委统一组织和领导下，组织党员干部到中国铝业广西分公司开展“企业文化服务——平果铝业行”主题实践活动。主要负责广场文化活动，发放企业文化调查问卷100份，举行民族文化摄影展，展出摄影师梁汉昌多年积累的广西世居民族风情摄影作品60多幅，参与观众3000人次。此活动既宣传和展示了丰富多彩的民族文化，同时也为树立良好的企业文化作出贡献。

【“铜鼓习俗”申报联合国人类非物质文化遗产代表作】 年内承担“铜鼓习俗”申报联合国人类非物质文化遗产代表作的申报工作，

主要负责申报文本、专题片解说词的编撰，提交照片、影像、录音资料和相关机构和传承人授权书的中英文互译文本，指导视频资料片的摄制及翻译等工作。

【广西非物质文化遗产研究中心揭牌】 1月4日，广西民族大学和广西文化厅在广西民族大学科技楼报告厅联合举行“广西非物质文化遗产研究中心”揭牌仪式。当日还举办了“壮族马骨胡专场音乐会”，特邀请广西德保壮族民间音乐家黄广扩一行作专场演出。广西非物质文化遗产研究中心是根据《广西壮族自治区人民政府关于加强我区非物质文化遗产保护工作的意见》的文件精神，经广西教育厅核准，由广西文化厅与广西民族大学合作共建、广西民族大学文学院与广西民族文化艺术研究院承建的学术机构，已被广西壮族自治区人民政府批准为人文社会科学研究重点基地。该研究中心设有“非物质文化遗产考察研究与保护对策”、“民族艺术与非物质文化遗产研究”、“非物质文化遗产与文化产业发展研究”、“中国—东盟非物质文化遗产比较研究”四个研究方向。围绕非物质文化遗产的重大理论和实践问题，组织相关单位机构的专家学者共同开展有关非物质文化遗产的认定、保存、传播、保护和利用等领域的研究，突出民族性和国际性。研究中心将为少数民族非物质文化遗产保护工作的可持续开展提供有力的学术支撑和智力支持，推动民族地区文化和社会的发展，促进中国—东盟文化交流与合作。

【广西民族文化网开通】 6月13日，由广西民族文化艺术研究院和广西图书馆合作共建的广西民族文化网在广西图书馆一楼大厅正式开通。在“广西民族文化网”的开通仪式上，广西文化厅陈映红副厅长、广西图书馆张金根书记、广西民族文化艺术研究院廖明君院长同时敲击了网站的进入键。广西民族文化网创办于2007年10月。域名名称gxeculture.com。设置资讯快递、文化纵览、薪火相传、媒介传真、学界视野、影像记忆、数据库等栏目。为更好的配合广西非物质文化遗产保护工作的展开，“广西民族文化网”年内申请更名为“广西非物质文化遗产网”，正式成为广西非物质文化遗产保护工作的专业网站。

【八桂文化学术沙龙】 创建于2007年8月10日。开设八桂文化学术沙龙QQ群。以面向区内外，促进学术交流为宗旨，坚持学术性、开放性、民间性原则。每期设定一议题，先由议题主讲人陈述个人学术观点，后由参与人员即兴讨论，吸引了院内外科研人员的积极参与，氛围活跃，为科研人员提供了学术交流、信息共享的平台，为年轻科研人员的成长起到了很好的促进作用。年内，八桂文化学术沙龙除了邀请社会各界人士参与议题讨论，还将八桂文化学术沙龙作为每周一次的固定业务工作内容，着力围绕舞台艺术研究、非物质文化遗产保护研究和文化产业研究等方面的问题进行探讨、交流。讨论议题有“少数民族、游勇会堂与天主教——清末民国年间桂越边境山区教会研究”、“泰语对壮语的意义”、京剧《御赐玉棋》、歌舞剧《碧海丝路》、壮族歌剧《壮锦》、桂剧《欧阳予倩、》现代舞《三生有舞》以及第七届广西剧展大型剧目展演的观摩、研讨。通过开展八桂文化学术沙龙活动，研究人员拓展了学术视野，增进了学术交流，业务能力得到一定的培养。

【2009中国—东盟京剧艺术发展与传播研讨会】 10月10日—11日，由广西京剧团和广西民族文化艺术研究院合作组织策划的“2009中国—东盟京剧艺术发展与传播研讨会”在“第二届中国—东盟京剧爱好者演唱会”期间举行。国内的专家学者与泰国、新加坡、马来西亚等东盟国家的业内人士约40人共同探讨京剧艺术在当代社会的发展传承情

况。

【策划与实施《广西国家级非物质文化遗产丛书》和《广西国家级非物质文化遗产专题记录片》】 从2008年4月开始筹备，筹备工作得到自治区党委、自治区人民政府领导以及有关部门的大力支持。本项目预计用三年左右的时间，组织编写《广西国家级非物质文化遗产丛书》21本，并以该丛书为依托录制28集《广西国家级非物质文化遗产专题纪录片》，制作成光盘。届时有望推出一批既能生动体现历史文化内涵，又能具有一定学术水准的文化读本，力争编写(录)出得到政府、学术界和普通百姓均认可的丛书，以此满足社会各界人士的阅读需求。

【与广西民族博物馆交流合作】 年内，在廖明君院长的带领下，民族文化研究中心和民族艺术研究中心科研人员一行6人赴广西民族博物馆进行对接工作，完成广西民族文化艺术研究院与广西民族博物馆交流合作的初步准备工作。会上主要就双方交流合作框架、合作方式、人员组合等方面内容达成初步的共识。

【区直文化系统"爱国歌曲大家唱"合唱比赛】 9月4日，为庆祝祖国60周年华诞，组织40余名党员干部参加了区直文化系统"爱国歌曲大家唱"合唱比赛，参赛曲目是《江山》、《三月三，九月九》，荣获二等奖和最佳组织奖。

【院党总支换届选举】 根据文化厅机关党委指示，12月30日，召开党员大会进行院党总支换届选举。根据党章规定和相关组织程序，经选举投票顺利产生了新一届总支委会。新一届总支委员会进行了分工，开展了正常工作。廖明君任总支书记，梁梓群任总支副书记，黄幼霞任组织委员，黄炬任统战委员兼学校支部书记，闫奇雄任老干委员兼老干支部书记，黄羽任纪检委员，许晓明任宣传委员兼青年委员。

【"族群记忆——壮族服饰文化"专题摄影展】 1月4日在广西民族大学学术报告厅举办。作品摄影者梁汉昌。展出摄影作品80幅。展示广西、云南、贵州等省(自治区)的壮族纺织工艺、壮族靛染工艺、壮族刺绣工艺、壮族背带、壮族银器、壮族生活用具等壮族服饰文化系列摄影作品。

【广西非物质文化遗产图片展】 6月13日，在广西图书馆一楼大厅举办。作品摄影者梁汉昌。展出摄影作品140幅。展出时间6月13—23日。主要展示广西12个世居民族的非物质文化遗产图片，参观人数约1万人次，《南国早报》、《南宁晚报》、《广西新闻网》等多家新闻媒体进行报道。

【马岭河峡谷之夜】 年内，摄影家梁汉昌的摄影作品《马岭河峡谷之夜》参加由中国摄影家协会主办的"万峰林杯"中国金州行全国摄影大展荣获铜牌收藏奖。

【娃仔背带】 年内，摄影家梁汉昌以一组12幅壮族《娃仔背带》摄影专题作品参加第六届国际民俗摄影"人类贡献奖"年赛，荣获联合国教科文组织和中国民俗摄影协会联合颁发的"人类贡献奖"提名奖。

【花一样的苗族】 年内，摄影家梁汉昌以一组9幅"花一样的苗族"摄影专题作品参加由文化部、国务院新闻办、中国摄影协会主办的"中国原生态国际摄影大展"，并被组委会收藏。

【盘瑶婚礼】 年内，摄影家梁汉昌以一组9幅"盘瑶婚礼"摄影专题作品参加由文化部、国务院新闻办、中国摄影协会主办的"中国原生态国际摄影大展"，并被组委会收藏。

【巾帼丈夫】 10月，摄影家梁汉昌的作品《巾帼丈夫》入选《华夏地理》杂志在首都地铁举办的建国60周年"祖国您好"大型公益摄影活动。

【广西上思十万大山原始森林旅游节文艺晚会演出】 年内5月，广西南宁创艺艺术职业学校组织60名演员参加广西上思十万大山原始森林旅游节文艺晚会演出。参演节目有歌曲《小溪》、《日不落》；大型舞蹈《开山鼓舞》、《梦幻魔石谷》、《汇聚》、《上水思源》等。

【广西防城首届金花茶节开幕式暨大型文艺晚会演出】 12月27日，广西南宁创艺艺术职业学校组织演员参加广西防城首届金花茶节开幕式暨大型文艺晚会演出。

【2009年中国植物园学术年会暨广西药用植物园建园50周年文艺演出】 11月25日，广西南宁创艺艺术职业学校参加2009年中国植物园学术年会暨广西药用植物园建园50周年文艺演出，演出的节目有：西班牙舞蹈《西班牙风情》，开场舞蹈《欢聚一堂》，伴舞《美丽神奇的地方》，伴舞《欢天喜地》，结束舞蹈《共建和谐家园》等节目，受到观众的一致好评。

【《三生有舞》现代舞专场】 由南宁市民间舞团“谷舞社”和“点典走廊”合作创编。编导为黄磊、黄纯军、谢艺海。演出时间是2009年10月23—25日。演出地点是广西儿童剧院。节目为《刘三姐们的前世与今生》、《一网打尽》、《音乐响起》、《1998年9月11日，晴》。

广西艺术创作中心

【概况】 广西艺术创作中心成立1984年，直属广西壮族自治区文化厅。1995年与广西艺术研究所合署办公。2000年分离重组。是具有独立法人资格、由财政全额拨款的正处级公益性事业单位。年末在编人员为19名，其中高级职称10人，中级职称2人，初级职称2人。设置有创作指导部、艺术策划部、影视文学部、行政办公室、艺术档案室等机构。

【大型壮族歌剧《壮锦》座谈会】 1月12日，由广西艺术创作中心组织的大型壮族歌剧《壮锦》座谈会在南宁召开，中国戏剧家协会季国平，著名戏剧评论家黎继德，《剧本》杂志社社长杨雪英、主编温大勇、编辑李勇，百色市委宣传部市文化局有关领导参会。座谈会对《壮锦》一剧提出了宝贵的意见与建议，为作者的进一步修改和提高奠定良好的基础。

【戏剧审读论证工作】 年内，中心组织有关专家先后对木偶剧《金凤凰》、粤剧《西江龙母》及客家山歌剧《仙姑岭茶歌》、《跳农门》、海歌剧《蠔叔与秀姑》等剧目进行认真研讨和论证。参与了文化厅组织的对《欧阳予倩》、《桂花雨》等剧本的研讨。同时派出专业人员深入柳州等地的彩调剧《红瑶梦》等剧本进行审阅。此外，对各市县上送的《天韵自然》等近百个剧本进行审读并提出修改意见。上述工作对广西戏剧一度创作整体水平的提高起到重要作用。

【参与第七届广西剧展组织工作】 剧展筹备阶段，广西艺术创作中心与艺术处一道拟定了剧展实施方案。在四月份小戏展演阶段，派出专业人员协助艺术处深入各市审看和选拔节目，并参与评委工作。在9月份大戏展演阶段，我中心与艺术处一道确定参展剧目，展演过程中，我中心专业人员参与了

评委会及组织颁奖晚会等项工作，保证了剧展大戏小戏展演的圆满成功。同时还撰写和组织撰写了一批剧展的剧目评论文章，进一步扩大了剧展的影响力。

【参与重大艺术活动】 广西艺术创作中心专业人员先后参与了第五届广西音乐舞蹈比赛、第五届泛珠三角区域合作与发展论坛暨经贸洽谈会开幕式文艺演出、庆祝中华人民共和国成立60周年文艺晚会、纪念百色起义、龙州起义80周年文艺演出、庆祝地方人大设立常委会30周年文艺晚会的筹备、组织工作。

【壮族歌剧《壮锦》创作演出获奖】 由常剑钧、胡红一创作，由百色市歌舞团演出。主要内容是：壮乡遥远的从前，阿妈得到始祖布洛陀的启示，用自己的整个一生，去编织那幅藏有幸福密码的美丽壮锦。就在壮锦织成之际，天堂门口渴望飞翔的玉鸟，施展魔法偷走壮锦，让它变成了身上的羽毛和翅膀。为了让壮人过上壮锦描绘的幸福日子，阿妈带着三个儿子踏上艰难寻找之路，玉鸟化身风骚酒娘诱惑勒一赌酒，赌输后大地干涸变成火炉。为救奄奄一息的阿妈，勒一头撞铜鼓化作驮娘江水……壮人的忠义孝心，使玉鸟流下眼泪。母子前赴后继，玉鸟继续阻挡。她化身俏丽村姑撩拨勒二对歌，再次失败后，勒二宁肯践诺变成矮马，也不愿放弃壮锦转头回家，最终累死变为马骨胡……壮人的顽强执着，令玉鸟头一回体会到心痛的感觉。玉鸟内心充满矛盾，众天神出现提醒：左手得到什么，右手就会失去什么，如果心软退缩就会变成石头！玉鸟不忍加害母子，劝说勒三回家却遭到拒绝，为找壮锦，阿妈毅然蹈火化为满山红棉……壮人的牺牲精神，渐渐征服了玉鸟。亲人接连逝去，勒三擦干眼泪继续向前，这种大无畏的英雄气概，深深打动了玉鸟的心，顿悟渴望追求的“美丽”就在人间，而并非先前向往的天堂。她咬牙拔掉身上的羽毛，彻底放弃飞翔，归还美丽的壮锦。从此，壮人过上了幸福的生活。该剧参加七届广西剧展获“桂花金奖”及优秀编剧奖。11月赴厦门参加第十一届中国戏剧节，并获剧目奖。

【壮剧《天上的恋曲》】 壮剧《天上的恋曲》由我单位常剑钧根据东西小说《没有语言的生活》改编，广西壮剧团演出。《天上的恋曲》叙述了这样的故事：在一个偏远的壮族小山村，寻找哥哥不遇的哑妹玉珍，无意中闯入了聋子王家宽、瞎子王老炳的家庭。年过30的王家宽苦苦暗恋业余剧团的小花旦朱灵，央求县文化馆干部谢西烛为其写信而步入爱情迷途。蔡玉珍几经努力，终于使王家宽摆脱虚幻的爱情和精神的迷惘。在艰难的沟通中，他们终于找到了属于自己的那份情与爱。三个残缺的生命终于合成了一个令人羡慕的健全家庭，开始了新的生活。该剧参加第七届广西剧展并获“桂花金奖”及优秀编剧奖。

【音乐剧《白头叶猴》】 由我中心李志丹创作(合作)，广西话剧团演出。《白头叶猴》讲述的是：广西、崇左，悬崖上，一只登上王位的白头叶猴，正在研究是否该按照猴群千百年的规矩，杀掉老猴生下的小猴子。悬崖下，一位年轻貌美的女动物学家决定冒险爬上悬崖，介入猴子们的内部事务，阻止这场屠杀，保全这就快灭绝的种群。跟在女动物学家屁股后面的男朋友猛然发现，自己的情敌居然是一群猴子。男朋友的老板说：“我来帮你对付这群情敌吧！”于是一场带着浓厚感情色彩的人猴、猴猴、人人大战就稀里糊涂的开始了。该剧参加第七届广西剧展并获取“桂花金奖”及优秀编剧奖。

【彩调剧《哎呀，我的小冤家》创作参赛获奖】 由常剑钧创作，广西彩调团演出。讲述的是：桂西北一个历史悠久的彩调之乡，在这里，彩调是人们生活中不可或缺的重要内容，《王三打鸟》是乡村舞台长演不衰的保留剧目，与世代的乡村爱情密不可分。村里的青壮男人纷纷进城打工，留在家里的大多是老人、孩子和女人，等待和期盼成了人们每天的话题。村外小桥边，乡村剧团的召集人三板带领村人送别进城打工的剧团当家小生二保。看着二保与妻子美娇依依不舍，三板和当年与他同演《王三打鸟》的锦娘别有一番滋味在心头。夜晚，新排的《王三打鸟》因一亮与阿翠找不到剧中人的感觉不欢而散，锦娘给家中没有男人的女人们每人发了一面铜锣。为了撮合三板与锦娘的婚事，一亮、阿翠设计将锦娘灌醉，抬到三板家中，企图“生米煮成熟饭”，让相恋已久而不能结合的三板和锦娘十分尴尬。美娇日夜思念进城打工的丈夫二保，幻觉之中，竟与二保门里门外演了一出《王三打鸟》，待到幻觉消失，站在面前的竟是一个翻墙而入的不轨男人，美娇情急中，敲响了锦娘送给她的那面铜锣。一亮为自己的“恶作剧”而向养父三板“负荆请罪”，当着赶来求情的锦娘的面，三板说出了一亮的身世。面对着苦恋多年的锦娘，三板吐露了内心的隐衷，这对当年的“王三哥”和“毛姑妹”决定开始新的生活。村里又有人进城打工了，村里又有人从城里打工回来了，走的走了，回的回了，生活就是这般不可预料，周而复始。永不消停的是唱彻乡村月夜的调子声，永不衰竭的是《王三打鸟》中火辣辣的情与爱。该剧参加第七届广西剧展获桂花银奖。

【组织选送参加中国戏剧节剧目】 今年是第十一届中国戏剧节举办年，我中心精心做好剧目选送工作，首先是对广西现有优秀剧目进行分析排序，然后确定重点进行修改提高，最后选送了《壮锦》和《御赐玉棋》两个剧目参加中国戏剧初选，《壮锦》最终获入选参演资格，并于12月在厦门十一届中国戏剧节上成功演出，获一致好评，并获剧目奖。

【入选“西部之光”访问学者计划】 9月，胡红一由中组部、教育部、中科院、科技部共同主办的“西部之光”访问学者计划选派，到北京电影学院文学系进修一年。

【其他创作成果】 裴志勇撰写的戏剧评论《壮族精神，广西气派—〈壮锦〉观后》、《八桂梨园景色新——第七届广西剧展大戏总展演述评》分别发表于《中国文化报》、《歌海》等刊。胡红一分别完成“纪念百色起义龙州起义80周年文艺演出”的文学台本（初稿），以及纪念广西人大成立30周年文艺晚会《为了人民的重托》策划、文学统筹任务，并为晚会创作了主题歌《感动》、《为了人民的利益》等。应广西体育局之约，胡红一还创作了反映当代农民精神面貌的电影剧本《盖帽》，并先后完成了两稿，该剧得到李康副主席的高度重视，目前正在筹拍之中。他还参加了自治区党委宣传部举办的铁路歌曲创作活动，深入桂林、柳州、河池等地体验生活，写出了《中国铁路之歌》，他创作的大型实景演出《英雄·成吉思汗》，在内蒙古呼伦贝尔草原成功上演。包晓泉分别为凌云茶文化节开幕式晚会、大化奇石文化节、纪念百色起义80周年文艺演出等撰写演出台本，演出串词，朗诵诗等，为兴宁国税局创作廉政文化作品——小说、散文、诗歌、杂文、小品、寓言共约20篇3万字。为电视专题片《创新来宾》撰写解说词。李甜芬分别为“众志成城抗冰灾，责任南网铸辉煌”文艺晚会、2009中越边境商品交易会文艺晚会创作歌曲《电力英雄》《朋友请到凭祥来》，在《词刊》《音乐周报》《歌海》等刊发表歌词《棋盘滩》《请到山里来看海》、《梦落丹洲》《我的边关我的家》等。白桦铭分别在广西凌云茶

文化旅游节文艺晚会、湖南张家界大型实景剧《天门狐仙》、广西大化首届奇石文化旅游节、广西壮族自治区庆祝中国人民共和国成立60周年大型文艺晚会、纪念百色起义，龙州起义80周年大型文艺演出等大型文艺活动担任执行导演和舞蹈编导，创作了《茶道》、《祭茶》、《婆娘老公舞段》、《猎人舞段》、《狐妃舞段》和编导了《没有共产党哪有中华人民共和国》、《我们年轻人》、《毛主席来到我广西》、《我们走在大路上》、《追寻》、《灿烂阳光下》、《旗帜》、《千姿百色》、《家乡》、《红水河》等舞蹈。

【人才小高地申报工作圆满成功】 遵照文化厅党委及人事部门要求，我中心与广西漓江画派促进会、广西作家协会共同参与申报的“广西文艺创作人才小高地”，经各方共同努力，终获批准。

【担任多项艺术赛事评委】 在第七届广西剧展的大戏和小戏展演阶段，我中心均有专业人员担任评委工作。此外，中心专业人员还先后参与了“第八届广西戏剧文学评奖”、广西“群星奖”会演、钦州市剧本评奖、“桂林市彩调艺术大赛”等项工作的评委工作。并为报送全国“群星奖”剧目做了诸多组织、指导和协调工作，保证了剧目按时顺利报送。

【参与一系列全国性学术活动】 年内中心先后派出专业人员在山西举办的“全国新编历史剧学术研讨会”、在金华召开的“中国戏剧现代戏剧学会年会”、在常州举办的“全国优秀编剧读书班”等项活动，加强了与全国同仁的艺术交流。

【牵头组织观摩全国性艺术活动】 十一届中国戏剧节期间，中心组织广西区直有关剧团和各市有关艺术团体专业人员赴厦门进行观摩学习，并在票务、食宿等方面给他们予特别关照，进一步开拓了广西文艺工作者的视野。

广西艺术学校

【概况】 广西艺术学校是一所全日制国家级重点中等职业学校，内设办公室、教务处、学生管理工作部、招生与就业指导办公室、教研评估办公室、图书馆、培训部、总务处、财务室、离退休干部管理科等10个科室，年末在编教职工120人，外聘教职工60多人，其中高级职称31人，中级职称37人，初级职称33人。开设有音乐(声乐、器乐)、舞蹈表演、美术设计、播音与节目主持、杂技与魔术表演、木偶与皮影表演及制作等6个专业，共28个教学班级。全日制学历教育在校学生807人，年内毕业148人，招收新生318人。开办各类短期艺术培训班37期，培训学员380人。

【建校50周年庆典活动】 今年是广西艺术学校成立的第50周年，为了庆祝学校诞辰50周年，学校决定举办一次隆重的庆典活动。3月，成立了“广西艺术学校建校50周年校庆筹备委员会”，筹委会下设10个工作组，工作人员共67人，筹委会制定了庆典活动总方案，各小组也相应制定了详细的工作方案，校庆筹备工作有条不紊地开展起来了。11月7日上午10时，广西艺术学校建校50周年庆祝大会在广西人民大会堂隆重举行，自治区人大常委会副主任邵博文、自治区政协副主席黄日波、国家文化部政策法

规司司长韩永进、自治区文化厅厅长余益中、自治区文联主席潘琦、自治区体育局局长容小宁、广西师范学院党委书记于瑮、自治区教育厅副厅长黄宇、自治区文化厅副厅长陈映红、广西艺术学院副院长黄志豪等领导出席了大会，在邕参加中国艺术职业教育学会第23届年会的代表、历届校友及学校全体师生1300多人参加了庆祝大会。文化部文化科技司、自治区党委宣传部等10多个单位和个人发来了贺电，自治区文化厅、广西区直机关工会、桂林市艺术学校，校友吴阳雕、肖燕、刘玲等众多校友及80多个上级部门、兄弟单位慷慨地送了礼金和礼品。7日下午至8日，学校又连续在校内举行了校庆书画展、“岁月如歌”校史图片展、校友联欢会、“壮乡山歌敬亲人”大型综合文艺晚会、校友联谊会等一系列庆祝活动。

【教学水平评估】 11月13、14日，广西教育厅组织的“中职学校教学水平”评估专家组一行6人，到学校进行教学水平评估检查。广西文化厅陈映红副厅长、广西教育厅职成处黄艳芳副处长莅临学校参加了评审会。按照工作程序，评估专家组在听取了潘世明校长作的教学水平工作汇报后，对学校的自评材料进行了认真的审阅，分别召开中层干部代表、教师代表、学生代表三个座谈会，从不同角度听取师生们对学校教学工作的看法和意见。晚上，学校演出了一台教学汇报节目，向专家们展示教学成果。检查结束后，评估专家组认为学校现任领导办学成绩显著，教学管理、后勤管理、助学金管理等各方面都令人满意，针对学校存在的一些具体问题，专家组也给予了宝贵的建议。

【中国艺术职业教育学会第二十三届年会】 今年中国艺术职业教育学会年会总共有7个学校提出承办请求，在激烈的竞争中，广西艺术学校诚心诚意的态度，骄人的办学成绩，以及建校50周年华诞的时机，最终在竞争中脱颖而出，荣幸地获得第23届中国艺术职业教育学会年会的承办资格。11月8日至9日，中国艺术职业教育学会第23届年会在南宁饭店隆重召开，文化部政策法规司司长韩永进、广西文化厅厅长余益中、副厅长陈映红、文化部文化科技司教育处处长牛耕夫出席了会议，广西艺术学校校长潘世明、书记龙长生和来自全国各地的100多所艺术职业院校的领导和代表参加了会议。广西文化厅余益中厅长在会上介绍了广西经济文化的情况，文化部政策法规司韩永进司长作了文化体制改革的专题发言，文化部文化科技司牛耕夫处长作了全年学会工作报告，对文化部文化科技司教育处未来几年的工作思路也作了简单介绍。与会代表分成附中、中职和高职三个小组，对艺术职业教育发展过程中遇到的矛盾开展交流和探讨，代表们纷纷积极发言，献言献策，互相交流心得和工作方法。

【对外文化交流】 6月18日下午，越南文艺考察团一行来学校参观考察，文化厅副厅长陈映红带领厅属有关处室领导及广西歌舞剧院、广西群众艺术馆、广西艺术学校的主要领导，接见了越南考察团，并在学校的多功能厅举行了座谈会，中越双方围绕艺术演出团体体制改革、艺术人才培养、演出合作等方面进行了友好交流，并表示今后还要进一步深入洽谈，力争促成一些合作项目。9月25至27日，学校派出李艳、韦盛随南宁市外事办公室访问团，到韩国果川市进行文化交流和演出。11月，韩国果川市文化访问团趁参加南宁国际民歌节的机会，团长柳圣根一行8人到广西艺术学校参观了满天星教学大楼和图书馆，并与学校领导进行了会谈，韩国果川市文化访问团还在学校的桂花剧场给师生们表演了管乐五重奏、独唱等节

目。12 月 29 日,“2009 年泰国、老挝华裔青少年汉语及中华文化冬令营”来学校参观访问,观摩了学校的中国民族民间舞蹈课堂教学和文艺表演。

【非物质文化遗产传承展示中心】 6 月份,广西区文化厅公布第一批 10 个自治区级非物质文化遗产传承基地(展示中心),广西艺术学校荣幸地申报成功,成为歌、舞、乐类自治区级非物质文化遗产传承展示中心。学校将第十二号排练厅进行改造成非物质文化遗产展示厅,并派出教师深入民间采风,挖掘、整理民间素材及文字、音像资料,编写壮族平果嘹歌试用教材一部,在学校的原生态歌手班试用,制作广西原生态民歌集锦《壮族民歌专集》、《百色市少数民族山歌节目展播》光碟 2 张。在广西“文化遗产日”活动中,广西区文化厅在广西艺术学校桂花剧场设置了民间戏曲展示专场,展示的剧种有壮剧、彩调剧、桂剧、邕剧、采茶剧、文场、牛娘戏等,学校的领导、老师和学生观看了广西地方戏曲的演出。

【甲型 H1N1 流感防疫】 6 月份起,全国暴发了严重的甲型 H1N1 流感疫情,学校非常重视甲型 H1N1 流感的防控工作,根据《国务院办公厅关于进一步做好甲型 H1N1 流感疫情防控工作的通知》和《广西壮族自治区教育系统甲型 H1N1 流感防控工作方案》的要求,成立了本校甲型 H1N1 流感防控工作领导小组,制定了《广西艺术学校甲型 H1N1 流感防控工作方案》,认真执行学生晨检工作和卫生清洁检查,实行零报告制度。6 月 27 日,自治区文化厅副厅长陈映红到学校检查甲型 H1N1 流感防控工作情况,对学校周密的工作措施表示很放心,要求学校严格按照上级有关部门的要求,进一步强化落实甲型 H1N1 流感防控措施,确保师生的健康安全,确保校园和谐平安。11 月 13 日,由于天气骤变,有 3 个班出现多名学生同时患感冒发烧的现象,引起了学校领导的高度重视,按照广西教育厅的有关规定,学校决定立即将患感冒的学生疏散回家治疗,该 3 个班的学生停课休息,给全校学生发放口罩,并服用板蓝根冲剂和维生素 C 银翘片,妥善解决了感冒继续扩散的问题。

【招生就业】 招生就业是学校的重点工作,学生要招得进,分得出,学校才能生存和发展。从 3 月起,学校在广西区内各大媒体上有计划地投放了大量招生广告,5 月份派出 5 个招生工作组,奔赴全区各地开展招生工作,有效地扩展了学校的招生网络渠道,全年招收新生 318 人。同时,严肃整顿就业指导工作纪律,强调不许在毕业生就业指导过程中谋取私利,今年毕业生 148 人,其中定向培养就业 13 人,参军 7 人,报考大学 32 人,其余毕业生在学校举办的双选洽谈会上择业,今年的双选洽谈会共来了 109 个用人单位,提供就业岗位 450 个,90% 的毕业生能够就业。

【参赛获奖】 本年度在评先和各类专业比赛中,学校荣获了重大奖项。潘世明校长荣获“全国文化系统先进工作者”称号,学校荣获“全国艺术职业教育声乐教学交流研讨暨成果展演”成果奖,以及荣获广西职业教育攻坚示范学校称号。8 月在沈阳举行的全国第九届艺术院校文华奖“桃李杯舞蹈比赛”中,学校新创作的舞蹈节目《糯玉香》荣获表演三等奖、优秀剧目奖,覃福邦荣获园丁奖。9 月在贵州举行的全国第七届“荷花奖”少数民族民间舞蹈大赛中,学校新创作的舞蹈节目《吨派》荣获“十佳作品”奖。在中国中等艺术教育第 23 届年会论文评比中,潘世明获一等奖、孟玉雯和李阳获二等奖、黄志华获三等奖。在广西第五届音乐舞蹈比赛中,舞蹈《糯玉香》荣获节目一等奖、创作和表演

二等奖，舞蹈《田埂里的故事》荣获节目、创作、表演、音乐三等奖，道具设计奖，舞蹈《吨派》荣获节目、创作、表演、音乐三等奖，服装设计奖，音乐方面韦盛荣获二等奖，章宁、欧阳驹、吴海林、王湘莲荣获演唱奖。

广西歌舞剧院

【概述】 广西歌舞剧院前身为广西省民族歌舞团，成立于1954年1月，2004年8月经自治区人民政府批准更名为广西歌舞剧院。下设歌舞团、交响乐团、民族乐团、舞美艺术制作中心、演艺培训中心。年末在职人数为188人，其中正高专业技术职称16人、副高62人、中级39人、初级46人。全年演出215场，观众26万人，演出收入417.5万元。

【庆祝广西壮族自治区成立50周年晚会演出】 山含情来水含笑，八桂壮乡歌如潮。由广西歌舞剧院精心创作编排的一台庆祝广西壮族自治区成立50周年大型文艺晚会《山歌好比春江水》于2008年12月10日在南宁人民会堂隆重上演。中央领导在自治区领导的陪同下和各界群众1300多人一起观看了演出。演出精彩夺目，富有及强的感染力，充分展现了一幅各民族兄弟姐妹和睦相处、团结进取，政通人和、繁荣和谐的瑰丽画卷。晚会获得了圆满成功，得到了中央领导人、中央代表团及自治区领导的肯定及高度评价。因此为了让在全区各领域、各战线上工作的干部职工都能近距离地欣赏感受到这场浓缩了自治区成立50年来的文艺演出，马飚主席批示晚会加演10场，于1月9日在南宁市人民会堂正式演出，获得了广大市民的高度称赞。

【交响乐专场及校园音乐会】 4月初广西歌舞剧院交响乐团经过精心地策划和挑选曲目，排练了一台校园交响音乐会《跳华尔兹舞的猫》，于4月27日至30日在广西区内各大专院校上演，担任这台音乐会的指挥是中央音乐学院管弦系教授、大提琴教研室主任、广西交响乐团艺术总监、我国著名青年指挥家朱亦兵。音乐会从4月28日起在广西大学、广西师范学院、广西艺术学校为大中专院校的学生们演出，让学生们近距离地“品尝”到“一桌色香味俱全的美食大餐”。通过轻快、调皮、可爱、诙谐情趣、生机盎然的音乐作品让学生们“滋身养性”。同时指挥在演出当中还对交响乐作了“另类解读”。4月30日这台音乐会在民族艺术宫音乐厅为首府观众演出，得到了观众的热烈欢迎。这一次的系列演出活动，无论是在院校还是在音乐厅，观众们都为指挥和乐手们激情的演出而喝彩，被那种独特的演奏效果深深吸引，音乐会得到观众们的喜爱，得到同行的称赞，各媒体纷纷给予报道。

【以农民工为主题的文艺巡演】 广西歌舞剧院在践行“繁荣文化，服务大众”的准则下，编排一台以农民工为主题的文艺晚会，利用舞台艺术特有的表演形式，于5月15—26日，在南宁各建筑工地为农民工演出。精彩的歌舞节目博得了农民工的阵阵掌声，而且，在演出的过程中，演员和农民工进行了和谐互动，不但调动了农民工参与活动的积极性，也拉近了文艺工作者与农民工的距离，此项惠民工程活动深入人心。

【庆祝广西首届体育节开幕文艺演出】 8月为了庆祝广西首届体育节开幕，广西歌舞剧院应广西体育局邀请精心策划和认真编排的大型主题交响音画《运动，让生活更美好》在南宁市人民大会堂激情上演。晚会运用艺术手法宏扬奥运精神，由歌舞与艺术体操、武术、太极表演等多种体育形式相结合，内容丰富多彩，展示民族特色的传统体育文化。晚会接近尾声时，奥运冠军郭晶晶、张怡宁、杨威、陆永、李婷、唐灵生，以及世界冠军谢赛克、吴艳艳、丘乐悉数亮相于舞台，与演员们共同齐声演唱《真心英雄》，把气氛推向高潮。现场掌声雷动，赢得了观众好评，同时也激发人们参与体育锻炼的热情。

【音乐剧《桂花雨》赴北京为中华人民共和国成立60周年献礼演出】 为庆祝中华人民共和国成立60周年，中宣部、文化部联合举办百台优秀剧（节）目晋京献礼演出活动，广西歌舞剧院的音乐剧《桂花雨》作为广西唯一入选剧目晋京献演。该剧创作于2005年，其后在多次听取专家、学者、观众意见的基础上数易其稿，曾获2006年广西音乐舞蹈比赛特等奖，入选2007—2008年国家舞台艺术精品工程十大剧目。音乐剧从今年7月份就进入了紧张有序的排练，演员们的积极性非常高涨。该剧于8月8日至9日在南宁剧场向南宁观众首演。感人至深的故事，如梦如幻的漓江山水，悠扬动听的音乐，激情飞扬的舞蹈，共同交织成一个绮丽多姿的舞台，令人如痴如醉。一幕幕精彩的场景征服了观众。随后，由自治区文化厅党组书记、厅长余益中亲自率领音乐剧《桂花雨》剧组，晋京参加献礼演出。于8月22日至23日，在北京天桥剧场隆重上演。在短短的两个小时演出中，浓郁的壮乡风情、守候、执着、诚信的爱情故事感染着观众，演员们用精彩的演绎让观众们不禁与剧中人同喜同悲，精彩的演出受到了北京社会各界人士的好评。

【歌舞交响音画《五星红旗》】 为了庆祝中华人民共和国成立60周年由广西歌舞剧院承办了一台大型文艺晚会——歌舞交响音画《五星红旗》在南宁市人大会堂隆重上演。晚会以“五星红旗下我和我的祖国”为主题，由序曲《五星红旗》、上篇《火红年代》、下篇《振兴之路》和尾声《爱我中华》4个篇章组成。整台晚会歌颂了祖国60年来发生的翻天覆地的变化，歌颂了民族大家庭的和睦团结，歌颂了壮族儿女的爱国情怀。晚会得到了自治区领导的高度评价，获得了观众的好评。

【大型歌剧《壮锦》演出】 广西歌舞剧院交响乐团及其歌队在完成众多演出任务后，积极支持兄弟单位的排演工作，于11月20—29日在人大会堂为百色大型歌剧《壮锦》伴奏伴唱，同年12月2日至3日远赴厦门演出，给厦门观众呈现了一场壮乡文化视听盛宴，让更多的观众了解了广西深厚的民族文化底蕴和魅力。

【文化“三下乡”活动文艺演出】 12月远赴革命老区龙州开展文化“三下乡”演出活动，将健康、积极向上的文艺节目送到乡村。演出中演员那饱满的热情和演出的高水平，为群众带来了欢乐的同时，也宣传了党的十七大精神。像这种寓教于乐的活动形式，丰富了人民群众的精神文化生活，同时也向他们传递了党的温暖，丰富了群众的精神食粮，提高了他们的综合素质，受到了群众热烈欢迎和一致好评。

【广西纪念地方人大设立党委会30周年文艺晚会】 由广西歌舞剧院精心创作、编排的一台纪念地方人大设立党委会30周年文艺晚会“为了人民的重托”。晚会分为三个部分——《灿烂的阳光》、《希望的田野》、《奋进的征途》，系统地回顾了地方人大党委会走过的光辉历程，展望了在党的领导下，我们未来生活的美好前景。晚会主题鲜明，内容精彩，演员激情四溢，气氛热烈，使得整台晚会喜庆、大气、独具创意。同时，通过文艺节目的演绎，现场气氛的渲染，激发了群众的爱国情怀，增强了群众奋起前进的信心，达到了良好的效果。

广西壮剧团

【概况】 广西壮剧团成立于1965年，前身为右江壮剧团，是广西唯一的自治区级壮剧艺术专业表演团体，现有在册干部职工81人，其中高级职称38人，中级职称17人，初级职称23人，工人2人，管理人员1人。壮族、苗族、瑶族、仫佬族等少数民族演职员占全团总人数75％以上，属财政差额拨款事业单位。团内设有演出办公室、艺术生产办公室、行政办公室、人事离退办公室。完成年度各类演出130场，超额完成文化厅下达110场年度演出任务，收入302265元，观众约214900人次，其中下农村基层演出68场，年内共收取房屋租金等收入60多万元。

【剧团管理】 1月20日继续加强完善剧团各项规章制度。我们进一步加强了综治、考勤、信访、精神文明、反腐倡廉等日常事务的管理，保障了办公室各项工作的正常运转，使办公室工作有章可循，逐步向规范化、制度化方向迈进。与文化厅办公室签订了《矛盾纠纷和公共安全隐患排查活动实施方案》，成立《矛盾纠纷和公共安全隐患排查》领导小组，每月向综治办上报一次矛盾纠纷和公共安全隐患情况，确保信息畅通，与社区长期签订《综合治理目标责任状》和《计划生育责任状》，加强对本剧团治安工作和计生工作的管理。这些制度的实施极大地提高了剧团的工作效率。1月剧团与2人签订劳务输出协议，与5人签订了脱产学习协议。

【业务训练】 坚持演员基本功训练。根据剧团演员条件结合团里业务开展需要进行训练，训练项目侧重于声乐和戏剧表演技能方面，让舞蹈演员能够在戏剧表演方面得到发展和提高，并在训练过程中，注重结合本剧种传统表演形式的传承和探索，其中排练的《宝葫芦》《耍夫妻》《小寡妇扇坟》《南路壮剧·提线木偶李三娘片段》《北路壮剧扇花·家乡美》等。经过一年的训练，青年舞蹈演员戏剧表演的基本功等方面均有长足的进步。3月至5月，乐队集中训练，训练内容主要以本剧种曲目为主，通过集训乐队演奏本剧种的韵味得到很大提高。为完善乐队建制，填补壮剧三大件中的土胡、三弦的空缺，聘请老师对黄星琦、廖培分别进行土胡、三弦的演奏训练，通过一年的训练，他们已能够独立进行伴奏。

【剧团下乡演出】 1月至2月初，广西壮剧团创作编排了一台以小戏、小品、歌舞为主的节目，深入隆林县、凌云县进行文化下乡演出，期间还进行以计生题材《关爱女孩》专题演出，足迹踏遍20多个乡镇，共演出23场，观众约4万多人，深受广大群众的好评。1月2日至22日先后到广西武警消防总队教导大队、玉林市玉州区、广西民建迎春晚会、自治区人大团拜会、广东阳江市演出；2月17日到广西建设工程公司演出；3月2日在南宁市桂景大酒店为全国中心城市公路局(处)长会议演出；3月10、18日在红林大酒店为参加日照港矿石客户座谈会演出；3月19、20日为大唐

集团广西分公司、天狮广告公司演出;4月27日参加广西电视台"劳动者之歌"晚会演出;5月31日参加广西红十字会慈善演出;7月1日到解放军三0三医院慰问演出;7月13日参加广西电视台国际超模比赛演出;8月25日为南宁卫校开学典礼演出;8月14、15、16、17、18日新排现代壮剧《天上的恋曲》对外演出,9月27日为屯里油库部队演出。

【非物质文化遗产保护名录项目专场演出】 6月12日在广西艺术学校参加文化部"非物"活动周演出,应邀在南宁会展中心参加第六届中国东盟博览会的系列演出,10月12日至16日"非物质文化遗产"《南路传统壮剧提线木偶》演出;9月20日至11月17日分别赴田阳县、靖西县进行壮剧·"非物质文化遗产"下基层、进校园示范演出。所到之处,受到当地群众的热烈欢迎,演出的南路壮剧、北路壮剧等传统剧目及新编排节目都深受群众、师生的喜爱。群众说这就是他们盼望已久的、熟悉的、痴迷的壮剧,希望能看到更多像这样高质量、高水平、原汁原味的壮剧示范演出,以满足他们对壮剧的精神需求。

【参加庆典演出】 1月11日,剧团参加自治区成立50周年"山歌好比春江水"晚会排练演出,1月15日参加广东阳江市新年庆典演出,5月9日为南宁市江南区首届吴圩西瓜节启动仪式演出,5月27日为"天下山水、探秘靖西"全国摄影大赛启动仪式演出;12月6日至11日参加百色起义80周年排练演出。

【剧目创作演出获奖】 广西壮剧团2009年内新创作4台,其中新创作小戏小品3个,大戏1台,歌舞节目一台,小壮剧《蜂园会》参加广西第七届剧展、小戏类展演获桂花铜鼓奖及4个单项奖,小品《英雄感言》获得表演单项奖,大型现代壮剧《天上的恋曲》参加广西第七届剧展获桂花金奖及优秀导演奖、优秀编剧奖等10个单项奖。

【非物质文化遗产保护工作】 广西壮剧团在2009年里,按计划开展"非物质文化遗产·'壮剧'"的挖掘、传承工作。年内传承壮剧剧目演出的有《宝葫芦》《耍夫妻》《小寡妇扇坟》《南路壮剧·提线木偶李三娘片段》《北路壮剧扇花·家乡美》等。壮剧传承基地正在筹建中。自治区马飚主席特别关注壮剧"非物"的保护工作,12月2日到文化厅调研来到我团视察时,观看了我团有关"非物"情况板报及赴田阳县进行壮剧·"非物"下基层进校园示范演出情况介绍,视察后他说道:感谢壮剧团在这方面做了大量的工作,取得了很好的成效,要求有关部门提供平台,给"非物"演出提供机会,并说光是介绍壮剧乐器,我们的乐队就可以组成一台晚会……

【对外交流合作演出】 5月26日至29日,为促进壮剧的国际交流,赴靖西县举行2009年广西百色、越南高平文艺联欢晚会,并与越南高平省歌舞团同台献艺,演出受到各界人士的赞赏,给当地民众留下美好的印象。

【先进表彰】 在庆祝自治区成立50周年文艺晚会《山歌好比春江水》演出评优活动中,获"优秀组织奖",梁峻同志获"先进工作者"奖。杨丹华同志被评为广西区直文化系统优秀青年岗位能手,莫丰华同志被评为2008年度广西区直文化系统"优秀共青团员"。广西话剧团被评为2008年度南宁市青秀区人口和计划生育工作先进单位;廖小珊同志被评为人口和计划生育工作先进个人。此外,广西话剧团还荣获2007—2008年区直文化系统先进基层党组织;黄民胜评为先进党务工作者;谢建华、潘小波、张忠杰被评为优秀共产党员。在区直文化系统"爱国歌曲大家唱"歌咏比赛中广西话剧团荣获一等奖及优秀组织奖。银静、莫丰华代表广西赴北京参加中华人民共和国成立60周年天安门群众巡游活动,在广西参加首都国庆60周年群众游行

彩车制作工作中，成绩突出，被自治区文化厅授予“先进工作者”。

广西桂剧团

【概况】 广西桂剧团成立于1953年6月1日，属财政差额补贴事业单位。有在职人员91人，其中高级职称7人、副高职称27人、中级职称22人、初级职称28人。2009年成立中共广西桂剧团总支委员会。设有业务办公室、演出办公室、行政办公室、演员队、乐队、舞台队、人事办公室、老干室等。年内创作、排演剧(节)目29个，其中大戏5个，小戏12个，小品3个，表演唱3个，综合文艺晚会6台。全年完成演出193场，其中本剧种演出98场，农村演出20场，指令性任务演出3场，商业演出69场，值班演出3场，观众达20多万人次，全年完成演出总收入110.8874万元，纯收入25.5482万元。

【剧目创作】 10月，剧团为了继承桂剧，培育新人，特邀中国文化部艺术司戏曲处处长，著名剧作家吕育中创作新编历史桂剧《七步吟》，这是剧团为发展桂剧，弘扬地方文化，力争打造的又一出精品剧目。同时为参加全区小戏小品大赛，本团创编人员创作了小戏《黄粱梦》、小品《鸡啊鸡》、《角色》、《童言无忌》；为参加广西第五届音乐舞蹈比赛本团创作了：舞蹈《黄丝带》、舞蹈《奋斗》、舞蹈《桂韵新风》、音乐《他日桂花竞争春》；为参加红梅奖比赛，排演剧目有：《名媛之死》、《追舟》、《打堂》、《李逵探母》、《挡马》、《挂画》、《太君辞朝》、《人面桃花》、《如杭》、《打神告庙》、《雁荡山》。

【剧目参赛获奖】 新编现代桂剧《欧阳予倩》荣获全国地方戏优秀剧目奖；新编现代桂剧《欧阳予倩》参加第七届广西剧展大型剧目展演，荣获桂花特别奖、编剧奖、优秀作曲奖、优秀导演奖、优秀舞美设计奖、优秀表演奖。第七届广西剧展小戏小品展演中，小戏《黄粱梦》获桂花铜奖、导演奖，优秀表演奖、表演奖、作曲奖，小品《角色》获表演奖；群舞《2008黄丝带》在广西第五届音乐舞蹈比赛上获舞蹈节目二等奖、舞蹈表演二等奖、舞蹈编导二等奖、舞蹈作曲三等奖，剧团获组织奖。

【重大及庆典演出】 2月—3月参加南京第十四届国际梅花节演出46场，观众约7万多人次；5月参加第五届深圳博览会演出；9月舞蹈队演员借调参加庆祝中华人民共和国成立60周年大型文艺晚会“复兴之路”演出；9月参加宁夏博览会演出；11月9日为纪念欧阳予倩诞辰120周年，本团受中国文联与中国剧协的邀请，赴北京中国戏剧学院进行现代戏桂剧《欧阳予倩》专场演出，著名京剧表演艺术家梅葆玖，欧阳予倩亲属、欧阳山尊夫人徐静媛，自治区文化厅厅长余益中以及来自中国文联、中国剧协、中央戏剧学院等首都文艺界代表，在京工作的广西籍人士代表、欧阳予倩故乡湖南浏阳市代表、北京大学、中央民族大学、中央戏剧学院等北京高校学生代表观看了演出，观众约2000多人次。

【新编现代桂剧《欧阳予倩》巡回演出】 3月—4月新编现代桂剧《欧阳予倩》进入广西十数所大学演出16场，观众约3万余人；11月—12月为庆祝中华人民共和国成立60周年、纪念多党合作制度确立60周年，《欧》剧进行全区各地市巡回演出13场，观众达2.3万多人次。

【下乡演出】 排演小戏、小品、歌舞综合文艺

晚会为“体彩八桂行”进行全区巡演14场，观众达2万多人次。儿童剧《一二三，起步走》进校园演出14场，儿童剧《迷路的小孩》进校园演出8场，观众达2.8万多人次。11月—12月“关爱生命平安出行”全区交通安全晚会巡回演出14场，观众达2.5万多人次。“保增长迎国庆送欢乐”6000亿元全区全社会固定资产投资项目慰问演出10场，观众达1.7万多人次。

【非物质文化遗产剧目演出】 6月12日《追舟》参加全国第四个“文化遗产日”广西戏曲专场展演。年内传承桂剧剧目并演出的有：《五女拜寿》在梨园剧坊演出2场，观众约570人次；《菜园招亲》在梨园剧坊演出2场，观众约480人次；《姐妹易嫁》在梨园剧坊演出2场，观众约510人次。

【非物质文化遗产保护基地正式揭牌】 1月16日“国家级桂剧非物质文化遗产传承保护基地”正式揭牌，基地内展示了大量的关于桂剧历史文字7.63万余字、图片230余幅和实物1000余件，并有精典传统剧目片段演出。自治区文化厅厅长余益中、副厅长李格训、陈映红，新闻出版局副局长黄健，广西区民委副主任龙毅，广西团区委副书记廖立勇等领导出席仪式，并为传承基地揭牌，与会嘉宾欣赏了新唱桂剧《拾玉镯》，桂剧片段《哑背疯》、《打堂》、《抢伞》、《新韵新风》等桂剧优秀经典剧目片段。2月创建广西桂剧团网站，扩大宣传桂剧。2月特请卢苇（原河南省文化厅副厅长）来我团为演员开设“表演学习班”。

【先进表彰】 剧团在区直文化系统爱国主义歌曲歌唱比赛荣获二等奖；财务工作文化厅授予了决算一等奖；计生工作荣获2009年城区计生一等奖。

广西彩调剧团

【概况】 广西彩调剧团年末在职业务人员共80人，其中高级职称7人，副高级职称24人，中级职称22人，初级职称18人。机构设有创作室、营销室、演员队、乐队、舞台队、人事办公室、行政办公室、老干部室等。年内创作、排演剧（节）目16个，其中大戏5个，小戏3个，小品6个，小音乐剧1个，表演唱1个，综合文艺晚会1台，专题文艺晚会2台。全年演出112场。其中本剧种演出66场，农村演出40场，涉外演出6场，值班演出3场，观众达20余万人次，演出毛收入106万元。

【新创作剧（节）目】 剧团编剧彭德安创作古装小戏《憨人梦》，还有哑剧小品《期待》，并发表在中国剧协创作中心刊物《小戏、小品创作园地》2009年第6期；周锡生与冯杏元（特邀）根据谢彦兰收集整理并发表在广西群众艺术馆主办的月刊《小草》（1985年第4期）上的民间故事《人心不足蛇吞象》改编创作的大型古装戏《相国梦》；周锡生根据我国从中国猿人至炎黄时代中华民族祖先所创造的华夏文明历程创作的大型原创舞剧《龙脉》。邀请尹天植创作小品《一封寄往天堂的信》。本团为广西忻城县“三节一会”暨全国土司文化研讨会创作排演了一台“忻城土司文化印象”专题文艺晚会，并在开幕式上演出。应自治区农垦局邀请创作排演了1台“农垦专题晚会”，赴全区农垦系统巡回慰问演出。

【剧团下乡演出】 1月，应自治区农垦局邀请，排演一台以颂扬农垦人精神风貌的小品、曲艺、歌舞综合晚会，随自治区农垦局领导赴

全区农垦系统巡回慰问演出。2月，排演一台以本剧种《王三打鸟》、《双黄旦》、《探干妹》、《十月花》为主的小戏专场及小品、歌舞综合文艺晚会，到百色市西林县各乡、镇开展“三下乡”巡回慰问演出21场，观众达66000余人。4月，应中共忻城县党委和县人民政府邀请，创作排演一台反映土司文化的专题文艺晚会，12月，大型古骆越歌舞剧《谷魂》赴百色为纪念百色起义80周年活动演出；同月，大型彩调现代戏《哎呀，我的小冤家》赴环江县和罗城县巡回演出。

【新版歌舞剧《刘三姐》在国内演出】 2月26日在南宁剧场为全国邮政会议演出1场，观众1200余人；6月26—27日赴深圳市龙岗文化中心人剧院演出2场，观众2000余人；10月28日在南宁剧场为东盟文化产业论坛演出1场，观众1200余人。

【新版歌舞剧《刘三姐》赴台湾文化交流演出】 2月21日—30日，自治区文化厅厅长余益中率领新版歌舞剧《刘三姐》剧组随自治区政府主席马飚为团长的广西经贸文化代表团赴台湾开展经贸文化交流活动，分别在台北市中山纪念馆剧场和高雄市劳务中心剧场演出，观众5000余人。台湾“中华青年发展交流协会”理事长周守训等台湾知名人士观看了首场演出。演出过程中，演员们精湛的艺术表演和刘三姐优美动听的歌声赢得观众阵阵欢声笑语和热烈的掌声。演出结束后，自治区政府主席马飚、副主席陈武、王跃飞、仇开明、文化厅厅长余益中、台湾方面的辜严倬云女士、巫秀娥女士、陈美惠女士、周守训、蒋方智怡女士等上台与全体演员亲切握手并合影留念。5月27日，广西经贸文化代表团结束了为期6天的“开拓突破之旅”、“成功丰硕之旅”。离台前1小时，马飚主席在桃园机场第二航站楼的离境大厅向记者发表离台感言：“短短的几天里，我们到达了台湾的二十个县市，所到之处，倍感亲切温馨，倍感宾至如归，倍感相见恨晚。”他告诉记者，此次台湾之行，他有11个“想不到”，其中一个“想不到”就是：“想不到广西的歌舞剧《刘三姐》在台北演出一票难求，桂台文化交流合作具有如此强大的吸引力”。这次新版歌舞剧《刘三姐》赴台演出成功，为促进桂台两地经济文化交流合作作出了应有的贡献。

【新版歌舞剧《刘三姐》赴马来西亚文化交流演出】 为庆祝中国与马来西亚建交35周年暨为马来西亚文化教育筹募发展基金，应马来西亚华文作家协会邀请，经自治区人民政府批准，自治区文化厅派出由副巡视员马红英为团长的广西刘三姐艺术团一行40人，于7月23日至30日，携新版歌舞剧《刘三姐》赴马来西亚进行文化交流演出。在马来西亚云顶云星剧场演出了2场。拥有5000多个座位的剧场两场爆满，座无虚席，一票难求，盛况空前。演出邀请的嘉宾有马来西亚文化部副部长王赛芝女士、海鸥集团董事主席陈凯希先生、云顶集团负责人、马华公会夫人、马来西亚各大文化协会、华商协会负责人等当地政要和社会名流前往观看。观众中有的特意从外地驱车6个多小时赶到剧场；有的是因为看了上世纪六十年代的电影《刘三姐》慕名而来，有的是祖孙四代一起前来观看；有的连看两场还意犹未尽。每场演出中，全场观众的情绪随着刘三姐优美动听的歌声和剧情变化跌宕起伏，每演到精彩之处更是报以热烈的掌声，直到演出结束时还鼓着掌不愿离去，纷纷上台争着要求与演员合影留念。许多观众激动地说：“太美了！”“太棒了！”据马来西亚相关报道，《刘三姐》两场演出，创下了历史上中国艺术团体到马来西亚演出的最高票房纪录。演出结束后，马来西亚音乐连线娱乐事业有限公司、马来西亚艺术学院负责人，均找到艺术团商谈与广西开展艺术教育

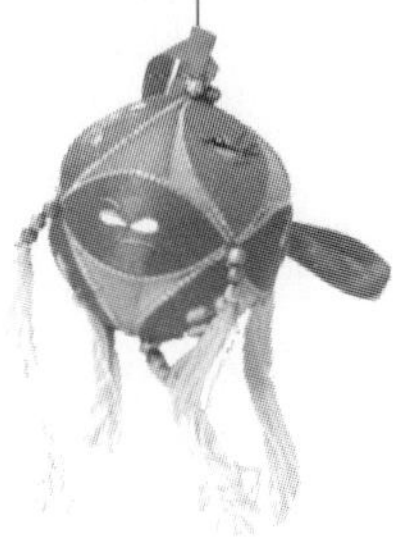

合作事宜。7月24日，马来西亚上议员、新闻通讯、艺术及文化部副部长接见了艺术团主要成员，对艺术团关于加强马中文化交流的行动表示赞许，并邀请艺术团今后有机会再到马来西亚演出。7月29日，艺术团团长马红英应邀参加马来西亚儒商联谊会。中国驻马来西亚大使馆政务参赞以及马来西亚许多儒商代表在联谊会上都对《刘三姐》演出给予高度评价。马中友好协会秘书长、演出赞助机构海鸥集团董事长陈凯希先生也会见并宴请了艺术团全体成员，还邀请艺术团全体成员到海鸥集团总部参观。他认为，文化活动应当做产业来看待，为此更有效促进马中商业、旅游及友好往来。在艺术团赴马来西亚交流演出活动的整个过程中，马来西亚第8电视台、《东方日报》、《中国报》、《光明日报》、《南洋商报》、《新生活报》、《戏纪元》等马来西亚各大报刊媒体都作了专题报导；《广西日报》，广西电视台、广西人民广播电台、《南国早晚》、中国新闻网、中国侨网、广西新闻网、广西电视网、南宁新闻网等新闻媒体都对本次交流活动进行了报导和转载。新版歌舞剧《刘三姐》在马来西亚的成功演出，在马来西亚主流社会和华人社会中引起巨大反响。

【新版歌舞剧《刘三姐》赴新加坡商业演出】 应新加坡飞凡娱乐有限公司邀请，以杨步云为团长的广西刘三姐艺术团一行45人，于11月4日—11日携新版歌舞剧《刘三姐》赴新加坡进行商业演出。此次商演时值胡锦涛总书记赴新加坡参加亚太经合组织（APEC）系列会议之际，文化厅领导高度重视，临行前专程到剧团作行前教育。文化厅厅长余益中、副巡视员马红英、文化厅办公室李副主任亲自到剧团为演出团送行，并预祝演出成功。7日下午2时30分，在新加坡博览中心首场商演。现场观众5000余人从刘三姐优美的“唱山歌，这边唱来那边和”开始至演出结束，自始至终洋溢着饱满的热情，欢声笑语和掌声持续不断。很多观众在演出结束时跑上舞台争着与演员合影，或找主要演员签名留念，对演员演出时的良好台风和精湛艺术表演给予很高的评价。当天晚上7时30分演出时，在能容纳6400名观众的剧场内座无虚席。中国驻新加坡大使馆的官员及新加坡飞凡娱乐有限公司邀请的周边国家的演出商也到场观看演出。全体演员以饱满的激情和精湛的表演技艺，把新版歌舞剧《刘三姐》动听的歌声和优美的舞蹈再次呈现给现场观众，观众在精彩之处都报以热烈的掌声和愉悦的笑声，演出获得了圆满的成功。演出结束后，大使馆的官员还上台与全体演职员亲切握手并合影留念。新加坡飞凡娱乐有限公司董事长王敬顺和观看演出的国外演出商马上与本团领导达成初步意向，准备运作邀请新版歌舞剧《刘三姐》到印度尼西亚、泰国、加拿大等国家商业演出。在商演期间，本团团长杨步云、副团长朱凤立、曹向东和自治区文化厅艺术处副处长朱创伟、颜明以及本团主要演员王予嘉、银艳艳到中国驻新加坡大使馆拜会文化处的朱参赞及一等秘书陈晓，并合影留念。新加坡飞凡娱乐有限公司在演出前期做了充分的准备，投入了大量的物力和财力，在新加坡电视台和新加坡主流报纸（新加坡联合早报、新加坡英文报等）播出和刊登了大篇幅的《刘三姐》演出的相关报道及对导演、主演采访的报道，使新版歌舞剧《刘三姐》在新加坡的商演盛况家喻户晓。此次广西彩调剧团赴新加坡演出新版歌舞剧《刘三姐》是继1980年原版歌舞剧《刘三姐》之后第二次踏上这个美丽的国家，也是新版歌舞剧《刘三姐》以商业运作模式在国外演出成功的先例，为本团将来出国商演积累了宝贵的经验。

【剧目参赛获奖】 4月，小戏《天边一梦》、《桑园小夜曲》，小品《人约黄昏后》、《一封寄往天堂的信》参加第七届广西剧展"小戏、小品展演"决赛，其中小戏《桑园小夜曲》获"桂花金奖"，小品《人约黄昏后》获"桂花银奖"。9月，大型古骆越歌舞剧《谷魂》、大型彩调现代戏《哎呀，我的小冤家》参加第七届广西剧展大型剧目展演决赛，均获"桂花银奖"。10月，彩调古装小戏《武大郎》参加中国戏剧奖·小戏小品暨第三届全国小戏小品大赛获"最受观众喜爱奖"。古装小戏《憨人梦》参加第六届中国戏剧文学奖评奖，获小型戏剧类一等奖。

【非物质文化遗产保护工作】 自治区文化厅指定广西彩调剧团作为广西彩调传承单位后，团部即成立非物质文化遗产保护工作小组，聘请剧团原团长龙杰锋为组长，指令业务办公室主任、国家二级演员朱山为副组长，组员由国家二级编剧周锡生和国家二级作曲王江阳两位同志兼任。工作小组根据国务院国发[2005]42号文件中关于非物质文化遗产保护的方针精神和自治区文化厅的要求，结合广西彩调剧种目前的生存状况，制定了按年度、分种类进行抢救、挖掘、整理、保护的"长计划、短安排"总体规划。长计划是：一、组织创作人员将彩调老艺人口传下来的586个彩调传统剧目中尚未整理的原始口述记录本和剧目故事挖掘、整理出来，去芜存精、推陈出新，赋予它们新的艺术生命，编纂成书，陆续出版，提供给专业和业余剧团演出，使这些宝贵的艺术遗产通过不断演出得以传承发展。二、组织专业音乐工作者将彩调老艺人口传下来的四百多首原始唱腔和曲牌重新分类整理，请专业演员演唱录音，输入电脑数据库长期保存，并请音像出版部门录制成光碟出版发行，供世人传唱，使彩调优美动听的旋律代代相传。三、组织专业人员到彩调流行区域对彩调艺术资源进行一次普查，将流散在民间尚未挖掘出来的传统剧目和唱腔曲牌的手抄秘本、孤本、掌故、口诀、术语、轶闻以及老艺人们遗留下来的各种彩调服饰、行头、道具、演奏乐器、行当脸谱、名人题词、祭祀彩调祖先的器具、牌位等实物和历代艺人授艺的场馆、演出的古戏台等史料，进行收集、记录、登记造册、录音录像，建立彩调生态档案博物馆（或称展示厅），供世人参观瞻仰，使后人对彩调的历史与发展有个全面、系统的了解和认识，培养和增进他们对彩调艺术的兴趣和感情，以营造全民参与保护彩调艺术的社会氛围，提高人民群众对彩调艺术及其生态环境进行保护的重要性的意识。短安排是：争取在2010年底将本团现存的所有演出过的剧目、音乐及其图、文、音像资料，进行整理、编目、归档，输入电脑数据库长期保存。对现存在民间的彩调老艺人身上的活体表演形态、唱念做舞及演出的精彩剧目作抢救录制。在此基础上，还将组织人员进行一次彩调分布图的普查。目前，非遗保护工作小组正在实施"短安排"方案，用上级拨给的专款购置了电脑、扫描机、复印机、照相机、摄像机、录音机等现代化办公用品。工作组人员进行了具体分工：朱山负责图片、音像、实物征集等方面的数据化管理。周锡生负责剧目收集、挖掘、整理、归档的文字方面工作。王江阳负责音乐唱腔收集、整理、录制、归档的工作。现已收集、抢救、整理出广西经典名剧《刘三姐》各种版本的剧本、剧照、音乐、报刊评论、中央党、政、军领导和国家文化名人给主要演员的题词、题诗的原件（或复印件）、合影照片等珍贵史料共23卷198册。优秀现代戏《三朵小红花》共80卷79册。大型神话剧《还珠洞》共8卷80册。整理、归档了近40部剧（节）目。将历年演出的音乐唱腔、影像资料重新整理，按年代顺序挑选出近500小时的上演剧目的音乐唱腔刻成CD或VCD光碟输入电脑数据库存档。还有上世纪六十年代部分彩调老艺人在全区汇报演出时的剧照和绘制的全区彩调分布图等珍贵资料，使零散的图、文、音、像等珍贵资料得到了妥善的保存。6月13日，本团排演优秀彩

调传统小戏《探干妹》、《王二报喜》在广西民族博物馆为全国第四个“文化遗产日”广西戏曲专场演出。

【先进表彰】 王予嘉被评为区直文化系统优秀青年岗位能手，陈智被评为区直文化系统岗位能手。

广西杂技团

【概况】 广西壮族自治区杂技团始创于1952年7月22日，是中华人民共和国成立后广西建立比较早的专业艺术团体之一。团领导班子成员4人，团长陈家明负责全面工作，副团长覃伟波分管行政工作，副团长刘虹分管业务工作，书记陈诗宏。下设演员队、舞美队、财务室、行政办、艺术创编室和演出部7个部门。退休人员42人，在职68人，全年演出146场，演出收入100万。

【新剧目创作演出】 剧团年内新创作的四幕童话杂技剧《小雪猫与独耳鼠》。4月22日晚，在剧团排练场进行全剧的第一次正式着装彩排，同时邀请自治区及南宁市的部分专家前来观看全剧的彩排。4月27日在南宁剧场带妆彩排，区文化厅余益中厅长出席观看并发表讲话。4月28日晚，本剧在09度剧展的第一轮(小型剧目展演)中正式演出，李格训副厅长出席观看。5月28日上午—6月1日晚上，《小雪猫与独耳鼠》在南宁剧场进行为期五天的六一期间公演，共演出9场。7月至8月底，对《雪猫》剧进行修改并于9月3日全部完成全剧的修改工作。9月13日于南宁剧场正式演出(本届剧展全体评委出席对《雪猫》剧作审评)，演出取得成功。

【剧团参展获奖】 《小雪猫与独耳鼠》参加第七届广西戏剧展览会大型剧目展演荣获“桂花金奖”一等奖。同时还获得编剧奖(筱榭)，导演奖(曾辉、谢玮瑜)，优秀表演奖(陈海颖、朱致桦、林振威)，优秀灯光设计奖(陈铭高、姚柳军)，优秀服装设计奖(陈庆勋、陈凯)，优秀舞美设计奖(林肯)，作曲、音乐设计奖(农余彬、汤展新)，化妆设计奖(谢玮瑜)，十个单项奖。颁奖仪式于9月26日晚在广西电视台演播大厅举行。本次剧展由广西文化厅、广西电视台及区文联共同举办。

【重点剧目宣传推介】 5月18日，剧团部分小演员联名写信给自治区党委书记郭声琨同志，邀请郭书记在六一儿童节到南宁剧场观看《小雪猫与独耳鼠》的演出并一起过儿童节。5月31日，自治区党委郭书记发来了回信。信的原件现存在党支部。5月18日，在南宁剧场召开六一期间《小雪猫与独耳鼠》公演前的新闻发布会，与会的有区、市的各大媒体。出席发布会的有党支部书记陈诗宏、执行导演谢玮瑜及剧中的3位主要演员陈海颖、朱致桦、林振威。发布会上，他们回答并接受了记者的提问和采访。12月2日，广西壮族自治区人民政府主席马飚同志到广西杂技团察调研，在排练场看望全体演职员并发表讲话。

【剧团对外合作交流演出】 9月24日至28日，剧团13人随广西南宁市妇女代表团到韩国果川市访问演出，演出节目有《女子造型》、《草帽》、《晃圈》、《芭蕾对手技巧》、《转碟》。在韩国期间受到果川市市政官员的热情接待，并在果川市演出1场，演出受到韩国观众的热情欢迎和好评。9月24日至10月5日，剧团8人演出队受香港联谊机构有限公司，深水埗区议会、深水埗区体育会、深水埗区议会节日及宣传工作组、香港南区各界赤柱区、南区议会、南区各界庆祝国庆筹委会的邀请，参加庆祝中华人民共和国成立60周年国庆嘉年华2009活动的演出。其中10月30日，到中国人民解放军驻香港部队基地为部队官兵演出，部队首长亲切接见我团演员并赠予驻港部队徽章。这次赴港所带去的节目有《晃圈》、《魔术》、《顶坛》、《柔术》、《芭蕾对手技巧》、《溜冰》，共演出20场，受到香港各界观众的好评。

【商业演出】 国庆期间，从10月1日至8日《小雪猫与独耳鼠》在浙江省杭州市杭州乐园演出24场。这是该剧成戏以后首次到外省公演。

【三下乡演出】 12月6日至15日，剧团演出队赴山区凌云县的部分乡镇进行本年度的“文化下乡”巡回演出，共演出20场。12月8日至28日，根据区党委宣传部和文化厅的指示，剧团演出队到区内的贵港市、柳州市、防城港等地进行巡回演出，共演出10场。

广西木偶剧团

【概况】 全年剧团在职人员56人，其中：专业技术高级职称3人、副高级职称10人、中级职称20人、初级职称16人。剧团机构设有：党总支部办公室、团长办公室、副团长办公室、团部办公室、业务发展部、演员队、舞台美术制作部、财务室、演出经营科、广西儿童剧院经营部。年内剧团创作新剧目共3个。春节期间剧团参加由中央文化部组织的“2009泰国快乐春节演出活动”，全年演出场次共120场，演出收入39.3891万元。

【剧团新创作剧目】 剧团年内新创作剧目：科普教育系列木偶剧《智斗鲨鱼》。该剧目是根据中国著名儿童文学作家刚夫《海底科普寓言》创作。大型神话木偶剧《金凤凰》。该剧目是中国著名儿童文学作家刚夫根据广西壮族传说故事（火凤凰）改编创作。大型新编木偶剧《反斗兔智斗聪明猴》。该剧是由美国、香港、剧团联合创作。

【剧团演出】 剧团年内1月、2月份参加庆祝广西壮族自治区成立50周年《山歌好比春江水》大型文艺演出活动周，共演出20场。科普教育系列木偶剧《智斗鲨鱼》剧目在广西儿童剧院共演出25场，非常深受观众们的热烈欢迎，不少的观众纷纷要求我们要多多创作类似这样有教育意义的好剧目。3月4月份科普教育系列木偶剧《智斗鲨鱼》参加“第七届广西戏剧展览《小戏、小品展演》”演出，这台戏是这次剧展中唯一一台儿童作品节目，得到了观众们的一致好评。4月12日至26日大型新编木偶剧《反斗兔智斗聪明猴》赴香港演出共12场。5月份科普教育系列木偶剧《智斗鲨鱼》在广西儿童剧院演出，共演出10场。有不少观众是从桂林市、柳州市、百色市、河池市等，他们都是慕名而来，看完节目后纷纷表示《智斗鲨鱼》这出戏非常值得一看，不虚此行。6月份剧团还参加由南宁市委宣传部、文化局、教育局联合举办“对未成年人教育流动剧场进校园”百场演出活动共50场。6月13日剧团参加文化部主办的第四个“中国文化遗产日”暨“国际木联成立80周年”公益演出活动，共演出2场。8月份剧团举行第五期“2009暑期快乐木偶总动员”演出活动月，上演节目：新编科普教育系列木偶剧

《智斗鲨鱼》、大型神话木偶剧《金凤凰》，共演出12场。9月份大型神话木偶剧《金凤凰》参加第七届广西戏剧展览会演出。10月1日、2日参加国庆节值班演出大型神话木偶剧《金凤凰》共2场。15日至17日到广东省珠海市演出《人偶综合精选节目》共2场。11月12月份参加南宁市委宣传部、文化局、教育局联合举办“对未成年人教育流动剧场进校园”演出活动，共17场。12月份剧团到河池市、天峨县、南丹县进行“文化三下乡”演出活动，共演出20场。年内共演出120场。

广西木偶剧团2009年度演出概况一览表

日期	演出节目内容	演出地点	场次
1月份	《山歌好比春江水》木偶部分	自治区人民大会堂	10场
2月份	《山歌好比春江水》木偶部分	南宁市人民大会堂	10场
2月份	《智斗鲨鱼》	广西儿童剧院	6场
4月份	《智斗鲨鱼》	第七届广西戏剧展览会《小戏、小品》演出	1场
5月份	《智斗鲨鱼》	广西儿童剧院	10场
6月份	《王二小》《八戒巡山》《快乐的小木屋》《小天天遇险记》《天鹅湖》	南宁市各小学、幼儿园、及郊区各小学校	15场
7月份	《王二小》《八戒巡山》《快乐的小木屋》《小天天遇险记》《天鹅湖》	南宁市周边小学、幼儿园等	18场
8月份	2009暑期快乐木偶总动员演出活动	广西儿童剧院	8场
9月份	《金凤凰》	第七届广西戏剧展览会总展演	1场
10月份	《金凤凰》	广西儿童剧院	2场
10月份	人偶综合节目《偶艺新韵》	广东省珠海市	2场
11月份	《王二小》《八戒巡山》《快乐的小木屋》《小天天遇险记》《天鹅湖》	隆安县、马山县、横县、武鸣县、邕宁区等	17场
12月份	人偶综合节目《偶艺新韵》	河池市、天鹅县、南丹县。	20场

【剧团获奖情况】 剧团年内11月荣获中华人民共和国人力资源和社会保障部、中华人民共和国文化部授予“全国文化系统先进集体荣誉称号”。12月荣获联合国教科文组织、国际木偶联合会中国中心、中国木偶皮影艺术学会授予“全国文化工作先进单位称号”。6月13日荣获中国木偶皮影艺术学会、国际木偶联合会中国中心颁发“广西木偶剧团在

文化部主办的《中国文化遗产日公益日》公益演出活动中成绩突出奖”。2月23日荣获中华人民共和国文化部授予“广西木偶剧团《原创动漫扶持计划》动漫演出创作团队扶持”。9月《智斗鲨鱼》参加第七届广西戏剧展览会《小戏、小品》展演中荣获“桂花银奖”，9月《金凤凰》参加第七届广西戏剧展览会展演中荣获“桂花铜奖”。

【对外文化交流】 剧团年内1月29日至2月4日赴泰国参加由中华人民共和国主办“2009泰国快乐春节演出活动”。

【自治区领导考察】 年内11月30日广西文化厅厅长余益中一行到剧团进行考察、调研、指导工作。12月2日广西壮族自治区主席马飚到剧团进行考察、调研时对剧团的发展前景作重要讲话。

【文化“三下乡”演出】 剧团年内12月6日至15日到河池市、南丹县、天峨县进行“文化三下乡”演出活动深受边远山区的学生们的热烈欢迎。上演的节目是：木偶课本剧《王二小》、木偶剧《八戒巡山》、木偶芭蕾舞《天鹅湖》选段等。共演出20场。

广西话剧团

【概况】 广西话剧团前身是广西工作大队文工团，1949年9月19日成立于汉口，1953年文工团正式改编为中国广西话剧团。在长期的艺术实践中，按照戏剧管理的科学规律，不断创新戏剧文化观念。运用市场运作机制，采取多元投资方式，极力将具思想性、艺术性、欣赏性的艺术产品不断推向市场，树立了剧团的优秀品牌。目前，剧团在职演职员58人，其中，国家一级演员3人、国家二级演员12人、国家三级演员7人、国家四级演员19人、国家二级舞美2人、舞台技师3人；剧团拥有一座投资一千多万元的明星剧场和明星小剧场。

【年内完成演出】 完成演出105场。其中喜剧小品综合晚会52场。大型剧目演出30场。文化“三下乡”演出20场。值班演出3场。观众达11万多人。演出收入62.2万。

【喜剧小品综合晚会】 2月创排一台喜剧小品综合文艺晚会。整台晚会以构建和谐社会为主题。思想性强、内容丰富、雅俗共赏。在全区各地50多场的演出中受到了观众的赞扬和好评。

【文化“三下乡”慰问演出】 12月，我团按照国家十四个部委及广西文化厅下发的通知精神，组织了32人的演出队伍，到广西凤山县各个乡镇进行文化“三下乡”慰问演出20场，观众达2万多人。

【音乐童话剧创作演出】 1月向南宁市场推出音乐童话剧《睡美人》，演出2场，小观众达800多人。

【欢乐童话剧《皇帝的新装》巡演】 3月向南宁市场推出童话剧《皇帝的新装》。在我团明星剧场首度公演，演出4场，小观众达2000多人。4月，应邀到四川省内江市、泸州市巡演。演出4场，小观众达4000多人。

【小剧场话剧《我的花心男友》演出】 2月情人节期间，针对青年人的特点，在我团明星小剧场公演小剧场话剧《我的花心男友》，受到青年观众的热捧。演出2场。

【儿童课本剧演出】 4月受邀前往四川省进行巡演，演出深入到各幼儿园和小学校园内。

演出 14 场，小观众达 1.1 万多人。

【童话剧《小红帽》演出】 “六一”儿童节，向小朋友推出童话剧《小红帽》。演出 2 场，小观众达 1000 多人。给节日里的小朋友带来了欢乐。

【经典儿童剧《马兰花》演出】 我团经典的保留剧目。于 7 月受广东深圳市龙岗文化中心的邀请，前往深圳龙岗区演出 2 场，受到了家长和小朋友的好评。8 月应南宁市“妈妈俱乐部”的委托，为小朋友进行了“经典在我心中”专场演出。

【重要演出活动】 1 月，在 2008 年小品大奖赛获金奖的本团作品《信任》参加广西文化厅迎春团拜会、广西财政厅迎春晚会、广西在邕专家学者迎春晚会的演出。3 月 11 日，参加全区优秀农民工表彰大会文艺晚会。6 月 23 日，参加广西区政协“团结杯”山歌大赛。8 月 22 日，参加全国残疾人文艺晚会。9 月 24 日，参加广西区党委、区文联“向祖国倾诉”诗歌朗诵会。9 月 29 日，参加广西庆祝中华人民共和国成立 60 周年“五星红旗”大型文艺晚会。9 月 28 日，参加音乐剧《白头叶猴》崇左市庆祝中华人民共和国成立 60 周年演出。10 月 28 日，参加广西“八桂群星奖”颁奖晚会。12 月 1 日，剧团创作话剧小品《约定》参加在五象广场举行的“防艾”宣传演出，受到自治区领导的好评。12 月 10 日，参加广西第四届“金钟奖”颁奖晚会；12 月 11 日，参加庆祝广西壮族自治区成立 50 周年“山歌好比春江水”文艺晚会。并荣获优秀组织奖；12 月 26 日，参加庆祝纪念地方人大设立常委会 30 年文艺晚会。参演节目情景诗歌朗诵《誓言》、《风云新途》。受到自治区人大领导的赞扬。

【新创剧目】 为了更好开拓演出市场，剧团在 2 月开始创排欢乐童话剧《皇帝的新装》。该剧在原著的基础上，增加了更多的现代元素，舞台上的呈现力更为炫目，提升了剧目对小观众的兴趣和吸引力。3 月，为了让更多的小朋友认识儿童剧和感受儿童剧的艺术魅力，创排了儿童课本剧：《狐假虎威》、《小马过河》、《乌鸦喝水》、《掩耳盗铃》、《狼和小羊》、《滥竽充数》、《狼来了》、《螳臂挡车》等剧目，深入到幼儿园、小学校园演出。其短小精悍，通俗易懂，寓意深刻的艺术风格，使小观众们很直接地了解到故事的真实含义和所要传达的教育意义。

【音乐剧《白头叶猴》创作排演获奖】 音乐剧《白头叶猴》为年内本团主打的重要新创作品，由广西文化厅、崇左市人民政府联合出品，广西话剧团、崇左市文化局演出。音乐剧《白头叶猴》在广西文化厅领导以及崇左地方政府领导大力支持下，由广西话剧团邀请中国国家话剧院李东、田沁鑫导演为首的创作和制作团队，在剧作家李志丹《天歌王国》剧本初稿基础上，从 2008 年开始策划、剧本创作到排练、演出，历时 18 个月完成，7 月接受了领导和专家的审查并正式对外公演。9 月参加了广西第七届戏剧展演。作为崇左市庆祝中华人民共和国成立 60 周年的重要演出。9 月 28 日在崇左市市政广场进行专场演出，观众达 6000 多人。达到了在新的文化环境下以剧目演出带动剧团建设，带动国有院团新的创作和制作模式，以高成本投入规模创作艺术精品达到优异的演出品质，进行艺术市场开拓，建立文化产业新模式而进行的艺术探索。该剧以广西独有的珍稀动物白头叶猴为主人公，以广西独有的自然环境和神秘艺术花山岩画为背景，以广西丰富的少数民族文化为视觉元素，从人和动物两个视角讲述故事的新奇创作方法，关注中国乃至世界的生态及环保问题，创作艺术性、趣味性、民俗性、娱乐性兼顾，载歌载舞，声情并茂的新型“音乐剧”的形态。田沁鑫导演率领美国百老汇和日本四季剧团的“海归”专业化音乐剧人士的年轻组合，以及《杀死比尔》《满城尽带黄金甲》《夜宴》等电影制作的舞美设计、在舞台影像技术方面独树一帜的多媒体影像设计、2008年北京奥运会开闭幕式服装设计、英国归来的音响设计等组成的年轻舞台设计团队，运用现代工业化装置、灯光和多媒体效果，在艺术和技术、时尚与魔幻质感之间变化多端。音乐剧《白头叶猴》于9月20日参加广西第七届剧目展演。荣获桂花奖金奖。

【参加广西第七届小戏小品展演节目获奖】 剧团创作的小品《棋局》荣获广西第七届剧展小戏、小品展演剧目银奖、编剧奖、化妆设计奖。小品《无题》荣获广西第七届剧展小戏、小品展演剧目铜奖。小品《歌星与歌迷》荣获广西第七届剧展小戏、小品展演音效设计奖。小品《无题》荣获广西第七届剧展小戏、小品展演剧目铜奖。

【参加广西第七届小戏小品展演个人获奖】 在广西第七届剧目展演中，我团共多人获得奖项。音乐剧《白头叶猴》：李志丹、张然、孙健获优秀编剧奖。田沁鑫获优秀导演奖。张功长、马学雷获优秀表演奖。蒋倩茹、罗夏、黄海璐获表演奖。谭华获灯光设计奖。张梓倩、黄方俊、韦勇军获音效设计奖；张然获作曲音乐设计奖。王璞、谭华获优秀舞美设计奖。小戏小品：褚家设、蓝振波获优秀表演奖。黄玉萍、韦蕴尹、何彬、马学雷获表演奖。

【新创剧目申报】 10月，按照有关要求，剧团新创剧目音乐剧《白头叶猴》申报国家舞台艺术精品工程，并于12月开始评选。10月，按照有关要求，剧团新创剧目音乐剧《白头叶猴》申报文化部文华奖。11月，按照有关要求，剧团新创剧目音乐剧《白头叶猴》申报原创动漫演出扶持计划。

【参加研究会及创作会等活动】 5月，参加中国剧协音乐剧《白头叶猴》作品研讨会。10月，参加广西文化厅音乐剧《白头叶猴》作品研讨会。11月，我团派出演出部、艺术部负责同志参加“2009天津首届演艺交易会”。12月，团领导参加“全区创作会议”。12月，参加“八桂德艺双馨青年集结号”活动。

【参加歌咏和演讲比赛】 11月，参加广西文化厅庆祝建国60周年歌咏比赛。12月，参加区直文化系统关心下一代工作委员会首届《我与祖国共奋进》演讲比赛，并获优秀组织奖。

【剧团重大活动】 9月19日广西话剧团迎来了建团60周年大庆。大庆活动期间，新老团员共聚一堂，畅谈过去，展望未来。自治区原副书记丁廷摸、自治区原副主席李振潜、自治区文联主席潘琦、文化厅原厅长周民震、文化厅副厅长李格训等领导到会参加庆典活动，并表达了衷心的祝愿。

【专业技能培训】 3月，邀请广西艺术学院舞蹈系、北京舞蹈学院音乐剧系、上海音乐学院音乐剧系专家，对演员进行了为期3个月的专业技能强化培训。

【筹建广西话剧团影视剧演员俱乐部】 8月，为了加强演员队伍的管理和建设，同时让更多戏剧表演爱好者了解和掌握戏剧表演的基本知识，开始筹建广西话剧团影视剧演员俱乐部。

【影视剧活动】 广西话剧团作为广西唯一的区直戏剧表演艺术剧团，有着众多的戏剧表演艺术人才，许多演员在广西乃至全国影视界享有声誉。年内共有20多人次参加了电视剧、电影的拍摄。在电视剧《人民利益》、《红七军》；电影《壮乡木棉红》、《警戒线》、《山里的中巴》、《真心英雄》等不同类型的剧目中饰演了重要角色。

【对外艺术交流、辅导活动】 自治区党委宣

传部经典诗词诵读活动艺术辅导；区党委“我邀明月颂中华”诗歌朗诵艺术指导；广西艺术学院人文学院“文化艺术管理核心课程项目化教学模式的研究”《电影学概论》公开课指导教学；广西地矿局庆中华人民共和国成立60周年文艺晚会艺术指导；广西地税局“爱岗敬业”主题演讲比赛艺术指导；广西中房集团迎春晚会艺术指导；广西教育厅中职院校技能比赛开幕式艺术总监；全区消防系统迎春汇演艺术指导。

【培星工作】 为了贯彻文化厅关于“培养新星、推出新星”的工作指示。从2008年开始，剧团有步骤地对有发展潜力的青年演员进行培养，内外结合，有意识地强化他们的专业技能和扩大对外宣传，收到了一定的成效。其中有广西第七届戏剧展演优秀表演奖获得者、广西十大影视歌手的优秀青年演员张功长，广西第七届剧目展演表演奖获得者、广西快乐女生十强并代表广西参加全国快乐女生突围赛的优秀青年演员何彬。

【明星剧场演出】 广西话剧团明星剧场一直是对外演出的窗口，在承担本团剧目演出的同时，也给各个企事业单位提供了一个文化活动的场所，并以优质的服务，优良的专业素质，优秀的舞美技术人才队伍服务剧团和社会。全年举行了各种专题晚会演出40多场，创收11万多元。

广西京剧团

【概况】 广西京剧团是全国省级重点京剧院团，主体是由四十年代田汉先生与京剧教育家冯玉昆在柳州创办的“四维儿童剧校”的成员组成。前身是1948年11月在北京成立的中国人民解放军第十三兵团政治部火线京剧队，1949年解放军第十三兵团政治部火线京剧队、第三十八军京剧队、第四十九军第一四五师京剧队随军南下解放广西后，先后在南宁合并为广西军区政治部京剧队，1953年集体转业，成立广西京剧团。1987年更名为广西艺术辅导团，1997年恢复广西京剧团并与广西艺术辅导团名称使用，2007年取消广西艺术辅导团名称而单独使用广西京剧团名称。剧团现有编制95人，目前在编人员73人，行政人员2人，专业技术人员71人，专业技术人员中获正高级职称8人、副高级职称22人、中级职称20人、初级职称21人。内设有业务办公室、行政办公室、老干科、人事科。年内共演出139场，其中“三下乡”演出20场，6000亿元全区重点工程项目慰问巡回演出26场，京剧进校园演出20场，营业性演出收入72.194万元，观众人数18.3万多人，出色完成了区党委和文化厅下达的各项任务。

【提高演职人员的业务素质】 1—5月，根据本团青年演员的现状，从基本功训练、折子戏训练以及乐队视场练耳、舞美各行的制作及修补来开展工作，有效地提高青年演职员的业务素质，并制定计划定期进行业务考核，加强了青年演职员的业务能力，达到了预期目的，从而使青年演职员更加热爱自己的本职工作。

【剧团下乡慰问演出】 12月8日至17日共演出20场。剧团一行35人深入到革命老区巴马县的各乡镇进行“三下乡”演出，在巴马县的巴马镇、那桃乡、百林乡、所略乡、燕洞乡、甲篆乡、西山乡、凤凰乡、那社乡等乡镇，给巴马的父老乡亲们送上了一台丰富多彩、丰盛的文化大餐。此次演出特别为当地群众准备了一批具有教育意义的京剧、小品和丰富多彩的魔术、歌舞节目，剧团演出水平高，受到了当地政府和群众高度评价及热烈欢迎。

【京剧进校园活动】 全年进行了20场京剧进校园演出活动，其中以赴小学、幼儿园演出居多，通过《红灯记》、《打虎上山》等优秀剧目的演出，培养了孩子们的精神品质和人格力量，宣扬了民族精神。此外剧团联合翡翠园小学长期开展京剧培训活动，达到了在普及京剧的过程中培养观众发现人才的目的。

【第二届中国—东盟京剧爱好者南宁演唱会活动】 10月9日至12日，广西京剧团协办的第二届中国—东盟京剧爱好者南宁演唱会在广西南宁明园饭店举行，演唱会共举行6场演出，演出88个节目，邀请了东盟6国和德国、比利时、英国以及国内京剧爱好者参加演出，参加活动演职员达300多人。出席演唱会开幕式有：自治区政协副主席蒋济雄，广西文化厅厅长余益中，泰国泰中文化艺术中心理事蒙云峰先生，马来西亚大学中文系“中国戏曲文学”专职讲师周少瑜先生，新加坡戏曲学院院长蔡曙鹏博士，中国京剧艺术基金会理事长、著名京剧表演艺术家刘长瑜女士等。广西京剧艺术促进会名誉会长马庆生宣布演唱会开幕，广西京剧艺术促进会会长张文学致辞。此次活动增强了与东盟各国之间的文化友谊，共同促进了京剧艺术的发展和传播。

【中国—东盟京剧艺术发展与传播研讨会活动】 10月10日、11日在南宁市举行。这次研讨会在范围和规模上都是一次集效率、效果和效应为一体京剧的艺术盛会，来自中国、新加坡、泰国、马来西亚的学者、京剧艺术工作者、京剧教育与推广人士、票友等，从各个的实践出发，探讨了生存生态变迁的背景下京剧艺术在中国及海外如何传承与发展的等问题。通过开展演唱会和研讨会，建立了中国—东盟京剧艺术交流与合作的平台，增进相互之间的了解，传播友谊、扩大共识、增强彼此之间的认同感，为促进京剧艺术的发展和中国东盟各国友好关系的发展作出积极的努力和贡献。通过研讨大家达成的共识包括：京剧是中国的国粹，它具有“雅俗共享”的属性。京剧的发展历程表明，京剧是一门活态发展的艺术，在坚守传统“类型化”表演的同时，应该学会借鉴包括西方舞台艺术在内的其他艺术门类的成就，在表演中注重典型性。京剧在外海华人中起着文化认同符号的作用，本着国家文化发展战略的需要，应该注重京剧在海外的推广。注重以科学的戏曲理论作为指导，加强人才培养，并拓宽教育渠道，加强演出市场的培育，京剧将在国家加强非物质文化保护工作背景下重获春天。

【剧目参赛演出获奖】 7月参加第七届广西剧展小戏小品展演，小品《春雨》、小戏《洞房》、《中秋月》获桂花铜奖；获10个单项奖。8月参加第五届广西音乐舞蹈比赛，获演唱奖1个，京胡独奏《和》获器乐作品三等奖、京胡独奏《夜深沉》获演奏三等奖；9月参加第七届广西戏剧展览会大型剧目展演现代京剧《御赐玉棋》获桂花特别奖，10月31日参加全国小戏、小品大赛，京剧小戏《春雨》获观众最喜爱的作品奖。

广西演出公司

【概况】 广西演出公司成立于1958年，位于南宁市邕江南岸，是广西唯一具有涉外演出经营资格的国有演出公司。公司现有在职职工53人，其中正高级专业技术职称2人，副高级职称1人，中级职称15人，初级职称11人。公司下设办公室、财务部、演出营销中心、资产运营中心、基建部、南宁剧场、红星城、艺苑饭店8个部门。演出营销中心是公司主体业务部门，主要从事演出项目出策划、营销及推广，公司所属南宁剧场是目前南宁市唯一的大型专业剧场。公司2009年全年各项经营收入为1147.18万元，其中演出经营收入392.45万元；房屋及场地租金收入519.16万元；剧场场租收入206.98万元；舞台工程、停车等其他收入28.59万元。

【南宁剧场经营】 南宁剧场是一座具备多功能综合性的大型专业文化活动场所，可供戏剧、歌舞、电影、会议等使用。南宁剧场建成于1974年，是广西首府南宁市上世纪70年代有代表性公共建筑之一，具有较高的历史、艺术、科学价值。2009年，在自治区文化厅的关怀下，给予南宁剧场拨款200万元，用于南宁剧场观众座椅和墙面更新改造。现新安装了高档高背靠座椅1517个。2009年南宁剧场共用场203次，其中商业演出用场33次，场地租用演出用场54次，会议用场114次，电影放映用场2次，经营收入为190.39万元，比去年同比增长了3倍之多。

【红星城经营】 红星城前身为红星剧场，2004年重建后更名为红星城，是广西演出公司重要经营实体，红星城一楼经营品牌服装，二楼经营西餐厅，三楼为红星电影城。2009年，红星城场地租金收入286.68万元。红星电影城2009年票房收入达351.3018万元，利润9.980769万元；观众人数为144156人次。同比去年增加84.0249万元，观众人数增加38947人次。

【万茂钻石广场经营】 广西演出公司拥有万茂钻石广场二层、四层及其夹层商业资产。钻石广场四楼为K歌迷娱乐城。二楼在“苏宁电器”退租的情况下，广西演出公司及时调整思路，引入品牌餐饮连锁店驻场，化解了风险、避免了损失。万茂钻石广场2009年场地租金收入132.78万元。

【第八届广西新春文艺演出月】 1月，由自治区文化厅主办，广西演出公司承办的“第八届(2009)广西新春文艺演出月”系列演出剧目在南宁剧场隆重上演。期间，广西演出公司推出了《2009年(首届)广西新年民族音乐会》、德国莫扎特交响乐团《2010年广西新年音乐会》、陈佩斯舞台喜剧《阳台》、大型歌舞剧《碧海丝路》4台经典剧目。19场演出观众人数达2.2144万，票房收入262.8万元。

【“春之韵”春季演出季】 为了保持广西演出市场的繁荣，在国际金融危机的背景下，广西演出公司仍然坚持策划“春之韵”春季演出季系列演出活动，推出了《但愿人长久》——永远的邓丽君经典金曲巡回演唱会、卢森堡钢琴家让·缪勒《钢琴独奏音乐会》、越剧明星版《梁山伯与祝英台》、新型童话杂技剧《小雪猫与独耳鼠》、魔术师Lipan大型魔术表演晚会《魔幻之旅》、儿童剧《天鹅湖》6台经典剧目。共演出20场，收入56.9万元，观众人数7554人。

【十月演出黄金周】 中华人民共和国成立60周年,为了庆贺祖国母亲的生日,10月25日—30日,广西演出公司策划了《加拿大阿尔肯弦乐四重奏》、功夫诗·《九卷》、朝鲜平壤艺术团《盛开的金达莱》3台经典好戏,共举办了4场,观众2470人,收入31.4万元。

【2010年新春文艺演出季】 冬季演出月作为2010年广西新春文艺演出季的一项重要内容,12月期间,广西演出公司推出了《哈尼奇和普奇钢琴长笛二重奏》、时尚幽默喜剧《奇缘》、青春励志舞台剧《未来组合2008》、黄梅戏《天仙配》、黄梅戏《折子戏》5场演出,观众人数3576人,收入4.9万元。

【广西南剧文化产业城规划】 为了实现公司集团化、规模化发展战略,实现公司以演出娱乐为龙头、相关文化产业同步协调发展的经营格局,广西演出公司自2005年起提出《刘三姐艺术中心总体规划方案》,在文化厅的正确领导下,经过几年的调研和策划,演出公司领导班子加大对南宁剧场改造方案的调研和总体规划,于2008年把项目方案名称更改为《广西南剧文化产业城总体规划方案》,并于9月获得了南宁市规划管理局的规划红线批复。

【转企改制】 多年以来,广西演出公司对改革进行了不断的探索,进行了人事制度和分配制度等方面改革,取得了较大的成功。2009年以来,在自治区文化厅领导的关怀下,在自治区党委宣传部文化体制改革领导小组和自治区文化厅人教处的具体指导下,广西演出公司领导对转企改制总体方案进行了反复的修改和测算,并征求文化体制改革领导小组各成员单位的意见和建议,经过五次自下而上、自上而下的修改完善,公司转企改革方案基本成熟,已正式呈报自治区文化厅。

【制度建设】 随着公司改革不断引向深入,公司原有的一些制度逐渐不适应形势的发展。全年广西演出公司在人事、分配和财务制度三方面进行了修改和完善。人事制度方面,公司于4月完成了今年职工全员岗位目标和经营目标聘用工作,根据公司的发展和岗位需要进行了部门机构调整,新增基建部,人事部与行政部合并为公司办公室,撤销了舞台工程部。现公司设办公室、财务部、演出营销中心、资产运营中心、基建部、南宁剧场、红星城、艺苑饭店8个部门。另外,将2名表现突出的年轻大学生充实到公司中层领导岗位。在分配制度方面,公司在全体职工实行档案工资的基础上,对在职职工实行任务与补贴结合的办法,在兼顾公平的原则下适当拉开分配差距,使在职职工个人收益与公司的经济效益挂钩,有效地调动了大家的积极性;财务制度方面,公司对工作人员的财务行为、财务手续进一步规范完善,同时严格财务审批报销制度手续,在制度上保证公司的成本控制和开源节流落到实处。

广西文化物资供应公司

【概况】 广西文化物资供应公司创建于1963年,原名称为广西文化物资供应管理站,1980年4月起改现名。现有在职人员16人,其中正中级职称1人,初级职称2人。公司内设经理办公室、副经理办公室、财务部、综合部、经营部。

【主要工程项目】 完成广西民族博物馆音响

灯光会议系统工程的竣工；完成北海市人民剧场舞台灯光系统、音响系统、舞台吊杆控制系统工程的安装、调试；完成广西文化厅灯光音响设备招标采购；完成广西群众艺术馆演出线阵列音响系统的安装调试；完成文化厅大型剧目专用的数字投影灯的招标采购。该套设备系2008年北京奥运会开幕式使用的同品牌型号高科技设备，为广西唯一高端投影设备。公司经过严格筛选、层层把关，最终通过了招标程序完成了数字投影灯的供应，在厅剧团各大剧目的编排和演出中，我公司均安排有专业音响师、灯光师现场操作，保证了演出的效果，并在一系列大型剧目演出中获得好评；完成上思县文体局音响系统安装调试；完成广西老干部活动中心音响工程安装调试；完成建设钦州农行会议室音响工程。

【主要演出租赁项目】 9月8日—23日，公司承接文化厅四年一届的大型剧展演出任务，主要负责提供两个主要场地所用的灯光音响设备以及其他场地的设备保障工作。因筹备时间紧、任务重、演出场地较为分散、设备要求较高，公司领导对此次文化厅下达的任务非常重视，要求公司放下手中其他事务，强力保障这次剧展演出。经过精密的统筹和公司员工不分昼夜连续奋战，最终按时保质的完成设备的提供、安装、调试，使各参演剧团圆满的完成剧目的演出，得到了文化厅及各剧团的一致好评。4月11日承接凌云县茶文化节大型演出。5月25日承接乐业国际天坑旅游节文艺演出。9月27日承接河池市歌颂祖国大合唱演出。10月21日承接纪念龙州起义文艺演出。11月28日承接贺州市盘王节演出。12月11日承接纪念百色起义80周年大型文艺演出。12月22日承接纪念龙州起义80周年大型文艺演出。

广西舞台设备技术研究所

【概况】 广西壮族自治区舞台设备技术研究所位于南宁市青秀区建政路33号，占地面积3400平方米。原为广西文化厅灯具厂，建立于1969年，技术骨干来源于文化厅直属剧团有技术、有水平的舞台技术人员，员工多为文化系统的富余人员，灯具厂为事业拨款单位。1982年后，因开发民用灯具产品成功改为自收自支的事业单位，经多次工资整改，员工工资均按国家机关事业单位的规定办理。1992年成立广西壮族自治区舞台设备技术研究所，原灯具厂并入研究所，经自治区编委核定编制为38人，明确为自收自支、自负盈亏的企业化管理事业单位。2006年核减编制人数为21名，现有在职职工15人，退休人员18人，处级干部1人，科级干部3人，专业技术人员6人，其中中级职称3人，初级职称2人，技术工人5人。单位现下设行政部、工程部、财务部3个部门。

【业务】 广西壮族自治区舞台设备技术研究所是集科、贸、工为一体的科研院所，具有同全国9个专业舞台技术研究所具备的职业资格，主要从事文化艺术类产品的科研开发、舞台产品的设置安装，是中国演艺设备技术协会会员单位，是广西区内最早从事专业灯光、音响、舞台机械及配套设施研究安装设计的专业单位。结合工程开展科研，承接剧院、俱乐部、卡拉OK歌舞厅等艺术场馆的建筑声学、光学、电学等技术咨询，检测及技术鉴定，

承接专业灯光、音响、舞台机械等工程的设计和设备选型、配套、安装及调试等业务，是广西唯一的舞台设备技术综合专业职能部门，也是生产建筑、民用荧光灯、支架的专业厂。单位全年实现收入33万元，上缴各种税金9万元。

广西文物商店

【概况】 广西文物商店成立于1978年，位于南宁市古城路21－8号，原名“南宁文物商店”，直属自治区文化厅，是广西南宁市唯一经国家文物局批准，具有文物内、外销售资格，专营文物、古玩的经营机构，现有职工23人，下设广西文物商店总店及邕华斋2个经营机构。

【业务】 广西文物商店经营范围：收购社会流散文物，销售国家政策允许销售的商品，包括古玩、珠宝玉器、工艺品、文化用品等。主要业务是收购和销售各时期的陶瓷、铜器、名人书画、玉器珠宝、文房家具等收藏品和民族工艺品、礼品。全年销售收入256万元。

广西文化年鉴

各市文化建设

各市文化建设

南 宁 市

全市文化工作综述

2009年，全市有专业艺术表演团体9个，其中市属2个，县区级7个；市艺术创作研究所1个。公共图书馆14个，其中市属馆2个，县区馆12个，总藏书量213万册。市级群众艺术馆1个，县区文化馆12个，辖区内社区文化活动室237家，辖区内村文化室672家。文物管理机构10个，市博物馆1个，县区文物管理所7个，文物保护单位154个，其中国家级文物保护单位3个，省级文物保护单位22个，市、县级文物保护单位129个。有文化经营单位1087家，其中7家属于艺术类表演团体；网吧794家，娱乐场所286家。

周密部署，精心组织，以践行科学发展观活动促进党建工作。以“党员干部受教育、科学发展上水平、人民群众得实惠”为总要求，认真制定《中共南宁市文化局党组关于开展深入学习实践科学发展观活动实施方案》，全市文化系统以“践行科学发展观，推动文化事业和文化产业又好又快发展”为主题，以加强公共文化服务体系建设，推动文化产业科学发展为载体，组织广大党员干部深入学习实践科学发展观。整个学习活动共分为学习调研、分析检查、整改落实三个阶段，活动中建立了学习实践活动宣传专栏，平均每个党员撰写了1～2篇学习体会，同时各有关单位均出版了学习简报、宣传黑板报、学习园地等。全市文化系统还撰写了以《加强培育文化名人，解决文艺队伍德艺双馨建设问题》等一批有重要指导意义的课题调研论文。全市文化系统普遍受教育，党建工作呈现新气象。

精品荟萃，集中展示，重大文化活动异彩纷呈。盛况空前2009南宁国际民歌艺术节。新民歌，新十年，2009南宁国际民歌艺术节坚持民族性、国际性、现代性、艺术性和群众性，不断提升民歌节的气质和品位，开创南宁国际民歌艺术节新篇章。为办好2009南宁国际民歌艺术节，精心举办了民歌十年研讨会以及民歌创作座谈会。本届民歌节文化活动共有七大项，其中《大地飞歌·2009》晚会第一次举办了两场，场场精彩。开幕式晚会盛大经典、华美绚丽，据不完全统计，有6000万人通过电视、广播、网络等平台，共享了开幕式晚会这台民歌盛宴，更有东盟10国及日本、韩国等数十家海外媒体参与了开幕式晚会的报道，晚会盛况空前；《大地飞歌·激情之夜》青春时尚，魅力无限，台上台下一片欢腾。首演十场又加演两场的广西民族歌舞秀《绣球飞》更是场场爆满，演出获得巨大的成功。欢乐大巡游活动加入时尚新元素，由32支表演方队和22辆花车和组成不同的主题巡游队伍，共有近4000名演员参与表演，让

绿城市民尽享全民式狂欢。第一次举办中国—东盟摄影节，共收到作品近3000份，上万观众观看了展览，受到社会各界的一致好评。此外，卢权智红陶精品艺术展展出红陶艺术品80余件，接纳3万多名观众，发放宣传册1000多本；“绿城歌台”增设老年、儿童及残疾朋友的特别节目，群情激昂。2009年的民歌节节味更浓、活动更丰富、群众参与性更强。

——精心协助自治区做好第五届泛珠三角区域合作与发展论坛暨经贸洽谈的演出任务。在南宁市的招待宴会上，由市粤剧团精心准备了一台独具特色的民乐表演，表演汇集泛珠“9＋2”城市耳熟能详的民乐精品，为宴会营造出了高雅喜庆的氛围。

——美轮美奂《南宁·泛北部湾之夜》晚会。由南宁市政府承办、南宁市文化局组织的泛北部湾经济合作论坛开幕式晚会—南宁·北部湾之夜在会展中心朱槿花厅魅力上演。晚会突出形式、内容的创新：以激光灯、PAR灯艺术化地构建流光溢彩的舞台空间。以南宁传统邕剧、东盟经典歌舞，全景展示魅力无限的南宁·北部湾之夜以及泛北部湾经济合作的美好前景，受到了社会各界的广泛好评。

——热烈隆重庆祝建国60周年系列文化活动。以庆祝建国60周年活动为契机，积极办好庆祝建国60周年系列文化艺术活动。举办了“爱国歌曲大家唱”歌咏大赛，“我邀明月颂中华”——经典爱国诗词配乐朗诵大赛等系列活动，活动热烈，群众参与面广，受到了广大市民的一致好评。迎接中华人民共和国成立60周年的特别节目“激情广场—爱国歌曲大家唱·南宁篇”群众性歌咏活动”更是好评如潮。通过举办系列文化活动，真正唱响共产党好、社会主义好、改革开放好、人民群众好、伟大祖国好的时代主旋律；同时，我市还举办“南宁兵变纪念展”纪念活动，通过图片的形式向广大市民宣传了南宁兵变的重要意义，反响热烈，活动从12月10月持续到2010年2月10月，截至年底已接待观众上万人次，活动为首府南宁营造了积极热烈的喜庆气氛。

创新思维，传承发展，精品艺术生产亮点频现。年内，全市的精品艺术生产硕果累累。一是创作成果显著，依靠艺术剧院的创作力量成功推出了广西民族歌舞秀《绣球飞》，得到广大观众喜爱和各界人士的高度评价，显示了本土创作力量的崛起，展示了首府精品创作的实力和在广西的领先地位。市粤剧团振兴粤剧，创新发展，先后创作并演出了两个大型粤剧《目连救母》、《海棠亭》，受到专家和观众的广泛好评。小戏小品方面喜报连连，其中《旅店夜话》获得全国大奖，一批新创作的音乐舞蹈作品也获得了全国、全区的各类奖项。去年全年全市各类艺术创作的作品荣获国际奖项3项、国家级奖项12项、自治区奖项86项，成绩喜人。二是推出南宁市第一个“天天演”项目——《邕州神韵》，该项目全年共演出一百多场，打破了文化演艺产业在南宁的“缺席”状态，进一步推动了艺术院团的体制改革与创新，丰富了首府演出市场，成为南宁市演出市场的一枝新秀。

服务基层，重在惠民，公共文化服务体系迈出新步伐。全市的群众文化工作，以提高公共服务水平为切入点，使公共文化服务进一步向基层、向农村延伸。文化基础设施建设日益完善，第二批的10个乡镇综合文化站全部竣工，同时还有22个乡镇综合文化站正在建设当中；建成了三个文化信息资源共享工程县级支中心；在建设的基础上，逐步配备完善基础设施。群众文化演出呈现纵深发展趋势，全年全市共演出近5000场，直接受益观众达100多万人次。“一地一节”全面铺开，西乡塘区的香蕉节、武鸣的“三月三”歌圩、宾阳的炮龙节、横县的茉莉花节、马山的文化旅游美食节等各具特色，各项活动有效

拉动了县区的经济发展。特殊群体活动迈出新步伐，成立的全区第一支残疾人艺术团“南国之光”在全国、全区的比赛中，都有不俗表现。此外，还不断强化图书馆公共文化服务功能，重视各类图书馆建设，认真开展图书馆定级评估工作，做到以评促优、以评促建。

上下合力，克服困难，文化遗产保护工作成果显著。为做好文化遗产保护工作，去年专门召开了全市文化遗产保护工作会议，围绕会议精神开展全年工作。文物保护工作一是继续深入开展第三次文物普查工作，通过普查新发现各类不可移动文物 76 处，其中有 15 处列为新的文物点。同时完成了全区孔庙专项普查工作，这是我市文物工作者第一次承担起在全区范围内跨市普查广西孔庙的分布与历史的任务。二是举办了纪念“南宁兵变八十周年”活动和“南宁兵变纪念展”，展览通过图片的形式向广大市民宣传了南宁兵变的重要意义，反响热烈，影响深远。三是认真抓好南宁商会礼堂、广西省土改工作团第二团团部旧址、北帝庙、那莲戏台、邕江壁画等 5 处文物点的维修工作，一些濒临倒塌的重点文物得到有效地保护。四是认真做好邓颖超纪念馆的开放工作，不断扩大邓颖超纪念馆的影响力和教育作用。五是组织出版《南宁旧事》一书。六是做好文物安全工作，强化文物行政执法工作，依法查处文物行政案件等。非物质文化遗产保护工作方面，一是以评估验收为契机，开展了各类培训及资料整理工作，全市共收集非遗线索 12444 条，建立了非物质文化遗产资源各种类型档案，编纂文字资料 24 卷计 766.5 万字，全市的非物质文化遗产普查工作得到了自治区的高度评价。二是公布了全市第二批非物质文化遗产保护项目及非物质文化遗产项目传承人，并做好了各类级别非遗项目及传承人的申报工作。到目前为止，全市非物质文化遗产保护项目市级以上 37 个，其中国家级 4 个，自治区级 18 个；市级以上传承人 23 名，其中国家级 4 人，自治区级 20 名。三是建立了各级名录传承基地 33 个，有效地保护了我市珍贵的非物质文化遗产。

加强指导，注重实效，新闻出版工作井然有序。新闻出版管理工作是意识形态领域里的重要工作，也是精神文明建设的重要阵地。去年，在印刷出版管理方面，一是认真开展全市 1400 多家印刷出版及发行企业的年度核验工作；二是按时按质做好内部资料性出版物的审核审批工作，全年共审批了近 200 份出版物；三是加强相关企业的日常监管，包括开展各类业主培训，对印刷企业进行监管等；四是稳步推进了 100 个“农村书屋”建设工作。在版权法规管理方面，积极推动使用正版产品，推进企业软件正版化工作；做好版权行政管理和服务工作，做到严把进校书刊质量关，积极开展著作权法律知识宣传工作，强化全社会的知识产权意识，依法严厉打击侵权盗版等非法行为。

管理规范，整治有效，“扫黄打非”工作和文化市场稳定繁荣。年内，全市继续加大“扫黄打非”工作力度，进一步加强对书市、报刊市场、音像制品市场、电子出版物市场、印刷市场、互联网服务市场、计算机软件市场等文化市场的监管，有效打击各种政治性非法出版物、淫秽色情、凶杀暴力、盗版等非法出版物，规范了文化市场秩序。围绕各类重大活动时期深入开展“扫黄打非”集中行动，重拳出击，查处了包括“灵丰”盗版案、广西超发音像公司民族分公司涉嫌发行敏感题材及低俗内容音像制品案等大案要案，销毁了一批非法出版物。文化市场坚持“一手抓繁荣，一手抓管理”的工作原则，认真履行监管职责，扎实开展工作。2009 年，开展了整治互联网低俗之风专项行动、网吧专项整治工作、游艺场所整治工作等，同时建立健全长效监管机制，努力净化学校周边文化环

境，文化市场稳定繁荣。

革新理念，拓展平台，文化产业发展快速。去年全市文化产业发展势头良好，文化市场经营单位共1965家，解决就业16260人，实现收入10.6300亿，印刷出版行业占全市GDP比值也呈上升趋势。我们支持国有文化单位向市场发展，成功运作了新会书院“邕州神韵天天演”项目，使艺术院团走向市场的步伐向前跨了一大步。对民营文化企业高度重视，大力支持唐人文化园区的建设，举办了首届唐人文化节，有力地推动了文化园区的建设和发展，使之成为南宁文化产业的一个新的亮点。此外，根据首府文化产业大发展的要求，我们酝酿提出了印刷产业园、顶蛳山文化公园项目、民族工艺(红陶艺术)创意产业园等重大文化产业项目构想，配合自治区开展南宁动漫城的策划与创意，逐步形成我市文化新闻出版系统文化产业项目体系。各县区在大力发展文化产业方面，也积极打造产业平台，搞活节庆产业，促进文化旅游发展，取得了较好的成绩。

统筹兼顾，内外融通，对外文化交流持续创新。积极利用中国—东盟的交流平台和首府的区位优势。南宁国际民歌艺术节吸引了近30个国家200多名艺术家前来参加文化交流演出，为民歌节大舞台增添了亮丽的国际色彩。此外，为加强国际文化合作，以民间形式促进多方交流，举办了“2009中国南宁·中日友好文化交流活动”和“亲情中华·南宁国际华人粤剧文化节”，特别是历时七天的国际华人粤剧文化节吸引了来自英、法、瑞士、新加坡、泰国等14个国家及地区的粤剧社团参与，通过文化交流，进一步扩大了南宁的影响力。

围绕大局，抓住机遇，文化重点工程建设扎实推进。全年紧紧抓住“项目建设年”的机遇，加快各个文化重点工程建设的步伐。积极推动孔庙回建项目；加大历史文化遗产保护力度；加快南宁艺术博物馆、南宁民族艺术基地等项目的筹建工作，目前这两个项目前期工作已经完成，今年可以开工；顶蛳山文化公园目前已立项；南宁市社会艺术培训中心、南宁市中心图书馆、民歌博物馆项目都在进行前期立项准备工作；在今后几年全市可望有一批新的文化标志性项目建成。

专业艺术

【概况】 年内，南宁市艺术剧院在编人数189人，其中正高职称8人，副高职称25人，中级职称80人，初级职称54人。剧院内设办公室、策划部、人事部、培训班、市场部、舞美工程部，下设歌舞一团、歌舞二团、话剧团、青秀民族艺术学校。全年演出396场，其中指令性演出114场，公益性演出19场，商业性演出251场，文化交流演出12场。全年观演人数约39万人，演出收入730637元。南宁市粤剧团、邕剧团为“两块牌子、一套人马”，在职人员78人，副高以上职称9人，中级职称26人，初级职称9人。剧团设行政科、人秘科、业务科、演员队、乐队、舞美队。粤剧团、邕剧团全年共演出317场，其中在农村演出63场。全年演出中，商业性演出17场，公益性254场，指令性46场。全年观演人数约10万人次。

【2009年南宁国际民歌艺术节】 南宁国际民歌艺术节活动时间为9月—10月，具体活动包括7大项：《大地飞歌·2009》晚会(10月20日、21日晚)、广西民族歌舞秀《绣球飞》晚会(10月18日—27日晚)、“绿城歌台”广场文化活动(10月21日—10月22日)、《和谐南宁·欢乐绿城》巡游活动(10月23日)、卢权智红陶艺术精品展(10月16日—11月6日)、外国艺术家专场演出(10月23日晚)、中国—东盟国际摄影节(9月—10月)。

盛况空前——大地飞歌晚会。10月20日晚开幕式《大地飞歌·2009》晚会由南宁市大型活动办公室、南宁市文化局、大地飞歌文化传播有限公司承办，由曾执导2001年、2002年《大地飞歌》晚会的中央电视台著名导演夏雨任总导演，策划由朱海、秦新民担任，舞美设计由沈庆平担任，灯光设计由王先担任，舞蹈总监由杨威担任，晚会以向祖国60华诞献礼和唱响民歌为核心理念，用壮锦为主体的形象的舞美，以向大地致敬、向经典致敬、向祖国致敬为主题，成龙、王力宏、宋祖英、韩红、孙楠等歌星，郭兰英、刘秉义、李光曦、李谷一等老艺术家，郁钧剑、罗宁娜、陈春燕、李卫红、廖鸿飞等参加了演出。据不完全统计，通过电视广播网络平台，有6000万人共享了这台民歌盛宴，更有东盟10国及日本、韩国等数十家海外媒体参与报道。10月21日晚《大地飞歌·激情之夜》激情四射，当晚，纵贯线"组合和张杰、李宇春、郁可唯、黄英等"快女""快男"结成老少配的演出阵容，全场观众一起纵情放歌。

歌山情海——广西民族歌舞秀《绣球飞》。晚会由南宁本地团队主创，南宁市艺术剧院表演。10月18日—27日晚《绣球飞》在南宁人民会堂上演，整场演出分为14小段。自治区主席马飚，自治区党委常委、区党委宣传部部长沈北海，自治区党委常委、南宁市委书记车荣福等多位领导观看了演出，演出结束后并亲切会见了相关演职人员，对晚会的成功演出给予了充分肯定。中国—东盟文化产业论坛的与会代表也观看了演出，并给予了高度评价。晚会首轮原定演出10场，由于演出效果好，应观众要求，加演两场。12场演出场场爆满。

欢声雷动——欢乐巡游活动。10月23日上午，巡游活动在南宁民族大道上举行，由32支表演方队和22辆花车和组成不同的主题巡游队伍，共有近4000名演员参与表演。巡游中"非遗"方队大显民族特色，200多名外国艺术家演绎异域风情，广西到北京参加中华人民共和国成立60周年大庆的彩车"壮乡欢歌"领跑巡游花车，巡游过程中掌声雷动，数十万市民涌上街头共享了这场盛大的集体狂欢，国内外近百家媒体争相报道。在民族大道巡游结束后，22辆花车缓慢绕城一周，之后停放在民族广场供市民观摩，据不完全统计，10月23日—25日间，约有十几万人次亲临广场观赏了花车。

群情激昂——"绿城歌台"广场文化活动。南宁市各县区、校园、社区设置19个歌台，其中有来自亚洲、欧洲、非洲、美洲、大洋洲等五大洲近三十个国家的两百多名外国艺术家到各歌台演出，是历届参加民歌节演出的外国艺术家人数最多的一次。

红土陶情——卢权智红陶艺术精品展。卢权智红陶艺术精品展于10月16日至10月30日在南宁人大会堂展出，卢权智先生在开幕式上向南宁国际民歌艺术节组委会赠送了一件近期精品《悠竹长青》，成为南宁市政府收藏的第一件艺术家的大型艺术品。本次精品展分为《秋残》、《罗汉》、《秋韵》、《蛙弄》、《象牙》、《青铜》等九大板块。本次精品展共展出卢权智的红陶艺术品80余件，截至10月30日，已经接纳3万多名观众，发放宣传册1000多本。

风情依旧——外国艺术家专场演出。10月23日晚，外国艺术家专场演出在南宁剧场火爆上演，德国、老挝、阿根廷、印度、匈牙利等国家的艺坛名团为观众带来了精彩演出。

流光溢彩——中国—东盟国际摄影节。本届摄影节开展"一赛一展"两大主题活动和六个专项活动。其中摄影展是中国—东盟区域内规模最大、参加人数最多、专业性最强的国际性摄影盛会，共收到作品2898幅，从其中挑选出了100幅精品进行展出，10月20

日—24 日展出期间观众达到上万人次。摄影比赛共收到了作品 500 多幅。

【南宁市艺术剧院交流演出】 南宁市艺术剧院的演出活动：1 月 19 至 2 月 4 日，赴阿曼参加阿曼国家艺术节文化交流演出。5 月 6 日在广西电视台参加 2009 年纪念“五·八”世界红十字日公益晚会——《大爱无边》演出；6、7、11、12 月，分别赴武鸣、马山、横县、宾阳、上林等地实施南宁市 2009 年为民办实事项目文化惠民工程“送戏进乡村”活动，共演出 63 场。8 月 6 日在国际会展中心参加由广西壮族自治区人民政府主办、南宁市人民政府承办的 2009 泛北部湾经济合作论坛文艺晚会——南宁·北部湾之夜演出活动。10 月 18 至 29 日的南宁市“两会一节”期间，在市人大会堂为海内外嘉宾演出广西民族歌舞秀，连演 12 场。11 月，小品《旅店夜话》赴江苏省张家港市参加第三届中国戏剧奖·小戏小品大赛，小品《旅店夜话》从 19 个省、市和专业院团创作中脱颖而出，荣获中国戏剧奖的最高奖项——“优秀剧目奖”，在 10 个获奖剧目中排名第二，小品中阿婆中扮演者潘春竹荣获大赛唯一的优秀表演奖。此外，慰问部队 6 场，进社区、广场演出 14 场。

【南宁市粤剧团交流演出】 南宁市粤剧团的演出活动有：在第五届泛珠三角区域合作与发展论坛暨经贸洽谈上为嘉宾进行招待演出，表演了一台汇集泛珠区域耳熟能详的民乐精品晚会；参加泛北部湾经济合作论坛开幕式《南宁·泛北部湾之夜》的晚会演出，向与会者展示南宁传统邕剧小戏《打闭门》的跳台、铲椅、双照镜等南派传统表演程式。参加《亲情中华·2009 南宁国际华人粤剧文化艺术节》演出，在南宁剧场、广西儿童剧场、新会书院，与来自英国、法国、瑞士、新加坡、泰国等 10 多个国家及广东、广西各地区的粤剧社团连演 7 天 9 场，加强了与粤、港澳地区的文化交流活动。2009 年，引进了澳门新桥曲艺坊及广东省粤剧院、东莞长安粤剧团共同参加南宁粤剧演出黄金周的演出。在 2009 年南宁市“为民办实事项目”文化惠民工程中，参加“百戏进乡村”演出活动，共完成演出 42 场。同时，推出了“邕州神韵”天天演项目，全年共演出 254 场。

【艺术成果】 6 月，南宁市艺术剧院创作的舞蹈《歌催月圆》、小品《旅店夜话》获南宁市第六届“五象工程奖”。8 月，陈春燕、廖鸿飞获第五届广西音乐舞蹈比赛演唱一等奖、袁泉获二等奖。第五届广西音乐舞蹈比赛，三人舞《孝》、群舞《奋斗》、双人舞《向前·向前》分获一、二、三等奖。9 月，小品《旅店夜话》、《真情》、《小白杨》获第七届广西剧展小戏小品展桂花金奖；11 月，小品《旅店夜话》获中国戏剧奖·小戏小品奖、第三届（张家港）全国小戏小品大赛最佳剧目奖的第二名。9 月，南宁市粤剧团创作的大型古装粤剧《目连救母》参加第七届广西戏剧展览会大型剧目展演，获团体桂花银奖和 9 个单项奖；邕剧小戏《歪打正着》参加第七届广西戏剧小戏小品展演获优秀导演奖、优秀表演奖等 8 个单项奖；小品《旅店夜话》参加第七届广西戏剧小戏小品展演获优秀编剧奖。

【艺术研究】 南宁市艺术创作研究所在职人员 6 人，高级职称 1 人，中级职称 5 人。上半年完成编撰大型科研项目、建国 60 周年献礼作品《南宁文艺六十年》（30 万字）初稿，该书以写实风格记录、评述了南宁文艺从 1949 年至 2009 年的发展过程和辉煌成果。研究课题《骆越文化研究》（2 万字）取得初步成果，对南宁市周边骆越文化的遗存、发展和未来研究方向进行了科学性总结。与南宁市民委、广西骆越文化研究会共同策划大型民族民间舞剧《骆越点兵舞》在风景名胜区起凤山首演，区文化厅领导及有关专家学者临场观看。一批文章被媒体刊用：梁肇佐撰写的评论文《寻梦者的歌吟》和《性情苏方学》于7月和12月分别在《文艺报》上发表，后被《南宁日报》《左江日报》《中国作家网》等媒体转载；梁肇佐撰写的散文《南宁，巨变中的美丽之城》在广西日报发表并由广西电台播出，散文《一套书一辈子》在左江日报发表，散文《约会"情人"莎士比亚》在南宁晚报发表。黄焕峰出版个人专著《人间只有真情在》(45万字)。年内完成南宁文化年鉴、修改审定《广西通志·南宁文化志》(10余万字)，《南宁市志·文化志》已通过三级评审会。

群众文化

【概况】 全年有市级群众艺术馆1个，辖县文化馆6个，城区文化广播电视站6个，乡镇文化站103个。市群众艺术馆在职50人，高级职称5人，中级13人。

【新年广场音乐会】 1月1日，由南宁市群艺馆等承办的新年广场音乐会在朝阳广场举行。主要形式有男女声独唱、大合唱、舞蹈、交响乐等，曲目有管弦乐《红旗颂》、《刘三姐》、大合唱《我的祖国》、《永远跟党走》等十三个节目。南宁市爱乐合唱团、南国之光残疾人艺术团等十个业余团队参加了演出，观众约2万人次。

【元宵节广场舞会】 2月9日，由南宁市委宣传部、市文化局主办、市群众艺术馆承办，在南宁民族广场举行2009南宁市元宵节广场舞会。南宁市六县六城区各代表队参加了活动。参加活动的人数约3000人次。

【文化馆工作会议】 1月7日至9日，由南宁市群艺馆组织召开的全市文化馆工作会议在宾阳县举行。南宁市文化局、南宁市六县六城区代表近60人参加了会议并介绍年度群众文化活动情况；各代表围绕文化馆自觉为公共文化服务体系建设，着力打造业余文艺团队，繁荣文艺创作等进行了讨论。

【庆七一社区文艺展演】 为庆祝中国共产党建党88周年、建国60周年，推进首府南宁和谐社会的建设、围绕着深入学习实践科学发展观主题而进行，由南宁市委宣传部，市文化局主办，南宁市群艺馆承办，于6月30日在民族广场隆重举行。展演节目形式有歌舞、曲艺、器乐演奏、时装表演等，主要曲目有《没有共产党就没有中华人民共和国》、《你来了》、《爱在绿城》等，2000余观众观看了演出。

【南宁市非物质文化遗产普查】 自2005年开展非物质文化遗产普查工作以来，至2009年5月下旬，共普查非物质文化遗产资源线索(项目)12446条，并汇编成766万字共24卷汇编资料，其中，编撰市级普查精粹汇编3册，县级汇编21册，内容涉及民间文学、民间舞、民间音乐、戏曲、民间信仰、民间手工艺、民俗、岁时节令、人生礼俗、消费27俗、游艺及竞技体育等16个门类，完成自治区文化厅下达的普查汇编工作。汇编成果于6月13日参加了第四个"文化遗产日"的宣传展示活动。2009年7月7日，经由自治区文化厅非物质文化遗产普查验收工作小组对南宁市普查工作汇编工作进行评估验收。完成了第一批南宁市级非物质文化遗产名录项目代表性传承人的认证工作。

附表：

第一批南宁市级非物质文化遗产名录项目代表性传承人名单

序号	项目名称	姓名	性别	年龄	推荐单位
1	壮族歌圩	刘正诚	男	73	邕宁区文体局
2	壮族三声部民歌	温桂元	男	74	马山县文体局
3	邕剧	冯杏元	男	63	南宁市邕剧团
4	邕剧	洪琪	女	64	南宁市邕剧团
5	壮族八音	黄才定	男	54	邕宁区文体局
6	壮族八音	梁贵如	男	47	邕宁区文体局
7	壮族嘹啰山歌	李启梧	男	70	邕宁区文体局
8	壮族会鼓	赖承辉	男	59	马山县文体局
9	丝弦戏	陈兴绍	男	70	宾阳县文体局
10	宾阳炮龙节	伍学规	男	59	宾阳县文体局
11	宾阳炮龙节	邹玉特	男	55	宾阳县文体局
12	游彩架	周宏年	男	64	宾阳县文体局

【南宁市庆祝中华人民共和国成立60周年“爱国歌曲大家唱”歌咏大赛】 由南宁市委宣传部等九部门共同主办，南宁市六县六城区委宣传部、南宁市群艺馆共同承办。7月10日，各县、城区、市直机关组织经过初赛、复赛后评选出十五支优秀队伍，于7月23、24日在广西艺术学院合演中心举行决赛，8月22日在南宁市五象广场参加中央电视台《激情广场》栏目“爱国歌曲大家唱·南宁篇”走进南宁演出活动。梁秋冬、刘斌、八只眼组合，郁钧剑等演员在活动中演唱了《我的祖国》、《共和国之恋》、《英雄赞歌》等优秀曲目，本土歌手则为观众献上了《壮锦献给毛主席》、《大地飞歌》、《多谢了》等民歌。参加活动的演职人员及观众约5000人。

【首府南宁“歌颂祖国、唱响文明”文艺晚会】 9月27日，由南宁市文明办、南宁市群艺馆承办、南宁市六县六城区文明办协办，在民族广场举行。市辖县区文明单位选送了十二个优秀节目参加演出，全国精神文明建设单位广西石化技校表演了《中华武术》，自治区文明单位上林中学表演了舞蹈《国风》，南宁市文明单位西乡塘公安分局表演了《祖国不会忘记》，南宁市文明社区横县横洲洪德社区大家乐艺术团、邕宁县红星社区老年艺术团、隆安县那桐社区文艺队以及马山县文明村——古零村农民演出队等单位分别演出了舞蹈《欢聚一堂》、《丰收时节》、《那之韵》、《扁担舞》等，生动地展现了南宁创建全国文明城和文明单位的风采。

【“华联杯”系列文艺活动】 由南宁市群众艺术馆和北京华联有限公司共同举办，活动包括四个艺术赛事。分别为青春艺术大赛：4月17日至25日于大学路华联店联合举行，为近年来深受南宁市青年人欢迎的群众文化活动之一，内容有声乐、舞蹈、形象展示三项比赛，主题为“展示青春风采、打造青年文化、构建和谐绿城”，有700多名青年选手参加了比赛；26日，举行了优秀节目展演及颁奖仪式，仇文青、黄志伟、杨历川、农棹菲、徐洁、余滔等150名选手分别获奖。观看大赛的观众约5万人次。少年儿童艺术节：于2009年6月20日至28日举行，近百所中、小学、幼儿园的700多名先手参加了比赛，比赛项目有：卡拉OK、电子琴、故事、相声、器乐、舞蹈、美术、书法、比赛，约二百名选手获奖。6月28日于民族宫华联店进行了颁奖仪式并进行了优秀节目展演。南宁市社区艺术节：11月25日至12月5日举行，艺术节设有歌手大赛、舞蹈大赛，南宁市80余个社区的业余团队1000余人参加了比赛，参演节目达400多个，观众约5万人。夕阳秀文化艺术节：12月19日至27日在大沙田荣宝华华联店联合举行。共进行八场演出，有南宁市新歌合唱团、青秀区黑山羊艺术团、新竹艺术团、枫叶艺术团、群星艺术团、南国之光艺术团、绿城之声老人艺术团、铜鼓艺术团、群星艺术团等二十余支业余队伍参加了演出。演出形式有舞蹈、演唱、小品、魔术、器乐演奏等，观众约4000人。

【农民工文化艺术节】 由市文化局、市建委、市总工会联合举办。市群艺馆、南宁建筑管理处等单位承办，艺术节主题为“劳动者之歌”。5月16日和5月21日分别在东盟商务区领世郡、振宁·现代鲁班工地演出。南宁市群艺馆为农民工献上了独唱、舞蹈、器乐演奏、双人舞、快板等。虎邱村文艺队、新时代乡村艺术团、夕阳红艺术团、绿城之声艺术团等业余团队也参加了演出。演出曲目有：舞蹈《玫瑰花》、《呼唤绿茵》、《红灯笼》，独唱《美丽心情》、《欢天喜地》、快板《闯红灯》器乐独奏《欢快的舞曲》等。约3000多农民工观看了演出。

【南宁国际民歌艺术节“绿城歌台”广场文化活动】 由市群艺馆、六县六城区文体局共同承办的2009年南宁国际民歌艺术节“绿城歌台”广场文化活动于10月21日—22日在全市六县六城区各大广场、社区、学校、企业激情上演。今年的“绿城歌台”是在中华人民共和国成立60周年的大背景下举办的一个重要文化活动。“绿城歌台”广场文化活动，秉承着将歌台办出民族性、现代性、国际性、艺术性及参与性的要求，充分展示了南宁这座“中国绿城”民歌海洋的无穷魅力，吸引了来自五湖四海的宾朋，使中外嘉宾纷纷踏歌而来。今年共设置18个歌台19场演出，共有来自5大洲27个国家27个团体200多名外国艺术家参加演出。各歌台节目内容丰富多彩，既有浓郁特色的本土节目，又有充满异域风情的表演，受到群众的热烈欢迎，观众达20多万人次。

【“和谐南宁，欢乐绿城”大巡游活动】 于南宁国际民歌艺术节和第六届中国—东盟博览会及东盟商务投资峰会期间，根据南宁国际民歌节组委会的安排于10月23日上午在民族大道进行。内容包括表演方队巡游和花车巡游两部分，共组织了32支巡游方队及22辆花车约3000多名演员参加；其中，32支方队中有13支非物质文化遗产方队。巡游活动共分“绿城神韵”“四海欢歌”“大地之约”三个篇章。“绿城神韵”篇章主要表现南宁独特的民族文化风情、民间艺术和非物质文化遗产；“四海欢歌”篇章主要为外国表演方队展现异域风情；“大地之约”篇章则是南宁社区、学校等方队表演，集中展现城市风貌。

公共图书馆

【南宁市图书馆】 年内，南宁市有公共图书馆14个(市属2个、县属6个、城区6个)。南宁市图书馆设办公室、采编部、外借部、期刊部、技术部、信息部、读者活动部、业务辅导部和物业管理部等九个部门。截止12月底,在编人员62人,其中大学本科有25人,占职工总数的40%,大专以上学历的有57人,占职工总数的92%;有业务人员60人,中级职称33人,占业务人员总数的55%。馆内设市民阅读中心、文学借阅室、自然科学借阅室、社会科学借阅室、综合借阅室、特色藏书阅览室、参考文献阅览室、工具书阅览室、电子阅览室、残疾人阅览室、过报过刊阅览室、典藏书库、专家研究室等服务窗口13个,阅览座位1497个,有第一、第二自修室、读者活动室、多功能厅等读者活动场所4处。

藏书建设 全年文献采购经费131万元,其中纸质图书79万元、期刊16万元、地方文献10万元、视听资料2万元、电子图书18万元、电子期刊6万。年度分编入藏文献51506种68698册。其中纸质图书14290种32598册、报刊合订本1081种2626册、视听文献35种226册(件)、电子图书36100种36100册,CNKI电子期刊9个数据库。图书的入藏量比去年增长59.88%。截止2009年12月底,馆文献藏总量达到67,5057万册(件)。另外还分编加工城区图书6047种6734册。

读者服务 馆内借阅室增添老花镜、放大镜等设施为老年人和需要使用的读者提供人性化的服务。8月开展"读者调查"活动,从馆舍环境与设施设备、服务文献和信息资源等三大方面开展调查,200份读者调查表统计表明,读者满意率达93%。新增振宁现代鲁班、南宁铁路局凤岭基地等2个馆外图书流通点,截至2009年12月馆外图书流通站达到34个,全年为图书流通站共送去各类图书9123册。年接待借阅读者901,787人次,其中:书刊阅览读者600,724人次,书刊外借读者137,847人次、上网阅览读者91,734人次、自修室读者71,482人次。外借文献271,243册(件)、解答读者简易咨询4,241条。新办借书证2,937本,自修证1,985个,累计有效借书证29,091个。

网络服务 2月,完成南宁市图书馆网站全新改版。网站改版完全遵循.NET2.0规范,支持XML技术标准,支持Webservices等技术,为最终实现图书馆2.0打下坚实基础。全年共发布信息1398篇,编采照片1000张,其中:南宁市图书馆网站471条;南宁文化信息网572条;南宁政务信息网320条;报送南宁市文化局信息37条,发布新书介绍48期、288条。截止2009年12月,南宁文化信息网年点击率为8万多人次、南宁市图书馆网年点击率12万多人次。目前,南宁市图书馆与南宁市少儿图书馆、南宁市六城区图书馆的电子图书共有33.4万册接入南宁政务网、南宁文化信息网和南宁市图书馆网供市民在线阅读。全年电子资源下载数量5959次、在线浏览16337次、资源检索83310次。

全国文化信息资源共享工程 年内,多次对南宁市邕宁、青秀、上林三个共享工程县级支中心的建设进行指导和督导工作。12月底,三个支中心已完成调试并已通过验收,开始为当地市民提供服务。在11月26日,与自治区文化厅、共享工程省中心及南宁市文化局领导一起陪同共享工程文化部督导组到南宁市青秀区支中心、莆庙镇基层点、三联村服务点进行实地检查和督导工作。

绿城讲坛 "绿城讲坛"以"建构时代常识,惠及绿城读者"为宗旨,邀请了陈学璞、王翔南、林涌泉、胡红一、陈大明等学者专家开展主题丰富的专题讲座,如深入乡村的"甜玉米、木薯的栽培技术"、深入中学校园的"青少年心理健康"、深入企业的"企业文化与公文写作"以及"创新思维与孩子学习成长"、"读书与人生"等。全年举办讲座32场,吸引听

众11330人次。1月11日举办“广西文化名人迎新年座谈会”，邀请30多名曾经登上“绿城讲坛”的专家、学者，以及关注“绿城讲坛”发展的媒体记者共同研究和探讨“绿城讲坛”所获得成绩与不足。同时，借助“绿城讲坛”平台，于6月成立读者书友会，近百名读者成为书友会会员。

专题展览 在馆内的艺术展廊推出大型科普系列挂图展“现代人的健康生活”、“世界八大奇迹——秦始皇马俑科普展”、“江南区青少年科技活动作品展”、“航空航天知识图片、航空航天模型与科普器材展”；与南宁市科协合作，举办“南宁市青少年创新科技实践活动作品展”；与南宁市老科协和老教师分会合作，举办“迎国庆（庆教师节）老教师书画展”、“盛世龙腾文明城市风采”；为迎接祖国的60岁生日，组织“永远跟党走”、“我的祖国”、“历届国庆大阅兵”、“国庆盛典”、“光辉的60年”、“庆祝中华人民共和国成立60周年大阅兵”等大型图片展；从2009年12月10日起至2010年元宵节期间承办“南宁兵变纪念展”，同时推出“南宁人著作展（第三期）”、“非物质文化遗产汇编著作展”等。全年举办各种专题展览30次、观众133600人次。

科普基地工作 5月19日，参加由自治区科技厅主办的“科技进校园”活动，到南宁市蒲庙镇朝阳初级中学校园开展了“善待地球、节约能源、保护环境”科普宣传活动。与民航广西空中交通管理分局雷达与航空科普基地共同携手，举行了“航空航天发展现状”专题讲座、“航空航天知识图片展”、“航空航天模型与科普器材展示”。在“4·23世界读书日”期间，与南宁市少儿图书馆基地参加市委宣传部组织的“我阅读、我快乐”读书活动，在活动中为农村未成人校外活动中心和农村中小学捐赠少儿期刊400多册。

关心灾区孩子成长，捐赠优秀少儿读物 按照5月13日南宁市精神文明建设委员会办公室下发的《关于开展南宁市“能帮就帮”百万市民支援地震灾区重建志愿服务行动的通知》有关精神，在本馆设捐赠图书接收站，与南宁市少儿馆捐赠图书接收站接收南宁市50多个单位及个人捐赠图书1.5万多册。6月19日下午，参加市委宣传部在南宁火车站举行的“南宁市支援地震灾区捐赠图书启运仪式”。图书捐赠接收点将长期设立，接收市民捐赠的图书。

知识工程 元旦春节期间参加由南宁市科协组织的“2009年南宁市春季科普惠农‘三下乡’活动”，为南宁市良庆区那陈镇、那楼镇那良村文化室捐赠图书400多册；在5月“图书馆服务宣传周”期间，深入到青秀区的刘圩等地开展图书展阅、专家讲座等活动，配合县（区）图书馆开展“农家书屋”管理员的培训工作，举办培训班一期，指导县（城区）图书馆举办培训班二期。

南宁图书馆学会 组织召开了二次图书馆学会理事会。组织市图书馆、市少儿馆等19名会员参加在云南玉溪举行的2009年西部地区市地州图书馆协作网年会。协助广西图书馆学会组织南宁市县（区）以上公共图书馆参加在广西壮族自治区图书馆举办的“2009年中美图书馆员专业交流项目—广西图书馆馆长管理和服务理念创新研讨班”。编辑出版《邕图通讯》4期。12月4日，南宁市图书馆学会2009年年会暨第21次科学讨论会在南宁举行，190多名会员参加会议。研讨会邀请广西图书馆学会秘书长秦小燕主讲“图书馆学术论文写作”、“开拓视野、促进交流”等专题讲座。

第四次公共图书馆评估定级工作 国家文化部决定8月份起在全国开展县以上公共图书馆第四次评估定级工作，并对符合标准和条件的图书馆命名为一、二、三级图书馆。市图书馆主要负责：一是协助市文化局制定开展六县六城区评估的检查工作方案；派出5

位业务骨干参加由市文化局组织的专家评估小组；协助市文化局撰写《南宁市六县六城区评估报告》上报区文化厅；二是依据地市级公共图书馆一级馆的评估要求，从办馆条件、基础业务建设、读者服务工作、业务研究、辅导、管理等方面组织评审材料，并于8月30日接受自治区派出的专家评估小组检查。

政府信息公开工作 8月，市政府在图书馆设立“南宁市政府信息公开查阅中心”。设在一楼市民阅读中心的查阅中心为广大市民提供了两种查询政府信息的方式。一是纸质文件的查阅，除《南宁政报》外，截止9月中旬，已征集到南宁市列入公开范围的政府部门、公共企事业单位等近140多家单位送达的2008—2009年政府信息公开文件1.5万多份，在专架上向市民展阅；二是增配了4台计算机作为南宁政务信息公开查询的电子互动平台。同时，查阅中心还配备打印机、复印机等设备为市民提供索取文件便利服务。在图书馆二楼读者大厅“全国文化信息共享展示区”内，也可提供南宁市政务信息网的查询。9月22日下午，国务院办公厅督查调研一组到我馆督查调研政府信息公开贯彻实施情况。

【南宁市少年儿童图书馆】 年内，南宁市少年儿童图书馆在职职工24人（中级职称14人，初级职称10人），96%具有中专以上水平。馆内设有外借处、中学阅览室、教学参考室、儿童求知乐园、电子阅览室和声像服务室等多个服务窗口，有多功能活动室、自学阅览室等读者活动场所，阅览座位660个。2009年新办读者借书证1047个，有效借书证累计达8080个。接待到馆借阅读者67.6万人次，借阅书刊38万册（次）；分编入藏各种载体文献6488种1.8万册（件），其中连环画728种3593册。馆藏累计总量29万册（件），电子期刊1400种。

读者活动与服务 年内，组织阅读指导、读者培训、竞赛等各种主题的读者活动、图书馆活动日46次，参加活动的读者2.5万人次。主要活动有：全国少年儿童阅读年系列活动、南宁市第二届“我阅读、我快乐”少儿故事大王比赛、2009年南宁市中学生阅读辩论大赛、南宁市第三届青少年动漫系列活动、南宁市少年儿童创意漫画大赛。“遨游书海，共享书香”阅读指导讲座、“为祖国喝彩——庆祝中华人民共和国六十华诞”暑期征文、“绿丝带”图书漂流行动。“全国助残日”关爱脑瘫儿童活动、支援地震灾区捐赠图书活动。以及与广西庭艺外国语培训学校共同开展的“儿童双语跳蚤市场”、与广西金太阳教育培训学校合作举办的“童心看南宁”大型户外写作活动等。举办英语、作文、数学、书画等多种内容兴趣班，培训少儿读者13500人次。在南宁市“服务三农春风行动”、“农民工艺术节”阅览周、全国图书馆服务宣传周以及全国科技活动周等活动中，组织工作人员开展送书阅览、宣传服务活动；在南宁市上林县图书馆、横县横塘小学、邕宁区张村建立新的图书流通站，馆外各流通站全年接待读者16万人次。

图书馆业务建设 年内，开展“读者满意率调查”，共发放400份调查表，全部回收，读者满意率达到98%；通过全国公共图书馆第四次定级评估考核，获得国家“一级图书馆”称号。

文化产业

进一步研究南宁国际民歌艺术节节庆品牌的产业价值，配合市政协、区社科院等单位对民歌节的产业发展进行了课题研究。加大力度促进我市文化娱乐业、网络文化业等传统文化行业更新换代。扶持一批以创造文化价值为核心的文化创意产业、以交易文化商品为平台的大型文化市场新型业态。进一步加大招商引资和文化产业项目引进力度，使首府南宁的文化产业逐步形成自己的特色。

文化市场

【南宁市文化市场稽查支队】 南宁市文化市场稽查支队内设稽查一科、稽查二科、综合科3个科室，全年职工12人，高级职称1人，中级职称5人，初级职称5人。全年主要开展了净化社会文化专项行动和文化市场集中整治行动，南宁市各级文化行政部门共出动检查人员26801人次，检查演出活动204场次，检查艺术品市场42家次，检查网吧19796家次，责令改正564家次，警告990家次，立案调查474件，罚款1206100元，依法责令停业整顿18家，依法吊销《网络文化经营许可证》3家；检查歌舞娱乐场所2613家次，警告38家次；检查游艺娱乐场所1939家次，取缔黑电子游戏机室19家，收缴违禁电子游戏机电脑板279块；检查音像制品经营单位4383家次，警告329家次，没收非法音像制品122044张。

【网吧整治】 1月上旬至2月上旬，按照《南宁市整治互联网低俗之风专项行动工作方案》的要求，开展了整治互联网低俗之风专项行动。行动中共出动车辆16车次，出动人员50人次，检查网吧83家次。在检查中检查人员向网吧业主通报了十三个方面的低俗内容和容易产生问题的网站，要求业主自觉抵制这方面的内容，一经发现有宣传色情、暴力和不道德的网页要及时清除，杜绝此类内容和网站在网吧中出现。尽快使网络环境得到改善和净化，遏制网上低俗之风，推动文明办网、文明上网落到实处。2月至6月上旬，根据《南宁市文化局关于印发南宁市开展网吧专项整治工作方案的通知》精神，开展了网吧专项整治行动，一是针对学生放寒暑假及节假日网吧违规接纳未成年人突出的情况，集中时间、集中力量对违规网吧进行查处；二是针对网吧利用中午和下午放学时间接纳青少年学生上网的问题，加强中午和下午放学时间对网吧的监管，严罚违规网吧，保护未成年人健康成长；三是开展校园周边治安环境整治专项活动，对“网吧”进行规范管理，坚决取缔无照网吧，严禁未成年人进入网吧。网吧整治期间，共出动检查人员546人次，检查网吧639家次，对未执行入场登记制度的网吧当场处罚25家和立案调查14家，立案查处涉嫌接纳未成年人网吧12家，依法责令停业整顿1家，依法吊销《网络文化经营许可证》2家。

【娱乐市场整治】 根据市文化局、市公安局、市工商局联合印发《关于开展游艺娱乐场所专项整治工作的通知》，4月15日至6月15日，开展了为期两个月的游艺娱乐场所专项整治工作，重点打击利用游戏、游艺机进行赌博违法犯罪活动，打击游艺娱乐场所在国家法定的时间之外接纳未成年人，清理游艺娱乐场所设置具有赌博功能和含有《娱乐场所管理条例》第十三条禁止内容的游戏、游艺机，取缔“黑电子游戏机室”等无证经营的游艺娱乐场所，整治期间共取缔黑电子游戏机室5家。开展首府南宁创建国家卫生城市歌舞厅专项整治行动：重点一是检查经营场所是否办理娱乐场所经营许可证；二是歌曲点播系统是否与境外曲库联接，播放曲目、屏幕画面是否有淫秽、色情等法律法规禁止的内容；三是是否变更有关事项未按规定办理娱乐经营许可证，发现擅自从事歌舞厅等娱乐经营场所的，坚决依法取缔；四是坚决打击歌舞厅等娱乐场所接纳未成年人的行为。

【音像市场整治】 开展了“扫黄打非”集中行动，坚决查缴侵权盗版音像制品，对文化综合市场、民族商场、银兴商场以及七星路、新民路、新竹路、古城路、新华街等重点区域重点

路段的音像制品经营单位进行检查，全年检查音像制品经营单位4383家次，警告329家次，没收非法音像制品122044张。

【安全生产】 对我市的歌舞娱乐场所、网吧、游艺娱乐场所等公众聚集文化经营场所进行检查，开展安全生产“三项行动”期间，共出动执法人员1031人次，检查网吧1160家次，歌舞娱乐场所71家次，游艺娱乐场所51家。通过检查促进了安全工作的落实，促进了我市文化行业安全生产形势的持续稳定好转。

【南宁市演出公司】 南宁市演出公司位于市区上海路59号。2010年下设六个科室：党支部、办公室、财务室、演出部、舞美工程部，在职人员26人，中级职称4人，初级职称18人，中国共产党党员15人。本年度组织举办以下活动：2月公司完成了市总工会慰问空军42师的演出活动，完成了南宁市安全监督局安全月宣传活动。4月份公司完成了“十大台湾歌星演唱会”南宁站、平果县站两场演出的报批和组织接待工作，同月完成了“菲律宾三人乐队”的演出申报工作。6月份公司完成了“沈文裕钢琴音乐会”、“东盟小姐选美比赛启动仪式”申报工作及杨丽萍“云南的响声”音乐舞蹈剧的申报工作。9月公司完成了香港演员谭咏麟、李克勤“左麟右李演唱会”报批及现场舞美、电力、治安等协调、保障项工作。10月公司承担并完成了南宁国际民歌艺术节28个外国艺术团的后勤保障排练、演出等工作，完成民歌节绿城歌台(民族广场歌台的舞台、舞美、中外艺术家的演出组织工作)。11月为广西红十字会“艾滋病”宣传活动提供舞台制作、现场布置及音响。全年完成了国家下达的农村电影放映任务88场，电影下社区放映任务26场。

文化遗产

【文博概况】 年内，全市共有文物管理机构9个(市级3个、县级6个)，市文化局文物科、市博物馆和市孔庙管理所是市属文物管理机构。市文化局文物科主要负责文物执法、文物保护工作的协调、文物维修、文物保护单位及文物点的管理等；市博物馆主要负责考古发掘、文物调查、文物征集、展示、研究、宣传、教育；市孔庙管理所主要负责对孔庙进行迁建及迁建后的日常文物保护管理。

【文物普查】 年内，市博物馆完成了市辖五个城区第三次全国文物普查的实地调查阶段工作，先后对青秀区、西乡塘区、良庆区、江南区、兴宁区的19个镇、22个街道、213个社区、285个村委会进行了文物普查，新发现具有历史、艺术、科学价值的古遗址、古建筑、石窟寺及石刻、近现代重要史迹及代表性建筑等不可移动文物88处；武鸣、隆安、马山、上林、宾阳、横县及邕宁区文物管理所在普查中新发现不可移动文物165处。全市在第三次全国文物普查的实地调查阶段工作中，启动率、到达率、覆盖率均达到100%，共调查登记不可移动文物538处。第三次全国文物普查的实地调查阶段，西乡塘区发现那告坡覃氏民居群，为清代硬山顶砖木结构建筑，占地面积约13000平方米，包括嘉庆十五年的“西教村齐心禁约碑记”石刻、“武魁”，“贡元”等4块牌匾、土改时田汉等名人居住过的房屋等，该民居对研究南宁市明清时期村寨建设布局、传统民居的变化、发展以及当时社会的生产、生活习俗、建国初期土改工作等具有重要价值。义利酱园旧址是目前南宁市发现较早的传统民族工业遗产之一，原为四合院式围合的院落建筑，现存总商铺1栋、炮楼1座、原料仓库1栋、生产车间1间，占地面积3060平方米，为研究南宁市清代、民国时期的传统民族工业、商业、运输业提供了重要的实物资料。2009年5月，南宁市公布了其中14处为第二批南宁市文物点。

5月31日公布的第二批文物点名单

序号	名称	文物类别	时代	位置
01	蕾帽岭摩崖石刻	石窟寺及石刻	清代	良庆区那陈镇那徐村委和平丙坡之间的蕾帽岭顶峰
02	缸瓦窑遗址	近现代重要史迹及代表性建筑	清末至民国	良庆区良庆镇缸瓦窑村
03	孔总桥	近现代重要史迹及代表性建筑	二十世纪六十年代末	良庆区南晓镇团东村平朗坡
04	棋三古井	古建筑	清道光二十七年	良庆区良庆镇新村伏那村
05	那告坡覃氏民居群	古建筑	清代	西乡塘区石埠街道老口村那告坡
06	李氏民居	古建筑	清代	西乡塘区石埠街道老口村建宁坡
07	驮罕码头及门楼	古建筑	清末民初	西乡塘区金陵镇龙达村龙江街
08	邕宁县十三区政府旧址	近现代重要史迹及代表性建筑	1965年	西乡塘区石埠街道老口村贤湾街19号
09	南宁老挝“六七”学校	近现代重要史迹及代表性建筑	二十世纪六十年代	江南区菠萝岭
10	周家坡古民居	古建筑	清末至民初	江南区东南村
11	凌铁水塔	近现代重要史迹及代表性建筑	1934年	青秀区植物路53号凌铁水厂内
12	刘圩大寨屋	近现代重要史迹及代表性建筑	二十世纪七十年代	青秀区刘圩镇麓阳村的麓阳坡、新阳坡和启蒙坡
13	莲江正码头	古建筑	清代	邕宁区蒲庙镇孟莲村
14	临江街历史建筑群	近现代重要史迹及代表性建筑	二十世纪二十年代	青秀区明德街西一里9、11、13号，民族路54号

博物馆与广西考古所联合进行了二次文物专项调查，对拟建广州至昆明公路南宁外环段 78 千米工程沿线地面文物进行调查，新发现新石器时代遗址 1 处。开展邕江、郁江流域文物调查，完成了 274 千米沿江两岸的文物调查，新发现三江口码头遗址、三江坡汉代遗址、沱江口遗址、三岸园艺场窑址群等 4 处遗址，复查遗址 10 处；其中位于青秀区伶俐镇的沱江口遗址，东西长约 85 米、南北宽约 62 米，分布面积约 5200 平方米，以螺壳为主要堆积，文化层堆积厚度为 0.8～1.5 米，采集到磨光石斧、石锛，石核，穿孔蚌刀、夹砂陶片，兽骨等标本，为南宁市开展三普工作以来发现的最大一处新石器时代贝丘遗址。

【文物维修】 市文化局文物科组织维修了部分自治区级、市级文物保护单位，包括：自治区文物保护单位广西省土改工作团团部，南宁市文物保护单位南宁商会旧址、那莲戏台、北帝庙等。

【文物保护性开发利用】 文物保护性开发利用的文物保护单位和文物点共有 6 处。一是在区级文物保护单位新会书院举办邕州神韵粤剧"天天演"项目，项目以打造本土的粤剧品牌为目的，呈现本土戏剧文化的魅力。二是邓颖超纪念馆举办专题陈列展览。三是市级文物保护单位越南中央学舍区（广西南宁育才学校）总部旧址举办"广西南宁育才学校纪念展"。四是利用市级文物保护单位黄旭初旧居建成休闲娱乐场所"旭园"。五是利用宾阳县文物保护单位程思远故居举办"程思远生平事迹展"。六是利用宾阳县文物保护单位老牌楼举办"宾阳县传统工艺展览"。市博物馆继续开展文物调查及数据库管理系统建设项目工作，完成馆内 242 件馆藏珍贵文物拍摄、数据采集、数据的文本录入工作，并赴市辖六县一区文物管理所、博物馆帮助完成 289 件馆藏珍贵文物拍摄、数据采集、数据文本的录入，拍摄馆藏文物照片近 3 万张，相关的数据文本汇总后报送广西文物局。由市文化局、市博物馆组织编写的《南宁旧事》出版发行，该书在《南宁史料》七辑单行本基础上编辑而成，内容涉及人文地理、历史事件、文化名胜，地方名人等。该书由市委书记车荣福作序，全书 400 多页，约 15 万字、80 多张照片。

【文物征集与捐赠】 市博物馆在开展第三次全国文物普查过程中，征集到长 1.82 米的清代木杆称 1 件、牌匾 2 块；征集到邓颖超生前秘书赵炜捐赠的邓颖超穿过的驼色呢子大衣 1 件；征集到中国书法家协会会员作品 3 幅。

【文物宣传】 市博物馆在进行第三次全国文物普查中，分发文物普查宣传资料 2 万份；6 月，市博物馆邀请上海海派玉雕协会会长孙敏在市唐山路 36 号唐人文化园举办"和田玉的真伪辨析与收藏技巧"讲座，同时开展了中国文化遗产日的宣传活动，宣传文物法和南宁市在开展全国第三次文物普查中的新发现，展出宣传版面 30 块，参加活动人次近千人。年内南宁市博物馆网站开通，上传有关文物法律、法规、文物知识、资料近千篇，普查动态文章 100 篇，普查成果文章 30 篇，网站点击率高达 100 多万人次。

【展览陈列】 年内，邓颖超纪念馆接待参观的省部级领导 20 多人，区、市机关、企事业单位、部队、大中专院校、旅游团队等团体 310 多个，观众 10 万余人。邓颖超纪念馆获"首府南宁创建全国文明城市活动先进集体"称号；在南宁城市游名片评选活动中，获"南宁市最具爱国主义教育意义景点奖"，并被命名为"广西公安机关廉政教育基地"。为纪念"南宁兵变"80 周年，市博物馆组织专业技术人员前往区、市党史办、档案馆、博物馆、图书馆等相关部门，以及百色、田东、龙州、北流等地搜集、查找有关"南宁兵变"的文史资料和

图片资料，共征集到图片200余张、图书资料30余份，以及南宁兵变同时代的农军所用的武器、用品一批。12月10日起至2010年元宵节期间，市博物馆协助市文化局在市图书馆举办了“南宁兵变纪念展”，以图片展形式向广大市民介绍南宁兵变重要历史意义。

【艺术博物馆建设】 年内市博物馆组织区、市专家就《南宁艺术博物馆陈列大纲设计方案》，召开了三次研讨会，研讨会形成的30多条修改意见，进一步完善陈列设计方案，初步通过了《南宁艺术博物馆陈列大纲设计方案》；与南宁创宁资产经营有限公司和广西华蓝设计集团就南宁艺术博物馆的建设达成共识，为南宁艺术博物馆建设项目顺利开工奠定了基础；协助市文化局完成了《南宁艺术博物馆可行性研究报告》的评审工作和《南宁艺术博物馆设计方案》的审批工作。

【南宁市孔庙管理所】 年内，完成了孔庙棂星门、大成门、明伦堂的工程建设，状元门的基础及砖砌工程；完成了孔庙库房设计修改方案及报建工作。并对玉林、来宾、贺州、桂林、百色等五市12座孔庙进行了普查，拍摄孔庙照片800多张，拓片30余幅，收集相关资料50余份。年底完成广西孔庙专项普查工作任务，启动整理及数字库录入工作，计划于2010年完成相关资料整理，为整编出版《广西孔庙》一书做准备。在文物征集工作方面，共征集到古家具、案台、官帽官服、民族服装及其它杂项等260余件，完成年度征集任务；在此期间，拍摄文物照片千张以上，并对征集的文物进行基本录入工作，完成登记800余件；拟定于2010年1月上旬对南宁孔庙征集的近千件文物进行鉴定定级。上半年，成立文物维修队，组织相关人员并邀请广西考古文物专家，对文物点宗圣源祠和文物保护单位金狮巷58号进行实地勘测并做出维修方案，同时维修了市级文物保护单位“冬泳亭”石碑。

县域文化

【兴宁区】 兴宁区文化和体育局机关编制4人，在编5人。下辖兴宁区文化市场综合稽查队（编制10人，在编10人），兴宁区图书馆（编制5人，在编5人，在岗4人）。全年兴宁区文化经费财政拨款总计290万元。兴宁区城区政府为文化惠民工程共投入181.60万元，共建了8个篮球场、2个文化室、1个舞台；配建和维修2个文化站、1个多功能图书室、16个农家书屋、1个商会旧址礼堂。2009年，共组织文化下乡、进社区、建国60周年大庆、“两会一节”巡回演出等专题文艺演出84场次，巡回各乡镇37个村免费放映500场电影；先后荣获年度首府南宁创建全国文明城市活动先进集体、庆祝中华人民共和国成立60周年“我邀明月颂中华”——经典爱国诗词配乐朗诵大赛二等奖、南宁市“祖国万岁”诗歌朗诵大赛二等奖、南宁市庆祝中华人民共和国成立60周年“爱国歌曲大家唱”歌咏大赛组织奖。年内，兴宁区文体局共组织文艺演出100场次，农村文艺队演出170场，巡回各乡镇37个村免费放映500场电影，观众达90000人次。

重视乡镇综合文化站建设。争取中央、自治区、南宁市文化建设经费64万元，建设五塘镇综合文化站和昆仑镇综合文化站。每个镇综合文化站建设面积为300平方米，投资32万元。至2009年底五塘镇综合文化站各完成建设任务的52%，昆仑镇综合文化站完成建设任务的63%。投资95.9万元对南宁商会旧址这一市级文化保护单位进行了整体维修，年底已完成工程总量的85%。

持续提升文艺创作水平。选派“谷舞社”“点典走廊”现代舞团携优秀剧目赴北京参加4月15至19日由北京雷动天下现代舞团主

办的“第二届北京现代舞展演周”活动。两个团体上演了《稻草人》及《玄梦三折》两个节目，受到北京观众的高度评价和热烈欢迎。随后，于7月创作了现代舞剧目《梦野原乡》，参加在广州举行的广东现代舞展演周；于10月23—25日在广西儿童剧院举办了3场“三生有舞”现代舞专场演出，三个剧目《刘三姐的前世与今声》、《一网打尽》、《1998年9月11日，晴》收到好评。10月31日，在广西体校球馆举办了“兴宁区2009年GXBBOY街舞大赛”，比赛吸引了来自广州、茂名、贵州、南宁、柳州、桂林、北海、河池、玉林、贵港、百色、博白等12个地区28支街舞团队共180人参赛，是广西最大规模的街舞比赛。11月，在裕丰潮流先锋南部街区街舞工作室举办街舞培训班。此外，舞蹈《追求》获全区技工院校科技文化艺术节文艺汇演二等奖；舞蹈《板凳上的山歌》入选南宁市“八桂群星奖”比赛参评；舞蹈《办公室协奏曲》获南宁市公交系统庆祝中华人民共和国成立60周年文艺汇演一等奖；舞蹈《飞天》获全区中储粮系统庆祝中华人民共和国成立60周年文艺汇演一等奖。

非物质文化遗产普查工作取得阶段性成果。年内，共收集到非物质文化遗产项目线索530条，普查455项。其中三塘镇105项，五塘镇108项，昆仑镇158项，民生街道办55项，朝阳街道办29项。兴宁区“松柏汉族二声部平话山歌”入选自治区级非物质文化遗产代表作名录。于2008年3月后。在三塘镇中心小学建立的松柏汉族二声部平话山歌传承基地共开展非物质文化遗产的传承培训15次，培训学员100多人次。编辑出版了《南宁市非物质文化遗产普查资料汇编·兴宁区篇》，并建立了兴宁区非物质文化遗产普查保护数据库。

图书建设显著。图书馆年借阅图书达18200册，新增纸质图书2200余册，报刊、杂志120种；接待读者75460人次。兴宁区图书馆通过三级馆评估。开展“书香漂万家”、“迎新年颂和谐”主题书画展、“图书漂流”进农村、“4.23世界读书日——‘我阅读我快乐’校园读书会活动”、“热爱读书共享资源”、“好书伴我成长”等读者活动与图书流通活动。

【江南区】 江南区文化和体育局编制3人，下辖机构有：江南区文化综合稽查队（内设江南区文化广播电视站、江南区文化馆），编制10人，是财政全额拨款的参公事业单位；江南区图书馆，编制5人，是财政全额拨款的事业单位。截止到11月底，共组织了116场群众文化活动，观众达到6万多人次，投入资金约30万元。

全力做好2009年为民办实事项目文化惠民工程。7月份配合南宁市粤剧团，分别在吴圩镇、苏圩镇、延安镇、江西镇开展“送戏进乡村”活动，共演出了4场；按时完成扶持5个农村文艺队的任务，指导和安排5个文艺队演出100多场次。10月21日，在江南区江滨休闲公园成功举办2009南宁国际民歌艺术节“绿城·江南歌台”，演出取得良好的效果。

注重加快公共文化设施建设。一是为三个镇的文广站、四个镇的六个行政村（社区）、四个镇三个街道办的七个文化资源共享工程基层服务点争取到了价值45万元的业务设备和办公用品。二是不断加快基层文化队伍的建设。目前，本城区共有15个社区、农村文艺队纳入备案管理，由江南文体局不定期对其进行辅导、培训等工作，让他们更好的为城区服务。

文化遗产发掘整理工作喜丰收。一是广泛发动群众，精选出了426条具有丰富内涵的非物质文化遗产的原始信息。二是把江南区三年以来的非物质文化遗产的工作经历及工作成果汇编成册，并从中挑选了《疍家婚礼》、《春牛舞》、《扬美豆豉》等20个项目作为江南区第一批非物质文化遗产名录给予公布。三是对自治区级的非物质文化遗产《疍家婚礼》的相关材料进行收集整理，积极申报国家级的非物质文化遗产名录。四是积极组织申报扬美古镇为国家级古名镇。五是对麻子畲"土改工作二团旧址"进行维修，田汉旧居已完成维修工程量的50%。

文化综合市场管理工作扎实稳健。在规定时限内完成事项的审批，按时办结率达100%。据统计，到目前为止文体局窗口共办理业务124件。其中网吧变更17件，网吧迁出2件。出版物年审51件，出版物新办9件，注销1件。"三印"年审34件，"三印"新办1件。娱乐场所新办7件，其中KTV新办3件，游艺场所新办4件，迁出1件。音像新办1件。办结率100%，群众满意度100%。没有出现超时办结的现象。城区共有文化市场经营单位152家，其中网吧93家，歌舞娱乐场所13家，电子游戏场所2家，游艺娱乐场所5家，音像制品零售出租场所39家。共有出版物市场经营单位94家，其中出版物经营户59家，"三印"经营户35家。据统计城区文化市场和出版物市场经营单位今年为城区纳税额达到2000多万。

【青秀区】 青秀区文化和体育局公务员编制7名，下属文化市场综合稽查队(文化馆)，参照公务员管理编制人员13名；图书馆1个，事业单位编制人员4名，全年财政拨款561.8万元。

青秀区文体局以迎接公共文明指数测评和创建国家卫生城为契机，以净化社会文化环境为目标，强力开展文化市场和"扫黄打非"专项整治行动；围绕中华人民共和国成立60周年这一主题，开展丰富多彩的文体活动，先后成功举办了迎新文艺演出、农民工艺术节、学习实践科学发展观宣传文艺晚会、庆祝建党88周年合唱比赛，圆满完成了南宁市国际民歌艺术节"绿城歌台"文艺演出和大巡游；扎实实施各项文体设施建设项目，年内完成6个村级文化活动室，8个村级体育场所、6条健身路径、1个城区级信息资源共享支中心等文体基础设施建设，并为30个村级文化活动室配备了一批文体设施，发放安装广播电视"村村通"卫星接收设备4793套，不断满足群众文体需求。

10月22年南宁国际民歌艺术节"绿城歌台"青秀区歌台在五象广场举行。来自文莱、阿根廷的外国艺术家与青秀区辖区的群众艺术团体在歌台上载歌载舞。观看和参与的观众有5000余人。参加南宁国际民歌艺术节"和谐南宁·欢乐绿城"大巡游活动。10月23日青秀区组队参加2009南宁国际民歌艺术节"和谐南宁·欢乐绿城"大巡游活动，青秀区人民政府荣获2009南宁国际民歌艺术节"和谐南宁·欢乐绿城"大巡游活动最佳组织奖，同时青秀区选送的神奇壮乡·魅力青秀方队荣获巡游活动表演方队一等奖，"活力青秀"方队荣获表演方队三等奖。

开展净化社会文化环境专项行动。3月开始开展净化社会文化环境专项行动，行动期间共出动执法人员1400多人次，对辖区内文化、新闻出版物市场900多家次经营单位(摊点)进行检查，当场对89家次网吧达了整改通知书，立案20起(含当场处罚)；对15家娱乐场所下达了整改通知书；共收缴各类盗版音像制品7万余张(其中淫秽音像制品202张)、电子出版物3000多张(盒)，非法报纸、书刊2500份(本)(含"六合彩"资料)。

开展娱乐场所安全生产专项检查。4月1日晚开展娱乐场所安全生产专项检查，此次行动由岳凤军副区长带队，青秀区文体局、文化市场综合稽查队出动20多人，对辖区30多家娱乐场所进行了突击检查，共查出各类安全隐患9处，当场整改8处，并下发1份限

期整改通知书。

开展深入学习实践科学发展观系列活动。一是举办深入学习实践科学发展观宣传文艺晚会，当现场观众超过3000人。二是举办实践科学发展观“问计于民”座谈会，分别召开了实践科学发展观“问计于民”企业代表座谈会、文体代表座谈会。

举办年度游艺娱乐场所专项整治行动。5月26日至6月30日开展2009年度青秀区游艺娱乐场所专项整治行动，行动期间青秀区文体局组织青秀区文化市场综合稽查队检查辖区内游艺娱乐场所50家次，下发整改通知书4家，为未成年人营造健康良好的成长环境打好了坚实的基础。

举办“廉政沐青秀颂歌献党恩”爱国歌曲歌咏比赛。6月29日晚由青秀区委、区政府主办，青秀区纪律检查委员会、青秀区组织部、青秀区文体局承办的“廉政沐青秀　颂歌献党恩”爱国歌曲歌咏比赛在广西艺术学院礼堂举行。共有十三支党工委参赛队参加了比赛，经过激烈的角逐，青秀区直属机关党工委和青秀区南阳镇党委获得了一等奖。

迎接南宁市公共文明指数测评文化市场整治行动。8月13日～16日开展迎接南宁市公共文明指数测评文化市场整治行动，此次行动由青秀区文体局牵头，联合工商、公安、消防等部门组成联合执法组，宣传部甘诚部长、岳凤军副区长亲自带队，主要针对是否接纳未成年人、是否按规定核对有效身份证件上网、是否设置警示牌、亮证经营等问题进行重点检查，共检查了网吧400多家次、查处40多家，为确保南宁市顺利通过公共文明指数测评起到了积极作用。

【西乡塘区】　西乡塘区文化和体育局编制5人，在编3人，财政全额拨款。全年共组织开展各种文化活动23场次，其中较有影响和独具特色的有：唐人文化节、西乡塘区庆祝五一国际劳动节、五四青年节青年歌手大赛、南宁国际民歌艺术及“绿城歌台”西乡塘区歌台、香蕉旅游美食节、“和谐南宁·欢乐绿城”大巡游等活动。

唐人文化节。4月25日至29日，由南宁市文化局、南宁市旅游局、西乡塘区人民政府主办的唐人文化节在南宁市唐山路唐人文化园内隆重举行。文化节期间开展了书画美术展、美食品尝、古董鉴赏、文艺演出、知识讲座、服装服饰展演、电影晚会等活动，共吸引2万多观众前来观看并参加活动，收到良好的社会效益和经济效益。

“唱响时代旋律、激扬青春之歌”西乡塘区庆祝五一国际劳动节、五四青年节青年歌手大赛。为了隆重纪念中华人民共和国成立60周年和五四运动90周年，由西乡塘区委、区政府主办，共青团西乡塘区委员会、西乡塘区文体局承办的“唱响时代旋律、激扬青春之歌”西乡塘区2009年庆祝五一国际劳动节、五四青年节青年歌手大赛，于4月28日至30日晚在民生广场亲水平台举行，有来自辖区单位130名歌手参加比赛，精彩的比赛吸引五千多名观众到场观看。

南宁国际民歌艺术节“绿城歌台”西乡塘区歌台。10月21日上午，由南宁国际民歌艺术节组委会，西乡塘区委、政府联合举办的南宁国际民歌艺术节“绿城歌台”西乡塘区歌台暨西乡塘区香蕉旅游美食节启动仪式在民生广场举行，歌台邀请了瑞典、波兰等6个国家的艺术家和南宁市专业团体、辖区单位共16个节目参加，现场观众2000多人观看，精彩的节目观众拍手叫绝。启动仪式还同时进行了蕉王大赛、吃香蕉比赛、抱香蕉接力赛、香蕉管理和知识问答等一系列活动。

南宁国际民歌艺术节“和谐南宁·欢乐绿城”大巡游活动。10月23日上午9:10—11:00在民族大道举行“和谐南宁·欢乐绿城”大巡游活动，为了充分展示我西乡塘区的产业特色和文化特色，在城区党委、政府的高度重视和辖区单位的共同努力下，组织、编排了“蕉香天下”和“火红青春”两个方块表演队共200人参加大巡游，其中“蕉香天下”以独特的编排动作，极富创意的服装设计和美观大方、婀娜多姿的表演效果被评为大巡游活动最佳表演奖(共有23个表演队参加巡游)，城区也因此荣获优秀组织奖称号。

西乡塘区香蕉旅游美食节——“蕉园风采”书画、摄影比赛。9月15日至10月15日，西乡塘区委、区政府在唐山路唐人文化园举行西乡塘区香蕉旅游美食节——“蕉园风采”书画、摄影比赛，本次比赛发动面广，参与人员多，有来自全市各单位，各行业的专业和业余爱好者共60多人参加，共收到200多幅作品，最后评出一、二、三等奖若干名，奖金为3000元、2000元、1000元。

【邕宁区】 邕宁区文化部门年内结合实施南宁市政府为民办实事文化惠民工程和文化共享工程，加强文化建设。文化惠民工程邕宁区的文化建设项目共5项，其中3项为文化类：即建设5个边远农村图书室；扶持5个村屯社区业余文艺队；“百戏进乡村”。至年底，投入资金共10万元，完成了5个边远图书建设任务；投入资金共1万元，扶持建设5个村屯社区业余文艺队，5个业余文艺队全年共演出125场次；开展“百戏进乡村”演出活动，共送戏下乡5场。文化共享工程项目共2个，建设全国文化信息资源共享工程邕宁支中心；为基层单位配送文化设施。至年底，投入资金68万元，完成了全国文化信息资源共享邕宁支中心建设任务；投入56万元，为5个乡镇文化站和10多个村级文化室配送电脑、灯光音响、乐器等基层文化设备一批。

抓好项目建设。结合“项目建设年”活动，抓好那莲古戏台、北帝庙维修工程(分两年完成)、徐汉林烈士陵园“邕宁革命烈士纪念馆”、新江镇综合文化站扩建工程(分两年完成)等3个项目维修、建设。至年底，完成了那莲古戏台、北帝庙项目维修，投资近100万元，占项目总投资的三分之二；建成“邕宁革命烈士纪念馆”并对外开放；完成新江镇综合文化活动大楼完成主体工程三分之二的建设任务。

在群众文化活动方面，邕宁区较大型的文化活动有：以“践行科学发展观，建设和谐文明新社会”为主题的“元旦——春节文化活动月”系列活动、“五一”广场文艺演出、邕宁区庆祝中华人民共和国成立60周年“爱国歌曲大家唱”歌咏比赛、南宁国际民歌艺术节邕宁歌台文艺演出活动等。全年组织开展各种群众文化活动共250次，投入活动经费70.2万元，参加活动2.93人次，观众20.79万人次。

加强非物质文化遗产保护工作。2009年，邕宁区文化部门组织城区文化馆、乡镇文化站专干深入各乡镇开展非物质文化遗产普查工作，收集到项目信息共618条，并编印了《南宁市非物质文化遗产普查资料汇编(邕宁区篇)》。完成了中和乡“壮族抢花炮”、蒲庙镇“壮族八音”2个非物质文化遗产保护、传承、培训基地的建设任务。

【良庆区】 良庆区文化和体育局行政公务员编制5人，下设有文化馆、图书馆、广播电视站(文化市场综合稽查队)、新闻出版管理办公室以及5个乡镇文化广播电视站等9个职能部门，事业人员编制共38名。本系统具有大专以上学历的有39人，占92.9%。良庆区拥有市级三级图书馆1个，5个乡镇文化综合楼。年内，荣获2009年首府南宁创建全国文明城市先进集体、南宁市庆祝中华人民共和国成立60周年“祖国万岁”诗歌朗诵大赛组织奖、南宁市庆祝中华人民共和国成立60周年“爱国歌曲大家唱”歌咏大赛组织奖、南宁

市庆祝中华人民共和国成立60周年“我邀明月诵中华”诗歌朗诵大赛优秀奖、南宁市非物质文化遗产普查工作先进集体等。

举办庆祝中华人民共和国成立60周年一系列文化演出活动。组织了“‘赞美祖国’诗歌朗诵比赛”、“迎国庆文艺演出”、“良庆区庆祝中华人民共和国成立60周年歌咏比赛”等一系列文化演出活动。组队参加市委宣传部和市文化局举办的“我邀明月颂中华”的诗歌朗诵比赛，并获得优秀奖；组队参加由市委宣传部和市文联举办的“祖国万岁，唱响绿城”的诗歌朗诵比赛，并获优秀奖；组织了“了罗”山歌队参加市广电局的文艺汇演等一系列活动。

精心组织良庆区首届香火龙民俗文化旅游节。在“两会一节”期间成功举办了良庆区首届香火龙民俗文化旅游节，隆重推出“非物”项目“香火龙舞”、“斑鸠调”、“了罗”山歌等。

成功举办2009南宁国际民歌节良庆歌台。10月22日，南宁国际民歌艺术节“绿城歌台”良庆歌台在阳光新城隆重举行，来自俄罗斯、哈萨克斯坦、塔吉克斯坦等3个国家的艺术家与我城区文艺工作者一起载歌载舞，为到场的3000多名热情群众献上了一台既充满异国情调又具有浓厚民族特色的精彩演出。

群众文化活动方面，包括开展“千副春联送祝福”活动、组织制作花车参加“南宁市获全国文明城市”花车大游行、协助空七军文工团在玉洞村进行以“新农村建设”为主题的文艺晚会、与团委联合在大沙田进行首届良庆区十大青年歌手大奖赛的初赛和决赛，协助教育局进行“改革开放三十年”的演讲讲故事比赛、举办“五四”文艺晚会。组织城区美术法和摄影爱好者在城区举办美术书法和摄影展、在大沙田隆新花园和玉洞金象绿城举办两场农民工艺术节。组织训练了一百人的“香火龙”方块队和一百人的“斑鸠舞”方块队，参加南宁市两会一节期间的“和谐南宁，欢乐绿城”大巡游活动。

基层文化建设方面，积极组织艺术专业人员深入基层（社区、企业、学校、农村）辅导。农村文艺队获得较大的发展，加大对6个农村业余文艺队的扶持扶持力度，每个农村业余文艺队均配套价值2万元的音响、乐器等器材。文化站全年开展了72场丰富多彩的农村群众文化活动。活动内容包括舞龙狮、现代歌舞晚会、古装粤剧演出、民间采茶演出、卡拉OK比赛等，受益村屯23个，参与活动人数达15万人次。

非物质文化遗产的普查和保护方面，搜集整理出非物质文化遗产和民族文化采集信息五百多条目。内容涉及民俗、民间文学、传统手工艺、民间舞蹈、传统体育和传统戏剧等诸多领域和内容。同时在“两会一节”期间举办了良庆区首届香火龙民俗文化旅游节，隆重推出“非物”项目“香火龙舞”、“斑鸠调”、“了罗”山歌等。《香火球》项目申报为国家级非物质文化遗产保护项目。

图书馆建设工作。良庆区图书馆坐落于南宁市银海大道975号，馆舍面积1100平方米。服务窗口是800平方米的实现藏借阅一体化的借阅室，配有阅览座位156个，现馆藏纸质图书有2.1万册，订有期刊118种、报刊53种。2009年1月到10月共接待读者33293人次，内阅册数68650册，借书929人次，外借图书1745册，2009年为读者办理借书卡287张。

文化市场管理，全年共组织文化市场专项整治行动8次，日常巡查200次，出动检查人员2000人（次），车辆400辆（次），检查音像店、书报刊、网吧、电子游戏（游艺）、歌舞厅（KTV）等经营场所2000家（次），对文化经营场所检查覆盖率达到100%。查获非法音像制品6500盘（件）。查处违规网吧30家。受

理举报投诉43件，办结案件43件。查处“黑电子游戏机室”2家，收缴游戏赌博机14台，查处黑网吧2家，暂扣计算机200台。对文化市场违规违法行为处罚金额达68000元，保证了良庆区文化市场的健康有序的发展。

【武鸣县】 武鸣县文化机构有县文化和体育局、县文化馆、县图书馆、县歌舞剧团、县文物管理所、县社会文化管理办公室，以及13个乡镇文化广播电视站。在编人员97人。财政拨款约630万元。

武鸣“三月三”歌圩3月27—4月4日分别在县城兴武大道、城东大草坪、东鸣路、江滨路、文化广场、灵水风景区等地进行。文体活动包括开幕式文艺表演、千人竹杆表演及竞赛、广西第三届歌王大赛、县外艺术团专场演出、三月三文学笔会、民间传统斗狗斗鸡斗鸟斗牛比赛、书画摄影作品展等。开幕式当天，10多万人汇聚武鸣县城赶歌圩，欢度“三月三”壮族传统节日。中央电视台、广西电视台、南宁电视台等50多家媒体前来报道歌圩盛况。

精心组织大型文化活动。一是继续举办武鸣县新创民歌大赛，从2003年至2009年已成功举办了七届，共累计征集2121首新创民歌，其中今年征集258首，举行新创民歌演唱比赛3场，观众达5000多人。二是举办建国60周年全县大型歌咏比赛，全县各系统及13个镇共25个代表队参加，参加人数1500人，观众达到1.2万人；三是积极参加2009南宁国际民歌艺术节“和谐南宁·欢乐绿城”大巡游活动，参加巡游有40人的壮族横鼓队和60人的花伞队。组织南宁国际民歌节武鸣歌台活动，共安排6个艺术团队共150多人与马来西亚、瑞典等国家的艺术家联合演出，观众达6000人。

重视群众文化活动及艺术创作。年内，县文化馆配合相关部门开展文化活动75场，观众达15万人次，创作和选编文艺作品70篇(件)、舞美70台，组织参加各类文艺赛事，获奖7个。县尼达合唱团分别参加了在北京国家大剧院举办的中国原生态民族民间歌舞展演、南宁国际民歌艺术节开幕式演出。县歌舞剧团开展文艺下乡，共演出85场，观众达10万人次。该团创作的民间舞蹈《古岳铿锵》节目，在首届中国女娲文化节暨‘女娲杯’全国民间歌舞精品展演活动中荣获银奖。全县13个镇全年组织群众文化活动79次，观众达30万人次。

年内，县图书馆新增藏书2234册，藏量达13.5万册，年接待读者12.5万人次。全国文化信息资源共享工程县级分中心电子阅览室，年接待读者2万人次。

年内完成全县第三次全国文物普查工作，县政府公布了两处古墓群遗址为县级文物保护单位，划拨专款50万元对文物保护单位进行维修。非物质文化遗产普查工作，年内完成1476条信息的采集工作，超额完成176条，并形成电子文本，分类录入数据库，制作成《汇编》上报。武鸣县壮族骆垌舞被公布为南宁市非物质文化遗产名录，武鸣“三月三”歌圩申报国家级名录。

加强文化市场管理。年内加强对全县文化市场管理，全年共出动检查人员600多人次，检查经营单位600家，受理文化市场举报案件6件，收缴违法音像制品4452盒，非法出版物1760册、游戏机42台及游戏机主板46块。

实施文化惠民工程工作。年内组织市级文艺团体进乡村演出13场，观众达9200多人。扶持业余文艺12个，开展演出360场，观众达10万人次。组织实施图书进乡工程，建立边远行政村农家书屋15个，藏书近2万册。

【横县】 横县文化和体育局年内核定编制11

名，其中行政编制8名，后勤服务人员事业编制3名；内设办公室、社会文化和艺术股、文化市场股、体育股4个职能股室。下属文化单位7个：县图书馆、县文化馆、县文工团、县文化市场稽查大队、县文物管理所（县博物馆）、县文化演出服务公司、县新华书店，体育单位2个：县体育馆、县少年体育运动学校。2009年，横县文体系统共有在职干部职工187人，其中，党员85名，研究生学历1人，大学学历51人，大专学历23人，高级技术职称3人，中级职称20人，初级职称66人。横县新闻出版管理办公室在横县文化和体育局挂牌。本年度荣获广西非物质文化遗产普查工作先进集体、2009年度南宁市非物质文化遗产普查工作先进集体等荣誉称号。

实施为民办实事文化惠民工程。重点扶持包括横州镇陶圩镇爱乐艺术团在内的12个村屯社区文艺队，每个文艺队配送价值2000元文化活动设备，全年12个文艺队共完成演出612场；县文工团组织送戏下乡宣传演出活动26场，观众超过3万人次。配合南宁市艺术剧院、南宁市粤剧团完成送戏下乡共17场；县图书馆、县新华书店共组织送农业科技书籍等图书到校椅镇龙省村、那阳镇南阳村、云表旺庄村委等送书下乡11703册次，其中配送或捐赠4993册，流通6710册。另给马山、镇龙、新福、南乡、平朗等5个乡镇的平安村委等15个边远山村农村图书室免费配送图书18000册（每个1200册），价值23万元。

重视文体基础设施建设。年内，全县14个乡镇综合文化站开工建设；完成县图书馆二期工程建设，建筑面积1300平方米，投入200万元，另投入82万元在图书馆更新和美化等重新装修。通过“以奖代补”为百合镇、峦城镇2个综合文化站配送开展群众文化活动设备10万元（5万元/站），配送文化信息共享工程设备10元（5万元/站），为校椅镇中好村委、平马镇三叉村等12个乡镇村屯配送灯光、音响、乐器等农村开展文化演出活动设备24万元（2万元/村），为校椅镇青垌村委等12个村委配送村级文化信息资源共享工程设备51180元（4265元/村），动工建设标准篮球场21个。

全年创编舞蹈、歌伴舞151个，小品4个，音乐快板1个，原创歌曲4首。组织少儿美术作品68幅参加市少儿艺术节展赛，获得一等奖2个、二等奖6个、三等奖8个、优秀奖25个，横县文化馆获得优秀组织奖。选送作品参加广西第四届动漫节获得金奖1个，银奖1个。选送作品参加广西少儿美术书法大赛获得金奖1个，银奖1个。组织参加第三届全区青少年现场作画比赛获得银奖2个，铜奖5个。文化馆周国森创作的歌曲《壮乡有朵茉莉花》、《壮乡最爱茉莉花》参加第十届《祖国之春》中国民歌赛获创作金奖和银奖，周国森同时获得十佳演唱家金奖、中国民歌演唱功勋歌唱家奖。文化馆孙金萍摄影作品《红叶片片》、《金丝猴》获得文化部全国群文系统优秀作品奖，并在《全国群文系统优秀作品选集》刊登，在区群艺馆举办的魅力北部湾美术摄影展中，孙金萍摄影作品《涠洲岛晨曦》、《牧》中获得金奖和银奖，陆世欢美术作品《硕果图》获得银奖。此外，分别选送作品参加“共和国颂”大型画册、HPA第六届国际民俗摄影“人类贡献奖”年赛、首届中国地理“荒野传奇”摄影大赛等赛事。文化馆余莲娜论文《业余合唱队辅导探析》在《歌海》2009年第6期刊发，《浅谈群众业余舞蹈的创作与辅导》、《对横县非物质文化遗产保护工作的一些思考》在《广西文化》2009年第10期刊发；文化馆孙金萍论文《浅谈横县歌谣》在《广西文化》2009年第10期刊发。

开展群众文化体育活动。1月份，举行横县西北壮歌剧汇演。春节期间举办了迎春文艺晚会、春节广场大型群众文艺演出、“富裕

文明和谐新横县”新春读者活动、气排球赛、围棋赛、中国象棋赛、羽毛球赛、春节六人制足球赛、乒乓球团体赛、足球赛、“信用社杯”横县乡镇篮球赛、中老年麻将比赛等；3月份，举行了庆祝“三八”节健身操比赛、“3.5”专题文艺演出。8月份第六届全国茉莉花茶交易会既2009年广西横县茉莉花节期间，举行了规模盛大的民俗文化巡游等系列文化活动和冠桂之夜“茉莉花开·情韵飞扬”大型文艺晚会、横县—博白县联谊文艺汇演。9月份，举行了庆祝中华人民共和国成立60周年歌咏比赛、广场文艺演出。10月份，举行了南宁国际民歌艺术节绿城歌台横县歌台演出活动和参加“和谐南宁·欢乐绿城”大巡游活动。文化部门还联合团县委、中国移动、电信等部门举行了“青年歌手大奖赛”活动。

完成非物质文化遗产普查。完成资源1782条，占指标数1700条的105%，其中电脑录入1551条，创作区级非物质文化遗产名录《横县百鸟衣》卡通书1套，完成非物质文化遗产普查资料汇编《横县篇（名录）卷1本和非物质文化遗产普查资源汇编1套(2册)，申报市级保护名录《横县大粽》、《百合茅山舞》、《六景采茶舞》3个，申报区级保护名录《葛麻十六炮会》、《临江壮歌剧》2个，选定并公布横县非物质文化遗产名录项目18个。

加大文化市场、新闻出版市场管理。年内，加大市场监管力度，严厉查处违法经营行为，全年共出动人员3160多人次，车辆647车次，检查经营场所3437家次（其中网吧1005家次、音像709家次、娱乐场所421家次，印刷企业586家次，出版物经营场所716家次)，收缴非法音像制品14500盒，收缴非法出版物5481册，收缴非法电子游戏机29台，电路板9块，服务器3台，电脑主机67台，显示器17台，路油器3台；受理举报18件，查处违规接纳未成年人网吧62家，立案调查48家次，取缔黑网吧16家次，删除或者屏蔽网络有害不良信息400条；查处违法电子游艺等娱乐场所42家次；警告违规经营文化场所146家次。

【宾阳县】 宾阳县文化和体育局于2002年3月成立，属财政全额拨款正科级行政单位，在编人员17人。

开展宾阳县各类文化活动。主要包括迎春文艺晚会、迎国庆60周年红歌比赛、中秋文艺晚会等节庆文艺活动70场次。10月份成功承办南宁国际民歌节宾阳歌台的演出工作。文艺作品《相认》参加全区“八桂群星奖”获银奖。启动中华、和吉、黎塘、甘棠、露圩、陈平、邹圩等7个镇(乡)综合文化站的建设项目，为5个文化站17个村(屯)、社区送去一批演出设备，建成15个村(屯)图书室，建设20个村(屯)灯光球场，协助市艺术剧院到15个镇(乡)开展16场文艺演出。图书馆新增图书1760册，外借图书80013册次。全年开展文化下乡活动3次，年内开展文化市场执法120天，出动执法人员890人次，检查各类文化经营场所3120家(次)，取缔非法经营摊点10个，收缴上各类违法出版物13022册(盒)，查处违规经营文化经营单位47家。

文化遗产普查工作成效显著。非物质文化遗产普查共收集资源信息2200条，并编篡成《南宁市非物质文化遗产普查资源汇编—宾阳篇》三卷。将《老窍故事》、“大罗毛笔”、“蒙宋(村)皮革”等14个非物质文化遗产资源申报为区、市、县级非物质文化遗产保护名录，建成了宾阳县非物质文化遗产资源资料库，被自治区文化厅评为非物质文化遗产普查先进集体。宾州古城文化建设获得加强，将南桥申报为区级文物保护单位，策划建成宾阳文史资料馆。宾阳县“百龙舞宾州”炮龙节活动于2月3日至5日在宾阳县城举行，本次活动共开展宾阳文化旅游一日游、炮龙表演赛、炮龙节大型文艺晚会、炮龙节宾阳县

非物质文化遗产项目游行、舞炮龙等5个主题活动。炮龙节期间约有20万游客到宾阳旅游观光，产生直接经济效益8000万元。

11月7日至11日，宾阳县举办2009年广西民营企业投融资(宾阳)洽谈会暨宾阳制造商品展销会(以下简称“经贸两会”)，宾阳“经贸两会”每两年举办一届，至今已成功举办了六届。

【上林县】 上林县文化和体育局内设办公室、社文股、体育股、文化市场新闻出版管理股4个股室。下属有文化馆、图书馆、县民族歌舞剧团、文物管理所、县文化稽查大队(文化市场管理办公室)、电影公司、新华书店7个单位。指导11个乡镇综合文化站开展群文活动。全县文化系统在职人员108名(中级职称15人、初级职称23人)。全年财政拨款668万元。

成功承办庆祝中华人民共和国成立60周年系列活动。举行社区村屯文艺调演，上演节目15个；开展主题为“我爱我的祖国”歌咏比赛活动，参赛队22个，乡镇11个、县直机关11个。组织上林“渡河公”方块队参加“和谐南宁欢乐绿城”大巡游荣获表演一等奖，抓好南宁国际民歌艺术节“绿城歌台”上林分歌台文艺演出活动。县文化馆创作歌曲《你说我的家乡美不美》在“感动中国——2009年全国第三届新创歌曲、歌词大赛”中获二等奖。开展非物质文化遗产普查，收集原生态民歌、民俗、民间故事1130多条次，撰写《南宁市上林县非物质文化遗产保护名录汇编》，公布上林第一批非物质文化遗产保护名录52项。县图书馆藏书9万册、接待读者54183人次、外借图书59830册次、印发科技信息资料20000份。县文物管理所完成全国第三次文物普查实地调查阶段工作，征集文物16件，新发现不可移动文物点15个。县民族歌舞剧团送戏下乡86场次，观众90000人次。县电影公司完成体制改革，自6月1日以后，县电影公司人员、业务交由县广播电影局管理，送电影下乡830场次，观众415000人次。县新华书店图书销售总额872万元。

加强县文化稽查大队开展净化社会文化环境专项治理。以规范网吧、查处网吧接待未成年人为工作重点，扎实抓好文化市场的管理和监督，出动342人次依法检查文化市场经营户580家次，共收缴非法音像制品3700多张，处罚超过经营网吧1家，违规接纳未成年人12家。与网吧业主签订依法经营承诺书46份，举办文化市场经营业主培训班2期174人次。对全县103家文化市场经营户实行有效监督。全年，以国家扩大内需为契机，加大对乡镇文化基础设施建设的投入，大丰、明亮、巷贤、塘红4个乡镇综合文化站活动楼投入使用，并配备音响、舞台灯光、电脑一批办公设备，建立全国文化信息共享工程上林服务点县级中心点1个、乡镇7个、村级13个。建设农村书屋(农村图书室)15家，并配送书架和图书22410册，扶持11个村屯文艺队，演出达420场次，观众220000人次。“送电影到农村”放映830场次。上林文体活动中心项目建设前期工作已完成规划选址、土地预审、环评、可行性报告和立项。

【马山县】 马山县文化和体育局内设办公室、社会文化艺术股、群众竞技体育股3个股室，行政编制7个，事业编制1个。下辖县文化馆、图书馆、文化市场管理办公室、文物管理所、民族艺术团、体育中学、新华书店、电影公司、新闻出版管理办公室等9个二层机构，干部职工共有177人。今年，县文化和体育局先后被评为市级先进集体，一地一节先进单位、文化遗产保护工作先进单位、文化市场统计工作先进单位、新闻出版管理目标工作二等奖、体育管理目标工作二等奖、南宁国际民歌节“欢乐大巡游”表演一等奖。

加强农村文化基础设施的建设和管理，强化文体设施服务功能。年内，重点抓好大石山区文化项目的后续管理工作，配合新农村建设，认真抓好全县文化设施建设，制定科学的管理制度和使用规划，确保乡镇文化站，村屯文化活动室得到合理有效使用，进一步完善文化站的设施和功能。据统计，至12月31日止，全县投入140多万元，新建乡镇文化站7个。投入64多万元，建设新农村示范点文化活动室8间。投入84多万元，完善28个村屯文化活动室建设。全县农村文化基础设施建设出现新的发展局面。

【隆安县】 隆安县文体局下设县文化馆、县图书馆、县民族文工团、文物馆、县文化市场办公室、县新闻出版管理办公室、县文化稽查大队和10个乡镇文化站以及县新华书店等共18个单位共117人。除县新华书店34名职工属企业管理工资自筹外，其余单位的干部职工均为政府的在编人员，工资由财政全额拨款。县财政拨给文化部门3055311元（含干部职工工资）经费；上级文化部门拨款1639500元（其中120万为实物折款）。在有限的经费当中，年内分别开展了文化惠民工程、打造“那”（稻作）文化之都品牌、群众文艺演出、文物普查、非物质文化遗产整理、文艺创作、文化下乡等活动，为隆安的两个文明建设，构建和谐隆安提供了文化支撑。

全年共扶持了10个乡镇文化站、11个村屯业余文艺队、15个边远乡村图书室、23个农家书屋，扶持资金（含实物折款）1320500元，其中乡村图书室和农家书屋为120500元；业余文艺队和文化设备120万元。此外，牵头组织蹀城上苑房地产开发公司和县新化书店开展“冬日送温暖”捐赠活动，为丁当镇福尔泽小学51名贫困学生送去一批价值10000多元的冬衣和学习用品；扶助了63名孤寡老人和43名贫困学生，扶助金额达223200元。

打造“那”（稻作）之都文化品牌。根据专家们的考查结果和建设，县委、县政府决定打造隆安“那”之都文化品牌，于5、6月份拔款10多万元举行了《隆安县“那”文化之都文化品牌打造总体策划方案》专家评审会、那桐“四月八”农具节庆典、隆安“六月六”芒那节（稻神祭）等活动。此外，县政府还另拨6万元专款打造“四月八”农具节和“六月六”芒那节两个非物质文化遗产项目。经过不懈的努力和宣传，专家评审已获通过，如今的“那”文化之都品牌已初具规模，并在全区、全国有了较广泛的影响。

全年共组织扶持了11个村屯业余文艺队，并利用春节、二月十九观音诞、三月三歌节、四月八农具节、五月初五端午节、六月初六芒那节、八一建军节、国庆节、南宁国际民歌艺术节等传统节庆日在全县各乡镇举行了130多场文艺演出，观众累计达20万人次。此外，县文体局还利用蝶城文化广场、都结乡政府灯光球场、那桐社区灯光球场等三个场地，免费举办交谊舞、健身舞等群众性娱乐活动，活动时间从晚上8点钟开始至10点钟结束。据不完全统计，一年之中参加交谊健身活动的群众不少于50万人次。自治区文化厅于2010年1月26日在隆安那桐社区举行了一场有全区各市、县、区文化局长参加的“广西和谐文化服务行”——“千团万场群众文化活动”启动仪式，从形式上肯定了隆安的群众文化工作。

4月，县文化馆深入全县10个乡镇进行非物质文化遗产挖掘普查，共收集到非物信息1180条。6月份，对收集上来的信息进行了认真的筛选，并整理成书，输入电脑，建立了文档信息库，超额完成了上级布置的任务。全县分别有一人获得全区非物普查、收集工作先进个人奖，12人获南宁市场非物普查、收集工作先进个人奖。此外，县文体局、县文化

馆、雁江镇文化站分别获得南宁市非物普查、收集工作先进集体奖。

全县共创作戏剧小品6个，山歌剧8个，舞蹈5个，美术、书法、摄影500多件，文学作品150多篇。其中小品《做好事》获得“广西八桂群星奖”剧展优秀奖；美术作品《山翠居牧乐》、《小屋依然》、《玉液飘香》、《深山的新声》获“广西统一战线庆祝中华人民共和国成立60周年暨多党合作制度确立60周年书画摄影展”优秀奖；摄影作品《学》获“全国佳能摄影大赛”入围奖。此外，在全国第十四届中小学生书画作品大赛中，我县选送400幅作品参赛，分别有20幅作品获得一等奖、57幅作品获得二等奖，92幅作品获得三等奖、105幅作品获得优秀奖。文学作品方面，散文《壮乡的山路》获中国散文家协会征文比赛二等奖；诗歌《国庆颂》获中国词诗画研究会征文创作第二名；小小说《张三宝》、《三叔有手机》、《亚根的心》、《天池小小说》、《不信你就来调查》、词作《八十初度》、《敬酬钟老八十华诞》《秋叶吟》、《春花吟》《打工妹》等作品，都分别发表刊登于各地、市、省级的报刊上。

桂 林 市

全市文化工作综述

2009年，桂林市文化系统深入学习实践科学发展观，紧紧围绕区党委建设"文化广西"的重大决策，全面落实桂林市委、市政府建设"现代文化名城"和"文化立市"的战略部署，坚持以人为本、重在建设的原则，解放思想，锐意进取，发挥我市文化资源优势，以项目建设引领文化工作的发展，努力繁荣文艺创作，推进历史文化名城保护，加强基层文化建设，规范文化市场管理，各项文化工作取得了突出的成绩，为全市经济、政治、文化和社会的协调发展，为人的全面发展和社会的全面进步，提供强大的思想保证、精神动力和智力支持。

专业艺术

【专业艺术团体艺术创作】 年内，市桂剧团创作演出的大型新编历史桂剧《灵渠长歌》在参加第七届广西剧展展演中，荣获广西"桂花金奖"；市歌舞团创作演出的舞蹈诗《山水·桂林》荣获广西"桂花铜奖"。其中，还荣获表演奖、导演奖、舞美设计奖等共31个奖项。大型新编历史桂剧《灵渠长歌》被定为广西重点剧目，将进一步的艺术打磨，并代表广西出征全国戏剧类大赛。2009年，市桂剧团创作演出现代桂剧《野渡》、现代儿童剧《纸飞机》在参加广西第七届剧展小戏小品展演总决赛中，现代桂剧《野渡》荣获"桂花铜奖"，两个剧目共荣获单项奖10个；市彩调团新编传统彩调小戏《双告庙》在参加广西第七届剧展展演中，荣获"桂花银奖"，三位演员获"表演奖"，市艺术研究所杨戈平获"优秀编剧奖"和"优秀导演奖"。2009年，在参加第五届广西音乐舞蹈比赛中，由市歌舞团创作演出的双人舞《步枪》荣获表演一等奖"、"编导一等奖"；三人舞《山水之约》荣获"表演一等奖"、"编导二等奖"；三人舞《孩子，抓住老师的手》荣获"表演二等奖'；独舞《法网》荣获"表演三等奖"、"编导三等奖"；潘思曲荣获"演唱二等奖"，卢思名、肖春梅荣获"演唱三等奖"，李孟强获"演唱奖"。市桂剧团谢俊芳表演的魔术《心动时刻》在马来西亚国际魔术节现场，获观众投票奖。

【专业美术创作】 韦广寿创作的中国画《秋染毛南》，在参加第十一届全国美展中，被评为获奖提名作品。张复兴创作的中国画《葳蕤家山》入选第十一届全国美术作品展；黄熙创作的雕塑作品《生命交响曲——汶川地震救援记录》入选为第十一届全国美术作品展，并获广西赛区"一等奖"。此外市艺术学校四名学生在参加教育厅举办的全区中等职业教育技能比赛暨全国赛广西区中职选拔赛中，全部荣获模特表演项目"三等奖"，副校长翟丽荣获"指导老师奖"。

【重大文化演出活动和市场演出蓬勃开展】 圆满完成"2009'桂林国际山水文化旅游节开幕式文艺晚会"；圆满完成"在关爱中成长——全国'十佳自强女孩'揭晓颁奖暨广西关爱女孩行动公益晚会"；成功举办"桂林市彩调(专业)大赛"，得到市领导充分肯定和广大观众的好评。目前，我市五大剧团，艺术特

色鲜明，在挖掘本地民族文化、历史文化和山水文化资源都做出了极大的努力，为打造一批具有本地区浓郁民族特色和旅游文化特点的新剧目而努力拼搏，使其艺术生产高效化、面向市场多元化、经济收入多样化。以开辟演出市场为突破口，带动剧团体制改革，促进精品创作和文化产业发展。全年各剧团全年演出575场，观众近百万人。同时，积极开展元旦、新春期间"情系山乡"送戏下乡活动，市彩调团结合全市计生宣传工作，创作一台专题文艺晚会，分别到十二县五城区演出，收到了良好的效果。全年市直各专业团队下基层、下乡演出共近120场。

群众文化

【举办新春文化活动月及春节群文活动】 新春文化活动月及春节群文活动历来是我市春节期间的重要文化活动。今年的农村新春文化活动月、春节群文活动依旧红火异常，精彩纷呈，使我市城乡到处洋溢着喜庆、热闹、祥和的美好节日气氛。桂林市群众艺术馆组织的第22届迎春漫画展和桂林民俗风情摄影展，60多幅漫画作品和摄影作品给群众带来了高尚的艺术熏陶和美的享受。元旦、元宵节期间，桂林群众艺术馆组织桂彩艺术团分别到象山区二塘乡等乡镇演出了群众喜闻乐见的彩调、桂剧、歌舞等13场次，受到了农民朋友的欢迎。大年初一由杂技团在中心广场举行春节文艺演出。在广场的左右两侧，来自桂林南药股份有限公司的雄狮贺新春、老年艺术团表演的鼓乐，以及迎春漫画展和新春民俗风情摄影展等活动及节目更是将春节群文活动推向了高潮。

【广场文艺演出亮丽多姿】 恰逢广场文艺演出十周年纪念之际，桂林群众艺术馆认真策划组织实施，群策群力参与到该项工作中来。在市委宣传部的协调下，广场文艺演出于于4月4日由环城水系建筑开发有限公司拉开了广场文化活动的序幕。全年安排演出42场，至12月底已演出44场，演出节目568个，观众28万人次。广场文艺演出已成为我市城市群众文化的龙头，成为一道亮丽的风景线。

【庆祝中华人民共和国成立60周年"爱国歌曲大家唱"歌咏大赛】 由市委宣传部、市文明办等9部门共同主办，桂林群众艺术馆承办的桂林市庆祝中华人民共和国成立60周年"爱国歌曲大家唱"歌咏大赛于7月27日在春天剧场举行。它是我市庆祝中华人民共和国成立60周年系列庆祝活动的重要组成部分。经过各县区、各系统、部门的初赛和复赛，全市各县区、市业余合唱团的27支合唱队伍进入了决赛。整个歌咏活动期间，各县区、系统、行业广泛、积极地参与其中，举行了歌咏活动，桂林城乡处处飘扬着嘹亮、优雅的比赛歌声。在此基础上，市音乐家协会合唱团代表桂林市参加全区"爱国歌曲大家唱"歌咏大赛决赛，她们在9月17日的全区比赛中以优良的台风、唱功以及饱满热情，打动了全体评委及全体观众，最终以全场最高9.87分，勇夺本次比赛桂冠，显示了桂林深厚的文化底蕴，为中华人民共和国60华诞献上了最美好的祝福。

【第三十届"漓江之声"】 今年第30届"漓江之声"活动恰遇中华人民共和国成立60周年。此次"漓江之声"活动由"高歌颂祖国"、"舞动青春"和"民间艺术大荟萃"3大板块组成。十二县五城区17个预赛片共举办各门类预选赛47场，参加演出的群众数千人，最后有183个节目参加了"青春献祖国"青年歌手赛、"炫彩09"热舞比赛、民族民间舞蹈比赛、"青春风采美"大赛、民间技艺展演及民间工艺展示和地方艺术展演共7个项目的决赛。活动于9月8日晚拉开全市决赛的帷幕，至15日共举行决赛11场。在全市文化工作会议上，市领导充分肯定了今年“漓江之声”的成绩并为获奖单位颁奖。11月19日晚在春天剧场举行桂林百姓大舞台·飞扬的“漓江之声”优秀节目汇报演出，对“漓江之声”30年进行了回顾。今年的第30届“漓江之声”更以独特的魅力展现出桂林群众文化的丰姿。桂林各大主流媒体对本次活动全程追踪报道，对提高活动的知名度、增加活动的参与程度起了重要作用。

【“为祖国喝彩”大型群众歌会】 为展现全市人民团结拼搏、昂扬奋进的精神风貌和庆祝中华人民共和国六十华诞的喜悦之情，9月26日晚在市体育馆举行了桂林市“放歌祖国”大型群众歌会，其主题为歌颂“共产党好、社会主义好、改革开放好、人民军队好、人民群众好、伟大祖国好”。整个歌会分为《红旗飘飘》、《壮丽山河》、《辉煌中国》3个篇章，共有21个合唱团1800多名合唱队员演唱了17首歌曲。歌会中，整个体育馆4000多座位座无虚席，场内高潮迭起，充分展示了桂林人民拥护党的领导、歌颂美好幸福生活的朴实情感。

【2009年桂林国际山水文化旅游节艺术巡游】 为进一步贯彻桂林市委“文化立市、旅游兴市”的施政方略，大力宣传桂林，营销桂林，11月11日晚在中山路举办了2009·桂林国际山水文化旅游节艺术巡游的活动。本次艺术巡游采取群众自愿报名组队与指定单位组织方块队相结合的办法组织巡游队伍，最后有41个单位、团体，近2000人组成了33个巡游方块队，其中有18个单位、团体自愿报名参加巡游，另有日本、新西兰、泰国三个友好城市方块队。尽管巡游当晚下雨，但参加巡游队员仍以高昂的热情、饱满的情绪冒雨巡游，活动取得圆满成功，得到市领导的高度肯定。

【庆祝中华人民共和国成立60周年美术、书法、摄影作品展】 为隆重庆祝中华人民共和国成立60周年，全面贯彻落实“文化立市”发展战略。9月7日，桂林群众艺术馆在市美术馆举办“浓墨重彩绘祖国，翰墨丹青颂和谐”——桂林市庆祝中华人民共和国成立60周年美术、书法、摄影作品展。本次展览，共收到全市作者来稿2500余件，经过评委会认真细致的评选，共评出优秀作品210件，入展作品210件。作者以不同的格调，精湛的技艺和饱蘸浓情的笔墨，展示了我市近年来的城乡建设的巨大变化和崭新风貌，抒发了对祖国的无限深情。

【桂林首届摄影艺术联展】 为丰富桂林市人民春节文化生活，1—2月，市委宣传部、市文化局、市展览馆、市五大摄影(学)会联合举办了“桂林市首届新春摄影艺术联展”。展览共征得3000多幅投稿作品，最终评选出展览作品140多幅。此次展览共展出7天，3000多名群众观看展览，作品反映了改革开放30年来取得的伟大成就，讴歌祖国的大好河山。

【百年帅门艺风——四代艺术展】 1月24日—28日，市委宣传部等单位在桂林市展览馆举办了“百年帅门艺风——四代艺术展”，共展出200多件艺术作品，近4000名群众观看了展览。帅家是广西著名的艺术世家，帅门艺术自帅础坚1908年开始从事美术创作及教育工作以来，已走过百年，相传四代。帅门艺风的创始人帅础坚是著名画家、美术教育家、西画传入广西的第一人，也是广西艺术学院的创始人之一。帅础坚与我国著名画家徐悲鸿、张安治、黄宾虹等人曾在广西绘画并从事教学活动，享有“广西美术教育先驱者”的美誉。其后代中有30多人从事的事业涉及绘画、书法、篆刻、刻字、艺术设计、音乐、艺术史论等多个门类，含教授、研究员、博士、硕士等，他们积极探索艺术创作的发展方向，取得成就卓越。

【陈羡莲师生美术作品展】 4月10日—12日，桂林市展览馆和香港丹暹画楼联合举办了“陈羡莲师生美术作品展”，展出作品96幅，2000多名群众观看展览。展览开启了香港在桂林办展的先河，大大促进了桂林人民和香港同胞的友谊和了解。

【余克危先生梅花系列作品展】 8月15日—21日，桂林市展览馆举办当代著名画家余克危梅花系列作品展，此次展览由中共桂林市委宣传部、苏州市文联、苏州国画院主办，桂林市展览馆等单位协办，展览展出水墨梅花精品85幅，3000多名群众观看展览。年近古稀的余克危先生以其笔下造型独特的梅花著称，被文化部列为中国画坛十大领军人物之一、中华人民共和国成立60周年来以来中国最具影响力的十大画家之一。

【中日交流展览】 桂林人民与日本人民的友谊深厚，文化交流源远流长。桂林市展览馆全年举办中日交流展览4个，12000多名群众观看展览。即6月由桂林市展览馆、日本国际书画联盟等单位主办的“2009中日桂林书画联展”；9月由日本九州日中水墨画研究会主办的“第八回中日友好绘画交流展”；9月由中国国际青年交流中心广西青年联合会主办的“梦幻广西·我眼中的桂林举办的第十二届“中·日桂林书画联合展览”。这些展览进一步加深了桂林人民和日本人民的友谊。其中，6月25日—28日，举办的“中·日桂林书画联展”已成功举办了12届，已成为一个推动两国文化艺术交流的有效载体，中日书画家及各界人士共计400多人参加了本次展览开幕式，约5000观众参观了展览。

【“清风廉影—桂林市廉洁文化摄影展”和“桂林市艺术摄影联展”全市巡回展览】 为丰富人民群众的业余生活，今年，由桂林市展览馆筹划举办的“清风廉影—桂林市廉洁文化摄影展”及“桂林市艺术摄影联展”全市巡回展览深入10县1城区的街道、乡镇举办24场，展出作品近300幅。巡展充分发挥了展览活动的政策宣传、思想教育、艺术熏陶等功能，所到之处受到广大干部、党员和群众的欢迎，对推进当地的党风廉政建设和构建和谐社会起到了积极的促进作用。艺术摄影联展则给广大群众带去了一次高档的视觉艺术享受，并为当地的摄影爱好者提供了一次难得的学习交流机会。

【开展国庆系列展览活动】 为庆祝祖国华诞60周年及建党88周年开展了一系列文化展示纪念活动，9月—10月，桂林市展览馆与市政府及社会各界团体共同组织举办了美术、书法、摄影等7个丰富多彩的展览隆重纪念这一重要的历史时刻。如由中共桂林市委和桂林市人民政府、中共桂林市委宣传部、桂林市文联主办的“庆祝中华人民共和国成立60周年摄影作品展”。中共桂林市委宣传部、桂林市硬笔书法协会主办的“迎共和国60周年大庆展　桂林写字书法风采展”。桂林市文学艺术联合会、桂林市妇女联合会主办的“女子书画研究会成立二十周年·庆祝中华人民共和国成立60周年书画展”。由桂林市展览馆、桂林当代山水画研究院主办的“丹青颂盛世——老画家十二人作品展”。桂林市委宣传部、广西摄影家协会主办的“共和国不会忘记——桂林市方荣钰三走长征路纪实摄影展”等。展出书画、摄影作品千余幅。作品围绕和谐与和平的主题，通过独特的艺术视角和新颖的表现手法，抒发了作者们的爱国情怀和对红军的敬意。

【“中国侗族在三江”民族风俗摄影展】 12月11日—16日，由桂林市政协、中共桂林市委宣传部主办，由桂林市展览馆承办的“中国侗族在三江”民族风俗摄影展在市展览馆开展。此次摄影展分建筑、风俗、服饰、人物、日常生活、旅游六个板块，展出292幅精美摄影艺术影展的图片创作，均由柳州市政协主席胡锦朝、市摄影家协会主席贺肖华历经十年完成，作品展现出醉人的侗乡自然风光和独特的侗族民俗风情。

【首届残疾人书画展】 5月13日—15日，由桂林市残疾人联合会和桂林市文化局主办、雅园书画院承办的桂林市首届残疾人书画展参展在桂林市展览馆开展。此次展览展出十九位艺术家近百件书画作品，大部分作者来自桂林市城区和十二个县的农村，年龄最大的五十来岁，最小的不到二十岁，他们中有肢残、弱视、聋哑，残疾等级有高有低。但他们不畏逆境，用笔墨色彩描绘他们对人生，对美的理解和追求，展览充分展示了桂林市残疾人自强不息的精神风貌。

【第十五届"八桂群星奖"桂林赛区选拔赛】 8月29日下午，由桂林市文化局举办的第十五届"八桂群星奖"桂林赛区选拔赛在省立艺术馆进行。十三个县区共计十五个节目参加比赛，经过评委筛选，六个获奖节目选送参加全区第十五届八桂群星奖舞台艺术类决赛，其中一个节目获金奖，一个获银奖、一个获铜奖、3个获优秀奖。同时，选送一批作品参加了全区第十五届"八桂群星奖"美术书法摄影作品比赛，其中获金奖的作品为3个，获银奖的作品为3个，获铜奖的作品为12个，获优秀奖的作品为4个。桂林市获全区第十五届"八桂群星奖"集体组织奖。

【庆祝中华人民共和国成立60周年文艺晚会】 9月28日晚，由市委、市政府主办，市委宣传部、市文化局等单位承办的"祝福祖国——桂林市庆祝中华人民共和国成立60周年文艺晚会"在中心广场举行。市委书记刘君、市长李志刚等市四家班子领导与全市各界代表一道观看演出。本次大型文艺晚会是继"为祖国喝彩"大型群众歌会之后，桂林市举办的又一重大节庆活动，旨在展示全市人民团结拼搏、昂扬奋进的精神风貌，表达庆祝中华人民共和国60华诞的喜悦之情，抒发全市各族人民爱国主义热情。晚会分为"辉煌中国"、"春绿大地"、"祝福祖国"三大篇章，共有14个节目，有歌舞、合唱、快板、杂技、乐器演奏、诗歌朗诵等多种艺术形式。在近两个小时的演出中，在不断变幻的绚丽舞台灯光的映衬下，《祖国颂》、《祝福祖国》、《红旗飘飘》……一首首经典红歌，旋律优美、传递深情，大家用最热烈的歌声，表达了对祖国母亲的无限挚爱和美好祝福。民乐合奏《好日子》、快板《喜满桂林情满怀》……，一曲曲时代欢歌、催人奋进，看到桂林人民的踌躇满志和豪情满怀，以及祖国和桂林的美好明天。晚会最后在全场齐唱《没有共产党就没有中华人民共和国》的激昂歌声中圆满结束。

【2009桂林国际山水文化旅游节友好城市专场文艺演出】 由中共桂林市委员会、桂林市人民政府主办，桂林市文化局、桂林市外办承办，"山水之约、文化之旅"为主题的2009·桂林国际山水文化旅游节"友好城市"专场文艺晚会于11月12日在市体育馆举办。参加演出的有日本熊本肥后风情艺术团、波兰托伦交响乐团、广西师范大学和桂林理工大学的留学生等，各国带有浓郁民族特色的文艺演出，让桂林人民的自己的家门口就能领略到异域风情，加大了对各国文化和人民的了解，增进桂林人民与各国人民友谊。

【"走读桂林文化"启动仪式】 活动时间为一个月的第三届桂林读书月主题活动——"走读桂林文化"启动仪式于9月5日在古南门前举行，市人大副主任汤杰参加并宣布走读桂林文化主题活动正式启动，200多市民和游客背上简单的行囊，带上家人，邀上朋友一起参加了走读活动。读书月组委会为本次活动精心推荐了5条桂林历史文化线路，其中，市内、兴安、恭城、灵川和永福各一条，内容涉及

靖江王府王陵、八路军桂林办事处旧址、兴安灵渠、恭城文武庙、大圩古镇、古东瀑布、金钟山等。此外，“走读桂林文化”活动期间，八路军桂林办事处纪念馆、桂林博物馆、李宗仁文物管理处、甑皮岩遗址博物馆、靖江王陵文物管理处等市内文博单位，对桂林城区市民（凭本市身份证）实行免票。

【加强社会文化基础设施建设】 全年新建21个乡镇综合文化站；新建文化共享工程7个县级支中心、35个乡镇级和95个村级基层服务点；送书下乡21000册。市群众艺术馆举办基层各类艺术培训班40余期共培训5000多人次，桂林图书馆举办“共享工程”和业务培训7期，培训骨干500多人次。

公共图书馆

【广西桂林图书馆举办桂林市图书读者协会成立20周年庆祝大会】 2月15日，广西桂林图书馆在榕湖分部举行桂林市图书读者协会成立二十周年庆祝大会。百余名协会会员以及来自社会各界的读书爱好者参加了庆祝大会。会上，读者协会会长、广西桂林图书馆副馆长杨邦礼做了题为《坚持与时俱进　努力开拓创新服务文化建设》的总结报告。表彰了40名2007—2008年度协会活动积极分子及《书友》投稿积极分子。桂林市图书读者协会成立于1988年，成立以来始终坚持以“读书、交流、成才”为宗旨，以“围绕中心、服务大局、服务读者”为办会方向，定期举办小组例会、讲座、出版《书友》，不定期组织讲座、活动，取得了很好的成绩。结合庆祝大会，该馆还举办了“读者协会成立二十周年成果展”。桂林市图书读者协会的各项工作得到了桂林市社会科学界联合会的肯定，被评为2009年度桂林市社会科学界先进学会。协会开展的活动“我爱祖国山河美”走读桂林文化活动被评为“桂林市社会科学界最有创意学会活动”。

【广西第二届全区区、市级公共图书馆馆长联席会在桂林召开】 3月12日，由广西图书馆和广西桂林图书馆共同主办的广西第二届全区自治区、市级公共图书馆馆长联席会在桂林市召开。来自全区15个自治区级、市级公共图书馆的18名馆长参加了会议。会上，广西桂林图书馆馆长丰雨滋传达了国家文化信息资源共享工程会议、全区社会文化工作会议精神，指出公共图书馆在2009年工作任务中的4个工作重点，即文化共享工程工作、古籍普查工作、全国第四次公共图书馆评估工作、图书馆的延伸服务。广西图书馆馆长徐欣禄做了题为《抓住机遇　以服务促发展　开创广西公共图书馆事业新局面》的专题发言。会议通过大会发言、分组讨论、会下交流等形式，探讨了新形势下如何抓住国家、自治区对公共文化设施加大扶持力度和政策保障的机遇，通过全年全国公共图书馆开展的改革与评估工作，大力推进图书馆的服务，促进图书馆事业的发展。

【广西桂林图书馆召开推出免费服务项目新闻发布会】 7月4日上午，广西桂林图书馆召开推出免费服务项目及博看期刊数据库新闻发布会。桂林市委宣传部、市文化局、市科技局、市教育局等单位领导及桂林各新闻媒体记者出席了新闻发布会。新闻发布会由广西桂林图书馆副馆长钟琼主持，馆长丰雨滋致发布词，宣布推出免费服务项目：一是取消读者借书证工本费、借书证年度验证费。二是免费向该馆持证读者提供查阅“读秀”电子图书和“博看”电子期刊的全文数据。三是取消电子文献下载费。同时，推出“网上续借”功能。近几年，该馆坚持以人为本，不断改进服务措施，增添服务内容，深受读者欢迎。

【广西桂林图书馆开展古籍保护工作】 3月，

广西桂林图书馆挂牌成立广西壮族自治区古籍保护中心桂林中心。年内，该馆先后派出5名工作人员6次参加了国家及自治区举办的古籍保护相关培训学习。分别进行了第二批国家珍贵古籍名录、第一批广西珍贵古籍名录、第一批广西古籍重点保护单位的申报工作，经评审，有8种古籍入选第二批《国家珍贵古籍名录》，26种古籍入选第一批《全区珍贵古籍名录》，该馆成为第一批全区古籍重点保护单位。6月14日至7月10日，由国家文化部主办，国家古籍保护中心承办的，入选第二批《国家珍贵古籍名录》“国家珍贵古籍特展”在北京举行，该馆收藏的元胡一桂撰泰定四年(1327)建安刘君佐翠岩精舍刻本《诗集传附录纂疏二十卷诗序附录纂疏一卷诗传纲领附录纂疏一卷语录辑要一卷》1册送至北京参加了展出。

【广西桂林图书馆实施文化共享工程】 年内，广西桂林图书馆在桂北地区新建三江县、融安县、灌阳县、临桂县、天娥县、东兰县、金秀县等县级支中心27个，乡镇基层服务点228个，村级基层服务点389个；自建数字资源430G；利用文化共享工程资源组织开展各种文化、科普、知识竞赛等活动，年服务人数19万余人；组织对桂北地区已建和在建的各县级支中心和基层服务点的工作人员进行集中面授培训4期，培训240人，以知识竞赛为形式，举办桂北地区文化信息资源共享工程知识与技能竞赛，对县级支中心和服务点开展培训，25个县级支中心75人参加了比赛。还组队参加了由文化部全国文化信息资源建设管理中心主办的“文化共享杯——全国文化信息资源共享工程知识与技能竞赛”，并获得优秀组织奖、优秀选手奖。

【广西桂林图书馆举行建馆100周年系列庆祝活动】 11月20日，广西桂林图书馆迎来百年华诞，该馆举行了系列庆祝活动。活动包括：出版广西桂林图书馆馆藏之《清代桂林状元翰墨》、《广西桂林图书馆馆藏精粹》——绘画、书法、扇面、《桂图百年纪念文集》等5本纪念图书；发行馆庆100周年纪念邮册；举办馆庆100周年馆藏书画展、馆史展、礼品展；举办“图书馆　我的精神家园”读者论坛；在广西省立艺术馆举办文化讲座，由广西师范大学文学院教授、图书馆原馆长姚倩主讲：《藏书万世，天下共读——从藏书楼到图书馆》；制作百年馆庆专题片；评选五十名优秀读者；制作馆庆专题网页；举行建馆百年庆典大会并为中国国家数字图书馆广西桂林分馆揭牌。11月20日上午，广西桂林图书馆建馆100周年庆典仪式在榕湖分部举行。国家文化部副部长周和平，自治区副主席陈章良，国家图书馆馆长詹福瑞，自治区文化厅厅长余益中，桂林市委书记、市人大常委会主任刘君，市长李志刚，市委常委、副市长、宣传部长陈丽华等领导出席了庆典仪式并讲话。来自全国图书馆界的嘉宾及社会各界代表近200人参加了庆祝大会。自治区副主席李康发来了贺电。会上，周和平副部长、陈章良副主席、詹福瑞馆长和刘君书记为“中国国家数字图书馆广西桂林分馆”揭牌。

【广西桂林图书馆开展读者活动】 年内，广西桂林图书馆开展各类读者活动208次，参加活动人数为7万余人次。活动内容包括：图书馆服务宣传周、“童心与科学”少儿科普系列活动、科技三下乡，国庆中英双语演讲比赛、少儿网络知识竞赛、青少年Flash科普作品创作大赛、学习“双百”人物有奖征文。参加桂林市第三届读书月、桂林市科技活动月、广西科技活动周、广西社会科学普及十月大行动、“社科知识进十村”、读书论坛、图书漂流、走读桂林文化。组织桂林市图书读者协会举办例会24次，开展大型活动5次。举办周末公益性讲座“桂林百姓文化大讲坛”和

"桂海讲坛"，其中，"桂林百姓文化大讲坛"举办讲座 28 场，"桂海讲坛"举办讲座 56 场。举办"桂图展览"，2009 年举办展览 10 场次。这些活动中，"童心与科学"少年儿童科普系列活动荣获"全国科技活动周广西活动优秀项目奖"；走读桂林文化活动被评为"桂林市社会科学界最有创意学会活动"。

【桂林市图书馆学会召开 30 周年庆典暨 2009 年学术年会】 12 月 18 日，桂林市图书馆学会三十周年庆典暨 2009 年学术年会在广西桂林图书馆榕湖分部召开。来自桂林市公共、高校和教育系统等单位的 300 多名会员及嘉宾出席了会议。会议由学会副理事长、广西师大图书馆馆长杨善朝主持。学会理事长、广西桂林图书馆馆长丰雨滋做了桂林市图书馆学会三十年工作回顾。会上，宣布了第 26 次科学讨论会优秀论文名单，表彰了一批先进单位和先进个人。

【全市公共图书馆参加全国第四次评估定级】 根据《广西壮族自治区文化厅办公室转发文化部办公厅开展县以上公共图书馆第四次评估定级工作的通知》文件要求，桂林市文化局组织广西桂林图书馆六名专家分为两个评估小组，于 7 月 24 日—8 月 12 日对桂林市的 12 个县级公共图书馆进行了认真细致的评估工作。此次评估对桂林市县级图书馆进行了摸底，掌握了第一手资料，找出了差距，达到了以评促建的目的。

文化市场

【概况】 年内，市文化局以"三个代表"重要思想为指导，深入贯彻落实科学发展观，积极开展净化社会文化环境专项治理工作，加强文化市场监管，严厉打击违规经营行为。年内，市文化局按照自治区和我市文化市场管理工作的部署和要求，把文化市场监管与"扫黄打非"结合起来，市文化稽查支队积极行动起来，与有关部门密切合作，采取强有力措施，大力开展文化市场集中整治行动和净化社会文化环境工作，规范文化市场经营秩序，营造文化产业又好又快发展的市场环境，以促进我市"文化立市"工作的开展。2009 年，全市共出动检查人员 18096 人次，检查经营单位 20013 家次，立案调查 304 件，办结案件 208 件，收缴非法音像制品 162063 张，没收非法游戏机 50 台，对违规经营场所处以警告 506 家次，责令改正 664 家次，罚款 544000 元，责令停业整顿 72 家次，取缔 16 家。

【规范行政审批全面提升行政效能】 6 月，市文化局涉及文化市场的所有审批项目正式进驻桂林市政务服务中心，充分授权办证窗口负责人，积极做好政务服务中心的工作，健全完善各项审批制度，大力推进政务公开，科学设置审批流程，办理时限全面提升 50%以上。在审批过程中坚持公开、公平、公正，依法审批，广泛接受社会监督，进一步规范行政许可行为，建立统一、高效、便捷的文化市场审批体系。截至 12 月 31 日共办理行政审批事项 426 件，举行了 3 次文化行政许可听证会，否决了两家不符合要求的娱乐经营场所的设点，撤销了 1 家长期噪音扰民的歌舞厅，得到了居民和社区的高度赞扬，为此，五美社区赠送锦旗"勤政廉政，关爱民生，体恤民情，全程服务"。

【切实加强网吧市场监督管理】 年内，按照文化部及五部门联合下发的《关于进一步净化网吧市场有关工作的通知》要求，市文化局在开展净化社会文化环境集中整治工作的基础上，继续加大检查力度，严厉打击网吧违规接纳未成年人的行为，尤其是超时营业并锁闭门窗接纳未成年人的行为，重点解决农村乡镇和城乡结合部网吧违规接纳未成年人的突出问题。文化部门和公安、工商部门联合行动，建立完善整治“黑网吧”协作机制，以农村乡镇、城乡结合部和校园周边为重点，严厉打击以“信息服务站”、“电脑培训中心”等为幌子，变相从事网吧经营的行为。市文化局在加强日常巡查的同时先后两次开展了网吧集中整治行动。8月12日在市文化局二楼会议室召开五城区网吧业主会，加强对网吧业主的教育引导，进一步规范网吧经营秩序，同时，针对目前普遍存在网吧对上网消费者有效身份证件核对、登记制度不落实，不规范的问题，制定下发了《关于严格执行互联网上网服务营业场所核对登记上网消费者有效身份证件的通知》，重申有关核对登记规定。并统一制作了互联网上网服务营业场消费者登记本，下发到全市网吧，建立统一规范登记制度，组织市文化稽查支队对五城区进行检查，共出动检查人员56人次，检查网吧202家次，对违规经营场所处以警告77家次。目前，市区网吧对上网消费者有效身份证件核对、登记制度落实较好，有效制止了未成年人进入网吧。

【进一步净化校园周边环境】 市文化局文化市场科和文化稽查支队迅速行动，果断出击，开展文化市场集中整治行动，严厉打击校园周边违规经营活动，为广大青少年营造了文明和健康的校园周边环境。市文化稽查支队对市区校园周边的网吧、歌舞娱乐场所、音像经营门店等文化经营场所进行全面检查，特别是针对网吧违规接纳未成年人问题，以及涉及妨害未成年人身心健康的经营行为，加大了执法力度。9月，支队分2个检查组对全市校园周边全天候不定时进行突击检查，特别是在中小学生上学和放学时段开展检查行动，重点对在中小学校周围开办的无证电子游艺室、黑网吧和非法流动摊点进行坚决查处，共出动检查人员20人次，检查经营场所15家次，查处非法流动摊点3个。有效制止了不良文化对未成年人的危害和影响，为未成年人的健康成长营造了良好的文化市场环境。

【全面开展游艺娱乐场所专项检查】 年内，市文化局重点是对无证游戏娱乐场所经营活动进行清理整顿，打击游戏娱乐场所在国家规定法定节假日外接纳未成年人及利用电子游戏机进行赌博等违法违规经营活动。9月中旬，根据目前无证无照经营的游艺游戏场所有所抬头的情况，特别是城乡结合部，一些不法经营商未办理任何手续，变相经营，牟取暴利，有些游艺娱乐场所在国家法定节假日外接纳未所年人，并提供非法网络游戏及电子游戏赌博活动。对于这种情况，文化稽查支队积极协调，联合公安、工商等部门进行一次全面清理行动。支队组织全体行政执法人员，分四个检查组对全市重点区域进行全面检查。共出动检查人员16人次，检查游艺娱乐场所15家次，对违规经营场所处以警告3家次，收缴非法电子游戏机9台，取缔无证经营的电子游艺场所1家。

【多部门联合行动做好娱乐场所安全生产工作】 年内，市文化局联合公安、工商、消防、安检等部门，积极开展文化经营场所安全检查，督促经营场所落实各项安全管理措施，排查消防安全隐患。严厉查处我市歌舞娱乐场所非法经营行为，发现问题，坚决查处，决不姑息，避免负面新闻的出现，严格控制形成社会的热点。8月初，市文化局联合市公安消防支队对市区39家大型娱乐场所进行了一次消防安全专项检查。共出动执法人员28人，分成4个检查小组对市区大型娱乐场所进行检查。检查人员对易产生消防隐患的可燃易燃物的装饰材料、智能火灾报警控制器、包厢和走道灭火器、消防应急灯、消防栓和喷淋设备等进行了全面细致的检查。检查中发现12家娱乐场所的部分装饰装修材料属于易燃

物，5家娱乐场所烟感器不灵、消防通道堵塞。对发现问题的场所，文化和公安消防部门依职权要求相关娱乐场所限期整改。通过此次检查，对市区娱乐场所安全生产和进一步净化社会文化环境起到积极作用。

【日常巡查和打击地下仓库无证游商相结合 切实净化音像市场】 年内，市文化局通过群众举报、暗访蹲点、主动出击，开展音像市场检查，严厉打击销售非法盗版音像制品行为。目前，盗版光盘的批发销售越来越隐蔽，盗版光盘零售绝大多数已转入地下，这就大大增加了打击难度。市文化局与公安、工商、安监等各相关职能部门密切配合，不断加大对盗版音像制品的打击力度。4月9日，市文化局与公安部门联手端掉了莲花塘村一出租房内的非法音像制品地下仓库，一举收缴356箱54849张非法音像制品。4月27日，市文化局与公安部门联合行动在我市铁西一出租房内又收缴非法音像制品4446张。5月20日，市文化局和公安部门联合行动、迅速出击，在北辰路叠彩商贸城10栋3号“利仁辅料店”内查获了一个批发销售非法盗版光盘的地下窝点，当场缴获各类非法盗版光盘5万余张，其中有涉嫌淫秽光盘。6月，市文化局开展音像制品专项整治行动，重点整治小东江花桥街、瓦窑口休息园、火车站立交桥洞下、中山路周边销售非法盗版音像制品地摊点，查处了销售非法盗版音像制品摊点3家，收缴非法盗版音像制品500多张。销售非法盗版音像制品的经营活动得到了有效整治，净化了音像市场。

【聘任网吧社会监督员 发挥长效管理机制】 为加大对网吧的经营管理力度，净化社会文化环境，营造良好的社会氛围。市文化局和各城区举办了桂林市网吧社会监督员聘任仪式和培训活动。共聘任了桂林市网吧社会监督员108名，并给网吧社会监督员上法律法规课，将法规资料及12318投诉电话和五城区文化稽查举报电话下发各监督员，方便监督员对网吧进行监督。网吧社会监督员表示要本着强烈的社会责任感，对发现网吧违法违规经营行为及时向执法部门反映，对网吧管理工作提出意见和建议，积极参加文化部门组织的有关网吧的各类公益性活动，充分发挥网吧社会监督员的监督作用，形成长效机制，净化未成年人的成长环境。

文化产业

【2009年中国动漫游戏研讨会举行】 4月20日，由桂林市文化局和广州市希力电子科技有限公司共同主办、中国软件行业协会游戏软件分会指导、桂林市港岛网络科技有限公司、桂林市力港网络科技有限公司承办的“2009年中国(桂林)动漫游戏研讨会”在桂林市漓江大瀑布饭店举行。桂林市委常委、副市长、市委宣传部部长陈丽华，中国软件行业协会副理事长、中国软件行业协会游戏软件分会会长刘金华等领导出席会议。桂林有旅游山水名城和历史文化名城的双重资源优势，并拥有多所培养美术人才的院校，发展文化创意产业，特别是动漫游戏产业具有得天独厚的优势。桂林市委、市政府提出了“文化立市”的战略目标，把大力发展文化事业，做大做强文化产业放在了桂林市经济社会发展的重要位置。桂林文化产业园即将建成，首批进入该园区的动漫游戏企业将携一批具有独立知识产权的项目进入，为产业园的全面启动注入新鲜血液。桂林动漫行业即将得到发展，为提升桂林的文化软实力提供保障。刘金华会长在讲话中总结了游戏行业2008年在国际金融危机背景下所取得的成绩，强调动漫游戏企业要珍惜在金融危机中难得的发展机遇，利用国家支持动漫产业发展的政策，加强行业自律，加强规范化经营，爱护好

这一产业，共同把中国的动漫游戏产业做强做大，成为新的经济增长点。希望国内有更多的动漫游戏企业到桂林来创业和发展，与桂林市的有关单位强强联合，共同推动桂林文化产业的发展。桂林市网络、文化企业负责人，国内动漫游戏行业的专家、动漫企业的代表共140余人参加了会议，会议主要围绕“动漫游戏和金融危机”、“动漫游戏产业如何拉动经济的增长”等专题进行了深入的研讨。研讨会上，来自广东的两家动漫科技企业分别与桂林市的港岛网络科技有限公司以及日本ROL株式会社签约合作。

【桂林“一院两馆”建设项目方案获通过】 桂林“一院两馆”分别是桂林大剧院、桂林博物馆、桂林图书馆，项目位于临桂新区规划的13公顷文化娱乐用地范围内，占地面积176亩，其中桂林大剧院规划面积19000平方米，桂林图书馆规划面积31300平方米，桂林博物馆规划面积31500平方米。2009年4月“一院两馆”项目的可行性研究报告由市发改委组织评审通过，5月项目环境影响评估报告完成并通过专家评审，6月设计方案经专家组评议，清华大学建筑设计研究院中标。本着节约土地、量力而行、适度超前、具有民族特点的精神，清华大学对“一院两馆”的设计方案经3次修改后，10月获通过。通过的设计方案继承了桂北民居特有的汉唐遗韵，同时展示具有现代气息的时代风貌，提升桂林的文化品位和公共文化服务水平。“一院两馆”项目工程由中国建筑股份有限公司承建，建设周期预计为两年，建成后的“一院两馆”将是桂林市的标志性文化建筑。

【完成全市电影行政管理职能调整划转工作】 根据中宣部、中编办、文化部、广电总局《关于进一步理顺地方电影管理体制的通知》(中宣发[2008]31号)，自治区党委宣传部、自治区编办、自治区文化厅、自治区广电局《关于全区电影行政管理职能调整划转工作的实施意见》(桂办发[2009]7号)精神，要求文化主管部门承担的电影发行放映管理、市场准入、农村和社区等电影公共服务、农村电影放映工程的实施、指导基层电影队伍建设、电影专项资金的收缴和管理等职责，统一归口划入负责广电行政管理工作的部门。将文化主管部门所属的各国有电影企事业单位(包括国有、国有控股的电影公司、院线公司及影院，少数民族语译制中心，教育培训单位等)成建制统一划转到负责广电行政管理工作的部门。将文化主管部门与电影工作相关的机构编制、经费、设施、设备等统一划转到负责广电行政管理工作的部门。为做好电影管理体制调整和相关划转工作，桂林市出台了《市委宣传部、市编办、市文化局、市广电局关于全市电影行政管理职能调整划转工作的实施方案》，市文化局组织市电影公司召开动员会，认真做好电影管理职能划转过程中的各项工作，统筹协调，配合有关部门做好市电影行政管理职能调整划转涉及的资产、电影管理、稳定干部职工思想等方面工作，解决划转过程中出现的矛盾和问题。4月10日桂林市文化局与桂林市广播电视局签署了交接书。4月17日两局正式签办所有工作交接书。由此，桂林市电影放映许可证项目的审批、管理工作，交由桂林市广播电视局负责。

【桂林动漫戏曲文化产业园开工】 10月28日上午，国内首家动漫与中国代表性戏曲相结合，充分展现戏曲、建筑、饮食文化的产业园区——科赛·桂林雁山动漫戏曲文化产业园在项目基地隆重举行开工庆典。桂林动漫戏曲文化产业园是由苏州科赛集团投资建设的动漫戏曲文化产业园项目，在2007年第四届东盟博览会上与桂林市雁山区正式签约。经过两年筹备，前期工作就绪，已作为自治区2009年广西重大统筹推进项目。该项目位于

桂林至阳朔国际黄金旅游线路雁山段。项目一期工程占地1049亩，总投资14.13亿元，计划建设周期为4年。项目拟以动漫戏曲文化展示为龙头，在营造热烈奔放、激情欢快的动漫娱乐氛围的基础上，以国内优秀剧目为载体，拉动动漫衍生品的开发和制作，实现相关产业聚集，满足周边区域服务业、商业等需求，最终建成集文化旅游，演艺，教学研究，艺术培训，艺术品生产、加工，休闲、娱乐，餐饮等功能于一体的高端文化休闲娱乐产业园。

文化遗产

【概况】 年内，桂林市文博系统在自治区文化厅和桂林市委、市政府的正确领导下，认真落实科学发展观，严格贯彻执行《文物保护法》、《国务院关于加强文化遗产保护的通知》等相关的法律法规，围绕“保护为主、抢救第一、合理利用、加强管理”的文物工作方针，扎实工作，文化遗产事业取得了显著成绩。市文物工作队积极配合自治区考古研究所完成湘桂铁路桂林段的文物勘探，漓江流域史前台地遗址调查，贵广高速铁路建设项目桂林市区、临桂、阳朔、恭城段的文物调查等。桂海碑林石刻文化景观园于2009年国庆期间正式开放。作为广西首创的模拟考古乐园科普项目，有模拟考古发掘、文物仿制和钻木取火等10多项内容，以“参与、动手、体验”为特点的“甑皮岩模拟考古乐园”建成正式对外开放。八路军桂林办事处纪念馆陈列增加了地下油印室、养兔场、路莫村军需物资转运站旧址的“电台室”和“救亡室”、周恩来传达“六届六中全会”精神的龙王庙旧址等场景复原。完成《抗日烽火映桂林》大型历史文献资料片的拍摄工作。采用现代高科技手段制作完成《胡志明与桂林》、《红星闪耀照南国——八路军桂林办事处与抗日战争》两个专题展览，进一步丰富了桂林红色旅游的展示内容。2009年11月，经国家国防教育办公室审核批准，八路军桂林办事处旧址被命名为首批国家国防教育示范基地。

【第三次全国文物普查工作稳步推进】 2008年7月开始，全市“三普”工作正式进入田野调查阶段，12县和市区的“三普办”克服种种困难，普查经费落实到位，实地调查成绩喜人。永福、全州等县率先完成田野调查任务。12月31日，全市五城区、十二县已完成田野文物调查工作。目前，市、县两级田野普查已调查不可移动文物2015处，其中复查943处、新发现1072处，发现10余处洞穴遗址，登记了一批有历史价值的文物遗迹。

【文物调查及数据库管理系统建设圆满完成】 严密组织，科学筹划，顺利完成全区“文物调查及数据库管理系统建设”项目馆藏一级文物信息数据和影像数据审核汇总工作，按时超额完成市直文博单位和12县的文物数据库采集工作。共采集文物5475余件，拍摄文物照片10025余张，录入文物照片10025张，录入文物信息表5475份。

【博物馆事业成效显著】 6月，桂林博物馆、桂海碑林博物馆被国家文物局公布为国家二级博物馆，靖江王陵博物馆、甑皮岩遗址博物馆、八路军桂林办事处纪念馆、兴安县博物馆被国家文物局公布为国家三级博物馆。桂林博物馆和八办纪念馆被列为国家重点博物馆。八路军桂林办事处纪念馆、桂林博物馆、李宗仁文物管理处、灵川县桂北民俗博物馆被列为全国第一、二批免费开放博物馆、纪念馆。积极开展博物馆向社会免费开放工作，据统计，年内，全市各博物馆共接待观众一百多万人次，其中免费接待观众50多万人次。同时，“走进桂林——李培庚油画作品展”在广东省番禺博物馆联合展出。一年来，博物馆、纪念馆共举办《走进漓江——庆祝建国60周年中国画展》等18个展览和3个专家专题讲座，丰富了市民的城市文化生活。

【积极开展文化遗产主题宣传活动】 “5.18国际博物馆日”至6月13日“中国文化遗产日”期间积极开展文化遗产保护宣传月活动，全市文博各单位围绕活动主题，举办丰富多彩的宣传活动。各文博单位通过宣传版面展示、文物知识有奖问答、发放宣传资料等形式宣传文化遗产保护知识与法律法规。全市有2名选手被选进自治区代表队参加全国文化遗产保护宣传讲解大赛。

【文物保护与开发项目建设有序推进】 《靖江王陵保护规划》于1月获国家文物局批准，同时完成了《靖江王陵保护项目可研报告（一期）》、《靖江王陵大遗址景区项目建议书》，按照国家文物局专家组评审提出的修改意见，已完成方案修改报送市人民政府审核。《靖江王陵大遗址景区建设规划》已完成前期准备工作，为靖江王陵大遗址保护项目的实施奠定基础。李宗仁官邸及故居整体维修项目入选国家文物局涉台文物保护项目工程。李宗仁故居将军第右进、第左进，李宗仁官邸主楼屋面揭顶、墙面刷漆工程相继完工。

【文物安全工作责任落实】 全市各文博单位结合实际情况，扎实开展文物安全保卫工作。坚持开展文博单位夜间值班情况检查、节假日期间文物安全检查和文物行政执法专项督察等，针对发现的问题及时进行整改。2009年3月，李宗仁文物管理处、甑皮岩遗址博物馆等荣获桂林市重点单位内部治安保卫工作先进单位。

【文物保护学术课题进展顺利】 市文物管理委员会办公室和市文物队“石刻保护”、甑皮岩遗址博物馆的“甑皮岩遗址古水环境调查及恢复实验性课题”和“桂林甑皮岩古人类遗址文物模拟仿真保护技术研究课题”等文物保护科研课题进展顺利。

【举办“中国文化遗产日”宣传活动】 6月13日是我国第四个“文化遗产日”，桂林市文化局在我市中心广场举办了主题为“弘扬民间艺术，延续中华文脉”的文化遗产日宣传活动。市部、委、办、局相关领导及我市非物质文化遗产保护工作局际联席会议成员出席了此次活动。桂林市政府副秘书长张执雪同志做了热情洋溢的讲话，市桂剧团、市彩调团、市曲艺团和市杂技团等单位联合组织了一台以非物质文化遗产保护为主题的文艺演出。同时市展览馆展出84项桂林市市级非物质文化遗产保护项目，市文博单位也制作了内容丰富的展板介绍我市博物馆的相关情况。在进行展览的同时还结合展板内容进行有奖问答，发放宣传资料100多份。活动吸引了千余市民。

【非物质文化遗产保护宣传展】 6月13日，是我国第四个“文化遗产日”，桂林市展览馆配合市文化局“文化遗产日”系列活动的开展，在中心广场举办非物质文化遗产保护宣传展览，展出宣传图片60幅，吸引许多市民驻足观看，非物质文化遗产保护知识得到进一步宣传，展览获得了良好的社会效益。

县域文化

【叠彩区】 叠彩区文化机构单位为叠彩区文化馆。叠彩区文化馆于1992年9月正式成立，是叠彩区人民政府直属正科级全额拨款事业单位，编制6人，现有在岗干部职工6人。2009年，叠彩区政府财政拨款32万元。其基本职能是面向叠彩辖区及全市开展公益性群众文化工作，培育和提高全民素质与审美水平。2004、2008年二次荣获国家文化部授予的“国家一级馆”称号，是广西唯一荣膺此荣誉的县（区）级文化馆。

一年来，文化馆协同有关单位，组织文艺

节目和文艺展示活动共57余场。元月1日上午，于叠彩区文化广场举办了“叠彩区庆祝2009年元旦广场文艺演出”，有辖区内桂林石油公司、大河乡莲塘村等9个单位，演员60人参加，10个节目，观众3000人。元月1日下午，于叠彩区文化广场举办了“桂林市叠音艺术学校86期结业汇报”，有叠音艺术学校培训班188名学员参加，共有20个节目，观众5000人。2009年1月16日晚，于广西艺术学院礼堂组织参加了“全区人防系统2009年迎春文艺汇演”，共组织了2个单位、21名演员参加该项活动，观众500人。1月17日上午，于桂林市音妙琴行举办了“桂林市叠音艺术学校、音妙艺术培训中心钢琴班交流会”，共有34名学员参加，17个节目，观众200人。1月21日下午，于叠彩区政府12楼多功能厅举办了“叠彩区2009年机关春节团拜会”，有叠彩区机关6个部门参加，13个节目，观众500人。1月26日上午，于叠彩区文化广场举办了“叠彩区‘金牛春韵’暨计生关爱服务广场文艺演出”，并开展了计生知识有奖问答活动，有辖区内叠彩区凤集社区、桂林市彩调团等8个单位参加，13个节目、演员62人，观众2000人。春节前夕，组织书法家等随科技文化卫生“三下乡”队伍到大河乡为农民朋友义务写春联200余幅，同时给农民朋友带来了游园活动。3月4日上午，于叠彩区文化广场举办了“叠彩区妇联体育竞赛”，共有辖区内妇女200人参加，观众2000人。3月28日上午，于桂林中学阶梯教室组织参加了“桂林市第五届校园文化艺术节独唱比赛”，共组织了11名演员参加，观众200人。5月5日上午，于叠彩区文化广场举办了“‘我们是祖国的儿女’——纪念‘五四’运动90周年、中华人民共和国成立60周年文艺演出”，有叠彩区团委艺术团、胜利小学、凤集小学等11个节目，360名演员参加，观众2000人。5月10日晚，于桂林市中心广场举办了“‘叠彩人的欢乐乐章’文艺演出”，有辖区内叠彩夕阳红艺术团、叠彩区文化馆舞蹈队、拱极小学、叠彩区文化馆弯音轮组合等9个单位，180名演员参加，观众5000人。5月14日上午，于叠彩区文化广场举办了“叠彩区第二届校园读书月暨‘我与祖国同成长’‘改革开放三十年’读书教育活动成果展示”，有辖区内大河中学、希望小学、新民小学等10个单位，159名演员参加，观众2500人。5月16日上午，于桂林市第五中学球类练习场举办了“2009年叠彩区叠彩片庆‘五一’气排球比赛”，有辖区内叠彩区城北社区、桂林市肉联厂等45个单位，约370人参加，观众3000人。5月21日上午，于大河乡五福村委会办公大楼前举办了“叠彩区鹦鹉社区、五福村委会‘同唱和谐曲’文艺演出，有辖区内9个单位，94名演员参加，观众500名。5月28日上午，于芦笛路22号居民校园内举办了“叠彩区回龙社区端午节‘叙龙情’民俗美食文化家家秀活动”，有200人参加。5月31日上午，于叠彩区人民礼堂举办了“前锋幼儿园‘庆六一’文艺汇演”，有15个节目、189名演员参加，观众500人。6月16日晚，于桂林市少年宫春天剧场组织参加了“‘国税杯’2009年青春万岁—桂林红歌会”，共组织了2个节目、4名演员参赛，观众500人。其中，组织的节目弯音轮组合《祖国不会忘记》荣获金奖。6月19日晚，于叠彩区观音阁社区广场举办了“观音阁社区庆祝中国共产党成立88周年‘永远跟党走’文艺晚会”，共有12个节目、191名演员参加，观众1000人。6月20日上午，于梦园山庄举办了“叠彩区政协第三联络组委员单位气排球联谊赛”，共有委员队、双安队、雨佳队、百业队、文化馆队、华鼎队六支队伍，400人参加。6月26日上午，于冶金机械厂礼堂举办了“叠彩区芦笛社区‘赞歌献给党’文艺演出”，芦笛社区全体党员参加，共14个节目、233名演员参加，观众500人。6月

26日下午，于叠彩区人民礼堂举办了"'叠彩区百姓舞台·红歌献给党'教育片预赛"，有所辖前锋幼儿园、胜利小学、桂岭小学、文华小学等15个单位，248名演员参加，观众1000人。6月26日晚，于叠彩区文化广场举办了"'叠彩区百姓舞台·红歌献给党'北门街道办事处预赛"，有所辖金河社区、圣隆社区、铁路社区等13个单位，270名演员参加，观众2000人。6月28日下午，于叠彩区文化广场举办了"桂林市叠音艺术学校庆七一暨第87期结业汇报展演"，有15个班、201名演员参加，观众3000人。

桂林市叠音艺术学校是文化馆主办的一所为培养本区，本市音乐、美术、舞蹈及文化艺术，科技类的综合性业余艺术学校，2009年，在全体教职工的共同努力下开办了三期，招生2077人，开班148个班。年内，该校有16个专业263人参加中国音乐家协会、中国艺术科技研究所和中国音乐学院校外音乐考级。其中，张白羽老师辅导的古筝班学员参加"2009中国—东盟青少年文化艺术交流展示活动"在广西分赛区荣获少儿B组古筝专业金奖。龙安艺老师辅导的电子琴班学员参加桂林市"和声杯"电子琴赛获专业二等奖。唐海涛老师辅导的笛子班学员参加第五届全国青少年艺术教育精品展演系列活动广西选区活动中荣获小学器乐组竹笛演奏银奖。陈滨琴老师辅导的架子鼓班30多名学员分别参加"中国特长生"、"广西艺术之星"、"香港第五届世界华人青少年艺术节"比赛取得优异成绩。朱豆豆老师辅导的体育舞蹈班7月参加"2009中国—东盟青少年文化艺术交流展示活动"，2名学员获得"2009中国—东盟艺术风采"总决赛银奖，5名学员在广西分赛区荣获金奖，8月参加"桂林市摩登舞、拉丁舞城市公开赛暨全国部分城市精英赛"2名学员获得第一名，2名学员获得第二名。文忠老师辅导的书法班学员参加2009年中央电视台举办的"墨彩杯"全国青少年书画作品比赛荣获一等奖。刘贺珍老师辅导的写作班3名学员在桂林市环保作文比赛中荣获三等奖；龙文丹同学还被录取为2009年度古巴政府单方奖学金项目国家公派留学人员，现已前往古巴学习六年。6月29日晚，于木龙湖公园广场举办了"'叠彩区百姓舞台·红歌献给党·快乐歌会'叠彩街片区预赛，有辖区内桂林机床股份有限公司、虞山公园、中国农业银行桂林分行等14个单位，182名演员参加，观众3000人。6月29日晚，于叠彩区清风社区举办了"'清风和谐之夜'庆祝中国共产党成立88周年暨优秀共产党员、五好文明家庭颁奖晚会"，有辖区内东方日出幼儿园、清风社区、叠音艺术学校等5个单位，11个节目、115名演员参加，观众2000人。6月30日下午，于大河乡政府举办了"大河乡庆七一'叠彩百姓舞台·红歌遍大河'文艺演出"，有17个单位、103名演员参加，观众500人。6月30日晚，于桂林市少年宫春天剧场组织参加了"'庆祝中国共产党成立88周年'桂林百姓大舞台·青春献给党—桂林红歌会"，共组织了3个节目、9名演员参加，观众500人。7月9日晚，于叠彩区文化广场举办了"'叠彩区百姓舞台·红歌献给党'演唱比赛"，有辖区内教育片、大河乡片、北门片、叠彩片四个片区，18个节目、453名演员参加，观众3000人。7月17日上午，于叠彩区文化广场举办了"叠彩区'关爱女孩'文艺演出暨'自强女孩'助学金发放仪式"，有9个节目、98名演员参加，观众2000人。2009年7月27日下午，于桂林市少年宫春天剧场组织参加了"桂林市庆祝中华人民共和国成立60周年'爱国歌曲大家唱'歌咏大赛，共有14个节目、100名演员参加，观众500人。8月14日晚，于桂林市少年宫春天剧场组织了"桂林百姓大舞台·缤纷叠彩综艺晚会"。"桂林百姓大舞台·缤纷叠彩综艺晚会"是文艺工作的重中之重，从5月

上旬接到通知至8月14日演出结束止，历时3个多月，共组织发动辖区90个单位(街道)，共90个节目1511名演员参加了“百姓大舞台”文艺演出的初演，最后精选出叠彩区教育合唱团、台联幼儿园、大河乡星华村、叠彩区双拥办等选送的13个节目参加“百姓大舞台”的正式演出，观众达10000余人(次)。“桂林百姓大舞台·缤纷叠彩综艺晚会”共8场，其中叠彩办事处、北门办事处、大河乡、教育系统各演出一场，叠彩区文体局、文化馆组织彩排两场，叠彩区政府组织彩排一场，“百姓大舞台·缤纷叠彩”正式文艺演出一场。8月29日下午，于桂林市省立艺术馆组织参加了“庆祝中华人民共和国成立60周年广西‘八桂群星奖’桂林赛区选拔赛，共组织了2个节目、26名演员参加，观众300人。9月8日下午，在冶金机械厂大礼堂组织参加了“叠彩街道办事处企业离退休人员‘红歌唱遍叠彩’大合唱比赛”，由辖区内叠彩社区、回龙社区、芦笛社区一队、九华社区等9个单位、645名演员参加，观众500人。9月8日晚，在百花剧场参加了“桂林市第30届‘漓江之声’文艺汇演青歌决赛场”，共组织了3个节目、6名演员参加，观众500人。9月10日晚，在王城剧场参加了“桂林市第30届‘漓江之声’文艺汇演炫彩2009热舞决赛场”，共组织了4个节目、31名演员参加，观众1000人。9月11日晚，在百花剧场参加了“桂林市第30届‘漓江之声’文艺汇演民族民间舞蹈决赛场”，共组织了4个节目、62名演员参加，观众500人。9月12日上午，在桂林市中心广场参加了“桂林市第30届‘漓江之声’文艺汇演民间艺术展演”共组织了2个节目、34名演员参加，观众10000人。9月14日晚，在百花剧场参加了“桂林市第30届‘漓江之声’文艺汇演地方艺术展演”，共组织了1个节目、16名演员参加，观众500人。9月22日晚，在兴安县人民礼堂组织参加了“全市纪检监察系统迎国庆联欢晚会”，共组织了1个节目、3名演员参加，观众500人。9月22日下午，在桂林市少年宫春天剧场参加了“桂林市首届民族文艺汇演”，共组织了1个节目、24名演员参加，观众300人。9月23日上午，在叠彩区政府礼堂组织参加了“庆祝国庆60周年专题文艺慰问演出——‘辉煌的里程’”，共组织了17个节目、86名演员参加，观众350人。9月28日晚，在桂林市中心广场组织参加了“桂林市庆祝中华人民共和国成立60周年文艺晚会——‘祝福祖国’”，共组织了1个节目、20名演员参加，观众5000人。9月29日，在桂林市体育一馆组织参加了“桂林市离退休人员‘歌唱祖国歌唱党’红歌大家唱大合唱比赛”，共组织了3个节目、300名演员，观众5000人。9月30日上午，在叠彩区清风社区协助文体局举办“叠彩区农村和城市社区文化事业建设‘十百千万’工程启动仪式”。9月30日晚，在虞山公园承办了“‘迎国庆，祖国在我心中叠彩之夜’中华经典诗文朗诵晚会”，由拱极小学、希望小学、桂林两江国际机场、广西第四劳教所等11个单位、220名演员参加，观众2000人。10月10日下午，在驻桂75120部队广场组织参加了“桂林百姓大舞台走进军营桂林市慰问‘跨越——2009·确山’演习部队文艺演出——‘凯旋之歌’”，共组织了3个节目、21名演员参加，观众10000人。2009年10月27日晚，于广西艺术学院参加了“广西第十五届‘八桂群星奖’决赛”，共组织了1个节目、24名演员参加，观众300人。选送节目小歌舞剧《泥巴新娘》获银奖。10月29日，在叠彩区文化广场组织参加了“叠彩区2009年招兵宣传文艺演出”，共组织了6个节目、26名演员参加，观众2000人。10月31日上午，在叠彩区文化广场举办了“‘迎难而上，科学发展’桂林市叠彩区科普宣传活动”共组织了17个节目、285名演员参加，观众3000人。10月31日上午，在叠彩区文化广

场举办了"桂林市叠彩区第24届'叠彩桂花香'文艺汇演",共组织了17个节目、285名演员参加,观众3000人。11月11日,在市中心广场组织参与了"桂林市山水旅游节艺术巡演",共组织了1个红帽子方块队、30名演员参加。11月16日上午,在中业教学楼典礼会场协助参加了"大河中业初级中学中业教学楼落成典礼",共组织3个节目、70名演员参加,观众1000人。11月19日,在市少年宫春天剧场参加了"桂林百姓大舞台·飞扬的'漓江之声'",共组织了1个节目、20名演员参加,观众500人。本次"漓江之声"文艺汇演中,选送节目荣获组织奖1个、一等奖1个、二等奖4个、三等奖7个。11月26日,在桂林市首届少数民族体育运动会上,组织了女子射弩队和1个表演队参加比赛,并获得了二等奖的成绩。12月4日~21日,在市第二体育馆协办参加了"第九届'叠彩杯'篮球暨第二届气排球赛",由市人大办队、市物价检查所队、优利特医疗电子集团有限公司队、市委机要队、叠彩区机关1队等65支队伍参加。12月23日,在叠彩区文化馆四楼排练厅协办了"叠彩区老年书画协会庆元旦书画展",共展出作品200余幅,观众500人。2009年12月28日,在百花剧场参加了"桂林市第一届群文干部专业技能比赛",共组织3个节目、3名演员参加,观众200人。

【七星区】 七星区位于桂林市漓江以东,总面积97平方千米,下辖3个街道办事处,1个乡,1个华侨旅游经济区,28个社区,16个村委会,总人口24万。2009年完成地区生产总值112亿元,规模工业总产值157.5亿元,城镇居民人均可支配收入16799元,农民人均纯收入5880元。我区有文化机构2个,即桂林市七星区人民政府文化和体育局、七星区文化馆,共有工作人员9人,其中,区文体局3人,设正副局长各1人,工作人员1人(6月份退休)。区文化馆6人(在编3人),配馆长1人,工作人员5人),工资由区财政全额核拨。朝阳乡文化广播站1个,配站长和工作人员各1人(在编),工资由区财政全额核拨。全年区财政共拨款545.39万元(不包括举办"首届中国·桂林创新创意文化节暨桂林动漫节"活动经费),其中,文化建设经费425.89万元,专项活动经费108.3万元,业务工作经费11.2万元。完成了甲天下广场露天舞台400m²续建工程、朝阳乡综合文化站3层400m²土建工程、新建社区(村)文化室(农家书屋)5个、农村篮球场2个的建设项目。全年开展群众文化体育活动246次,其中千人以上的24场次,参与群众达103023人次。电影下基层放映106场,观众达53020人次。

元月17日,在华侨农场举行了文化、卫生、科技"三下乡"活动启动仪式,王芳副区长作了重要讲话,并给20户贫困村民发放价值3000元的慰问品和特困户发放棉被6床,向竹江村委上车头村文化图书室赠送书籍800册。仪式结束后,区文体局组织了一场文艺演出,观众达2680余人。与此同时,文化、卫生、科技、民政、计生、南城百货等单位和部门,共86人的下乡队伍,分别开展了为村民义诊160人次,写送春联400余幅,南城百货组织的近10万元家用电器、日用品、食品等年货,以特价优惠村民,仅仅两三个小时,大部分日用品销售一空,丰富了三下乡活动内容,农民得到了真正的实惠。

元月26日(大年初一),区文体局在甲天下广场举行了七星区2009年迎新春文艺演出暨游园活动,王芳副区长作了新春致辞,由市曲艺团的组织10个优秀文艺节目,献给观众,演出结束后,组织开展跳绳、踢毽子、套圈、钓鱼、瞎子击鼓、投绣球、幸运转盘、夹玻珠、插花等20个游园项目,参与市民达到了2300余人,在家的区六家班子陆新元主席等12名领导亲临指导,与市民同庆,活动期间,

市宣传部李继荣副部长、市文化局谭玉民纪检组长、市群艺馆苏绍芬馆长等莅临检查指导，营造了喜庆、欢乐、祥和的节日气氛。

4月17日晚，在甲天下广场露天舞台举办了文艺演出下基层一百场、电影下基层一百场、论坛下基层一百场“三百工程”启动仪式暨“宜居福地，创业乐园”大型文艺演出，出席晚会的领导有：国家文化部产业司副司长孙若风先生、中国群众文化学会会长郭沫勤先生、中国群众文化学会会长副秘书长赵林英女士、市文化局纪检组长谭玉民、市群众艺术馆馆长苏韶芬、市老干局局长王广玲、区委书记赵德明、区政府区长何运保、区政协主席陆新元等六家班子领导，观众3600多人。

8月27日晚8点在甲天下广场露天舞台举办了“山水宜居宝地、创新创业新城”文艺晚会，从七星街道“七星之光”、东江街道“东江之夏”、穿山街道“金秋穿山”、朝阳乡“朝阳杯”、华侨旅游经济区“桂侨之光”，共104个预选赛文艺节目中，选出14个优秀节目进行汇演。市委宣传部副部长麻跃红、市文化局纪检组长谭玉民、市群众艺术馆馆长苏韶芬、高新区工委、七星区委书记赵德明、高新区管委会主任、区政府区长何运保、区政协主席陆新元等在家的区六家班子领导出席观摩了晚会，观众达5500多人，同时，现场组织各单位和个人向遭受“莫拉克”台风袭击的台湾同胞捐款共10多万元；区委书记赵德明等领导给获奖单位和个人颁发了奖状和证书。

完成了市第30届“漓江之声”的决赛。9月8日—14日，共组织优秀14个文艺节目参加市第30届“漓江之声”决赛，获一等奖3个，含(街舞《Back to old school》、彩调(片段)《媒婆》、民族舞《空巢的孩子》)，二等奖5个，三等奖6个。

9月22日晚在甲天下广场举办了庆祝中华人民共和国成立60周年暨七星区成立30周年广场大型群众歌会。歌会分“辉煌历史、我的祖国、改革的春天、创造明天”四个篇章，来自机关、学校、企事业单位和农村等群众演员近1000人，共演唱了22首革命歌曲，观众达5000多人。市委宣传部副部长麻跃红，市文明办主任李滨，市文化局纪检组长谭玉民，高新区工委、七星区委书记赵德明，高新区管委会主任、区政府区长何运保等在家的区六家班子领导出席和观摩了晚会。

12月10日—13日，以国际会展中心为主会场，10日上午在国际会展中心举行开幕式，晚上8点在桂林体育中心举办了“首届中国·桂林创新创意文化节暨桂林动漫节”大型演唱会。何运保区长致词。邀请了中国产学研促进会副会长王建华，科技部火炬中心副主任段俊虎，自治区党委第四巡视组组长(正厅长级)刘剑，副组长、巡视专员(副厅长级)覃钦著，自治区科技厅副厅长纳翔，自治区文化厅副厅长唐正柱，自治区投资促进局副局长董世有，桂林市市长李志刚，桂林市委副书记，组织部部长潘永建，桂林市人大常委会副主任黄阐，桂林市副市长巫家世和自治区、市有关部门的领导及企事业单位嘉宾500多人出席了开幕式和观摩了演唱会，观众达14000多人。

12月25日晚8点在广西师大足球场举办了2009COSPLAY表演大赛总决赛颁奖晚会，市领导陈丽华副市长、区领导郑钧洪副书记、王芳副区长等出席了颁奖晚会，并给获奖单位颁奖，观众达6000多人。

广场、社区文化活动。以甲天下广场、三金广场、施家园广场、文化步行街广场等公共活动场所为主，以文艺演出、红歌大家唱、邻里小吃节、油茶节、联欢游园等形式，全年开展文化活动186场次，参与群众达73620人次。

加强文化公共设施建设。新建了桂林市七星区历史·文化·高新产业展览馆。3月开始筹备，充分利用桂林国际会展中心(漓江

路 22 号)部分附属配套设施改建装修而成,9 月初进入施工,12 月初竣工投入使用,总投资 360 多万元。展馆由历史文化厅、高新产业厅和立体影视厅三部分组成,总面积约 1500 平方米。一号厅 540 平方米,展示历史·文化内容。一号厅和二号厅过渡空间 140 平方米,作影视厅。二号厅 800 平方米,展示高新开发区内容。12 月 10 日,桂林市李志刚市长和七星区委赵德明书记为展馆开馆揭牌。全年区财政投入 65.89 万元,完成了岩前村、马鞍村、辰山社区、漓东社区、码砰社区文化室(农家书屋)建设和朝阳乡综合文化站 3 层 400 平方米土建工程建设以及甲天下广场露天舞台 400 平方米的建设。

4 月 11 日下午,国家新闻出版总署市场司王华处长一行 3 人、自治区新闻出版局马处长等一行 5 人、市新闻出版局王忠局长等一行 4 人,由区委郑钧洪副书记等领导陪同,检查验收了我区 2008 年农家书屋(穿山、和平、合心、丫吉、马家坊 5 个点)建设任务,受到了王华处长等一行的好评。

整顿文化市场。完成了 2008 年度文化市场经营市场换证工作。共完成换证 82 家,其中网吧 59 家,卡拉 OK 歌舞厅 4 家,电子游戏机室 9 家、音像制品零售店 10 家。举办文化经营业主培训班。分别于元月 22 日、4 月 26 日、7 月 16 日、9 月 10 日,在区文化馆小剧场以规范经营管理、传达上级有关精神和学习相关法律法规为主要内容 4 期,发放相关法律法规 500 份,共 304 人次参加培训,其中,卡拉 OK 歌舞厅 13 人次、音乐茶庄 16 人次、电子游戏机室 33 人次、音像零售店 26 人次、网吧 216 人次。5 月 18 日下午在高新大厦多功能厅举行了"七星区净化文化环境监督员上岗启动仪式",区委常委、宣传部长、副区长王芳,区人大副主任唐龙华,政协副主席曾德云出席了启动仪式。王芳部长作了动员讲话,并给 98 名文化环境监督员颁发上岗聘书,仪式结束后,文体局局长曾令辉就文化环境监督的有关内容和要求,从介绍辖区情况、文化环境监督的意义、监督范围和内容、监督的一般方法、监督时的情况处置、注意事项等六个方面,给应聘的 98 名文化环境监督员进行授课和培训。分别于 2 月 3—4 日、4 月 30 日、7 月 29—30 日、9 月 28—29 日、12 月 25 日共组织和联合工商、公安、消防等部门对文化经营市场和娱乐场所进行 5 次统一行动,共出动 138 人次,车辆 31 台次,共检查网吧 246 家次,卡拉 OK 歌舞厅 21 家次,游戏机室 65 家次,音像制品零售店 18 家次。责令其立即整改 39 家次,处罚违规经营网吧 8 家;取缔无证照经营娱乐场所 8 家、无证照文化经营摊点 26 个、电子游戏机室 2 家,收缴了 2 家无证经营赌博游戏机和部分游戏机电脑主版 20 块,收缴非法音像制品 4876 盒(淫秽 256 盒)、书刊 810 册,取缔"黑网吧"2 家,吊销《网络文化经营许可证》1 家。

【象山区】 象山区文化体育局现有人员 4 名(局长、副局长各一名,干事一名,工作人员一名),下属二层机构正科级事业单位文化馆(文化馆现有人员 5 人),结构健全,制度完善,工作运转正常。贯彻执行区委区政府关于群众文化工作的一系列指示精神,研究制定发展全区群众文化工作的管理办法,并指导监督贯彻执行。贯彻执行区委区政府关于群众体育工作的一系列指示精神,研究制定发展全区群众体育工作的管理办法,并指导监督贯彻执行。负责全区文化市场管理及"扫黄打非"工作。承办区委区政府交办的其他工作。扎实推进基层文化建设,丰富基层业余文化生活。一是狠抓了二塘乡农村文化站建设,为广大农民提供有力的精神文化阵地。二是为二塘乡建起了 6 个农村文化图书室,购买了 9000 余册科技致富图书。三是坚持开展"三下乡"文化演出活动。四是文艺演

出活动开展的有声有色、精彩纷呈。先后组织开展了2009年春节联欢晚会、第四届“相约桃江”社区文化体育节开幕式文艺演出、庆祝建党88周年歌咏比赛、庆祝建军82周年音乐会、第21届“象山水月”群众文艺汇演、庆祝建国60周年大型文艺晚会、百姓大舞台等演出活动，在这一系列的演出活动过程中，参与演出人员达7000人次，观众达6万多人次，陶冶了广大市民情操，使广大市民文明素质得到进一步提高。五是注重民族艺术保护和传承。2009年我区共获得一等奖8项，二等奖16项，三等奖22项，成为五城区奖项最多的单位。六是加强了社区文化建设。七是加强了非物质文化遗产信息收集整理工作。

积极开展形式多样的群众体育活动，进一步增强全区干部职工“全民健身”意识。一是强力推进机关干部体育锻炼工作，按照优化组合、价格最优原则，牺牲节假日时间，加班加点为全体机关干部职工办理了健身锻炼卡并成立了篮球队、气排球队、游泳队等8支队伍。目前，机关干部业余锻炼活动开展得丰富多彩、有声有色，干部队伍的身体素质、精神状态明显得到了提高。二是积极筹划组织了万村农民篮球赛、象山区第二届“双拥杯”篮球赛、8月8日“全民健身日”活动，组织运动员参加了桂林市机关干部气排球、羽毛球比赛、桂林市第十六届“象山—解放杯”长跑赛系列活动。三是加快了农村体育场地设施建设。

加大文化市场整治力度，确保文化娱乐场所健康发展。一是管理机制不断完善。严格审查把关办证制度，完成了我区文化市场100多家经营场所的年度统计和文化经营许可证的年度审核换证工作，加强效能建设，提高办事效率，热情为来我局办理文化经营许可证和变更手续的业主服务。二是深入开展专项整治活动。7月3日召开了文化市场经营业主大会，在辖区娱乐场所开展“阳光娱乐”签字仪式，辖区娱乐场所经营业主共同在阳光娱乐经营倡议书上签名。三是加强对出版物市场的规范管理，开展了两次“扫黄打非”、保护知识产权专项集中整治行动，战果辉煌。

【秀峰区】 秀峰区地处桂林市中心，总面积53.5平方千米，辖秀峰、丽君、甲山3个办事处，19个社区，37个自然村。90%的社区和60%的自然村建有文化活动室。现有业余文艺队伍29支，文化体育骨干约300人。

年内，辖区群众文化工作向前推进，农村文化阵地不断完善。在正阳路步行街以打造“酒吧文化街”项目为重点，与漓泉（燕京）啤酒股份有限公司、商业银行桂林分行等单位合作，开发酒吧外语沙龙休闲区和时尚演绎互动区，开设户外酒吧经营场所，增添外语沙龙、时尚演绎、文化体验互动等内容及花式调酒、摇滚吉他等酒吧文化展示。举办了庆祝建国60周年烟火晚会大型主题活动、国庆步行街巡游表演、啤酒互动娱乐活动以及每周连续举行街舞PK、杂技魔术、音乐欣赏等多种形式文化活动，深受到市民、游客的热烈欢迎，进一步提升了正阳路步行街文化品味。面向辖区开办了舞蹈、声乐等培训班，农村、城市业余文艺队伍不断壮大。桥头村委张家村的非物质文化遗产节目《傩·韵》在市级比赛中取得优秀成绩。街舞队伍、COSPLAY、电声乐队、花式调酒等时尚文化演出团队参加了桂林市“国庆60周年大型文艺晚会”，“国际山水旅游文化节的艺术巡游”、“秀峰区庆国庆60周年文化活动”等。

举办了第十五届“独秀之声”文艺汇演，涌现出《龙船调》、舞蹈《小城雨巷》等群众文化创作精品节目。在桂林市第三十届“漓江之声”活动中，秀峰区荣获一等奖4个，二等奖、三等奖11个。充分显示出了城乡群众文化工作均衡发展，群众文化活动质量显著提高。

五里圩、狮子岩、肖家、于家、筌塘村等5个自然村的农家书屋建设基本完成，平均藏书3000册。各村选择30平方米以上的室内场地，完成整修，配置板凳。区财政资金购置书架、阅览桌。自治区统一配置书籍（价值2万元）。争取上级资金8万元，为敦睦、张家、筌塘、矮山塘村4个村级文艺演出队添置了演出设备（灯光、音响、乐器）。敦睦、张家、筌塘、矮山塘村演出队从此可以独立组织演出，活动能力得到提高。

【雁山区】 雁山区共有雁山镇、柘木镇、大埠乡、草坪乡4个乡镇，文化馆共有7个单位编制。文化馆占4个，稽查队占2个，另一个由本区其他部门占用。全年举行文艺演出30多场，送电影下乡100多场，举办书画展5个，举办艺术培训班12期，组织文艺节目参加比赛获奖15个，发展农家书屋15个，撰写市级非物质文化遗产代表项目2个，搜集非物质文化遗产资源信息751条，创作书画作品参加市级以上的书画大赛获奖4次。

大年初一在大雁广场举行了迎新春文艺演出，节目有独唱、合唱、歌伴舞、牌灯舞、舞狮、舞蹈。全区四大班子及全体干部职工、雁山镇村民参加，共有600多人参加了这次活动。

在春节期间我区组织了一系列的文化活动，其中送电影下乡8场，组织文艺节目到75123部队慰问演出1场，另外还到草坪乡、大埠乡、雁山镇、柘木镇开展文化、卫生、科技“三下乡”活动1次，迎春漫画展4次，组织雁山书画院艺术家免费为群众书写春联600多对，深受群众欢迎。

参加广西第二届歌王大赛。今年3月份我区山歌队演员于润发、赵成恒、罗有军、黄流姣4人代表桂林市到南宁武鸣县参加第二届广西歌王大赛，经过初赛、复赛和决赛后，桂林队荣获广西第二届歌王大赛“歌王”称号，同时还荣获了广西歌王大赛组织奖。举办艺术培训班。今年6月份我们在龙门村举办了彩调培训班，前来参加的学员有27人。张雪莲负责7月、11月分期在柘木中学和良小学给雁山区教育战线上的老师讲授舞蹈《中国古典舞身韵》、音乐《科学发声与嗓子的保护练习》的专题课，效果好，深受老师们的欢迎和好评。张雪莲负责组织我区文艺爱好者节目排练，代表雁山区参加9月25日在春天剧场“桂林市首届少数民族文艺汇演”比赛，节目在比赛中获奖。张雪莲负责组织策划指导我区4名歌手代表雁山区参加在春天剧场举行的“国税杯”2009青春万岁——桂林红歌比赛，获十佳歌手1名，一等奖2名，优秀奖1名。张雪莲负责指导我区企业单位勤业公司排大合唱，参加在春天剧场举行的桂林市“漓江之声红歌合唱比赛”和“桂林市职工之声合唱比赛”均获三等奖。张雪莲负责指导雁山区各中小学节目，于9月2日在陆军学院礼堂举办雁山区庆祝建国60周年暨第二十五个教师节文艺汇演。举办书画展览。为了庆祝建国60周年，我区书画院在区政府二楼举办了庆祝国庆60周年书画作品展，书画作品达70多幅，参加人员达数百人。参加“漓江之声”文艺比赛活动。今年我区共参加了桂林市第30届“漓江之声”的“青春献祖国”青年歌手赛、民间技艺展演、09炫彩热舞、民族民间舞蹈、地方戏剧表演五块内容比赛，共荣获14个奖项，其中一等奖1个，二等奖2个，三等奖10个，组织奖1个。参加桂林市国院山水旅游艺术巡游活动。10月中旬，我们组织了54人的方块队，经过策划排练，在11月11日晚上艺术巡游表演中，我区的青春活力方块队表演得非常出色，从服装、表演技巧、均得到了观众和领导的好评和赞扬，桂林市电视台专门对我区方块队进行了采访和报道。参加百姓大舞台的演出。为了

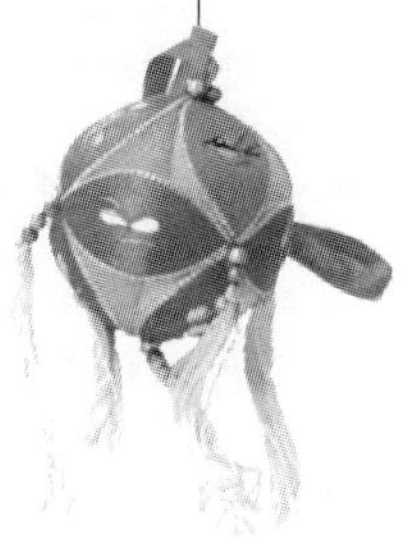

推动社会主义文化大发展大繁荣，不断满足广大人民群众日益增长的物质和精神文化需求，根据上级的要求，我区将于今年12月28日参加百姓大舞台节目，在演出前期我们做了大量的工作。我馆张雪莲负责文艺节目的审排和创作，她本人为此专场演出创作了歌曲《雁山，我的家园》。组织大雁情深雁山区专场百姓大舞台大型晚会，节目有14个，形式有舞蹈、独唱、中化蛇艺表演、组合唱、拉丁舞、山歌、歌伴舞、街舞、二胡独奏、相声，桂林电视台公共频道全场转播达2次。在有限的经费和领导的关心支持下，高质高量的完成了演出。演出非常成功，演出效果好，得到领导和各界人士的好评。为了庆祝第四个“文化遗产日”，6月份我们在龙门村举行了彩调专场演出，演出的节目有龙船歌、王三打鸟、十月花、王二报喜，当晚前来观看的观众达600多人。今年9月13日我们辅导教师组、社会组、综合组、中学组、小学组5个类别的人员参加由桂林市语言文字工作委员会组织的桂林市第二届中化经典诵读大赛，在比赛中荣获二等奖3个，三等奖2个的好成绩。积极开展创作活动。今年我馆于润发同志应区组织部和区党办的邀请创作了《远程教育进农家》和《家和万事兴》，还应区委宣传部的邀请创编了两首童谣《小青娃》《平平安安把家回》应桂林市民间艺术协会的通知创编了50首歌颂中国、歌颂新农村的山歌，入编“祖国颂”山歌集书，还创作了10首山歌《今日雁山》并在今年的百姓大舞台山歌节目中使用。创作书画作品参加书画大赛活动。雁山区文体局和桂林市群众艺术馆主办“岁月如歌——深圳宝安区美术摄影作品展”于3月25日至3月29日在桂林市展览馆展出。雁山区委宣传部、统战部和区文体局共同主办“五崴一家”写生作品展，于8月16日至9月5日在桂林市半壁江山艺术会馆展出。雁山区文体局桂林雁山书画院于9月24日至10月5日在雁山区大雁广场举办“翰墨飘香颂祖国”书画展。展出作品60幅。10月15日雁山区文体局、桂林雁山书画院组织深圳、桂林两地画家在雁山区各地写生15天。蓝凡武被编选入《广西优秀青年中国二十家》(广西艺术学院院刊《艺术探索》主编)。蓝凡武中国画作品《弯弯蓝家湾》获第十一届全国美展广西展区优秀奖。蓝凡武国画作品4件参加“走进漓江——中国画家邀请展”于12月1日在桂林博物馆展出，主办单位为桂林市博物馆。蓝凡武国画作品《春风又绿蓝家湾》入选《人民政协》社主办的全国国画展。我馆共有3幅国画作品，分别荣获市级、区级、全国性书画大奖，其中于润发的《群峰晓雪》作品荣获市级奖，《清溪古树曲通村》作品荣获全国性银奖，蓝凡武的作品荣获区级优秀奖。

在区政府的大力支持下，在文体局的领导下，我们下到各乡镇进行非物质文化遗产项目的普查，并撰写了《草坪乡干鱼仔》、《蛇王李蛇酒》申报了桂林市非物质文化遗产代表项目，在本区公布了这2项代表项目为非物质文化遗产项目，在组织普查搜集非物质文化遗产资源信息中，我们搜集了歌谣13首，谚语260条，彩调94条，桂剧345条，饮食39条，共751条。以上资源信息已全部传送到市文化局社文科非物质文化遗产资料库。

为了提高农村群众的精神文化生活，给农村群众建立一个供阅读学习的阵地，今年我们在雁山镇、柘木镇、和大埠乡创建了15个农村图书屋，其中雁山镇6个、柘木镇4个、大埠乡5个，目前我们已经制作了书架60个，图书屋匾和图书管理条例，分别送到了各个图书屋点，只有配置图书尚未到位，只要书籍一到，我们将马上送到各图书屋点，让村民及时得到科技知识的。

【恭城瑶族自治县】 恭城瑶族自治县文化旅

游局是主管全县文化艺术、旅游及新闻出版工作的职能部门，同时挂恭城瑶族自治县新闻出版局牌子，下设人秘股、社会文化新闻出版市场管理股和旅游业务股等3个职能股。文化旅游局定编7人，新闻出版局定编1人。所属二层机构有文化市场管理办公室、文化稽查队、文化馆、文物管理所、图书馆、文工团、文化旅游开发中心共7个单位。文化市场管理办公室为参公单位，定编2人；文化稽查队定编2人；文化馆定编12人；文物管理所定编6人；图书馆定编7人；文工团定编24人。以上均为事业单位，县财政全额拨款。文化旅游开发中心属具有独立法人资格的国有企业，注册资金由文化旅游开发中心自筹，自主经营，独立核算，自负盈亏，中心主任由文化旅游局任免。

专业文艺队伍多次参加桃花节、月柿节等大型文艺演出活动和区内外的各项演出、比赛活动。全年共演出180场次。编排了6台专题文艺晚会在全县9个乡(镇)开展送戏下乡活动。成功编排创作演出了瑶族歌舞剧《瑶山意境》——文·武·茶。于8月31日参加“桂林百姓大舞台”演出。

专业文化活动中，创作演出的瑶族舞蹈《瑶古伊人》参加桂林市少数民族文艺会演荣获二等奖。参加“贺州市瑶族盘王节”服饰展演，文工团张亚颖获最佳形象奖。参加桂林山水节唱响桂林“湘山杯”歌手大奖赛，文工团青年歌手何细祥荣获亚军。

群众文化活动丰富多彩，深受欢迎。全年协助广场文艺演出25场，观众约5万多人次。举办元旦、春节、六一、十一游园活动4次，参与群众达1.3万多人次。元月26日在县体育馆举行了新春音乐会，观众约1000多人。3月在文庙与市职工美协联合举办了书画精品展，其中书法作品16幅，展长60多米，展出时间20天，参观人数约3000多人次。8月举办2009年第四届少儿才艺电视大赛，参加比赛节目有127个，人数近千人。

抓好农村业余文艺队伍的业务辅导，提高演出水平和质量。全年共计辅导业余文艺队伍283天，辅导单位有老年大学、老年文工团、个协文艺队、嘉会街委文艺队、平安乡北洞源村文艺队、莲花黄竹岗村文艺队、莲花街委文艺队等县、乡、村级文艺队22个，辅导人数3000多人次，辅导节目50多个。

举办形式多样的培训班，活动效果很好。4月13日—18日举办了全县基层农村文艺骨干培训班1期，培训内容有舞蹈、小品表演、曲艺、彩调、合唱指挥、模特礼仪等，共计培训学员303人。1月—12月举办少儿舞蹈形体培训班12期，培训学员300人次。7月—12月举办少儿美术班6期，培训学员110人。8月举办书法培训班1期，培训学员16人。

在群众文化活动中，9月参加桂林市第三十届“漓江之声”活动比赛，共获得一等奖2个，二等奖2个，三等奖3个。民间技艺展演《舞狮》一等奖。民间工艺展示《雕刻》三等奖；青年歌手赛中，何细祥的《九曲黄河第一湾》、《说中国》获一等奖。盆万雁的《长鼓敲起来》《祖国不会忘记》三等奖。《傩幻》获民族民间舞蹈比赛二等奖。《柿红瑶乡》获地方艺术展演比赛二等奖。《士兵·突击》获炫彩2009热舞比赛三等奖。9月参加桂林市委宣传部举办的爱国歌曲大家唱，《祝福祖国》、《漓江情》荣获三等奖。10月参加广西第十五届“八桂群星奖”文艺演出，桂林文场《红柿和谐曲》荣获铜奖。12月余友德同志参加全区群众文化研讨会论文比赛《加强文化馆人才队伍建设的思考》获二等奖。

图书管理工作稳步发展。全年阅览室接待读者2279人次，借阅图书7603册；电子阅览室接待读者8084人次。利用投影仪、移动播放器，3月、7月分别组织干部职工深入莲花镇黄竹岗等村屯，对当地村民进行科学培

训，内容有如何种植毛竹等，受到了村民的热烈欢迎。共计培训4次，培训人数约90多人次。

加大稽查力度，建立长效机制，净化全县社会文化环境。召开全县酒店、娱乐场所、网吧业主会议6次，参加学习培训人员160人次。全年共联合检查3次，出动车辆16辆次，出动人员60次，打击无证书贩及流动书商12家，共查处无证经营音像制品1家，收缴盗版碟800多张，查缴非法出版物200多册。停业整顿违规网吧2家，严重警告网吧1家，取缔了2家无证经营的网吧。取缔非法经营电子游戏机室4家、收缴非法电子游戏机43台、销毁43台。

采取市场化运作举办一年一度的桂林恭城桃花节和桂林月柿节。2月28日—3月20日举办第七届桂林恭城桃花节。活动内容有“桃花瑶韵”大型文艺演出、广西十大歌王桃园演唱会、桂林职工美术协会书画艺术精品展、桃园寻宝、桃园许愿等。10月18日—11月28日举办第七届桂林恭城月柿节。活动内容有开幕式、桂北名优水果展销、中国月柿研讨会、2009年高校“三对”创新行动计划启动仪式、民间舞狮大赛、恭城油茶大赛、社区情广场文艺演出等。

非物质文化遗产普查成绩突出。2月25日申报市级非物质文化遗产保护名录项目4项（还盘王愿、瑶族羊角舞、民间传统唢呐曲牌、关帝庙会）。4月—5月收集非物质文化遗产资源普查信息1005条。9月30日申报国家级非物质文化遗产保护名录项目2项（恭城油茶制作技艺、瑶族吹笙挞鼓舞）。黄海同志获2009年度广西非物质文化遗产普查先进工作者。

文物工作取得突破性进展。全面完成第三次全国文物普查野外调查工作任务。此次普查，共投入资金11.5万元（其中县财政拨款9万元，自治区“三普办”拨款2.5万元），普查覆盖9个乡（镇）117个行政村，普查文物点178个，其中新发现122个，复查56个，普查覆盖率达到100%。7月28日—29日，桂林市“三普办”在恭城召开了桂林市第三次全国文物普查野外调查工作会议，来自全市十二县九城区的文化局分管领导及文物所所长参加了会议。

抓紧抓好文化项目工作，增强全县文化基础设施建设。一是抓好文工团房屋改造及图书馆建设项目，已与14户住户签好协议。二是抓好乡（镇）综合文化站工作。总投资160万元，其中中央预算内投资80万元（每个站16万元），自治区配套资金60万元（每个站12万元），我县配套资金20万元（每个站4万元），资金已全部到位。目前恭城镇、平安乡、三江乡、龙虎乡、嘉会乡等5个乡（镇）综合文化站已于10月底前开工建设，预计2010年竣工。

3月28日成立恭城瑶族自治县书法协会。在完善2008年29个农家书屋及培训好农家书屋管理人员的基础上，做好2009年全县农家书屋建设工作。2009年申报34个农家书屋建设点，已制定具体实施方案，县财政配套资金17万元已全部到位。

【灌阳县】 灌阳县文化局属县政府的26个职能部门之一，下设新闻出版（版权）局、文化市场办（含文化市场稽查队）、文化馆、图书馆、文物管理所、文工团5个单位，负责主管全县社会文化、群众文化、文化市场监督稽查、新闻出版管理、文化艺术和文物管理等工作。在职人员60人。

文艺创作的作品有：税务题材料小品《开票》、《税丰年年》、《瑶寨飞来了金凤凰》，舞蹈《爷爷奶奶和我们》、《从头再头》，现代舞《暴风雨》。

开展了丰富多彩的文艺活动，共计65场次。举办了“2009年灌阳‘二月八’农具文化节开幕式“金牛闹春”大型文艺演出；组队参加了县、市爱国歌曲大家唱活动，并获得了一等奖、三等奖；参加了第30届“漓江之声”，获组织奖一个、一等奖一个，三等奖6个。

图书馆有了较快发展。投资30万元对图书馆进行了一次全面维修，争取到资源共享工程58万元设备。

文化市场管理井然有序。配合工商、公安查处4家非法网吧、收缴上网设备31台；查处违规网吧2家，停业整顿1个月。“扫黄打非”工作取得新的成效。政治性非法出版物专项检查56次，出动检查人员158余人次；收缴盗版书刊4000余册，盗版压缩光蝶制品1200张，并于6月30日进行了集中销毁。

非物质文化工作开展顺利，整理归档1000多条有价值的信息。完成了第三次野外文物普查工作。

向上争取项目、招商引资工作取得较好的成果，全年共向上争取资金558万元，修建了6个乡镇综合文化站。建成了40个农家书屋。完成了电影公司移交归口管理工作。

【荔浦县】 荔浦县文化体育局属于政府机关，行政编制17名，工勤编制1名，现在编18人（其中公务员17人）。内设机构有：办公室、群文群体股、训练竞赛股、文体市场管理股。领导班子职数为：局长1名、书记1名、副书记1名、副局长1名、纪检组长1名、党组成员1名。管辖的下属单位有：文体市场稽查大队（挂牌，与文体市场管理股一套人马，两块牌子）、文化馆（全额拨款）、图书馆（全额拨款）、文物管理所（全额拨款）、业余体校（全额拨款）、桂剧团（差额拨款）。联系指导全县13个乡（镇）文化站业务。办公地址：荔浦县荔城镇滨江大道荔浦县文化宣传中心。

成功举办“2009《荔浦文艺》创作座谈会”的同时，如期高质量完成了《荔浦文艺》2009年度4期的出版任务。刊物从版面设计，作品选编，排版校对等都作了更严格的要求，进一步提高了《荔浦文艺》出版的整体质量。我县选送的曲艺类节目桂林大鼓《牛县长建房》在参加区八桂群星奖曲艺、小戏、小品类比赛中，荣获金奖。为荔浦群众文化的发展历程添上浓墨重彩的一笔。再有就是组织参加桂林市第30届“漓江之声”文艺比赛的节目，获得3个二等奖、3个三等奖的好成绩。另外，县桂剧团努力开拓演出市场新领域，创作的歌舞剧《刘三姐外传》荣获桂林市文艺比赛三等奖。

传统节庆和重要会议的文化活动得到了进一步规范和强化。全年共组织大型文艺演出8场次。第一，筹划组织“2009年春节文化周”，安排整个春节法定假日内，每日一场内容丰富，形式多样的由各乡镇、社区业余群众文艺团体及个人文艺爱好者参加的文艺表演。第二，成功举办了“2009荔浦红歌会”优秀歌手选拔大赛，选出10名优秀的歌手参加“桂林市红歌会优秀歌手大赛”。第三，组织开展“五登村壮族民歌节”采风活动。在荔浦县大塘乡五登村举办的壮族民歌节上，采集了大量的民歌素材。第四，举办为庆祝中华人民共和国成立60周年而举办的歌颂祖国大型红歌会荔浦县“60大庆·翰林杯红歌会”。参赛队伍由我县县直各口、所属十三个乡镇、县内各大企业厂矿组成，参赛队30余支，参赛人数达4000余人。本次赛事涉及部门之广，参赛人数之多，社会影响力之强为历年来此类赛事之冠。第五，举办“荔浦·蒙山民间文艺团体交流晚会”。这一民间文艺交流的盛会，为荔浦蒙山两地的业余文艺爱好者提供了绝好的交流平台，对促进两地的民间文艺发展有着积极的作用。第六，举办了“2009移动通信杯·荔江之夏”广场文化周。活动从7月23日开始，历时6天。活动内容

由中青年歌手大赛和农村业余文艺汇演两大板快组成。第七，成功举办第三届荔浦旅游文化节暨全国汽车短道拉力赛开幕式大型文艺演出。今年的演出邀请了光头李进、中国力量组合、香港许秋怡等歌星加盟。第八，为响应桂林市委市政府“文化兴市”的战略举措，精心组织打造的旨在宏扬荔浦精神文化，促进荔浦经济发展的“百姓大舞台——家住荔江”专题晚会赴桂林展演取得重大成功。此台晚会的节目质量、演出效果得到了桂林市委市政府领导、前来观演的各县领导，桂林市各界专家及群众的一致好评，社会反响热烈，被誉为桂林市十二县五城区参演晚会中的精品之作。全年商业性演出80场，公益性演出30场。

图书馆切实发挥精神文明窗口和知识宝库的作用，始终坚持以“读者至上、服务第一”的宗旨，以优质的服务态度得到了广大读者的好评。免费办理借书证，年办新证123本，图书外借1598册次，年接待读者3万多人次。同时根据读者需求，积极开展“新春灯谜竞猜游园活动”、“图书馆服务宣传周”、“全民读书月”、“农民读书展示周”等活动。8月5日图书馆由原馆址（荔城一小）搬迁至县党校内办公。占地面积120平方米，建筑面积480平方米，设有报刊阅览室、图书外借室、采编、咨询参考室、馆办公室、电子阅览室、过刊库。少儿室仍在原中山公园旧址办公。10月份参加全国公共图书馆评估定级，评定为“三级图书馆”。

年内，投资50万元，建成了青山、修仁、茶城、蒲芦、马岭等五个乡镇宣传文化站“信息资源共享工程分中心”，每个乡镇配备了10万元的电脑、乐器等设备。同时投资5万元建成了东昌民强村、新坪广福村、杜莫社区、荔城岭松村、青山三联村、修仁念村、蒲芦黎村、大塘大莫村、双江两江社区、马岭永明10个村级远程教育基层点。（每个点配备了近5000元的投影仪设备一套）。投资10万元，建成了中心广场“百姓大舞台”，解决了我县群众文化活动场地。同时投资6000多元创建了马岭永明小青山屯农村百姓大舞台示范点。投资14万元，在县城滨江、荔浦公园、体育场建成了7条健身路径点。

文化市场有了初步发展。采取有效措施，切实抓好网吧等互联网上网服务营业场所的长效管理。共出动文化稽查人员148人次，检查网吧451家次，发现违规网吧45家次，其中警告35家次，罚款2家次，停业整顿1家次。同时建立网吧长效管理机制，接待举报2次，查处违法事实2起；在新闻媒体、网吧场所、中小学等地公布举报电话12318、举报信箱。检查音像制品经营点378家次，共收缴非法音像制品12250件，其中黄色淫秽非法音像制品57件，非法刻录光盘3882件，其他非法音像制品8411件，同时给予2家音像制品零售店以罚款的处罚。检查书报刊出租、零售经营点166家次，共收缴非法出版物4539件，其中黄色淫秽书籍97件，迷信类非法出版物824件，六合彩赌博类非法出版物535件，盗版教材和教辅读物108件，其他非法出版物2975件。给予违规严重的2家出版物零售店进行罚款，1家进行停业整顿。检查文化娱乐场所131家次，发现违规经营歌舞娱乐场所6家次，发现电子游戏机室违规经营行为31家次，检查印刷企业68家次，发现违规经营6家，全部予以警告处罚。为我县政治安定、社会稳定和净化社会风气作出了新的贡献。

文物工作始终坚持“有效保护，合理利用”的原则。按质按量完成了全县第三次文物普查工作，普查覆盖率100%。共普查出文物点75处，其中古遗址6处、古墓葬12处、古建筑40处、古窟寺及石刻4处，近代、现代主要史迹7处，其他重要文物点6处。于2009年12月2日，在平乐县文物管理所的帮助下，荔浦县文物管理所在平乐县平乐镇南州村委上南州自然村的路旁发现了一块荔浦县界碑，界碑北距荔浦河、恭城河、漓江汇合处500米，碑高47厘米，宽26厘米，厚20厘米。碑文书“奉县正常魏审断荔浦界至此”。字体为楷书阴刻纵排，字径4.5厘米×4.5厘米。该碑的发现，为研究荔浦县的管辖区域提供了极为珍贵的实物依据。配合桂林市文管办完成文物馆藏数据库管理系统建设项目最后的电子录入工作。完成荔浦县第二批非物质文化遗产——“荔浦米饼”、“荔浦修仁土风炉”、“荔浦修仁民间纸扎”3个项目的申报工作。

按要求于4月底完成荔浦县电影公司划归荔浦县广电局管理的划转移交工作。12月份完成了34个“农家书屋”创建工作。另外投资70多万元完成了“全国信息资源共享工程荔浦县支中心”创建工作。完成了东昌等8个乡镇综合文化站项目建设前期选址工作。荔浦县文化体育局荣获“荔浦县2009年度科学发展先进集体”。

【临桂县】 临桂县文体局内设机构4个，即办公室、计划财务股、市场管理办公室、竞赛训练艺术股。挂牌机构2个，即临桂县新闻出版（版权）局。7个二层单位：文化馆、文工团、文化稽查队、文物管理所、图书馆、影剧院、业余体校。局机关在编人员12人，其中领导班子7人。

参与临桂首届名人文化节重要节目展演。开幕式中，组织的民俗节目更是非常有特色，融入了当地的非物质文化遗产，巧妙地把舞龙、舞狮、草龙、虾子、龙、虾、蟹等融入舞蹈艺术中，充分展现了盛世景象，获得央视节目组好评。文艺工作者独立创作的彩调表演唱《唱起彩调迎客来》，融合了民间彩调曲风与现代歌曲的流行元素，极具民族特色，加上创作者本人的精彩演绎，令人赏心悦目，获得了强烈反响。该节目参加2009年全区组织的音乐舞蹈大赛获优秀演唱奖。

百姓大舞台临桂专场晚会获得了巨大的成功。开创桂林“百姓大舞台”节目有史以来的几个“第一”。第一次邀请到奥运冠军走上百姓大舞台；第一次邀请到开国上将李天佑将军之子李亚滨先生上台；第一次请到农民书画家现场作画；第一次并以非物质文化表演及名人为主线贯穿全场，整台晚会紧扣了“状元之乡”、“将军之乡”、“冠军之乡”这一主线，为大桂林千家万户献上了一台精彩的文化大餐。

精心组织，积极创作优秀文艺作品参赛参演。创作或编排了多部作品，精心编排了3台90分钟左右的综艺节目，新编排了彩调《猴二接妻》等多种表演形式节目30余个，深受群众的喜爱。参加全区音乐、舞蹈大赛桂林赛区比赛表现优秀，被市文化局推荐参加本年度全区“八桂群星”音乐、舞蹈类比赛，节目《当》获舞台类一等奖，一名演员获优秀表演奖。

积极开展全县各项节庆、区域文艺交流演出。配合县委、县政府及各职能部门作好各项节庆活动。

送戏下乡工作深入推进。积极配合全县各有关部门的中心工作，排练了一大批老百姓喜闻乐见的精彩节目进行送戏下乡演出近30多场次。

狠抓基层文艺骨干培训工作。4月下旬，我局与市群众艺术馆联合举办了临桂县2009年基层文艺骨干培训班，开设舞蹈、彩调、合唱指挥三门课程，共有约140人报名参加学习。

建设历史文化陈列馆，使本县告别了在桂林十二县中唯一一个没有博物馆的县的历史。历史文化陈列馆于10月建成并投入使用，仅首届名人文化节期间，参观人数达到3000人，开国上将李天佑将军的儿子李亚滨，

国际著名分子学专家、美国芝加哥大学终身教授李雁春，奥运冠军唐灵生和李婷，世界冠军肖明祥和肖建刚等临桂籍名人参观了陈列馆后，给予了高度评价和盛赞。加强乡镇文化站建设，争取资金建设了临桂镇等6个乡镇综合文化站。6个乡镇综合文化站自治区投资168万元，县乡筹措资金50多万元，建筑面积达2400多平方米。

完成了图书馆文化资源共享工程县级支中心及四个乡镇建设点、八个村级建设点的建设工作。通过努力申报，今年获得文化资源共享工程县级支中心建设项目，国家为我县解决了60多万元设备，目前设备已到位，建设项目已基本完成。图书馆信息资源共享工程县级支中心在2010年1月投入使用。区文化厅、财政厅为五通、四塘、两江、六塘四个乡镇文化站解决了40万元设备，包括音响、相机、器乐等；同时八个村级建设点各获4000多元的投影仪一台。

农村书屋建设。2008年完成了39个点的农村书屋建设任务，2009年我局为各乡镇“农家书屋”每个点赠送了图书及牌匾、管理和借阅制度牌，阅览桌椅、书柜等设施一批。2009年，25个点获国家新闻出版总署赠送的50万元价值图书。

截至年底，我县共有99项非物质文化遗产项目入选临桂县非物质文化遗产名录，四塘牌灯、六塘麻布等11项入选桂林市非物质文化遗产名录（入选数量名列全市前茅），其中四塘牌灯、六塘麻布等4项入选自治区非物质文化遗产名录（入选数量在全市排第一）。经专家论证，这四项区级保护项目正陆续准备申报国家级非物质文化遗产名录。目前普查后共搜集到我县非物质文化遗产线索2496条，制作成册1100多条上报，成为12县五城区信息上报最多的县。年内，南边山双凤桥、大岩遗址、六塘清真寺等3处获自治区文物保护单位，使我县的区保单位增加到5处。文物工作重点的全县第三次文物普查。文物工作者深入乡镇开展野外调查工作，克服困难，按照区、市三普办的要求，保证质量，今年完成我县11个乡镇不可移动文物的野外调查阶段工作。

【灵川县】 灵川县文化局含6个二层单位，即县文化市场稽查大队、县图书馆、县文化馆、县文工团、县文物管理所和桂北民俗博物馆。全县文化系统行政及事业在编人员共60人，全年财政拨款为399.8万元。年内，各项文化事业取得了很大的成绩。不仅顺利通过“全国文化先进县”的验收，图书馆也顺利通过了第四次全国公共图书馆评估，而且各项文化基础设施也得到了较大改善。

参加各种文艺竞赛，取得较好的成绩。在第三十届“漓江之声”创作节目比赛中，舞蹈《风》、《尕苗》获三等奖；山歌剧《祖宗树》获“桂林市首届少数民族文艺汇演”二等奖；《四个王满妹》荣获“桂林市第二届专业团体彩调比赛”演出二等奖等。从去年10月份起创排大型情景音乐剧《莲舞·经典灵川》作为桂林“百姓大舞台”演出节目和县春晚节目，获得了广泛好评。

全县拥有98支农村业余文艺队，38支龙狮队，在村村寨寨宣传党的方针路线政策、宣传文化科技知识。积极向上争取资金26万元，为13个农村优秀文艺队配备乐器、音响器材。

加强对农村业余文艺骨干的培训，对农村业余文艺队伍的辅导，对全县非物质文化遗产的普查、整理、申报、保护、存档等工作，坚持做好送戏下乡和各项演出任务。春节期间开展各种春节游园活动和文艺演出。成功举办灵川县第三届广场大型元宵焰火文艺晚会。精心创排了一台围绕贵广高速铁路建设相关内容的专题节目，于3月27日起先后到相关乡镇巡回演出36场。协助各部委局开展各种文化活动，出色地完成了2009年国庆书画展览任务。

着重抓了农家书屋、乡镇综合文化站、文化信息资源共享工程等文化基础设施建设，并加大了对农村文艺队伍的建设力度。完成了37个农家书屋建设点的任务。8个乡镇（灵川镇、定江镇、三街镇、潭下镇、青狮潭镇、灵田乡、潮田乡、海洋乡）获得了新建乡镇文化站的建设项目，总投资为256万元。目前，配套资金已全部到位，并拨付到了各个乡镇，预计今年4月底前竣工。除此之外，加强了文化信息资源共享工程建设和乡镇及村级服务点建设。为兰田、大圩增加了服务器、电脑、播放器、卫星接收系统等设备，为6个村配备了投影仪，大大提高了乡镇及村级服务点的服务能力。

图书馆工作亮点突出，获得了第三届广西未成年人思想道德建设工作创新案例一等奖和桂北地区文化信息资源共享工程知识与技能竞赛二等奖。做好了图书办证、借阅、咨询等基础工作，共办理借书证1074个，接待读者85123人次。利用节假日开展丰富多彩的活动，丰富人民群众的精神生活。开展送书下乡活动。去年，图书馆工作人员下到大圩镇、潮田乡、潭下镇、海洋乡等乡镇开展送文化下乡活动，为广大农民朋友送去农业科技资料7000余份。

加大文化市场管理、新闻出版及扫黄打非工作。着力整治未成年人进网吧、扫黄打非等工作，净化了青少年成长环境，促进了我县文化市场健康有序地发展。针对未成年人上网的问题，采取了积极有效的措施。一是加大对网吧的整治力度。二是进一步加强对网吧业主及从业人员法律法规的培训和社会责任感的教育。三是与宣传、教育部门密切配合，要求学校及家长积极配合加强对学生和子女的教育和管理。四是加强与公安、工商等网吧管理单位的协调，与网吧业主签订责任状。进一步净化社会文化环境。根据上级文件关于净化校园周边200米内无非法出版物摊点的要求，联合教育局对我县的书报刊市场进行了检查，把非法教材、教学辅导读物清出了课堂、清出了校园。并查缴各类非法出版物3000多册。加强对演出市场的管理。对未经许可、无证、证照不全，擅自进行营业性演出活动单位严肃查处，坚决取缔。在节目内容上严格审查，严禁涉嫌色情、淫秽的表演活动。

认真做好非物质文化遗产普查工作。按照国务院及区、市各级人民政府关于非物质文化遗产普查申报的要求和灵川县开展非物质文化遗产普查工作实施方案及步骤，共搜集非物质文化遗产资源信息772项，申报县级保护60余项，市级保护9项，自治区级保护1项。整理出文字资料2册10万余字，照片1259张，音像资料9份，电子资料5份，收集实物50余件。其中灵川青狮潭镇江头洲村的“爱莲文化”，以莲花出淤泥而不染的精神，教育勉励子孙后代为官做人都应像莲花一样正直、清廉，因其具有较高的历史、文化、经济和教育价值，申报了自治区级非物质文化遗产名录。

文物保护工作中，着重抓了长岗岭汉族生态博物馆的开馆建设，八路军桂林办事处路莫村物资转运站三处旧址维修，完成了第三次文物普查工作。

长岗岭商道古村生态博物馆顺利开馆。5月27日，区文化厅陈映红副厅长、区文物局覃溥局长、市文化局刘洪伟副局长、县委余秋平书记等各级领导和各届人士五百多人参加了“长岗岭商道古村生态博物馆开馆揭牌仪式”，生态博物馆建设工作得到了广泛好评。10月份，我们报请物价部门批准了长岗岭商道古村生态博物馆的门票价格为每人每次15元，到目前为止，长岗岭商道古村生态博物馆自开馆后半年内共接待游客近6000人次。

为确保八路军桂林办事处路莫村物资转运站三处旧址陈列工作的顺利开展，我局对该旧址进行了陈列前的整修工作。重点对龙王庙南墙进行重建，恢复古建筑彩绘、木构件喷漆、平整地面等。整修工作于去年5月份完成，陈列布展工作已基本就绪。在上级各部门的大力支持下，10月28日，市县相关部门在路西村内举行了八路军桂林办事处红色旅游景区灵川路莫村军需物资转运站旧址周边环境整治开工仪式，对旧址所在地周边环境进行全面整治和改造，全部工程在2010年7月完工。完成了县保单位三街古南门与大圩湖南会馆的抢险加固维修，区保单位海洋庙的维修已接近完工。12月初开始，经过政府采购招标，具备文物维修资质的广西文物考古研究所，组织进场对区保单位大圩古镇湖南会馆、海阳庙，县保单位三街古城门南门，进行抢险加固维修，三处工程均已在2010年春节前维修完工。完成了国保单位江头村和长岗岭村古建筑群保护规划编制采购招标工作，组织文本与测绘资料，将我县“四方灵泉”申报为第七批全国重点文物保护单位的上报工作。12月，经过政府采购招标，国保单位江头村和长岗岭村古建筑群文物保护规划编制工作，由具备国保单位规划编制资质的北京建工建筑设计研究院中标，中标金额58万元，其规划编制工作在2010年初全面展开。当月，广西文物考古研究所组织做好了我县长岗岭村古建筑群冰雪灾害抢险维修工作方案。同时，年底我县上报完成了“四方灵泉”申报为第七批全国重点文物保护单位的文本与测绘资料。第三次全国文物普查工作进一步深化。对灵川镇、潭下镇、三街镇、定江镇、大圩镇、潮田乡等乡镇的文物点进行了普查，共调查登记了文物点82处，其中新发现的有一定价值的文物点33处，重要的文物点8处，复查文物点16处，同时将采集的信息分类建档，进行电脑录入。

【龙胜各族自治县】 龙胜县文化局下辖文化馆、图书馆、文物管理所、民族艺术团4个二层机构及10个乡镇文化站，有干部职工79人，其中在职62人，退休17人，干部20人，职工42人，党员30人，男33人，女29人，少数民族46人，获本科学历10人，大专学历40人，中级职称12人，初级职称38人。文化馆办公及排练场所面积200多平方米。公共图书馆一座，面积960平方米，藏书量达10.8万册。文物管理所办公室、文物库房面积200多平方米，有库藏文物藏品352件。其中历史文物藏品188件，革命文物藏品46件，民族文物藏品118件，历史文物藏品中有4件为二级藏品。全县有重点文物保护单位25处，有3处为自治区级重点文物保护单位，22处为县级文物保护单位。县民族艺术团排练场120平方米，音响、灯光、乐器、服装等价值20万元。乡镇文化站在县委、县人民政府及上级部门的大力支持下，目前已有5个乡镇文化站建有独立办公楼，其余5个乡镇文化站正在建设当中。

7月17日晚，桂林百姓大舞台“五彩龙胜民族歌舞晚会”在桂林春天剧场举行。晚会表演了祝酒歌、侗族大歌等展示龙胜各民族生活形态的原生态歌舞，将龙胜各族人民的风情在舞台上集中展现出来，让观众更深入地领略了龙胜各民族和睦团结的欢乐生活场景。演出阵容达200多人，绝大多数演员为少数民族群众，超过半数的节目由农村业余文艺表演队表演。“五彩龙胜民族歌舞晚会”是桂林百姓大舞台桂林风采篇的首场演出。继龙胜各族自治县之后，桂林市其余11县5城区都将组织节目陆续登陆桂林百姓大舞台进行表演。

2月24日，龙胜各族自治县第二十九届“农村业余文艺会演”在龙胜县城举行，本次会演以彩调表演为主，来自全县10个乡镇的240名农村业余文艺爱好者参加演出。3月

11日(农历2009年2月15日),龙胜各族自治县乐江乡宝赠村举行侗族“祭萨节”。当地侗族同胞举行了隆重的祭祀活动,并表演了侗族芦笙等传统民族艺术。600多侗族同胞前来参加活动。“萨”意为祖母,引申为女首领、女英雄。祭祀的时间为每年二月的第一个卯日。6月7日(农历2009年5月15日),龙胜各族自治县马堤乡芙蓉村举行“大端午”苗歌文化节。文化节以传唱苗族传统民歌、文艺表演、体育竞技为主,2000余名群众参加了这一盛会。旨在发扬苗族优良传统,促进民族团结和边界和谐。周边的伟江乡、湖南城步苗族自治县五团乡等单位都派出代表参加活动。7月27日(农历2009年6月6日),龙胜各族自治县和平乡大寨村的瑶族群众举行“晒衣节”。当地红瑶群众挖掘整理了红瑶送亲、晒衣、打旗公、打糍粑、纺织等系列传统艺术和传统习俗,并进行现场实地展示。参加表演的群众达200人,前来观看、旅游的游客和摄影爱好者达4000多人。相传这一天晒衣,会让衣物干燥、舒适而不发霉,有“六月六,晒龙袍”之说。

6月3日,龙脊北壮生态博物馆破土动工。该博物馆位于龙胜各族自治县和平乡龙脊村龙脊寨的中心地段,总投资60万元,将对壮族的北壮民族的传统建筑、民族服饰、生活习俗、生产工具等方面进行全面的挖掘、整理和保护。

年内,龙胜各族自治县20名非物质文化遗产保护工作者深入全县119个行政村,共用了630多个工作日,全面开展非物质文化遗产信息收集工作,在全县境内共收集了非物质文化遗产信息1219条,并建立了完整的档案。获得了2009年自治区非物质文化遗产先进单位荣誉称号。今年,龙胜各族自治县全面开展文物普查工作,在全县10个乡镇境内共普查田野文物保护点64处,新发现不可移动文物32处,复查32处。

【平乐县】 平乐县文化旅游局属于政府职能部门,行政编制7名,工勤编制1名,现在编8人(其中公务员7人)。内设机构有文秘股、旅游规划开发股、新闻出版办公室。领导班子职数为局长1名、副局长3名。管辖的下属单位有文体市场稽查大队(挂牌,与新闻出版办公室一套人马,两块牌子)、文化馆、图书馆、文物管理所、桂剧团,均为财政全额拨款单位。联系指导全县13个乡(镇)社会群众文化工作。年内,组织系列社会群众文化活动,演出达30多场,演出节目290个,演员1643人,观众达90000余人次。

本县有业余文艺团体85个,其中民间艺术团体54个,秧歌队87个,彩调队8个,腰彭队5个,鼓号队5个,排灯队4个,其他2个。年内举办农村业余鼓号、舞蹈培训班7期,肚皮舞10期,交际舞34期,共计51期,培训学员1649人次。组织开展广西第十五届“八桂群星奖”、桂林市第十三届“漓江之声”活动。彩调剧《招贤榜》获广西第十五届“八桂群星奖”优秀节目奖,歌曲《昭州行》桂林市第十三届“漓江之声”创作歌曲一等奖,歌曲《愚公移山》、民间技艺表演《脸盆打奏戏曲开台》、《水管吹锁呐》、创作类舞蹈《十八酿》获三等奖,文场《绿色产品誉九洲》、热舞《印巴风情》分获纪念奖。全年送戏下乡105场,建设农村文化图书室39个,成功建设一个面积达100多平方米、有电脑25台、有投影仪等多功能的电子阅览室。

采取有效措施,切实抓好网吧等互联网上网服务营业场所的长效管理工作。共出动文化稽查人员114人次,检查网吧302家次,其中警告26家次。

完成平乐县第二批非物质文化遗产——“平乐桂剧”、“神武”、“平乐苎麻制作工艺”、“平乐盐菜制作工艺”4个项目的申报工作。

按要求完成平乐县电影公司划归平乐县广电管理处局管理的划转移交工作。12月份

完成了34个“农家书屋”创建工作。

【全州县】 全州县文化机构共有23个，其中文化局内设群文股、文化市场办、文化稽查大队，下辖文化馆，图书馆、桂剧团、文物管理所4个二层单位。全局共有在职干部职工97人。业务上指导、管理18个乡镇宣传文化站。全县有138个农家书屋，2009年新建78家，业余文艺团队近100个，其中红洲剧团、凤凰乡剧团、梅花彩调团，金龙战鼓队等10余支业余文艺队活动频繁、声名在外。开展广场文艺演出团、专题文艺演出20多场、下乡演出16场、送图书10多万册、非物质文化遗产和文物普查取得良好成果，文化事业和文化市场得到进一步繁荣发展。

年内，共争取到文化基础设施项目资金近400万元，迎来了一个文化基础设施大发展的阶段。文化馆综合楼已重新落实馆址正在筹备、新建。桂剧团排练综合楼已完成基础工程建设筹备续建。图书馆争取到上级35万元专项资金修缮一新。总投资160万元的全州镇、庙头镇等五个乡镇综合文化站建设项目于10月底全面开工，2010年3月竣工使用。新建80家“农家书屋”。争取永岁乡、文桥镇等4个文化站文化设施及共享工程设施价值40万元的设备、13个村屯文艺队价值26万元的文艺演出设备全部到位并已发挥作用。投资45万元维修区保单位妙明塔，现已焕然一新。

群众文化活动丰富多彩。全州县组织开展节目精、质量高、形式多样的大型群众文化活动。今年以来共举办了广场文化活动、节日庆典活动、专题活动等20余场次。七一前夕，成功举办了“2009年‘爱我全州、庆祝七一’红色经典歌曲合唱比赛”。该活动规模大、气氛热烈，观看的领导群众上万人次，为党的88岁生日献上了一份厚礼。在“漓江之声”活动组织过程中，在资金紧缺的情况下，精心组织比赛节目，共组织9个参赛节目，其中民间工艺展示剪纸《国庆60周年》获一等奖；街舞《酷龙》获炫彩热舞二等奖；其余木叶演奏《高天上流云》、大合唱、桂剧《血丝玉镯》选段，独唱等7个项目均获相关门类比赛三等奖。我县荣获优秀组织奖。10月31日，协助组织“唱响桂林”K歌赛全州海选，近100名歌手在中心广场经过激烈角逐，十六名选手晋级复赛。

共享工程服务广大群众。全州县图书馆于2005年已建成文化信息共享工程县级支中心，组织和引导群众健康上网求知，共接待读者上万人。年内，自治区下达价值68万元的信息共享工程设备的指标，已完成接收设备的前期装修，将在2010年中建成完善文化信息共享工程县级支中心。建成后，图书馆将充分利用共享工程，汇集全县资源，通过网络宣传，不断提高城乡人民的文化素质、科技水平，促进城乡经济和其他各项事业的发展。

文化市场健康有序发展。认真贯彻执行党和国家的有关政策和行政法律法规，坚持服务、监管两手抓。密切配合相关部门，集中开展了网吧专项治理整顿、净化社会文化环境促进未成年人健康成长，开展“扫黄打非”、打击非法盗版等集中行动，大力整顿和规范了文化市场，严厉打击了各类违法违规经营行为。全年共出动执法人员1108人次，出动执法车辆77余辆次。累计查处取缔黑网吧8家，取缔无照歌舞娱乐场所5家，扣缴歌舞娱乐设备12套，淫秽打火机112个，罚款1.7万元。收缴各类危害未成年人健康成长的非法出版物29100多件。其中：非法音像制品19500余碟，非法书刊9600余册。4月29日，在水晶岗鸟塘坪举行了“全州县净化社会文化环境暨‘扫黄打非’销毁行动”。

文化产业有了较快发展。坚持“一手抓繁荣，一手抓管理”的方针，积极培植和正确引导文化市场，大力发展文化产业，使其健康

成长，发展壮大，现已形成了门类较多、经营种类较为齐全的良好格局。全县文化经营类别达到7个种类（网吧、歌舞厅、音乐茶庄、书店、音像制品、印刷复印、游戏室），文化经营户达200多家，经营从业人员上千人。文化产业正在形成规模，文化产业链正在拉长并逐步向外拓展，逐渐成为全县新的经济增长点。

非物质文化遗产和文物普查卓有成效。2007年，开始对非物质文化遗产进行普查，共收集整理非物质文化遗产资源普查信息1300余条，整理编辑信息汇编六册，公布县级保护名录74项，市级非物质文化遗产保护名录18项。2008年，第三次文物普查工作启动。截至2009年年底，共调查乡镇18个，行政村278个，自然村2940个，覆盖率达97.8%，调查文物288处，新发现文物101处，复查187处，已消失的文物点46处。基本完成实地文物调查阶段而进入信息数据的登录及申报阶段。同期，积极配合县建设局完成县境内的历史文化名镇名村的调查工作，并认真组织材料将全州石塘镇的沛田村及绍水镇梅塘村申报为广西第一批历史文化名镇名村。

文化项目科学规划储备。先后规划了文化中心大楼，文物库房、图书馆新建、湘山剧院、湘江战役旧址保护规划，燕窝楼保护规划，9个革命老区转移资金文化类项目规划的项目储备，力争成熟一个建设一个。目前，文化中心楼已落实建设地址，燕窝楼已争取到保护资金60万元。

【兴安县】 兴安县文化旅游局现有编制12人，在职13人，借调3人。县文化馆现有编制10人，在职7人，被借调3人，综合楼面积960平方米，达到国家三级馆标准。县图书馆有编制7人，在职7人，馆舍面积1600平方米，藏书达100600册，达到国家三级馆标准。博物馆编制和在职8人，有数百件馆藏文物和二战美军飞机展。文化工作团编制31人，在职30人，没有剧院和排练室。全县10个乡镇文化站编制一般只有1人，与广播站合并后，法人代表多为广播站的人，大部分由于受现有人员、场地、经费的限制，普遍存在办公场地缺乏、人力不足、图书陈旧、无钱订阅报刊和购买文化器材、无力开展活动等问题。同时，干部职工专业素质偏低和思想观念陈旧，活动手段过于简单，活动内容也缺乏创新，仍然以唱歌、跳舞等传统活动方式为主，受众则以老年群众为主。全年财政拨款200多万元，基本保证了文化建设和群众文化活动的资金需求。

兴安县2009年信合杯春节农民文艺汇演由中共兴安县委、县人民政府主办，县文化旅游局承办，从正月初七开始在县大礼堂和银杏广场一直演出到元宵节，为期9天，一共有11个专场，参演节目达100多个，演员近千人。演出的节目以歌颂社会主义新农村建设为主题，以表现地方风情为特色，以乡镇组织为单位，以农民参与为主体，是近10年来规模最大、奖金最高的新农村、新农民精神面貌展示会和农民文艺盛会。汇演评出一、二、三等综合奖、优秀组织奖和优秀节目奖等，一等奖高达6000元。县委书记粟定成、县人大主任盘祥书、县人民政府县长王建毅、县政协主席唐卫平等县四家班子20多位领导出席了春节农民文艺汇演颁奖暨元宵焰火晚会。城乡干部群众1万多人观看了农民文艺汇演优秀节目汇报演出和焰火晚会。“灵渠之夜”广场文艺晚会从8月10日开始在中心广场古戏台举行，10月10日结束，共安排11场文艺演出。11个晚上的演出，共吸引了近万人前往观看。兴安县庆祝中华人民共和国成立60周年系列文艺晚会于9月29日—10月5日在银杏广场举行，以讴歌兴安县60年来，特别是改革开放30多年来取得的巨大成就和发生的巨大变化为主题，展示了兴安人民

的崭新风貌，宣传党和国家的法律法规和政策，宣传县委县政府的新举措，以文艺精品节目向祖国60华诞献礼。演出共安排6场次。由县文化旅游局主办的第二届"兴龙杯"彩调大赛于10月1日至5日在兴龙购物城广场举行。大赛共有全县14支文艺队27多个彩调节目参加，2000多名彩调爱好者观看了比赛演出。

广泛开展丰富多彩的群众文化活动，繁荣群众文化生活，促进文化工作全面发展。年内开展群众文化活动达250多场次。严关镇水南田文艺队被评为全区优秀村屯文艺队，溶江镇阳玉玲户被评为全区农村小康文化科技示范户。撰写《歌曲〈我的家乡水灵秀〉创作综合报告》，收集《我的家乡水灵秀》歌曲和曲谱，为罗宁娜申报广西文艺"五个一"工程奖。制定《第三届桂林读书月兴安县"走读兴安文化"活动实施方案》和《兴安县2009年"书香满农家"系列活动实施方案》，举办"庆祝中华人民共和国成立60周年我最难忘的书"有奖征文活动，开展读书活动，努力营造好读书、读好书，终身学习的良好书香氛围。组织中小学生和市民6000多人集体参观或自行参观兴安历史文化古迹。3月28日广西兴安"第三届桂林米粉节"新闻发布会在桂林漓江大瀑布饭店举行，演绎了一场别开生面的米粉服饰秀，吸引了众多媒体和旅行社的关注。4月28日第三届"桂林米粉节"隆重开幕，开幕式现场上万名观众观看了精彩的文艺演出。著名演唱家蒋大为、桂林籍著名歌手郁钧剑、罗宁娜、平民歌星阿宝先后亮相献歌。开幕式后，瑶哥瑶妹情歌对唱、桂北民风民俗婚礼演绎、民乐演奏、农家女竹林浣纱等民俗演绎，桂林"米粉仔""米粉妹"形象大使选拔赛等文化活动相继成功展演。8月份举行中国桂林兴安首届葡萄节，自治区陈章良副主席等出席了开幕式，10万游客云集兴安。葡萄节期间，举行了开、闭幕式文艺演出，山歌比赛等活动。排练演出了一批自创节目《兴安赞》等。

依托全县30个农家书屋，组织开展"书香飘农家"读书活动。每村农家书屋定期开放阅览室，设立阅读栏，及时公布阅读内容和信息，作好借阅登记和读书活动情况汇报。据不完全统计，全县有7000多农民参与了活动，共借阅图书1万多册，10个乡镇共上交了优秀心得50篇。县图书馆推出一系列丰富多彩的暑期少儿活动，如招募小小图书管理员志愿者，推介少儿阅读书目，开展少儿网络知识培训和少儿励志电影赏析会等。迎接了全国第四次公共图书馆评估定级，桂林市12县图书馆评估组对兴安县图书馆进行的认真细致地实地检查和评估打分。结果，我县图书馆获得的总分位列全市前茅，特别是在信息工程管理、图书卡片制作、资源共享、地方文献收集等方面的工作有创造性和突出成果，获得了专家组的一致好评。

认真做好为民办实事项目工程，投入128万元，完成了兴安镇、白石乡、崔家乡、华江乡四个乡镇综合文化站建设任务；积极向县政府争取资金28万元，向区、市新闻出版部门争取图书等物资，完成了40个"农家书屋"的建设；投资1亿多元的县文化科技中心大楼破土动工。

认真开展全县非物质文化遗产普查和申报工作，完成1200多条目录的归档、上报工作，确认《桂剧》等8个项目为我县第二批非物质文化遗产保护名录，申报3个项目为市级非物质文化遗产保护名录。5人为市级非物质文化遗产保护项目传承人。2人为自治区级非物质文化遗产保护项目传承人。二处为自治区级非物质文化遗产保护项目传承基地。《贺郎歌》申报国家级非物质文化遗产保护名录；编写《贺郎歌》教材，准备让它走进学校课堂和社区。杨迪忠同志被评为全区非物质文化遗产普查工作先进个人。

协助中央电视台《乡土》栏目拍摄了《猫儿山下有高人》和《华江瑶族奇特的民俗文化》两期节目，2010年初在央视播出，每期30分钟，对宣传我县文化旅游起到了巨大地积极推动作用。

【阳朔县】 阳朔县文化体育局作为阳朔县文化事业主管部门，下设阳朔县群众文化艺术馆、阳朔县文工团、阳朔县图书馆、阳朔县文物管理所四个二层文化机构单位。全县文化机构单位在编干部职工共51人，全年财政拨款665.3万元。2009年阳朔县文化系统以深入学习实践科学发展观活动为契机，认真抓好全县各项文化体育事业建设工作，重点突出，成效明显，各项文化事业稳步健康地向前发展。

组织和排练优秀节目参加各级比赛，在桂林市第30届"漓江之声"文艺比赛中，取得一等奖两名、二等奖一名、三等奖四名的好成绩。在桂林市庆祝中华人民共和国建国60周年十二县五城区"爱国歌曲大家唱"歌咏大赛中荣获一等奖。组织"唱响桂林"K歌大赛阳朔赛区海选工作，并选送歌手参加在桂林市举办的K歌大赛，荣获三等奖两名，组织奖一名。在桂林市第一届群文干部专业技能比赛中获摄影类一等奖。

年内，精心组织开展好全县的文化活动，如漓江渔火节、"福利五月八"传统民俗文化旅游节、全县文艺汇演等大型文化活动。举办各类文艺培训班，培训文艺骨干300多人。组织下乡演出60多场，观看群众达到58000人次。文化工作者通过下乡镇、走农村、进学校、入社区的方式，用先进文化占领农村文化阵地，充分发挥了文艺宣传的优势和作用。

年内，阳朔镇、金宝乡、普益乡、杨堤乡四个乡镇文化站建设已完成，四个乡镇文化站共投资234万元。投入资金12万元在全县9个乡镇建设26个农村文化图书室，全面完成了我县农村图书室建设工作。

以网吧专项治理为重点，通过加大市场稽查力度、加重处罚力度、召开业主培训大会、与各行业主签定责任状、发放宣传资料等措施，强化管理措施的落实，对全县文化市场经营场所进行持续整顿。2009年查处违规网吧23家次，罚款15万余元，停业整顿3家，吊销经营许可证2家。全年出动509人次检查文化经营场所1050家次。收缴盗版书籍562册，非法音像制品1520张。全县文化市场得到进一步净化。

漓江渔火节自1999年开始在阳朔县城和漓江水域举办，每年一届，在农历中秋节后举行，2003年起金桔交易会同时一起举办。漓江渔火节已举行了十一届，金桔交易会举行了七届。漓江渔火节活动内容丰富，有文艺汇演、渔火表演、焰火晚会、西街啤酒狂欢夜、千人拔河赛、自行车越野赛、书画摄影展以及群众性的各项体育比赛等。每届渔火节期间，重点推出阳朔一些新的游览线路和旅游景点。今年有近八万中外游客和群众参加渔火节活动，有多家中外新闻媒体报道漓江渔火节盛况。

收集非物质文化遗产线索1000多条，初步确定了其中具有较高文化、历史和阳朔地方特色的项目约100项，编撰《非物质文化遗产普查成果汇编本》11卷，相关资料汇编本13卷。认真进行第三次全国文物普查相关工作，目前已完成田野调查工作，发现新文物点129处。图书馆进一步强化服务意识，做好外借、阅览等读者接待工作，全年接待读者近8000人次，积极开展送书下乡活动，全年共送书籍12000册。

【永福县】 永福县文化体育局下辖县文化馆、县彩调团（文工团）、县图书馆、县文物管理所（县博物馆）、县文化市场管理办公室、县体校。文化系统共有在职干部职工61人，全

部在编人员为财政全额拨款。年内，永福文化在文学创作和表演等方面取得了丰硕成果。永福县彩调团创作的小彩调《村官盘花》，参加2009年全区彩调大赛获三等奖，参加桂林市彩调大赛获一等奖。群众活动蓬勃开展，全县45支业余彩调队活跃在乡村，全年演出500多场。专业剧团下乡演出100场。文化遗产的宣传和保护工作得到空前的重视和加强，一大批非物质文化遗产列入县级保护，文化市场管理注重长效机制，促进了市场健康繁荣，文化基础建设得到较大的改善，全县9个乡镇完成了综合文化站的建设，50个行政村建起了农家书屋。全年投资224万元完成了7个乡镇文化站建设，总建筑面积2800平方米，全县9乡镇综合文化站建设全部完成。投资81万元完成了27个村级图书室建设。投资88万元完成县图书馆共享工程机房及电子阅览室的装修及设备购置工作。投资130万元完成了县宣传文化中心的亮化美化工作。

10月22号组队参加桂林市(专业)彩调大赛，现代小彩调《村官盘花》荣获演出一等奖，传统彩调片段《双采莲》荣获演出二等奖，多名演员获优秀演员奖及导演奖。组队参加了桂林市第30届"漓江之声"文艺大赛，共参加了5个大项的比赛，获二等奖4个，三等奖2个，纪念奖1个，并获得了组织奖。参加全区彩调大赛，彩调剧《村官盘花》获演出三等奖。全县共有45支业余彩调队在乡村进行业余演出活动，全年演出500余场。10月举办了第四届养生旅游福寿节，有开闭幕式大型文艺演出、彩调展演、书画摄影展、福寿养生论坛、祈福祝寿活动、寿星孝星评选、山歌擂台赛等丰富多彩的大型文化活动，吸引了数万群众到场观看。举办了第二十四届"茅江之夏"农村彩调大赛，全县17个代表队参加，参赛人数510人，节目51个，演出从6月22日至25日共4天时间，观众达5000多人次以上。该活动已连续举办了24届，时间长达24年。10月承办了桂林市彩调(专业)大赛，共有12个县13个节目300余人参赛。

先后以挖掘弘扬永福福寿文化为主线，编辑出版了《福寿之乡》、《江行图》、《福寿文化志》、《三十六位百岁老人生活实录》、《永福石刻》、《百寿图考释》、《百岁揭秘》、《永福之歌》MTV、《桂林旅游纪念地图—永福篇》、《看永福》等一批福寿文化精品丛书及福寿文化宣传册。

年内组织开展了全县非物质文化遗产保护工作，收集整理的非物质文化遗产信息条目2268条，整理资料37本，制成光碟28张，文字近10万字，为全市各县之最。开展好全县全国第三次文物普查工作，到99个村屯进行了田野调查，复查文物点58处，新发现文物点79处，共填录《不可移动文物登记表》112份，上机录入29份。12月份，桂林市第三次文物普查田野调查现场会在永福县召开。

【资源县】 年内，资源县文化体育局有行政编制5人，实有人数8人。下辖县文联、县文化馆、县图书馆、县民族艺术团(原文艺队，1996年3月更名)、县文物管理所(县博物馆)5个全额拨款事业单位，一个县文化市场管理办公室(县文化市场稽查大队)参公事业单位，共有编制38人，现有在职人员37人。全县辖六乡一镇，共有7个乡镇文化站，每个乡镇各有1名文化站管理人员，有业余文艺队伍25支。文化设施建设不断完善。积极争取上级投入设备资金54.4万元，全面完成全国文化信息共享工程资源县支中心建设。投入29855元建成7个村级文化信息共享工程点。争取上级资金84万元，落实了河口瑶族乡、车田苗族乡及资源镇三个乡镇综合文化站项目建设。争取上级部门大力支持，为已建好的梅溪乡、瓜里乡、两水乡、中峰乡文化

站，每个站投入设备经费10万元。投入资金13.5万元，进行了县图书馆书架、阅览桌椅等设施进行了更新。完成了21个农家书屋建设。

注重队伍建设，文艺创作成绩斐然。今年组织创作了一批文学、戏剧、小品、书画等优秀作品，在市级以上参赛、获奖、展出、发表的作品共有100余件（幅）。其中杂文《小平同志怕回家》获“鲁迅故里杯”全国杂文大奖赛二等奖；散文《资源三题》荣获2009年全国散文作家论坛征文大赛二等奖。中篇小说《爱门界上的鱼》发表于《芳草·小说月报》2009年12期。大型歌剧《哥哥鸟》荣获桂林市第八届文艺创作“金桂奖”。现代彩调剧《男儿有泪》获得桂林市第二届彩调（专业）大赛二等奖。瑶族山歌剧《祖宗树》、苗族音乐剧《山歌》分获桂林市首届少数民族戏剧汇演二、三等奖。在一年一度的“漓江之声”系列活动中，彩调剧《账单》、现代舞《节奏王国》、民族舞《苗山记忆》分别获三等奖。歌手罗友军代表桂林市参加广西第二届山歌王大赛获“广西四大歌王”奖。书法作品（篆书）在《中国艺术》杂志2009年第3期发表。书法作品（行书）参加桂林山水文化旅游节“国际书画摄影会展”获铜奖。参加桂林市第一届群文干部专业技能比赛获书法类一等奖。

群众文化活动蓬勃开展。积极开展重大节庆文化体育活动，重点是元旦系列活动（书画联展及大型有奖游园活动）、春节系列活动（大型游园活动、返乡大学生队与县联队篮球赛、“农行杯”“群星灿烂”文艺会演、元宵舞狮大赛）、七月半河灯歌节系列文体活动（河灯节开幕式祝福仪式、大型文艺演出）、中华人民共和国成立60周年大庆系列文化体育活动（“电业杯”干部职工篮球赛、“我与我的祖国”文艺晚会、书画摄影作品展）。同时，协助部门、单位、乡村组织好相关文化体育活动。全年协助县直单位、乡镇举办各种文体活动40余次。5月，协助县总工会举办篮球赛，协助资源镇、梅溪乡举办了一年一度的端午节龙舟赛。6月，协助教育局举办了六一文艺晚会。7月，协助县计生系统举办了纪念“7·11世界人口日”气排球赛。10月，协助县公安局举办了系统篮球赛。积极开展送戏、送电影、送书文化三下乡活动。全年，送戏下乡演出80余场。为宣传深入学习实践科学发展观活动，组织编排了一台专题文艺晚会深入到各行政村演出40余场。开展农家书屋建设，为广大群众送去各类书籍。

为庆祝元旦佳节，由县人大教科文卫工委、县总工会、县文体局，于2008年12月31日至2009年1月5日，在县宣传文化中心四楼联合举办了吴承权、刘文国、卢声书画联展，参观人数达1000余人次。2009年元月1日上午9时开始，在县中心广场举行了有灯谜、蒙眼击鼓、飞标、点爆竹、套圈等内容的大型有奖趣味游园活动，全县各界人士1200余人参与了活动。正月初三在县文化中心广场及老政府球场，分别组织开展了有灯谜、蒙眼击鼓、飞标、点爆竹、套圈等内容的大型游园活动和县返乡大学生队与县联队篮球赛，活动场面热闹非凡，参与人数达3000余人次。正月十三日晚，在县民族会议中心举行了“农行杯”“群星灿烂”文艺会演，有县直各单位、城区及各乡镇业余文艺队伍参加，观看群众达2500余人。正月十五日在县委政府办公楼广场举行了元宵舞狮大赛，全县各乡镇及村街共十支舞狮队参赛，场面极为壮观。通过激烈的角逐最后瓜里乡代表队获得冠军。积极开展送戏及送电影下乡活动，从正月初八起，由县电影公司开展送电影下乡活动，共放映20场，观众达20000余人次。由县民族艺术团到各乡（镇）进行春节慰问演出6场，观众达25000余人次。七月半河灯歌节系列文化活动。一年一度的七月半河灯歌节是我

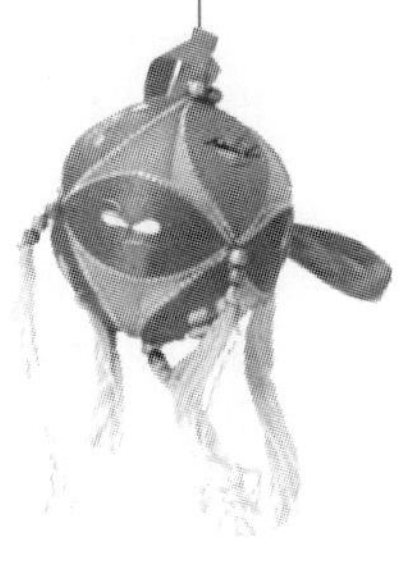

县的传统文化节日。2009年，为第十五届河灯歌节。本届河灯歌节，把提升河灯歌节文化魅力作为工作重点来抓，安排有放河灯祈福仪式、文艺演出、山歌擂台赛、车田山歌赛、书画展、兰花展等系列文化活动。在此期间，县城人山人海，每项文化活动都有五六千人参与，气氛热闹非凡。特别是河灯歌节开幕式进行了祭祀祈福仪式开场音乐、点灯歌、放灯歌、放河灯背景音乐的创作，组织了百多名演员进行了排演。开幕祭祀祈福仪式，成为今年河灯歌节一道新的靓丽风景线。

协助音乐电视《深情》外景拍摄。以2008年抗击冰冻雪灾，党中央、国务院关怀，胡锦涛总书记亲临资源指导抗击冰冻雪灾工作以及社会各届情系灾区为背景的歌曲《深情》，在自治区50大庆文艺晚会上演唱后，广泛受到好评。根据区党委指示及区宣传部安排，决定将《深情》拍成音乐电视，并选择资源作音乐电视外景拍摄地。2009年3月4日至3月9日，摄制组一行在我县进行了外景拍摄，我县文化部门给予该剧组大力协助，为剧组采点、准备道具、组织群众演员以及后勤服务等，使该剧圆满完成拍摄任务并成功地在广西电视台、中央电视台播出，这对宣传资源、丰富资源文化旅游内涵具有十分重要的意义。

为庆祝中华人民共和国成立60周年，9月29日晚在县民族会议中心举办了“我与我的祖国”文艺晚会，共演出节目10个，参加演出人员60人，观众达2000余人。晚会以歌舞、相声、小品等节目形式，表达了资源人民对祖国的深情。同时，“资江风光、风情”书画投影作品展，也于9月29日至10月3日在桂北民俗风情街展出，共展出书画摄影作品105件，其中美术作品29件，书法作35品件，摄影作品41件，观众达5000余人次。

文化市场繁荣有序。文化市场管理工作坚持一手抓管理，一手抓繁荣的方针，认真贯彻政策法规和上级精神，不断完善执法程序，努力提高执法水平，采取了一系列执法行动。坚持日常巡查与突击检查、联合执法与独立执法相结合的方式，着重抓好了校园周边、城乡结合部和广大农村、城市居民楼院等重点部位的整治。据统计，2009年先后共出动执法车辆35辆次，执法人员50人次，检查网吧、娱乐场所、音像经营户290户次，行政处罚8户次，收缴非法出版物231册(本)，非法光碟870盘(片)，集中销毁非法光盘1000多张。

年内，大力发展文化产业，实施艺术精品战略，规范文化市场秩序，加强文化遗产保护。按照年初制定的工作计划，认真抓贯彻落实，实行分工合作，自主创新，团结拼搏，大力繁荣文化艺术，积极进行文化体育建设，求真务实，扎实工作。

文物普查、非物质文化遗产保护成效显著。稳步推进第三次全国文物实地普查工作。共普查了文物点65处，其中复查38处，新发现27处，消失文物11处。经我们多年努力，我县晓锦新石器文化遗址已成功申报为区级文物保护单位。在非物质文化遗产保护方面，共普查项目1560个，其中有两个项目申报区级非物质文化遗产名录(其中河灯节获区级非物质文化遗产保护名录)，有六个项目加入市级非物质文化遗产名录，12个项目公布为县级非物质文化遗产名录。文字记录20余万字，照片150张，录音1小时，摄像2小时，收集有关实物10余件，文字资料26册，电子资料5G。配套编辑整理了《资源县民间歌谣词曲集成》和《魅力资源》两书，《资源县民间歌谣词曲集成》已印刷出版，《魅力资源》正准备投入印刷。

柳 州 市

全市文化工作综述

2009年，柳州市文化工作系统在柳州市委、市政府的正确领导下，认真学习贯彻党的十七大，十七届三中、四中全会，自治区党委九届十次全会，市委十届十次全会精神，深入开展学习实践科学发展观活动，进一步解放思想，转变观念，创新思维，大力推进“民生改善突出年”、“文化惠民”工程和各项文化重点项目建设，统筹协调城乡文化，促进文化发展繁荣，做到文化事业和文化产业“两手抓、两手硬”，各项工作均取得突出成绩。市文化局荣获“全国文化系统先进集体”殊荣，鹿寨县获“全国文化先进单位”实现了我市全国文化先进县零的突破。

推进文化体制改革，加强队伍建设，整合内部资源，提高工作效率，激发人员活力。年内，文化体制改革取得阶段性进展。首先，经与市发改委、编办、人事局和财政局等相关部门的沟通，广泛征求意见并反复讨论，数易其稿，制定了一个与我市专业剧团及我市实际情况相适应的改革方案，将市歌舞团、桂剧团、彩调团、粤剧团和柳州文化艺术中心合并组建成为柳州市艺术剧院。其次，局机关继续实行重点目标绩效考核办法，考核以干部职工在工作中的积极性、创造性、工作业绩、社会效应等为主要目标，进一步调动干部职工工作的积极性，扎实推进各项工作。再次，基层各单位机制改革和制度完善成效显著。市歌舞团紧紧抓住“巩固阵地，扩大战果”的关键环节，大胆使用青年骨干担负管理工作，在中层管理人员青年占多数。粤剧团采取全体职工民主推荐，推选出剧团有管理才能的业务骨干负责剧团各项工作，使班子力量得到加强。市群众艺术馆加强了对纪律、工作等规章制度的执行力度，形成了老年同志领着干，中年同志带着干，年轻同志争着干的良好现状。

加快建设，完善市、县区、乡镇、村屯四级文化服务体系。一是全力打造全国文化先进单位。鹿寨县县委、县政府高度重视文化软硬件建设，逐年加大投入，全面实施“政府搭台、部门配合、群众唱戏”的发展战略，全力构建大文化创新发展的格局，顺利通过了国家文化部、自治区的两次检查验收，荣获“全国文化先进单位”称号。二是顺利完成市、县的全国第四次公共图书馆评估工作，实现“国家一级图书馆”四连冠，得到了自治区专家评估组的充分肯定和高度评价。三是抓好为民办实事项目。落实了项目建设资金，争取到中央、自治区财政投入扶持资金272万元、市级财政210万元、县区财政落实配套建设资金68万元，并配合自治区文化厅做好支中心设备及管理软件的配置工作，城中区、鱼峰区城区图书馆和支中心完成了建设任务。四是进一步建设完善城市社区（街道）文化服务网络。新建23个社区文化点，其中18个艺术培训中心，5个社区报刊阅览室，并协调市图书馆加强对县、区公共图书馆和支中心建设的业务指导，完善城区图书馆服务层级结构。五是对上级配置扶持设备的已建31个乡镇文化站共享工程基层工作站和59个村级基层服务点建设开展了县区自查和整改工作并完成了上述共享工程节点的设备安装、调试工作。六是鼓励各县大力开展“项目建设

年”，公共文化服务体系进一步完善。

围绕国庆60周年，开展系列文化活动，营造和谐文化氛围。在2月7日—10日举办“祥和柳州”大型元宵花灯展，共600多家参展单位参加，展出各式各样的花灯15000多盏，观展群众超过60万人次。举办了《献给柳州市十大工程建设者的歌》文艺演出晚会，该晚会拉开了“红五月情系工人系列文化活动”序幕。随后开展了“文惠讲坛走进校园”、图书、报刊阅览、办证、图书馆服务咨询、赠书等读书服务系列活动以及为农民工子弟举办美术、音乐、舞蹈、书法等内容的培训。在6月13日开展了柳州市第四届“中国文化遗产日”活动，展示我市物质文化遗产、非物质文化遗产成果和112幅来自农民朋友的美术、书法、摄影作品，90件民族民间工艺品，并在现场进行了8项民间工艺绝技展演。在6月—10月举办柳州市第四届农民艺术节系列活动，开展了返乡农民工演讲比赛、农民工歌手大赛、村屯文艺会演等活动。在7月一10月，举办了柳州市庆祝中华人民共和国成立60周年“爱国歌曲大家唱”歌咏比赛、中国西部原生态山歌（民歌）·“金嗓子”柳州赛歌会、热烈庆祝中华人民共和国成立60周年柳州画院新址落成暨23周年院庆画展《漓江画派·柳州画风》、举办了“祝福祖国”——柳州市庆祝中华人民共和国成立60周年大型文艺晚会等系列大型文化活动。在8月28日举办了“基层服务号——自治区第十五届‘八桂群星奖’柳州选拔赛”，共选出4个优秀剧目参加自治区第十五届“八桂群星奖”比赛，获得了“一金一银两铜”的好成绩。

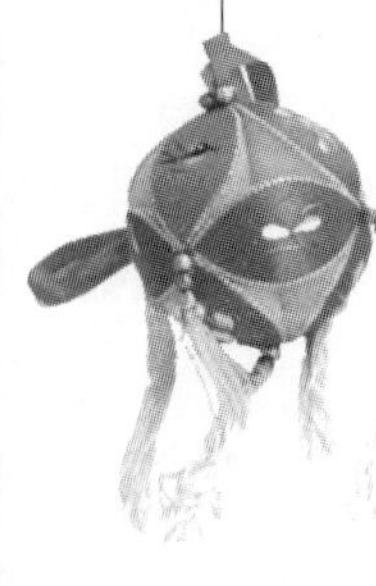

积极推进文艺精品创作，积极筹备重大演出及赛事。积极策划工业舞台剧和水上舞台项目，并协助拍摄电视剧《刘三姐》，多次接待来柳采风专家并到外地考察调研，推进精品艺术项目。广西民族音画《八桂大歌》被作为第五届泛珠三角区域合作与发展论坛暨经贸洽谈会的开幕式晚会，舞蹈《铜鼓敲出壮乡情》代表柳州、代表广西参与了庆祝中华人民共和国成立六十周年大型音乐舞蹈史诗《复兴之路》的演出。同时，组织参加广西第七届剧展小戏小品展演和广西第五届音乐舞蹈比赛，小品展总计获得10项奖项，舞蹈比赛总计获得13项奖项。各县创作也乘势而上，大活动不断。三江县打造了侗族风情歌舞剧《珠郎与娘梅》，获得好评。鹿寨县的小品《张大苟审狗》代表柳州市参加全区第十五届“八桂群星”文艺会演，荣获银奖。融水县自创各类文艺作品120多个，深受观众欢迎。融安县文体局承办2009·广西首届《融安金桔》文化节暨商贸洽谈会开幕式《金色桔乡》大型文艺演出获得圆满成功。柳城的“百村百戏”已经成为一个特色文化品牌。柳江县文工团送戏下乡演出场次达到45场，观众5万多人次。

大力推进重点项目建设，文化产业发展势头良好。结合柳州实际，策划出一批符合本地实际的文化产业项目，如：水上大舞台、柳州文庙、白莲洞遗址园区、刘三姐文化娱乐中心、工业历史博物馆、动漫产业园以及抗战纪念园等。其中，水上大舞台、柳州文庙、白莲洞遗址园区、刘三姐文化娱乐中心、工业历史博物馆已列入柳州“文化建设十大工程”项目当中，成为柳州“四个名城”建设的亮点文化项目。同时，充分挖掘、利用文化资源，联络体育、教育等部门，积极策划新项目，努力推出一批具有市场影响力的文化产业项目，组织招商引资。认真组织编写2009柳州市文化产业招商项目的策划文稿，完成“2009柳州·浙江温州投资说明会”项目组织和嘉宾邀请工作，组织人员参加深圳文博会和泛珠论坛会以及中国—东盟博览会等等。采取“走出去、请进来”的办法，积极组团参加各类经贸洽谈活动和投资说明会，并做好与来柳投资商的对接工作，较好地完成今年的招商引资工作任务。

“保护、传承、宣传、利用”四位一体的文化遗产保护模式成效显著。全国第三次文物普查进入第二阶段(实地调查阶段),采取全方位拉网式普查和结合实际进行工业遗产、古城遗址、柳江流域文物专项调查相结合的形式开展普查,全市普查共复查文物点627处,新发现文物点650处。积极申报国家级、自治区级、市级文物保护单位。杨廷理及其家族墓群等4处文物点申报第七批全国重点文物保护单位;张公岭防御工事、刘蕡墓、曙光路明城墙、丹洲古城等13处文物点被自治区政府批准公布为第六批自治区级文物保护单位;开元寺建筑遗址、柳江大桥等13处文物点申报第四批市级文物保护单位。完成了我市的文物数据库建设工作,共摄录5886件影像数据、登记5710件信息表。同时,我市受到自治区文物局的重托,还承担来宾、河池两市的文物数据库影像采集、录入工作。博物馆工作成绩显著。在第八届(2007－2008年度)全国博物馆十大陈列展览精品评选活动上,市博物喜获“全国博物馆十大陈列展览精品——最佳制作奖”;博物馆、柳侯祠、东门城楼三个景区资源积极打造国家4A级文化旅游景区。在非物质文化遗产方面:稳步推进非物质文化普查工作,与各县区文体局签订了责任书,开办了普查业务培训班,下拨了启动经费,扩大了普查范围,增加了普查数量,共采录到各类非物质文化遗产资源普查信息6000余条;积极申报第三批国家级非物质文化遗产。从已获得自治区级非物质文化遗产名录的项目中遴选出柳州山歌、鹿寨平山山歌、柳城传统山歌、柳州螺蛳粉制作技艺、侗戏、侗族百家宴和侗族花炮节等七个项目推荐申报第三批国家级非物质文化遗产。积极开展申报区级传承人工作。吴探花、杨求诗、杨梅松、吴伟文、胡汉文等10人获第二批自治区级非物质文化遗产项目代表性传承人称号;继续推进传承点建设工作。新增三江县宝石加工工艺展示点、融水县长赖村建设苗族斗马传承点等,实现了“非遗”保护与农民增收的双丰收。

开展净化文化市场系列活动,确保文化市场健康繁荣。开展了文化市场专项整治、联合有关部门组织大规模的行动13次。净化社会文化环境专项整治期间,市区、各县区共组织和配合开展专项整治联合行动60余次,共出动10697人次,检查场所9239家次,查缴非法音像制品42766余张。市区销毁非法音像制品3万余张,收取罚款17.13万元。开展网吧监控系统建设,大力净化网吧和校园周边环境,并结合柳州的实际,明确了八项专项治理的重点内容,迅速开展市场的清理整治工作。开展净化社会文化环境促进未成年人健康成长系列活动,聘请了70多名“五老”同志担任文化市场义务监督员,努力为未成年人健康成长提供良好的环境。进一步压缩审批时限,对负责审批管理的10大审批项目进行了清理,压缩审批时限达到70%,较好的完成了审批项目清理、提速工作。同时,对计划下放城区政府的部分文化行政审批事项,积极做好下发准备工作,对城区准备实施文化行政许可审批、监督管理提出了要求。

专业艺术

【四大艺术团体组建成为柳州市艺术剧院】经与市发改委、编办、人事局和财政局等相关部门沟通,广泛征求其意见并反复讨论,数易其稿,制定了一个与我市专业剧团及我市实际情况相适应的改革方案。10月底,中共柳州市委办公室柳州市人民政府办公室下发了《关于转发〈柳州市文化体制改革领导小组关于整合柳州市直属专业剧团、柳州文化艺术中心等单位资源、创新机制的改革的方案〉的通知》(柳办发[2009]124号),将市歌舞团、桂

剧团、彩调团、粤剧团和柳州文化艺术中心合并组建成为柳州市艺术剧院。并于2010年正式挂牌成立。

【文艺精品创作及演出】 积极策划工业舞台剧和水上舞台项目，并协助拍摄电视剧《刘三姐》，多次接待来柳采风专家并到外地考察调研，推进精品艺术项目。各县创作成果颇丰，大活动不断。三江县投资80多万元打造了侗族风情歌舞剧《珠郎与娘梅》，获得好评。鹿寨县的小品《张大苟审狗》代表柳州市参加全区第十五届"八桂群星"文艺会演，荣获银奖。融水县自创各类文艺作品120多个，深受观众欢迎。

【精品剧目重大演出】 民族音画《八桂大歌》被作为第五届泛珠三角区域合作与发展论坛暨经贸洽谈会的开幕式晚会，为中央领导以及包括港澳的十一个省市和地区的领导及与会代表作展示性演出；舞蹈《铜鼓敲出壮乡情》代表柳州、代表广西参与了庆祝中华人民共和国成立六十周年大型音乐舞蹈史诗《复兴之路》的演出，共在人民大会堂演出16场，演出得了组委会领导和主创班子的赞扬，编导和演员代表还在人民大会堂受到胡锦涛总书记的亲切接见和表彰。

【组织参加重大赛事获奖】 组织参加广西第七届剧展小戏小品展演和广西第五届音乐舞蹈比赛。在小戏小品展中：市彩调团小戏《窗外》获剧目奖桂花银奖和编剧奖、导演奖，两位演员分获优秀表演奖和表演奖；市桂剧团的小品《残阳》分别获编剧奖、演员表演奖和优秀舞美设计奖、优秀灯光设计奖；市粤剧团小品《约会》获演员表演奖，我市代表队总计获得10项奖项。在音乐舞蹈比赛中：市彩调剧团唐汉邮的唢呐独奏《一枝花》获器乐演奏一等奖；市歌舞团的舞蹈《毕业了》（群舞）获舞蹈节目二等奖、舞蹈表演二等奖、编导二等奖和灯光设计奖、舞美设计奖；市歌舞团杨光春获声乐类演唱二等奖；市文化局获广西音乐舞蹈比赛组织奖，我市代表队总计获得13项奖项。

【柳州书画棋牌苑新址落成庆典仪式暨漓江画派·柳州画风书画精品展】 8月，举行了柳州书画棋牌苑新址落成庆典仪式暨漓江画派·柳州画风书画精品展。柳州画院与三多轩等知名艺术经营机构签订了长期合作意向书，为柳州的书画作品走向全国市场搭建了桥梁。9—12月，举办了油画、水彩等系列展览，共展出书画力作500余幅，参观人数达1万多人次。

群众文化

【"祥和柳州"大型元宵花灯展】 2月7日—10日，分别在市人民广场、胜利路、龙潭公园、潭中西路、香港新城广场举办元宵花灯展，共600多家参展单位参加，展出各式各样的花灯15000多盏，其中学生制作的花灯达6000余盏，为历年灯展中学生灯最多的一年，观展群众超过60万人次。

【国庆60周年系列文化活动】 举办《献给柳州市十大工程建设者的歌》文艺演出晚会，随后开展了"文惠讲坛走进校园"，图书、报刊阅览，办证、图书馆服务咨询，赠书等读书服务系列活动以及为农民工子弟举办美术、音乐、舞蹈、书法等内容的培训。举办柳州市第四届农民艺术节系列活动，开展了返乡农民工演讲比赛、农民工歌手大赛、村屯文艺会演等活动。举办了柳州市庆祝中华人民共和国成立60周年"爱国歌曲大家唱"歌咏比赛、中国西部原生态山歌（民歌）·"金嗓子"柳州赛歌会、热烈庆祝中华人民共和国成立60周年柳州画院新址落成暨23周年院庆画展《漓江画派·柳州画风》、"祝福祖国"——柳州市庆祝中华人民共和国成立60周年大型文

艺晚会等系列大型文化活动。举办“基层服务号——自治区第十五届‘八桂群星奖’柳州选拔赛”，共选出4个优秀剧目参加自治区第十五届“八桂群星奖”比赛，获得了“一金一银两铜”好成绩。举办第十届“柳江之夏”群众品牌文化活动，共历时4个月，100多支社区文艺队伍、200多名文艺爱好者以多种形式参加文艺演出，吸引了10多万人观看。

【县域节庆文化活动】 融水县精心策划、周密部署，成功组织开展了第四届芦笙斗马节、第五届“情系苗山”农村文艺会演暨第三届“十佳民间艺人”评选、“苗岭歌台”广西歌王闹苗山山歌邀请赛等12项系列大型活动。柳城县充分发挥图书馆文化信息共享工程支中心资源优势，举办成人计算机基础、网站制作及中小学生网页制作免费培训和电影展播活动。“百村百戏”宣传“科学发展观”优势凹现，业余文艺队频繁地活跃在各个乡镇农村，获得中央科学发展观巡检组的高度评价，较为活跃的大埔镇获文化部授予的“中国民间文化艺术之乡”称号。

【城区特色文化活动】 城中区广泛开展特色广场文化活动，继续打造和提升“欢乐城中”群文活动品牌，全年共组织文艺队伍到各社区、厂矿企业和部队开展文艺演出230场（次），观众多达3万多人（次）；柳北区举办了“前进颂—红歌献给党”大型合唱比赛、第十届校园文化艺术节柳北区选拔赛、“青春献礼”—柳北区纪念“五四”运动90周年主题文艺演出、“动感宝贝2009年庆祝六一儿童节专场晚会”等丰富多彩的文化活动，打造文化柳北新气象；鱼峰区注重创新，成功举办大型文艺晚会《印象鱼峰》；柳南区选送的创作舞蹈《阿咪教我绣绣球》获得唯一一个代表柳州市舞蹈节目参加在南宁举行的自治区第十五届“八桂群星奖”群众文艺会演大赛的资格，并荣获舞蹈类铜奖，而百人教工合唱团代表柳州市参加自治区“爱国歌曲大家唱”比赛荣获三等奖。

【各县区大力开展“项目建设年”】 融水县按时、按质完成中央扩大内需第一批、第四批项目15个乡镇综合文化站建设任务，县财政追加投资32万元；自治区民族文化保护“1＋10”重点建设项目安太苗族生态博物馆建设工程如期竣工，新建县图书馆2500m^{2}和文化体育公园。积极争取上级支持，全年获得专项经费（或同等价值设备）投入1600万元，其中包括北京世纪剧院无偿赠送的300万元灯光、音响设备。文化“六个一”重点工作成果显著；融安县新建图书馆在年内如期完工对外开展服务，同时完成县文化馆规划和项目申报；鱼峰区投资380多万元，购买、改建和装修原市职校教学大楼，采取与“全国文化信息资源共享工程”鱼峰支中心同时兴建的办法建设区图书馆；城中区将城区图书馆建设项目作为实施“二次创业”、建设先进文化教育城区的政治工作和落实“文化惠民”的“民生工程”来抓紧、抓好，投入80多万元，利用龙城中学原有场地资源、教育资源实现社会服务和利用的最大限度共享。

【基层文化设施基础建设】 落实项目建设资金550万元，建设20个乡镇文化站、92个村文化室、2个城区图书馆和5个县区级文化信息资源共享工程支中心，并配合自治区文化厅做好支中心设备及管理软件的配置工作，帮助城中区、鱼峰区城区图书馆和支中心完成建设任务。同时，对柳江、柳城县5个新建文化站和柳江、柳城、融水、三江县14个新建文化站建设进行跟踪督查，指导各县加快建设进度，完成20个乡镇文化站主体工程和配套设备购置扶持工作。为进一步建设完善城市社区（街道）文化服务网络，新建了23个社区文化点，其中18个艺术培训中心，5个社区报刊阅览室，并协调市图书馆加强对县、区公共图书馆和支中心建设的业务指导，完善城

区图书馆服务层级结构。

公共图书馆

【图书馆文化信息平台建设】 柳州市图书馆在总结和验收文化信息平台第一期建设工作的基础上，制定《文化信息平台二期建设项目方案》并获市信息产业局论证通过。同时创建了智能办公系统，与鱼峰区图书馆达成了共建协议，添置 VPN 搭建虚拟专用网，为今后延伸馆外服务与分馆实现“通借通还”、共享数字资源提供了技术支持。同时，推出持证读者馆外阅读电子图书服务项目，搭建了“柳州民间山歌”、“柳州老照片”、“柳州传统戏剧剧照”三大主题资源数据库，著录数据1749 条，并已陆续在图书馆网站上发布，为构建数字图书馆的服务模式迈出了坚实的步伐，成为新的服务亮点。

【第四次公共图书馆评估工作】 督促各县图书馆做好自评工作，并组织市级专家评估组对各县开展了全面初评工作。配合自治区文化厅评估组完成了对柳州市图书馆和县级图书馆的评估工作，实现“国家一级图书馆”四连冠，得到了自治区专家评估组的充分肯定和高度评价。

【“爱我中华，爱我柳州”系列文化活动】 国庆期间，图书馆充分发挥爱国主义教育基地作用，精心准备了以“爱我中华，爱我柳州”为主题的系列活动。9 月 20 日在图书馆临街橱窗展出“辉煌 60 年，中华人民共和国，新柳州”主题宣传图片，展示了中国、柳州和市图书馆 60 年来的发展变化；9 月 25 日—10 月 20 日，举办了“柳工杯我与祖国共成长”主题展览；9 月 14 日—10 月 12 日，在图书馆第一借阅处设立了“辉煌的历程”建国 60 周年图书专架；10 月 2 日至 8 日，在少儿阅览室开展了主题儿童影城活动，放映了《谁是胜利者》、《草原英雄小姐妹》、《成语故事》等七部优秀美术系列片，丰富了广大小读者的国庆文化精神生活。

【“红五月情系工人”系列活动】 “五一”期间，为配合全市“基层服务号—红五月情系工人系列活动”的开展，图书馆图书流动车到人民广场参加了以“献给柳州市十大工程建设者的歌”为主题的红五月情系工人系列活动启动仪式。开展了期刊阅读、现场办理借书证、劳动用工咨询、科学发展观图片展、我为图书馆发展献一策，图书馆“迎六一 · 做快乐读书好少年”系列读书活动宣传等活动。备受工人及市民关注。

【古籍发掘整理保护】 年内，两种清代出版的柳州地方名人王拯的著述入藏图书馆，分别是《茂陵秋雨词》(清咸丰九年〈1859 年〉刻本，1 册)和《归方评点史记合笔》(清同治五年〈1866 年〉广州刊本，4 册)，使得馆藏古籍发掘、整理与保护工作方面取得了重大进展，通过了自治区古籍保护工作机构评审，获得“广西古籍重点保护单位”牌匾。

文化市场

【文化市场稽查管理】 开展了文化市场专项整治、联合有关部门组织大规模的行动 13 次。净化社会文化环境专项整治期间，市区、各县区共组织和配合开展专项整治联合行动 60 余次，共出动 10697 人次，检查场所 9239 家次，查缴非法音像制品 42766 余张；市区销毁非法音像制品 3 万余张，收取罚款 17.13 万元。

【开展网吧监控系统建设】 在柳州市实施数字化城市管理系统工作领导小组领导下，经过一年的努力，建设工作进展顺利，取得了成果。7—8 月完成了项目招标，9 月开始进入现场安装建设阶段。市电信公司等单位已进入全市网吧的现场进行勘查、安装施工，网吧监控中心室的建设工作也在紧张进行中，年底完成了摄像头的安装。整个项目最后完成后与“柳州市数字化城市管理信息系统”项目相连接、调试联网正常运行后完成。从而，实现用科学手段对网吧进行管理，为打造平安柳州，构建和谐社会奠定基础。

【开展净化社会文化环境促进未成年人健康成长系列活动】 成立了组织机构，制定并下发了《柳州市文化局贯彻落实〈柳州市委市政府关于进一步净化社会文化环境促进未成年人健康成长实施意见〉的实施意见》及《柳州市文化局关于净化社会文化环境专项治理行动方案》，召开了净化社会文化环境工作会议，布置了文化系统2009年的净化社会文化环境工作任务，聘请了70多名“五老”同志担任文化市场义务监督员，努力为未成年人健康成长提供良好的环境。

【进一步压缩审批时限】 根据《关于印发〈柳州市开展“政务服务年”主题活动方案〉的通知》(柳政务办字【2009】3号)文件精神，对负责审批管理的10大审批项目进行了清理，压缩审批时限达到70%，较好的完成了审批项目清理、提速工作。同时，对计划下放城区政府的部分文化行政审批事项，积极做好下发准备工作，对城区准备实施文化行政许可审批、监督管理提出了要求。

【行业协会充分发挥作用】 充分发挥主管部门的桥梁作用，加强文化市场各行业协会的建设，通过加强扶持行业协会建设工作，进一步协调稳定文化市场秩序。我市已在2005年成立了柳州市网吧行业协会、今年又支持成立了柳州市娱乐行业协会。几年来，协会在有关部门的领导下，自律经营，规范发展，在推动行业有序发展中起到了积极作用。通过协会的成立，加强了政府与行业业主的沟通联系。在政府的有效引导下，涌现了“510网吧”等3家全国百家示范网吧、出现了在全国有影响力的连锁娱乐场所“苏荷”酒吧及别具特色的“好特”动漫电玩城等文化产业。

【文化市场稽查管理】 年内，全市开展“娱乐场所阳光工程活动”、“奥运保障行动”、“扫黄打非行动”和平安文化市场建设，全年共出动2339人次，检查场所7137家次(其中音像1282家次，网吧3739家次，演出122家次，娱乐1730家次，电子室300家次)，受理举报160起，立案调查47起，收缴非法音像制品35828张，集中销毁盗版音像制品5万碟，没收违禁电子游戏机版12块，罚款16.1万元，确保了全市文化市场管理的安全稳定有序运行。

【网吧市场管理机制】 年内，全市推进网吧远程视频实时监控平台的建设工作，推行高科技的管理手段，解决网吧管理上长期存在的难点问题，建立网吧市场的长效管理机制，完成了市政府为民办实事的任务。市文化局联合市委文明办、市机关工委等部门，举办“五老”(老干部、老战士、老专家、老模范、老教师)代表网吧义务监督员研讨班，首次聘请60位“五老”加入全市网吧义务监督员行列，探索文化市场管理的新路子。

【文化市场培育经营】 一手抓管理，一手抓繁荣，以培育形成健康繁荣的文化市场为工作重点，努力创造良好市场环境，积极推动民间资本投入文化市场项目经营。年内，全市登记在册的歌舞娱乐业、网吧业、音像业达1063家，培育出了如皇嘉凯歌、苏荷、钱柜等一批文化娱乐业的龙头企业，在丰富和满足不同层次市民文化生活需求的同时，更提供了约1.7万个就业机会，年直接产值达5亿多元。

文化遗产

【全国第三次文物普查进入第二阶段】 全国第三次文物普查进入实地调查阶段，采取全方位拉网式普查和结合实际进行工业遗产、古城遗址、柳江流域文物专项调查相结合的形式开展普查，全市普查共复查文物点627处，新发现文物点650处。三江县复查原有文物点382处，新发现点246处；融安县复查原有文物点42处，新发现点45处；融水县复查原有文物点55处，新发现点66处；柳城县复查原有文物点35处，新发现点32处；鹿寨县复查原有文物点48处，新发现点28处；柳江县复查原有文物点16处，新发现点65处。

【文物保护单位申报工作】 杨廷理及其家族墓群等4处文物点申报第七批全国重点文物保护单位；张公岭防御工事、刘蕡墓、曙光路明城墙、丹洲古城等13处文物点被自治区政府批准公布为第六批自治区级文物保护单位；开元寺建筑遗址、柳江大桥等13处文物点申报第四批市级文物保护单位。

【文物数据库建设完成】 组织人员对各单位上报的文物基本信息录入表进行数据库录入与核对、严格把关、层层审核、逐项核实，做到实物与账薄相符，信息表与帐薄相符，确保了上报数据的质量，共摄录5886件影像数据、登记5710件信息表。同时，我市受到自治区文物局的负托，还承担来宾、河池两市的文物数据库影像采集、录入工作。

【胡志明旧居，白莲洞遗址国保规划编制】 加大了胡志明旧居、白莲洞遗址国保规划编制的推进力度，《胡志明旧居国保规划大纲》已经获得国家文物局通过；《白莲洞遗址国保规划大纲》已通过区文物局审议；《柳州摩崖石刻保护方案》已上报自治区文物局。

【非物质文化普查征集】 与各县区文体局签订了责任书，开办了普查业务培训班，下拨了启动经费，扩大了普查范围，增加了普查数量，共采录到各类非物质文化遗产资源普查信息6000余条。其中，柳江县普查信息1002条、融水县普查信息1185条、柳城县普查信息1252条、三江县普查信息658条、融安县普查信息719条、鹿寨县普查信息865条、城中区普查信息83条、柳南区普查信息48条、柳北区普查信息51条、鱼峰区普查信息23条。编辑印制出了上下两册共计两千一百余页的《广西非物质文化遗产普查资料汇编·柳州市卷》。

【申报第三批国家级非物质文化遗产】 从已获得自治区级非物质文化遗产名录的项目中遴选出柳州山歌、鹿寨平山山歌、柳城传统山歌、柳州螺蛳粉制作技艺、侗戏、侗族百家宴和侗族花炮节等七个项目推荐申报第三批国家级非物质文化遗产。

【开展申报区级传承人工作】 吴探花、杨求诗、杨梅松、吴伟文、胡汉文等10人获第二批自治区级非物质文化遗产项目代表性传承人称号。继续开展我市第四届十佳民间艺人评选活动，评选出来自民间音乐、传统手工技艺、戏曲等多个领域的民间艺人并授予其奖金和证书。

【建立完善市、县(区)级非物质文化遗产名录体系】 年内，全面启动了县(区)级非物质文化遗产名录体系建设工作。各县、区通过深入挖掘一批本地区普查成果，向社会公布了本县、区名录。

【大型活动】 组织策划了"博物馆日"等大型宣传活动。开展了"博物馆走进校园"，文化遗产普查成果展，"文化遗产"宣传栏，《人之由来》科普展览以及博物馆、陈列馆等展馆免费向市民开放等活动。

【先进表彰】 市文化局获"全国文化系统先进集体"殊荣；鹿寨县获"全国文化先进单位"，实现了我市全国文化先进县零的突破。市博物馆在第八届(2007—2008年度)全国博物馆十大陈列展览精品评选活动上喜获"全国博物馆十大陈列展览精品——最佳制作奖”，同时入围国家4A级旅游景区；市文化稽查支队在全区文化市场执法案件文书评比中，获两个一等奖及两个二等奖，排名全区第一；三江县文体局获得自治区文化厅颁发的“全区群众文化服务先进集体”表彰；柳城县图书馆广西“共享工程”领导小组办公室颁发的“桂北地区文化信息资源共享工程知识与技能竞赛”一等奖。三江县文体局杨永和、杨似玉二人均获得国家文化部评定的“全国非物质文化遗产保护工作先进个人”称号，同时，杨永和还获得自治区文化厅评定的“全区群众文化服务先进工作者”称号；市博物馆汪遂先获得自治区文化厅颁发的“八桂群文铜奖”；市博物馆覃国宁获得九三学社广西区委颁发的“社会工作先进个人奖”；市博物馆何如敏获得国家文物局颁发的“全国文化遗产保护宣传讲解大赛中文组优秀奖”；市博物馆黄芳香获得国家文物局颁发的“全国文化遗产保护宣传讲解大赛自愿者组二等奖；市文化稽查支队刘海波获得自治区“扫黄打非”工作小组颁发的自治区“扫黄打非先进个人”奖；柳江县文体局郑南南辅导群众《京韵花翎》荣获“蒙牛未来星”杯第九届CCTV少儿艺术电视大赛舞蹈类儿童组银奖；柳城县文体局梁家崧、何振军二人均荣获“桂北地区文化信息资源共享工程知识与技能竞赛”个人一等奖；柳城县文体局何振军在第二届广西中小学生网页制作大赛中荣获指导老师小学组一、二等奖；柳城县文体局梁家崧、何震军、何艳柳三人被评为“桂北地区文化信息资源共享工程知识与技能竞赛”优秀选手。

县域文化

【融水苗族自治县】 融水苗族自治县文体局于1973年单独建制，为全县文化事业的行政管理机构。1999年至2001年改为事业局，2002年，机构改革，融水县文化局与自治县体育事业局合并，改称融水县文化和体育局，由事业单位改为行政部门。下辖文化馆、图书馆、博物馆、民族文工团、电影公司、文化稽查大队、业余体校7个文化机构(2009年5月自治县电影公司归口自治县广播电视局管理)。现有编制人员68人。2009年，融水县争创自治区级文化先进县进入第二年，文体事业快速发展，组织开展各项文体活动89次，创作文艺作品125件，其中45件在市级以上获奖，举办美术培训班5期，开展社区中老年书画笔会12次，举办书画摄影2次，展出作品295件。7月完成融水镇等4个乡镇综合文化站建设任务；10月，白云乡等11个文化站项目建设全面动工，自治区民族文化保“1+10”重点建设项目安太苗族生态博物馆于11月26日竣工开馆；创建“农家书屋”92个；11月28日，通过国家、自治区、市三级验收，建成村级篮球场39个，投入资金103万元。民族体育公园计划总投资2500万元，集训练、比赛、休闲健身、文化娱乐活动于一体，目前，主体工程已完成65%。2009年，用于各种文体活动开展，软件和硬件建设县级财政总投入223万元。融水县文化和体育局在2009年市文化局重点工作目标管理考评中获特等奖。

3月5日，与融水县妇联等单位联合举办“庆三八”，关注妇女儿童暨计生奖励扶持及首届“妇女之友”颁奖文艺晚会。

4月29日、5月27日，会同融水县委宣传部、文明办、团县委、教科局等单位联合主办庆“五一”祖国发展我成长青少年歌咏比赛和庆“六一”少年舞蹈比赛。

5月22日，应邀参加湖南(花坦)中国·凤凰苗族服饰文化节活动。

6月27日—28日，成功举办庆“七一”鲜红的旗帜大型文艺晚会和第四届“苗岭歌台”广西歌王闹苗山山歌邀请擂台赛。

6月—10月，参加柳州市第四届农民文化艺术节活动。美术书法、摄影比赛及民族民间工艺品制作，绝技展示共获奖项15个，歌曲、演讲、文艺演出获奖项7个；融水县文体局被组委会授予优秀组织奖荣誉称号。融水县成为全市唯一的获奖大户。

9月29日，举办了融水县庆祝中华人民共和国成立60周年红歌大赛及焰火晚会。

10月14日，舞蹈《放飞希望》代表广西检察系统赴京演出。

11月20日—21日，举办融水苗族自治县第四届"芦笙斗马节"，参加群众和宾客达10万人次。

积极实施文化"六个一"工程，一组大型公益广告已完成张挂，向全国征集的"一组歌"(《唱支苗歌给你听》12首歌曲)光碟于12月1日正式发行，"一个画展"创作工作进展顺利，由广西"漓江画派"领军人物黄格胜等70多位画家到融水写生创作，完成初稿100多幅，计划于2010年10月进京展出，"一本摄影册"(暂名《映像苗山》)已征集到作品200多幅，拟于2010年出版，"一本书"(《民族文化简明读本》)进入最后核稿阶段，"一台精品节目"(《风从苗山来》)进入创作阶段，计划2010年4月进京展演。

第三次全国文物普查第二阶段文物实地调查登记工作取得成效，调查登记不可移动文物检131处。其中新发现70处，复查46处，调查登记消失文物15处，已通过市级督查组验收。

【三江侗族自治县】 2002年，通过机构改革，三江县文化局和三江县体育局合并为现在的三江侗族自治县人民政府文化和体育局，行政组织机构设置有：局机关办公室、社会群众文化管理办公室、文化产业办公室、财务室、正副局长办公室。下辖二层机构有：乡(镇)文化站、文化馆、侗族艺术团、图书馆、文物管理所(博物馆)，文化市场管理办公室(新闻出版版权管理办公室、文物文化稽查队)、电影公司(2009年6月自治县电影公司归口自治县广播电视局管理)、业余体校、三江县福桥侗族文化传播有限公司等8个职能业务部门。现有人员编制75人，在编人员72人2009年，组织开展各项文体活动83次，创作文艺作品16件；举办"乡土文化进校园"培训班4期，培训人次210人次；举办"文化致富工程"培训班7期，培训人数255人次；举办"非遗"项目代表性传承人、民间艺人、小康文化示范户、文化致富能人培训班1期，培训人数124人；举办基层文化骨干培训班1期，培训人数43人；举办书画摄影2次，展出作品200件。截止2009年11月，全县已建成"农家书屋"161家；12月30日，完成农民体育健身工程2009年第四批扩大内需古宜镇、八江乡所辖的20个行政村篮球场建设任务。2009年，用于各种文体活动开展，软件和硬件建设，财政总投入507万元。

2月3日，与梅林乡联合举办了第四届"侗族大歌"节暨首届"黔、桂交界周边村屯芦笙大赛"活动。参加比赛的侗族大歌队12个，芦笙队20个。

2月21日，组织国家级代表性传承人杨似玉及徒弟一行6人晋京参加"全国非物质文化遗产工艺美术展活动"。

3月29日，配合举办古宜镇第十二届"三月三"花炮节及富禄乡125届"三月三"花炮节。

9月，与古宜镇联合举办"广场文化活动月"活动。

9月28—10月1日，承办第四届"婄更"选美大赛。

10月1日，投资80万元的民族艺术精品、侗族风情歌舞剧《珠郎与娘梅》在县大礼堂隆重上演，该剧共有45名演员参加演出，全剧有9场+尾声，共90多分钟。

10月2日，承办第六届“多耶程阳桥”文化旅游节大型文艺晚会。

10月1日至3日，与县文联联合举办“庆国庆”六十周年成就摄影展活动。

共搜集整理民间文学、民俗、民间手工艺、传统医药、民间音乐等16个大类700多条信息名录。组织国家级代表性传承人杨似玉及徒弟一行6人晋京参加“全国非物质文化遗产工艺美术展活动”，在北京农业展览馆现场献技达15天之久，接受咨询及记者采访、游客参观达10万余人。继吴光祖、覃奶号(侗族大歌)，杨开远(侗戏)被授予第一批自治区级非物质文化遗产项目代表性传承称号后，三江县又有9位传承人被授予第二批自治区级非物质文化遗产项目代表性传承称号。《三江县非物质文化遗产保护》一书已纳入广西非物质文化遗产丛书，已完成18万多字的初稿，拟在今年年底前出版，今后还将陆续规划出版专辑。

【柳城县】 1956年11月，柳城县人民政府设文化科。1978年12月，文化科改为柳城县文化局。1994年2月柳城县文化局与县体育运动委员会合并为“柳城县文化体育局”。2002年2月，柳城县文化体育局更名为柳城县文化和体育局，下设有文化馆、图书馆、文工团、文物管理所、文化稽查队、新华书店、电影公司共7个二层文化机构(2009年4月，县电影公司归口县广播电视局管理)，现有编制人员78人。年内，柳城县文体局组织开展各项文化活动72次，创作的文艺作品中有12件在市级以上比赛中获奖；举办美术培训班4期、书画摄影展8次，展出作品1200余件。12月完成新建5个乡镇综合文化站任务，全县12个乡镇文化站都建有文化综合楼；建成全县第一批文化信息资源共享工程5个乡镇基层中心、12个村级服务节点；创建19家村级文化室，建成62家“农家书屋”，给每个书屋捐赠图书1500册；为文化致富工程试点大埔镇南村邬家屯“专家大院”配送文化信息资源共享工程电脑及投影仪等相关设备1套。县文化和体育局在2009年市文化局重点工作目标管理考评中获一等奖。

2月14—20日，举办春节“百村百戏”文艺调演17场，观众约3万人次；举办雄狮闹春、腰鼓、台阁方阵表演、象棋赛、围棋赛、汽排球赛等文体活动。

3月5日，与县妇联联办“三八关爱妇女儿童暨平安柳城”文艺会演活动。

4月23日，启动“科学发展观”歌荡柳州“后花园”“百村百戏”文艺演出活动，成为该县学习实践科学发展观活动宣传工作上的一大亮点，获得《广西日报》头版头条题为《柳城唱响“百村百戏”推进科学发展》的报道。

6月18日，与县计生局协办柳城县“计生和谐颂”“生育关怀　关爱女孩　共建和谐”暨“十佳上门女婿”表彰文艺晚会。

9月10日—10月10日每周二、四晚在县城白阳广场举办了8场“歌唱祖国”激情广场大家唱活动。

9月10日—14日，举办“壮欢山歌会”、“桂柳方言山歌会”、“仫佬族山歌会”、“客家山歌会”。

9月28日，承办庆祝中华人民共和国成立60周年大型文艺晚会。

10月1日—7日在县白阳广场举办业余文艺队专场演出，共11场。

11月18日，举办古砦仫佬族乡成立十周年庆典文艺演出，新编仫佬族歌舞吸引了近万名观众。

2月14—16日，举办“六县四城区书画作品摄影展”，展出200多余幅作品。

4月9日，承办“改革开放30周年辉煌柳城摄影图片展”，展出400多余幅作品。

9月，在柳城中学展出“邓树生三代”书画作品展，展出作品250余幅。

建立了第一批非物质文化遗产保护名录体系。创编“太平壮欢”舞蹈动作表演，把原来座唱式改为在舞台的表演唱形式，赋予壮欢全新的表演形式。柳城民间传统山歌（含壮欢）获得自治区级保护名录，并向上申报国家级非物质文化遗产保护名录。建立我县第一批非物质文化遗产保护名录体系，“柳城文场”、“柳城云片糕”、“凤山开山寺庙会”、“柳城民间传统山歌”、“太平壮欢”和“古砦仫佬社节”等6个项目成为我县第一批非物质文化遗产保护名录。申报“壮欢”传承人周德康获得自治区级非物质文化遗产传承人，3位民间工艺、民间传统文化传承人获得柳州市“十佳民间艺人”称号。

【柳江县】 2002年，柳江县文化和体育局由柳江县文化局和体育局合并而成，由事业单位改为行政部门，为全县文化体育事业行政管理机构，下辖文化馆、图书馆、文物管理所、文工团、文化市场稽查队、业余体校、新华书店、电影公司8个文化体育机构（5月柳江县电影公司归口柳江县广播电视局管理）。截止12月31日，柳江县文化和体育局内设机构为“三股一室”（文化股、体育股、市场股、办公室），局机关在岗数共计15人；其他二层单位在岗人数为135人。

2月底，在里高镇拉洪屯推进精神文明创建活动时开展文化共享工程活动，赠送光盘25张，发放科技资料及十七届三中全会宣传资料1200份。

2月，举办了“飞乔杯”男子篮球比赛，把我县全民健身活动推上了一个新的台阶，受到社会各界的广泛称赞。

3月，“三八”节期间，会同县总工会、县妇联联合举办了庆“三八”体育活动，活动有三人板鞋、集体跳绳、趣味接力赛三个项目的比赛，参赛队达到了160多队，极大丰富了我县广大妇女的体育生活。文工团为主体的团队参加上级文艺比赛，获三等奖2个。其中在市委宣传部门举办的“柳州市职工歌手大赛”中，牙志光的参赛曲目《毛主席来到咱延安》获三等奖，覃文的参赛曲目《妻子》获三等奖。

4月8日至20日，与总工会在县体育中心联合举办了“五一”职工男子篮球赛，参赛队伍43支，共计127场比赛，赛程13天，观众人数达到3万人次。

6月，开展庆“六一”“我是小小舞蹈家”暨计生创宣传文艺演出活动。

6月，六一儿童节在儿童阅览室为少年儿童播放电影《小孩不笨》、《神勇奶爸》，吸引观看儿童300多人次。

6月至10月，参加柳州市第四届农村文化艺术节系列活动，分别在柳州市第四届农村文化艺术节农民歌手大赛和柳州市第四届农村文化艺术节村屯文艺队会演中，荣获奖项6个。

9月7日至27日，举办以“欢歌庆国庆，和谐颂柳江”为主题的柳江县第三届文化艺术节，组织开展开幕式、文物和非物质文化遗产图片展、庆祝国庆60周年书画摄影作品展、“和谐村区”优秀业余文艺汇演、“和谐家庭”才艺大赛、“我和我的祖国”庆祝国庆60周年红歌合唱比赛、“唱起山歌颂祖国”首届山歌擂台赛、闭幕式暨表彰晚会、编辑《柳江文艺六十年》文集、柳江县“庆国庆·全民健身日”气排球比赛、2009年广西体育节—柳州市抢花炮邀请赛等11个项目的活动。

在非物质文化遗产保护方面，经过一个多月的时间共走访了全县12个乡镇，146个村屯，8个社区，走访200多户农家，被访人次500多人。共收集整理出1002条，其中谚语677条，民间音乐172条，民间文学121条，民间习俗18条，体育竞技游戏7条，消费习俗3条，民间舞蹈2条，民间手工艺2条。

【鹿寨县】 鹿寨县文化局于1980年单独建制，为全县文化事业的行政管理机构。1999年至2001年改为事业局，2002年机构改革，鹿寨县文化局与鹿寨县体育局合并，改称鹿寨县文化和体育局，由事业单位改为行政部门，下辖文化馆、图书馆、文物管理所、文工团、电影公司、文化稽查队、业余体校7个文化机构(2009年5月鹿寨县电影公司归口鹿寨县广播电视局管理)。现有编制人员69人。今年，以创建"全国文化先进单位"为目标，文体事业快速发展，组织开展各项文体活动94次，创作文艺作品164件，其中82件在市级以上获奖，举办美术培训班18期、书画培训班27期、书画摄影展12次，展出作品435件。创建"农家书屋"71个，建成村级篮球场39个，投入资金112万元。完成第四批扩大内需中央预算内投资两馆建设，投资102万元。2009年县财政投入文体设施建设、开展文体活动316万元。鹿寨县文化和体育局在2009年市文化局重点工作目标管理考评中获特等奖，在市体育局年度考评中，获2个一等奖、3个先进集体奖、4个先进个人奖、1个进步奖。

全年开展节庆大型文化活动：迎春晚会、三八妇女节、五一、六一、七一、国庆、三月三山歌、禁毒、环保、双十佳、共和国成立60周年大型文艺晚会25场次。迎春秧歌、腰鼓、交谊舞、龙狮巡游、山歌会32场次。

舞蹈《醉鼓》、《梨园俏妞妞》参加广西少儿艺术舞蹈大赛获银奖。

小品《张大苟审狗》参加"广西八桂群星奖"柳州赛区选拔赛荣获一等奖，随后该小品代表柳州市参加全区第十五届"八桂群星"文艺会演，荣获大赛银奖。作品《出塞曲》参加柳州市农民艺术节演讲比赛获三等奖。

县文工团两名演出参与市歌舞团排演的舞蹈《铜鼓敲出壮乡情》，被收入由著名导演张继刚任总导演的大型音乐舞蹈史诗《复兴之路》，在中华人民共和国建国60周年大庆时在北京演出。

县文工团代表柳州市纪委到6县开展反腐倡廉巡演8场。

全年组织各类全民健身比赛活动39次，举办第七届县运动会，设置比赛大项11个，小项145个，参赛运动员1256人，打破全区记录12项。参加全区各项比赛获金牌5枚、银牌7枚、铜牌9枚，向区体校输送运动员4名。

非物质文化遗产共收集、整理民间文学、民俗、民间手工艺、传统医药、民间音乐等名录875条，平山山歌已向文化部申报，《平山山歌集》一书将于10月出版。

11月中华人民共和国文化部授予"全国文化先进单位"荣誉称号，11月17日被国家体育总局授予"全国群众体育先进单位"荣誉称号。建成71个农家书屋，全县10个乡镇均有建设点。由于工作出色，被柳州市新闻出版局评为一等奖，鹿寨县十里亭小康村农家书屋被评为"优秀农家书屋"。

【融安县】 2001年12月县机构改革合并成立了融安县文化和体育局，下辖六个二层机构，即县文化馆、县图书馆、县文工团、县文物所、县文化市场管理办公室、县电影公司和县业余体育运动学校7个机构(5月县电影公司归口县广播电视局管理)。现在全文体系统在编人员58人，聘用人员1人，2010年6月份以前，县文工团在编人员17人系财政差额拨款单位，其他五个二层单位属财政全额拨款单位。全年各级下拨经费613万元(其中包括上级文物部门的专款经费、文化公共服务建设经费、体育赛事经费、财政拨款等)。全县开展了各类喜闻乐见的群众文化活动近百次，观众达10万人次；组成社区、村级文艺队30个，参加乡、县、市等各级各类演出152场次，在各种文艺比赛中获奖，其中县级35次，市级18次。创作近20篇作品参加各类演出。全县开展各类群

众性体育活动190多次，包括门球、桥牌、钓鱼、跳绳等民间体育活动，老年人体育协会多次开展了棋牌、太极剑、广场舞、柔力球、门球等比赛；体校学员参加了柳州市举办的散打、跆拳道锦标赛，获得了3个第一、2个第二、4个第三的成绩；县钓鱼协会参加在柳州市举办的三省钓鱼比赛，荣获团体第一；文物部门到12个乡镇调查登记83个文物点(其中:复查点46个、发现新点37个)；全年组织8次送书下乡活动，年底在全县开展“知识工程万册图书”捐赠活动，共收到捐款10000多元和价值近7000元的图书500册，争取到农家书屋管理员培训经费7000元，对全县115家农家书屋的136名管理员进行业务培训，县财政落实机房装修等配套经费13.6万元，并争取到上级配备的电脑服务器、卫星接收器等38种设备，共计人民币54.4万元；完成21个村级篮球场的建设；规划占地10亩，建筑面积3500平方米的融安龙舟博物馆项目正在申报待建，项目概算总投资2500万元。融安县文化和体育局在2009年市文化局重点工作目标管理考评中获一等奖。

主办了农村文艺调演、第四届青少年才艺大赛、迎春山歌赛。《走进春天》春节联欢晚会、协助完成融安县第三届“龙城普法”法制文艺比赛演出、举办迎国庆《红色经典》大型音乐会演出、协助县“民族团结宣传月”文艺下乡演出、完成广西“八桂群星奖”柳州市选拔赛的小品演出。

举办广西万村农民篮球运动会比赛12个乡(镇)参加队数达68个队。运动员达10002多人。

春节开展中国象棋、围棋、斗鸡、斗鸟等活动，参加人员有来自贵州省、湖南省、以及广西桂林、柳州、柳城、三江、融水等县市，参赛人员数达到2000多人。

开展全国首个全民健身日万人健身走活动，参加单位达100个。

12月举办2009·广西首届“融安金桔”文化节暨商贸洽谈会活动。

3月下旬至4月组织了15人在全县范围内进行非物质文化遗产突击普查，共搜集整理了710条非物质文化遗产目录，并报送市非物质文化遗产保护中心。完成了推荐根书艺人韦启央为柳州市“十佳民间艺人”的申报材料，6月初，韦启央获得市“十佳民间艺人”称号。

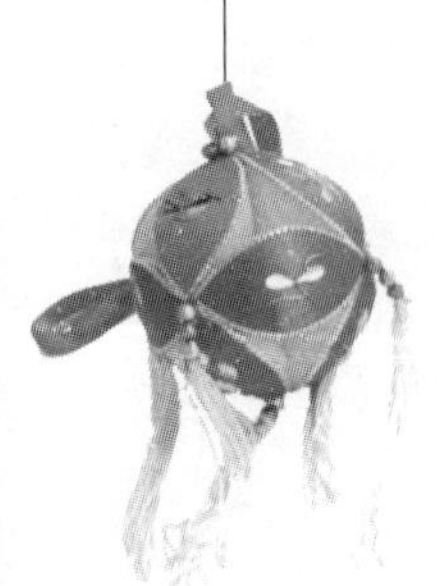

北 海 市

全市文化工作综述

北海市文化单位52个(含县、区和乡镇文化站),其中,文化行政单位5个,文化企事业单位47个,在编职工460人。市直文化系统在编人员248人,专业技术人员206人。高级职称44人,中级职称88人。2009年,北海市文化局被评为北海市统战工作先进单位、北海市创建第五轮自治区文明城市先进单位、市综合治理及平安建设先进单位,并获广西"文化致富工程"工作组织奖。

北海市文化局在深入开展科学发展观学习实践活动中,以"大力加强文化科学发展研究,全面实施文化惠民工程,推进北海文化大发展大繁荣"为活动主题,共发放学习资料140多本(套),撰写学习心得100多篇,征求到所提问题30个,召开调研座谈会28场,调研报告交流会15次,撰写调研报告19篇,出版宣传板报24期,在政府门户网站上发布工作信息10多篇。市粤剧团、北海歌舞剧院、市群众艺术馆等单位建立文化惠民流动舞台,先后深入军营和涠洲等乡镇开展下乡演出,深入渔村为渔民演出。全年组织文化惠民演出活动103场次,其中流动舞台到农村28场,广场42场,社区16场,企业4场,军营2场。组织文艺骨干深入各社区和校园开展文艺培训活动。

全市一些文化项目工程建设顺利进展,2月正式开工建设利用国债资金384万元支持的12个乡镇综合文化站,截止11月5日,12个乡镇综合文化站项目已全部竣工。8月15日,人民剧场改造项目开工,12月30日竣工并投入使用。市图书馆、少儿馆开展送书下乡47次,赠送图书5000多册。其中,为廉州镇烟楼村和平阳镇店塘村增建"爱民固边图书室"、"拥军图书室"各1间。在银湾社区、独树根社区、海城区敬老院、北海市启智学校、华侨中学等建立了20多个"图书流通点",不定期送书上门,免费发放借书证。为驻市海军舰艇部队建立海上图书流动箱,为冠头岭海军连队赠送图书300册。

打造大型历史舞剧《碧海丝路》、舞蹈诗《咕哩美》等海洋文化精品,精心提炼包装一批具有海洋文化特色的优秀文化艺术成果。5月,在第五届中国(深圳)国际文化产业博览会上,《碧海丝路》作为唯一一台入选开幕式的舞剧,在深圳市会展中心4号馆演艺产业馆拉开国内首次盛大公演的序幕,开创了由地级市歌舞剧院参与深圳文博会的先河。9月,《碧海丝路》荣获全国精神文明建设"五个一工程"奖和广西"桂花特别奖"第一名。先后在广场、农村、学校、企业、部队以及广东等周边城市演出《碧海丝路》的简略版60场次。11月上旬,在广西儿童剧院成功试演粤剧《珠还合浦》。组织选送水彩画精品多次在自治区内外展出,其中,20件作品在南宁国际会展中心举行的《中国东盟名家美术作品邀请展》参展;19件作品参加5月在台湾举行的桂台经贸洽谈会上展出。

全市群众文化活动常办常新,继续保持"全国先进文化广场"的强劲发展态势,以广场文化为龙头,带动社区文化、农村文化、校园文化、军营文化等群众文化的蓬勃开展。在北部湾广场演出52场,观众达10万多人次,在海门广场演出150多场。举办书画展、摄影展等各类展览40多次;举办少儿绘画、舞蹈等艺术培

训300多期，培训学员5000多人次；组织文艺演出230多场次。积极倡议南宁、北海、钦州、防城港四市群众艺术馆共同举办“魅力北部湾”群众文化活动。8月12日，“魅力北部湾”群众文化活动启动仪式在北海市举行。8月，广西公共文化体系建设理论研讨会、全区文化局长会议等在我市海滩大酒店召开。

继续抓好第三次全国文物普查和全市非物质文化遗产普查工作，已登记文物点168处，其中新发现文物104处，文物普查取得阶段性成果；全市收集整理非物质文化遗产普查资源信息共4370条，登记整理处于濒危状况类30项，抢救濒危项目14项。整编了《广西非物质文化遗产普查资源汇编·北海卷》一书；完善大清邮政分局旧址陈列馆的安全防护工程，启动涠洲盛塘天主堂和城仔圣母堂维修工程。编撰了《北海市国家历史文化名城申报文本》，制作完成《历史文化名城——北海》幻灯片和电视专题片。

加强对文化市场的监管力度，召开了全市净化社会文化环境文化经营业主大会，2009年，共组织稽查行动949次，出动稽查人员2755人次，检查场所6142家次；查处违规经营单位35家，其中依法处罚网吧22家，责令停业整顿网吧9家，取缔无证照电子游戏室1家，登记保存非法音像制品23000多张。销毁违法音像制品4500张。

专业艺术

【文艺创作研究所】 年内，全所创作人员创作发表戏剧、词曲等文艺作品80多首(篇)，获奖20多次(项)。其中，话剧小品《机会来了》、《芝麻糊》发表在文化艺术出版社丛书，并获《中华颂——全国小戏小品曲艺作品大展》“三等奖”；歌曲作品《心中记着“两万五”》在《歌曲》第4期发表，《寻梦》、《唱起渔歌》、《为盛世喝彩》、《都是为了家》、《快乐亚克西》分别在《心声》、《民族乐坛》、《中小学音乐教育》、《音乐教育与创作》等刊物发表，《大海真美》、《蘑菇长在银滩上》同获“广西少儿歌曲演唱大赛”银奖；《大海真美》、《娃娃与沙蟹》、《北部湾的孩子》、《世界因女孩而美丽》等15首歌曲，发表在接力出版社《壮家好少年》——广西优秀少儿歌曲集。策划、主创、总导演的大型廉政主题晚会《廉州之廉》巡演了一县三区。组织举办北海市第二届青少年“中华民族器乐经典名曲”演奏大赛，近500名青少年选手报名参赛，最小的选手6岁；由所长李勇担任总导演的“首届北海老街文化艺术节——百年老街、209米T台、112名中外佳丽大型比基尼T台秀音乐晚会”，获得了良好的社会效益。

【北海市画院】 年内，重点抓好“打造北海水彩画品牌”的系统工程，精心组织水彩画《新丰年》、《有序风景》、《稳定的力量》参加第十一届全国美术作品展，入选作品件数，位居全自治区各市之首。在广西美展中，北海水彩画作品获金奖3名、银奖10名、铜奖5名。10月，在桂林美术馆举办“北海·桂林水彩画联展”，中国水彩画艺术委员会主任黄铁山、《中国水彩》主编蒋振立出席了开幕式。由中国文联、中国驻日本使馆主办的“第七届东方美术家交流展”中，北海水彩画作品有5件入选。在“中国东盟名家美术作品展”和“广西美术作品台湾展览”中，北海水彩画各有20件作品单独代表广西参加展览活动。

【北海市歌舞剧院】 年内，共演出110场歌舞剧，“文化惠民”演出23场，观众262700人，演出收入123.844万元。1月，大型历史舞剧《碧海丝路》赴南宁演出，在南宁剧场上演5场，场场满座。2月，巡回广东雷州县各乡镇演出综合文艺晚会多场。3月，分别到涠洲岛、常乐镇开展送戏下乡活动。5月，大型历史舞剧《碧海丝路》赴深圳参加国际文化产业博览会演出。7月，举办文化惠民精品剧目进校园专场演出，分别到北海市二中、北海市

二小、桂林电子学院北海校区上演。8月份，参加第五届广西音乐舞蹈比赛，创作的群舞《惊涛》获节目一等奖和表演二等奖，独舞《依水为境》获节目三等奖。9月，大型历史舞剧《碧海丝路》获中宣部“五个一工程”奖，并参加第七届广西戏剧展览会大型剧目展演，获“桂花特别奖”第1名。10月，在银滩市民广场上演了《碧海丝路》全剧。

【北海市粤剧团】 年内，自筹资金购置了56个演出用箱、一套音响设备、电脑和桌椅等办公设备，装修了排练场地。多次深入社区、部队、广场、下乡进行“文化惠民工程”的演出宣传活动43场次。举办了2009年粤剧演出周、休渔期演出季。新创编的大型古装粤剧《珠还合浦》，参加“亲情中华——2009南宁国际华人粤剧文化节”，广西日报、南国早报、中国戏网分别作了报道。全团积极开拓演出市场，到广东“春、秋班”共上演了79场，经济收入达40万元。

群众文化

【广场文化活动】 年内，北海市群众艺术馆积极协调全市各单位、组织民间文艺团队在北部湾广场、海门广场举办了“2009年春季‘文化下乡’启动仪式”、“庆三八·颂祖国”文艺汇演颁奖晚会、庆五一国际劳动节文艺晚会、“北海市2009年‘欢乐和谐贺新春’广场文艺演出周”、“扬起开放风帆”——纪念北海市进一步对外开放25周年广场文艺演出、“‘亲亲大自然’斯道拉恩索杯——2009年北海市儿童绘画大赛颁奖晚会”、“庆祝中华人民共和国成立60周年广场文艺演出活动周”等活动。全年广场文艺演出共计52场，观众约3万多人次。指导协调业余曲艺团在海门广场演出200多场。

【阵地文化活动】 年内，举办了“2009年北海市美术家协会迎春画展”、“‘斯道拉恩索’杯——2009年北海市儿童绘画大赛作品展”、北海市2009“爱我中国·六一”少儿书画展。5月16日至6月12日，举办了“天使杯”全市青少年艺术大赛，全年举办美术摄影展览10次，展出作品435件；举办各类艺术培训班129期，培训学员3457人次；上报大事记10期、馆文化数据10份；出版群文信息6期；出版群众艺术橱窗11期。

【“文化惠民”活动】 年内，北海市群众艺术馆组织“文化惠民”活动进入独树根东社区、高德社区和工业园区，为当地居民送去文艺演出、非物质文化遗产图片展；开展了“艺术讲座”和“周末讲坛——如何塑造女性美”等公益性文化讲座；美术、音舞、调研部业务教师坚持下基层示范点辅导培训。全年组织“文化惠民”活动进入社区、进农村、进企业11场次，受惠达8000多人次；业务教师下基层辅导培训，受惠达7000多人次。

【“魅力北部湾”文化品牌】 3月，由北海市群众艺术馆倡议，广西区群众艺术馆牵头召开了南宁、北海、钦州、防城港四市群众艺术馆馆长联席会，共同磋商形成了《共同打造“魅力北部湾”群众文化品牌倡议书》。6月5日，广西文化厅在北海召开“魅力北部湾”群众文化活动座谈会，会议讨论了《打造“魅力北部湾”群众文化品牌方案》，决定2009年“魅力北部湾”群众文化展示节在北海市启动。8月12日，“魅力北部湾”群众文化活动如期举行，项目有：“魅力北部湾”群众文化活动启动仪式、“魅力北部湾”优秀群众文艺优秀节目展演、美术书法摄影展览、群众文化理论研讨会。

【非物质文化遗产保护】 年内，文化系统有关人员继续深入基层、农村，对非物质文化遗产资源进行普查，完成了全市非物质文化遗产21个项目保护名录简介的拟写和修改、项目分布图的绘制与文字说明，并将项目图片

与文字内容交付制作成板报进行展览；全市一县三区共收集整理非物质文化遗产资源数据4300多条；完成传统手工艺(贝雕)项目普查工作总体方案的工作规划；完成馆藏非物质文化遗产普查资料条目统计表数据的填报；完成一县三区各个“非遗”种类《非物质文化遗产资源普查表》的整合并立卷等。

【文艺创作和文化调研】 年内，北海市群众艺术馆业务人员共创作文艺作品35件，获省级奖作品16件；选送舞蹈、美术、书法、摄影作品共52个参加“八桂群星奖”活动，其中获金奖7个，银奖6个，铜奖9个，优秀奖6个；创作的5幅水彩画作品入选广西美术作品赴台湾展出；撰写的论文《打造“魅力北部湾”群众文化品牌》、《北海市农村文化建设存在的主要问题及对策》、《北海市公共文化服务体系建设的调查与思考》分别获“广西公共文化服务体系建设理论研讨会征文活动”二、三等奖。

【艺术教育培训活动】 年内，北海市艺术学校开展了书法、美术、音乐、舞蹈、工艺等多项培训班，2000多名学员参加了艺术培训。学员在各级的艺术赛事上获得了好成绩，其中，在“2009年北海市青少年键盘乐大赛”中，器乐班学员有20多人获得了3项特等奖、18项金奖；在“2009全区青少年钢琴大赛”中，钢琴班学员共获8项金奖、7项银奖；在“全国电视少儿器乐艺术展示大赛”中获得了1项银奖；在“全国第八届少儿书画大赛”中获1项一等奖、1项二等奖。同时，开展了2009年新年音乐会、2009春节和安杯青少年键盘乐大赛、庆“六一”北海少儿音乐晚会、“七一”红色旋律音乐会(已连续7年举办)、庆国庆广场少儿音乐会、少儿美术作品展、全国社会艺术水平考级等大型的文化活动。

【小海星艺术团】 北海歌舞剧院继续利用自身优势，加强对青少年的艺术培训，小海星艺术团至今共有7个班，人数达200多人，计划增设美术班和成人班，经过几年的培训，小学员艺术修养得到了很大提高，常配合歌舞剧院参加一些市重大演出活动。同时，为一些老演员的转岗提供新的岗位，并为提高歌舞剧院经济效益创造了良机。

公共图书馆

【北海市图书馆】 年内，对馆舍和设施进行了维修改造，安装了智能监控系统、共享工程电脑设备更新、设置读者检索专用电脑、书库报库装修、外墙安全隐患维修等。推行免费免证阅读报刊、免费开放自学室、免费开放电子阅览室等。全年采编新书2032种3134册，馆藏图书总计66982种共152504册(其中古籍2672册)，电子图书23500册，电子期刊10000册，馆藏文献总量21万册(含电子书刊、报刊合订本)，共办理借阅证3100个，读者到馆及馆外服务读者30多万人次，借阅图书110万册次，提供咨询服务2180人次，展览及读者活动30次、8万人次，出版宣传专栏5期18版次。3月，在合浦县廉州镇烟楼村，与北海市边防支队共同建设了“爱民固边图书室”。5月，开展送书下乡活动，发放“农村种养信息资料”200份，接待农民读者300人次，并向南康镇图书馆赠送图书100册、共享工程光盘10张。6、7月间，分别到北海、合浦工业园区，建立了图书流通点，首批各送去400多册图书。在银湾社区、海城区海合敬老院、北海市启智学校等二十多处建立“图书流通点”。向市三小、银湾社区、兴港镇文化站、合浦六甘村等赠书上千册。引进了2万多种电子图书和博看畅销期刊数据库，建设全国文化信息资源共享工程项目——“北部湾海洋养殖数据库”，以及“北海地方文献信息化资料库”。向驻市海军舰艇部队赠送《中国京剧音配像精粹》光盘50张、维普中国期刊数据库阅读卡25张；向烟楼村赠送全国期刊数据库、博看畅销期刊数据库、北部湾海洋养殖数据库使用账号。全年举办书画艺术展、疍家文化展、北部湾摄影展，以及高考、家庭教育、发展规划、青少年拓智创新教育等公益性的文化讲座活动。

【北海市少年儿童图书馆】 年内，共接待读者16.9万人次，借阅书刊32万册次，购买新书4211册，报刊322册。先后到市华侨中学、独树根东社区广场、银海区文体局等地召开座谈会，开展调研活动。到市启智学校进行助残读书益智活动。向银海区平阳镇店塘村“农家书屋”赠送铝合金书架5个，定期开展送书上门服务。在市华侨中学启动了“北海市少年儿童阅读年”活动，内容有：征集中学生科技网页制作；“让我们在阅读中一起成长”为主题的读书报告；“美丽神奇的西部”——谭为民摄影图片展和儿童创意绘画展等十项。多次在北部湾广场开展科普书展、科普图片展、图书咨询、益智游园等活动。联合北海市金太阳教育培训学校举办“学会感恩，让生命充满爱”大型感恩教育专题报告会。组织选送作品参加第二届广西中小学生网页制作大赛，获中学组一等奖1名；小学组二等奖3名。组织选送校园剧《助人为乐》参加“全国少年儿童阅读年”——“享受阅读感悟人生”全国少年儿童校园剧大赛，获全国银奖。组织选送作品参加首届“全国少年儿童阅读年——少儿科普作品成果暨建国60周年优秀少儿科普图书展”，获一等奖1名，二等奖4名。组织选送书法、绘画作品参加首届“闻一多杯”全国少年儿童书法、绘画作品征集赛，获绘画一等奖2名、二等奖3名。

文化产业

【广告产业】 北海市群众艺术馆坚持以广告产业为主，在竞争日益激烈的市场环境中积极主动开拓市场，加强经营管理和安全生产，建立健全各项规章制度，使经营效益得到稳步发展。年内，馆属广告公司年创营业额185万元，保障了员工的工资和各种福利正常发放。

【场地开发】 年内，市图书馆加大文化产业开发力度，有效地推动文化产业稳定、可持续地发展，会展工作实现开门红，周边场地开发等取得了新突破。举办各种会议、讲座、演出等20场次，展览10场次，共计30场次，参加人次达8万多人次。全年文化产业实现了10%以上的增长。

【演出市场经营】 年内，共接待演出团体9个演出29场，协助北海市文化产业开展有限公司、广西热点文化传媒有限公司演出了5场综合性的文化晚会。从1月到7月接待会议18个，各种(项)活动110场次，年收入48万元，比去年增长6.7%。8月15日开工，对人民剧场实行改造工程，市政府投资327万元对剧场内外进行大幅度的整修，一是对剧场内外墙体以及场内外的水泥地板重新整修；二是对剧场内安装消防设施及空调设备重新整修；三是更换剧场内的观众椅、改造舞台地板、增加音响设备。人民剧场改造工程于12月30日竣工并正式投入使用。

文化市场

【治理整顿】 年内，全市共有文化经营单位490个(含一县三区)。其中，网吧247家，电子游戏室59家，歌舞厅66家，音像118家。北海市文化市场稽查队共组织检查行动949次，出动稽查人员2755人次，检查文化经营场所6142家次，受理举报37件，查处37件；查处违规经营单位35家，依法处罚网吧22家，责令停业整顿网吧9家。配合工商部门

取缔无证照网吧 5 家，证据登记保存电脑主机 76 台。取缔无证照电子游戏室 1 家，证据登记保存电路板 12 块，游戏币一批。向违规经营单位发出整改通知书 28 份，取缔非法音像制品流动摊 5 个。全年共证据登记保存非法音像制品 23000 多张。一年来无行政复议和行政讼诉。

【经营管理】 3—5 月，先后三次组织召开了全市净化社会文化环境文化经营单位业主大会，参加人数 400 多人。同时，组织了网吧、娱乐场所的经营单位业主进行了法律法规理论培训的考试。深入北部湾广场、独树根东社区等地开展广场文化市场法律法规知识宣传咨询活动，向群众发放文化市场法律法规宣传资料 500 多份。坚持最低检查频度、公布举报电话、日常监管"三班制 3＋1"检查制度，聘请了 21 名"五老"网吧义务监督员参与净化文化市场经营的监督，对一些屡查不改的网吧则将其名单在新闻媒体上向社会公布。7 月，为解决珠海路老街的整治问题，配合市政府的部署，与市公安消防、工商、环保、卫生、卫生、城管等部门，查封了 7 家不具备设立条件的音乐酒吧。

【专项行动】 3—4 月，以城乡结合部、乡镇农村为重点，开展了 2 次声势浩大的查处并取缔"黑网吧"专项行动，一举查处并取缔了南万码头和涠洲岛等 5 家"黑网吧"，证据登记保存电脑主机 76 台。组织了 4 次对市区、城乡结合部和乡镇以及学校周边的网吧、电子游戏室、音像制品出租店进行突击检查。针对重点时段、重点地段、重点场所、重点问题等为日常稽查工作，结合学校暑期及重大节假日未成年人进入网吧的"高危期"，开展"暑期文化市场集中整治专项行动"、"确保国庆六十周年大庆文化市场集中整治专项行动"等多方位检查部署，确保天天检查网吧、电子游戏机室，对违规情节较重的 22 家网吧进行严厉处罚，对 9 家违规经营情节严重的场所依法责令停业整顿。

【"扫黄打非"行动】 全年检查音像制品的零售、出租店以及查处取缔非法经营音像制品的流动摊，查处并取缔非法音像流动摊点 6 个，证据登记保存非法音像制品 4500 多张，停业整顿音像制品经营单位 3 家。在北部湾广场开展"知识产权保护"宣传周咨询活动，印发宣传资料 200 份，向群众宣传和讲解正版音像制品和识别非法音像制品的基本知识；配合市"打非扫黄"办、公安、工商等开展联合执法行动检查盗版音像制品专项行动，查处了合浦一个音像制品出租店经营盗版音像制品 10 多万张。

文化遗产

【文物宣传】 年内，北海市文物管理所坚持每天正常对外开放大清邮政历史陈列馆。积极撰写专题通讯员文章，在北海日报、北海电视台发表，在北海收藏家网文化遗产专栏，宣传北海历史文化遗产。6 月，在北部湾广场举办文化遗产日宣传活动。多次在北海电视台、电台和北海 365 网站开展文物法、北海历史文物的宣传。

【文物保护】 年内，北海市文物管理所坚持每周两次的文物点巡查制度，定期检查各文物点的安全情况。5 月，完善大清邮政北海分局旧址的安全防护设施，建成了通透式铁栅栏围墙，铺设了青砖地面，整治了周边环境。普度震宫消防安全工程全面竣工。6 月 1 日，启动涠洲岛盛塘天主堂和城仔圣母堂维修工程。全市第四批文物保护单位保护规划获得市规委会通过并由市政府正式公布。同时，完成了寄存合浦博物馆的 49 件文物照片信息采集工作。

【文物普查】 3 月，市文物普查队一行 4 人，赴铁山港区开展文物普查工作。普查采用拉网式的实地调查办法，对每个街道、自然村逐个调查，不遗漏一条街道、一个村屯。特别是对可能存在文物点的海(河)边、山(陡)坡、断面等地点进行重点察看。对原登记在册、新发现的不可移动文物进行了摄像、测量、测点、绘图、并根据新规范重新填写《第三次全国文物普查不可移动文物登记表》。登记文物点近200处。

【申报国家历史文化名城】 7—10月，全力做好北海申报国家历史文化名城的申报文本及幻灯片所需文物古迹、历史街区的资料和图片的收集、整理工作，配合中央电视台摄制北海申报国家历史文化名城的电视专题片。

县域文化

【海城区】 海城区注重打响打亮社区文化品牌，年内全区新增社区业余文艺团队8支，全区拥有业余文娱团队160余支，平均每社区4支。表彰了海城区公园路曲艺队、北部湾东舞蹈队等8支在首届社区文化艺术节中表现突出的优秀社区文艺团队。

年内，海城区举办了“周末科普文化广场”启动仪式，并在和安商港举办了海城区科普文艺晚会。举办了“地角休渔期文化周”活动，内容有交谊舞、卡拉OK、足球赛等一系列活动。同时，成立了海城区疍家文化艺术团。创编的中老年舞蹈《十八湾》获广西区老干部文艺汇演金奖。

今年，海城区独树根东社区被命名为“全国文化先进社区”，银湾社区荣获“全国城市体育先进社区”荣誉称号。9月27日，海城区在北部湾广场举办了“北部湾(海城区)第二届社区疍家文化艺术节”——开幕式暨庆祝中华人民共和国成立60周年大型文艺晚会，出演舞蹈、演唱、魔术、杂技等10多个节目，观众达万人。并相继启动疍家文艺大巡演、疍家礼俗大展放、龙狮文化大展演、红色电影大展映、社区体育大竞技、健康活力大展示等活动。其中，疍家文艺大巡演活动20场、播映红色电影42场。

【银海区】 年内，银海区投入64万元，分别建设了银滩镇、平阳镇综合文化站，总建筑面积共802平方米，为福成镇和侨港镇文化站投入20万元购置乐器、音响、电脑、摄影等设备，建立了文化信息资源共享工程基层中心。同时，购置乐器、音响、电视机、DVD机等共12万元设备，分别送给平阳镇孙东村、横路山村、店塘村、福成镇的福成村、竹林村和银滩镇的南万社区。

今年，银海区还举办了全区中小学生“庆六一”文艺汇演，全区学校18个节目参加了演出。在海滩公园举行的“和谐风银滩情”文艺晚会，观众达3000多人。组织创作的舞蹈《疍家娘》，参加广西“八桂群星奖”获金奖；组织大合唱队参加市“庆五一”职工大合唱比赛获一等奖；舞蹈《歌飘山水间》参加市妇联主办的“庆三八”文艺汇演获一等奖。侨港镇、福成镇分别举行了迎新春文艺晚会；侨港镇举办建镇30周年文艺汇演；银滩镇南万社区举行了“百里银滩共创和谐”联欢晚会。

银海区从4月初到6月中旬，组织开展了非物质文化遗产普查工作，组织人员深入村、户调查记录，共查出1000多条非物质文化遗产线索，记录登记表1000份。

【铁山港区】 年内，铁山港区以南康镇文化广场为亮点，继续完善全区农村文化广场建设，建成了南康镇陂塘村、高田村委牛根芦村文化大楼，兴港镇南乐村、小马头村、彬池村、油麻山村，营盘镇白东村委大王岭村、黄稍村委尚高铺村文化广场，修缮了兴港镇谢家村委谢家村文化广场。

铁山港区全年共组织开展基层文艺汇演

活动共计38次，南康镇曲艺团、青年艺术团、陂塘粤剧团、营盘南珠曲艺团、鹿塘村委西板塘粤剧团六个业余文艺队伍每逢节假日都以农村喜闻乐见的节目形式进村各种演出活动，丰富农村群众的文化生活。

今年，铁山港区努力实施“农家书屋”工程，建成了南康镇陂塘、高田牛根芦村、营盘社区、彬畔村等14个“农家书屋”，另有8个农家书屋正在建设中，每个书屋投资32500元，区政府配套2500元，有书籍1500册以上，全年免费向村民开放。

【合浦县】 年内，合浦县文化馆在编人数25人，馆舍面积2200平米；博物馆1个（合浦县汉墓博物馆：在编人数12人，馆舍面积1355平方米，馆藏文物1980件）；图书馆1个（合浦县图书馆：在编人数16人，馆舍面积1263平米，藏书170529册）；影剧院1个（合浦影剧院：在编人数12人，剧场面积3882平米）；村文化室87个，村级文化广场44个。年内，利用中央扩大内需资金及自治区配套资金共384万元，建成了兴港、平阳、廉州、西场、山口等12个乡镇综合文化站。争取自治区文化厅配送电脑等价值68万元的设备，及县政府拨款5万元，建设好了文化信息资源共享工程县级支中心。

合浦汉代文化博物馆全年共接待国内外知名人士、学术团体40多批次，社会参观人数万余人次。并做好文物藏品整理、藏品档案、帐目整理上架入框和安全检查等工作，完成一、二、三级文物和部分珍贵文物共500件文物的数据库录入工作。

年内，合浦县出动稽查人员3923多人（次），检查经营摊点1972余家（间），处理违规娱乐场所13间，警告违规网吧15间，收缴淫秽色情非法音像制品4000多盒（块），收缴六合彩资料30000多份。

梧　州　市

全市文化工作综述

2009年，梧州市的文化工作以“五大文化建设工程”为载体，着重抓好重大文化项目建设，大力抓好文化艺术创作生产，广泛组织开展城乡群众文化活动，加大公共文化基础设施建设投入，完善城乡公共文化服务体系，规范文化市场管理，推动文化产业发展，努力促进梧州文化大发展大繁荣，推动梧州经济社会又好又快发展。

艺术创作生产成绩斐然。一是组织粤剧《西江龙母》参加第七届广西剧展大型剧目展演。外请广东省著名导演梅晓及舞美、灯光音响整套班子来梧执排，9月26日在全区14个专业艺术团体15台优秀参展剧目中，粤剧《西江龙母》获得“桂花剧目铜奖”、“优秀表演奖”、“表演奖”、“音乐设计奖”、“舞美设计奖”等5项共6个奖。梧州市文化局获组织奖。组织4个节目参加第七届广西小戏小品南宁展演活动，其中小品《阳台有扇门》获桂花铜奖、创作奖和演员奖。此外，小品《邻居与小偷》获全国社区文艺会演铜奖。在第五届广西音乐舞蹈比赛中，三人舞《西江河畔》获二等奖。二是精心组织庆祝中华人民共和国成立60周年系列大型文艺晚会：《颂祖国辉煌　展梧州风采》国庆晚会、市政法系统《和谐欢歌》晚会、《寄情六十载　诗歌咏神州》情景配乐诗朗诵比赛等数台大型综艺晚会，获得了领导和市民的认可。三是编辑出版发行了《梧州舞台艺术60年》《梧州美术书法60年》两部一套的专刊书籍，真实纪录了梧州60年来在艺术方面所取得的成就，受到了广大读者的欢迎。四是贯彻自治区文化厅有关精神在全市范围举行声势浩大又颇有成果的“百场文化下乡、下基层”演出活动，全市各专业、业余艺术团体共进行了130多场演出，深入到农村、乡镇、社区，受到百姓们的欢迎。

群众文化活动蓬勃开展。城市群众文化以“璀璨广场”群众文化活动为主阵地，开展“和谐文化进社区”活动，组织举办全市迎国庆60周年“爱国歌曲大家唱”群众歌咏比赛，举办外来务工人员歌曲大赛等一系列群众文艺赛事活动，举办梧州市第二届“动感地带杯”街舞大赛。农村群众文化实施“和谐文化在行动”和开展电影放映“2131”工程和送书下乡活动。组织全市12个业余艺术团队、市机关系统、事业企业等单位参与“璀璨广场”文艺演出125场；文化活动进社区演出活动15场；图书馆开展送书籍1260多册到社区、军营、乡镇20多次，图书馆接待读者48746人次，借阅图书82452册次，推介网上新书5000多册。

文化市场管理规范有序。以“一手抓繁荣，一手抓管理”的方针为指引，基本形成了由娱乐市场、演出市场、音像市场、电影市场、网络文化市场等组成的统一、开放、竞争、有序的文化市场体系，初步建立起以综合行政执法、社会监督、行业自律、技术监控为主要内容的文化市场监管体系。2009年我市共有各类文化经营单位674家，其中歌舞娱乐场所108家，网吧260家，电子游戏118家，音像制品177家，文艺表演团体6个，艺术表演场所5个，从业人员4056人。据统计，2006年至2009年我市文化经营单位交纳税金4560万元，营业收入为66587万元。

文化遗产保护不断推进。各级党委和政

府高度重视文化遗产保护和抢救工作，文化遗产保护宣传深入人心，全社会保护文化遗产的意识逐渐增强。博物馆事业蓬勃发展。完成市博物馆大楼维修，完善全市各博物馆（文物管理所）的安防、消防及文物库房的各项设施；完成文物调查及数据库管理系统建设工程，文物管理实现了科学化、数字化。免费开放取得突破性进展，市博物馆、中山纪念堂向社会免费开放。文物保护及合理利用取得新进展。组织开展第三次全国文物普查工作，共登记文物点 605 处，新发现 354 处，复查 251 处；配合城建、交通、工业等建设，开展文物调查、考古挖掘、文物征集、保护等工作，完成考古挖掘项目 5 个，征集流散文物 800 多件；完成文物维修保护项目 12 个，新增自治区级文物保护单位 3 处，公布一批市县的文物保护单位，全市现有 3 处全国重点文物保护单位、15 处自治区级文物保护单位和 109 处市（县）级文物保护单位。组织开展"5·18国际博物馆日"、"文化遗产日"等宣传活动，营造社会支持文化遗产保护事业的良好氛围。

文化基础设施建设不断加强。市级新博物馆、新图书馆举行了开工仪式。初步形成了覆盖城乡的市、县（市、区）、乡镇（街道）、村（社区）四级公共文化服务网络。农村地区文化基础设施建设的力度加大。新建 10 个乡镇综合文化站，配备 2 台流动舞台车（岑溪市和藤县）。"文化信息资源共享工程"继 2008 年建成岑溪市支中心和藤县支中心后，又建成苍梧县、蒙山县、万秀区 3 个县级支中心和 29 个乡镇、36 个村级基层服务点，共配套电脑 116 台、电视机 29 台、相机 29 台、音响及放映器 29 套，其他配套设备设施一批，搭建好查阅科技、文化等的数字信息平台。

专业艺术

【专业剧团作品演出】 年内，全市有专业艺术表演团体 6 个，其中市直属 2 个，县属 4 个，从业人数 212 人。全年各专业艺术表演团体、艺术创作人员创作生产剧（节）目 40 多个。市歌舞团共编排了群舞《理想》、《第二故乡》，三人舞《西江河畔》，女声独唱参加广西音乐舞蹈比赛。梧州粤剧团成功排演《西江龙母》，积极开拓了外请导演执导我市剧目的路子；艺术研究所创作的《阳台有扇门》、《窗外》等剧目，岑溪文体局的牛娘戏《喜满农家》和苍梧县文体局的鹿儿戏《阴湿鬼和吧喳婆》等剧目也成功参加第七届广西剧展的南宁决赛，获得了奖次。全市剧团演出 701 场，观众约 75 万人次，年收入约为 117.78 万元，其中文化下乡演出有 130 余场。

【办好国庆 60 周年系列主题晚会】 梧州市 2009 年迎春文艺晚会《新的起飞》结合新春佳节，为广大观众送上了春的祝福，受到市领导的肯定和市民的欢迎。集中全市文化艺术力量，编排演出《颂祖国辉煌展梧州风采》庆祝中华人民共和国成立 60 周年文艺晚会，颂扬了伟大祖国的崛起和对祖国的无限热爱，表现了梧州人民力争上游的精神面貌。还组织完成我市元旦、"五一"劳动节、"七一"党建、"八一"建军节等重大节庆文艺晚会，与市有关部门共同举办"政法系统'和谐欢歌'庆祝中华人民共和国成立 60 周年文艺晚会"。

【赴澳门进行粤剧文化交流演出活动】 11 月 12—16 日，应澳门永乐戏院邀请，梧州粤剧团赴澳门演出团，由市人大副主任黄积卓率团一行 50 人，赴澳门参加新桥社区举办的回归祖国 10 周年的系列庆祝活动。在为期四天的活动中，上演了《孟丽君》、《豆腐西施》、《二乔招亲》3 套古装粤剧和一个折子戏专场，将精湛的演艺展示给澳门新桥社区居民，受到当地群众的称赞和肯定。《澳门日报》、《濠江日报》等当地媒体连续几天作了专题系列跟踪报道。此次文化交流活动以粤剧为纽带，密切了梧州和澳门之间的交流，促进了本地艺术的发展，扩大了梧州粤剧的对外影响力。

【参加广州“粤剧文化广场”演出活动】 3月12—16日，受广东省繁荣粤剧基金会的邀请，梧州粤剧团赴穗参加“粤剧文化广场”演出活动，为羊城观众献演《九宝莲》、《女巡按审婚》、《西江龙母》、《哑女告状》、《女驸马》等五出精美古装剧目。在江南大戏院的5场演出备受戏迷追捧，5晚演出的上座率均达90%以上。

【赴深圳宝安区驻地部队演出】 应深圳市宝安区区委、区人民政府邀请，梧州市歌舞团于7月27—29日分别赴深圳市宝安区观澜、龙华和博罗为驻地部队官兵慰问演出。

【参加澳门回归祖国十周年活动】 为庆祝澳门回归祖国十周年、新桥坊会庆贺华光诞活动二十周年，11月13—16日在莲溪庙举行民间民俗文化庆典——华光诞酬神及敬老千岁宴活动。梧州市古建筑管理处应邀在莲溪庙前的仿古街参加连续四天的传统民间杂耍、魔术、书画、现场工艺品制作表演，梧州粤剧团应邀也在永乐戏院参加四场粤剧演出，与澳门同胞共同分享澳门回归祖国十周年来所取得的成果。梧州市文化交流团负责人参加了剪彩、醒狮拈花挂红及点睛仪式，与澳门新桥坊会互赠了纪念品。由梧州市古建筑管理处组织的《传统杂技绝技表演》得到澳门市民的积极参与和赞扬。参加了由澳门新桥坊会、新桥坊众恭祝华光宝诞演戏委员会合办的《敬老千岁宴》活动，藤州书画院院长黄孔新、梧州市美术协会理事温志敏赠送的书画作品受到澳门同胞的欢迎。

【尼道教协会参访梧州白鹤观】 为加强中印两国道教文化的交流，10月13日，由印尼道教协会创始人李尚湖老师率领的印尼道教协会参访团一行80多人来到梧州白鹤观，与市古建筑管理处开展了一场别开生面的道教文化交流活动。印尼友人听取市古建筑管理处讲解员的介绍后，对梧州道教文化产生浓厚的兴趣，他们要求立即开会就道教文化研究、道教文化传承、道观经营管理等进行交流，市古建筑管理处领导就他们感兴趣的地方作详细的解说，并一一解答了他们的问题。印尼道教协会会长和理事长连声说：“今天终于了解了中国文化的博大精深，我们非常满意。”并当即向道教圣地白鹤观赠送纪念品，并捐赠3000元维修梧州白鹤观。

【梧州澳门共谱“爱心助学”曲】 8月17—18日，梧州市文化局、市古建筑管理处、澳门青年协会、澳门氹仔扶轮社助学捐赠代表团共80人，带着对藤县天平镇罗平小学孩子们的关爱之情，为罗平小学孩子们送去了急需的200套桌椅、2张乒乓球台、1台教学打印机、600个书包、600套文具、1800条毛巾、700套衣服，以及价值分别为6000元、3000元、800元的图书、医疗用品和体育用品等。同时给特困学生送去大米40包、面条800斤、花生油40罐、棉被40张、被套40张、洗衣粉400斤、洗头液40支、牙膏80支等。共服务群众600人次，帮扶特困学生40人次，解决困难和问题10个，给罗平小学送去了价值5万8千元的物资。现场交付奖学金和助学金共15000元。为感谢梧州市文化局和澳门同胞对罗平小学建设教育事业的支持，校方回赠感谢梧州市文化局古建筑管理处“情系教育，功德无量”的锦旗。

【举办丰富多彩的艺术赛事活动】 精心筹划组织了广西第七届剧展梧州专场，我局组织的5个节目中有4个入选参加自治区小戏小品展演的南宁总展演。举办广西音乐舞蹈比赛梧州专场，市歌舞团的3个舞蹈节目和1个女声独唱，以及艺术学校的男声独唱入选广西音乐舞蹈大赛的南宁决赛。举办“寄情

六十载诗歌咏神州”情景配乐诗朗诵比赛。全市 18 个单位参赛,数百名选手参加了角逐,5000 多名群众观看了比赛。通过举办比赛以激情澎湃的表演形式讴歌了中华人民共和国的辉煌历程。

【宣传梧州龙母文化,打造粤剧艺术精品】 艺术创作坚持贴近生活、贴近群众、贴近实际原则,以梧州龙母文化传说为题材,组织力量创作出大型古装粤剧《西江龙母》,由梧州粤剧团排演,邀请广东著名导演梅晓执导,全面推出青年演员担任主演,按照艺术精品要求将《龙》剧打造成具有丰富梧州文化内涵的优秀剧目,3 月中旬起,分别在本市艺术剧院、广州市江南大戏院、南宁广西财经学院大礼堂公演共 40 场,观众 17000 多人次。还作为全区评选出 15 个优秀剧目之一,赴南宁参加自治区第七届大型剧目总展演。

【参加自治区第七届剧展(大戏)获多项奖】 9 月 21 日,梧州粤剧团赴邕在广西财经学院大礼堂,以大型古装粤剧《西江龙母》参加由广西文化厅、广西文联、广西电视台共同举办的第七届广西剧展大型剧目展演。作为全区评选出的 14 个专业艺术团体的 15 个优秀剧目之一,《西江龙母》获得了剧展的桂花剧目铜奖、优秀表演奖、表演奖、音乐设计奖、舞美设计奖等 5 项 6 个大奖。其中黄颖嫦获优秀表演奖,元军、关世杰获得表演奖。该剧由广东著名导演梅晓执导。

【艺术生产创效益】 在完成公益性文化宣传演出任务的同时,梧州粤剧团还积极开展艺术生产活动,在本市、在两广城镇和乡村进行春秋班商业演出共 83 场次,演出创收 467422 万元,观众 9 万多人次。

【举办书画艺术展览】 1 月 5 日,当代著名画家、天津南开大学教授陈玉圃美术作品在梧州市展出,共展出作品 60 余幅。9 月 28 日由梧州市文化局主办的“庆国庆 · 企业攻坚年 · 服务企业年书画精品展”在梧州市展出。共展出包括油画、版画、中国画等美术、书法作品 130 余件,此次展出作品有入选国家级美展的美术作品和书法作品,以及历年在全国全区获奖的美术、书法作品。此外还举办了《李秀维何志强陈宇》、《李秀维黎军书画联展》、《徐永勇美术作品 · 藏画展》、《黄钧任书画艺术作品展》等专题书画展览。

【书画作品创作获奖】 年内,完成创作作品《芳园蹴鞠》入选中国第七届体育美展;《春满神州》入选“全国花鸟画大展”。《思罗河览古》、《丽日》入选“庆祝中华人民共和国成立 60 周年广西美展”获二等奖并收入画册。《春满神州》、《竹荫清逸》同时入选该画展。

【编辑出版《梧州舞台艺术 60 年》《梧州美术书法 60 年》】 经过两年多的精心筹备和编辑,于 9 月完成了《梧州舞台艺术 60 年》和《梧州美术书法 60 年》专刊的编辑出版工作,专刊以大量图片和文字资料真实记录了建国 60 年以来,梧州文化建设所取得的辉煌成就,以及梧州文化工作者所作出的贡献。作为珍贵的历史文化资料,为庆祝中华人民共和国成立 60 周年献上一份厚礼。

【电影《山那边的女人》拍摄】 《山那边的女人》根据梧州市艺术研究所作家黄自林的小说《妈嫂》改编,由广西电影制片厂于 2009 年 7 月在梧州开机拍摄,导演:余斌;编剧:黄自林、卢瑞祥。

【搭建舞台丰富群众文化】 梧州市演出公司与市艺术学校联合举办了《第五届中国—东盟青少年艺术盛典(梧州赛区)》,为青少年提供多姿多彩展现自我的舞台;与皇馨琴行合作举办了《E 度空间歌友会》,为流行音乐搭建交流平台;与中国舞培训中心合作举办了《第四届中国舞考级成功汇报演出》,为舞蹈爱好者提供艺术表演平台。

群众文化

【“璀璨广场”群众文化活动】 全市的群众文化活动以“璀璨广场”为龙头，结合开展“和谐文化进社区”活动，2月份已召开会议布置全年“璀璨广场”群众文化活动，并于3月4日以广场音乐会的形式启动2009年“璀璨广场”群众文化活动，并将全年活动计划刊登在梧州日报，活动分“缤纷舞台”和“百姓娱乐”两个板块。据统计，全年举办活动150场次，现场观众60万人次。

【“安利杯”少儿环保时装表演比赛】 为丰富少年儿童文化生活，净化社会文化环境，加强和促进少年儿童的综合素质，提高环保意识，“六一”期间，市文化局、市文明办、市教育局、市妇联联合主办了《我爱我家》梧州市“安利杯”少儿环保时装表演比赛，历时3天，共有31所学校参与，参加选手518名，活动深受少年儿童的欢迎，取得了良好的社会效果。

【迎国庆“爱国歌曲大家唱”群众歌咏比赛】 为深入学习科学发展观，喜迎中华人民共和国成立60周年，唱响爱国歌曲，抒发爱国爱党热情，讴歌美好生活，9月14—16日，全市迎国庆“爱国歌曲大家唱”群众歌咏比赛在梧州学院体育馆举行，共有36个参赛队伍，参演人员4000多人，市领导也积极上台参与演出，现场观众达2万人。

【非物质文化遗产普查工作】 根据自治区文化厅部署，通过全市普查人员的努力，全市完成了4100条非物质文化遗产资源普查条目，经整理，3705条录入《广西非物质文化遗产资源普查表》，并汇总成册。此外，岑溪的牛娘戏，藤县的牛歌戏、舞狮技艺，苍梧的六堡茶制作技艺等4个项目申报国家级非物质文化遗产名录，并通过了国家文化部初评。

【文化下乡下基层100场演出】 梧州市歌舞团围绕“项目攻坚年”、“服务企业年”和“党组织服务年”活动，积极开展“文化下乡下基层100场演出”活动，将文艺节目送到农村、厂矿和社区演出。共服务企业15个，解决困难和问题5个。梧州粤剧团相继创编了宣传党的惠农政策、计划生育，展示农村新风气、城市新面貌的专题晚会，分别到我市7个县（市、区）的社区、乡镇以及敬老院、学校，为广大农民和市民群众宣传演出近50场，服务群众2万多人次。

【市歌舞团“奉献爱心”】 梧州市歌舞团还与汇丰源酒楼、奥奇丽股份有限公司、冰泉实业有限公司、桂东人民医院、男人窗大卫发型制作室等五个单位和企业组成关爱慰问团，积极开展以“奉献爱心，关爱老人”为主题的“爱心之旅”活动。慰问团分别走进珠山颐安养老院、颐康敬老院、喜乐养老院、老干部养老院、寿星颐养院、福利院为老人和孤残儿童表演精彩的文艺节目和献上爱心礼品。

公共图书馆

【图书馆全年开放】 梧州市图书馆坚持全年开放，年读者流通总人次86062人次；借阅图书86327册次；其中成人借阅13477册次；少儿借阅72850册次；办理借书证924只；完成咨询服务40项；送书到馆外服务网点及集体借阅23次。

【图书“四进”服务军民】 组织开展“和谐文化进社区、进学校、进军营、进乡镇”等活动。7月28—31日到梧州万秀消防大队为消防官兵举办“计算机基础知识”培训班，为部队培养军地两用人才，参训官兵达80多人次。8月27日与步埠社区居委会等单位向蝶山区夏郢镇镇安村送书、送信息，共送书50多册。10月5日与枣冲社区居委会举办“文化进社区活动”，挂图展览、发放科技资料、免费办

证、免费阅览等。10月15日与市老年科技工作者协会联合举办“中老年心理健康”知识讲座，备受中老年人称赞。

【少儿读者服务活动形式多样】 市图书馆4—5月组织全市各中学参加广西“知识工程办公室”举办的“广西中小学生‘科技让我们生活更美好’网页制作大赛”，荣获“组织奖”。6—7月与万秀青少年活动中心联合组织万秀区各小学参加区“知识工程办公室”举办的少年儿童阅读调查活动，发放并收回调查表4000份，对调查数据进行录入、统计、分析、上报。7月10日与市公安局法制科、西环小学联合举办主题为“注意安全自觉守法”的小学生普法安全教育专题讲座。还组织开展少儿读者“知我民族，爱我中华，强我中国”主题读书活动、“梧州旅游文化知识讲座”等活动共36场次，参加活动师生达2453人次，促进未成年人不断实现和提升自我价值。

【参加文化信息资源共享工程知识技能竞赛获得好成绩】 9月16日派出技术人员参加“广西桂北地区文化信息资源共享工程知识竞赛”取得第二名。10月23—25日派出代表参加桂北地区“文化共享杯——全国文化信息资源共享工程知识与技能竞赛”决赛，进入前八名。

文化市场

【电影划转市广电局管理】 3月1日，根据国务院、自治区、市关于做好电影行政管理职能调整划转工作的文件精神，市文化局将承担的电影发行放映管理、市场准入、农村和社区等电影公共服务、农村电影放映工程的实施、指导基层电影队伍建设以及电影发行放映市场监管等职责，统一归口划转市广电局。

【净化社会文化环境工作】 3月5日至6月30日，开展了净化社会文化环境工作，在对文化市场进行专项治理的同时，积极开展丰富多彩的社会文化活动，丰富未成年人的精神文化生活，取得了一定的成效。

【文化市场集中整治行动】 根据文化部和自治区文化厅《关于开展文化市场集中整治行动的通知》精神，为切实整顿和规范文化市场秩序，为中华人民共和国成立60周年创造和谐的社会文化环境，从7月1日至10月31日，开展文化市场集中整治行动。全年共出动文化市场稽查人员12713人次；检查各类文化市场经营场所20331家次；责令改正各类文化市场经营场所63家；停业整顿违规场所3家；取缔非法经营文化经营场所47家；警告违规场所143家；罚款金额384149元；没收非法财物85件；没收非法出版物8902册；没收非法印刷品1890件；收缴非法音像制品16693张。经过执法检查、监管整治，网吧、歌舞娱乐、电子游戏和音像违规经营现象得到有效遏制，进一步规范和繁荣了文化市场。

【销毁侵权盗版制品及各类非法出版物活动】 4月22日上午，为迎接“4·26”世界知识产权日，在潘塘公园门前广场设分会场参加全国统一举行的集中销毁侵权盗版制品及各类非法出版物活动，集中销毁的各类侵权盗版制品和非法出版物共3万多件。市委常委、宣传部长、副市长刘咏梅，市“扫黄打非”工作领导小组成员单位负责人以及音像制品、图书经营单位的代表参加了活动。

【聘请“五老”为文化市场义务监督员】 在开展文化市场集中整治行动中，从全市“五老”志愿者中聘请了32名文化市场义务监督员。市文化局与市关工委不定期组织“五老”义务监督员，对市内网吧市场进行了监督检查，积极反映网吧存在的问题并提出建议，受到了家长和社会的广泛好评，进一步净化社会文化环境，促进了青少年健康成长。

【自治区文化厅领导督查文化市场工作】 9月9日—10日、9月12日—13日，自治区文化厅文化市场集中整治行动专项督查组的文化市场管理处李为民处长、王跃副调研员、文化稽查总队宁秀育总队长、姚立华副总队长分别到梧州市、藤县、岑溪市，对文化市场进行全面的督查指导。在肯定梧州市工作的同时，专项督查组对今后的工作提出了意见，要求发扬成绩，继续努力，深入开展全市的文化市场集中整治行动，为中华人民共和国成立60周年创造和谐稳定的社会文化环境。

【全市文化市场行政管理执法培训班】 12月27—30日举办全市文化市场行政管理执法培训班。培训内容有文化市场案件如何执法取证、娱乐市场管理热点难点与对策等。全市文化市场行政管理、稽查人员参加培训学习。

【文化行业消防安全专项整治行动】 3月至12月，组织开展文化行业消防安全专项整治。期间，举办文化经营场所安全生产培训班，组织消防安全演练活动，开展自查自纠和整改隐患工作，采取重点检查与全面检查相结合，节假日检查与平日检查相结合，专项检查与例行检查相结合的办法，对全市的文化市场经营场所进行安全生产监管，全年共出动检查人员2040人次，检查文化经营场所共1840家次。对发现存在安全隐患的22家文化经营场所及时提出整改，下达整改通知书5份，完成整改5家，确保场所安全。

【调查岑溪演出市场】 11月28日，市文化市场稽查支队按照自治区文化稽查总队转来的“岑溪市市民举报岑溪市文化大厦经常有外来歌舞团表演各种低级趣味的脱衣舞”的查处函要求，对岑溪市文化大厦的演出进行暗访调查，发现当晚演出属于低俗表演，但未表演脱衣舞。12月1日将暗访调查结果向岑溪市文体局通报，责成岑溪市文体局对“查处函”所称内容作进一步调查，吸取教训并作出整改措施，确保演出市场的健康规范。

文化产业

【文化娱乐业】 至年底全市共有各类文化经营单位674家，其中歌舞娱乐场所108家，网吧260家，电子游戏118家，音像制品177家，文艺表演团体6个，艺术表演场所5个，从业人员4056人。据统计，2006年至2009年全市文化经营单位交纳税金4560万元，营业收入为66587万元。

【文化产业工程】 在建设旅游休闲基地战略的带动下，各类资本发展文化产业的积极性日益高涨。中海公司承包经营的梧州龙母文化公园一期扩建工程完成投资5000万元，建成集朝拜观光、休闲娱乐、观赏景观为主的龙母文化旅游景区。在此基础上，实现了梧州龙母文化公园与四恩寺、骑楼城、历史文化长廊结合成功创建“4A”景区，被自治区文化厅列为第二批自治区文化产业示范基地。据统计，近年到龙母庙和白鹤观参观游览的粤港澳游客达30万人次以上，销售收入(景点门票及经营项目收入)达1500万元，净利润为832万元，有力推进我市旅游业、商业发展，促进地方经济社会繁荣。

【启动“文化致富”工程】 为探索一条以政府为主导，国有民用、公助民办、民办民用、国有与民间相结合、经济与文化相互动、人类与自然和谐发展的农村文化建设新路子，形成带动农民增收、农村繁荣的文化经济新模式，藤县道家村石表山休闲风景区计划总投资11872万元，景区规划总面积约16平方千米，已实际投入1300万元，建成的3个景区营业收入达350万元，接待游客71万人(次)，当地农民有650人直接参与景区建设和营业。石表山休闲风景区也因此被评为自治区4A景区。

文物遗产

【馆藏文物调查及数据库管理系统建设】 从2006年8月至今年11月底，在完成文物录入和文物拍摄工作的同时，分派人员赴“三县一市”及贵港地区、贺州地区等11个县市进行拍摄工作。共填写文物档案和文物录入表4000件，拍摄文物藏品(入国家数据库文物)11843件，照片41327张，出色完成自治区文化厅布置的文物数据录入工作。

【“苍梧春秋”基本陈列展】 梧州市博物馆于5月进行了全面维修，装修展厅后，精心制作馆藏精品文物基本陈列展览，于2009年10月份正式实行免费对外开放，实现了自开馆以来馆藏文物首次与观众见面的愿望。展览分四部分进行布展：第一部分展出“汉越交融斑驳记忆——青铜器”；第二部分展出“田园牧歌和谐音符——陶瓷器、滑石器”；第三部分展出“岭南重镇百年商埠——明清文物话语”；第四部分展出“故里故园故土情结——李济深捐献文物”。整个展览的总题为“苍梧春秋——梧州市博物馆馆藏文物精品展”，共展出馆藏不同时期的珍贵文物339件。

【建设新博物馆】 规划在珠山公园上建设博物馆新馆，总用地3.26公顷，建筑面积约6800平方米，总投资2800万元。包括同在珠山上的文物建筑英领事署旧址和建于1902年的建道院，整个珠山将建设成为一个充分反映梧州千年历史文化的文博公园。新博物馆大楼建筑设计方案已完成，并于年底开工建设。

【第三次文物普查】 自2007年10月份开始的梧州市第三次文物普查，至今年11月底，野外调查工作阶段基本结束，全面完成预定的工作计划。在历时两年的野外调查中，除了市区以外，普查范围覆盖了全市6个镇77个行政村，数百个自然村(组)，覆盖率达95%以上，共出动369人次，普查类别有古遗址、古墓葬、古建筑，以及近现代重要史迹及代表性建筑，其中列入这次普查重大发现的有军事建筑及设施和归属古遗址类别的史前石器遗址。此次普查工作共发现新文物点67处，复查35处，登记消失文物点3处。

【文物遗迹保护】 5月份，由梧州海关旧址、美孚石油公司旧址、英领事署旧址、思达医院旧址、梧州邮局旧址、新西酒店、天主教堂等七处近代建筑组成的梧州近代建筑群被广西自治区人民政府核定公布为广西壮族自治区区级文物保护单位。

县域文化

【万秀区】 万秀区科卫文体局，现有公务员编制2人，借调教师2人，现实有4人，内设办公室。辖区有1个文化馆，2个文化广播电视站。

年内，万秀区科卫文体局举办了有十万人参加的《万秀之光》大型文化活动、《抗洪救灾、恢复生产、重建家园文艺宣传系列活动》、《爱祖国、讲文明读书一条街宣传活动》、《公德进万家文艺专题晚会》、《公民道德实施纲要宣传活动》、《村级“三个代表”巡回宣传演出活动》、《百年骑楼大型广场系列活动》、《丽港之夜》、《梧州宝石节系列文化活动》。

万秀区文化馆创作的节目《社区乐》获广西首届社区文化艺术节一等奖，并代表广西参加第二届全国“四进社区”优秀节目展演获铜奖；以农村题材创作的《新趁圩》获得广西农村文艺汇演一等奖；音乐剧《此时无声胜有声》被选送参加自治区宣传部主办的“社区情、和谐颂”、“田园欢歌”两大汇演，获得二等奖；《祖国，你好》——万秀区专场获梧州市文艺汇演一等奖。1月26日—28日，由万秀区党委、政府、市文化局主办，万秀区文化馆承办的“万秀风韵贺新春文艺演出”在鸳江丽港中心广场举行。活动共组织万秀城区25个单位参加，参演人员达200多人，现场观众达3500多人次。同时，万秀区文化馆还承办苍梧县公安系统庆七一文艺晚会。6月28日，承办了苍梧县公安系统“警民联欢庆七一、共建和谐新苍梧”文艺晚会。有歌舞、配乐诗朗诵、莲花板、小品等。梧州市副市长、公安局长孙以万和苍梧县四大班子有关领导以及300多名武警官兵、公安干警观看了演出。开展形式多样的文化活动，丰富群众文化生活，组织了四个群众业余团队进行文化进社区、文化下乡宣传演出共25场，观众达8500多人次。

【蝶山区】 蝶山区科卫文体局，现有公务员编制3人，事业编1人。全区共三个街道办事处文化活动中心、两个乡镇文化站。26个行政村、25个城市社区都建立文化活动室。

全区群众性文化艺术活动活跃，元旦、春节、五一、国庆、梧州国际宝石节等重大节庆期间，各类群众性文艺演出多达上百场次。1993—2010年连续十八年举办“蝶山风采贺新春”大型文化活动及自2006年起每年一度的社区居民节早已形成群众性文化知名品牌，也全方位地展示了蝶山区的精神风貌。辖区内有20多个老年人活动点和10多支街道曲艺队。

2月15日，蝶山区文化馆承办梧州市第六届中老年人文艺汇演。参加比赛的团体13个，演员200多人，观众2000人次。促进了群众文化艺术水平的提高，带动了广场文化和社区文化的深入开展，丰富了群众的文化生活。

【长洲区】 长洲区文化卫生体育局，现有公务员编制1人，事业单位编制1人，现实有3人。内设办公室、城区文化站。全区文体系统共有职工5人，共2个镇文化广播电视站。

抓好元旦、春节、“五一”、中华人民共和国成立60周年等节日群众文化体育活动，丰富和活跃城区节日群众文化体育生活。组织开展“深入学习实践科学发展观活动专题文艺晚会”、防治艾滋病宣传专题演出、文化下乡专题演出。参加广西“八桂群星奖”中节目《鱼悦》、歌舞小品《探家婆》荣获金奖。《探家婆》以都市生活中的婆媳关系为切入点，以小见大反映构建和谐社会的深刻主题，节目还汲取了西江流域的《民谣》、《牛娘调》、《采茶歌》等音乐元素，并与现代歌舞相结合创编而成，表演形式新颖。并代表自治区报送参加“全国群星奖”即“大地情深”——全国城乡基层群众小戏小品评比。

长洲区文化馆组织业余艺术团“文化下乡”演出。4—6月，长洲区文化馆承办长洲区宣讲十七届三中全会精神“文化下乡”巡回演出，分别在辖区内各镇、各村共演出15场。还向群众宣传计划生育、各种法律法规知识等，为群众发放宣传资料1000多份，受益观众约4万人次。4—7月，长洲区教育局、长洲区文化馆主办的“长洲区中小学生文化艺术节”，内容有声乐、器乐、舞蹈以及美术、书法作品几大类。全区有200多名学生参赛，共评出特等奖15个，一等奖20个，二等奖25个，三等奖50个，指导老师奖46个以及优秀组织奖等。并选出作品参加全市第十届中小学生文化艺术节各项评比。9月27—28日，长洲区文化馆承办长洲区庆祝中华人民共和国成立60周年系列活动——《爱国歌曲大家唱》歌咏合唱比赛，共有18队参加，参加人数约1000人，并评出一、二、三等奖单位。《书法美术》展赛，辖区单位参加人数达60人，作品达100多件，评出获奖作品30多件。承办万秀、蝶山、长洲三城区“民族团结宣传月活动”。长洲区文化馆、广宇艺术团为群众送上丰富精彩的民族文艺表演、民族政策知识问答活动等，还为群众发放宣传资料1000多份。

【苍梧县】 苍梧县文化和体育局，现有公务员编制10人，工勤1人，现实有11人。内设有办公室、财务室、文化股、体育股。下辖文化馆、图书馆、文物管理所、影剧院、青少年业余体校、文工团、文化娱乐中心、城区文化站、文化稽查大队。全县文体系统共有职工93人。其中，事业单位干部45人，工人48人。有中级专业技术职称9人，助理级以下35人。全县共12个镇文化广播电视站。苍梧县电影发行放映公司于6月25日划归苍梧县广播电视局。

在节日文化活动方面，抓好元旦、春节、"五四"、中华人民共和国成立60周年等节日群众文化体育活动，丰富和活跃县城节日群众文化体育生活。在群众文化活动方面，协助组织开展"世界电信日"主题宣传演出、《食品安全进校园》主题宣传演出、"深入学习实践科学发展观活动专题文艺晚会"、"可爱的广西我的家《流动人口计生工作条例》"宣传服务月苍梧县文艺晚会演出、《"整治五乱""消灭四害"建设卫生县城》迎接广西区卫生县城复审宣传文艺演出、《夕阳红敬老节》文艺晚会等。协助举办了两省三市四县书画联展。开展送戏下乡48场。第七届广西剧展小戏小品展演《阴湿鬼与巴渣婆》鹿儿剧获作曲奖，邓小强获该作品优秀演员奖。

建成信息共享工程县级支中心点，并于12月对外接待读者。镇、村两级"信息共享知识工程"建设，2009年完成6个镇5万元、13个村4000元"信息共享知识工程"镇、村级网络点建设。

出版《文化苍梧》季刊，杂志创意出新，与时俱进，可读可藏，印刷精致，内容丰富，深受读者喜爱。

文化市场管理有序。不定期对各场所进行消防安全检查和加强治安综合治理工作，防止事故发生，建设平安文化市场。全年共组织检查人员510人次，检查网吧620家次，歌舞厅182家次，音像制品店120家次、非法音像制品2850张，对违规经营场所处以警告5家，处罚12家，共罚款22000元。进一步落实网吧社会监督制度，在社会各界人士中聘请了10名义务监督员。

开展全县文化遗产普查。完成了对全县范围内非物质文化遗产的下乡普查采集资料工作，整理出非物质文化遗产条目1007条，并完成了"广西非物质文化遗产普查资料汇编苍梧县卷"的撰写，并已印刷成书。六堡茶手工制作技艺于2008年获得区级非物质文化遗产，在6月向国家申报国家级非物质文化遗产。全县文物普查新发现登记录入文物点80处，分别是古凤望江咀"抗日救国"字迹、大坡镇合洞李铁桂同志之墓(纪念碑)、李济深曾太祖墓、李济深曾祖母墓、广平镇烈士纪念碑、扶达村古建筑群、平乐村大冲张氏民居、金钗村陈氏民居、平山村杨氏民居、桄榔村黎氏民居等。

新闻出版管理工作。全年检查印刷复制业52家次，书报刊店(摊)150家次，共收缴非法出版书报3210本(份)，非法六合彩资料5500张。对县城兜售非法六合彩资料游商地摊进行执法大整治活动，对中小学校课本和教辅读物进行专项检查。建设"农家书屋"共27家，于4月底已将每村价值2万元的图书全部送到了27个行政村。

重视文化体育基础设施建设。至8月底，5个镇镇综合文化站，通过项目验收并交付使用。对自治区下达的农村文化"以奖代补"专项资金共34万元用于购买演出设备，发配到17个行政村。县城世纪广场篮球改造主体看台基本完成。将农村体育设施专项资金28.7万元、农村文化体育实施以奖代补资金21万元，共49.7万元，投入到石桥镇等5个镇建设24个村级篮球场。争取农村体育设施项目3个，经费35.8万元，建成新地镇获国家级乡镇体育健身工程试点灯光篮球场一个（25 万元）、村级篮球场 4 个、第四批中央投资项目村级篮球场 6 个。

【岑溪市】 岑溪市文化和体育局，现有公务员编制 11 人，工勤 1 人，现实有 14 人。内设秘书股、财务产业股、艺术股、群众文化股、文化市场股、体育股。下辖文化馆、图书馆、文物管理所、粤剧团、文化稽查大队、演出管理站、文化公园管理所、业余体育学校。全市文体系统共有职工 121 人。其中事业单位干部 51 人，工人 56 人，有高级职称 1 人，中级职称 9 人，助理级以下 45 人。全市共有 14 个镇文化广播电站。岑溪市电影发行放影公司于 2009 年 4 月 8 日划归岑溪市广播电视局。今年，岑溪市文化和体育局各项工作成绩卓著，顺利通过了全国文化先进县（市）的复查验收，继续保持全国文化先进县（市）的荣誉。

艺术创作成绩良好。移植了两台古装粤剧《唐明皇与杨贵妃》、《梦断香销四十年》。小戏《喜满农家》参加自治区剧展；牛娘小戏参加自治区非物质文化遗产文艺展演；小品《迎客》及 13 幅书画、摄影作品参加自治区文化厅组织的“八桂群星奖”评比。在梧州市举办的庆祝中华人民共和国成立 60 周年书画作品展览等大型活动中，多幅作品入选参展。演出管理站全年共接待演出团体 91 个，演出 146 场次。观众达 2 万多人次，活跃了群众文化生活。在大厦剧场接待会议、电影和文艺晚会等公益活动 32 场次。共举办各种书画展览 7 次，共展出各种作品近 800 多幅（件）。利用双休日、假期举办书法学习班、绘画学习班、英语学习班、数学学习班、高考培训班等形式多样的培训班 16 期，320 名学生参加了学习。业余文艺辅导活跃了城区的业余文艺活动，乡镇节庆文艺演出活动质量提高，在盛典广西青少年才艺选拔赛中，有 10 人分别获银、铜、优秀奖，市文化馆被第五届中国东盟青少年艺术盛典组委会、广西中华民族文化促进会授予最佳组织奖。

群众文化活动蓬勃开展。共举办“岑溪市我爱唱红歌大赛”、“岑溪市舞蹈大赛”、“星光杯业余歌手大奖赛”等文艺表演大赛。据统计，全市组织、举办的周末文化活动、节庆文化活动、文艺下乡活动达 22 场，观众 10 多万人次。利用流动舞台车，送戏下乡，备受群众欢迎。专业剧团全年演出共 122 场，观众人数达 12 万人。岑溪市粤剧团深入市区乡镇演出 20 场，市区演出 7 场，并与各有关部门合作，在市人民广场举办了十多台文艺晚会。

文化市场管理繁荣、健康。共出动文化市场稽查 1754 人次，检查各类文化经营场所 1908 家次，收缴非法音像制品 4300 多张（套），立案 51 起，停业整顿违规网吧 2 家，取缔非法经营的文化经营场所 38 家，罚款 94500 元。使网吧业主知法、懂法、依法经营，确保文化市场安全生产及稳定繁荣。

“三普”及文物数据库录入工作扎实推进。对全市馆藏文物的影像图片与编号进行校对并录入到《广西馆藏文物信息录入表》，完善馆藏文物数据库管理工作。第三次全国文物普查工作，至年底，完成对 14 个镇的文物野外调查工作，共收录登记了文保单位及文物点 121 处，复查了 73 处，新发现 48 处。

非物质文化遗产保护取得新成果。组织调查人员深入民间、乡村调查，采录了大量的录音、录像材料，并对一些实物进行了拍照，对征集、收集的非物质文化遗产普查资料进行系统的整理归档，形成了 40 多万字的案卷 30 多卷，向上一级文化部门报送了 1003 条（包括民间文学 399 条、民俗 315 条、传统音乐 12 条、传统舞蹈 24 条、传统戏剧 8 条、杂技 15 条、传统美术 2 条、传统技艺 138 条、传统医药 90 条）非物质文化遗产线索，并对十三个重点项目资料进行了一定的整理、登记、探索，编纂印制了《广西非物质文化遗产普查

资料汇编·岑溪市卷》。目前，“岑溪牛娘戏”、“抢花炮”项目分别被自治区及梧州市列为第一批非物质文化遗产名录，“南渡竹芒编”、“民间八音”两个项目又被列为梧州市级非物质文化遗产名录。

乡村文化站及基础设施建设成就喜人。为23个村各配备一套价值2万元的农村文化演出设备；新建各投资3万元以上的17个村级篮球场以及投资25万元的乡镇文体广场一个；新建了7个投资32万元以上的乡镇文化站综合楼；投资1.2亿元的市体育馆顺利开工；完成20个农家书屋建设工作。

文化基层队伍建设有了新的发展。在梧州市“和谐文化在行动”活动中，安平镇获春雷奖，筋竹镇获春风奖，水汶镇获春雨奖；岑城镇思英村岑翠英户获“全区小康文化示范户”称号和“梧州市小康文化示范户”称号；安平镇安平村乐群英牛娘队获区文化厅授予“全区优秀村屯文艺队”称号和“梧州市优秀村屯文艺队”称号。

公共图书馆改善服务质量。在学校、武警中队建立图书流通站点开展馆际互借活动，图书馆服务走进社区、学校、军营、厂矿企业。充分利用好中央财政补助维修专项经费21万元，对图书馆进行全新装修，购置了15万元的书架、报刊架、阅览台等图书设施，增设一批办公电脑，通过了全国公共图书馆评估检查。

文化信息资源共享工程对外开放。落实配套专项资金13.6万元，选派三位工作人员到桂林图书馆参加全国文化资源共享工程管理员业务培训。1月9日正式运行并对外开放。

保护图书资源文化遗产。设立了古籍地方文献专藏室，收集一大批牛娘民间艺术文化资源书籍，如《中国戏剧志》(广西卷)、《岑溪牛娘剧志》、《岑溪风俗集成》等。在社会广泛开展捐书活动，共收集全市各种姓氏族谱50多部，晚清古籍图书250多册，丰富了地方文献馆藏。

【藤县】 藤县文化和体育局，现有公务员编制13人，工勤2人，现实有21人。内设办公室、文化股、体育股。下辖文化稽查大队、文化馆、图书馆、博物管、青少年业余体校、旅游事务管理办公室。全县文体系统共有职工84人。其中事业单位干部42人，工人21人，有中级专业技术职称11人，助理级以下29人。全县共有16个镇文化广播电站。藤县电影发行放影公司于3月19日划归藤县广播电视局。藤县文化和体育局于11月荣获“全国文化系统先进集体”称号，成为广西文化系统获此殊荣的五个文化部门之一。

组织和激励专业艺术生产。争取县财政每年安排文艺创作经费30多万元，奖励艺术创作。分别组织了藤南、藤北片群众文艺汇演比赛、牛歌戏汇演、“首届儿童舞蹈”大赛；协办藤县第十九次助残日“关爱残疾孩子发展特殊教育”文艺晚会；“庆祝中共建党八十八周年文艺晚会”、协办“藤县科普行”活动、区文联“三贴近”文艺晚会等大型活动。组织和参与了“元旦文艺晚会”、“迎春文艺晚会”、“西班牙大型魔术表演”、藤县迎国庆“爱国歌曲大家唱”歌咏比赛、迎国庆“祖国颂”大型音乐会等大型文艺晚会。发动、辅导县城10多个业余艺术团队分别在体育馆小广场、河东广场、水巷口舞台等地进行业余演出73场，观看群众共7万多人。县文化馆文工团编排的“西江疍家谣”作为“八桂群星奖”参赛曲目于8月27日晚到梧州市演出，荣获二等奖；9月15日参加迎国庆“爱国歌曲大家唱”决赛获二等奖。苏向撰写的《牛歌戏音乐的特点》、周舒娴撰写的《藤县农村公共文化建设现状及对策》均获“广西群众文化论文评选”二等奖；黄静撰写的《浅谈乡镇文化站在农村公共服务中的地位与作用》荣获“广西公共文

化服务体系建设论文评选三等奖。黄静的《夫妻夜话》获2009年中国第六届戏剧文学三等奖。藤县文体局和龙景文化长廊举办书画作品展4期，展出书画作品378幅。黄杏瑶的《国画》参加广西“八桂群星奖”比赛获银奖；茹恩南的书法作品荣获广西赛区优秀奖；霍洪意的摄影作品荣获广西赛区银奖。刘金奇的“楷书”在北京军事博物馆陈列；陈炎权的“隶书”入选广西首届“冠亚杯”书法大赛入选作品。茹恩南、陈炎权、梁翠珍等11位同志的书画作品荣获梧州赛区的一、二等奖。藤县首届“安泰杯”少儿书画六一现场挥毫比赛，参赛人数168人，现场评出特等、一、二、三等奖和优秀奖获奖人数100多人，发现和培育了一批艺术幼苗。

群众文化丰富活跃。利用县体育馆、广场、公园、学校等场地作为文化建设的载体，组织演唱、歌舞、体育、书画展览等文化体育活动，除文工团专业表演外，还有20多支业余文艺表演团队活跃于城乡农村、社区，每年在当地演出超过200多场次。民间专业牛歌队也到各乡镇、村、社区及周边县演出，辐射人口300多万人。

文化遗产保护和文物普查积极推进。非物质文化遗产普查遍及全县16个乡镇282个村、社区，普查率达到100%，共收集信息1013条，普查重点项目16个，调查确认代表性传承人279名，被评为全区非物质文化普查先进单位。重点挖掘、扶持了非物质文化遗产项目舞狮技艺，牛歌戏两大品牌，并正式申报国家级非物质文化遗产名录。第三次全国文物普查面积约4000平方千米。累计普查登记文物点160处，其中新发现83处，复查77处(其中包括消失的14处)，其中古遗址42处，古墓葬20处，古建筑81处，石窟寺及石刻3处，近现代重要事迹及代表性建筑11处，其他3处，征集文物1件。此外，整理分类纪念袁崇焕诞辰四百周年诗、词、书法作品。

抓好公共图书和文化信息资源共享工程建设。全年共录入数据5000多条，整理图书20000多册。补充新书2500多册，订报刊450多种，收集地方文献8册。在抓好自动化建设的同时，切实做好筹建“知识共享工程”阅览室，并协助开展各类读书活动5次，“文化信息资源共享工程”顺利建立并普及11个乡镇。

文化新闻出版市场管理加强。加强对乡镇网吧每周一次的检查，严禁青少年进入网吧，查处了13家违反规定的网吧。开展集中整治行动，与公安、工商部门的联合检查、执法行动接近10次，整个文化市场管理累计出动执法人员650人次，检查网吧、娱乐场所280家次，现场下发责令改正、警告决定书20份，取缔非法游商2处，受理举报案件7件，主案调查3件，办结案件3件。共收缴各种“六合彩”码报和资料近2000份，严厉打击贩卖“六合彩”码报和资料不法行为。开展清理盗版教学辅导资料，清查学校周边环境，收缴有害书报80本、音像110张，为未成年人健康成长提供良好的社会环境。

【蒙山县】 蒙山县文化和体育局现有干部职工14人，内设秘书股、社文艺术股、文化稽查队、体育综合股。二层机构有县文化馆、县歌舞团、县文物管理所、县图书馆。辖9个乡镇文化站，每个乡镇设一名文化专干(文化站长)。

8月，蒙山县歌舞团表演唱(胡运信创作)的《阿哥阿妹赶歌场》参加十五届八桂群星奖梧州市选拔赛获一等奖，10月，参加广西区决赛获银奖。10月，蒙山县合唱团参加梧州市“爱国歌曲大家唱”群众歌咏比赛获一等奖(第一名)。12月，举办了全县文艺汇演，县直各系统和乡镇及业余艺术团队编排选送了84个节目参演，节目类型涵盖了舞蹈、曲艺和声乐三大部分，其中大部分为原创作品和创编节目。

玉 林 市

全市文化工作综述

2009年，玉林市有专业艺术表演团体9个；公共图书馆6个，其中市级公共图书馆1个，县级公共图书馆5个；兴业县文化信息资源共享县级分中心已建成使用；文化馆7个，其中市群众艺术馆1个，县(市、区)文化馆6个；乡镇(街道)文化站110个；文化市场管理机构6个，其中，市级1个，县级5个；博物馆4个，其中市级1个，县级3个，另有县级文馆所2个。一年来，全市文化工作在市委、市政府的正确领导下，围绕中心，狠抓落实，推动文化发展繁荣取得了良好的进展。

专业艺术工作再创佳绩。全市年内共创作戏剧、小品、舞蹈等200多个，创作书法、绘画、摄影等作品500多件，有90多件作品获自治区级以上奖励或在报刊发表，艺术产品不断丰富。积极进行廉政文化电视连续剧《廉石传奇》拍摄工作。

“文化惠民”工程取得实效。围绕元旦、春节、第六届“玉博会”、庆祝中华人民共和国成立60周年等节庆日，精心组织一系列文化活动。第六届“玉博会”期间，组织开展了央视《寻宝·走进玉林》大型活动、7场展馆文艺演出和4场国际旅游美食节文艺晚会，观众达5万多人次。组织开展了全市“爱国歌曲大家唱歌咏比赛”，组队参加全区歌咏比赛并获三等奖。市群众艺术馆与市妇儿工委、市妇联、市教育局联合举办的玉林市“我爱我的祖国”即席书画大赛，参加比赛的儿童达560多名，场面壮观。广场文化如火如荼，市文化局协调妇联、教育、总工会、团市委等40多家单位开展了200多场次精彩的广场文化活动，观众达15万多人次。“送书下乡”14.3万余册，送戏下乡188场，观众达50多万人次。

文化市场管理规范有序。依据有关文化行政许可的法律法规相关规定及《玉林市人民政府关于下放(委托)部分行政职能事项给玉州区、福绵管理区的通知》要求，积极做好部分文化行政职能下放(委托)玉州区的工作，印发了《关于下放(委托)部分文化行政职能事项的通知》，于7月1日将20项文化行政职能事项正式下放或委托玉州区文体局实施。组织开展了净化社会文化环境、文化市场集中整顿行动、安全生产“三项行动”等一系列文化市场集中整治行动，重点打击网吧接纳未成年人、非法演出、非法网络游戏以及涉及政治类、封建迷信、色情、侵权盗版等非法出版物或信息内容等违规行为，确保了文化市场的健康有序发展。全年出动稽查人员19421人次，检查文化经营场所15590家次，责令改正538家次，受理举报276件，查办368案件，警告162家次，罚款57.09万元，责令停业整顿16家次，吊销许可证1家，收缴非法音像制品74866盒(盘)，收缴各类非法出版物8100份，震慑与打击了违法违规行为，净化了文化市场。

文化遗产保护工作稳步推进。第三次文物普查成果显著，年内，全市共出动13000多人次进行普查，走访了全市110个乡镇(街道)的1432个行政村(居委会)，普查覆盖率达到100%。合计调查并登记录入不可移动文物966处(其中新发现558处，复查408处)，登记消失文物点179处。按照文物普查不可移动文物分类标准，在966处文物普查

点中，古遗址98处，古墓葬49处，古建筑551处，石窟寺及石刻26处，近现代重要史迹及代表性建筑228处，其它14处。非物质文化遗产资源普查工作取得阶段性成果，全市共收集了非物质文化遗产线索8351条，初步摸清了玉林市非物质文化遗产的种类、数量与分布状况，建立了比较完备的非物质文化遗产资源档案，并编印了《玉林非物质文化遗产普查资料汇编》(共七卷)。馆藏文物数据库管理系统建设项目顺利完成了13个县、市(包括钦州、北海、防城港辖区)的影像采集任务，文博单位5286件馆藏文物影像已上报。编印并发行了反映玉林市丰厚历史文化底蕴的《奔腾的南流江》与《玉林文化遗产》两部专著。组织开展了《文物事业60周年》调研报告、《广西文物》玉林篇、《广西通志·文物志》玉林篇的编纂供稿工作。陆川县成立了“陆川县客家山歌剧团”。高山村古建筑群、庞村古建筑群、青莪馆、朱锡昂烈士故居遗址等4个单位成为自治区第六批文物保护单位。推荐陆川县谢鲁山庄、博白县宴石山摩崖造像申报全国重点文物保护单位；推荐北流市民乐镇萝村为自治区级历史文化名村。年内，国保单位容县经略台真武阁抢险加固工程完工，大成殿维修工程竣工。对市级文物保护单位水月岩遭违法开山炸石、破坏景观的现象开展了专题调研，并报请玉林市政府采取积极措施进行整治；加大对兴业县绿鸦冶铁遗址地面遗存物铁渣盗掘盗卖行为的查处力度，以及对市级文物保护单位万济桥保护范围内建筑施工行为进行制止等。玉林市博物馆文物库房安装了110视频监控报警系统，添置了空调及密集架，改善了文物安全条件及文物存放环境；北流市利用主旋律电视剧《红七军》到北流拍摄的机会，争取财政支持57万元对重点革命文物保护单位省委机关旧址等一批文博设施进行了维修；容县财政拨款12万元对容县博物馆文物库房进行了维修；博白县博物馆购置了文物库房录像监控系统。

城乡文化基础设施建设实现提速。市级方面，总投资650万元的玉林市歌舞剧团排练场(万花剧场)已完成二期装修(声学装修)工程的85%；市文化艺术中心项目(含市博物馆新馆、大剧院)正在稳步推进；玉林市图书馆新馆、玉林市群艺馆新馆、玉林市非物质文化遗产展示中心等三个项目已经市政府批准同意、市发改委批复立项，正在选址定点和编制可行性研究报告。县(市、区)方面，获得中央专项补助经费330万元，用于全市8个文化(群众艺术)馆及其他文化单位的建设、维修公共文化设施与添置设备。乡镇方面，指导各县(市、区)共投入416万元资金(其中中央、自治区投入280万元)，按时完成了陆川县温泉镇等10个乡镇综合文化站的建设任务。2009年中央扩大内需建设项目(第四批)21个乡镇综合文化站已全部于2009年10月底前开工建设。投资380万元，为38个乡镇综合文化站配置了电脑等设备；全部下达了全市23个乡镇综合文化站购置设备的230万元专项资金。村级方面，全面完成了为100个村委会配置灯光、音响等价值200万元的文化活动设备的工作；为320个村发放了共计80万元的文化活动专项经费；为文化信息资源共享工程县级支中心(兴业)及全市1319个农村党员干部远程教育基层服务点(行政村)配置设备的617多万元专项资金已下达。

文化产业实力逐步提升。投资近20亿元的云天文化旅游区建设项目正式建成开放；投资1000万元的博白客家民俗风情园已基本完工；完善了自治区级文物保护单位陆川县谢鲁山庄配套设施建设。全市年内新开办歌舞娱乐场所9家，总投资3200万元，嘉禾、万源、花园国际等一批高品位、高档次的娱乐会所丰富了玉林人民的文化娱乐生活。2008年12月至2009年8月期间，玉林市杂

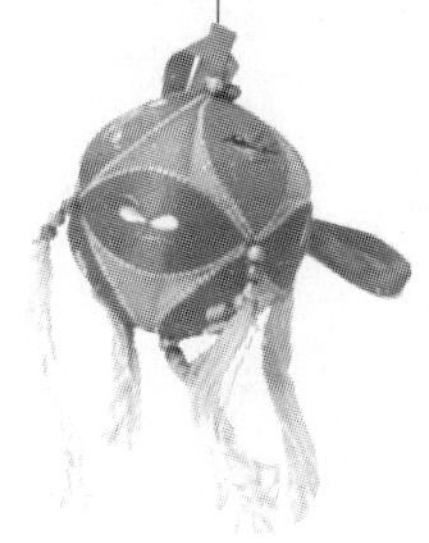

技团赴澳大利亚、新西兰及英国开展对外文化交流演出170多场，观众达10多万人次，收入15多万元，广受国外观众好评。全市各专业艺术表演团体全年共演出707场，收入124.1万元，观众143多万人次。

专业艺术

【专业艺术表演团体创作演出】 全市9个专业艺术表演团体年内共创作、排演剧(节)目200多个，演出707场，观众143多万人次，总收入124.1万元。其中，完成各类公益性晚会和演出活动220场，观众60万人次，对外文化交流演出170多场。文艺工作者共创作戏剧、舞蹈、小品、歌曲等作品200多个，书法、绘画、摄影等作品500多件。

【艺术作品比赛获奖】 年内，全市共有90多件作品获得奖励或发表。广播剧《戒赌碑情泪》获得第九届中国广播剧研究会广播剧专家奖单本剧铜奖、2008年度广西广播电视优秀作品奖区市级广播文艺类广播剧三等奖；水彩画《秘语》获得第十一届全国美术展览铜奖，连环画《千崖山风云》入选初评；舞蹈《我生命中的声音》获得第七届全区残疾人文艺汇演一等奖、第七届全国残疾人文艺汇演二等奖。小戏《春婆劝夫》获得第七届广西剧展小戏小品展演桂花金奖、优秀剧目奖；群舞《路》、陈艳姣分别获得第五届广西音乐舞蹈比赛舞蹈类二等奖和声乐类三等奖，玉林市文化局获组织奖。在庆祝中华人民共和国成立60周年广西美术作品展中，14件入选，连环画《千崖山风云》等6件作品获奖；参加广西"八桂群星奖"，共有14件作品获奖，其中金奖作品4件、银奖作品7件、铜奖作品3件；小型音乐剧《回家》、小品《安全第一》分别获得广西安全生产月文艺汇演一、二等奖。参加自治区"我邀明月颂中华"经典爱国诗词配乐朗诵大赛获得三等奖。国画《云良顶天蜡烛柱》作为《玉林赋》的配画在《光明日报》"百城赋"专栏与《玉林日报》上发表。

【大型文艺演出活动】 举办春节联欢晚会，晚会分为《春早玉林》、《风情玉林》、《扬帆玉林》三个篇章，晚会气氛喜庆、热烈。1月12日，由中宣部、文化部主办，由中央民族乐团率队演出，市文化局组织承办的中国民族乐团"三下乡"慰问演出，分别在北流市罗政村和玉城文化广场演出。第六届"玉博会"期间，市文化局与市博览局联合，组织承办了央视《寻宝·走进玉林》大型活动，参与群众达2万多人次；组织承办了7场展馆文艺演出和4场国际旅游美食节文艺晚会。9月8日，组织承办了玉林市庆祝中华人民共和国成立60周年"爱国歌曲大家唱"歌咏比赛，各县(市、区)和市直13条战线的21个代表队参加比赛。

【杂技对外演出交流】 2008年12月至2009年8月期间，玉林市杂技团赴澳大利亚、新西兰及英国开展对外文化交流活动，共演出170多场，观众达10多万人次，收入15多万元，得到了国外观众的热烈欢迎与喜爱。

【词曲创作研讨会及录制原创歌曲】 12月23日至25日，第12届词曲创作研讨会在玉林城区召开，全市22名词曲方面的专家、学者和业余爱好者参加。与会人员以此为交流平台，对60多篇词曲新作品进行了切磋交流，修改提高。市文化局原创的歌曲《客家人》被编辑制作成光碟，共发放800多张，达到了推介本地原创音乐作品、宣传推介客家文化的目的。

群众文化

【迎新春系列文化活动】 元旦春节期间，市文化局组织开展了玉林知名书法家为民义写春联、为革命老区群众义写春联，玉林市迎春书画展，广西科技书画院玉林分院青年书画展览，群众游园活动，迎春十马书画展，馆藏玉林家谱族谱和文化遗产保护图片展，玉林地方艺术作品展播，文化信息资源共享工程优秀影片联播，迎春新书展，迎春电影展映(10场)等11项群众文化活动，极大地丰富了群众在元旦春节期间的精神文化生活。

【“盛业·青年时代广场杯”舞蹈比赛】 举办玉林市首届“盛业·青年时代广场杯”舞蹈比赛，包括少儿、青年、街舞比赛共有六场赛事，参加演出的演职员达1000多人，观众上万人次。

【广场群众文化活动】 3月份，玉林市委、市政府下发了《关于开展经常性广场文化活动的通知》，市文化局以青年广场为主要基地，协调妇联、教育、总工会、团市委等40多家单位开展了200多场次精彩的广场文化活动，观众达15万多人次，极大地丰富了群众的精神文化生活。

【深入学习实践科学发展观活动文艺晚会】 5月15日，市文化局与市深入学习实践科学发展观活动领导小组办公室、市委宣传部、市教育局、团市委、广西电信玉林分公司联合主办“玉林市深入学习实践科学发展观活动文艺晚会”，深入宣传科学发展观。

【庆祝中华人民共和国成立60周年系列活动】 6月1日，市群众艺术馆与市妇儿工委、市妇联、市教育局联合举办的玉林市“我爱我的祖国”即席书画大赛，参加比赛的儿童达560多名。9月8日，组织承办了玉林市庆祝中华人民共和国成立60周年“爱国歌曲大家唱”歌咏比赛，各县(市、区)和市直13条战线的21个代表队参加比赛，组队参加全区歌咏比赛并获三等奖。

【第六届“玉博会”及国际旅游美食节文艺活动】 10月22日—10月25日，市文化局组织承办了7场展馆文艺演出和4场国际旅游美食节文艺晚会，观众达3万多人次。

【首届“北京华联家庭文化艺术节”】 11月14日—22日，市文化局与北京华联玉林分公司联合举办玉林市首届“北京华联家庭文化艺术节”，共有声乐、舞蹈、器乐等四项赛事，参赛人数达到116人。

【旅德华侨女画家吴英玲个人画展】 12月29日，市文化局主办，市图书馆、广西科技书画院玉林分院、市群众艺术馆、市美术家协会承办的玉林籍旅德女画家吴英玲个人画展在玉林市图书馆隆重举行。其中画展共展示吴英玲18幅书画、5件立体艺术品和8幅面具。

【文化下乡活动】 年内，市委政法委、市文化局、市歌舞剧团联合组织开展了18场主题为“增强法制观念，推进平安建设”的法制宣传下乡演出活动，使法制文化宣传深入农村基层。1月12日，由中宣部、文化部主办，由中央民族乐团率队演出，市文化局组织承办的中国民族乐团“三下乡”慰问演出，分别在北流市罗政村和玉城文化广场演出。全市文艺工作者注重将文艺服务的中心向农村、基层下移，全力开展送戏、送书下乡活动。其中，专业艺术表演团体全年“送书下乡”14.3万余册，送戏下乡188场，观众达50多万人次。

公共图书馆

【业务建设】 年内，市图书馆共采购中文图书9000多种18042册，目前市图书馆藏书量达482776册。6月27日，市图书馆组织举办了玉林市公共图书馆系统党员干部庆“七一”气排球比赛，来自玉林市公共图书馆系统的60多名党员干部参加了比赛。

【读者服务活动】 市图书馆采取多项惠民措施，馆内书刊资料一律实行免费借阅，残疾人免费上网；创建玉林市未成年人校外活动

中心，增设未成年人科技活动室，开展阅读辅导和网上参考咨询服务。年接待读者199343人次，借阅书刊资料281926册次；办理新书证1976个，其中成人借书证1279个，少年儿童借书证697个；新办理阅览证551个，其中免费为60周岁以上老年人及残疾人办理阅览证71个；为读者复印资料5646份，为读者咨询服务5000多人次。全年共举办“迎春八马书画作品联展”等书画展7个，接待观众30000多人次。

【玉林市盲人声讯阅览室】 3月4日，由市图书馆与市残疾人联合会联合建立的玉林市盲人声讯阅览室落成开放，开展为盲人读者服务及残疾人培训活动，年内共接待残疾读者200多人次。中央人民广播电台、广西电视台、广西广播电台、玉林电视台等多家媒体对此进行了报道。

【玉林市图书馆新馆】 10月13日，市发展和改革委员会下发《关于玉林市图书馆新馆项目建议书的批复》，同意建设玉林市图书馆新馆项目。玉林市图书馆新馆拟建于玉林市城东区，项目占地25亩，总建筑面积15000平方米，主要有读者服务区、典藏管理区、业务管理区、演讲报告区、公共服务区等5个功能区。建设内容包括上述5个功能区和休闲广场、停车场及相关配套设施等。项目估算总投资6500万元。

【文化资源共享工程建设】 年内，全市新建文化共享工程县级分中心2个、乡镇基层服务点38个、社区及村级基层服务点82个。市图书馆共接收全国资源共享工程卫星传送的视频数据超过150GB，播放共享工程视频资源189场次。市图书馆积极创办绿色网站，倡导文明上网，美化、优化40多页网页，修改网站代码8000多行，开设图书馆视频专栏、新书推荐频道，开通起点自主考试学习系统、网上图书阅览、借阅服务，全年网站读者浏览次数达到13100次。

文化市场

【文化市场经营】 年内，全市共有文化市场经营单位975家，其中网吧351家、音像经营单位255家、电子游戏室340家，文艺表演团体23个，儿童游乐场所6家。全市演出经纪机构承办演出5场，接纳外地演出团体演出32场，观众2万多人次。

【网吧市场整治】 以打击违规接纳未成年人经营行为为重点，开展网吧市场的集中治理活动。在专项治理行动期间，一律停止新设网吧的审批工作，对网吧总量进行严格控制。市、县文化行政执法机构投入80%力量加强对网吧的巡查与监控，依法严查违规接纳未成年人进入网吧的经营行为；督促指导各县（市、区）落实网吧社会监督制度；协同工商、公安部门严厉打击“黑网吧”。博白县“腾达”网吧“10.21”事件发生后，立即组织工作组赶赴博白指导博白县文体局调查处理，吊销“腾达”网吧许可证，对文化部门相关责任人进行诫勉谈话；于11月10日召开全市文化市场管理工作通报会，通报博白“10.21”网吧事件，对加强全市文化市场管理工作提出严格要求。期间，文化部门组织各县（市、区）文化市场执法队伍会同公安、工商等有关部门，深入开展网吧等互联网上网服务营业场所专项整治行动，收到明显成效。

【音像制品市场整治】 全市文化市场稽查机构对全市音像经营单位进行一次全面清查，严禁不良音像制品流入市场。4月22日，市文化局协助市“扫黄办”举行集中销毁侵权盗版及非法出版物活动，公开销毁盗版音像制品70000多盒（盘）。全市检查音像经营单位3200家次，收缴非法音像制品74866盒（盘）。

文化产业

【娱乐表演业】 年内，全市年内新开办歌舞娱乐场所 9 家，总投资 3200 万元，嘉禾、万源、花园国际等一批高品位、高档次的娱乐会所丰富了玉林人民的文化娱乐生活。全市各专业艺术表演团体全年共演出 707 场，收入 124.1 万元，观众 143 多万人次。

文化遗产

【第三次文物普查】 年内，全市共出动 13000 多人次进行普查，走访了全市 110 个乡镇(街道)的 1432 个行政村(居委会)，普查覆盖率达到 100%。合计调查并登记录入不可移动文物 966 处(其中新发现 558 处，复查 408 处)，登记消失文物点 179 处。按照文物普查不可移动文物分类标准，在 966 处文物普查点中，古遗址 98 处，古墓葬 49 处，古建筑 551 处，石窟寺及石刻 26 处，近现代重要史迹及代表性建筑 228 处，其他 14 处。其中，市博物馆的普查队员在玉州区、福绵管理区境内完成普查 10 个乡镇(街道)、160 行政村(社区)、1202 个自然村(街)，普查面积 993 平方千米，新发现不可移动文物 104 处，复查不可移动文物 25 处，全部完成了玉州区和福绵管理区范围内的实地调查任务。

【央视《寻宝·走进玉林》大型活动】 9 月中旬至 10 月 18 日，由玉林市人民政府、中央电视台财经频道联合主办，玉林市“玉博会”秘书处承办的央视《寻宝·走进玉林》大型活动在玉林城区举行。此次参选《寻宝·走进玉林》活动的民间“宝物”划分为明清古家具、瓷器、书画和杂项四大类，活动邀请了北京故宫博物院研究员单国强教授、北京故宫博物院研究员杨静荣先生、中国古典家具研究会副理事长张德祥先生和中国社会科学院历史所研究员、博士生导师王育成教授等国内权威专家组成专家评审团，对全市 1200 多件报名“宝物”进行评鉴，经过海选、复选及斗宝等环节，最终投票选出 1 件玉林民间国宝——“明代铁力木雕螭龙纹翘头案”。

【文物保护维修】 国保单位容县经略台真武阁抢险加固工程完工，大成殿维修工程竣工。对市级文物保护单位水月岩遭违法开山炸石、破坏景观的现象开展了专题调研，并报请玉林市政府采取积极措施进行整治；加大对兴业县绿鸦冶铁遗址地面遗存物铁渣盗掘盗卖行为的查处力度，以及对市级文物保护单位万济桥保护范围内建筑施工行为进行制止等。玉林市博物馆文物库房安装了 110 视频监控报警系统，添置了空调及密集架，改善了文物安全条件及文物存放环境；北流市利用主旋律电视剧《红七军》到北流拍摄的机会，争取财政支持 57 万元对重点革命文物保护单位省委机关旧址等一批文博设施进行了维修；容县财政拨款 12 万元对容县博物馆文物库房进行了维修；博白县博物馆购置了文物库房录像监控系统。

【文物调查及数据库管理系统建设】 馆藏文物数据库管理系统建设项目顺利完成了 13 个县、市(包括钦州、北海、防城港辖区)的影像采集任务，文博单位 5286 件馆藏文物影像已上报。

【非物质文化遗产保护】 非物质文化遗产资源普查工作取得阶段性成果，全市共收集到非物质文化遗产线索 8351 条，涵盖 10 个门类，其中民间文学 6000 多条，民间音乐 243 条，民间舞蹈 108 条，戏曲 174 条，曲艺 76 条，民间杂技 46 条，民间美术 53 条，民间手工技艺 428 条，生产商贸习俗 245 条，消费习俗 135 条，人生礼仪 246 条，岁时节令 167 条，民间信仰 137 条，民间知识 81 条，游艺、

传统体育与竞技 61 条，传统医药 115 条，初步摸清了玉林市非物质文化遗产的种类、数量与分布状况，建立了比较完备的非物质文化遗产资源档案，编印了《玉林非物质文化遗产普查资料汇编》(共七卷)。

【文化遗产保护宣传深入人心】 “5.18”国际博物馆日期间，全市有关文博单位围绕“博物馆和旅游”、“保护文化遗产，促进科学发展”的主题，宣传文物普查，普及文物知识，增强全社会文化遗产保护的意识。全市文化主管部门及文博单位共出动宣传人员 65 人次，设立宣传点 9 个，分发宣传资料 12000 份，参与活动群众达 6 万人次。在 6 月 13 日的“文化遗产日”，全市有关文博单位以“弘扬民族艺术，延续中华文脉”为主题，举办非物质文化遗产图片展和宣传文艺晚会，观众达 5000 多人。市博物馆利用已辟为爱国主义教育基地的朱锡昂烈士陵墓，在青少年中开展爱国主义教育活动。

【先进表彰】 市文化局荣获第七届广西剧展小戏小品展演组织奖。市文化局荣获广西社会主义新农村“文化致富工程”组织工作组织奖。博白县文体局、北流市文化馆获得 2009 年度“全区非物质文化遗产普查先进集体”称号。陆川县文化馆荣获“全区群众文化服务先进集体”称号。玉林市 3 个村屯文艺队被评为全区“优秀村屯文艺队”，31 个农村文艺队被评为玉林市“优秀村(屯)文艺队”。玉林市有 8 人被评为全区非物质文化遗产普查先进个人。9 户农户被评为全区农村“小康文化示范户”，46 户农户被评为玉林市“小康文化示范户”。玉林市博物馆副馆长李义凡的征文《一个队员的普查周记》荣获“第三次全国文物普查征文评选优秀奖”。博白县杂技团团长苏伟、陆川县文化馆馆长李德禄荣获“全国文化系统先进工作者”称号。兴业县文化馆馆长黄楚霞、玉州区文体局副局长誉德萍、市图书馆馆长谢朝容、市群众艺术馆馆长苏华聪荣获“全区群众文化服务先进工作者”称号。北流市文化馆馆长范向键的论文《加强文化馆站建设，构建公共文化服务体系》荣获“广西公共文化服务体系建设论文征集一等奖”。

县域文化

【玉州区】 玉州区文化和体育局前身为鬱林县文教科，成立于 1950 年 12 月。1952 年 8 月兴业县并入鬱林县，两县文教科随之合并。1955 年 10 月，鬱林县人民政府单独设文化科，1958 年 6 月，文化科与教育局合并为文教局，1961 年改为文教科。1963 年 6 月撤销文教科，分设文化科与教育科。1966 年 5 月，玉林县和玉林镇分别设文教卫生局，1968 年 5 月，玉林县成立县文化教育领导小组。1970 年 12 月，玉林镇划归玉林县管辖，文教机构合并，1973 年 10 月，玉林县设县文化局。1983 年 10 月，因撤县设市更名为玉林市(县级市)文化局。1993 年 9 月，玉林市文化局与玉林市文联合署办公，实行一套人马两块牌子(文化局正、副局长分别兼文联正副主席)。1997 年 7 月，县级玉林市撤销，分设玉州区、兴业县和福绵管理区。玉林市文化局更名为玉州区文化局。2001 年下半年机构改革，玉州区文化局与玉州区体育局合并为玉州区文化和体育局。区文化体育局行政编制 12 人，设局长(文联主席)1 人，党组书记兼副局长(文联副主席)1 人，副局长 2 人，纪检组长 1 人，主任科员 1 人，干部 6 人(其中文联 2 人)。文体局内内设政秘股、业务股、体育股、文管办；文联设综合股。办公地点设在玉州区政府大院 5 号楼。下设二层机构有区文化馆、区粤剧团、区杂技团、区电影公司(2009 年 3 月底上划玉林市广播电视局管理)、区体育场、区文化市场和新闻出版稽查大队。

全区共有380(篇)件作品在市级以上演出、展览、发表或获奖,其中国家级14件、省级19件、市级347件。袁地的摄影作品《沙漠之舟》获得"中国影像"——庆祝中华人民共和国建国60周年全国摄影大赛一等奖、《搏击双雄》获得第十二届全国当代摄影艺术邀请赛银奖、《状元岩下别有洞天》获得中国摄协"泰宁风光摄影比赛"优秀奖、《侗戏幕后》获得中国摄协"柳工杯"全国摄影大展入选奖、《求知》获得第十一届全国当代摄影艺术邀请赛中荣获一等奖、《晚归》活动广西第八届艺术展铜奖。卢河的摄影作品《云天文化城》《收渔时光》、梁辉的摄影作品《云天胜境》、韦巍的摄影作品《黑衣壮阿妹》四幅分别获得广西北部湾旅游摄影大赛入选奖。尧治国的书法荣获广西八桂群星奖二等奖。黎国志、牟健创作的《牛巴传奇》剧本获得"中华颂"全国小戏小品曲艺作品大赛三等奖,并入选"中华颂"作品集一书;康圣清的电影文学剧本《神童》、《廉石之歌》分别刊登在《电影文学》12、19期;牟健的《记忆中的万花楼》登载于《中华遗产》杂志。

玉州区文化馆前身为鬱林县文化馆,成立于1951年5月。1952年夏,兴业县成立文化馆,8月份,兴业县文化馆并入鬱林县文化馆。1966年5月县镇分家,鬱林县文化馆分为玉林县文化馆和玉林镇文化馆。1969年冬,玉林镇文化馆更名为玉林镇工农兵文化站。1970年12月,玉林镇工农兵文化站并入玉林县文化馆。文化馆内设群众文化、文学创作、美术等三个辅导组,还开设录像放映厅。1972年5月,沙田公社建立文化站后,玉林县全县相继成立21个文化站。1997年7月,玉林县文化馆更名为玉州区文化馆。区文化馆核定编制23人,在职20人。内设办公室、音舞剧部、美术部、产业开发部、非物质文化遗产办公室。全区共有1个影院剧场、69个村级图书室、64个文化活动室、352个篮球场、64个舞台、109个业余文艺团体(包括采茶八音、木偶剧、粤剧、歌舞、麒麟等)、50多个妇女健身队,演职员共有3000多人。年内,共投入资金96万元,建成仁东、茂林、大塘三个乡镇综合文化站;共投入资金70.8万元,为全国文化信息资源共享工程玉州文化馆支中心、仁厚镇文化站分中心和15个村级基层服务点购置专项设备;建成27个行政村农家书屋,发放国家财政部、新闻出版总署资助的价值48.6万元的图书40500册;利用农村文化以奖代补专项资金14万元,为仁东镇鹏垌村等7个村屯购置电视机、DVD、舞台灯光、音响、幕布等一批农村文化活动设备;春节期间,给茂林镇茂林村、大塘镇苏烟村等28个村下拨7万元文体活动经费;完成7个20户以上通电自然村的"村村通"工程建设任务。全区今年在城区共开展60多场文艺演出。其中,包括玉州区迎春文艺晚会、文化艺术乡村行、城乡百家文艺社团新春艺术大展演、首届村(社区)文艺表演大赛、"关心下一代成长,构建和谐玉州"慈善文化晚会、玉州区庆祝中华人民共和国成立60周年"爱国歌曲大家唱"歌咏大赛、城乡文艺巡回演出和玉博会、药博会专场文艺演出等。送戏下乡30多场、"增强法制观念,推进平安建设"专场文艺晚会15场次,城乡巡回展演18场,进军营联欢2场。辅导城乡单位90多个,观众达50000多人。

玉州区文化市场和新闻出版管理办公室没有固定编制,现有工作人员3人,由文联、稽查大队内部兼职调整使用。文化市场和新闻出版稽查大队核定编制12人,稽查队员12人,执法专用车1辆。全区共有网吧80家,电子游戏机室92家,KTV娱乐场所72家,儿童游乐、综合娱乐8家,音像制品零售出租74家,文艺表演团体11家,报刊亭(摊)、书店、打字复印店共161家。就业人员约5000多人。4月份,区文化和体育局正式承接玉林

市文化局下放的文化市场和新闻出版管理职能，成立玉州区文化市场和新闻出版稽查大队，现有稽查队员 12 名，执法专用车 1 辆。全年共出动稽查人员 4008 人次，检查文化经营场所、出版物市场 1760 家次，立案处理 28 家次，责令改正 58 家次，联合公安、工商等部门取缔“黑网吧”2 家，收缴非法音像制品 9073 张、非法出版物 8230 册(份)。开展安全生产大检查 3 次、各类安全生产培训 3 次。

在非物质文化遗产资源普查工作中取得阶段性成果，全区共搜集非物质文化遗产资源线索 1238 条，包括：《民间文学》、《民间音乐》、《戏曲》、《曲艺》、《民间手工技艺》、《民间信仰》、《游艺传统体育与竞技》、《民间舞蹈》、《消费习俗》、《民间美术》、《民间知识》、《生产商贸习俗》、《民族语言》等内容。完成普查项目 39 个，整理地方文化书籍资料 50 多册。协助玉林市文化局编印了《玉林市非物质文化遗产普查资料汇编·玉州卷》。协助玉林市文化局做好第六届“玉博会”活动版块之一的央视《寻宝·走进玉林》大型文化活动，玉州藏友共有 777 件藏品报名参评，其中：传统大项瓷器类 368 件、家具类 39 件、书画类 60 件，杂项类 310 件(青铜器、玉器、玉林刺绣、古书籍等)。

区文体局获得“玉林市基层文化工作先进集体”、“玉林市文化市场行政执法先进单位”称号；区文化馆获得“玉林市第三次文物普查田野调查阶段先进集体”、“玉林市基层文化工作先进集体”称号；玉城街道文化站获得“玉林市基层文化工作先进集体”称号。谭艳艳获评为“玉林市文化市场行政执法先进个人”称号；谭艳艳、潘岳华、卢雪琳、梁水华、牟健获评为“玉林市基层文化工作先进个人”称号；张剑平、陈育雄获评为“玉林市基层文化设施建设先进个人”称号；陈坚、姜以刚获评为“玉林市文化信息资源共享工程建设先进个人”称号；黄小燕、黎国志、曾锐、陈玫梅获评为“玉林市非物质文化遗产保护工作先进个人”称号；陈茵玉、康圣清获评为“玉林市第三次文物普查田野调查阶段先进个人”称号。

【北流市】 北流市文化和体育局前身为北流县文化局，成立于 1973 年 10 月，办公地点在城区东门口歌舞团大院内。1994 年 7 月，北流撤县设市，北流县文化局更名为北流市文化局，1997 年 10 月，市文化局旧办公楼拆除，搬迁到市图书馆(北流市城东一路 0057 号)三楼办公。2001 年 11 月，市文化局和市体育局合并成北流市文化和体育局(简称市文体局)。市文体局共有行政编制 10 名、事业编制 1 名，现在编在职 11 人，其中局长 1 人，副局长 1 人，党组书记 1 人(兼副局长)，内设秘书股、文化股、体育股、文化市场管理股。下设二层机构有市文化馆、市图书馆、市博物馆、市歌舞团、市文化市场管理稽查大队、市体校、市电影公司(5 月归口市广播电视局管理)，业务指导全市 22 个镇文化广播电视站。

北流市歌舞团是全市唯一的专业表演团体，其前身为县文工团，成立于 1959 年 1 月，1987 年 1 月改名县歌舞团，1994 年 7 月改称市歌舞团。现有编制 30 名，在职 24 人，办公地点在北流市城东一路 0070 号。全市年内共举办各种文艺晚会 77 场，其中政治性演出 36 场，商业性演出 8 场，送戏下乡 33 场，观众人数达 22 万人次。10 月 23 日，市文化和体育局组织承办了第六届“玉博会”北流专场演出。由文化馆创作的作品在参加今年广西第三届青少年儿童艺术比赛中成绩突出，如：群舞《绿洲小骑士》、《我的偶像》分别荣获舞蹈“儿童 A 组”和“儿童 B 组”金奖；“小故事大王”陈梓薇演讲的故事《老蜘蛛和他的一百张床》获幼儿组金奖；小歌手张琛婷演唱的歌曲《摘星星》获幼儿组声乐铜奖；少年歌手陈妮

演唱的歌曲《盛开的牡丹》、陈思兰演唱的歌曲《绣红旗》分别荣获声乐银奖和铜奖；庞春红、李冬妮被评为本届比赛活动优秀指导教师。

北流市文化馆前身为北流县人民文化馆，成立于1950年8月1日，1994年5月，北流县撤县设市，北流县人民文化馆改称为北流市文化馆。北流市文化馆位于北流市陵宁路0004号，全馆占地面积1230.5平方米，建筑面积3138.4平方米。目前，全馆有事业单位编制15人，在职14人。配馆长1人、副馆长3人。全馆在职人员中有大专学历以上11人；获得中级职称5人、初级职称5人；有中国儿童歌舞协会会员、广西舞蹈家协会会员、广西儿童音乐学会会员等省级以上协会会员4人；县级文艺家协会主席1人、市级文艺家协会副主席1人；县、市级协会会员6人。设有音乐、舞蹈、戏（剧）曲（艺）、美术、书法、摄影、理论调研、非物质文化遗产普查和保护等8项艺术门类。创立有文化艺术培训中心和玉林市未成年人校外活动中心。1990年被评为“全区先进文化馆”；1993年被国家文化部授予“标准文化馆”称号；1995年1月被评为“全区二等模范馆”。全市共有5个影院剧场，60个村级图书室，85个文化活动室，50个灯光球场，20个文化广场，业余文艺团体共300多个，健身活动点60多个。年内各业余团体共开展各类演出800多场次。1月26日，市文化和体育局举行春节游园活动；2月9日，市文化和体育局举办“庆元宵曲艺演唱会”；2月份，市文化和体育局与市文联在市桥头公园联合主办免费写春联活动；4月份，市文化和体育局协助兰亭书法学校举办三周年庆典书法即席表演活动；4月份，市文化和体育局在市永丰广场举办《情系家乡·歌颂祖国》“希望的热土”文艺晚会；5月份，市文化和体育局参加市政法委等部门举行的“6.26国际禁毒日”大型歌舞晚会；5月30日，市文化和体育局举行“茁壮成长”未成年人专场文艺演出；6月13日，市文化和体育局组队（木偶队）参加玉林市文化局举办的“第四个世界遗产日”演出活动；6月27日，市文化和体育局主办“深入开展学习实践科学发展观活动”文艺晚会演出活动；7月份，市文化和体育局协助市经委线开展“庆七一书画大展”活动；8月1日，市文化和体育局举办“军民同欢笑”八一专场演出；8月份，市文化和体育局组队参加玉林市首届职工运动会健身健美操比赛活动，编导的《健身操》荣获“金杯奖”；9月3日，市文化和体育局在根桐村举行“魅力根垌”文艺演出活动；9月16日，市文化和体育局与市政协联合举办“北流市庆祝人民政协成立60周年暨‘奋进杯’原创歌曲大型文艺晚会”；9月份，市文化和体育局在圭江公园举行“庆中秋·山歌演唱”演唱会；9月24日，市文化和体育局承办“庆国庆·革命歌曲大家唱”比赛；10月份，市文化和体育局联合市摄影协会、市书画家协会开展“庆国庆、全市书法、美术、摄影作品展”活动。年内，市歌舞团送戏下乡33场，观众人数达10多万人次；市图书馆送书下乡3000多册；市文化馆到农村、企业、学校辅导文化骨干500多人次。

北流市图书馆成立于1944年（北流设市前称北流县图书馆），现有工作人员17人，藏书30万册（其中电子图书12万册），占地面积7600平方米，建筑面积3970平方米。2005年被国家文化部授予“国家一级馆”。12月份再次被文化部授予“国家一级图书馆”。市图书馆年内新增藏书122,859册（其中电子图书12万册，普通图书2050册，报刊杂志合订本809册）。全年共办理借阅证2101个、优惠借阅证400个，接待读者184150人次，借书86186人次，外借图书142298册次，举办电脑、英语培训班共8期，培训学员158人。全市共有60个村级图书室、20个为农家书屋，藏书量达30多万册。

北流市文化市场稽查大队与北流文化市场管理办公室是两块牌子一套人马，属市文化和体育局的二层机构，现有编制6名，在职人员6人，今年12月定为参照公务员管理单位。全市共有文化经营单位359家，其中，娱乐场所20家，印刷企业45家，复印打字店60家，书报刊亭75家，网吧48家，电子游戏室62家，音像零售店19家。全年参与专项整治13多次，处罚非法、违规经营的文化娱乐场所80多家，停业整顿20家。同时，加大"扫黄打非"力度，牵头组织不定期联合执法队伍严厉打击"六合彩"码报等非法出版物，特别是针对荔枝公园和荔丰路的"六合彩"、兜售非法出版物等非法活动，采取稽查大队与巡警大队联动的办法，随时出动，共出动执法人员421人次，检查各类经营场所965家次，其中，互联网经营场所328家次，音像单位76家次，娱乐游艺175家次，书报刊摊点313家次，印刷企业120家次；查办案件80件，收缴电脑主机42台，非法电子游戏机电路版67块，非法音像制品8700张，非法出版物17560本(册)，低俗音像制品1500张，盗版软件及电子出版物60种，非法报纸期刊150份，非法"六合彩"活页资料3000份，有力推动了社会文化环境的净化，保障了未成年人的健康成长。

北流市博物馆的前身为北流县博物馆，成立于1989年6月，1994年7月改为北流市博物馆。现有编制6名，在职人员11人。办公地址在北流市城东一路0090号。主要职能是负责市辖22个镇及3个街道办事处文物、标本、资料的征集、保藏、研究、陈列及文物保护单位和文物点进行监督管理。全市收藏文物1143件(其中一级文物5件，二级文物19件，三级文物111件，一般文物1008件)，目前世界出土最大面径铜鼓(面径165厘米，重300公斤)在北流。全市有各级文物保护单位14处(其中自治区级文物保护单位6处，市级文物保护单位8处)，登记在册文物点105处，李明瑞、俞作豫烈士纪念馆被列为自治区级爱国主义教育基地，玉林市级爱国主义教育基地3处，北流市级爱国主义教育基地6处。认真开展第三次全国文物普查第二阶段野外普查工作，普查队员按照文物普查相关规范标准，如实准确地采集信息并进行登记。已完成全市22个镇的普查任务，共普查119处，登记在册文物点105处，普查覆盖率达到100%。在非物质文化遗产资源普查工作取得阶段性成果，全市共走访民间艺人300多人次、村镇100多个，完成民间文学等10个门类，共1476项非物质文化遗产资源项目的普查工作，在玉林市乃至广西名列前茅，并结合普查申报和公布了一批县、市级非物质文化遗产保护名录。"北流木偶""天门关传说""北流采茶""云山寺文化节"等33项列入北流市(县级)第一、第二批非物质文化遗产保护名录。"北流采茶""北流木偶""天门关传说"等三项被列入玉林第一批市级非物质文化遗产代表作保护名录，协助玉林市文化局出版发行《玉林市非物质文化遗产普查资料汇编·北流卷》。另有"龙桥夜月的传说"、"裴九奶的传说"等8个项目作为第二批市级非物质文化遗产保护名录上报市人民政府审批。6月30日，全市非物质文化遗产普查工作顺利通过自治区验收评估组的验收。年内，还争取到北流市政府拨款50万元维修好中共广西省委机关旧址，争取到北流市政府拨款4万元维修好俞家舍，争取到北流市政府拨款3万元维修好俞作柏、俞作豫故居，争取到北流市政府拨款1万元辅设大成殿地面，争取到区党委宣传部、玉林市政府、北流市政府拨款55万元对李明瑞、俞作豫烈士纪念馆展厅进行布展，争取到北流市政府拨款10万元安装文物库房报警器和恒温设备。在"5.18国际博物馆日"和"6.13文化遗产日"期间，共出动20多名工作人员在

城区博物馆门口、大成殿门口、景苏楼等处发放宣传资料和开展咨询活动，共发放资料3000多份，参加咨询群众达200多人次。

市文化和体育局获得2009年度“全区非物质文化遗产普查先进集体”称号。覃名标荣获“全区非物质遗产普查先进个人”称号；范向健、覃名标、李芳荣获“玉林市非物质遗产普查先进个人”称号；市文化馆馆长范向键的论文《加强文化馆站建设，构建公共文化服务体系》荣获“广西公共文化服务体系建设论文征集一等奖”。

【容县】 容县文化和体育局前身为容县文教科，成立于1950年。1958年改名容县文教局，1973年成立文化局，2001年11月，容县文化局和容县体育局合并成容县文化和体育局(简称容县文体局)，办公地点设在容县容州镇东门街1号。县文体局共有行政编制9名、事业编制1名，现在编在职12人，其中局长1人，党组书记兼副局长1人，副局长3人，纪检组长1人，副主任科员2人；各职能股(室)4人；内设秘书股、体育股、文化市场管理办公室等3个职能股室。在文化市场管理办公室挂县新闻出版(版权)管理办公室、县“扫黄打非”工作小组办公室牌子。下设二层机构有县文化馆、县图书馆、县博物馆(与文物管理所合署办公，属两块牌子一套人马)、县教育艺术团(对外称县歌舞团)、县文化市场稽查队、县业余体校、真武阁公园；业务指导全县15个乡镇文化站。

1959年，容县成立专业文工团，1969年改名为文艺队，1981年，容县文艺队改名为容县粤剧团，1990年改名容县歌舞团，2004年在歌舞团基础上组建容县教育艺术团。教育艺术团编制35个，现有在职职工16人。全年共演出30场，其中：下乡演出17场，城区和赴市演出共13场，参演人员700人次，观众3.8万人次。1月20日，县文体局协助县委、县政府在县人民会堂举办2009年春节晚会；4月28日，县文体局组织举办庆“五一”文艺晚会；6月31日，县文体局举办“七一”文艺晚会；9月28日，县文体局协助县委、县政府举办庆国庆大型合唱晚会；11月份，县文体局举办第六届“玉博会”容县专场演出；12月份，县文体局组队参加容县电视台15周年台庆文艺演出活动；12月28日，县文体局举办2010年元旦晚会。

容县文化馆成立于1950年，占地面积2000m²，建筑面积600m²，办公地点设在容县容州镇东门街25号。编制19个，现有工作人员12人，其中，中级职称2人，初级职称3人。全县共有1个影院剧场，50个村级图书室，62个村级篮球场，25个舞台，87多个业余文艺团体，包括舞狮、采茶、木偶、粤剧、文艺、杂技等，其中舞狮21个队、采茶18个队、木偶3个队、粤剧2个队、文艺队42个队、杂技1个队，业余演职员共有5000多人。年内各业余团体共开展各类演出2000多场次。年内，投资192万元，完成容州、杨村、石头、容西、十里、浪水等6个乡镇综合文化站的建设任务。投资76.5万元，购置和发放15套农村文艺演出设备、15套农村党员远程教育建设设备、4套文化信息资源共享工程乡镇基层点设备。投资45万元，维修和改造县图书馆。投资14.5万元，维修县文物库房和县歌舞团排练厅。2月份，县文化和体育局组织县教育艺术团开展宣传党的十七届三中全会精神下乡巡回演出活动，深入乡镇、农村演出8场；2月中下旬，县文化和体育局开展十七届三中全会精神宣传下乡巡回演出；8月份，县文化和体育局开展计生服务宣传“八建八进”下乡巡回演出17场；9月份，县文化和体育局组队参加玉林市“爱国歌曲大家唱”合唱比赛；9月中旬，县文化馆举办青年歌手大赛。

1950年，容县图书馆隶属于容县文化馆，1973年脱离容县文化馆单独设立。图书馆占

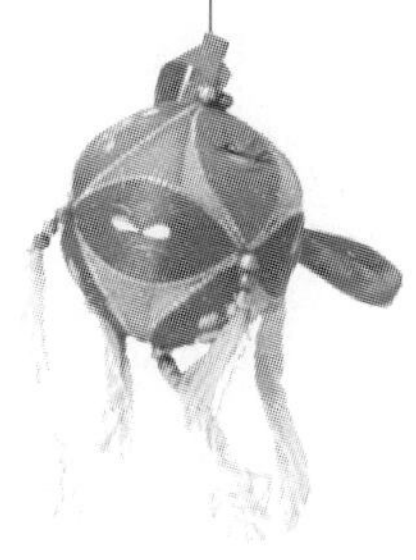

地面积 1000m²，建筑面积 1640m²。编制 11 人，现有工作人员 10 人，藏书 16 万多册。年内共接待读者 68926 人次，外借书刊 32842 册次。全县共有 3 个镇级图书馆，分别为县底镇爱华图书馆、容州镇图书馆、自良镇图书馆，藏书共 4 万多册。有 11 个村级图书室，分别为容州镇东光村图书馆、河南村图书馆、厢南村图书馆、同古村图书馆、峤北村图书馆，容西乡祖立村图书馆，十里乡黎读村图书馆，黎村镇珊萃村图书馆，松山镇沙田村图书馆，石头镇水口村图书馆，县底镇泗关村图书馆，藏书共 2 万多册。全年共送书下乡 1200 多册次，展示图书 1500 册次，向新农村建设示范点容州镇峤北等村科技文化室赠送科技图书 852 册。利用文化信息资源共享工程摄影机、移动播放器等设备深入容州镇礼信村、千秋村等地播放电影及专题知识讲座 35 次，在电子阅览室为青少年播放爱国主义教育片、知识讲座 21 场，电子阅览室年接待读者 4.5 万人次。县图书馆与县精神文明办联合举办“青少年爱国主义教育知识问答会”。

容县文化市场稽查队为全额拨款事业单位。编制 5 人，现有在编稽查队员 4 人。全县共有网吧 35 家、卡拉 OK 歌舞娱乐场所 30 家、电子游戏厅 29 家、音像制品销售店 68 家、音像制品出租店 2 家、印刷厂 31 家、打字复印店 30 家、书店 58 家、民间剧团 3 家。全年共出动执法人员 1276 人次，车辆 320 辆次，检查网吧 210 家次，检查电子游戏娱乐场所 254 家次、音像店 162 家次、出版物发行单位 180 家次。查处违规接纳未成年人的网吧 15 家次，依法扣缴非法盗版图书 21009 册，收缴非法盗版音像制品 9597 张，查缴各类非法“六合彩”码报 10200 份；查处无照经营案 25 件，取缔黑游戏机室 7 家，扣押电子游戏机 71 台、赌马机 10 台、游戏机主板 19 块。有力打击了各类违规经营行为，维护了文化市场正常秩序，净化了社会文化环境。

年内，真武阁公园共接待外地游客 6 万多人次，接待城区市民 60 万多人次，收入 451673 元，比上年增长 4.5%。

从 1971 年起，容县文化馆设兼职文物干部，1979 年正式成立容县文物管理所，1989 年更名为容县博物馆，实行两块牌子、一套人马的管理模式。县博物馆有事业编制 6 名，现在职在编人员 10 人。全县共有全国重点文物保护单位 2 处（经略台真武阁、容县近代建筑）、12 个点（经略台真武阁、黄绍竑别墅、黄旭初别墅、罗奇别墅、苏祖馨别墅、韦云淞别墅、马晓军别墅、夏威夏国璋别墅、黄绍竑故居、黄旭初故居、容县中学旧教学楼、容县图书馆旧址），自治区重点文物保护单位 4 处（容县城关窑址、西山冶铜遗址、唐开元寺景子铜钟、真武阁碑刻）、8 个点（容城变电所窑址、松脂厂窑址、东光上垠窑址、东光下垠窑址、河南上垠窑址、西山冶铜遗址、唐开元寺景子铜钟、真武阁碑刻），县级重点文物保护单位 14 处（中共容县特支活动旧址、范亚音农民起义使用过的大铁炮、南山古迹、范亚音农民起义活动遗址——天后宫、唐容州古城址、杨叶古井、海晏李公祠、中共容县临时委员会县底农民协会旧址、罗奇旧居、彭氏大屋、伍廷飏故居、陵瑞庄、徐松石故居、君杰崔公祠）。县博物馆共有馆藏文物 6659 件，其中一级文物 3 件、二级文物 36 件、三级文物 258 件。此外，认真开展第三次全国文物普查第二阶段野外普查工作，普查队员按照文物普查相关规范标准，如实准确地采集信息并进行登记。已完成全县 15 个乡镇的普查任务，普查覆盖率达到 100%。登记文物点 235 处，其中新发现不可移动文物 85 处，复查 150 处（古建筑 74 处、古墓葬 13 处、古遗址 40 处、石窟寺和石刻 17 处、近现代重要史迹及代表性建筑 62 处、其他 29 处）。认真组织开展“5.18 国际博物馆日”和“6.13 中国文化遗产日”的宣传活动，共发放宣传资料 5000 多

份，张贴大小标语30多条，接待群众5000多名。落实容县涉台文物维修项目前期经费10万元，完成全县近代建筑11处涉台文物点的历史沿革、保护现状、继承人的现况等资料收集和文物点的地籍图测绘工作。1月份，县财政拨款12万元对文物库房进行加固维修，解决困扰多年的安全隐患问题。非物质文化遗产资源普查工作取得阶段性成果，共收集非保资源线索资料700多份，初步摸清全县非物质文化遗产的种类、数量与分布状况，完成收集资料的分类、归档、修改和电子录入工作，建立比较完备的非物质文化遗产资源档案，协助玉林市文化局出版发行《玉林市非物质文化遗产普查资料汇编·容县卷》。配合玉林市文化局抓好馆藏文物数据库管理系统建设，完成2500件馆藏文物影像采集任务。

容县获得2009年度“全国文物工作先进县”称号。十里乡黎读村文艺队荣获“自治区优秀文艺队”称号。梁彬荣获“全区‘扫黄打非’工作先进个人”称号；李威荣获“全区非物质文化遗产普查先进个人”称号。

【陆川县】 陆川县文化和体育局前身为陆川县文教科，1955年8月，陆川县文教科分为陆川县文化科和陆川县教育科；1958年6月，陆川县文化科和陆川县教育科合并为陆川县文教局；1961年10月，陆川县文教局改称为陆川县文教科；1963年，文化、教育分科，由文化科主管文化工作，文化大革命开始后，文化科处于瘫痪状态；1968年，陆川县革命委员会下设教工组文教卫革命领导小组。1973年10月，陆川县设文化局，配正副局长各1人，工作人员2人。2001年12月，陆川县文化局和陆川县体育局合并成陆川县文化和体育局（简称县文体局），是主管全县文化艺术、文物保护、文化市场管理、新闻出版和版权管理、体育事业的政府职能部门。内设政秘股、文化股、体育股、文化市场管理办公室。县文体局共有行政编制9名，“扫黄打非”办公室编制3名，其中局长1人，副局长3人（其中1人为挂职），下设二层机构有县文化市场稽查队、县图书馆、县文物所、县歌舞团（教育艺术团、客家山歌剧团）、县体校、县“扫黄打非”办公室文化馆。业务指导全县14个乡镇立文化站。

陆川县歌舞团前身为陆川县文工团，2008年3月改为陆川县歌舞团，同年增挂“陆川县教育艺术团”牌子，2009年6月增挂“陆川县客家山歌剧团”牌子，实行一套人马、三块牌子。共有编制30人，现有工作人员18人。地址在陆川县新洲北路76号。全年精心组织陆川县春节联欢晚会、中国明珠陆川文化节文艺晚会等大型文艺演出、文化活动47场次，观众达18万多人次。3月份，参加自治区党委机关气排球、羽毛球比赛开幕式文艺晚会演出，参加广东卫视陆川客家文化节目录制演出，参加陆川谢鲁山庄创国家4A级景区演出；10月份，举办第六届“玉博会”陆川专场演出；10月23日，参加广西电视台“夺宝奇兵”节目在陆川录制现场演出。

陆川县文化馆成立于1951年，现有在编工作人员15人，设有音乐、舞蹈、文学创作、美术、摄影、群文等6个业务组室，馆址在陆川县新洲北路21号。全县共有63个村图书室，73个村文化活动室，65个篮球场，28个舞台，业余文艺团体110多个，年内各业余团体共开展各类演出300多场次。10月24日，计划投资1.0825亿元，用地面积150亩的陆川县宣传文化体育中心正式开工。年内，投资160万元，完成马坡、温泉、大桥、横山、乌石五个乡镇综合文化站的建设任务。为7个乡镇文化站配备价值70万元的文化演出设备和文化信息资源共享工程设备，为15个村配备30万元文化活动演出设施，建成“农家书屋”22家，给全县48个村下拨12万元的春节文

体活动经费。1月份，县文化和体育局在县政府门口广场举办春节联欢晚会；2月9日，县文化和体育局举办庆元宵舞会；2月份，县文化和体育局举办客家山歌专场晚会；3月份，县文化和体育局举办县“两会”专题文艺晚会；4月份，县文化和体育局举办宣传科学发展观下乡专场演出；5月份，县文化和体育局举办5场宣传计生“八建八进”下乡演出；6月29日，县文化和体育局承办“庆七一”民俗风情文艺晚会；10月份，县文化和体育局承办中国名猪陆川文化节大型文艺晚会；11月30日，县文化和体育局承办陆川解放60周年文艺晚会；4月至11月，县文化和体育局组织开展县城广场文化演出22场。

陆川县图书馆1979年从县文化馆分出来，单独成馆，现有在职在编人员9人，藏书12.8万册，电子图书24万册，为三级图书馆。

年内，投资55万元建设文化资源共享工程县级图书馆支中心。10月份，区文化厅下拨25台电脑、5台服务器、一台照相机、一台传真复印机，以及50万元配套建设资金。征用县城投公司300平方的办公场所，扩大电子阅览室。建立中心数据库，投资22万元购置24万册电子图书。12月份，多媒体数字图书馆建成投入使用。全县共有63个村级图书室，藏书8000多册，其中有22个为农家书屋。

陆川县文化市场稽查队5月份由原来的自收自支单位改为财政全额拨款事业单位，核定编制5名，现有工作人员5人。全县共有网吧49家、电子游戏机室46家、音乐酒吧9家、歌舞卡拉OK厅6家、音像店23家、印刷厂6家、复印打字店28家、书报刊亭30家。全年共开展执法行动140多次，其中：联合公安、工商等部门共同开展执法行动7次，出动执法人员820人次，检查网吧460家次，游戏机室230家次，书报刊店、音像店160家次，收缴非法出版物32000多张(册)，检查整顿网吧41家次，取缔无证经营黑网吧4家，净化了社会文化环境，顺利通过自治区“扫黄打非”交叉检查。

陆川县文物管理所现有在编职工5人，其中专业技术人员2人(馆员1人、助馆1人)、其他工作人员3人。地址在陆川县温泉镇长安社区新洲北路140号。全县共有文物保护单位10处，其中自治区级文物保护单位2处(谢鲁山庄、茂园)，县级文物保护单位8处(中山纪念亭、茂园、革命烈士纪念碑、大坑寨、庞石洲墓、革命八烈士墓、桂东南起义活动旧址—八角楼、革命活动旧址—龙潭岩)。现有馆藏文物1021件，其中，二级文物6件、三级文物51件。年内，普查队员共走访全县14个乡镇154个村，普查覆盖率达100%，共普查文物129处，其中复查52处，新发现不可移动文物77处。并及时制定林虎将军旧居、廖磊将军旧居、吕光奎将军旧居、吕芋农旧居和中山纪念亭的维修方案并报县政府。认真做好谢鲁山庄古树名木、附属文物藏品的重新登记、造册工作，进一步加强保护与管理。争取到自治区文化厅对谢鲁山庄第二期维修经费10万元。非物质文化遗产资源普查工作取得阶段性成果，全县共搜集非物质文化遗产资源线索200多条，涉及10多个类别，收集录制普查影像资料51碟，普查图片5000多张，普查录音80多小时，普查非物质文化遗产民间传承人150多人，征集民间戏剧、歌谣、经书诗文手抄本300多本，挖掘整理非物质文化遗产项目共计1837项，完成电子录入工作，协助玉林市文化局出版发行《玉林市非物质文化遗产普查资料汇编·陆川卷》。公布陆川县第二批非物质文化遗产名录153项，包涵民间文学、民间音乐、民间舞蹈、民间戏剧、民间曲艺、民间杂技、传统手工艺、民间信仰、人生礼俗、民间风俗、民间体育、民间美术等12个类别。

县文化馆创作编排的客家小戏《情结》荣

获广西第十五届“八桂群星奖”银奖；县文化馆馆长李德禄荣获“全国文化系统先进工作者”称号；刘丽曼荣获“全区非物质文化遗产普查先进个人”称号。

【博白县】 博白县文化和体育局的前身为博白县文教科，成立于1956年。1957年，博白县设立文化局。2001年11月19日，博白县文化局和博白县体育局合并成博白县文化和体育局(简称县文体局)。县文体局共有行政编制11名，现设局长1人，书记1人，副局长2人，纪检组长1人。办公地点位于博白县政府办公大楼四楼。下设二层机构有博白县文化市场管理办公室(文化市场稽查大队)、博白县文化馆、博白县图书馆、博白县博物馆、博白县杂技团、博白县采茶剧团、博白县王力故居管理所、博白县体育学校。业务指导全县28个乡镇文化站。

博白县杂技团为财政全额拨款事业单位，始建于1957年，1999年经玉林市人民政府批准增挂“玉林市杂技团”牌子。实行一套人马、两块牌子。定编37人，现有演职人员130多人，3个演出队(其中一个长期在国外演出)。县杂技团位于博白镇北街口路170号。博白县杂技艺术团自1999年1月以来，先后赴新加坡、马尔代夫、泰国、马来西亚、西班牙、越南、沙特阿拉伯、美国、加拿大、瑞士、南非、爱尔兰、英国、澳大利亚、新西兰、香港等30多个国家和地区演出，演出580多场(次)，收入100多万元，观众达300多万人(次)。博白县采茶团的前身为博白县民间艺术辅导团，成立于1953年。1981年，经自治区文化厅批准改称为“博白县采茶剧团”至今。县采茶团是财政全额拨款的事业单位，全团演职员40多人(包括学员)，以丰富人民群众文化生活，宣传党和国家政策为主线，是一个很有战斗力的地方剧团。该团表演的采茶戏《清水塘边》参加“2003年第十届曹禺戏剧奖全国小戏小品评选”大赛获二等奖，采茶戏《门神下乡》参加广西第六届戏剧展获金奖和八个单项奖。年内该团共演出120多场，观众40多万人次。个人获奖方面，邓祖新创作小品《无得闲饮茶》；黄强创作表演唱《唱唱星级文明家庭七颗星》、小品《家和万事兴》；宾炜创作发表各种体裁文章90篇；邓祖新创作发表诗歌3首；何双贝创作的散文《讲到唱歌心就开》荣获自治区“我与共和国”庆祝中华人民共和国成立60周年的征文比赛三等奖；黄强创作的25首山歌荣获自治区政协庆祝“政协成立60周年”宜州山歌比赛优秀创作奖，创作“科学发展观”山歌140多首被汇编成册，在全县发行；黄强创作的国画《绿珠女》、《神仙图》获邀参加“玉林市政协纪念中国人民政协成立60周年书画展”展出，并发表在《玉林政协》第八期；张瀚夫的摄影作品《小记者》、《喃嘟乐》及卜一轩的摄影作品《绿珠美女》获得在“博白县庆祝建国60周年摄影作品展”展出。

博白县文化馆成立于1950年，现有干部职工19人，其中高级职称1人，中级职称4人；设有文学、音乐、舞蹈、艺术、曲艺、摄影、档案管理等专业。馆址为博白镇新兴街008号。年内完成大坝、菱角、宁潭、永安、浪平、亚山、旺茂、龙潭、大垌等9个乡镇综合文化站的建设任务，为8个乡镇综合文化站各配置价值10万元的演出设备；为23个村各配置价值2万元的演出设备；为15个村各配置价值5000元的共享工程设备；投资74万元为博白镇城郊村等32个村实行村配送图书51200册、书架32套。1月份，县文化和体育局在城区举办2009年迎春公园广场粤艺群众演唱会、公园激情广场群众演唱会、大转盘群众大家唱晚会，举办迎春书画作品展览，展出作品80多幅；2月份，县文化和体育局组织县书法家到径口、浪平、旺茂等乡镇为群众义写春联600多幅；年内，县文化和体育局组织

县文化馆到径口镇茶根村，水鸣镇西塘村、平江村六冬屯，文地镇大鸡村，龙潭镇圩镇、那薄村、兴华村、长岭村、寨觉村、工业园伟镍公司，旺茂镇茂山坡村，博白镇绿珠、新村等演出十三场；年内，县文化和体育局组织城区的社区群众在茶楼、公园、东城、西城、大转盘等5个点开展文艺娱乐活动280多场次。

博白县图书馆系财政全额拨款的事业单位，定编19人。始建于民国13年，馆址原在博白县城孔子庙内大红殿前面，建筑面积约500平方米，1933年馆藏书5万多册；1981年县图书馆大楼落成开馆，占地面积4109.39平方米，建筑面积2256平方米。到2008年止，总藏书量已达24万多册，其中：古旧图书5万余册，普通图书13多万册，报刊杂志6.8万余册；文学类占40%，科技图书占40%，其他占20%。年内被国家文化部授予“国家二级图书馆”。

博白县文化市场稽查大队和博白县文化市场管理办公室实行两块牌子、一套人马，属县文化和体育局领导的二层机构，系财政全额拨款的事业单位。设主任1人（兼大队长），副主任1人，现有在编人员5人。全年共出动车辆283多辆（次）、人员5694人（次），联合相关部门集中行动7次，专项行动3次；召开业主会议7次；收缴非法音像制品2544多张（盒）、非法出版物39467多本（册）；累计检查城乡文化经营户2946家（次），处罚违规经营户107家（次）；受理举报42件，立案查处42件，结案42件；吊销网吧证1家，停业整顿15家，通过电信局停供服务信号107家（次），其中含乡镇黑网吧92家，行政处罚17万多元，有力推动了社会文化环境的净化，保障了未成年人的健康成长。

博白县博物馆系财政全额拨款事业单位，下设办公室、保管部、宣教部、保卫股、文物保护管理部、文物行政执法队等6个科室，定编10人，现有干部职工10人。年内被国家文化部授予“国家三级馆”。

王力故居管理所成立于2004年7月14日，属财政全额拨款事业单位，核定编制2名，现有在职人员4人。地址位于博白县博白镇新仲村岐山坡王力故居内。年内，王力故居实行全免费对外开放参观，共接待上级领导2100多人次、社会各界人士1500多人次。全县共有1个自治区重点文物保护单位、2个市级重点文物单位、28个县级重点文物单位，3226件馆藏文物（其中一级文物2件，二级文物10件，三级文物84件）。认真开展第三次全国文物普查的各项工作，基本完成野外普查任务。派出12人次参加上级主管部门举办的各类培训班，组织10人次先后到广西民族博物馆以及玉林市、容县、陆川县博物馆参加学习。朱锡昂烈士故居遗址被列入第六批自治区级文物保护单位。认真组织开展“5.18国际博物馆日”宣传活动，在县城主要街道悬挂宣传横幅15条，张贴大小宣传标语150多条，张贴文物保护宣传彩图60多幅。6月13日，组织开展“第四个文化遗产日”宣传活动，共接待群众800多人，发放宣传资料1200份，发放《中华人民共和国文物保护法》120多本，悬挂宣传横幅15条，张贴大小标语150多条；张贴文物保护宣传彩图50多幅。

博白县荣获“中国民间文化艺术之乡”称号；博白县杂技团苏伟团长荣获2009年度“全国文化系统先进工作者”称号；博白县的桂南采茶戏被列为第一批国家级非物质文化遗产。

【兴业县】 1997年6月，兴业县文化局成立，办公地点设在兴业县石南镇电影院。1997年6月，兴业县体育局成立，办公地点设在兴业县石南镇政府。2001年11月，兴业县文化局和兴业县体育局合并成兴业县文化和体育局（简称县文体局）。2002年10月，县文化和体育局搬迁到县行政中心大楼7楼办公。目前，县文体局行政编制8人，在编在职8人，其中局长1人，副局长3人，党组书记1人，各职能股负责人3人；内设秘书股、群众文化和体育股、艺术训练和体育竞赛股、县新闻出版（版权）管理办公室、县“扫黄”“打非”领导小组办公室5个职能股室。下设二层机构有县文化馆、县图书馆、县文物管理所、县文化市场管理稽查大队、县业余体校；业务指导全县13个镇文化广播电视站（宣传文化站）。

鹩剧至今已有一百多年的历史，由民间“贺新年”活动中的一段“引凤”歌舞发展而来，以唱故事为主，唱词通俗易懂，多为抒发“春祈秋报”之意，并吸收采茶，粤剧及地方民歌等曲调40多种。在兴业县，几乎每村每屯都有各自的鹩剧队，常年活跃在基层农村，通过表演，忆苦思甜，宣传党的政策，为当时文化生活相对贫乏的乡村增色不少。由玉林市文化局和县文体局联合打造的鹩剧《长恨碑》曾参加第四届“中国滨州·博兴小戏艺术节”获四个奖：稀有剧种保护（发掘）奖、适宜农村和基层推广演出的“优秀推荐剧目”、剧本创作突出贡献奖、主演杨禄有获表演创作突出贡献奖；该剧在第七届广西小戏小品大赛中又大放异彩，主演杨禄有获“表演奖”。在艺术作品创作方面，兴业籍中国著名田园派画家、广西著名田园画派画家覃德华创作的大型油画《刘三姐·歌海情韵》在广西人民会堂展出，参观人数超过3000人。作品以歌仙刘三姐传歌的情景为素材，花了近一年时间才完成。作品最长的一幅长12米，宽1.5米，展示的是广西的12个世居民族2000多人在刘三姐的引领下，载歌载舞，描绘了一幅民族团结兴旺，欢乐和谐的壮美图卷。

兴业县文化馆于2005年建成投入使用，建筑面积1548m²。办公地点设在石南镇环西路52号，共有编制3名，现有在职人员3人，其中获中级职称1人。全县共有8个影院剧场、52个村级图书室、59个文化活动室、217个篮球场、33个舞台、390多个业余文艺团体（包括舞狮、八音、鹩剧、粤剧、歌舞、麒麟等）、110个妇女健身队，演职员有8000多人。年内，各业余团体共开展各类演出500多场次。全年共举办各种文艺晚会40多场；下乡演出13场次，观众人数达12000人次。1月20日，县文化和体育局在县人民会堂举办春节联欢晚会；2月初，蒲塘镇文艺队和蒲塘镇鹩剧团分别举办“新春晚会”；2月份，县文化和体育局组织县文化馆艺术团下乡开展5场“宣传学习十七届三中全会精神文艺演出”；3月份，县文化和体育局与县妇联联合组队参加玉林市庆祝“三八妇女节”合唱比赛；3月23日，石南镇曲艺队到石南镇东山村进行联欢演出；4月14日，县文化和体育局与县残联联合组织节目参加玉林市残联文艺比赛，参赛节目——粤曲表演唱《泪洒莫愁湖》获一等奖；5月22日，县文化和体育局在县人民会堂举行“兴业县实践科学发展观，向建国60周年大庆献礼”农村文艺汇演暨农村文化设备赠送仪式；5月28日，县文化和体育局在鲜林驾校举行兴业、北流、玉州三地民间艺人“曲艺演唱会”；6月1日，县文化和体育局与石南镇供销社，天使、双语、街道等幼儿园联合举行庆“六一”文艺演出；6月份，县文化和体育局成功举行玉林市兴业县·贵港市港南区两地文化交流，举办大型书画展，观众超过2000人；7月8日，县文化和体育局在兴业县新林驾校举办“兴业、玉州曲艺发烧友演唱会”；7月9日，县文化和体育局在蒲塘镇举行玉林、贵港两地舞蹈艺术家民间舞蹈交流演出活动；8月3日，县文化和体育局在石南镇汽车总站举办葵阳粤剧团建团三十一周年曲艺演唱活动；8月4日—6日，县文化和体育局协助广州青年粤剧团做好到兴业演出的有关工作；8月26日，县文化和体育局组织蒲塘镇民间传统舞蹈“十打舞”代表兴业县参加广西八

桂群星奖玉林赛区录像拍摄；10月份，县文化和体育局组织石南街道健身队到山心、葵阳、大平山、石南等镇交流演出。

兴业县图书馆成立于1999年，共有编制3名，现有工作人员3人，其中获中级职称1人。图书馆大楼于2008年5月竣工并投入使用，馆址位于兴业县石南镇文塔路4号，占地面积$500m^2$，建筑面积$1000m^2$，藏书2万多册。全县共有54个村级图书室（其中19个定为农家书屋）。分别为：石南镇7个，总藏书量16000册；山心镇5家，总藏书量10000册；高峰镇4个，总藏书量8000册；龙安镇2个，总藏书量4000册；大平山镇5个，总藏书量10000册；葵阳镇6个，总藏书量12000册；城隍镇5个，总藏书量10000册；卖酒镇3个，总藏书量6000册；小平山镇3个，总藏书量6000册；北市镇4个，总藏书量8000册；蒲塘镇3个，总藏书量6000册；洛阳镇2个，总藏书量4000册；沙塘镇5个，总藏书量10000册。5月份，县图书馆对中心机房、电子阅览室进行维修改造；8月份，县图书馆派出两名技术人员参加广西2009年县支中心共享工程技术培训班学习；9月份，县图书馆参加全国文化信息资源共享工程广西分中心举办的“广西文化信息资源共享工程网络知识竞赛”活动，荣获三等奖。11月份，自治区配送的文化信息资源共享工程设备基本到位，并调试结束。完成了山心镇、北市镇、小平山镇、沙塘镇、卖酒镇、蒲塘镇等6个乡镇文化站基层服务点各种设备的安装调试工作。

兴业县文化市场稽查大队与兴业县文化市场管理办公室是两块牌子一套人马，现有编制3名、工作人员3人，2008年定为参公单位。办公地点设在兴业县石南镇解放路。全县共有41家网吧、34家电子游戏机室，13个茶座（酒家）、26个打字复印店，4个印刷厂、19个书店。稽查大队全年共收缴“六合彩”书刊258册、“六合彩”资料2854份，非法报刊455份，非法音像制品2595张（盒），淫秽色情音像制品65张，盗版书刊105册，迷信书刊35册，盗版新华字典55本，取缔非法摊点8家。

兴业县文物管理所成立于1997年12月8日，共有编制2名，现有工作人员2人。办公地点设于县行政办公中心7楼。全县共有各级文物保护单位14处，其中自治区级文物保护单位2处（龙安绿鸦冶铁遗址、庞村古建筑群）；县级文物保护单位12处（中共兴业县特支旧址、兴业县抗日民主政府旧址、桂东南抗日游击区办事处印刷机关旧址、桂东南抗日游击区办事处兴业抗日武装起义司令部旧址（又名覃震声楼）、革命烈士纪念碑、石南孔庙、石嶷塔、何以尚夫妇墓、东山乡约亭、龙泉枫木井、陈应夫妇合葬墓、平山新村古窑址），登记在册文物点135处。认真开展第三次全国文物普查第二阶段野外普查工作，普查队员按照文物普查相关规范标准，如实准确地采集信息并进行登记。已完成全县13个乡镇的普查任务，共普查文物134处，普查覆盖率达到100%。同时重视文物保护维修工作，协助城隍镇龙潭村村委筹集资金21万元修缮桂东南抗日游击区办事处——兴业抗日武装起义司令部旧址（又名覃震声楼）。5月4日，上报的庞村古建筑群被定为自治区级文物保护单位。11月30日，协助大平山派出所严查县级文物保护单位何以尚夫妇墓被盗案件。认真抓好绿鸦冶铁遗址的安全保卫工作，1月份，制作3000份以文物保护为内容的明信片，寄送到龙安镇干部、农户群众手上，增强公布群众保护文物的意识；2月17日、20日，协助公安机关查封不法分子偷运、堆放在玉林火车站货运台和仁东某厂场内的铁渣约1000吨，逮捕12名犯罪嫌疑人，并将绿鸦冶铁遗址遗物（铁渣）运回遗址原处；4月2日，以县政府名义下发《兴业县人民政府关于加强兴业县绿鸦冶铁遗址保护的公告》，印刷1000份在全县范围内张贴，有效遏制和大力打击了破坏文物的违法行为。在非物质文化遗产资源普查工作取得阶段性成果，全县共收集非物质文化遗产资源线索资料1280多份，完成收集资料的分类、归档、修改和电子录入工作，协助玉林市文化局出版发行《玉林市非物质文化遗产普查资料汇编·兴业卷》。在全县范围内公布县级第一批非物质文化遗产保护项目，公布的保护项目名录涵盖八个类别27大项，其中民间文学7项、民间音乐1项、民间舞蹈4项、传统戏剧1项、民间曲艺2项、杂技与竞技2项、民间美术1项、传统手工技艺9项。“5.18国际博物馆日”宣传活动期间，在龙安镇圩上开设宣传咨询点，重点宣传开展第三次文物普查的目的和重要性，引导群众积极参与、配合开展第三次文物普查。全县共发放宣传资料600多份，悬挂宣传标语15条，接受群众咨询650人次。

县文化市场稽查大队荣获“自治区级先进单位”称号；麦昭阳荣获自治区“扫黄打非”先进个人称号，杨禄有荣获“第七届广西剧展小戏小品展演表演奖”称号，梁雪荣获“全区非物质文化遗产普查先进个人”称号，石南镇个体户罗生才、葵阳镇四新村支书袁秋华荣获“全区农村‘小康文化示范户’称号。

【福绵管理区】 福绵管理区文化和体育局共有编制3名，现有干部职工5人。设局长1人，书记1人，副局长2人，下设业务股、政秘股。下属二层机构有文化市场管理办公室（文化市场稽查大队）。业务指导全区6个镇文化站。

重视镇村文化设施建设，年内完成福绵、新桥、成均等3个镇综合文化站的建设任务；为樟木镇、石和镇等2个镇综合文化站各配置价值10万元的文化信息共享工程和文化活动设备；为7个村配置价值2万元的演出设备；投资75万元，为25个行政村建设农民健身工程；为116个村配置价值50多万元的共享工程设备；投资70多万元，为福绵镇福绵村等33个村赠送书籍50000册、音像制品5000张，书架66个。1月17日，区文化和体育局在樟木镇举行文化科技三下乡活动。1月19日，区文化和体育局举办迎春晚会。2月13日，区文化和体育局组织计生宣传活动。3月8日，区文化和体育局与管区妇联联合举办大合唱比赛。5月份，区文化和体育局与管区工会、财政局联合举办排球比赛等系列文体活动，组织福绵区籍运动员30多人参加玉林市青少年体育锦标赛。6月份，区文化和体育局举办第二届万村农民篮球比赛福绵赛区比赛，选派福绵村代表队参加玉林市赛区比赛并获第一名。9月份，区文化和体育局组织福绵村篮球队参加广西农村农民篮球比赛并获第五名；区文化和体育局组织管区合唱团参加玉林市“爱国歌曲大家唱”合唱比赛并获一等奖；区文化和体育局与管区工会联合组织60多名运动员参加玉林市干部职工运动会，健美操队荣获第三名。

福绵管理区文化市场稽查大队和福绵管理区文化市场管理办公室是一套人马、两块牌子，属区文化和体育局领导的二层机构，系财政全额拨款的事业单位。共有编制3名，现有在编人员1人，设大队长1人。全区共有15家网吧、24家电子游戏机室、15家音像制品出租零售店、4家打字复印店、5家书店。年内，共与公安、工商等单位联合执法21次，共出动检查262人次，检查文化经营户292家次，处罚违规音像店6家次，收缴非法音像制品3900多张；取缔无证经营黑电游14家次，收缴电路板101块、涉嫌赌博游戏机77台；收缴非法出版物11000多本（册），净化了社会文化环境。

全区共有市级文物保护单位7处，登记在册文物点50多处。年内，普查队员共走访

全区6个乡镇，普查覆盖率达100%，共普查文物50多处。非物质文化遗产资源普查工作取得阶段性成果，全区共收集非物质文化遗产资源线索资料340多份，完成收集资料的分类、归档、修改和电子录入工作，协助玉林市文化局出版发行《玉林市非物质文化遗产普查资料汇编·福绵卷》。在全区范围内公布区级第一批非物质文化遗产保护项目。公布的保护项目名录涵盖民间文学、民间音乐、民间舞蹈、传统戏剧、杂技与竞技、民间美术、传统手工技艺、传统医药、民俗、生产商贸习俗十个类别16大项。

张承珍荣获“全区非物质文化遗产普查先进个人”称号；沙田镇个体户张国志、福绵镇镇石村赖业芳荣获“全区农村‘小康文化示范户’”称号。

钦 州 市

全市文化工作综述

2009年，钦州市共有专业艺术表演团体4个，其中市属2个、县区级2个；文化馆4个、群众艺术馆1个、乡镇综合文化站（文化广播电视站）57个；市级图书馆1个、县区级图书馆2个、镇村级图书室50个；文物管理机构3个，其中市属1个、县区级2个；文物保护单位56个，其中全国重点文物保护单位1处4点（刘永福旧居建筑群、冯子材旧居建筑群、刘永福墓、冯子材墓）、自治区级文物保护单位7个、市县级文物保护单位48个。一年来，全市文化工作蓬勃开展，文化建设步伐加快，呈现出良好的发展势头。

公共文化服务供给能力有了新提高。年内，完成了市大戏院修缮二期工程，配置了灯光音响。浦北县新文化馆、新图书馆建成投入使用，浦北县文化艺术中心、新博物馆正在建设中。争取上级资金756万元，开工建设了27个乡镇综合文化站，其中有13个已经竣工，其余14个在建。投资40万元，在钦州城区建设了5个采茶戏小戏台。文化信息资源共享工程浦北县级分中心建成投入使用，为13个乡镇文化站、38个村图书室、65个村级文艺队配置了一批文化设备，提升了基层文化服务功能。浦北县通过了国家文化部“全国文化先进县”复查工作。灵山县图书馆申报国家一级县级馆通过了自治区的抽验。有3个村文艺队被评为全区优秀村（屯）文艺队，有6户家庭被评为全区小康文化示范户。

城乡群众文化活动得到新繁荣。组建了钦州市民族歌舞表演队，开展了一系列的对外文艺演出活动。全市组织开展“和谐之声”百场文艺演出进农村和“快乐周末”社区广场文化活动192场，受益群众达57.6万人次。市文化局策划开展“欢乐田园”农村群众自办文化活动，组织举办了新采茶小戏剧比赛。配合自治区文化厅、自治区群众艺术馆和北海市、防城港市成功举办了首届“魅力北部湾”群众文化活动。成功举办市迎春团拜会文艺演出、迎新春粤剧专场晚会、新春广场文艺演出、“钦州市迎春美术、书法、摄影作品展”、庆元宵广场文艺晚会、国际博物馆日暨全国非物质文化遗产保护日纪念活动、“我邀明月颂中华”诗歌朗诵晚会、全市第四届体育运动会开幕式大型文体表演、庆祝中华人民共和国成立60周年大型文艺晚会、庆祝撤地设市15周年文艺演出、广西钦州保税港区揭牌仪式、台湾同胞粤曲专场演唱会等重大节庆文化活动。灵山县举办了荔枝节、广场粤曲演唱会等活动；浦北县开展了社区文艺演出、“送书下乡服务新农村建设”等活动；钦南区组织举办了庆国庆职工文艺晚会，钦北区举办了“爱我钦北”文艺晚会；钦州港经济开发区组织开展了首届农村社区歌手大赛及采茶戏巡演；三娘湾旅游管理区举办观潮节文艺演出。开展送书下乡、进社区、进校园活动，共发放宣传资料2000多份，赠送科普图书2000多册。

各类艺术工作取得新佳绩。组织一批作品参加第十五届广西“八桂群星奖”、第七届广西剧展、第五届广西音乐舞蹈比赛等三项重大赛事，共获金奖（一等奖）9个、银奖（二等奖）9个、铜奖（三等奖）13个、优秀奖5个。其中，《豪叔与秀姑》获第七届广西剧展“桂花

金奖”。组队参加“全区爱国歌曲大家唱”比赛，荣获三等奖。

文化市场管理有了新改观。开展“扫黄打非”专项活动、打击黑网吧专项行动、非法音像制品统一销毁行动、3.15维护消费者权益日活动等，突出解决“网吧”接纳未成年人、电子游戏室违规经营、娱乐场所噪音扰民等问题，文化市场和谐稳定发展。全市各级文化行政管理部门和执法机构共检查文化经营摊点10079家次，共取缔黑网吧16家、歌舞娱乐场所6家、游艺娱乐场所21家，收缴非法音像制品17006盒。举办文化市场执法人员和经营业主培训班6期，培训执法干部和经营业主1200多人次。

文化遗产保护工作迈上新台阶。全市第三次文物普查完成了文物实地调查工作，共普查文物点382处，其中复查235处，新发现文物点147处，新发现的古炮台遗址、古运河遗址、贝丘石器时代遗址等具有较高历史、文化、旅游价值。参与组织“追寻刘永福在台足迹”、“海峡两岸纪念刘永福学术研讨会”活动。完成灵山大芦村、浦北越州古城遗址申报国家级重点文物保护单位的有关工作。积极推进刘冯旧居向社会免费开放工作，新招聘了4名刘冯故居讲解员。李人姘被评为第三批国家级非物质文化遗产代表性传承人，灵山县烟墩大鼓等3个项目被列入自治区第二批非物质文化遗产名录。年内，全市共收集和整理了非物质文化遗产项目及线索4477个。初步建立了全市非物质文化遗产档案和资料库，《钦州市非物质文化遗产选萃》一书初稿已经完成，正在进行修改。深入开展古籍普查工作，收集古籍600多册。

体制改革和人才培养工作实现新突破。完成了全市电影行政管理职能的调整划转工作，公选了市文化局行政审批科科长，灵山县和浦北县文体局完成了新华书店的转企改制工作。举办了两期农村文艺骨干培训班，共培训28个乡镇的农村文艺骨干120多人。举办钦州市古籍普查培训班、文物普查培训班各1期，共培训县区古籍普查人员和文物普查人员40多人。选派1名干部参加文化部和自治区文化厅在北京举办的全国文化干部培训学习，选派4名干部参加全区文物干部培训班，派遣文化市场管理干部40多人次分别参加自治区文化厅举办的全区文化市场执法培训班、全区文化系统数据统计培训班学习，选送2名优秀青年艺术人才到高等院校培训学习。

廉政文化建设得到新加强。配合市纪委、监察局深入开展廉政文化“进机关、进社区、进家庭、进学校、进企业、进医院和进农村”活动，举办廉政文化宣传演出活动20场，还举办了“清源杯”反腐倡廉美术和书法展览。在市图书馆增设了“廉政书籍阅读角”专柜，添置了近百册廉政书籍和音像资料。

专业艺术

【专业团体创作演出】 全市4个专业艺术表演团体年内共排演剧(节)目200多个，演出192场，观众达57.6万人次。全市文艺工作者共创作戏剧、舞蹈、小品、歌曲等作品130多件，包括反映钦州保税港区建设的海歌小戏《豪叔与秀姑》，以钦北区八寨沟民族新村建设为题材的民族民间节目歌伴舞《梦幻八寨》等重点作品。市演出公司先后承接各种演出73场次，收入43000元。

【艺术作品比赛获奖】 年内，全市共有40多个文艺作品参加各种比赛，获得全国、自治区级奖励37个。比如，小品《钓鱼》获第六届中国戏剧文学奖·小型剧本二等奖。在第七届广西剧展中，海歌小戏《豪叔与秀姑》获“桂花金奖”，小品《夜半敲门声》和小话剧《老爸有三个儿子》分别获“桂花铜奖”。组织舞蹈《虾灯闪闪催人忙》、《粤韵》、《陶梦》，歌曲《勾玛花裙飘呀飘》等作品参加第五届广西音乐舞蹈比赛，共获一等奖3个、二等奖2个、三等奖7个。组织选送6个文艺节目参加第十五届“八桂群星奖”总决赛，歌伴舞《梦幻八寨》获金奖，舞蹈《采蕉娘》、渔歌男女声二重唱《棹船调》获银奖，小品《人情债》获铜奖，曲艺《农伯追梦》、舞蹈《盼》获优秀奖，市文化局获优秀组织奖；同时上送美术、摄影、书法作品27件参赛，获一等奖4件、二等奖5件、三等奖3件、优秀奖2件。组织选送28个节目参加“广西第三届少年儿童艺术比赛”的声乐、舞蹈、艺术表演、钢琴、书法五个大类的比赛，获得金奖2个、银奖15个、铜奖8铜、优秀奖3个，市群众艺术馆获得优秀组织奖。配合市委宣传部组队参加“全区爱国歌曲大家唱”比赛，获得三等奖。

【美术书法作品创作】 全年创作美术书法作品100多件，其中有50多幅作品发表在地市级以上各类报刊杂志上；有20件美术作品入选“庆祝中华人民共和国成立60周年广西美展”，其中有2件获一等奖并入选全国美展、6件获自治区优秀作品奖、2件获三等奖。黄道鸿创作的国画作品《荷香远》，入选广西漓江画派精品展，选送台湾展出，并编入广西精品集。吴冠峰创作的作品《老宅》获“庆祝中华人民共和国成立60周年广西美展”一等奖并入选全国美展。黄岳逢创作的书法作品获全国硬笔书法大赛金奖、广西第十五届“八桂群星奖”比赛老年组书法类一等奖及广西统战系统三等奖。

【主题文艺晚会及节庆文化活动】 全市成功举办了钦州市迎春团拜会文艺演出、新春广场文艺演出、迎新春粤剧专场晚会、2009年元宵文艺晚会、“我邀明月颂中华”诗歌朗诵晚会、钦州市第四届体育运动会开幕式大型文体表演、庆祝中华人民共和国成立60周年大型文艺晚会、庆祝撤地设市15周年文艺演出、钦北区“爱我钦北”文艺晚会等各类公益性晚会和演出60多场。

群众文化

【“和谐之声”百场文艺演出进农村活动】 4月22日晚，2009年钦州市文化惠民工程“和谐之声”百场文艺演出进农村——婚育新风进万家宣传活动在钦北区大直镇正式启动。市委常委、副市长、宣传部长徐贵等领导出席启动仪式。“和谐之声”百场文艺演出进农村活动由钦州市委宣传部、钦州市文化局主办，主要由市歌舞团、市粤剧团、浦北县歌舞团、灵山县文工团等4个专业艺术团体承担演出任务，演出内容有廉政文化宣传、婚育新风进农村和科学发展观进农村宣传演出等。全年共演出174场，其中计生演出20场，观众达51万人次。

【“快乐周末”社区广场文化活动】 4月26日晚，由市委宣传部、市文化局主办，市群众艺术馆承办的“快乐周末”社区广场文化活动在钦州湾广场正式启动，当天晚上市老年大学协助举办了庆“五一”国际劳动节文艺晚会。通过“快乐周末”这个平台，全年共举办了各类社区文艺演出、社区书画展览、广场粤剧表演、广场采茶戏、文物和非物质文化遗产展览等活动22场，观众达6.6万人次。“快乐周末”文化惠民系列活动深受广大市民的好评，各级新闻媒体对活动的开展作了相关的报道。

【农村文艺人才培训】 承办“钦州市2009年农村文艺人才培训班”。培训班由市文化局主办、群众艺术馆承办。培训内容有词曲创作浅谈、舞蹈创作的要点和小品艺术的探讨等，由市群众艺术馆的艺术家劳小玉和罗小林主讲辅导。这次培训班分为两期，第一期为11月18日，培训的对象是来自钦北区11

个乡镇的文艺骨干;第二期为11月20日,培训的对象是来自钦南区17个乡镇和街道办事处的文艺骨干。两期共培训人员120人。

【青少年艺术教育】 市群众艺术馆利用馆内外场所举办假期及长期少年书画培训班、少年舞蹈培训班、现代舞和芭蕾舞培训班共11期,学员有400多人次,并有100多人次在全国、省、市级获一、二、三等奖和优秀奖。同时还举办青少年各门类才艺比赛。

【群众文化辅导】 市文化局、群众艺术馆派出专业人员到钦南区文昌社区、文峰社区、江滨社区、钦南区老人协会等指导开展群众文化活动,深受群众欢迎。市群众艺术馆戏剧曲艺科专业人员创作、辅导、导演10个单位13个节目参加各种文艺演出、比赛。取得较好的成绩,其中创作、辅导音乐快板《拜年来了》和电视小品《天翼飞翔》分别获广西冶金系统文艺汇演一等奖和全区电信系统电视小品比赛一等奖。市群众艺术馆美术书法摄影科专业人员协助、辅导政协钦州市委、钦州市纪委、市国土资源局和市监察局等部门在市行政中心布置"庆祝政协成立60周年书画摄影展"和"钦州市'源清杯'书画作品展",举办"魅力钦州湾"全国名家写生作品展、全市摄影作品展、安州人艺术沙龙美术作品展、新"概念"艺术摄影展等。

【对外文化交流】 8月22日至25日,四川省川剧院应钦州川渝同乡会的邀请到钦州进行文化艺术交流。8月23日晚,川剧院在钦州湾广场举办了一场具有四川特色的川剧文艺演出,川剧院党委书记、院长、国家一级演员陈智林等艺术家们表演了《变脸》、《吐火》等特色节目,深受群众欢迎。

【文化先进县复查】 7月21日,以国家图书馆副馆长魏大威为组长的文化部全国文化先进县检查组到浦北县进行复查,自治区文化厅副厅长陈映红、市政府副秘书长谢雍飞等领导陪同检查。检查组当天先后深入浦北县福旺镇、小江镇文化活动中心和县博物馆、文化馆、图书馆、江滨文化休闲广场等地实地检查。实地检查后,检查组在浦北县政府会议室召开汇报会,听取了浦北县的工作汇报。10月26日,国家文化部印发了《文化部关于全国文化先进县复查结果的通知》,浦北县作为全国文化先进县复查合格,继续保留荣誉称号。浦北县已经保持这一荣誉称号18年。

【基层文化基础设施建设】 4月,总投资600多万元的浦北县新文化馆、新图书馆建成投入使用。10月,总投资416万元的灵山县佛子镇、平南镇综合文化站和钦南区久隆镇、龙门港镇、沙埠镇、大番坡镇、东场镇、那思镇及钦北区小董镇、大直镇、贵台镇、平吉镇、那蒙镇等13个乡镇综合文化站全面竣工。12月,总投资40万元的钦州城区5个小戏台有4个建成投入使用,1个在选址中。此外,利用国家和自治区补助资金276.2万元,为13个乡镇文化站各配套10万元的设备,为38个村图书室各购置4265元文化设备,为65个村级文艺队共购置130万元文化演出设备。

公共图书馆

【公共图书馆服务】 市图书馆全年购进新书5451册,订阅报纸55种68份,期刊285种;征集地方文献和接受赠书共3600册;建成书刊数据库条目7706条;全年装订报纸52种386册,期刊2255册。全年新增借书证465个,少儿读者实行免证阅览。全年接待读者82680人次(其中图书外7580借人次,期刊外借4015人次,书刊内阅18355人次,电子阅览室及通过共享工程平台网上读者52730人次)。全年书刊外借53623册次,其中图书外借28893册次,期刊外借24730册次。

【文化信息资源共享工程】 争取到中央和自

治区专项资金130.65万元，用于全市文化信息资源共享工程建设。市级分中心添置了20台电脑、1套监控设备、3套防盗仪、2套触摸检索仪，进一步增强公共服务能力。浦北县图书馆建成了“共享工程”县级分中心。全市还建设村级共享工程网点30个。市图书馆派出计算机网络技术人员参加各种培训16人次，提高了管理人员的业务技能。

【图书馆文化下乡活动】 5月16—22日，市图书馆参与全市2009年“全国科技活动周”活动，出版了开展科技活动的图片板报，先后到钦南区东场镇、钦北区小董镇等地进行科普宣传，共发放科普宣传资料2000多份。开展“图书馆宣传服务周”活动，出版了一期“回顾图书馆事业发展30年”的黑板报，采编了有关生活、医疗保健、动漫等方面的影视资料，在钦州湾广场免费为观众播放。10月28日至29日，市图书馆参与钦州市“十月科普大行动”活动，分别到灵山县武利镇、浦北县寨圩镇开展活动，发放科普资料2000份，并编辑录制活动解说词。市图书馆与市七小开展共建图书馆活动，派出专业人员对市七小图书馆建设进行业务指导。市图书馆全年送书10多次，共计送书2000多册。

【古籍普查保护】 2月，市图书馆派李海先参加第二期全国少数民族古籍保护和修缮研修班，并于3月份举办了一期古籍普查保护培训班，对全市各县区负责古籍工作的人员进行培训。全市共普查登记古籍2000多册。

【全国第四次公共图书馆评估】 按文化部的通知，7—8月对全国市、县级公共图书馆进行评估。市成立了由市文化局熟悉图书馆工作的领导、市图书馆副高以上专业职称和熟悉图书馆评估标准专家组成的评估组，对市图书馆、灵山县图书馆、浦北县图书馆进行检评。8月3—5日，市评估组分别对灵山县图书馆和浦北县图书馆进行评估。灵山县图书馆申报一级县级馆顺利通过自治区抽检，浦北县图书馆保持国家三级县级馆称号。

文化市场

【文化市场专项整治行动】 从4月份开始，全市全面开展净化社会文化环境活动，大力整治校园周边文化环境，严厉打击校园周边违法违规文化经营行为，对学校周边的文化经营项目进行严格把关和管理，打击经营不良文化产品行为。实施歌舞娱乐场所阳光工程，严禁容留中小学生娱乐消费。6月至7月，全市开展为期2个月的“黑网吧”专项整治行动，出动人员258人次，共取缔“黑网吧”16家。

【文化市场稽查整治】 全市共检查网吧3951家次，取缔黑网吧16家，责令整改256家次，责令停止整顿15家，罚款97750元。共检查歌舞娱乐场所1256家次、取缔6家、责令整改50家次。检查游艺娱乐场所3411家次、取缔21家、责令整改86家次。大力整治音像市场，开展“扫黄打非”集中整治4次，检查经营单位1461家次，收缴非法音像制品17006盒，责令停业整改经营户6家。

【文化市场执法人员及经营业主培训】 全市共举办文化市场执法人员和经营业主培训班6期，培训执法干部和经营业主1200多人次。通过培训提高了执法人员的业务水平和经营业主的守法经营、文明经营意识。

文化产业

【文化产业经营】 年内，全市共有各类文化经营场所1091家，其中网吧307家、印刷复制企业167家、文化休闲娱乐场所68家、音像店200家、出版发行企业(电子出版物)177家、专业演出团体4家、电子游艺厅168家。全市文化从业人员5322人，年产值约29906

万元，总利润4062.01万元，上交税金1792.74万元，文化产业产值占国民经济的比重为0.76%。2009年全市产值1000万元以上的企业10家。

【文化产业发展规划】 市政府投入资金18万元，由市文化局委托广西纵横文化发展有限责任公司编制《钦州市文化产业发展规划(2009—2015)》，年底完成了初稿，正在进一步修改完善。

文化遗产

【第三次文物普查】 全市四个普查工作队共实地普查61个乡镇(街道办事处)、926个村委会(社区)、13897自然村，完成野外实地普查工作，自然村到达率为100%，共普查文物点475处，其中复查300处，新发现175处。按国家文物局颁布的技术标准和规范填写普查登记表和录入电脑。新发现的钦南区龙门港镇和犀牛脚镇的古炮台遗址、犀牛脚镇龙眼山村古运河、犀牛脚镇黄金墩岭贝丘遗址、犀牛脚镇丹寮村古烽火台遗址、东场镇的雅子冲古窑遗址、钦北区长滩镇古勉新石器时代遗址、平吉镇下红泥沟古城遗址，浦北县发现的许多山岗遗址，灵山县发现的许多古民宅、古村落等都具有较高的历史、文化、旅游价值。

【文化遗产宣传活动】 为纪念和宣传国际博物馆日和我国第四个文化遗产日，市博物馆与市群众艺术馆出版了宣传墙报8版，发放宣传资料3000多份。5月17日晚，在刘永福广场举办了专场文艺晚会，现场进行了文化遗产有奖知识问答等活动，取得了良好的社会宣传效果。

【文物保护单位管理与申报】 完成灵山大芦村、浦北越州古城遗址申报国家级重点文物保护单位的有关工作。积极推进刘冯故居向社会免费开放工作。面向社会公开招聘了3名刘冯故居讲解员，并对新招聘的讲解员进行了业务培训。5月，灵山佛子镇大芦村明清古建筑群、浦北县小江镇伯玉公祠、浦北县小江镇大朗书院等3处古迹被确定为第六批自治区级文物保护单位。

【文化遗产学术交流活动】 10月，召开了刘冯研究会2009年度年会，总结了近年来刘冯研究会取得的成果，选举了新的领导组织机构，布置了新的工作任务。11月19日至27日，为纪念民族英雄刘永福赴台抗击日本侵略115周年，钦州市"追寻刘永福在台足迹"考察组一行6人赴台湾开展了为期8天的文化交流活动，挖掘了许多刘永福在台湾抗日期间的史料。12月3日至5日，由自治区台湾事务办公室和钦州市政府主办，钦州市台湾事务办公室承办，台北市广西同乡会、广西历史学会、钦州市委宣传部、钦州市文化局、钦州市海外联谊会、市刘冯研究会协办的"海峡两岸纪念刘永福学术研讨会"在钦州举办，两岸嘉宾、专家学者65人出席研讨会。研讨会主题是"纪念刘永福赴台抗日115周年——缅怀刘永福事迹、弘扬刘永福精神"。活动以刘永福援越抗法和赴台抗日为主线，通过撰写论文、座谈研讨、参观考察等，广泛深入地挖掘寻找刘永福的英雄历史事迹。

【非物质文化遗产保护】 非物质文化遗产普查收尾工作基本完成，共普查收集和整理了非物质文化遗产项目及线索4477个，初步建立了全市非物质文化遗产档案和资料库，聘请广西师范大学刘村汉教授编写20多万字的《钦州市非物质文化遗产选萃》一书。5月，李人帡被评为第三批国家级非物质文化遗产项目钦州坭兴陶烧制技艺代表性传承人，卢德辉(坭兴陶)、劳传永(灵山烟墩大鼓)、周武良(钦北跳岭头)等3人被评为自治区第二批非物质文化遗产代表性传承人。5月，公布了钦北区“八音”等9项市级非物质文化遗产名录。完成了民俗舞蹈“跳岭头”、灵山烟墩大鼓申报国家级第三批非物质文化遗产项目的有关材料。

县域文化

【钦南区】 年内，久隆、龙门港、大番坡、沙埠、东场和那思等六个乡镇综合文化站建设全部竣工。每个综合文化站建筑面积不少于400平方米，投资32万，项目概算总投资达192万元。加强区内采茶剧团的扶持力度，为水东、少珠、新联和兆雅等四个区内采茶剧团配备了总价值8万元音响设备。

组织节目参加全市“我邀明月颂中华”——历代经典爱国诗词配乐朗诵比赛，荣获三等奖；组织区内文艺骨干19人作为市合唱队成员参加了自治区庆祝国庆60周年“爱国歌曲大家唱”歌咏大赛；组织区内优秀节目参加自治区第十五届“八桂群星奖”比赛，舞蹈《棹船掉》荣银奖。

开展了“钦南区各界人士迎春茶话会”、“钦南区贺新春文艺专场”、“钦南区庆祝中华人民共和国成立60周年暨人民政协成立60周年茶话会”等活动。组织社区和乡镇文艺队在城区的钦州湾广场、刘永福广场、梦园广场及街道社区举办“快乐周末”社区广场文艺演出活动11场，开展“和谐之声”文艺演出进农村活动26场，观众累计达2万人次。

开展文化市场专项整治行动和“扫黄打非”以及“净化校园周边环境”工作，全年共收缴盗版光盘1000多张，关闭违规电子游戏经营场所5家，收缴销毁各类电子游戏机以及游戏主板17台(块)，查处非法“网吧”8家，没收电脑12台；取缔无证经营书刊、音像制品店、游商、地摊25家。

配合市博物馆抓好第三次全市文物普查工作。继续抓好非物质文化遗产保护工作，全区共收集非遗线索2018条，调查项目1059个，发掘整理了一批重要非物质文化遗产项目。调查项目涵盖民间文学、民间音乐、民间舞蹈、曲艺、民间美术、传统手工艺、传统戏剧、传统医药、民俗和杂技与竞技等10个门类。

【钦北区】 小董镇、平吉镇、大直镇、贵台镇、那蒙镇等5个乡镇综合文化站全部竣工，每个文化站面积在400平方米以上，总投资160万元。投入8.5万元扶持17个镇村级文艺队，每个文艺队获得扶持资金5000元，主要用来购买音响设备、演出设备、服装等；深入推进文化信息资源共享工程建设，建成15个村级文化信息馆。

组队代表钦州市参加自治区庆祝中华人民共和国成立60周年合唱比赛，荣获三等奖；参加钦州市庆祝中华人民共和国成立60周年“我邀明月颂中华——历代经典爱国诗词配乐朗诵比赛”，荣获三等奖以及优秀组织奖；10月，民族民间节目歌伴舞《梦幻八寨》代表钦州市参加自治区第十五届“八桂群星奖”比赛，荣获金奖。成功举办了“爱我钦北”文艺晚会、春节团拜会等专业文艺晚会。

全年共开展“送戏进农村”、“送戏进社区”、“送戏进学校”、“送戏进企业”活动20多场次，观众达6万多人次。年内送书下乡3万余册，下乡指导文艺工作20多次。组织农村文艺队、民俗表演队、采茶队开展乡村群众文化活动，据不完全统计，城区老干文艺队、小董曲艺队和舞龙舞狮队、大寺曲艺队和跳岭头队、大直采茶队、那蒙八音班等业余文艺队全年为群众演出120多场次，观众达10多万人次。区直机关、学校、企业开展文体活动多达200场次。抓好贵台镇八寨沟民族村、那蒙镇樟木村、小董逍遥村、南蛇洞村等农村文化致富工程试点村的规划和建设，打造农村文化致富工程的亮点。

区文体局会同区关工委、区直有关单位、

乡镇人民政府聘请30多名市、区、镇人大代表、政协委员、老党员、老干部及热心群众为文化市场义务监督员。全年共开展以整治未成年人员进入网吧、查禁"黄赌毒"和无证经营行为稽查活动30多次，对辖区的49家网吧和90多家文化经营单位摊点进行了全面检查，查处无证经营场所5家，取缔无证经营场所5家，停业整顿经营场所3起，作出行政处罚3起；查处销售违法音像制品6起，收缴销售违法音像制品980余盒(张)。举办法律法规培训班2次，受训人员300多人次，对经营业主实行持证挂牌上岗制度，开展创文明网吧、绿色场所竞赛活动，促进经营者规范经营。在中小学举行远离网吧签字仪式，开展文化教育活动。

配合上级部门做好文物和非物质文化遗产的普查保护工作。年初，拨出专款用于非物质文化遗产保护和普查，全年共开展非物质文化遗产保护调查10多次，出动人员50多人次，收集到300多条有价值的民族民间文化遗产信息。此外，还积极开展钦北历史人物和民俗风情的调查和调研等工作。

【灵山县】 灵山县文化和体育局属灵山县政府文化和体育工作的行政主管部门，局长1人，副局长4人，纪检组长1人。内设办公室、社会文化股、艺术股、群众体育股、竞技体育股、文化市场股、财会股，在编在职人员16人，由县财政全额拨款。隶属管理的文体单位有县文化馆、县图书馆、县博物馆、县文工团、县演出管理站、县文化市场管理办公室、县文化稽查队、县业余体校、县新华书店。

年内，完成了投资85.7万元图书馆维修工程；投资64万元的佛子镇、平南镇综合站建成投入使用；第四批扩大内需投资160万元的灵城镇、新圩镇、石塘镇、沙坪镇、文利镇、伯劳镇综合文化站实现开工建设。乡镇文化站60万元设备购置到位，农村文化以奖代补专项资金共90.5万元落实到农村文化演出队开展文化活动。

元旦组织开展社区曲艺演唱会，春节期间组织社会文化艺术业余爱好者开展春联比赛、诗词征集、书法进农家、篆刻临摹楹联书法展等活动30多场次。五一、七一、国庆等重大节日先后举办专题文艺晚会、大中专学生文艺演出、新农村歌手大赛、中小学生教师歌咏比赛等活动。开展文化惠民工程——"快乐周末"广场文艺演出达50场次，观众达15万人次。

完成了文物普查第二阶段工作任务，完成了全县镇级120个文物点的普查工作，新发现10多个文物点。佛子镇大芦村古建筑群被评为自治区级古建筑文物保护单位，太平镇镇南村泗峡坳被评为自治区级近现代重要史迹及代表性建筑文物保护单位。收集整理非物质文化遗产线索1000多条，有《烟墩大鼓》一个项目列入自治区级文化遗产名录，劳传永被评为自治区第二批非物质文化遗产《烟墩大鼓》的代表性传承人。有《灵山跳岭头》、《丰塘炮期》、《佛子镇大芦村楹联》等3个项目列入市级第二批非物质文化遗产名录；公布了6项县级非物质文化遗产名录。

已初步形成了电影市场、音像市场、书报刊市场、民族民间文化市场、文化娱乐市场、网络文化市场等文化市场体系。全县共有录像影视厅10间，音像制品出租、零售摊(点)61个，演出管理站1个，KTV娱乐12家，游戏室117家，网络文化经营场所74家，就业人员达950人。2009年10月举办了全县文化市场经营单位法人代表、管理人员法律法规培训班，为加强行业自律、依法经营，成立了灵山县文化娱乐协会，有效地净化了全县的文化市场。

由灵山县委、县政府主办的"2009·灵山荔枝节"于6月18日—6月27日在灵山县城举行，活动的主要内容有：灵山荔枝(北京)宣

传推介会，全国第五届农产品批发市场联络员大会暨农产品流通（钦州）论坛活动，美食一条街暨第二届灵山风味菜肴特色小吃评选，广西电视台《夺宝奇兵》（荔枝趣味竞技系列）活动，名特优产品展示展销会、灵山荔枝展销一条街、名特优产品展示展销会，品牌汽车、农机展示展销会，家电下乡产品销售一条街，服饰房产展销会，走秀演示晚会，旅游景观宣传推介活动、龙舟赛等。本届荔枝节规格之高，客商参与人数之多，是历届之最。期间吸引了新华社、《人民日报》等中央驻桂、香港驻桂和昆明、贵阳、成都“西南三市”以及自治区、钦州市等共60多家新闻媒体90多名记者前来采访报道。

【浦北县】 年内，投资196万元开工建设张黄等7个镇的综合文化站；开工建设了“两馆三中心”的体育馆和博物馆；为23个村屯文艺队配置器材和活动经费；浦北文化艺术中心基本完成了主体工程建设。全县拥有镇图书馆（室）16家，村级图书馆（室）226家。

舞蹈《采蕉娘》获“八桂群星奖”银奖；彭卫斌的油画作品《春光》、《蕉乡人家》分别获第十五届“八桂群星”金奖和优秀奖。县文化馆彭卫斌创作的《生活空间》和黎均桓创作的《远山的歌》参加全市画展被评为一等奖。

全年共举办广场文化活动共60次，观众达23.3万余人次。以县文化馆为平台举办了舞蹈、美术、书法、声乐等培训班，培训文艺骨干617人次，辅导社区健身队30多支2800人次。

全年“送书下乡”89次1599册，争取上级赠书42500多册，举办了“全县中小学生读书”比赛、“中小学暑期天天读书活动”等。县图书馆根据读者的实际需要，开展“流动图书馆”活动，解决社区、村民看书难的问题。全年馆内接待读者13000人次，图书流通2500册次。

年内，会同县精神文明办、关工委、公安、工商、消防等部门开展文化市场专项整顿活动，共检查场所55余家次，出动人员87余人次，出动车辆27余台次，查处取缔3家无证游戏室，收缴电脑版26块，责令6家违章业户整改。对全县55家“网吧”进行了重新核查，对未达标的业户提出了警告，责令限期整改。举办网吧经营业主培训班3期，参训人员100多人次。邀请离退休老党员、老干部、老教师担任网吧义务监督员。

基本完成浦北境内的野外普查工作，新发现了一批山岗遗址。完成了县境内的非物质文化遗产20项120条的登记编制工作。

7月21日，以国家图书馆副馆长魏大威为组长的文化部全国文化先进县检查组到浦北县进行复查，自治区文化厅副厅长陈映红、市政府副秘书长谢雍飞、市文化局局长林钦娟等领导陪同检查。10月26日，顺利通过了国家文化部检查组的复查评估，再次保持了“全国文化先进县”称号。开展文化馆、图书馆定级复评，县文化馆保持国家二级文化馆称号，县图书馆被保持国家三级文化馆称号。

贵 港 市

全市文化工作综述

2009年，贵港市文化工作以加强公共文化服务体系建设为主线，以“文化项目建设工程、文化惠民工程、农村文化致富工程”为载体，解放思想，扎实工作，各项工作取得新进步。

公共文化服务体系建设得到加强。年内，市图书馆已开工建设；市博物馆开工奠基；市文化艺术中心一期工程已完成了初步设计。2008年底新增中央投资的9个乡镇文化站建设已全部建成。第四批中央、自治区投资的18个乡镇文化站已开工建设。为23个乡镇综合文化站、121个行政村文化信息共享工程服务点设备配备工作已经完成；积极争取经费为市图书馆、市群艺馆、市歌舞剧团进行了房屋维修或设备更新，提升了各馆的服务能力。

文艺创作又创佳绩。投入16万元，精心打造艺术精品。2009年，共有18个节目获得自治区专业比赛奖项33项。选送的舞蹈《夫妻哨所》参加第五届广西音乐舞蹈比赛获节目、表演、作曲三个一等奖和编导二等奖；独唱《和你在一起》获三等奖。选送的小粤剧《九品官上树》参加第七届广西戏剧展小戏小品展演获桂花银奖、编剧奖、优秀导演奖、优秀作曲奖；小品《夫妻哨所》获桂花铜奖。小粤剧《九品官上树》参加广西第十五届“八桂群星奖”决赛获金奖，舞蹈《雨中小曲》和舞蹈《白领变奏曲》获铜奖；贵港市文化局在第五届广西音乐舞蹈比赛和广西第十五届“八桂群星奖”决赛中获组织奖。贵港市“荷之灵”合唱团参加自治区组织的广西壮族自治区庆祝中华人民共和国成立60周年“爱国歌曲大家唱”歌咏大赛三等奖。桂平市金凤凰合唱团获全国首届农民合唱比赛金奖。另外，在9月底我市举办的第二届“荷之韵”广场文化节中，有50多个节目和70多位文艺工作者分别获奖。通过参赛，贵港市的文艺创作水平和表演水平得到提高。

群众文化活动丰富多彩。年内，成功举办了第二届“荷之韵”广场文化节，精心组织了“中银之春”新春音乐会、三下乡慰问活动、农民工主题巡演等大型文艺演出。结合庆祝中华人民共和国成立60周年文化活动，举行各种主题大型文艺演出10场次。以节庆日为契机，举办各种文艺活动。元旦春节期间，在贵港、桂平、平南三个广场举办大型文艺演出40多场次，社区举办文艺演出80多场次，艺术摄影展15场，业余文艺队在乡村演出120多场次。此外，五一、五四、七一、八一、十一等重要节日，我市都举办了形式多样、内容丰富的文艺活动18场次，进一步丰富了群众的文化生活。

文物保护扎实推进，文化传承取得新成绩。年内，组织开展贵港市第三次文物普查工作，普查文物点652处，其中复查登记不可移动文物点290处，登记新发现不可移动文物点179处，登记消失文物点183处。

加大宣传，非物质文化遗产的保护工作有了新进展。重点抓好非物质文化遗产的保护宣传。6月12日我市在新世纪广场举办“2009年文化遗产日”系列宣传活动，主要内容是展示我市28个非物质文化遗产项目的图片和我市部分珍贵文物图片以及民间艺术

展演，桂平、平南也开展了相应的活动。通过这些活动，进一步提高全市广大群众文化遗产保护的自觉性，引导人民群众珍惜文化遗产、保护文化遗产。到目前止，我市认真组织实施收集挖掘非物质文化遗产信息线索3577条，专题普查重点项目96项，有54项列入县级非物质文化遗产名录，28项列入贵港市级非物质文化遗产保护名录，有8项列入自治区级保护名录，收集、整理资料，出版第一辑《贵港市非物质文物遗产丛书》。

规范文化市场管理，促进文化产业发展。以网络文化市场、娱乐市场为重点，突出抓好净化社会文化市场工作，在网络市场结构调整、日常监管等方面，强化依法行政，维护了文化市场秩序，净化了环境，确保了全市文化市场健康有序发展。年内，全市各级文化行政部门共举行多次专项整治行动，严厉打击了文化市场各类非法经营行为和违法犯罪活动，保障了公民的合法权益，维护了社会的稳定。

专业艺术

【舞台艺术作品获奖情况】 年内，共有18个节目获得自治区专业比赛奖项33项，其中，选送的舞蹈《夫妻哨所》参加第五届广西音乐舞蹈比赛获节目、表演、作曲三个一等奖和编导二等奖；独唱《和你在一起》获三等奖。选送的小粤剧《九品官上树》参加第七届广西戏剧展小戏小品展演获桂花银奖、编剧奖、优秀导演奖、优秀作曲奖；小品《夫妻哨所》获桂花铜奖。小粤剧《九品官上树》参加广西第十五届“八桂群星奖”决赛获金奖，舞蹈《雨中小曲》和舞蹈《白领变奏曲》获铜奖；贵港市文化局在第五届广西音乐舞蹈比赛和广西第十五届“八桂群星奖”决赛中获组织奖。贵港市“荷之灵”合唱团参加自治区组织的广西壮族自治区庆祝中华人民共和国成立60周年“爱国歌曲大家唱”歌咏大赛三等奖。桂平市金凤凰合唱团获全国首届农民合唱比赛金奖。

【“平安贵港”法制宣传巡演】 6月，结合法制宣传工作，与政法委共同创作排练了“平安贵港法制宣传巡演”节目，共开展巡回演出30场次，进一步提高了群众的法律意识，增强了遵纪守法的自觉性，为构建和谐社会进一步夯实基础。

群众文化

【节庆文化活动】 年内，贵港市各级党委、政府高度重视，投入专项资金开展节庆日群众文化活动。2009年元旦春节期间，在贵港市、桂平市和平南县三个广场举办大型文艺演出40多场次，社区举办文艺演出80多场次，艺术摄影展15场，业余文艺队在乡村演出120多场次。五一、五四、七一、八一、十一等重要节日，共举办形式多样、内容丰富的文艺活动18场次，丰富群众的节庆文化生活。

【第二届“荷之韵”广场文化节】 9月23日—10月11日，由贵港市委、市政府主办，贵港市委宣传部、贵港市文化局承办的第二届“荷之韵”广场文化节活动暨国庆系列活动成功举办，在近10天的时间里先后举行了“唱响西江”大型文化晚会、“辉煌60年、放歌中华人民共和国”全市职工文艺调演、“和谐颂”全市公安系统大型文艺晚会、“我们的生活多美好”全市社区文艺汇演、“中强普罗旺斯杯”粤曲演唱比赛、“歌唱祖国”大型歌咏晚会、全市反腐倡廉文艺汇演、“坛鑫·御江名城杯”交谊舞大赛、全市中小学文艺展演、建国60周年贵港市成就展、全市美术书法摄影作品展等系列活动。整个广场文化节活动主题鲜明、内容丰富、形式多样，深受市民的欢迎，参与群众达8万人次。

【中银之春音乐会】 1月6日，由中国人民银

行贵港分行提供赞助，贵港市文化局主办，由德国汉诺威莫扎特交响乐团表演的中银之春迎新音乐会在贵港市行政中心大会堂举行。音乐会促进了贵港人民与德国之间的文化交流，丰富了人民群众新年期间的文化生活。

【特色文化活动】 贵港市加强了对特色文化的扶持和挖掘，逐步形成各县市区的文化特色。贵港市城区每年举办一届“荷之韵”广场文化节，平南县注重扶持粤剧、牛歌戏等业余团体，长年深入乡村进行演出、比赛；桂平市打造文化广场演出、西山民俗文化节；港北区打造社区文化艺术节；覃塘开展“三月三”壮族山歌文化节；港南区开展南山民俗文化节等。

【文化下乡】 年内，坚持开展文化下乡工作，年内组织文化事业单位、文艺团体开展“送书、送戏、送文化科技”下乡活动。向驻贵部队送书3600册，向基层文化室送书2000册，送科技资料400张刻录光盘，送戏下乡62场次，桂平、平南文工团和三区的业余文工团下乡演出80多场，市博物馆送法制宣传资料2000多份。桂平、平南文化下乡活动也搞得有声有色。据不完全统计，今年全市送戏下乡150多场，送书18000多册，送科技资料30000份。

【文化先进县、文明社区创建活动】 年内，贵港市把创建文化先进县区、文明社区的活动当做一项重要任务，加强指导，加大投入，有力推动精神文明建设的开展，并取得了可喜的成绩，桂平、平南“先进文化县”的通过了复评工作，确保了“先进文化县”荣誉称号。港北区石羊塘社区在全国第六届“四进社区”活动中，荣获中宣部、中央文明办颁发的“全国文化先进社区”的荣誉称号，平南县大安镇被文化部命名为“中国民间文化艺术之乡”。

【新农村文化致富工程】 年内，贵港市继续实施“新农村文化致富工程”试点村取得新成效。各级各单位共投入资金50万元，为20个试点村配备电脑29台，图书10000册，书架5套，建起宣传橱窗1500平方米，聘请专家为农民讲授科学种养技术讲座27期，送戏下乡18场，送科技电影下乡36场，使试点村“文化致富工程”取得明显成效。乡村公共文化设施进一步改善，生态环境进一步优化，农民整体素质进一步提高，村风、民风进一步好转，农民的收入进一步增加。

公共图书馆

【文化信息资源共享工程建设】 年内，贵港市进一步加大了文化信息资源共享工程的投入力度，争取上级专项资金150多万元，完善了桂平、平南县两个文化信息共享工程分（支）中心的建设。承担贵港市文化信息资源共享工程分中心工作的贵港市图书馆，继续加大对桂平、平南县两个文化信息共享工程分（支）中心的技术指导和远程维护工作。指导全市新办了文化信息资源共享工程乡镇基层服务点23个，村级服务点57个，扩大了服务范围，使文化信息资源惠及更多的老百姓。

【农村党员大培训】 市图书馆利用文化共享工程资源配合全市农村党员大培训活动，刻录光盘400张（其中有《太行山上》等优秀电影、视频资料《优秀基层代表访谈录》及一批农村种养实用技术资料）供农村党员培训使用。

【未成年人思想道德建设活动】 图书馆利用文化共享工程资源配合开展未成年人思想道德建设活动。寒暑假期间，开辟文化共享工程视频放映学生专场，共为学生免费放映（投映）爱国主义教育电影及儿童喜欢的动漫片累计110场。

【中小学网页制作大赛获奖】 3月份发动中小学生参加全区第二届中小学生网页制作大

赛，中学组获二等奖1名，小学组获一等奖1名（同时获得最佳创意奖）、三等奖一名。

【视频展播】 利用文化共享工程资源开展节日文化活动。春节、“五一”、国庆等三大节日，每个节日均举办7天“文化信息资源共享工程优秀节目展映”活动，用投影仪免费为群众播映文艺节目、知识讲座等，营造喜庆氛围，丰富节日文化生活。

【图书馆业务活动】 全市3个公共图书馆年内购书经费10万元，订报70种，期刊336种，购进新书5000册。年借、阅及电子阅览室上网读者50多万人次。全年送书下乡、下基层为民服务3000册，编印种、养知识资料10000份免费发放，为群众致富提供信息。5月，以“读书——我的精神憩园”为主题，开展学生读书征文活动，引导青少年多读书、读好书。

【文化信息资源共享工程】 文化信息共享工程推进有力，桂平市、平南县投入资金达150多万元，购置电脑近100台，分别建立了文化信息资源共享工程县级支中心，同时还新建了一批乡镇文化信息资源共享工程服务点，把优质的文化资源通过共享工程网络送进农村千家万户。图书馆在春节、五一节、国庆节等节假日，均举办“文化信息资源共享工程优秀资源展映”，利用投影仪为市民公映爱国主义教育电影及优秀文艺节目，举办知识讲座等，丰富群众节日文化生活。

【警民共建图书室】 3月27日，市图书馆与武警贵港市支队在武警支队大院举行了简朴而隆重的“警民共建图书室”挂牌仪式，首次将“共建”的牌子挂到了军营。贵港市政协副主席王承之、市委宣传部副部长姚启渊、市文化局副局长陈友林和市图书馆干部职工及武警贵港市支队的全体官兵共400多人参加了挂牌仪式。当天，市图书馆还向武警贵港市支队赠送图书500多册，今后还将定期向该图书室更换图书、资料，通过“共建图书室”的方式建立“知识拥军”的长效机制，充分发挥市图书馆的资源优势，不断创新军民共建、警民共建活动的内容和方式，为“双拥”工作提供新的经验。

文化市场

【文化市场日常稽查工作】 年内，贵港市围绕“净化社会环境”这个主题，开展了专项整治行动。为了落实全国净化社会环境会议精神，开展为期4个月的净化社会环境专项整治活动。对中小学校周边环境、网吧和电子游戏场所违规接纳未成年人、音像市场盗版音像制品和文艺演出市场进行了清理，共查缴非法盗版音像制品16114张（盒），责令改正9家（次），取缔一家，警告3家。受理电子经营场所举报23件，警告63家，立案39件，办结36件，取缔17家，罚款8.55万元。

【文化市场集中整治行动】 围绕确保国庆60周年活动期间的平安稳定，“贵港市文化市场集中整治行动”。由贵港市委宣传部、文化、公安、工商、文明办、扫黄打非办、教育局、新闻出版局、公安消防支队等单位联合开展“贵港市文化市场集中整治行动”。全市共出动稽查3081人次，检查文化经营场所3433家（次），清理学校周边环境11次，处罚违规经营场所51家，取消无证电子游戏经营点13个，消除安全隐患19处，通过联合执法，集中整治，确保了国庆期间文化市场安全稳定。

【整治低俗之风行动】 为了整治网吧中的色情有害节目和非法游戏以及黄色淫秽音像制品，在全市开展“整治低俗之风行动”。出动执法人员258人（次），检查清理文化经营场所1683家，删除带有淫秽情节的网吧电脑下载节目13个，清除并删除第六批违法游戏512家，收缴带有色情画面的盗版音像制品

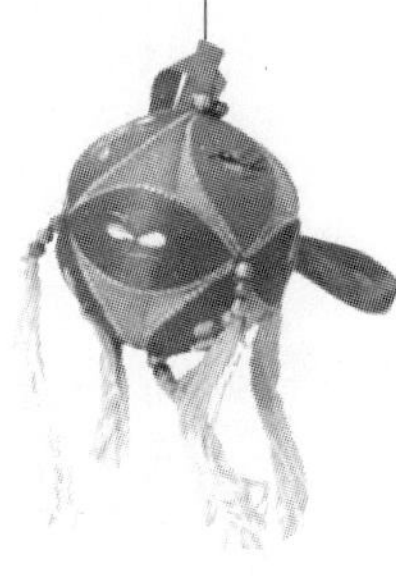

217 张。

文化产业

【产业增值】 在抓好文化市场管理的同时，积极为文化产业发展提供政策和环境支持。今年我市文化产业进一步发展壮大，成功引进 200 万元以上的文化产业 15 家，改造和扩大经营规模的 55 家，文化产业比去年增值 6%以上。

文化遗产

【博物馆建设】 市委、市政府于 12 月 29 日在贵港市新区桂林路和仙依路交汇处的西南面，举行贵港博物馆建馆奠基仪式，出席参加奠基仪式的人员有：市人大主任、市委书记赖德荣，市长唐成良等四家班子领导，广西文化厅陈映红副厅长、文物处吴兵副处长以及有关单位领导、文化系统干部职工等 100 多人参加，陈映红、李鸣等领导分别致辞。项目总用地 42.3 亩，建筑占地面积 10000 平方米，主体建筑分三层，框架结构，总高 15 米，总投资 4550 万元，建设工期约 24 个月。由中标单位深圳华蓝设计有限公司负责设计，该建筑设计理念与特点是借鉴了我国秦汉时期建筑特有的“阙”的元素为基调，融进地方民族传统文化和现代建筑元素来展现，使得整座建筑不仅具有浓厚的传统文化底蕴，而且兼顾了民族性、时代性、艺术性和地方性，具有较高的艺术文化品位，必将成为我市标志性建筑。

【考古发掘】 9 月 9 日至 30 日，为配合贵港市区绿洲小区房产开发项目建设，广西文物考古研究所会同贵港市博物馆对该项目用地孔屋岭地块涉及的古墓进行了勘探发掘，面积 5000 多平方米，共发汉代掘墓葬 6 座。这次发掘取得重要收获：从墓葬类型看，分别为土坑墓和砖室墓，规模宏大，较之近年贵港发掘的汉墓都大；从出土器物的类别看，有陶器、青铜器、玉器、铁器和兵器，其中以陶器为主；从器物的类型看，有玉带钩、玉壁；提梁铜壶、铜镜、铜印章、铜盘、铜熏炉、五铢铜钱、铜弩、铜镞；陶鐎壶、陶壶、陶屋、陶灶、陶博山炉、陶仓、陶井、陶魁、陶鼎、陶簋；铁削刀、环手刀、铁臿；琥珀等。出土器物大部分制作精美，特别是在东汉时期 M1 内出土的大量青釉陶器，其釉色莹润，具有很高的工艺水平，在广西尚属首次发现，为人们研究广西地区青瓷器的发展史提供了重要的实物资料。同时，不少陶器上有彩绘，颜色艳丽，做工考究，器物完整。此外，本次发掘还首次出土了小口圆腹陶罐，器形硕大。部分器物内盛有保存完好的植物种子、贝壳和香料，虽然历经千年，刚出土时颜色还非常新鲜，如同刚刚放进去的一样。除有一枚青铜印章外，几座墓中未发现其他刻有文字记载的物品，但青铜印章因锈蚀严重，尚未分辨出是什么文字。

【第三次文物普查】 全市现有文物保护单位 133 个，其中国家级 1 处，自治区级 13 处，县(市)级 119 处。自 2007 年 7 月开展第三次全国不可移动文物普查工作以来，在贵港市市委、市政府的正确领导下，各级党委、政府高度重视，宣传到位，措施得力，目标明确，组织严谨，文物普查工作人员扎实工作，不懈努力，艰苦奋斗，基本完成实地文物调查阶段工作。在此次普查中，共普查文物点 652 处，其中复查登记不可移动文物点 290 处，登记新发现不可移动文物点 179 处，登记消失文物点 183 处。填写不可移动文物登记表 469 份，文物消失文物登记表 183 份。拍摄图片资料 2000 余张，绘制区位图、平面图 500 余幅。此外，还将文物普查与文物征集结合起来，积极走访群众，发现了一批可移动文物，其中有明清木椅、木床、石碾、碑刻、木质纺织机、榨蔗机、古玉器、古瓷器、铜器、铁炮等文物100多件，先后征集明清木椅、纺织机、铁炮等文物一批，增加了我馆馆藏文物，为今后文物征集工作打下了基础。

【文物保护】 年内，争取自治区文物部门的支持40万元，对国家文物保护单位金田起义地址部分设施进行了维修。市财政投入10万元，对港南区南江村亚魁牌坊因濒临崩塌，重新进行加固维修。争取了自治区党委宣传部爱国主义保护经费20万元，计划2010年对广西一大旧址进行修缮。

【非物质文化遗产保护】 收集到大量珍贵的非物质文化遗产资源。经过整理，我市的普查到的非物质文化遗产资源线索共3577条；内容涉及民间文学、传统戏剧等15个大类别。基本掌握了我市非物质文化遗产的主要类别、流布地域和发展状况，摸清了其传承脉络，为全面建立全市非物质文化遗产档案库奠定了良好基础。规范建立非物质文化遗产名录体系。经过努力，我市有8个项目入选自治区级非物质文化遗产名录，分别是:《杖头木偶戏》、《瑶族婚礼八音》、《壮族哭嫁歌》、《桂平西山佛教音乐》、《龙凤麒麟舞》、《平南牛歌戏》、《平南三利小刀锻制工艺》、《平南大安校水柜习俗》；韦芳等9名民间艺人入选为自治区非物质文化遗产项目代表性传承人。形成市级名录28项，分别是《桂平杖头木偶戏》、《瑶族婚礼八音》、《桂平西山佛教音乐》、《瑶族经书》、《壮族哭嫁歌》、《桂平西山佛教音乐》、《龙凤麒麟舞》、《师公戏》、《平南牛歌戏》、《平南大安校水柜习俗》、《平南三利小刀锻制工艺》《麟驹舞》、《太平天国金田起义歌谣》、《客家山歌》、《平南山歌》、《大安粤剧》、《桂平市油麻镇有理采茶戏》、《桂平市中沙镇南乡南拳》、《平南竹木芒藤编织工艺》、《贵港八音》、《平南思廻石山塑》、《贵港葬礼音乐》、《贵港市庆丰镇延塘村起声歌》、《贵港彩灯》、《蒙公白马庙醮会》、《歌仙刘三妹传》、《贵县八景故事》、《平南思廻石山塑》。形成县级名录项目54项。收集到部分珍贵的实物资料。在普查中，收集整理出民间歌本等实物资料25件，为研究非物质文化遗产提供了条件。拍摄记录了珍贵的音像资料、光盘，提升了全市非物质文化遗产的影响力。形成珍贵的普查成果汇编。编撰出版了普查资源线索汇总卷1套共25卷；普查资料县级汇总卷3本，市级汇总卷1本。

县域文化

【港北区】 港北区的文化工作坚持以科学发展观总揽全局，以文化基础设施建设为重点，以活动为载体，不断丰富全区广大人民群众的精神文化生活，根据中央扩大内需项目要求，完成了3个乡镇文化站和14个村文化活动室标准化建设任务，其中庆丰、武乐、大圩3个乡镇文化站每个获得上级补助10万元的共享工程及群文活动设备，旺岭等14个村(社区)各获得约2万元的群众文化活动设备，上级文化部门为这些村(社区)文化活动室配送了一批音响设备、电视、电脑、DVD播放器、乐器等。这一批群文活动设备一发放到位，港城镇旺岭村旺北屯文化娱乐中心、大圩镇大圩村文化活动室马上投入使用。所以说中央这次对农村文化建设的大力扶持，深得民心，有力地推动了基层群众文化活动的开展。按照自治区、市的统一安排，年初我区建成的6个2008年度“农家书屋”试点村(社区)，分别获赠价值约2万元的图书。今年我区还确定了16个村(社区)为2009年度“农家书屋”建设点。目前，我区按照上级部门的要求完善了“农家书屋”的建设，通过建设“农家书屋”，为群众提供更多的文化活动场所。加强了乡镇文化站建设和村屯文化室的建设。按照每个乡镇文化站上级投资32万元，

目前我区已经做好了中里、奇石、港城文化站三个项目的定点、立项、落实配套资金等前期准备工作。年内，通过区、乡文化部门的引导，群众自力更生，港城镇旺岭村旺北屯群众捐资近30万元建起了一座500多平方的村屯文化娱乐中心。

社会文化活动精彩纷呈，文化惠民活动扎实有效。元旦、春节期间，我局积极筹办了丰富多彩的节日文化活动和文化下乡活动。首先是开展迎新春免费书写赠送春联活动。为过往群众和干部职工赠送春联作品近1000余幅。其次，春节期间我局指导全区各业余文艺团队开展文艺活动，积极发挥港北区农村及社区业余文艺队的作用，组织开展形式多样、丰富多彩、健康向上的群众文化活动，通过师剧表演、粤剧表演、赛歌会等形式，使广大群众在欢乐、祥和的气氛中欢度节日。再次，联合宣传、教科有关部门组织、策划、编排全区的“迎春团拜会”以及“迎春军民联欢晚会”等文艺演出。还在五一、七一、国庆节等重大节假日举行了丰富多彩的文化活动，营造了节日气氛，丰富了广大人民群众的文化生活。今年6月份，组织开展了港北区首届“社区文化活动月”活动。在活动月期间，开展了活动月启动仪式文艺展演、“魅力港北”摄影大赛、趣味体育运动会、文化大展演、“读书活动周”、“送电影进社区”以及举行了主题为“美好港北和谐社区”的“中银大厦杯”文艺汇演等七大项系列活动。在今年贵港市举办的第三届交谊舞大赛中，代表队取得了第一名的好成绩，同时还荣获“优秀组织奖”称号。舞蹈节目《书韵》获得全区第十五届“八桂群星奖”贵港市选拔赛二等奖，《党的政策就是好》获得三等奖；在贵港市第二届“荷之韵”广场文化艺术节中，我区选送的舞蹈《红旗颂》获得社区文化调演一等奖，《戏迷乐》获得了二等奖，《红月亮》和《喜洋洋》获得了三等奖；在全市粤剧演唱比赛中，节目《蝴蝶登仙》获得了三等奖。同时也获得了市委宣传部、市文化局颁发的“优秀组织奖”荣誉称号。在全市“庆祝建国60周年”歌咏晚会比赛中，我区荣获一等奖，成绩排名第一。

广泛开展群众性文化娱乐活动。一年来，积极发挥农村及社区业余文艺团队的作用，组织开展形式多样、丰富多彩、健康向上的群众文化活动。如贵城的石羊塘、东湖等业余文艺队在城区定期定点开展活动，积极组织参与上级各部门举办的各类文艺演出；同时贵城和港城业余文艺队还密切配合，送戏下乡，为农村广大群众送上了丰富的精神食粮，促进了全区社会和谐发展。据不完全统计全区24个业余文艺队全年演出180多个场(次)。今年3月份，在市新世纪广场成功协办了“港北区民俗民间文化艺术节”，1000多观众观看了演出，成功展示港北区“蓝衣壮”特色文化的魅力，受到了各级领导及广大群众的充分肯定，极大地激发了全区各族人民参与社会主义建设的热情。年内组织开展“文化下乡”活动6次，为群众送戏3场，送春联1000幅，送科普图书2万余册，放映数字电影8场，通过开展系列“文化下乡”活动，进一步促进了农村和社区的精神文明建设。创作书法作品10多件参加广西“八桂群星奖”的比赛和“贵港市第三届荷花奖”活动。

狠抓文化市场管理，努力净化社会文化环境。按照“一手抓稳定，一手抓繁荣”的工作思路，在上级部门的统一部署和有关部门的密切配合下，以开展净化社会文化环境及网络宣传集中整治工作为重点，深入开展文化市场“扫黄打非”等专项治理活动。全年举办了3次文化市场业主培训班。区分管领导高度重视，姚副区长参加了2次培训班并做了重要讲话。同时还印发了相关的法律法规宣传学习资料。联合区直有关部门开展净化社会文化环境集中治理。年内，由区委宣传部总协调、文体局作为牵头单位，联合区工商分局、区公安分局、区教科局等部门组成联合执法队，全年共开展集中治理3次。在集中治理过程中，我们着重检查网吧和黑网吧、娱乐场所等违规接纳未成年人，重点检查校园周边娱乐场所，查处不良出版物，通过开展净化社会文化环境专项整治活动，有效地为学校创造了健康、文明、安全、稳定的教育教学环境。加强日常管理，确保文化市场健康有序地发展。一是对文化经营单位进行年审工作，全年停业整顿、限期整改网吧5家，罚款1500元。二是在春节、十一等重大节假日期间开展2次"扫黄打非"专项治理行动，收缴非法印刷书刊100册。三是治理电子游戏经营场所。四是受理举报信件1件，办复1件。

文化遗产发掘工作顺利开展。按照全国和广西关于开展非物质文化遗产普查和第三次文物普查的要求，以政府为主导，扎实做好全区非物质文化和文物保护开发利用基础性服务工作，有计划、有重点地保护好我区的历史文化资源。并成立工作领导机构，制定了具体工作方案，组建普查队伍，并利用各种媒体宣传文化遗产普查的重要意义。目前，已建立了区级非物质文化遗产名录体系。同时文物工作也有序开展，现已完成普查乡镇8个，踏查行政村89个，普查文物点39个，其中新发现文物点13处，新发现的文物点中，区中秋起义纪念碑园、下街李氏祖祠和平塘郑氏祖祠3个文物点申报为贵港市第二批重点文物保护单位。

【港南区】 港南区年内共有文化单位10个，在职干部职工24人(含乡镇文化站)，其中：文化和体育局1个，文化稽查大队1个，乡镇文化站8个。一年来，全区文化工作，在区委、区政府的正确领导下，坚持以邓小平理论和"三个代表"重要思想及党的"十七大"精神为指引，紧紧围绕港南区文化大发展、大繁荣的奋斗目标，以创新为动力，以培育特色文化为着手，努力实践科学发展观，全区的群众文化活动，文化"三下乡"、文化资源信息等季工程建设、文化遗产普查保护利用、文化市场管理等工作都取得了很好的成绩。

年内组织开展形式多样，丰富多彩的群众性文化艺术活动，丰富了人民群众文化生活，获得了人民群众的一致好评。春节期间，积极组织人员指导好全区的群众业余文艺演出活动，指导全区乡镇业余文艺队开展迎新春文艺演出19场，城区4场，共计23场。9月23日至9月30日，在参加贵港市第二届"荷之韵"广场文化节活动中，选送的"辉煌60年放歌中华人民共和国"全市职工文艺调演节目荣获特等奖；"我们的生活多美好"全市社区文艺汇演节目荣获二等奖；"贵港市中强普罗旺斯杯"粤曲演唱比赛节目荣获二等奖；组队参加"歌唱祖国"庆祝建国60周年歌咏比赛荣获一等奖。国庆期间，协同宣传部组织开展港南区庆祝中华人民共和国成立60周年书画摄影比赛和书画摄影作品展活动，共收上优秀作品200多幅；组织开展春联征集评比活动，共收上春联作品200多幅，上送优秀春联70幅参加贵港市优秀春联征集评比活动，获金奖2幅，银奖8幅，铜奖23幅。

7月份争取区委区政府同意，成立了文化稽查大队，增加了2个编制，加强了文化市场执法力量。配备了工作用车，方便了工作。

年内持续深化文化市场监管。(1)依法审批，把好准入关。全面贯彻行政许可法，严格许可制度，认真审批、审核文化经营娱乐单位。全年共审113家，其中出版物7家，网吧66家，音像制品7家，游戏室33家。得到了广大文化市场业主的大力支持。(2)强化监管，促进净化。按照"一手抓管理，一手抓繁荣"的方针，今年以来开展以网吧为重点的文化娱乐场所综合治理，做到"认识、措施、查处"三到位，进一步整顿和规范文化市场秩序。举办全区文化市场业主培训班5次。

“反盗版天天行动”取得成效，完善音像制品管理长效机制。一年来，我局共组织60多人次进行稽查和专项检查，收缴盗版音像1035片。取缔夜市图书地摊8家，收缴违规图书156册。查处违规接纳未成年人和超时经营的网吧12家；查处没收“六合彩”资料1500多册，取缔擅自设立的游戏机室（店）5家，共处违规文化市场经营单位罚金9.7万元。

民保工程落实有效，文物管理规范有效。组织人员对全区口头及非物质文化遗产进行了全面普查、搜集、整理工作，新普查了3个项目，龙凤麒麟舞申报国家级第三批非遗名录保护项目。5月份南江码头列入了自治区级保护单位。同时，搞好第三次文物普查工作，确保了全区文物安全无事故。加大了地面文物保护力度，与市文化局签订了文物保护责任书，收集了各种文物资料，今年普查9个乡镇（街道办事处）的165多个村，对各乡镇、街道办事处报的文物线索逐一核查，共登记不可移动文物80多处，其中新发现57处，复查23处，登记消失文物6次。按文物普查不可移动文物分类标准，在80处不可移动文物中，古遗址9处，古建筑49处，近现代重要史迹及代表性建筑20处，石窿寺及石刻1处，其他1处，初步模清了我区的文物家底。

重视农家书屋建设。做好全区16个“农家书屋”的场地规模标准、书加落实、图书配送工作。对“农家书屋”进行检查、业务培训。4月中旬自治区配送的16个“农家书屋”的图书到位后，组织员开展配送图书下乡活动，共计配送图书25万多册，赠送科技、科普等内容的光盘85张。

文化活动设施不断完善。区木梓镇、瓦塘乡两个文化站分别获得了10万元的文化活动音响、器乐等设备，有桥圩镇何平村等10个村分别获得了31.8万元的文化活动音响设备。

【覃塘区】 覃塘区文化局编制4名，实有人数5人，去年新增设成立区文化稽查大队，编制2人，实有1人。2009年，覃塘区文化系统深入贯彻落实科学发展观，围绕市委市政府“四保一赶超”和区委区政府中心工作的大局，以加强公共服务体系建设，为促进贵港经济社会和谐发展、跨越发展作出积极贡献。主要取得了几方面的成效：一是基层文化工作机构和文化设备设施日臻完善，成立了覃塘区文化稽查大队和民间艺术协会；组织开展各种节目丰富多彩的文化娱乐活动，丰富了基层群众的精神文化生活，文艺创作日益繁荣，精品佳作不断涌现；加强文化市场管理力度，年内组织文化、公安、工商、消防等职能部门执法人员共260多人次处罚接纳未成年人上网的网吧5家，共查处无证经营网吧2家、电子游戏室3家，并切实加强对网络文化市场的日常巡查力度，打击了网吧文化市场中的违规行为，市场经营秩序得到了明显规范。

基层文化工作机构日臻完善和文化设备设施得到加强。于去年6月成立了区文化稽查大队，使该区的文化执法工作又上了一个新台阶。其次是指导民间群众的歌剧表演团体，于2月12日成立了覃塘区民族民间歌剧协会。争取了上级划拨40万元的文化信息共享工程及群众文化活动的设备到东龙镇、蒙公乡、黄练镇、五里镇，并争取到14个村群众文化活动共28万元的文化设施。10月26日，为石卡镇、黄练镇争取到中央赠送的电脑共20台。11月份，为覃塘镇、三里镇的“农家书屋”添置了一批书柜和书桌，充实了村屯文化室的设施问题。

文艺创作日益繁荣，精品佳作不断涌现。该区组建有粤剧团、歌舞团、师剧团、壮剧团等业余文艺团体30多个。唱响了社会主义文化主旋律。2009年3月29日，广西第二届歌王大赛在南宁市武鸣县举行，东龙镇民歌手黄秋菊以其饱满流畅的演唱，获得“广西十大歌手”荣誉称号。2009年农历春节前，成功组织了我区2009年覃塘区春节团拜会文艺演出；3月份还成功举办了覃塘区“三月三”民间文艺表演比赛，组织了送戏下乡活动，先后送戏到三里镇水仙村、石卡镇翰芦村、樟木乡中周村，解决了农村群众看戏难的问题。

文化市场繁荣有序，健康蓬勃发展。切实加强对网络文化市场的日常巡查力度，打击了网吧文化市场中的违规行为，市场经营秩序得到了明显规范。加大校园周边文化市场的监管力度，努力营造健康文明的校园文化环境。继续开展了清理整治校园周边文化市场的专项行动，针对学生放暑假和“十一”长假，组织执法人员加强执法检查。

【桂平市】 桂平市共有文化单位34个，在职干部职工132人(含乡镇文化站)，其中：文化和体育局1个，文化馆1个，图书馆1个，博物馆1个，剧场1个，歌舞团1个，粤剧团1个，文化市场稽查队1个。一年来，全市文化工作，在市委市政府的正确领导下，坚持以邓小平理论和“三个代表”重要思想为指导，努力实践科学发展观，全市的群众文化活动、文化“三下乡”、文化艺术创作、文化业务辅导培训、文化资源信息共享工程建设、文化遗产普查保护利用、文化市场管理以及文化基础设施建设等工作都取得了可喜的成绩。2009年通过了“全国先进文化县(市)”复检，继续保持了“全国先进文化县(市)”称号。

年内组织开展形式多样，丰富多彩的群众性文化艺术活动，丰富了人民群众生活，促进了群众文化活动的发展。元月16日晚在市人民剧场成功举办了“桂平市第三届新春音乐会”，晚会由中共桂平市委员会、桂平市人民政府主办，桂平市文化和体育局承办。春节期间，积极组织人员指导做好全市的群众业余文艺演出活动，组织指导全市乡镇业余文艺队开展迎新春文艺演出16场，城区(含西山镇)业余文艺队演出26场，合计42场。4月28日晚在市文化广场成功举办了由桂平市委、市政府主办，市文体局承办的“桂平市喜迎建国60周年暨桂平市第二届粤曲展”晚会。为弘扬和推进民族曲艺文化作出了积极的贡献。7月13日晚，在市人民剧场举办了由中共桂平市委员会、桂平市人民政府主办，桂平市委宣传部、桂平市文化和体育局承办的“桂平市喜迎建国60周年暨和谐之声颂祖国合唱音乐晚会”。增添了庆祝共和国60周年华诞喜庆氛围，丰富广大市民的文化生活，展现全市群众歌咏的水平和风采。9月22日晚，在市文化广场举办了“桂平市喜迎国庆暨第六届(鸿泰家电杯)卡拉OK歌手大赛总决赛晚会”，为培养和造就地方歌唱人才，活跃群众歌唱文化活动打造了平台。晚会由桂平市委、市政府主办，桂平市委宣传部、共青团桂平市委、桂平市文体局承办。9月29日晚，在桂平城区文化广场举办了“桂平市庆祝中华人民共和国成立60周年暨第29届军民歌咏比赛晚会”。晚会由桂平市委、市政府主办，桂平市委宣传部、桂平市文体局、桂平市广电局承办。11月21日晚，在桂平市人民剧场主办了桂平第三届《浔城飞歌》“夏之夜杯”音乐翻唱大赛颁奖晚会，并对网上参赛入围十大优秀歌手进行了现场颁奖。《浔城飞歌》音乐翻唱大赛，是从2007年以来创新的以互联网作为参赛平台的一个群众性歌唱比赛舞台，通过该平台扩大了文化音乐爱好者和民众的参与面，进一步推动了群众性文化活动的开展。8月份组队参加第十五届“广西八桂群星奖”贵港分赛活动，取得了可喜的成绩，有理采茶剧《逆女祝寿》获一等奖，二重唱《可爱的男孩女孩》二等奖，壮族独舞《爱心花儿开》、女声独唱《壮乡，我美丽的地方》获三等奖。9月下旬组织群众性业余文艺团队参加贵港市第二届“荷之韵”广场文化

比赛，参赛三个节目分别获得了二等奖和三等奖。11月16日—19日，组织“桂平市西山镇金凤凰合唱团”代表广西参加国家文化部在广东中山举办的首届全国农民合唱比赛，和广东省、云南省等8支队伍荣获本次大赛的最高奖“中山杯”奖。实现了我市演唱艺术项目获全国奖“零的突破”。11月28日晚，在市文化广场举办了“桂平市农村党风廉政建设暨第二届社区业余文艺展演晚会”。晚会由中共桂平市委员会、桂平市人民政府主办，中共桂平市纪律检查委员会、中共桂平市委宣传部、桂平市文化和体育局承办。12月25日，在桂平城区举行了桂平市文化和新闻出版行业“庆元旦、迎新年”联欢活动。

重视文化艺术创作。充分调动文体系统干部职工积极性，不断创作文艺精品以及反映文化建设的新闻信息等，不断加大对文化工作的宣传力度。下半年创办了《乡土诗苑》期刊并已出版3期。雪梅创作的书法作品《民不畏严》在贵港市2009年廉政书法美术摄影作品展中获优秀作品奖，《昨夜星辰昨夜风》入展贵港市第二届“荷之韵”广场文化节书法美术摄影作品展，美术作品《半山亭》参评广西美展暨“第十一届全国美展”贵港分区展获优秀奖；覃洲文辅导学生创作，参加2009年印度新德里第十四届世界和平书画展，荣获金奖2个，银奖5个，铜奖2个。今年黄树新文学创作作品分别在《中国文化报》、《广西文学》、《广西文化》、《广西政协报》、《扬子江》诗刊等全国各级报刊发表近20篇。何千山摄影作品参加由广西西江航运公司主办的“桂平二线船闸建设杯”摄影大赛，其中《西江航运枢纽一期工程建设者》(组照)荣获了一等奖，《开拓新天地》荣获了二等奖，《新航道在我们脚下》荣获了三等奖。杨洪在文化工作和群众性文化活动方面，分别在《广西日报》、《贵港日报》发表信息共30多篇；《贵港文化》30多篇。文化艺术专业人员创编节目参加自治区八桂群星奖贵港赛区评选活动，四个节目分别获得了一等奖、二等奖和三等奖。文体系统干部职工在《中国文化报》、《广西日报》、《贵港日报》等地级以上报刊杂志发表作品文章近100篇，为宣传报导桂平文化工作成效，进一步宣传桂平和提高桂平知名度作出了贡献。

年内，累计下乡村放映电影218场，观众74300人次；城区影院放映769场，观众达17432人次；组织市歌舞团开展送戏下乡40多场次；筹集经费组织市图书馆送书下乡1800册；同时，积极组织开展丰富多彩的读书活动，全年举办读书活动4次，主题是：开展“农民读书活动展示周”、“图书馆读书活动宣传月”、“读者座谈会”活动等，参加活动的读者、群众达3250多人次。

2008年9月建成全国文化信息资源共享工程桂平市支中心并投入运行。国家配送价值54万元的设备，地方配套资金10元，自筹资金60万元，总装机116台供读者上网阅览。2009年文化信息资源共享工程上网阅览5.8万人次。已建成村级文化信息资源共享工程基层服务点27个。下基层放投影14场，观看投影的群众1.8万人次。

同时，做好全市20个“农家书屋”的场地，书架落实，图书配送工作和原13个“乡村书屋”的巩固和提高工作。对农家书屋、乡村书屋进行了检查、业务培训，图书管理员的管理水平也得到明显提高。给20个农家书屋每个村赠送科技、种养等内容的光盘98张。4月中旬自治区配送2008年度20个“农家书屋”的图书到位后，组织人员开展配送图书下乡活动，共计配送图书3万册。建成村级图书室33个，每个图书室的藏书达到1500—10000册以上，真正把书送到农民的家门口。

组织人员编辑整理“2008年桂平文化”专题音像资料片。做好推荐我市第二批自治区级非物质文化遗产项目《桂平西山佛教音乐》

代表性传承人的相关工作。此外，争取通过桂平市政府公布了我市第二批非物质文化遗产项目18项；组织人员进行非物质文化遗产资源普查整理，完成线索调查1000条；组织指导桂平市木偶艺人成立了“桂平市木偶艺人协会”；组织开展2009年“文化遗产日”系列活动。组织人员整理《桂平杖头木偶戏》有关材料报送自治区，申报第三批国家级保护项目。

争取到国家文物局下拨征集近现代文物专项经费20万元。博物馆陈列展览及设施设备提升项目建设基本完成。文物的“三普”、征集工作成绩喜人。在开展的第三次文物普查工作中，查阅了大量与普查相关的材料，共做普查笔记3万多字，拍摄照片5000多张，严格按文物局要求录入电脑信息1万多字，文物数据库管理系统建设项目数据入库(信息)工作已于12月13日完成。第三次文物普查田野实地调查工作于12月25日完成，截至2009年底，三普工作实地调查全市26个乡镇，400多个村屯，覆盖率为99%，普查文物点325处，其中新发现30处，复查295处(消失92处)。普查中，把普查和文物征集工作结合起来，注重文物的征集工作，已征集到一批民俗文物共100多件。做好桂平市太平天国金田起义历史文化遗址公园的保护与利用项目工作，今年主要是进行制定出报建馆舍、征集文物、展陈设计的工作方案，并按方案实施推进项目工作。

做好全市11个有关乡镇文化站专用设备、文化信息资源共享工程设备的配送工作。同时做好全市43村级文化室专用设备的配送和27个村级文化信息资源共享工程设备的配送工作，使全市乡镇文化站和村级文化室基础设施建设逐步得到完善和加强。

抓好2008年新增中央预算内投资项目5个乡镇综合文化站的建设工作，2009年已完成建设任务。抓紧全市扩大内需项目后续9个乡镇综合文化站建设项目跟踪协调审批等筹备工作，2009下半年已全部开工，建设进展顺利。

桂平市文化市场稽查队全年出动检查人员540人次，检查文化经营场所1211家次，收缴非法出版物555册(本)、违法音像制品582张，取缔违法经营点7点，停业整顿网吧2家，行政处罚款20多万元，全年无行政复议和行政诉讼。年内共开展了4次较大的专项稽查。一是净化社会文化市场环境；二是努力形成全社会保护未成年人的氛围和维护网吧经营秩序，严厉打击网吧接纳未成年人进入和在规定的营业时间外营业等违规经营行为；三是电子游戏经营场所专项治理活动，清理查处无证电子游戏室；四是创造60大庆良好社会文化环境，杜绝出版印刷复印非法出版物和清理整治互联网低俗内容。

“保护知识产权宣传周”活动，在市广场设立法制宣传台，市文管股人员和稽查队全体人员发放宣传资料2000多份，举办文化经营业主及从业人员学习班学习法规和业务知识，参加学习人员105人次，对桂平城区及周边乡镇进行拉网式检查，取缔街头游商2家，地摊1家，收缴盗版VCD、DVD碟320张(盘)。

桂平市演出业、文化娱乐业、网络文化业、艺术培训业等传统文化产业不断壮大，进一步促进了经济发展和社会进步，成为了全市新的经济增长点。2009年内全市共有文化经营单位583家，其中网吧146家，音像制品销售出租35家，卡拉OK(KTV)厅20家，棋牌娱乐场所130家，电子游戏室121家，国内正版报刊零售单位44家，国内正版图书零售出租单位28家，打字复印经营单位28家，印刷厂单位31家。

【平南县】 平南县共有文化单位27个，在职干部职工145人(含乡镇文化站)，其中，文化

和体育局1个，在编在岗干部职工14人；文化馆1个，在编在岗干部职工20人；图书馆1个，在编在岗干部职工11人；博物馆1个，在编在岗干部职工7人；歌舞团1个，在编在岗干部职工18人；文化市场稽查队1个，在编在岗干部职工10人；乡镇文化站21个，在编在岗干部职工65人。一年来，在县委县政府的正确领导下，全县文化工作始终坚持以邓小平理论和“三个代表”重要思想为指导，努力实践科学发展观，在群众文化活动、文化艺术创作、文化“三下乡”、文化信息资源共享工程建设、非物质文化遗产普查保护、文物保护和文物“三普”、文化市场管理以及文化基础设施建设等工作方面都取得了辉煌的业绩。2009年平南县通过了国家文化部对“全国先进文化县”复检，继续保持了“全国先进文化县”称号。平南县文化馆被广西壮族自治区文化厅授予“广西非物质文化遗产普查先进单位”光荣称号。

年内全面开展形式多样，丰富多彩的群众性文化艺术活动，丰富了城乡人民群众生活，促进了群众文化活动的发展。元月在县影剧院成功举办了“平南县春节团拜会”。晚会由中共平南县委、县政府主办，县委宣传部、县文化和体育局承办。晚会展示全县文艺工作的实力和水平。主办城区春节期间的群众文化活动。年初一、二、元宵节，分别在文化馆大院、县中心广场举办猜灯谜、摸鼻子、抛圈等游园活动和社区文艺演出活动丰富城区群众文化娱乐生活。举办庆新春象棋、围棋赛并评出一、二、三等奖，大大地提高了平南县象棋、围棋爱好者棋艺。年初一、初三在文化馆二楼展厅举办廖柏荣、吴以杰两位同志书画展，共展出100多幅作品，吸引我县3000多书画爱好者前来观赏。举办庆新春山歌大赛，从年初一至初三在城区中心广场举行山歌赛吸引县内外大批山歌手来赛歌以及上千名山歌爱好者来观赏。配合县委、县政府、县妇联等单位搞好元旦、“三八节”、“七一”“十一”等大节日的演出活动，积极组织县龚州艺术团、县歌舞团登台献艺。组织举行“祖国颂——爱国歌曲大家唱”群众性歌咏比赛，全县有关乡镇单位和企业的15个代表队共1000多人参加了比赛。组织举行“颂歌献给祖国”庆祝中华人民共和国成立60周年歌手大赛，来自全县各界共72名选手参加了比赛。国庆期间在文化馆举办“庆祝中华人民共和国成立60周年平南县书画展”，收集作品300多件，精选展出书画作品100多件。这次书画作品展览覆盖全县，体现了全县书画艺术的可喜成就。国庆期间在县中心广场与县文联联合举办“庆国庆”60周年平南巨变全县摄影展。10月1日—3日在县中心广场分别举办了3场木偶戏展演和山歌擂台赛。对本县的优秀民俗文化进行传承和推进。国庆期间组织县龚州艺术团到平南镇的瑞雁社区、东笋塘社区、乌江社区、月亮湾社区以及南河片公路沿线的大安、上渡、镇隆、大新、六陈等乡镇进行曲艺巡回演出，对具有较强生命力的粤传统艺术加以弘扬和保护。4月23日贵港市唐成良市长到大安镇给大安镇颁发“中国民间文化艺术之乡”称号牌匾。4月23日贵港市委常委、副市长、宣传部部长李鸣到大黎村给大黎村委会“农家书屋”发送图书。

平南县充分调动了文体系统干部职工创作文艺精品以及反映文化建设，经济建设等各个方面的新闻和图片信息的积极性，不断加大宣传文化工作的力度，取得了显著成绩。下半年出版了《花洲》文艺期刊一期及《龚州诗词》期刊（第十三集）；大成书社出版了册子诗词期刊3期。冯绿茵的《节日，放飞我们的快乐》获第三届贵港市文艺创作广播剧荷花奖。刘业全的《如此“伯乐”》获第三届贵港市文艺创作戏剧小品荷花奖。李家辉的《麝香花》获第三届贵港市长篇小说创作荷花奖。

莫文才《三国演义卷首句》获第三届贵港市书法创作荷花奖。程海燊的《程海燊摄影作品集》获第三届贵港市摄影作品荷花奖。莫德平的《偏爱》获第三届贵港市文艺创作摄影作品荷花奖。程海燊摄影作品《呵护》,10月在贵港市2009年廉政书法摄影作品展中获优秀奖,同时摄影作品《大浪淘沙,激浊清》、《高风亮节》入展贵港市2009年廉政书法美术摄影作品展;5月《莲年有余》获书童·国际苑杯首届摄影大赛优秀奖。10月摄影作品《一桥飞架南北》、《脱水观歌》、《绽》入展庆祝中华人民共和国成立60周年暨贵港市第二届“荷之韵”广场文化节书法美术摄影作品展。9月摄影作品《脱水观歌》获广西统一战线庆祝中华人民共和国成立60周年暨多党合作制度确立60周年书法摄影作品展三等奖。胡剑豪的《箫斋续韵》2009年9月由中国文联出版社出版。廖柏荣的《梅花》、吴模才的《牡丹》、欧汉国的《山水》入展贵港市2009年廉政美术作品展。林业灿的山水画《雪域春牧图》,李思濂山水画《侧面虎》、吴模才的牡丹画《国色芳菲时》等20件美术作品入选庆祝中华人民共和国成立60周年贵港市美术作品展,其中上面三件美术作品获该美展优秀奖。林业灿的《雪域春牧图》,李思濂的《侧面虎》、吴模才的《正是国色芳菲时》三件美术作品,入选自治区庆祝中华人民共和国成立60周年美术作品展,其中林业灿的《雪域春牧图》在该次美术作品展览中获三等奖。

文化馆摄影组还积极协助县委、县政府、人大、县纪委、宣传部等县直有关单位以及有关乡镇搞好宣传工作,及时提供他们所需的图片,包括上送的各种专题报告插页图片。年内出版图片宣传橱窗3期。还组织摄影协会会员到三江灵川、金秀、融水等地摄影创作,拍摄出一批较好的摄影作品。美术组林业灿、吴模才分别在市级以上刊物发表美术作品10多件。文学组蒙丽萍在省级论文专刊《群文天地》发表论文《对中西文化差异的认识》;莫凤玲在《八桂诗词》、《浔郁诗词》、《龚江诗词》、《花洲》、《平南报》等刊物发表。《临江仙·漓江行》、《鹧鸪天·荷城庆中秋》、《圆通寨赏樱花》、《玉水谒玉峰寺》等诗词及新闻、图片18首(篇幅)。

继续做好非物质文化遗产普查和保护。根据上级部署,组织人员整理编辑2009年采集的平南县非物质文化遗产资料,在完成了自治区级和贵港市级申报名录的基础上,非物质文化遗产普查办公室又及时开展全县非物质文化遗产普查,在采访民间老艺人,传承人的基础上,再参考县志和地方志,编写了现阶段我县1300个非物质文化遗产资源信息这些普查项目既有民间传说、民间故事,又有民间舞蹈、民间习俗,岁时节令等等,涉及面比较广,涵盖了平南县大部分乡镇。

10月份,根据上级有关部门部署,又将已确认为自治区级“非物质文化遗产”名录的《平南牛歌戏》再次编辑整理完善,并申报为国家级第二批“非物”名录,为保护平南的非物质文化遗产作出了积极的贡献。

积极开展文化下乡活动。组织县歌舞团、龚州艺术团、华艺包公文化有限公司等演出单位开展送戏下乡140场次;组织县电影公司基层电影放映队在全县农村巡回放映350场,观众63000人次,城区影院放遇98场,观众2940人次;县图书馆等单位送图书、杂志下乡33000册;积极组织开展丰富多彩的讲故事演讲、征文等有影响的全县性读书活动,全年举办读书活动3次,主题内容是:“农业科技普及读书活动周”、“卫生与健康读书活动周”、“计划生育知识读书活动周”,参加活动的群众达3760人次。5月26日,全市读书活动现场观摩会在我县召开,我县读书活动成果得到与会领导和代表的一致好评。

2006年8月县政府财政拨款11万元开始筹建全国文化信息资源共享工程平南县分

中心，购置电脑11台，交换机2台，服务器、不间断电源各一台。区文化厅配送服务器、电脑、投影仪、卫星接收系统等各一台(套)。同年10月建成并对读者开放。2008年7月中央财政、地方财政加大对共享工程建设力度，共拨款68万元续建电子阅览室，新增电脑25台，服务器4台，投影仪、卫星接收系统、专业图书管理系统各一台(套)。截至2009年底，图书馆已拥有电脑54台、服务器4台、投影仪2套、卫星接收系统2套以及专业图书管理系统一套等设备设施。2009年文化信息资源共享工程上网阅览3.7万人次，多媒体室在重大节日、纪念日为读者播放影视节目3次，观看的读者120余人。今年已建成村级文化信息资源共享工程基层服务点25个。图书馆的变化今非昔比，中央财政拨款60万元购置图书馆设备设施，书架、阅览桌椅、办公设施全部更新，外借阅览室、电子阅览室均安装了空调，专业图书管理系统开始启用，读者外借书刊实行电脑管理，大大地改善了读者读书环境，改善了工作人员的工作条件。全年为读者外借书刊1.2万册，接洽读者来馆阅览万余人次。

加强农家书屋建设。做好全县20个"农家书屋"的场地、书架落实和图书配送准备工作，并加强对原30个农村图书室的巩固和提高工作。对农家书屋、农村图书室进行了检查、业务培训，图书管理员的管理水平也得到明显提高。4月下旬自治区配送2008年度20个"农家书屋"的图书到位后，组织人员开展配送图书下乡活动，共计配送图书3万多册。

在今年开展的第三次文物普查田野实地调查工作中，文物普查队通过走访和查阅大量与普查相关的材料，共做了普查笔记4万多字，拍摄照片1万多张，DV录像100多辑。第三次文物普查田野实地调查工作于12月25日完成，三普实地调查了全县21个乡镇，288个行政村和社区，覆盖率为100%，普查文物点195处，其中复查133处(消失56处)，新发现59处。严格按照国家文物局要求录入《第三次全国文物普查不可移动文登记登记表》136份的电子文本。11月底完成"文物调查及数据库管理系统建设"项目数据信息录入工作，录入500份《广西馆藏文物信息录入表》。做好我县第七批全国重点文物保护单位的申报工作，根据申报要求拟选两个自治区级文物保护单位进行资料编写，《第七批全国重点文物保护单位申报登记表》的纸质文本和电子文本，及有关材料和照片，报送自治区文物局。

做好全县3个乡镇文化站专用设备、文化信息资源共享工程设备的配送工作。同时做好全县32个村级文化室专用设备的配送和25个村级文化信息资源共享工程设备的配送工作，使全县乡镇文化站和村级文化室基础设施建设逐步得到完善和加强。

2008年新增中央预算内投资项目4个乡镇综合文化站的建设工作，今年上半年已完成建设任务。马练、同和等9个乡镇综合文化站建设项目于下半年已全部开展建设，项目建设进展顺利。

继续转变政府职能，加大服务型政府力度，推进政务公开，提高办事效率，更好地方便群众和企事业单位办事，做好政务审批和服务工作。全年县行政服务中心文体局办事窗口受理行政审批事项383件，全部在承诺期限内办结，其中新办审批27件，变更换证30件，年审326件。通过强化行政审批，优化服务管理，内强素质，外树形象，使全县文化市场管理进一步走向依法行政，依法审批，依法管理，依法经营，规范有序，健康发展。

平南县文化市场稽查队，一年来，共开展"扫黄打非"集中行动38次，开展对互联网上网服务营业场所和出版物经营场所的专项整治集中行动各1次，历时半年，出动稽查人员

1660人次，检查文化经营场所368家次，收缴非法出版的书刊和六合彩码报资料163600册(份)，收缴非法出版的VCD、DVD光盘13830张，责令停业整顿违规经营的网吧20家，行政执法规范，全年无行政复议和行政诉讼。2009年8月10日贵港市文化市场行政执法培训班在平南县城区举办。

平南县文化产业主要有：文化娱乐业、出版业和文化艺术培训业等。2009年，全县共有文化经营单位358家，其中网吧150家、卡拉OK歌舞娱乐经营场所30家、音像制品零售经营场所56家、电子游戏经营场所60家、出版物图书经营场所28家、出版行业的印刷厂14家、“三印”企业20家。

贺　州　市

全市文化工作综述

2009年，贺州市文化局提出"文化创新"的工作理念。从理论、体制、制度及文化格局等多方面探索和实践，以创新推动了文化事业的全面发展和繁荣。按照固基础、显特色、亮品牌、举项目、建队伍的工作思路，在文艺创作、文化活动和农村文化设施建设、文化遗产保护等方面都取得了可喜成绩。工作中坚持实施了人才战略，重视、培养文化人才，确保了文化队伍的成长和健康发展。

认真打造区域性的舞台艺术品牌。组织创作、排练客家小戏、客家舞蹈、瑶族舞蹈共38种。举办广西第七届剧展小戏展演第一阶段——贺州市客家山歌剧专场演出活动和广西音乐舞蹈比赛贺州分赛区比赛活动，选拔客家山歌剧《仙姑岭茶歌》、《跳龙门》、客家舞蹈《月光光》、瑶族歌曲《流水欢歌迎客来》、瑶族舞蹈《西街瑶韵》、《红腰带》等一批优秀节目参加广西第七届剧展小戏展演、第五届广西音乐舞蹈比赛和第十五届广西"八桂群星奖"比赛。选送参赛的11个剧(节)目全部获奖。其中由市文化局组织创作，歌舞团排演的客家小戏《仙姑岭茶歌》、瑶族舞蹈《西街瑶韵》，由八步区文体局组织创作的客家小戏《跳龙门》在全区116个节目中脱颖而出，分别荣获第七届广西剧展小戏小品展演桂花金奖，第五届广西音乐舞蹈比赛一等奖和第十五届广西"八桂群星奖"金奖。这是贺州文艺创作史上一次新的历史性突破。客家小戏《仙姑岭茶歌》于2010年1月31日赴北京参加全国群星奖复赛；国家级非物质文化遗产《瑶族蝴蝶歌：流水欢歌迎客来》获第五届广西音乐舞蹈比赛演唱二等奖。这是贺州参加广西声乐比赛演唱的最好成绩，并应邀参加桂林2009年文化旅游节开幕式文艺晚会，准备参加文化部举办的国家级非物质文化遗产文艺调演；参加第十四届CCTV青年歌手电视大奖赛·广西赛区比赛获原生态唱法第二名，并由广西电视台选送参加第十四届CCTV青年歌手电视大奖赛；《瑶族长鼓舞》由广西彩调团代表我市进京演出。

贺州的群众文化创作繁荣，成果丰硕。广场文艺等各类群众性的文化活动方兴未艾，农村文化设施建设出现良好势头。市、县文化馆专业人员深入农村开展文化辅导工作，使文化在基层生根、成长。共举办各种培训班80多期，培训人数3100多人。创作书法、美术作品1000多件，获自治区以上奖的21件，书画作品《行草条幅》获第十五届广西"八桂群星奖"书画类比赛少儿组金奖，美术作品《无限春光》、《和谐自然村》、《百里清漓》获成人组铜奖。八步区文化馆坚持常年深入农村辅导九个农村业余文艺队，还常年坚持辅导城区八个业余团队的做法，得到了自治区文化厅的肯定，在2009年8月于北海召开的全区公共文化服务体系建设经验交流会上，八步区文化馆介绍了经验。全年组织各类主题的市级广场文艺27场，参演节目312个，观众6万多人次。"激情广场——爱国歌曲万人唱"活动、"祖国颂"歌咏比赛、庆国庆60周年文艺晚会、非物质文化遗产成果展等庆祝中华人民共和国成立60周年文化系列活动内容丰富，影响巨大。成功承办2009年中国(贺州)瑶族盘王节歌舞晚会、瑶族服饰展示大赛、非物质文化遗产成果展、奇石盆景展等四项文化活动。奇石盆景展有来自广东、云南等区外经销商25家，来自区内各市县（区）的经销商83家，参展数量达1万多件，实现销售收入300多万元，创贺州历届奇石展销售收入新高。

2009年，昭平县认真落实“贴近实际、贴近生活、贴近群众”的要求，在加强公共文化设施建设、完善公共文化服务体系、丰富群众文化活动、开展非物质文化遗产保护工作、规范文化市场、发展文化产业、加强文化人才队伍建设等方面取得了显著的成绩，被国家文化部评为全国文化先进县。

专业艺术

【2009年中国（贺州）瑶族盘王节《瑶乡之恋》歌舞晚会】 2009年中国（贺州）瑶族盘王节《瑶乡之恋》歌舞晚会于12月1日晚在贺州大会堂举行。为2009年中国（贺州）瑶族盘王节暨广西贺州第五届农产品展销会奏响了序曲。这场由贺州市文化局组织创作的文艺晚会，由流水欢歌、瑶山春早、印象风情、瑰宝传扬、瑶乡之恋五个部分组成。伴随着一首原生态瑶族蝴蝶歌合唱《流水欢歌迎客来》，晚会拉开了帷幕。《瑶山秀》为观众展示了一块五彩缤纷的瑶锦，传承着瑶族文化的精魂。《芦笙长鼓舞》向观众演绎出芦笙长鼓是可爱家园绝妙的回响。歌舞《瑶乡之恋》把整个晚会推向了高潮。演员们以饱满的情感和高亢激昂的歌舞为观众呈现了一台精彩的盛宴，赢得了阵阵热烈的掌声与喝彩。参加2009年中国（贺州）瑶族盘王节暨广西贺州第五届农产品展销会的国家民委，自治区领导，受邀嘉宾和贺州市四大领导班子到现场观看了晚会。

【2009年中国（贺州）瑶族盘王节——奇石盆景展】 2009年中国（贺州）瑶族盘王节奇石盆景展于12月1日至3日在贺州市远东国际城举行。来自云南、广东、广西的108家参展商参展，参展数量达1万多件。展区内奇石品种繁多，玲琅满目，最贵的达30万元，最便宜的才几元钱。尤以贺州市产的奇石最为抢眼。奇石盆景展实现销售收入300多万元，创贺州奇石展销售收入新高。

【2009年中国（贺州）瑶族盘王节——瑶族服饰展示大赛】 2009年中国（贺州）瑶族盘王节——瑶族服饰大赛于12月2日晚在贺州大会堂举行。参加瑶族服饰大赛的选手来自贺州市三县两区（管理区）和原发起“中国瑶族盘王节”的8个成员县：湖南江永县、江华瑶族自治县，广东乳源瑶族自治县、连山壮族瑶族自治县、连南瑶族自治县，广西金秀瑶族自治县、都安瑶族自治县、恭城瑶族自治县。各县区代表队纷纷拿出最具本地特色的瑶族服饰，配以舞蹈动作，将巧妙的构思、精美的图案花纹、丰富的色彩、多彩的头饰、精湛的印染、抽象的文化意识等一一展现给评委，也向观众们展示了瑶族人民的民族风情。比赛分为瑶族歌舞表演和原生态瑶族服饰展示两部分。通过激烈的角逐，大赛评比出大赛组织奖、最佳节目奖、最佳编导奖、最佳服装设计奖、最佳表演奖、最佳便装奖、最佳盛装奖、最佳组合奖、最佳形象奖等集体和个人的奖项。

群众文化

【评选群众优秀团体】 评选“优秀村屯文艺队”9个，“小康文化示范户”13户，其中昭平县仙回瑶族乡大中村文艺队、钟山县钟山镇大耀村蒋屋钟联彩调团被评为“全区优秀村屯文艺队”，八步区易新中等13户被评为“全区小康文化示范户”。

【乡镇文化站活动】 乡镇文化站开展自办活动177场，协助市、县剧团开展送戏下乡172

场，较好的活跃了农村文化气氛，丰富了农民文化生活。沙田镇文化站充分利用图书室和文化信息共享工程基层点开展送书送资料下村活动，年印发科技信息10000余份，为330户农户提供科技资料、图书和光碟300多册（份、盒），收集服务效果23例，产生经济效益60多万元。一批农民在文化站的帮助下，成为科技的致富能人。2009年，沙田镇文化站站长蒋仕宽被文化部评为全国文化工作先进工作者。

【乡镇文化骨干培训工作】 为加强市乡镇文化骨干理论和业务培训，进一步提高我市乡镇文化骨干的综合素质，建立一支素质高、能力强、业务精、用得上的农村基层文化干部和文艺骨干队伍，为实现市委提出的“四大突破”战略提供人才支持，5月5日至6月3日，我局与市委组织部在市委党校举办了乡镇文化骨干培训班，全市59个乡镇分管文化工作的领导、文化站站长共107人参加了培训。邀请自治区党校、自治区群众艺术馆的教授、专家授课。此次培训时间为一个月，其中集中学习时间12天，回单位调研时间18天。培训期间，坚持理论联系实际的方针，采取专题讲授和集体研讨相结合的方法，积极推进案例式、互动式、体验式教学和现场教学。围绕如何做新时期乡镇文化干部这个主题，讲授“乡镇文化站建设探讨”，“公共文化服务体系和群众文化”，“中国文化创新研究”等专题；组织学员参观考察，举办工作经验交流会，开展系列文化娱乐活动等，充分发挥学员学习与思考的积极性和主动性，增强了培训的针对性和实效性。

【文化基础设施建设】 农村文化设施建设力度进一步加大。投资214.48万元建成中央扩大内需投资项目——昭平县昭平镇等6个乡镇综合文化站的项目任务；分别投资650万元和19万多元，为16个乡镇综合文化站、46个村文化室配备共享工程等文化活动设备。列为中央扩大内需第四批投资项目，总投资608万元的19个乡镇综合文化站建设工作于11月初开工建设。钟山县、富川县各投入资金60万元完成了共享工程县级中心建设，并对外开放。

公共图书馆

【公共图书馆业务建设】 全市市、县公共图书馆新增图书26000余册，新办借书证10800余份。开展“图书馆服务宣传周”、“图书展销”、“有奖知识竞赛”、“投影知识讲座”，少儿读书征文比赛等读者活动46次，参加人次8600多人次。钟山县投入14万多元购置书架、阅览桌椅等设备，完成了图书馆设备更新工作。市图书馆办理图书借阅证3479个，比去年同期增长12.3%。市图书馆接待读者19万人次，书刊外借16.8万册，建社区服务点达65个，馆外服务量超过馆本部服务量的20%。电子阅览室开机4268小时，接待读者2930人次。举办文化共享工程精品展播80场，受益观众16000人次。少儿图书阅览室新增优秀少儿读物3000多册，订阅各种青少年报刊200多种，接待少儿读者约12500人次。

文化市场

【文化市场稽查整治】 年内，以建设健康繁荣、竞争有序的文化大市场为目标，通过完善制度，强化监管，依法行政，提高了文化市场的管理效能。组织全市文化系统开展文化市场整治和净化社会文化环境专项行动。深入开展文化市场“天天查”活动，着力解决网吧、歌舞娱乐场所接纳未成年人的问题。一经发现有违规接纳未成年人的行为，坚决予以立案查处。2009年，全市各级文化行政部门共出动执法人员8149人次，检查网吧6866家，电子游戏室2881家，歌舞娱乐场所1437家，音像制品经营单位1217家，收缴非法音像制品光盘31706张，非法图书报刊32550份。发现违规经营场所299家，给予警告处理190家，责令停业整顿32家，立案查处77家，罚款113590元。主动协调有关部门取缔黑网吧7家，取缔无证电子游戏室2家，有效地净化了全市的文化市场环境。举行2009年集中销毁非法音像制品及各类非法出版物活动，集中销毁非法音像制品33547张(盒)、非法图书(报刊)47269册(本)、非法印刷品31827张。

文化产业

【打造文化品牌】 制定了《贺州市文化系统文化产业行动计划》，确定了今后一段时期全市文化产业的发展重点及工作思路，即立足山水文化、历史文化、民族文化、田园文化资源和良好的交通区位优势。围绕建设“森林之城、田园都市”的战略目标，建设八步、富川客家、瑶族两大文化旅游经济带。突出桂台(贺州)客家文化生态旅游示范区、贺州瑶绣生产基地、贺州民俗文化大观园、黄姚古镇、姑婆山森林公园五大重点项目。打造山水文化、客家文化、瑶族文化、民俗文化、古镇文化五大品牌，建设文化旅游业、休闲娱乐业、演艺业、乡村文化业四大产业。实施住好一座屋(客家围屋)、演好一个剧(客家山歌剧)穿起一套衣服(瑶族服饰)、唱响一首歌(瑶族茉莉歌)、跳好一个舞(芦笙长鼓舞)、过好一个节(瑶族盘王节)、喝上一杯茶(昭平茶叶)、迈过一座桥(瑶族风雨桥)、打造一批古村镇(秀水、黄姚、贺街)、做大一片森林(姑婆山森林、大桂山森林)“十个一”工程。全市商演468场，商演收入63.41万元。利用自身优势发展艺术培训业。八步区文化馆坚持常年开设艺术培训班，面向青少年开设美术、书法、舞蹈、二胡、电子琴、葫芦丝、声乐、戏剧表演等培训班，全年25期，每年培训学生1000多人次。特别是贺州市民族艺术职业学校，创办10年来培养艺术人才1000多人，毕业生遍布全国10多个省区。同时结合教育实习，介入旅游市场，走出广西，在全国内地及港、澳、台地区进行民族风情实习演出，年演出达500多场，收入50多万元。

文化遗产

【民族民间文化保护工程】 积极开展“2009年文化遗产日”宣传活动。完成全市非物质文化遗产普查工作。全市共采录非物质文化遗产10个大类，项目5315个。组织专家对全市各县(区、管理区)推荐申报的非物质文化遗产项目及项目代表性传承人进行了审议，确定并公布“盘王大歌”等16个项目为第二批市级非物质文化遗产项目名录。潘鹤云等5人为第二批市级非物质文化遗产项目代表性传承人。今年，八步区文化馆被评为全国非物质文化遗产保护工作先进集体，贺州市文化局、昭平县文化馆被评为全区非物质文化遗产保护工作先进集体。

【文物保护与管理】 开展全市范围内野外文物普查工作。全市共深入59个乡镇开展野外文物普查工作。共复查文物点219处，新发现文物点455处。封阳石城等8处文物保护单位被列为第六批自治区文物保护单位。至此，市自治区级文物保护单位从28处增至36处。推荐封阳石城、富川风雨桥申报全国第七批重点文物保护单位。积极争取国家文物保护维修资金100万元，维修贺江西岸明代古城址。开展贵广高速铁路贺街制梁场工地、凤凰岭铁路工地古墓抢救性发掘工作，共发掘东汉、三国、南北朝、明清时期古墓51座(其中东汉土坑墓22座、南北朝砖室墓25

座、明清墓4座），出土动物俑、滑石器、铁剑、陶罐、青铜、铁、滑石、陶瓷器文物206件，为研究汉时期贺州社会经济文化发展，古道文化，丧葬习俗提供了宝贵的史料。严厉打击盗挖自治区重点文物保护单位——八步区莲塘镇上寺村北宋铸钱遗址的文物犯罪活动。由于宋铸钱遗址有大量的宋代铁矿冶铸炉渣，当地村民在利益驱动下，对炉渣进行疯狂盗掘，然后销到冶炼厂谋取暴利，仅国庆前后，已盗挖卖掉遗址铁矿渣约600多吨。事件发生后，市文化局及时向市委、政府进行了汇报。在市政府、市政法委、市公安局和八步分局及莲塘派出所的大力支持下，我局一面派人深入事发地宣传文物保护法，一面与公安部门昼夜设伏，两次截获盗卖铁屎坪遗址铁矿渣的案件，共扣农用车三辆，查封平桂飞碟冶炼厂尚未冶炼铁矿渣140多吨。目前遗址铁矿渣被盗挖现象得到了有效控制。

崇 左 市

全市文化工作综述

2009年，崇左市文化管理机构，除崇左市设文化局外，江州区、凭祥市、天等县、宁明县、大新县、龙州县、扶绥县设文化体育局。市级设3个科室。下设市文化市场管理办公室、市文物管理局、市演出管理处、市图书馆、市群众艺术馆、市壮族博物馆6个基层单位。全市拥有市群众艺术馆1所，县级文化馆7所，图书馆6所，文博馆（所）6所，现已建成400㎡左右标准文化站76个，达标率为100%。2009年全市76个乡镇均设文化（广播）站，276个行政村设有文化室，有241支业余文艺队，形成市、县、乡三级文化行政管理格局，全市文化部门共有干部职工800多人。一年来，各项文化工作扎实开展，促进全市文化大发展大繁荣，迈出了新的步伐。

抓好项目建设并以此为中心，加快构建公共文化服务体系。2009年是中央实施扩大内需，推动经济发展的重要一年，我局十分重视文化项目的建设，把项目建设放在首要的位置。市本级重点抓好博物馆续建，博物馆今年8月底完成主体工程，已投入资金2313万多元；抓好县、乡、村三级文化基础设施建设。完成了宁明、扶绥、龙州、凭祥等4个县（市）的文化信息资源共享工程支中心建设任务，每个支中心投入64万元，共投资256万元。完成了中央扩大内需新增投资建设宁明、扶绥、大新、凭祥市和江州区等县（市、区）的10个乡镇文化站共320万元及给50个乡镇综合文化站配送文化活动设备500万元的投资任务；认真配合自治区文化厅完成了2008年农村文化以奖代补300万专项资金下达发放工作；加强文化信息资源共享工程与农村党员干部现代远程教育工程的共建，协助相关部门做好全市60个农村党员远程教育设备完善工作，每个点4265元，共完成25.59万元的投资任务。同时，认真完成年初市委、市政府下达给我局筹措60万元资金用于购买农业科技书赠送边远农村图书室、组织文艺团队下乡慰问、放映电影的工作。经过努力筹措，2009年共筹集到265.3万元，占任务的442.2%。据统计，全年文化投入资金总额为3979.9万元，有效地促进了文化事业的发展。

以打造艺术精品为目标，促进艺术创作繁荣与发展。我们以推进新剧目、培养新人才为重点，认真抓好舞台艺术创作，着力打造崇左舞台艺术精品。我们以庆祝建国60周年活动为契机，努力营造和谐的社会氛围和文化环境。由文化厅和市委、市政府共同出品，区话剧团排演的音乐剧《白头叶猴》，获得第七届全区戏剧展览会展演桂花金奖。认真举办崇左市迎春狮会大比武活动，组织全市16个狮队参加比赛，评出一等奖3名，二等奖5名，三等奖5名。积极开展周末、月末广场文化的群众性活动。5月4日，我们在市行政中心广场举行了广场文化活动启动仪式暨纪念五四运动九十周年文艺晚会。全年我局负责指导举办了13场广场文化活动，深受广大市民的欢迎。配合市委宣传部等有关部门举办了“祝福祖国”歌咏比赛，配合中央民族乐团开展“三下乡”慰问演出工作，分别在江州区、龙州县等两地举办了现场慰问演出活动。龙州天琴组合应中央电视台的邀请，赴北京

参加2009年春节歌舞晚会录制节目，并在央视一、二、三、四频道分别播出，6月赴云南玉溪市参加“中国聂耳音乐(合唱)周”演唱。组织宁明、大新两个代表队参加广西第二届歌王大赛活动，宁明县的吕光绍获十大歌手奖，大新县许秀珍获优秀奖。在全区十五届“八桂群星奖”活动中，我市的《红韵·天椒情》获得银奖，《潇洒夕阳歌》、《天琴妹》获得铜奖。在“美术、书法、摄影”比赛中获得一等奖1个，二等奖4个，优秀奖6个。各县(市、区)文体局紧紧围绕实施“项目年、民生年、绩效年”、净化社会文化环境、党风廉政建设、平安建设、人口与计划生育工作等，开展文艺创作和表演活动，组织艺术表演团体深入农村、社区等为群众演出，让农村群众充分享受文化权益，取得良好效果。

健全网络监管机制，促进文化市场健康有序发展。我局认真贯彻落实中办发[2009]6号和桂办发[2009]18号文件及相关会议精神，以清理整顿中小学校周围文化市场经营单位、查处黑网吧，网吧违规接纳未成年人为工作重点，不断规范文化市场经营秩序，扎实推进净化社会文化环境专项整治活动。一是发动宣传，扩大社会认知度。主要是通过报纸、广播、电视等宣传媒体在集中时段向社会宣传，让群众意识到净化社会文化环境是一项有利于发展文化软环境、有利于下一代健康成长的社会治理整顿工作。二是加强社会监督，聘请“五老”为网吧监督员。为更好地加强管理监督，我市聘请了182名“五老”为网吧监督员，给他们颁发了聘书和监督员证，并落实了相关报酬。三是积极配合市委办、公安等单位开展“安全生产月”活动，对文化娱乐场所发放消防安全知识资料、图片等，切实增强安全生产意识。四是严格执法，全面排查。严格要求业主上网入场登记表填写规范、不接纳未成年人进入、不超时经营，不违规经营；全面开展电子游戏经营户持证经营专项检查，及时查处非法电子游戏室，加大对违法经营单位的处罚力度，对违法违规经营的单位坚决实施严厉打击，从重从快从严处罚。积极配合市“扫黄打非”办，开展清缴整治低俗音像制品专项行动。据统计，全市共出动11296人次，对9832家文化经营单位进行检查，其中检查音像业2081家，演出场所39家，电子游戏室2189家，歌舞娱乐场所883家，网吧4640家，受理举报案件127件，立案调查169件，办结案件162件，收缴非法音像制品22436(盒、张)，罚没收入43.47万元，责令整改90家，停业整顿28家。

弘扬优秀民族传统文化，加大文化遗产保护工作力度。积极建立壮族优秀民族文化教育传承基地，进一步挖掘整合资源，丰富民族特色文化。大新县选择了职业技术学校作为教学传播基地，开设了民族歌手培训班，传授高腔山歌“诗雷”、“诗三句”、民族舞蹈、礼仪等优秀民族文化知识，培训了一批传承表演新人。龙州县举办民俗文化节，通过伏波庙会、中越山歌邀请赛、天琴表演等形式，恢复舞龙舞狮及山歌对唱文俗文化形式，丰富了歌圩节的内涵。4月，我们组织专家对参加第二批自治区非物质文化遗产项目代表传承人进行了评审评议，推荐了8个人为代表传承人，整理传承人申报资料88份。积极有序开展第三次文物普查工作，市本级“三普”经费已按规定进入财政年度预算。截至9月底，全市共落实“三普”经费累计66.63万元，其中国家补助贫困县天等县和龙州县“三普”专项资金各4.35万元。野外普查有新进展。全市共普查了56个乡镇，新发现文物点295处，复查154个文物点处。认真落实“5·18国际博物馆日”和第四个“国家文化遗产日”宣传活动。6月12日，我们组织了第四个“文化遗产日”有奖知识竞赛的活动，在左江日报上开设了一个专版，扩大了“文化遗产日”的影响，产生了良好的效果。

抓好培训工作，不断加强文化人才队伍建设。结合实际抓好本系统的业务培训工作，积极开展各门类艺术作品创作工作，深入机关、学校、农村开展群众性文艺辅导活动。突出抓好艺术创作、文化市场执法、文物普查、群众文化管理培训，不断提升文化队伍综合素质。积极做好宁明、凭祥、江州等三个县（市、区）全国文化先进县复查工作，经复查审核，宁明、凭祥两县保留了全国文化先进县称号（江州区因区域划分调整不再保留）。积极做好全区优秀村屯文艺队和小康文化示范户评选工作。我市有3个村屯文艺队，即宁明县寨安乡顺宁村文艺队、天等县“夕阳红”业余文艺队、江州区壶城常乐文艺队获得2009年优秀全区村屯文艺队称号，有9户获得小康文化示范户称号。积极开展推荐全国文化先进集体和全国文化系统先进工作者的评选工作。

深入开展学习实践科学发展观活动。一是成立了组织机构，明确工作目标要求，制定了《崇左市文化局深入开展学习实践科学发展观活动的方案》、《崇左市文化局深入学习科学发展观活动学习阶段实施要点》等，明确了以“抓住历史发展新机遇，兴起文化建设新高潮”为主题。二是认真组织学习培训，制定详细学习计划，制定《崇左市文化局学习实践科学发展观学习调研阶段重要工作安排表》，购买了关于科学发展观的一系列专著、文献。每个党员干部发放专门读书笔记。据统计，局党组中心学习组集中学习3次，参加人数共66人；单位主要领导组织专题辅导学习1次，参加人数41人；组织党员干部听取专题辅导课1次，参加人数为13人；组织处级领导集中培训3次，参加人数共6人；党员干部集中学习达21.5小时，撰写读书笔记18.5万字，撰写心得体会22篇；形成典型案例分析2篇。三是深入开展调查，确定调研课题，即《净化社会文化环境，促进未年人健康成长》、《如何发挥乡镇文化站作用》。四是积极参加“万名党员调研服务活动”。深入到大新县雷平镇布龙村组织宣传了党的十七届三中全会精神，发放资料50份，发布实用信息5条，派员深入到天等县福新乡江岸村扶贫点开展农村指导工作，同乡政府及村委会干部开展座谈，共商整村推进致富计划。五是认真召开民主生活专题会和组织生活会，撰写了领导班子分析检查报告；组织群众开展民主评议工作，集中解决突出问题，完善机制体制，制定切实可行的整改措施。

认真完成市委、市政府的各项中心工作。一是积极派驻新农村指导员进驻天等县福新乡江岸村挂点扶贫。二是认真抓好深入学习实践科学发展观活动。三是认真抓好为民办实事和文化项目建设工作，着力做好中央扩大内需新增投资乡镇综合文化站建设工作，着力抓好市壮族博物馆的续建工作。四是按照市委、市政府要求，切实抓好净化社会环境工作，严厉打击非法文化经营行为。五是切实抓好党风廉政建设，积极开展党支部活动。6月10日，局机关全体党员深入扶贫联系点天等县福新乡江岸村开展主题实践活动。同时，进行“六一”儿童节慰问活动，给江岸村小学赠送价值约三千元的图书。六是抓好电影放映职能管理划转工作，确保文化体制改革顺利进行。七是认真做好崇左市民族歌舞团筹建工作。

专业艺术

【艺术团体现状】

撤地设市后，原南宁地区民族歌舞团移交南宁市，因此，我市至今没有市直属专业文艺团队。各县（市、区）各有1个专业艺术团，7个县（市、区）共有7个专业艺术团体。这些专业艺术团团队的编制在17人至32人左右，全为事业单位，全市共有专业演员183人。

【专业演出比赛获奖】 年内，市参加广西第七

届剧展和第五届音乐舞蹈比赛，其中天等县的舞蹈《红韵·天椒情》在参加第五届广西音乐舞蹈比赛中，获得了舞蹈节目二等奖、舞蹈作曲二等奖、舞蹈表演三等奖；龙州的山歌剧《桃花坳》在参加第七届广西剧展小戏小品展演中获铜奖。特别是我市与广西话剧团联合打造的音乐剧《白头叶猴》获得了第七届广西剧展(大戏)的金奖。我们积极配合市委、市政府相关部门做好、完成了一系列的演出活动。

【广场文化】 按照市委、市政府的部署并积极配合相关部门认真抓好一系列的大型演出活动。一是配合市人防办公室做好"全区人防宣传月活动(崇左)启动仪式晚会"的演出工作。二是协助开展完成了广西话剧团到崇左演出音乐剧《白头叶猴》的工作。三是协助开展崇左市庆祝中华人民共和国成立60周年"祝福祖国"歌咏比赛活动。四是积极配合市委统战部做好自治区桂剧团到我市演出大型桂剧《欧阳予倩》的工作任务。

群众文化

【文化站建设】 自治区下达2008年第四季度新增中央投资乡镇综合文化站建设项目共10个。其中：江州区2个，扶绥县3个，凭祥市1个，大新县1个，宁明县3个。截止12月，10个文化站建设全部竣工，并完成验收。年内，做好50个文化站共500万元设备配置工作。文化站设备配置共分2块，其中由我市文化局负责250万文化站文化活动设备配置，自治区文化厅负责250万文化信息资源共享工程设备配置。10月前，我们组织有设备配套的乡镇文化站技术人员进行培训。截止12月，我市已经完成文化站文化活动设备采购、配送工作，并协助文化厅完成250万元文化站文化信息资源共享设备的采购任务。

【以奖代补】 根据自治区财政厅精神，2008年全市获农村文化以奖代补专项资金300万元，用于村级文化演出设备购置；村级篮球场、乒乓球台建设及农村文化体育活动开展补助。现根据我市实际情况，我们组织各县(市、区)文体局完成村级文化演出设备购置75个村级点，用于篮球场、乒乓球台建设30个村级点，用于开展农村文化体育活动的每个村级点补助5000元共100个村级点的补助任务。

【群众文化获奖】 为庆祝中华人民共和国建国60周年华诞，配合自治区做好第十五届"八桂群星奖"评奖工作，充分展示建市以来美术工作取得的优秀成果和精神风貌。市文化局积极组织各县(市、区)文体局各类文艺作品参加自治区第十五届"八桂群星奖"评奖工作，共收到全市各县(市、区)美术类作品共82件，上送45件参赛。组织市群艺馆专家评委到各县(市、区)对28个舞台节目进行推荐评审，共评选出6个节目制成DVD格式上送文化局社文处，其中舞台艺术类，获自治区银奖1个，铜奖2个，优秀奖3个。舞蹈《红韵·天椒情》获自治区银奖，天琴弹唱《天琴妹》、左江采茶《夕阳潇洒歌》获自治区铜奖，女声独唱《天琴在响》、舞蹈《永恒的记忆》、话剧小品《阿婆的老烟枪》获自治区优秀奖；"八桂群星奖"美术书法摄影作品获自治区金奖1个，银奖5个，优秀奖3个。书法作品少儿组《行书条幅》获自治区金奖。美术作品少儿组《创意脸谱》、美术作品成人组《企沙物景》、书法作品少儿组《楷书对联》、书法作品成人组《毛泽东长征条幅》获自治区银奖。美术作品成人组《荷风细雨》、《热土》、书法作品成人组《隶书对联》、摄影作品成人组《大好河山》获自治区优秀奖。积极参加各种活动筹备工作，如筹备崇左市庆祝中华人民共和国成立60周年《祝福祖国》歌咏比赛、《白头叶猴》音乐剧演出等。

【公共文化理论征文】 年内，开展全市公共文化服务体系建设的理论文章征文和评比工作，全市共收到公共文化服务体系建设的理论文章21篇，评出一等奖2名，二等奖5名，三等奖8名。

【文化下乡】 年内，以建设先进文化为导向，坚持以人为本，继续开展文化下乡、下基层活动。在往年的基础上创新形式，组织较大规模文化下乡活动58次，送图书12000余册，送科技资料12.6万份。全市共有各类文体团队（包括山歌队）228个（队），开展各类文艺培训72班（期），培训文化骨干1800多人（次）。到12月，我们还完成选报推荐我市农村村屯文艺队、小康文化科技示范户参加自治区《村、屯优秀文艺队》、《小康文化科技示范户》评选材料的上送工作。

公共图书馆

【公共图书业务】 年内，崇左市有县级以上公共图书馆7个，其中市级1个，县级6个，馆舍总建筑面积11625平方米，藏书总量71.17万册，其中报刊245512册、缩微制品（视听文献）589件，图书管理员71人。获国家文化部命名二级馆2个、三级馆5个。2009年我市图书馆共获得财政拨款245万元，其中购书经费30.5万元，新购图书15000册，累计发放有效借阅证2052本，读者总流动人数110265人次，为读者举办各种活动32次。2009年我市图书馆成功通过全国第四次地级市评估验收。

【文化信息资源共享工程建设】 年内，加大力度实施文化信息共享工程，60个农村党员远程教育基层完善点共281.59万元设备配置工作。做好全市今年“文化信息资源共享工程”，包括扶绥、宁明、龙州、凭祥4个县级支中心试点机房装修、线路安装等建设前期工作，协助自治区文化厅完成256万元全国文化信息资源共享工程县级支中心建设设备；25.59万农村党员远程教育基层完善点设备配送。

【知识工程】

全年认真组织实施“知识工程”工作。崇左市各地图书馆紧紧围绕庆祝建国60周年这一主线，以“我们在阅读中一起成长”这一主题，在全市深入推广全民阅读活动。5—6月继续组织开展“图书馆服务周”、“农民工读书活动周”、“科技知识讲座”等活动，共送图书5000多册到村级图书室，印发科技资料3000多份分发给农民朋友。

【图书配送】

将国家图书馆“西部计划”图书120包（约5000册）按自治区文化厅确定的方案及时配送崇左市各县（市）图书馆。

文化市场

【市场管理概况】 全市文化市场经营户数有606户，从业人员有2746人，固定资产原值7841.7万元，本年应交税金总额1538.7万元。全市文化市场从业人员全年工资总额1387万元，人均年工资5050.98元，增加值5729.5万元，经营面积22.33万平方米。2003年8月6日崇左市成立，根据崇左市编办文件，原南宁地区文化市场管理办公室（增挂南宁地区文化稽查支队）变更为崇左市文化市场管理办公室（增挂崇左市文化稽查支队），实行一套人员两块牌的管理办公机构，隶属崇左市文化局。崇左市江州区、扶绥县、宁明县、龙州县、凭祥市、大新县、天等县七个县（市、区）文体局相应设有文化市场管理办公室、文化稽查大队，负责各自辖区的文化行政、执法职责，贯彻、落实国家对文化市场行业管理的各项法律、法规，组织开展各种规范

市场经营行为的整治执法活动。市级和各辖区的文化市场管理办公室也受辖区文化(体)局的委托受理文化行政许可申请与审批事项,所有的行政许可受理与审批全市实行辖区属地管理。文化市场管理办公室以国家政治、经济政策为导向,坚持一手抓管理一手抓繁荣的方针,在规范市场经营行为的同时积极探索与时俱进的管理方式;以发展经济为中心,扶持、引进更具规模的文化市场经营企业。今年以来,全市文化市场经营企业的经营规模、行业结构相对出现逐步提升趋势。但相对于全区其他市,仍处于小而散的弱势状态。

【社会文化环境专项治理】 全市开展净化社会文化环境专项整顿治理活动,规范市场经营行为,清理整顿中、小学校园周边违规经营摊点。文化部门以查处网吧、电子游戏室违规接纳未成年人、超时经营、无证经营为工作重点,增加人力物力的投入,加大加强执法频度和力度,部门执法与社会监督相结合,打击文化经营中的不法行为。城、乡整治历经3个月有余,低俗不良经营现象被涤荡,社会文化环境改观。期间,全市文化部门先后聘请了182名“五老”(老干部、老专家、老教师、老战士、老劳动模范)为网吧社会监督员。组织召开了128场业主学习会议,与会人员达3779人次。

【平安文化建设】 全年共召开了11次安全生产主题会议,市区网吧、电子游戏、歌舞娱乐场所业主参加。2月份贯彻落实《广西壮族自治区安全生产监督管理责任暂行办法》文件精神。5月份会同消防部门检查公众聚集场所消防安全,6月份积极参加崇左市“安全生产月”咨询活动。7月份开展安全生产隐患排查和督促经营户落实安全防范措施的活动。8月份管理执法人员深入经营场所逐一开展了8大隐患检查活动。9月份为加强网吧、影厅、歌舞厅、电游室等火灾防范检查。全市实施《国庆期间公众聚集场所安全生产大检查工作方案》。10月份为确保“两会一节”期间的安全稳定,下发《关于开展国庆前后市场执法与安全生产大检查的通知》,对网吧、KTV歌舞厅、电子游戏、卡拉OK包厢和附带娱乐项目的餐饮业等人员密集场所的消防安全进行了更为严格的检查,严格执行“两会一节”国庆假日期间安全生产值班制度,确保各种突发事件和异常情况能够得到及时妥善处理,并按规定及时上报信息。

【文化行政执法检查】 据统计,今年全市文化部门开展市场检查共出动了13217人次,检查文化经营单位14464家次,其中:检查电子游戏经营户3279家次、网吧6042家次、音像摊点2018家次、歌舞娱乐场所1031家次、演出60家次。责令改正108家次。受理举报143件,立案调查201件、结案177件、停业整顿28家次,取缔无证经营单位18户。送市扫黄办公开销毁非法音像制品22436张/盒,罚款43.47万元。

文化遗产

【文物机构及馆藏】 崇左全市有文博事业机构7个,其中市级文物管理局1个,县级博物馆(纪念馆)3个,县级文物管理所3个,职工总数61人。拥有业务用房11525平方米,文物库房653平方米,展览用房2986平方米。文物保护单位174个,其中全国重点文物保护单位3个,自治区文物保护单位19个,市级50个,县级102个。全市各级博物馆、纪念馆和文物管理机构共收藏文物2092件,其中珍贵文物766件(一级文物4件,二级21件,三级741件)。

【非物质文化遗产保护】 年内,加大了对非物质文化遗产的保护工作,同时注重非物质文化遗产宣传。6月13日是我国第四个文化遗产日，为加大非物质文化遗产保护工作的宣传力度，提高全社会自觉保护非物质文化遗产的意识，我局和各县(市、区)文体局共同举办以“保护文化遗产，促进科学发展”为主题的“文化遗产有奖知识竞赛答题”活动，面向社会各界人士征集文化遗产有奖知识答案。通过组织命题，在左江日报登报征集等一系列工作，截止7月15日，共收到全市786份答卷，8月6日我们在对答卷进行评卷的基础上组织抽奖活动，共抽出一等奖5名，二等奖10名，三等奖30名，活动的圆满完成，对加大非物质文化遗产保护工作的宣传力度取得明显的社会效益。

【非物质文化遗产普查】 年内，完成非物质文化遗产普查第一阶段普查任务并通过自治区验收工作。几年来，在市委市政府的领导下，在相关部门的积极配合下，经过不懈努力，我市的非物质文化遗产保护工作取得了显著成绩。全市共收集非遗线索8155条，调查项目200个，其中新发现项目占34.5%。初步摸清了非物质文化遗产的种类、数量与分布状况；建立比较完备的非物质文化遗产资源档案。一是纸质档案。其中编纂的市普查成果汇编本在整理中，县一级普查成果汇编本61册，其他相关资料29册。二是电子档案。所有普查形成的文字材料全部录入电脑，对录入数据的电脑实行专人管理。三是照片档案。对普查的3810个项目进行数码照相，共拍摄照片4002余幅。四是音像档案。全市共完成调查项目录音76.5小时，录像108.2小时，计音像资料173盒。五是实物档案。共收集民间作品、实物268件。

【传承人评议】 组织专家评审会对推荐参加第二批自治区级非物质文化遗产项目代表性传承人进行认真评议，并提出了推荐名单(8人)和推荐意见报送自治区文化厅。

【文物保护与征集】 今年，自治区拨款15万元维修左江斜塔；市财政投入20万元进行太平府故城小西门维修等。

【文物普查】 第三次全国文物普查于2007年4月开始，至2011年12月底结束。截止年底，累计落实经费114.33万元，其中市县级财政落实70.43万元，国家补助19.4万元、24.5万元；2009年度市县级财政落实经费42.1万元。截止2009年底，我市第三次文物普查田野调查阶段基本结束，全市共普查了76个乡镇，到达率100%，普查了839个行政村，到达率100%，普查了6300多个自然屯，到达率99%，新发现文物点372处(含碑刻等可移动文物)，复查文物点189处。

河　池　市

全市文化工作综述

2009年，在中共河池市委、河池市人民政府的正确领导和自治区文化厅的精心指导下，河池市文化工作坚持以邓小平理论和“三个代表”重要思想为指导，围绕推动社会主义文化大发展大繁荣，建设“富裕文明和谐新河池”总体目标，深入学习实践科学发展观，积极采取各项措施，在社会文化建设、艺术生产、文化市场管理、文物和非物质文化遗产保护等方面取得了可喜成绩，全面完成年度目标任务，为推进“富裕文明和谐新河池”以及“生态民族文化名城”建设作出了积极贡献。今年，河池市文化局先后被自治区文化厅评为“全区群众文化服务先进集体”、“全区非物质文化遗产普查先进集体”，被市委、市人民政府评为卡马水库“抢险救灾先进集体”。

精心组织各类重大文艺活动。1月份，圆满完成“河池市2009年春节联欢晚会”的组织筹备及演出任务。4月底，策划排演“我们的家园”——庆祝中华人民共和国成立60周年河池文艺创作精品展演晚会，弘扬河池优秀民族文化，集中展示河池民族文艺精萃和改革开放30年来取得的辉煌成就。下半年，与广西致公画院合作，成功举办了“锦绣河池——中国画名家画河池”活动，反响热烈。国庆前夕，市文化局与市委宣传部等相关部门密切配合，成功举办了“歌唱祖国——河池市庆祝中华人民共和国成立60周年大型歌咏比赛”及“金色希望——河池市首届农民歌手大奖赛”。通过举行以上活动，不断丰富全市广大群众的精神文化生活，营造城乡联动、广泛参与、喜庆热烈的节日气氛。认真组织筹备，成功举办河池第十一届铜鼓山歌艺术节。本届艺术节举办时间恰逢广西早期农民运动领袖韦拔群同志诞辰115周年，因此，本届艺术节在主题和表现形式上强化并突出了纪念韦拔群诞辰115周年活动的元素，既对河池市文化艺术成果、民俗民风进行展示，又有侧重地推介了举办地东兰县的红色旅游资源，实现了文化艺术与红色经典、缅怀先烈等活动的有机结合。河池第十一届铜鼓山歌艺术节的成功举办，标志着由11个县、市、区轮流承办河池铜鼓山歌艺术节的第一个循环胜利完成。

专业艺术创作成果丰硕。把艺术创作作为繁荣文化工作的重点，扎实推进，积极抓出成果。全市专业艺术团队全年共创作节目277个。其中：舞蹈104个(纯舞蹈38个)、小戏10个、小品65个、曲艺38个、歌曲38首。市级和各县市区艺术团体积极编创节目参加“第七届广西戏剧展览”和“第五届广西音乐舞蹈比赛”和各级各类专业(行业)艺术比赛，取得各级别奖项一批。

群众文化活动丰富活跃。1月，河池市金铜鼓艺术团到北京参加“2009年中国教育电视台春节联合晚会”，表演的白裤瑶少儿舞蹈《桃孔》得到了观众与专家们的好评。春节期间，策划举办“文化河池·2009年迎春美术书法作品展”，共展出美术作品83幅、书法作品33幅，使河池市民春节期间享受了一次丰盛的文化大餐。组织河池市山歌歌王代表队到武鸣参加“广西第二届歌王大赛”，经过为期3天的激烈角逐，河池市歌王谢庆良登上了广西歌王的宝座，兰承群获“十大歌手”称号。认真抓好全区第十五届“八桂群星奖”河池参

评作品的评选报送工作，并以参加此次活动为契机，带动全市群众文化艺术活动的开展，促进全市社会文化事业的进一步发展繁荣。在全区第十五届“八桂群星奖”评选活动中，河池市共有21件作品获奖。其中：舞台艺术类节目获金奖1个、银奖2个、铜奖2个，优秀奖1个；美术书法摄影类作品获金奖2件、银奖4件、铜奖7件，优秀奖2件。市文化局获优秀组织奖。国庆60周年期间，全市各地举行了形式多样，群众广泛参与的各类群众文化活动，营造了浓郁的喜庆气氛。11月，由河池市群众艺术馆选送的仫佬族少儿舞蹈《竹篮子响起来》作为广西唯一入选的节目，进京参加了第五届CCTV舞蹈大赛决赛，展示了河池民族民间舞蹈的风采及艺术创作的实力与成果。

文化遗产保护工作扎实有效推进。河池市第三次文物普查完成了实地调查阶段工作，同时，积极申报自治区文物保护单位，取得新成果。从2007年启动，历时两年的河池市非物质文化遗产普查工作于今年顺利完成。据统计，全市共完成非物质文化遗产资源普查项目8740多个。市文化局等4个单位和12名普查员被自治区文化厅评为全区非物质文化遗产普查先进集体和先进个人。市级非物质文化遗产名录体系建设和第三批国家级名录项目申报，第二批自治区级“非遗”项目代表性传承人的推荐和自治区“非遗”保护传承基地（展示中心）的申报工作稳步推进。

“文化惠民”系列活动惠及城乡群众。积极开展“送书下乡”活动。全年全市送书下乡近4万册，开展下乡宣传咨询活动8次，受益群众达6万多人次。继续动员社会力量捐赠文化事业，2009年全年，市“知识工程”办公室共收到单位和个人捐款4.98万元，捐书4631册。积极组织文化进社区、进农村、进军营、进校园、下基层、下工地“百团千场”活动，12支专业艺术团队送戏下乡演出1279场，其中下农村演出792场，观众达157.8万人。

文化市场健康发展繁荣有序。根据文化部、自治区文化厅及市人民政府的统一部署及相关文件精神，河池市文化执法部门配合相关部门，加大对文化市场安全监督检查力度，进一步规范公共文化场所安全管理，坚持日常巡查与突击检查、联合执法与独立执法相结合的方式，特别在两大假期和重点节假日期间着重抓好了校园周边、城乡结合部和城市居民楼院隐蔽处等重点部位文化市场秩序的整治。大力整治互联网络低俗之风，查处违法游戏产品，营造健康文明网络环境。加强对全市文化市场经营主体资格的认证审核工作，从源头上严把文化市场准入关。严把商业性演出审批程序，加强对营业性演出场所的管理，同时对演出团体的演出过程、宣传等行为进行严格审查，确保商业性演出起到繁荣群众文化生活、传递文明倡导新风的正面作用。通过开展“横向到边、纵向到点”的日常巡查和对热点难点实施有针对性的整治行动，严厉打击文化市场违法违规经营行为，规范文化市场正常经营秩序，确保本市辖区文化市场的平安、和谐和稳定，净化社会文化环境，促进社会和谐稳定。

专业艺术

【舞台艺术作品在各类比赛获奖展实力】 3月和7月，分别在我市的宜州市、都安县举行“第七届广西戏剧展览”第一阶段展演和“第五届广西音乐舞蹈比赛”第一阶段河池展演活动，共展演小戏小品节目6个，音乐舞蹈作品15个。经自治区专家评委评选，河池市选送的小品《秤心》、《将心比心》、《楼上楼下》、《索赔》、彩调《蚕乡新事》、毛南族舞蹈《竹缘》、瑶族舞蹈《穿马鞍衣的女人》、瑶族舞蹈《绣春》、瑶族舞蹈《瑶妹上学》、瑶族舞蹈《咬

亲亲》以及声乐作品《凤山飞歌》、《这是一片热土》等12个节目上送参加“第七届广西戏剧展览”、“第五届广西音乐舞蹈比赛”南宁展演（决赛），分别荣获第七届广西戏剧展览小戏小品桂花银奖2个，优秀编剧奖1个；获第五届广西音乐舞蹈比赛声乐类三等奖1个，演唱奖1个，舞蹈类节目二等奖1个，三等奖4个，表演三等奖5个，舞蹈编导三等奖5个，舞蹈作曲二等奖2个。河池市创作的仫佬族少儿舞蹈《竹篮子响起来》和幼儿舞蹈《哪嗬咿嗬嗨》参加全国第五届“小荷风采杯”少儿舞蹈大赛，双双获得“小荷之星”金奖。宜州市韦家作参加“金蛙奖国际艺术节”未来之星第四届全国艺术盛典评选活动，获成人组器乐类二胡专业银奖。巴马瑶族自治县、环江毛南族自治县于3月、6月先后参加中央电视台《民歌中国》、《民歌中国·欢乐毛南山乡》节目录制。6月，大化县创作的配乐诗朗诵“安全撑起一片生命的蓝天”参加“2009中国石油杯”全区安全生产文艺汇演获一等奖，并参加“2009中国石油杯全区安全生产文艺汇演”广西电视台颁奖晚会。都安县创作的小品《安检员的一天》代表我市参加自治区安全生产文艺汇演获三等奖。

【“锦绣河池——中国画名家画河池”采风创作活动】 为大力宣传和推介河池的秀美风光，提升河池旅游文化事业的知名度、影响力，服务河池“生态民族文化名城”建设，中共河池市委、市人民政府策划举办“锦绣河池——中国画名家画河池”采风创作活动。市文化局与广西致公画院合作，于6月中旬成功举办了“锦绣河池——中国画名家画河池”活动的启动仪式，并邀请区内外58名国画名家分两批赴河池各县市区开展采风、写生活动，11月份，活动完成全部作品创作，并于11月中旬遴选了其中的200多件精品在自治区博物馆举行了“锦绣河池——中国画名家画河池”大型作品展，《锦绣河池——中国画名家画河池作品集》也同时与读者见面。“锦绣河池——中国画名家画河池”活动的成功举行，艺术地向外界展示了河池市的自然风光、独具魅力的人文景观和民族风情，产生了良好的反响。

【艺术人才培训】 年内，全市有6人参加广西艺术学院音乐学院、舞蹈学院培训和学习深造，其中1人在职研究生班学习。2009年9月，在自治区文化厅的大力支持下，我市举办了一期全市戏剧编导培训班，共有48名学员参加了培训班，学员分别来自11个县（市、区）文化馆、文工团和市群众艺术馆、市民族歌舞团。培训班共收到创作作品25件。

群众文化

【文化基础设施建设】 年内，市文化局积极争取中央及自治区专项资金485万元，通过政府采购公开招投标方式，为全市97个乡镇文化站配置文化活动设备。至7月底，全部设备已配备到位。由自治区文化厅组织实施的全市“文化信息资源共享工程”7个县级支中心、97个乡镇基层中心、103个村级基层服务点设备招投标和采购工作于8月份完成，全部设备于11月初配送安装到位。切实抓好2008年新增中央投资罗城县6个乡镇文化站以及2009年第四批扩大内需项目全市16个乡镇文化站站房建设的督促和指导工作。罗城县6个乡镇文化站项目克服了6月至7月期间洪涝灾害的影响，于11月全面竣工。2009年第四批扩大内需项目16个乡镇文化站也于2009年11月初全面开工建设，进展顺利。

【迎国庆60周年群众文化活动】 8月30日至9月1日，柳州市老干部活动中心百灵民族乐团受市人民政府邀请，巡回东兰、金城江城区、宜州三地举行"60华诞辉煌中国——红色经典音乐会"演出活动，把"红色经典"传唱河池。9月下旬，举办了"金色希望——河池市首届农民歌手大奖赛"。本次大奖赛首先在全市各县市区举办初赛，经过初赛选拔，共有48位农民选手带着34个精彩纷呈的节目参与了复赛和决赛阶段的比赛，最后决出一等奖3名、二等奖5名、三等奖7名。原生态演唱是这次大奖赛的精彩看点。在复赛现场，观众聆听欣赏到了选手奉献的壮、汉、瑶、仫佬、毛南、苗、侗等7个河池世居民族的10首原汁原味民歌。9月30日，"歌唱祖国——庆祝中华人民共和国成立60周年歌咏比赛"在市文化广场进行，共有来自各行业、各条战线的15支合唱队登台演唱爱国歌曲，将河池市区迎国庆群众文化活动推向高潮。

【河池第十一届铜鼓山歌艺术节】 一年一度的2009年河池第十一届铜鼓山歌艺术节在东兰县举行。本届艺术节举办时间恰逢广西早期农民运动领袖韦拔群同志诞辰115周年，因此，本届艺术节在主题和表现形式上强化并突出了纪念韦拔群诞辰115周年活动的元素。本届艺术节的重头戏是11月5日晚的开幕式大型文艺晚会。晚会综合运用多种艺术手段，以缅怀韦拔群为主线，以宣传河池，特别是东兰积淀深厚而又绚丽多彩的民族文化为辅线，以音乐、舞蹈、小品、情景剧等为表现形式，让观众重温当年革命斗争中那些艰苦卓绝的岁月。同时，领略河池，特别是东兰县特有的民族风情。在具体的表现形式上，晚会以具有鲜明地域特色的经典元素，如魁星楼、火炬、红军旗、铜鼓等衍生舞美，通过背景大屏幕和灯光效果的巧妙安排，配以绚丽的烟火，加上精心创作、制作的音乐、舞蹈、小品等节目（作品），使观众在获得深刻的思想教育的同时，从视觉和听觉上享受一场艺术盛宴。11月6日和7日，艺术节的专业文艺会演、壮汉山歌比赛、广西歌王邀请赛、农民美术书法摄影作品展、非物质文化遗产传统歌舞展演等活动精彩纷呈，不但传承和展示了河池独具特色的民族文化，提高了河池的对外知名度和影响力，也极大地丰富了全市各族人民群众的精神文化生活。

公共图书馆

【市民族图书馆概况】

河池市民族图书馆馆舍建筑面积14216平方米，占地面积6180平方米，设有8个对外服务窗口。其中有三个文献外借处，三个阅览室，一个报刊查询库，一个展厅。共有阅览座位219个，藏书124468册，电子文献7000种。电脑40台，书架382组，单层总长4125.6米。全馆固定职工12人，退休职工2人，其中干部11人，工人1人。大学文化3人，大专文化9人，党员4人。职称结构为：副高1人，中级6人，初级3人，高级工1人。年内，图书馆订各类报纸51种，杂志89种，全年接待读者67687人次，外借图书57668册次，借阅图书29598人次，接待咨询、查阅报纸、期刊、代查资料1150人次。新书入藏4007册，装订报纸合订本524册，装订期刊合订本465册，修补破损图书165册。发放借书证200本。开展预约借书和咨询服务，根据不同的读者对象和需求，开展导读工作，为读者推介各类图书489册，预约借书32册。为方便读者，本馆周六、周日正常对外开放，每周对外开放时间达49小时。

【图书馆业务活动】 根据上级的统一部署，广泛宣传，积极发动中小学生参与第二届广西中小学生网页制作大赛，共选送作品10件上报自治区"知识工程"办。经专家评审，我

市荣获全区唯一的最佳创意奖一项，同时获一等奖1名，二等奖2名，三等奖1名，取得了较好的成绩。组织开展了2009年科技活动周、院所开放周活动和以“全民阅读活动”为主题的2009年图书馆服务宣传周活动。加强对全市范围内各类型图书馆的业务指导，热情接待图书馆同行的来电、来信、来访。全年共接待通过电话咨询业务的各类型图书馆同行30人次，上门辅导3人次。此外，还负责我市5个爱华图书馆的联络指导工作。为普及文史知识，2月22—23日在馆展览厅举办了一期兵马俑模型和图片展览，前来参观的学生、市民达1000多人。同时，还协助市政协和奇石协会在馆内举办书法摄影、奇石展览。

【文化信息资源共享工程】

为充分发挥文化信息资源共享工程中心节点的作用，该馆定期接收数据，做好备份。每周末定期在本馆门前公益免费播放科教片和故事片，前来观看的市民和农民工达3000多人次。为加大对共享工程和本馆电子阅览室的宣传力度，吸引更多的人到图书馆电子阅览室来利用共享工程的资源，该馆编印宣传单，组织大学生志愿者到城区内各个大、中专和中小学校发放，让更多的学生认识和了解共享工程。2009年5月8日，该馆电子阅览室正式对外开放，开放半年多来，接待上网读者3000多人次。

文化市场

【文化市场安全生产管理】 年内，根据市人民政府统一部署，我市文化执法部门配合相关部门，加大对文化市场安全监督检查力度，进一步规范公共文化场所安全管理，大力消除火灾等事故隐患。尤其是抓好元旦、春节、寒暑假等重大节庆、假日期间河池文化市场的安全生产管理工作，多次组织河池城区文化经营业主召开安全生产专题会议，对安全生产工作进行部署，要求各营业场所紧绷安全生产的弦，主动排查隐患，加强管理，并要求各经营单位签署守法、安全经营承诺书，还出动稽查人员，实地重点检查走访河池城区数十家文化经营户，共发放宣传资料100余份。多次配合公安、消防、工商等部门组成安全生产工作检查小组到各县、市、区进行检查，对存在事故隐患的多家经营单位下达整改通知书，要求县级相关部门督促整改。由于坚持了严防、严查、不留死角，河池辖区文化市场全年未发生安全生产事故。

【“净化社会文化环境，促进未成年人健康成长”专项整治行动】 在上级的统一领导和部署下，3月至6月10日期间，结合本地实际，全市文化行政部门开展了为期三个多月的的“净化社会文化环境，促进未成年人健康成长”专项整治行动。据不完全统计，在此次专项整治行动中，全市文化行政部门共出动执法车280多辆（次），执法人员4000多人（次），与相关部门联合执法达30余次，发放宣传资料1500多份，检查文化经营单位（场所）5000多家次，其中网吧1700多家（次），电子游戏娱乐服务场所350多家（次），歌舞娱乐场所700多家（次）等；对经营户违规行为处以责令整改100多家（次），停业整顿21家次，依法取缔黑网吧22家，罚款50家，共罚款8万余元，收缴游戏机电脑主机100多台（块），没收电脑100余台，赌博机30台，没收违法资料270余份，没收盗版光盘117000多张，非法书报刊4000多册（本）。7月至11月份，根据文化部统一要求和自治区文化厅的具体部署，在全市公安、综治、消防、工商、安全生产等部门的协调合作下，我市文化部门又先后开展了网吧专项检查、娱乐场所专项检查等多项文化市场集中（专项）整治活动，继续对本辖区文化市场保持高压态势，强化措施，加大监管力度。整治期间，全市各县(市、区)先后共组织了60多期次文化市场业主、业务主管法律法规知识培训班，累计培训2000多人次，增强了文化市场经营业主在社会新形势下的法律意识，提高了各经营业主守法经营的自觉性。通过整治，使我市文化营业场所经营秩序明显好转，违规行为基本得到控制，净化了青少年成长的社会环境。

文化遗产

【文物保护】 年内，全市第三次文物普查完成了实地调查阶段工作，共调查不可移动文物点1060处，其中：新发现700处，复查360处。申报自治区文物保护单位取得新成果。2009年，全市有6处文物点被自治区人民政府公布为第六批自治区文物保护单位。配合纪念韦拔群诞辰115周年活动，全市共维修不可移动文物点11处。

【非物质文化遗产保护名录体系建设】 为建立健全市级非物质文化遗产名录体系，全面推动全市非物质文化遗产保护，河池市于3月份开展了第二批市级非物质文化遗产代表作名录申报推荐工作，至6月5日，共收到各县(市、区)推荐申报项目16个。经市级评审委员会组织有关专家对推荐项目进行认真评审，提出第二批市级非物质文化遗产名录推荐项目14个，经市"非遗"局际联席会议审核通过，按规定程序公示后已由市人民政府批准公布。与此同时，积极组织开展第三批国家级名录项目申报、第二批自治区级"非遗"项目代表性传承人的推荐和自治区"非遗"保护传承基地(展示中心)的申报工作，共有13人被自治区文化厅公布为第二批自治区级"非遗"项目代表性传承人。环江毛南族肥套展示中心被确定为全区"非遗"保护展示中心。

【"文化遗产日"宣传活动】 为迎接6月13日第四个全国"文化遗产日"，市文化局围绕"弘扬民族文化，延续中华文脉"的活动主题，组织召开非物质文化遗产名录项目保护研讨会。本次研讨会共收到论文16篇，评出论文一等奖2篇，2等奖3篇，3等奖6篇，优秀奖5篇。河池电视台、河池日报分别对本次研讨会进行了报道，加大了我市非物质文化遗产保护工作的宣传力度，提高了全民共同参与保护非物质文化遗产的意识，促进了非物质文化遗产保护工作的向前迈进。在"文化遗产日"期间，全市开展了内容丰富的展示活动，据统计，各县(市、区)共发放宣传资料2000多份，展示宣传图片200多张，举行专题文艺晚会2场。

县域文化

【金城江区】 河池市金城江区文化广播电视局(下称"区文广局")成立于2002年10月下旬，其前身原为单一的县级河池市文化局。2004年4月，又增挂新闻出版(版权)局及"扫黄打非"办牌子，从而形成"一套人马四块牌子"办公的综合行政管理职能局。局机关设有办公室、社会文化艺术股、文化市场管理股、广播电视管理股、新闻出版(版权)管理股及财务室。局下属有6个事业单位和1个企业单位：即文化稽查大队(参公)、文化馆、文工团、演出公司、文物管理所、广电中心和电影公司(企业)。年内，整个新系统从业人员110人，其中在编104人、聘用6人；金城江区共有乡(镇、街道)文化站12个，在编32人。受世界金融危机影响，金城江区财政困难，全年仅拨给文化工作活动经费40.33万元。

为满足城乡群众文化生活需求，区文广

局迎难而上，坚持走“横向联系”办文化之路、以赞助合作的办法，积极组织开展送戏、送电影下乡以及社区文化娱乐活动，全年开展大小文艺宣传演出113场次，完成任务率达113%，观众达20.6万人次；开展电影下乡的“2131”工程放映1673场，科教片放映897场，完成任务率分别为102%和101%，观众达51.4万人次。组织优秀选手、创编文艺精品（如美术、摄影、歌舞、小品等）参加地市级以上各种文艺赛事活动，共获大奖近20个（件）。

为强化文化市场监管力度，除日常监管外，区文广局先后组织开展了“文化娱乐场所安全生产大检查”、“节假日期间打击赌博违法”、“第十届全国音像市场法制宣传”、“网吧电子游戏整治”、“打击音像制品盗版”等较大规模的专项整治活动，有力地打击了非法经营活动，进一步净化了辖区内的文化市场。

在深入开展“全国第三次文物普查工作”（下称“三普”）中，金城江区“三普”任务完成率达100%，新发现文物点32处。目前，金城江区共有文物景点79处，其中有9处被列为县（市、区）级以上重点文物保护单位。区文广局以“三普”工作为契机，精心打造红色旅游胜地，先后投入经费55万元、重新装修国家重点文物保护单位——“红军标语楼”，展室由原4个增到7个，装修手法新颖别致，很受参观者青睐，全年共接待广西区内外参观者、中小学生达2.68万人次，参观人数创历史新高，促进了周边乡村经济的快速发展。

此外，区文广局还积极组织开展“非物质文化遗产”挖掘抢救工作，获得的主要新项目有：《民间绝技——下竹福》、《壮族二声部民歌》等。

为推动金城江区农村基层文化建设的发展，年内，区文广局竭尽所能，先后拨出经费5.3万元，分别用于金城江区六圩镇坡维村、五圩镇朝觉村、保平乡下洛村三个村级服务平台示范点建设舞台、文化长廊、文化室内布置、报刊阅览桌椅和书柜购置以及扶持其他社区、农村基层开展各项文化娱乐活动和文化基础设施建设，收到了良好的社会效益，促进了社会主义新农村建设。

【大化县】 大化县文体局下设4个二层机构，分别是文化馆、歌舞团、文物所、图书馆，总人数70人。大化县共有16个乡镇文化站，每个站的站房面积都达到400平方米以上，共有工作人员36人。今年全县文化建设成绩突出。新建村文化室10个、农家书屋15个。投入乡镇文化站维修、改造费用29万元，购买乡镇文化站办公设备，投入56.3万元。为各文化站配送价值80万元的专用音响等设备。投入113.28万元，完成16个文化信息资源共享工程乡镇基层中心建设。投入68万元，完成文化信息资源共享工程县级支中心建设。今年完成文艺演出125场，其中下库区演出32场。今年以来，我县积极开展“图书馆宣传服务周”、“农民读书活动展示周”、“全民读书月”活动，大力宣传推介图书阵地作用和图书服务知识，营造全社会人人读书、爱书、用书的良好氛围，图书馆阅览室接待读者63300人次，外借室接待读者32100人次，外借图书36465人次，接待咨询1400人次，完成定题跟踪服务7例。利用极其有限的经费，征订报刊130种；购买新书800册；并通过各种渠道获得赠书680册。抓好非物质文化遗产工作，整理308件并已经报市局汇总，整理板升乡《竹鼓舞》和江南乡《黑瑶喊歌》申报自治区非物质文化遗产保护名录，整理《贡川纱纸》申报国家级文化遗产保护名录，整理并公布全县第一批53件非物质文化遗产保护名录。到各单位辅导编排节目200多人次。

出色完成首届中国广西大化奇石文化旅游节各种文化活动。主要举办开幕式文艺演出、奇石精品展、民族风情展示展演、篝火晚会、文化名人大化行等。

创作配乐诗朗诵“安全撑起生命的蓝天”，参加河池市“安全生产月”文艺汇演获一等奖，代表河池市参加“中国石油杯”安全生产电视大奖赛获第一名，并在广西电视台播放，被邀请到北京参加会演。

坚持打造“广场文化”活动品牌。全年完成广场文化活动33场。使机关文化、企业文化、校园文化、军营文化、农村文化进入广场，进一步提升大化城市品味，丰富群众文化生活，营造美满、祥和、健康、快乐的氛围，激发人民群众热爱大化、建设大化的创业热情，为促进全县经济社会快速协调发展提供文化条件和精神动力。

做好第三次全国文物普查大化普查区文物普查工作。成立了领导小组，制定了工作方案，设立普查机构，开展普查培训工作。全县的野外调查工作共完成16个乡镇，156个行政村的调查，共新发现不可移动文物31处，复查数18个，所有普查材料都通过市“三普”办的抽查。

扎实开展文化进库区活动。举办文化下乡“走进库区”文艺演出32场。对库区各乡镇、村文艺宣传队进行培训，培养了一批乡村文艺骨干。投资21万元建设岩滩库区三个乡镇信息共享工程基层中心。

【东兰县】 全县文化机构包括东兰县文化体育局、县文化馆、县图书馆、县革命纪念馆、县歌舞剧团、县文化稽查大队以及14个乡镇文化站等20个文化单位，在编人员共71人(含乡镇文化站)。财政拨款数1172万元，投资500多万元进行文物维修。承办河池市第十一届铜鼓山歌艺术节等重大文化活动。专业艺术团体全年演出132场，观众25万人次。举办丰富多彩的群众文化活动38场。参加全区剧展获得1个二等奖，参加河池市第十一届铜鼓山歌艺术节获得5个一等奖和5个二等奖。非物质文化遗产普查及传承保护工作进展较快，完成对1000多项资源项目普查，并汇编成册。文化信息资源共享工程建设总投资100多万元，基本完成东兰支中心和13个乡镇基层服务点的建设。文物普查和文物保护工作取得较好的成绩，完成野外调查工作到达村屯100%，发现新文物点23处，完成复查数65处。文化市场管理力度不断加大，进一步落实市场稽查工作责任制，全县文化市场健康有序发展。

抓好文化基础设施建设，全面完成纪念韦拔群诞辰115周年文物维修项目及文物布展工作。一是投资500万元，对广西农民运动讲习所旧址(列宁岩)、韦拔群故居、东兰县劳动小学旧址等三个国家和自治区级重点文物保护单位进行全面维修。二是投资80多万元，在广西农民运动讲习所旧址(列宁岩)、韦拔群故居、东兰县劳动小学旧址、红七军前委旧址(魁星楼)进行文物布展。文化信息资源共享工程建设方面，县投入配套资金12万元，上级配送设备100多万元，县级、乡镇文化信息资源共享工程基本安装完毕。农村文化以奖代补专项资金项目的落实，为武篆镇东里村、三石镇巴王村、花香乡永安村、三弄乡三合村、长乐镇更乐村、长江乡板龙村等六个行政村购置价值12万元的农村文化活动设备。

协助县委、县人民政府及市文化局承办河池第十一届铜鼓山歌艺术节开幕式文艺晚会，负责邀请区内外著名演员及节目主持人，组织300名铜鼓手、152名椿椰舞演员及60名少先队演员进行排练，协助开幕式文艺晚会舞台搭建、灯光音响安装、场地部署等。协助承办河池第十一届铜鼓山歌艺术节文艺汇演及开展群文活动，组织80名山歌表演队进行排练，培训农民歌手；组织35名农民进行非物质文化遗产展演培训，制作民族演员服装500套，制作各种道具数十件。从2月份

开始，县歌舞剧团在全区范围招聘了12名演员，并对新演员进行强化培训，打造了一支能上阵的专业演员队伍。协助举办第十一届铜鼓山歌艺术节农民书画美术展。

组织县专业文艺团队、农民演员参加河池第十一届铜鼓山歌艺术节文艺汇演及开展群文活动，取得优异的成绩，文艺会演获奖包括：舞蹈《雕塑记忆》获得一等奖，小品《父亲醉了》获得一等奖，男女声二重唱《相聚红水河》获得二等奖，男声小组唱《醉》获得三等奖。群文类获奖包括非物质文化遗产展演：《少儿猴鼓舞》获得一等奖，《少儿歌谣》获得三等奖。农民美术、书法、摄影作品展：美术分别获得一个二等奖和一个三等奖，书法分别获得一个二等奖和一个优秀奖，摄影分别获得一个二等奖、一个三等奖和一个优秀奖。山歌比赛：获得女壮歌一等奖，女汉歌一等奖，歌王赛一等奖，男壮歌二等奖。

积极开展专业艺术团队的艺术创作和演出活动。全年创作节目17个，其中：舞蹈5个(纯舞蹈2个)，小品5个，曲艺5个，歌曲2首。全年演出132场，观众25万人次，其中：送戏下乡86场，观众17万人次，横向联系演出46场，收入3万元。小品《楼上楼下》参加全区剧展，获二等奖。

抓好社会文化工作，举办丰富多彩的群众文化活动。元月份举行东兰县元旦书法美术展。在武篆举行迎春山歌会。在文化广场举行"迎新春闹元宵文艺晚会"。3月，与县妇联联合举行三八节文艺晚会。3月11日上午，组织100名铜鼓手参加东兰县被文化部命名为"中国民间(铜鼓)文化艺术之乡"揭牌仪式。3月14日晚，与县工商局联合举办"3·15文艺晚会"。3月，组织20位铜鼓手在县文化馆欢迎自治区文化厅余益中厅长到东兰考察调研。3月30日在文化广场举行"东兰县城区建设改造与综合整治"山歌演唱活动，邀请东巴凤三县著名壮、汉男女歌手、歌王参加。6月25日，由中央电视台经济频道、中国收藏家协会共同主办的《寻宝——走进河池·东兰》大型电视活动在东兰县正式启动。我局组织30名铜鼓手参加启动仪式。9月份县组织农民歌手参加河池市农民歌手大奖赛。协助县委、县人民政府于9月25日在列宁岩举行全区万名青年重走红军路行动仪式，组织了百名铜鼓手、唢呐手及其他演员参加活动。9月下旬，香港啬色园邀请我县4名鼓手(携带4面铜鼓)参加贺祖国甲子纪念迎建太岁元辰殿活动演出。

抓好非物质文化遗产保护工作及文物普查工作，非物质文化遗产普查及传承保护工作进展较快，组织了8个普查小组，下到14个乡镇，共走访500多人次，完成对1000多项资源项目普查，并汇编成册。完成22个重点项目的详细普查，并全部完成规范建档及数据库录入工作，通过了上级的验收。其中20项被列为第一批县级名录，《乌洋神戏》等5个项目申报为市级名录，《布努瑶猴鼓舞》及《椿榔舞》成功申报自治区级名录，《布努瑶猴鼓舞》申报国家级名录。

抓好文化信息共享工程和知识工程建设。年内，东兰县图书馆作为全区"文化信息资源共享工程"建设县之一，经过一年的努力，我们先后完成了机房配电、防雷、装修、电子阅览室安全防范。"共享工程"各种设备的安装、调试等工作，"文化信息资源共享工程"东兰支中心建设各项工作已圆满结束，目前等待自治区验收合格后，"文化信息资源共享工程"东兰支中心可以正式启动。东兰支中心的启动，将极大地丰富读者的业余生活，读者可享受到现代阅读方式的乐趣，从而使东兰县文化系统的宣传、教育整体工作迈上了新的台阶。今年是建设社会主义新农村关键的一年，为进一步加强科教兴农的服务工作，县图书馆参与了东兰镇同拉村、泗孟乡可锐村、长江乡三堂村等10个农家书屋建设工

作，对全县12个乡镇进行科普服务活动（除东兰镇外），共赠送各类农村书刊15000多册，书架30多个，受益农民4000多人。

抓好文物普查和文物保护工作。根据第三次全国文物普查工作的要求，2009年年底要完成田野调查工作。经过一年的努力，完成野外调查工作到达村屯100%，发现新文物点23处，完成复查数65处。积极申报全国和自治区重点文物保护单位，经过不懈努力，2009年5月，东兰劳动小学旧址、韦拔群故居遗址及旧墓被列为第六批自治区文物保护单位（桂政发[2009]38号）；正在申报红七军前委旧址（魁星楼）、韦拔群烈士故居及旧墓为全国重点文物保护单位。协助"115"指挥部完成韦拔群纪念馆文物征集、陈列布展工作。

抓好文化市场和新闻出版物市场管理工作。重点加强对网吧的专项整治工作。严格执行《互联网上网服务场所管理条例》，进一步贯彻和落实中办、国办[2009]6号文件《关于进一步净化社会文化环境促进未成年人健康成长的若干意见》精神，我们加强对全县网吧进行了集中专项治理工作，多次召集了网吧业主会议，以规范经营管理秩序为重点，完善各项经营制度，网吧管理员执证上岗制度，消费者上网有效身份核实登记制度，禁止未成年人入内标志悬挂制度以及法律法规上墙制度等都得到建立健全，使网吧经营服务水平得到较大的提升。网吧违规接纳未成年人和超时营业的现象得到有效遏制。在整顿期间，对违反接纳未成年人网吧处罚3家，罚款1800元，取缔"黑网吧"2家。

坚决打击含有禁止内容的文化产品。把文化市场集中整治行动与"扫黄打非"集中行动结合起来，在全面检查演出、娱乐、音像、书报刊、艺术品、影院、网吧等经营场所的同时，严格防止含有禁止内容的文化产品进入市场流通。继续抓好校园周边文化市场的整治工作。严格落实国家法律法规，严格禁止在中小学周围开办电子游艺室、歌舞厅等娱乐场所，禁止在中小学校周围200米以内开办网吧。对县城中小学周边非法经营、无证游商、无证摊点进行了集中清理，有效遏制了校园周边的游商走贩和违法违规经营行为。加强对出版物市场的治理整顿工作。我们对全县书报刊市场进行了全面、细致的摸底调查和治理整顿，共检查各类出版物市场16家（次），音像制品零售单位18家（次），收缴各类非法出版物890余件，其中盗版图书90册，盗版音像制品800余张，淫秽色情光盘2张。落实市场稽查工作责任制。实行领导负总责，稽查员分区分片管理工作制。县城分为东西两区，乡镇分为两个组，加强日常稽查工作力度。加强对文化娱乐场所管理力度。对文化娱乐场所超时经营，歌舞厅、OK厅（包厢）、音乐茶座音量超标及娱乐场所安全等问题进行严格检查。目前，各经营单位都能做到守法经营。

【都安县】 全县有文化体育局1个、文化馆1个，文工团1个、图书馆1个、文物馆1个，乡镇文化站19个。从事文化工作人员112人。今年，县文化工作以开展学习实践科学发展观活动为主线，深入贯彻党的十七大精神，努力完善公共文化基础设施建设，大力繁荣文艺创作，开展丰富多彩的群众文化活动，建设规范有序的文化、新闻出版市场，切实加强文化遗产和文物保护等工作，使全县文化工作取得显著成绩，获自治区2009首届广西体育节"特别贡献奖"、河池市第十一届铜鼓山歌艺术节优秀组织奖、2009年"金色希望"河池市首届农民歌手大奖赛组织奖、河池市大石山区都安、大化两县基础设施建设大会战先进集体"等等。

开展各项工作收获成效。一是完成了菁盛村、加禾村、九思村、索谭村、弄工村、平浪村、庭律村、花周村、加里村等9个村文化室

的建设，每个文化室投资 8 万元，建筑面积均达 100 ㎡以上。二是积极筹资和争取上级拨款 190 多万元，为 16 个乡镇文化站添置摄像机、电脑、电视机和音响、灯光等设备。三是筹资 10 万元为 5 个业余文艺队各添置一套音响设备。四是援建了全县农家书屋 17 个，并充实图书 3 万多册，添置了书架、阅览桌椅等设备。五是完成 1 个县级和 16 个乡级 10 个村级文化信息资源共享工程建设。

积极开展丰富多彩的群众文化活动。一年来，始终以丰富活跃人民群众文化生活为中心，不断开展高质量、高品味、高标准的文化活动，努力创新活动形式，开创了我县群众文化繁荣新局面。一是突出抓好节日活动。在元旦、春节、五一、七一、八一、国庆节期间组织指导有关单位，在人民会堂和广场举办大型文艺演出 50 多场，极大地丰富了广大人民群众文化生活。二是加强协调指导，推动机关文化、企业文化、社区文化、校园文化、老年文化迅速发展。三是在各重大节假日，各乡镇文化站都能因地制宜的组织群众开展各种文娱活动。四是做好送戏下乡。年内根据县委、县府的各项中心工作，组织文艺专业团队和部分业余团队编排有关“科学发展促生产”、“治理澄江河”、“打击非法传销”、“优生优育”、“安全生产”等专题文艺节目，下到全县各乡镇村屯、乡村小学进行巡回演出，年内共演出 135 场次，下乡演出 102 场，观众 20 万多人，群众反映效果优良。

文艺作品硕果累累。一年来，共创作作品有小彩调《羊为媒》，舞蹈《绣春》、《瑶妹上学》，小品《计划生育动员会》、《安检员的一天》，快板《节能减排好处多》、《定福村里新事多》，三句半《禁赌禁毒保平安》，歌曲《瑶族庆酒歌》、《送客歌》、《迎客歌》等 80 多个节目在各类晚会中演出并获嘉奖。其中小彩调《羊为媒》获广西第二届彩调艺术节大赛二等奖、河池市第十一届铜鼓山歌艺术节一等奖。小品《安检员》获区安全生产文艺汇演三等奖、河池市安全生产文艺汇演一等奖。舞蹈《瑶妹上学》获第五届广西音乐舞蹈大赛节目三等奖、表演三等奖、编导三等奖，获河池市计生文艺汇演一等奖、河池市第十一届铜鼓山歌艺术节二等奖。舞蹈《绣春》获第五届广西音乐舞蹈大赛作曲二等奖、服装奖。韦光理书法《行草杜甫诗二首》获全区第十五届“八桂群星”奖铜奖。小品《动员会上》获河池市计生汇演三等奖。声乐《密洛陀诞生的地方》获河池市第十一届铜鼓山歌艺术节三等奖。声乐《大海》、《报答》获市首届农民歌手大奖赛三等奖。“非遗”节目《谷朗》获河池市第十一届铜鼓山歌艺术节二等奖。《布努瑶鼓舞》获河池市第十一届铜鼓山歌艺术节三等奖。山歌男队获河池市第十一届铜鼓山歌艺术节三等奖。山歌女队获河池市十一届铜鼓山歌艺术节三等奖。两幅书画作品获河池市第十一届铜鼓山歌艺术节优秀奖；七幅获河池市第十一届铜鼓山歌艺术节展出奖。组织业余歌手蓝文克、韦日丹参加“金色希望”河池市首届农民歌手大奖赛获两个三等奖。唐邦化、韦光理的书法参加的相关比赛也获不同等次的奖励。韦荣景创作的 70 多幅漫画作品在《杂文月刊》、《扬子晚报》等刊物发表，其中《先公后私》获得国家税务总局与《讽刺与幽默》报共同举办的国家税务杯漫画比赛优秀奖。

做好非物质文化遗产普查工作。克服普查经费不足的困难，完成全县非物质文化遗产的普查和申报工作，收集整理了近 1000 条信息，完成了《壮族打扁担》等 8 个项目普查，并有五位同志成功申报成为省(自治区)级代表性传承人。蓝岳兵馆长撰写的论文《瑶族〈密洛陀古歌〉的抢救与保护面临的问题及其对策研究》参加河池市非物质文化遗产保护研讨会获论文比赛一等奖。

做好全国第三次文物普查和文物保护工作。一是按照全国第三次文物普查工作要求，完成了我县的文物复查点16个和新发现点29个的普查任务。二是协助广西文物考古研究所完成河池至都安高速公路(都安段)建设用地范围内文物古迹勘察工作。三是完成了全县10个文物保护单位及管理机构信息数据的收集、整理、登录工作和上报。四是根据《都安瑶族自治县人民政府办公室关于印发自治县土地利用总体规划修编工作方案的通知》要求，深入实地勘察、测量、测定，划定了53个文物点的保护面积1772120平方米。

做好图书的服务工作。年内县图书馆接待阅览人员12758人，借书人员10852人，借出图书19011册，办理借书证379本，抄录600多篇。同时图书馆结合实际积极举办各项图书展览、图书展借、读者讲座、培训等丰富多彩的活动，激发广大群众的热爱读书热情。文化、新闻出版市场管理规范有序。

加强了对文化、新闻出版市场的管理。针对全社会反映的突出问题和热点问题，适时开展了“扫黄”、“打非”、网吧违规接纳未成年人、非法音像制品运输、校园周边不良文化环境、盗版教辅教材、印刷企业违法等专项整治工作，有力地打击了各类违规违法经营活动，净化了社会文化环境。据统计，共出动检查988多人次，出动执法车200多辆次，检查网吧、音像市场、出版物市场1600多家次，查处违规经营网吧33家、停业整顿3家。收缴赌博游戏机40多台、电路板60多块，收缴非法音像制品45000余张本碟，收缴非法书报刊、图书75000张本册(其中收缴“六合彩”赌博资料达52000余张本册)。3月29日和7月18日，我局接到群众举报，分别两次在水南公路成功截获了两起运输非法音像制品的大客车。分别在两辆大客车上共查出价值约40多万元的非法音像制品43000多张(碟)，并对他们进行了处罚，获得自治区文化稽查总队的好评。

【环江毛南族自治县】 环江毛南族自治县文化体育局下设4个二层机构，分别是文化馆、艺术团、文物所、图书馆，总人数44人。年度财政拨款656.73万元。

完成肥套基地建设、举办分龙节活动；整理非遗资源线索1240项；群文获奖7大项；建成共享工程项目16个，完成规划45个；新发现不可移动文物点220处，征集文物35件；新创作品23个，艺术获奖6大项。

完成全县性重大项目建设及成功开展各种特色文体活动。完成22个重大文体建设项目可研性报告的撰写与上报工作，成为全县项目建设之最。

重点建设进展顺利。民族博物馆、文化活动中心及图书馆三大工程4月至8月先后开工建设，总投资额为1000余万元(中标价)，至年底完成多半主体建筑。

基层文体双促进。新建成22个村级文化室，总投资110万元；启动49个新农村篮球场建设，已完成31个，在建18个，配置篮球架62个，总投资168万元。我县村级篮球场建设突破22个限额，已成为河池市典型经验向全市推广。

信息共享开局好。县级及乡镇信息共享工程中心16项200多万元综合配套工程顺利落成。

艺术创作出硕果。全县新创艺术作品23个，先后参加第七界广西戏剧展览、河池第十一届铜鼓山歌艺术节文艺比赛、广西“八桂群星奖”文艺比赛，接待国务院部委联合调研组、接待全国政协调研组、接待中央检查组等重大演出活动，其中《将心比心》、《父老乡亲》等6个作品分别获自治区级奖和河池市级奖(自治区铜奖2个，河池市金奖1个，银奖3个，铜奖1个)，启动《毛南族民歌》光碟录制并携我县自创的多首优秀民歌赴中央电视台音乐频道录制《民歌中国·欢乐毛南山乡》专题节目向全国播出，开创了毛南族民歌跻身

中央电视台的光荣历史。

群文创演推新高。全年大型群文演出活动42场，创造了年办群文演出量最高纪录，且有多部群文作品获奖（自治区金奖1个，银奖2个、铜奖2个、河池市银奖1个、铜奖1个）。

非遗保护显佳绩。毛南族“肥套”保护取得实质性成效，获得文化部肯定，特批在环江设立国家级非遗名录“肥套”保护展示基地。成功举办2009年“中国·环江毛南族分龙节”和弘扬环江传统端午龙舟赛，形成两大品牌，在县内外引起强烈反响，获得市、自治区、中央各部委的肯定以及各界广大群众的好评。将花竹帽编织工艺申报国家级非物质文化遗产名录，同时完成一个自治区级名录、两个河池市级名录的非遗申报文本，新增非物质文化遗产资源线索1200个并向县、市两级公示。完成《毛南族宗教经文影印译注翻译》26册古籍整理待出版。与广西电视台“可爱广西”栏目联合拍摄的《环江毛南族美食》在广西卫视台播放。普查中发现文物点220处，征集各类文物35件，完成第七批全国重点文物保护单位（凤腾山古墓群）的申报工作。完成非物质文化遗产名录《环江卷》的资料整理及电脑录入，共1364页，约90000余字。我县作者撰写的3篇专题论文参加河池市首届非物质文化遗产理论研讨会论文交流，获一个一等奖和两个三等奖。

【罗城仫佬族自治县】 全县文化机构单位、在编人员、财政拨款情况。艺术团在编人员26人，财政拨款（含工资）76万；图书馆在编人员7人，财政拨款（含工资）18万；文化馆在编人员13人，财政拨款（含工资）87万；文物所在编人员3人，财政拨款（含工资）36万；文体局（含稽查队）在编人员16人，财政拨款（含工资）341万。

社会文化工作蓬勃发展。县的社会文化工作主要是以构建和谐社会和创建全国文化先进县为契机，以文化下基层为载体，积极推进基层文化建设，不断丰富和活跃基层群众的文化生活。坚持以人为本，继续开展文化下乡、下基层活动。为确保我县6个乡镇文化信息资源共享工程基层服务点正常、有序的开展工作，更好为农民朋友服务，共享工程工作的技术人员经常到东门、四把、小长安、龙岸、天河、怀群镇文化站指导、检查文化信息资源共享工程实施情况，现场办班，加强对共享工程管理人员进行业务培训。县图书馆在确保电子阅览室正常运行的前提条件下，坚持每天24小时开通卫星接收服务器接收数据数字资源，丰富电子阅览室数字资源，利用现有设备及信息资源到农村播放科教片和爱国主义影片，放映共8场，发放科技资料2000多份。4月，县图书馆报送的《服务惠民，共享文化》材料已得到省中心、国家中心认可。于7月25日至27日，桂林图书馆派专家到实地拍摄，制成专题片呈送国家文化部，并获得国家级二等奖。

群众文化活动异彩纷呈。为丰富群众文化生活，大力推进和谐文化进社区工作。业余艺术团队是群众文化活动的主要力量，县民族文化广场和广大城乡是他们活动的舞台。每天清晨和傍晚，县民族文化广场和城中商贸广场都开展群众文化活动，有唱歌、有跳舞、有排练节目的。在节假日，农村业余文艺队在农村文化舞台上大显身手，或唱彩调、或排文场、或吹芦笙、或唱侗族大歌。今年以来，先后组织举办了三八妇女节、五一劳动节、五四青年节和六一儿童节的专题文艺演出等。协助举办潘琦书法作品回乡汇报展览，展示作品156幅，观众达2万多人次，获得了各界人士的好评。组织全县农村业余文艺演出活动，丰富春节喜庆内容。协助承办了河池首届农民歌手罗城分赛区的比赛，并获得全市农民歌手大奖赛优秀组织奖。开展了罗城、环江书法联展活动，展出两县书法爱好者作品87幅。举办了国庆美术书法摄影展，展出了我县内外各界知名人士作品192幅。同时还承办了全县庆祝国庆六十周年歌咏比赛等大型活动。年内还争取到了自治区配送给五个乡镇各10万元的音响设备。在东兰县举行的河池第十一届铜鼓山歌艺术节上，组织文化馆参加文艺比赛的节目女子小合唱《仫佬姑娘去走坡》获得了一等奖，非物质文化遗产展演、山歌比赛和书画摄影比赛还取得三个二等奖、两个三等奖、四个优秀奖的好成绩。我县并获得了“组织奖”。

专业团队工作成绩斐然。为积极配合党委、政府的各项方针政策的宣传，组织县艺术团共完成各种演出116场，送戏下乡72场，并多渠道寻找演出市场，全年共开展横向联系演出4台，宣传行业的各项法律法规，收到了良好的社会效益。全年观众达到80000人次以上。春节组织县艺术团赴广东东莞市石碣镇慰问演出，应邀参加广西武鸣“三月三”歌圩的专场演出，均取得良好的效果，为我县同周边县市搭起了友谊桥梁。今年共开展主要演出活动有：组织举办了春节联欢晚会，联合财税部门开展税法下乡演出，联合工会、团委开展“劳动歌颂、青春畅想”专题晚会，联合县安监局开展“关爱生命、安全生产”下乡巡回演出。在7月初卡马水库抢险救灾工作中，五天完成了到各灾区安置点慰问演出18场的任务。还负责了“婚育新风进万家”下乡巡回演出和依饭文化节的开幕式部分节目和闭幕式的演出工作等。其中，编排的舞蹈节目《俏花旦》获得了自治区级三等奖、市级二等奖，舞蹈《从头再来》和小品《雪中送炭》获得市级二等奖。编导舞蹈《麦韵》参加河池第十一届铜鼓山歌艺术节获得文艺比赛二等奖的成绩。

文物保护和“非遗”普查取得实效。全面部署开展了全国第三次文物普查和“非遗”普查工作。对全县80多个普查点进行全面初查复查和登记并建立工作档案，加强了对现有文物的保护力度。在时间和人力非常紧张的情况下，今年完成《仫佬族文物志》一书中的“仫佬族服装、服饰文物”、“仫佬族依饭节文物”和“革命文物”的一部分。全书共6个篇章，目前完成工作量约55%。截至11月20日共征集文物141件，其中民族民俗文物80件，历史文物41件，革命文物20件。其中最珍贵的是成功地征集到了辛亥革命时期著名的黄花岗七十二烈士之一的李德山“黄花馀绪”牌匾。今年共接待各级领导、各界群众、青少年学生参观者1.85万人次，收到了良好的社会效益。“非遗”普查工作严格按照《广西壮族自治区民族民间传统文化保护条例》和自治区文化厅、市文化局的有关要求，成立了以县人民政府分管民族文化工作的领导为组长的非物质文化遗产保护工作领导小组。把民族民间传统文化保护工作列入政府重要议事日程，认真研究制定普查保护传承实施方案，从文化、民族部门和各乡镇文化站抽调人员30多人成立普查工作小组，深入全县各乡镇，开展全面普查工作。经过细致的摸底调查，确定将仫佬族古歌、草龙舞、背带刺绣等600多个项目列为第一批非物质文化遗产普查项目，已完成613项初查工作并建立档案。建立了县级“非遗”保护名录62项。仫佬族古歌、草龙舞、仫佬族背带刺绣等3项被列为河池市第二批非物质文化遗产保护名录。

文化市场发展健康有序。一是加强了执法队伍的规范化建设，提高行政执法人员的综合素质及执法业务水平。二是规范文化市场管理，以“净化社会文化环境、促进青少年健康成长”为目标，以专项治理为抓手，依法依规开展文化市场执法活动，进一步规范文化市场秩序。今年以来，共出动检查网吧286人次，电子游戏室144人次。开展与其他部

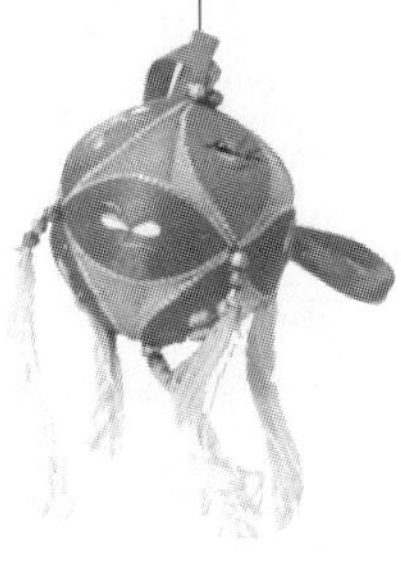

门联合检查8次，本单位集中检查16次。检查网吧716家次，检查电子游戏室226家次。查处违规经营的网吧20家次、电子游戏室5家、书店2家、打字复印店1家、音像制品零售摊1家，共计29家次。

体育工作迈上新台阶。针对我县青少年体育苗子培养以及群众性全民健身运动特点，充分利用现有的场馆设备、技术业务力量，广泛开展各项体育赛事和健身活动，组织开展了"广西第二届万村农民篮球大赛"罗城赛区的比赛。全县141个行政和社区，有119个队参加比赛，参赛率达84.4%，观众将近20万人次。组织参加广西万村农民篮球赛市级赛的工作，获得女子3人运球接力冠军，女子定点投篮亚军的好成绩。组织参加"拔群杯"篮球赛工作，男子篮球代表队获得第三名。组织承办了河池市纪检监察系统运动会和组织承办了"中国移动G3杯"乒乓球赛工作。参加了2009广西体育节"河池市少数民族传统体育项目展示活动"，取得了女子板鞋100米竞速第二名、男子板鞋100米竞速第四名、女子背篓绣球第五名的佳绩。为响应"全国第一个全民健身日"，组织开展了罗城"驾校杯"篮球赛活动，还进行了我县"爱好者"杯篮球赛和全县第三届"中国移动杯"城乡气排球赛等大型体育比赛活动。

重大文化活动和建设项目效果明显。成功举办首届仫佬族依饭文化节，打响了仫佬文化品牌。为进一步弘扬民族文化，11月28日至29日，举办了"中国罗城首届仫佬族依饭文化节"。整个活动内容丰富、特色突出，如节旗、节徽、节歌、节庆纪念品（吉祥彩带）的设计体现了民族特性。开节仪式场面宏大、新颖、感人。《欢腾的依饭节》、《依饭神韵》、《走坡情韵》等文艺表演节目展现了仫佬族多彩的民族文化和浓郁的民族风情。传统节目展演中的草龙舞、猫狮舞、台阁顶马、仫佬族竹球、抢粽粑、彩调表演等使一批优秀的民族传统文化得到传承。风情对歌、歌王擂台赛展现了山歌文化丰厚的群众基础。千家宴活动集中展示了仫佬族特色美食文化。原生态的依饭节场景展演精彩纷呈。书法、美术、摄影、奇石、根艺、盆景展，充分展示了仫佬族人民对艺术的向往和对美好生活的追求。首届仫佬族依饭文化节取得了圆满成功，得到了社会各界的称赞。河池电视台对依饭文化节进行电视直播，广西电视台进行了录播。人民日报、人民日报海外版、新华社、中国新闻社相继进行了报道。河池日报、广西民族报、桂林晚报以整版图文并茂的方式对首届依饭文化节进行综合报道。据不完全统计，国内外300多家报刊、电台、电视台、网站对首届仫佬族依饭文化节盛况进行了报道，进一步提升罗城的知名度和影响力。

国家文化部领导检查指导县文化工作。年内，河池市文化局、自治区文化厅、国家文化部的领导、专家、学者多次到我县检查指导文化工作。特别是9月2日，以全国政协常委、中纪委原副书记刘峰岩，全国政协委员、国家文化部党组成员、国家文物局局长单霁翔为正副组长的全国政协专题调研组，在自治区文化厅副厅长兼自治区文物局局长覃溥、河池市市长谢志刚、市文化局副局长饶永恒陪同下，亲临我县调研人口较少民族的文化遗产保护工作。王泉忠书记、吴家权县长带领调研组，考察了仫佬族博物馆，检查了第三次文物普查情况，还观看了仫佬族依饭节场景展演。调研组对我县的民族文化遗产保护情况十分满意。

乡镇文化站建设项目顺利竣工验收。自民族文化广场、民族剧院、仫佬族博物馆、文化馆综合楼、县体育馆等重大文体建设项目相继建成投入使用后，继续加强文体基础设施建设，努力提高公共文化服务能力。全面完成扩大内需中央投资项目，全县6个乡镇文化站建设顺利竣工验收。至九月底，顺利

完成了中央专项资金120万元，自治区财政投入72万元以及自治县配套资金近40万元的投入；先后完成了兼爱乡、宝坛乡、东门镇、黄金镇、乔善乡、纳翁乡等6个乡镇综合文化站建设任务。全县新增文化站建筑面积达2276.12平方米。一是我县11个乡镇均有400平方米以上的标准文化站。二是争取上级经费资助，发动群众投工投劳，筹集70多万元资金修建36个村级篮球场。三是组织建设了10个农家书屋，为农家书屋、村屯文化室捐书、送书16000多册。四是争取上级资助，为5个乡镇文化站、16个村屯文化队和文化室配备音响等设备，提高了乡镇文化站和业余文艺队开展文化活动的积极性。

组织承办河池市少数民族文化工作会议。12月下旬，我县组织承办了河池市少数民族文化工作会议。河池市委常委、宣传部长、副市长黎丽以及河池市各县市（区）分管文化工作的副县、市（区）长、文体局局长、广播局局长等60多人参加会议。我县在会上作了《繁荣民族文化事业　打造民族文化品牌　推动仫佬山乡经济社会又好又快发展》的典型发言，受到与会者的好评。与会同志还参观了仫佬族博物馆。

组织文艺演出队为卡马水库受灾群众及参加抢险救灾的武警官兵进行慰问演出。6月底至7月初，我县卡马水库发生重大洪灾险情，险情惊动了党中央、国务院，自治区人民政府主席马飚、国家水利部副部长刘宁、自治区党委副书记陈际瓦、自治区人民政府副主席陈章良、河池市委书记蓝天立、市长谢志刚及各级水利专家先后到我县指导抗洪抢险救灾工作。并派武警部队官兵参加抢险救灾。卡马水库出现险情后，全县共转移群众7500多人，安置到天河中学、天河小学、四把小学、职高、一小、二小、三小等10多个安置点。为满足安置群众的娱乐需求，鼓舞士气，增强战胜困难的信心，7月6日县文体局在县抢险救灾指挥部的安排下，迅速组织艺术团、文化馆的演职人员组成文艺演出队，以舞台车表演、小分队表演和协助演出等形式，到四把中学、大新小学、职高、希望小学等各个安置点开展文艺演出，为避险群众送去精神大餐。从7月6日至7月10日，文艺演出队利用山歌、舞蹈、小品、独唱等群众喜闻乐见的节目，在5天时间内开展了18场次演出，把上级党委和县委、县人民政府及全县人民的关心带给了灾民，把欢歌笑语带给了灾民，使安置群众情绪稳定，战胜困难的信心备增。文艺演出队还不畏艰险，深入到卡马水库坝头开展文艺演出，慰问被转移群众和奋战在抗洪抢险第一线的武警部队官兵、公安民警、民兵预备役人员，鼓舞士气。县文体局还组织电影放映小分队到各安置点放映电影12场次，观众达15000多人次。

【南丹县】 南丹县文化体育局是县人民政府部门单位，下属文化稽查大队、文化馆、图书馆、文物所、文工团、里湖生态博物馆、业余体校等七个二层单位，整个文化系统在编人数76人，全年财政预算支出经费总数为425万元。今年根据工作安排，正常开展各项业务工作，重点抓好第三次文物普查、非物质文化遗产普查、首届中国南丹白裤瑶民俗文化旅游节、南丹文化中心建设等工作。2009年南丹县文化体育局荣获“南丹县第六批科技工作先进单位”和“全国群众体育先进单位”。

文物普查和保护工作稳步推进。一是文物普查进展顺利。在田野文物的巡查保护工作上，我们以全国第三次文物普查为契机，制作文物宣传标语，张贴文物普查宣传画报，并先后多次组织业务人员深入全市11个乡镇，开展文物普查和集中宣传活动。全年开展第三次文物普查野外调查工作，新发现文物点87处，复查54处，南丹电视台和河池电视台播报文物普查相关消息24条次。全县普查

覆盖面达100%。二是文物保护工作进一步加强。文物管理部门组织修整了那地工农民主政府旧址门前排水沟，保护了文物安全。维修了莫树杰故居房屋瓦面。对存放在县房管所的南丹陨石加漆保护。参与广西电视台《中国白裤瑶》专题片的拍摄工作，徐金文担任拍摄顾问；参加中央电视台《寻宝——走进河池》的拍摄工作，协助市委组织部对我县非物质文化遗产传人谭秀仙进行跟踪报导，并整理材料报送市委组织部。文物部门全体成员参加《河池市非物质文化遗产保护论坛》，徐金文论文《浅议白裤瑶民族文化的保护》获三等奖。文物部门全体人员到上林县、天峨县调查南丹土司管辖范围，作历史考证。8～9月份全力以赴，加快第三次全国文物普查工作进度，并做好相关的文档记录，使文物普查能够在规定的时间内按时、按质、按量完成。扎实做好文物征集工作，积极开展文物征集，按已上报的征集计划，全力做好散落在民间面临损毁、流失的珍贵文物的征集，做好文物藏品摄影、录入和登记。三是非物质文化遗产普查和保护工作初见成效。根据自治区有关文件精神，制定非物质文化遗产普查工作方案，从去年开始，文化馆、文物管理所的同志在全县范围内深入开展非物质文化遗产普查工作并做非物质文化遗产普查和文字材料的整理。"非遗"普查小组成员张海智、韩建强、谢意、谢卓莉在3月份到里湖采访了白裤瑶葬礼习俗传承人陆老要。4月底按市文化局要求文化馆人员深入全县各乡镇开展"非物质文化遗产资源普查"，共收集非物质文化遗产资源1000条以上，这1000多条的资源按时按量发到市非物质文化遗产保护中心。从6月4日起文化馆同志分两组分别下到里湖、八圩、吾隘、芒场、车河等乡镇对县"非物质文化遗产保护名录"中的45项"非物质文化遗产"进行了普查，完成了对这45项"非物质文化遗产"资料(照片、影像、录音、原始笔录)的收集工作。并在近一个月时间内整理完成了我县"非物质文化遗产资源"汇编(1002条)和出版工作并报送市文化局、自治区文化厅，顺利完成了自治区文化厅"非物质文化遗产"工作的验收。11月份文化馆人员到里湖对白裤瑶"封皮鼓"进行了拍照、录音和摄像。在非物质文化遗产项目申报工作方面，目前我县已有6个项目列为市级非物质文化遗产保护项目。今年正在申报《中堡苗服饰》和《中堡苗葬礼习俗》两个项目为市级保护项目，《白裤瑶葬礼习俗》已上报为国家级非物质文化遗产保护项目。此外文化馆陈爱民同志为芒场镇"二月春社"做了全场的策划、舞美、道具制作、服装、设计等工作。他挖掘整理的非物质文化遗产《山歌拳》和《灯足鼓舞》在第十一届铜鼓山歌艺术节非物质文化遗产主展演中获二等奖。同时其本人也获得了"挖掘整理奖"。

成功举办首届白裤瑶民俗文化旅游节。南丹县委、县政府以邓小平理论和"三个代表"重要思想为指导，认真贯彻落实科学发展观，运用"政府主导、社会参与、行政与市场运作相结合"的操作方式，隆重举办南丹县首届白裤瑶民俗文化旅游节。通过文化、旅游、民俗活动比赛等活动，宣传、保护和传承民族文化，打造白裤瑶民俗文化品牌，全方位宣传南丹、展示南丹，推动南丹文化和旅游业的繁荣和发展。为建设富裕、文明、和谐新南丹作出了贡献。

【天峨县】 天峨县文化体育局是县人民政府管理全县文化、体育和新闻出版事业的行政职能局。局机关暂设秘书股(办公室)、群众体育股，机关行政编制5名，其中局长一名、副局长二名、纪检组长一名。文化市场管理办公室、文化市场稽查大队随局办公。下属二层机构事业单位有：县文化馆、县图书馆、县龙滩艺术团、县文物管理所，全局在编干部职工 54 人。2009 年全县文化事业经费 275.75 万元。

年内，县龙滩艺术团认真组织开展送戏下乡活动，全年完成演出 102 场，占全年任务 100 场的 102%，其中下乡演出 73 场。文化馆积极开展各种群众文化活动和业余文艺辅导培训，年度开展较大群众文化活动 11 次、文艺辅导 32 次。县图书馆全年接待读者阅览 37800 人次，图书外借 9735 人次，图书流通 17853 册次，新增办理借书证 257 本，均比上年有所增加。县文管办、文化市场稽查大队除正常的日常市场监管外，本年度开展了 6 次文化市场专项整治行动，完成全年 4 次任务的 150%。认真做好文物、非物质文化遗产保护和普查工作，本年度全面完成全县 9 个乡镇的文物实地普查任务，占应普查乡（镇）、行政村的 100%，已登记的不可移动文物（10 项）复查率完成 100%。完成非物质文化遗产普查 1115 项，《壮族唢呐齐奏（纳直乡）》被列入市级第二批非物质文化遗产保护名录，非物质文化遗产普查工作取得阶段性成果。各乡镇文化站正常开展日常业务，基本上做到在每个街日向群众开放。各站除配合所在乡镇做好各项中心工作外，并积极开展节假日群众文化体育活动，年度累计举办各种活动 36 次，出版墙报 98 期。

总投资 68.1 万元（中央财政拨付 80% 资金、计 54.4 万元等值设备，地方配套 20% 资金 13.7 万元）的县图书馆电子阅览室（文化信息资源共享工程县级支中心）建设项目全面完成并正式投入使用。

更新、纳直、八腊、向阳、岜暮等 5 个乡镇文化站（文化信息资源共享工程乡镇基层中心），每个站 5 万元的共享工程设备（电脑、投影仪等一批）配置已全部到位并完成信号接入、设备安装调试等。

更新、纳直、八腊、向阳、岜暮等 5 个乡镇文化站受上级资助的每个站 5 万元的文化活动设备配置已全部到位，包括演出音响、灯光设备及成套乐器、数码相机等。上述共享工程设备和文化活动设备的到位将极大改善上述 5 个站的办公及开展群众文体活动的基础条件，对于乡镇文化站的规范化管理和促进所在乡镇文化建设起到极大的推动作用。

本年度完成八腊乡八腊村、麻洞村汉尧屯、向阳镇板隆村、林列村、岜暮乡平石村、更新乡安亭村、纳直乡纳直村、坡结乡坡结村、三堡乡纳沙村和六排镇塘英社区等 10 个村屯“农家书屋”的建设任务。

创作的小品《索赔》作为广西优秀作品被提名参加中央电视台第七届 CCTV 小品大赛初赛（4 月份由广西电视台选送参加中央台评选）。龙滩艺术团创作演出小品《索赔》、《称心》参加广西第七届剧展小品小戏类比赛荣获一等奖。

非物质文化遗产普查和保护工作取得重大进展。第一批县级非物质文化遗产名录（40 项）已于 2009 年 10 月经县人民政府正式公布（峨政发〔2009〕39 号）。

河池第十一届铜鼓山歌艺术节于 11 月 5 日至 7 日在东兰县举行。县代表队参加本届艺术节专业文艺会演、山歌比赛、美术书法摄影展和非物质文化遗产展演等 4 项比赛。其中龙滩艺术团创作演出的布依族舞蹈《锝朵》参加专业文艺会演荣获一等奖；《苗族猴鼓舞》参加非物质文化遗产传统歌舞展演获一等奖；山歌女队获艺术节山歌赛二等奖，男队获三等奖。县代表队荣获优秀组织奖。

【宜州市】 年内局机关行政编制数 11 人，联系指导全市 16 个乡（镇）文化广播电视站。下辖文化稽查大队、文工团、电影公司（2009 年 4 月划转宜州市广播电视局管理）、文化馆、图书馆、文物管理所、业余体校七个事业单位。一年来，我市按照自治区、河池市文化工作要求，积极围绕我市经济社会发展的目

标任务，以刘三姐文化品牌建设为中心，以公共文化服务体系建设为重点，努力促进文化产业发展，文化工作再上新台阶。荣获河池市文广局文化工作目标管理考评一等奖；河池市人民政府授予河池第十一届铜鼓山歌艺术节优秀组织奖。

加大财政投入，打造艺术精品。全年市财政投入近100多万元用于开展各种文化活动以及打造艺术精品参加各级各类文艺赛。本着特色、创新、求精的思想，以市文工团、文化馆为主要生产单位创作了一批精品佳作。其中舞蹈《哪嘀咿嘀嗨》先后荣获全国第五届“小荷风采杯”少儿舞蹈大赛和广西第十五届“八桂群星奖”两项金奖。舞蹈《碟韵》获广西第十五届“八桂群星奖”银奖，获河池市第十一届铜鼓山歌艺术节文艺会演舞蹈一等奖。声乐《这是一片热土》分别获第五届广西音乐舞蹈比赛三等奖、广西第十五届“八桂群星奖”三等奖、河池市第十一届铜鼓山歌艺术节文艺会演声乐一等奖。组织选手参加“金色希望——河池市首届农民歌手大奖赛”获一等奖两项、二等奖一项等。何明端创作彩调剧《家公与外婆》、《好马想吃回头草》以及韦善光创作彩调剧《礼物》入选国家文化部主编的《“中华颂”全国小戏小品曲艺作品大展》；樊洁文创作歌曲《金银花开的地方》荣获中国大众音协举办的全国原创歌曲比赛三等奖。彭苏创作的书法作品获河池市第十一届铜鼓山歌艺术节书法比赛一等奖。

文化基础设施不断完善。实施乡镇综合文化站新建工程。市委、市政府将其列为为民办实事项目和乡镇绩效考评的重要指标予以推动，截止2年底，我市7个新建乡镇综合文化站已完成主体工程，预计2010年6月可建成验收。同时，投入4万元资金，新建石别镇土桥村、德胜镇都街两个农村文化室。文化惠民工程落到实处。大力推进文化信息资源共享工程、送书送戏下乡工程、“农家书屋”建设工程。较好完成上级下达给我市的怀远镇北斗村等12个与农村党员干部远程教育基层点合办的共享工程村级服务点建设任务。年内刘三姐乡等9个文化站分别获自治区文化厅赠予价值10万元的演出设备和全国文化信息资源共享工程配套设备一批。庆远镇刘三姐剧团等9个村屯文艺队也分别获赠价值2万元的演出音响一套。2009年完成建设农家书屋13家。文工团全年完成送戏下乡108场，观众达15万人次。洛西镇综合文化站获“全区先进乡镇文化站”称号，该站站长毛巧云获得全区群众文化服务先进工作者。北山镇建安村陈雄武和洛西镇祥北村卢斌获“全区农村小康文化示范户”称号。

群文活动蓬勃开展。成功举办广西政协“红旅·团结杯”山歌赛、宜州市春节联欢晚会、学习实践科学发展观万人山歌演唱会、庆祝中华人民共和国成立60周年爱祖国爱宜州歌咏比赛、宜州市群文大展演、百对歌手迎春山歌赛、宜州市美术书法摄影大奖赛、宜州市第五届农村文艺会演等文化活动等，受到群众普遍欢迎。其中广西政协“红旅·团结杯”山歌赛开幕式盛况空前，比赛取得圆满成功。共有来自全区14个市、区的60位歌手参赛。我市歌王黄月香获广西政协“山歌大赛十大歌王”称号。一年来市、乡(镇)两级共举办元旦、春节、八一、国庆等传统节庆和政治性文艺活动500多场次，进一步活跃了群众的文化生活。

文化遗产保护工作扎实推进。一是顺利推进第三次全国文物普查工作。截至12月底，共收录各类文物点107处，其中古建筑2处、古墓葬33处、古桥15处、寺庙5处、碑刻2处、古遗址8处、摩崖石刻19处。代表性文物点有覃有兰墓以及永顺土司家族墓群。二是认真开展“非遗”普查工作。普查率达到100%，共收集信息1173条，涵盖9个门类，普查重点项目32个，调查确认代表性传承人

220名。其中宜山渔鼓于10月份申报河池市保护名录获得成功。我市非物质文化遗产普查工作成果显著,被评为"全区非物质文化普查工作先进单位"。莫瑞扬、樊洁汶被评为全区非物质文化普查工作先进个人。三是重点保护国家级非物质文化遗产——刘三姐歌谣。在下枧河流域新建刘三姐歌台6个。2009年4月被国家文化部命名为"中国民间文化艺术(刘三姐歌谣)之乡"。莫瑞扬的《理出版刘三姐歌谣是对其进行保护的主要措施》获得河池市非物质文化遗产名录项目保护研讨会论文二等奖。四是2009年6月公布了宜州首批非物质文化遗产名录项目及代表性传承人。

公共图书馆工作成绩显著。购进电子读物45件,订阅报刊168种,搜集地方文献215册,出版科技信息宣传橱窗24期,全年编目新书1340多册,馆藏社科书和自科书已全部建立书目数据,8月起读者可进行联机检索书目。在开展好日常的图书馆业务工作的同时,做好筹建"知识共享工程"阅览室的工作,并完成图书馆大楼维修和设备购置工作任务。开展各类读书活动7项次,"文化信息资源共享工程"网站建成并普及到11个乡镇。

新闻出版、文化市场管理有序。根据自治区桂广发艺[2009]43号文件通知精神,我市电影公司从4月划转宜州市广播电视局管理。

据统计,年内,市印刷业11家,书店37家,打复印23家。音像制品25家,电子游戏23家,网吧83家,桌球28家,音乐茶座13家。

文化市场坚持一手抓管理,一手抓繁荣。首先,严把准入关,做到了合理布局,协调发展。其次,加大处罚力度。检查出动汽车140辆次,人数1150人次,检查980家次。查处违规经营网吧,电子游戏室10家,停业整顿6家,取缔无证照经营4家,收缴游戏机电脑15台,罚款4.5万元。全市文化市场健康有序、安全无事故。

文化产业有所发展。根据资源特点及市场发展前景,重点发展文化旅游和文化娱乐服务业,并以此为龙头,带动出版印刷业、文化产品制造业、图书音像等文化产业的发展。计划在下枧河沿岸发展文化休闲娱乐旅游产业集群。

百 色 市

全市文化工作综述

2009年，百色市共设有市、县级文化行政管理机构13个，专业艺术表演团体14个，公共图书馆12个，群众艺术馆1个，文化馆12个，博物馆（纪念馆）12个，文物管理站（所）3个，非物质文化遗产保护中心12个，文化稽查支队1个，文化稽查大队11个，文化事业机构从业人员945人，其中，高级职称15人，中级职称130人。在市委、市人民政府的正确领导下，我们深入贯彻落实科学发展观，紧紧围绕实现"文化名市"的战略目标，以文艺活动、文化遗产保护、公共文化服务体系建设为抓手，大力推进文化建设，全市文化工作取得了较好成绩。

实施"精品工程"战略，着力打造文化艺术精品，部分作品获得佳奖。全市按照贴近生活、贴近实际、贴近时代的要求，积极组织广大文艺工作者深入生活，精心创作，创作了一批讴歌时代精神、具有鲜明民族特色的优秀艺术作品。倾力创作的大型壮族原生态歌剧《壮锦》，于年初在自治区人大、政协两会期间举行了4场专场演出，深受好评，9月参加第七届广西戏剧展览会大型剧目展荣获桂花金奖，同时获得7个单项奖。12月初该剧参加在厦门举行的第十一届中国戏剧节展演，荣获"中国戏剧剧目奖"，主演韦艺荣获优秀表演奖；乐业县古骆越歌舞剧《谷魂》荣获第七届广西戏剧展览会大型剧目展桂花银奖；在第五届广西音乐舞蹈比赛上，右江民族歌舞团创作的舞蹈《爷孙》荣获节目一等奖、表演一等奖、编导一等奖、作曲二等奖；西林县歌舞团创作的舞蹈《彝乡酒趣》荣获节目二等奖、表演二等奖、蹈编导二等奖、作曲三等奖；隆林县歌舞团创作的舞蹈《迁徙记忆—腊染》荣获舞蹈编导一等奖、节目二等奖、乐舞表演二等奖、舞蹈作曲二等奖、服装设计奖，该节目代表广西参加全国舞蹈比赛；市粤剧团创作的粤剧《红棉》荣获第七届广西剧展小戏小品展桂花铜奖；隆林县创作的苗族舞蹈《笙鼓·图腾》参加全国山花奖舞蹈决赛荣获优秀奖；市合唱团参加全区庆祝中华人民共和国成立60周年"爱国歌曲大家唱"歌咏比赛荣获二等奖。

文艺创作蓬勃发展，一批佳作受到关注。由田阳县文化馆创作员黄玉珍创作的电影文学剧本《芒果熟了》于2009年7月由北京中盟盛世影视公司投入拍摄，赵素君与他人合作的电影剧本《金画眉》已在国内外发行，目前，该作者另一部电影《苗语童音》已获审批，正在筹拍当中。纪念百色起义80周年活动前期，我们协助拍摄了电视连续剧《红七军》；文艺理论研究专著《凌云七十二巫调》出版，《广西壮剧志》完成前期编撰工作。

积极组织参加各项艺术赛事，并取得可喜成绩。成功举办了第五届广西音乐舞蹈比赛百色选拔赛，此次活动共收到音乐、舞蹈作品138件，其中11件作品入围第五届广西音乐舞蹈比赛决赛，6件作品入选广西"八桂群星奖"决赛，隆林县歌舞团创作的舞蹈《迁徙记忆—腊染》荣获节目金奖，平果县创作表演的壮族嘹歌《妈勒》和右江区创作的舞蹈《摇依朵》荣获节目银奖，田阳县创作表演的山歌《蜜蜂最爱芒果花》和右江区创作的舞蹈《天堂鸟落脚的地方》荣获铜奖。举办百色市少

年儿童音乐舞蹈比赛活动。举办百色市“唱响百色”原创歌曲电视展播活动，共收到歌曲作品48首。开展“百色之歌”歌曲征集活动，共收到歌曲作品112首。举办纪念百色起义80周年“唱红歌赞百色”歌咏比赛。

突出地方民族特色文化，举办一系列文化艺术活动。我们以大型节庆活动为载体，积极组织协调，在人、才、物上倾尽全力，参与各县区民族文化品牌的打造，协助各县区分别开展了具有地方民族特色的文化艺术活动。一年来，我们协助举办了田林北路壮剧艺术节、田东芒果节、田阳布洛陀旅游文化节、凌云茶文化节、平果“壮乡天籁”歌圩音乐节、隆林苗族跳坡节、彝族火把节等大型民族文化艺术活动，繁荣了民族文化，提升了文化品牌的层次。其中田阳布洛陀旅游文化节、田林壮剧艺术节，在全区、全国都产生了良好影响。年内平果县嘹歌演唱队4次走进中央电视台演播大厅现场录制节目，3次参加全国性民歌大赛，获得国内外广大观众的好评。

文化基础设施建设力度加大，公共文化服务体系逐步完善。全市社会文化工作快速推进，以基本阵地、基本队伍、基本内容、基本活动方式为重点，以重大文化工程为抓手，公共文化服务体系建设扎实推进。据统计，年内共争取获得国家、自治区项目经费890万元，目前各项目建设仍在顺利进行中。凌云、乐业、平果三县文化中心建设顺利完成，全市65个乡镇文化站的基本设备、200个村级业余文艺队的演出器材得到配备，技术人员培训工作已经完成，新建45个乡镇文化站，项目已全部启动，截止11月底，已有31个竣工；12个县(区)图书馆的馆舍维修，7个县级、65个乡镇级、46个村级文化信息共享工程的建设任务已经完成；百色旧石器檀河遗址保护工程、红七军军部旧址安全技防工程、右江民主政府旧址安全技防工程、右江民族博物馆安保监控系统、凌云县水源洞石刻保护工程、隆林民族博物馆建设等项目全面实施。

文化市场更加繁荣有序。我们坚持“一手抓繁荣，一手抓管理”，全市文化市场开放有序，初步建立起以行政执法、社会监督、行业自律、技术监控为主要内容的文化市场监管体系。并着力从完善市场管理体制、全面推进依法行政，强化整治工作措施，净化文化市场环境。加强文化市场监管，保障市场健康有序。加强队伍建设，促进文化市场繁荣等方面着手，有效地维护了市场的有序运行。年内，全市共出动执法人员146960人(次)，检查网吧15422家(次)，检查娱乐场所3636家(次)，电子游戏经营场所1533家(次)，检查音像单位4124家(次)，受理举报电话20个，立案190起，收缴非法音像制品18863盒(张)，收缴电子游戏机360台，收缴非法书报刊19224册(张)，罚款34.92万元，停业整顿11家。

文物文博和文化遗产保护力度不断加大。一是稳步推进第三次文物普查工作。全市累计投入普查经费210.36万元。至12月15日止，全市12个县级行政区域全部启动实地文物调查，按乡镇计全境普查启动率97%，全境普查完成率89.6%，平均完成普查任务87.9%，共调查登记不可移动文物899处，其中新发现430处，复查459处，调查登记消失文物73处。百色盆地旧石器遗址群专题调查工作正式开展。二是文物展采、征集和管理工作得到加强，大批流散在社会上的珍贵历史文物得到入库归档。同时全面实施“文物调查及数据库管理系统建设”项目，全市完成3490份文物数据信息的采集报送工作，有效促进了我市文物藏品的科学化、规范化管理。三是博物馆、纪念馆免费开放工作进展顺利，全市博物馆年内共接待观众140多万人次，博物馆宣传教育职能得到充分发挥。“5·18国际博物馆日”、“第四个文化遗产日”

宣传活动富有特色，活动期间，全市文博单位共接待观众50000多人，散发宣传资料30000多份，制作宣传版面25块，张挂宣传横额32幅，接受群众咨询5000余人次。年内，全市有百色起义纪念馆被评为全国二级博物馆、右江民族博物馆、靖西县壮族博物馆、右江革命纪念馆等单位被评为全国三级博物馆。四是较好地完成全市非物质文化遗产普查工作。据统计，年内全市12个县(区)共完成非物质文化遗产普查17035项(条)，其中完成重点项目普查488项，其分别为：民间文学93项、民间音乐77项、民间舞蹈51项、传统戏剧28项、曲艺9项、杂技与竞技30项、民间美术17项、传统手工技艺59项、传统医药4项、民俗120项。完成资源线索普查16547条(其中：民间文学11105条、民间音乐1877条、民间舞蹈500条、传统戏剧281条、曲艺108条、杂技与竞技301条、民间美术418条、传统手工技艺242条、传统医药488条、民俗1227条)。在抓好非物质文化遗产普查的同进，我们还注重抓好项目申报列入项目建设名录体系工作。在继续做好已列入国家名录的6个项目列入自治区名录12项的传承保护的同时，目前正集中做好2个申报国家第三批保护名录的编报及25个拟申报市收名录的材料编制工作。

专业艺术

【大型壮族歌剧《壮锦》荣获全国大奖】 大型壮族原生态歌剧《壮锦》于9月参加第七届广西戏剧展览会大型剧目展荣获桂花金奖，同时获得7个单项奖，于12月初参加在厦门举行的第十一届中国戏剧节展演，荣获“中国戏剧剧目奖”，主演韦艺荣获优秀表演奖。

【舞台艺术演出活跃】 全市共有14个专业艺术表演团体，创作音乐、舞蹈、戏剧等作品150个，演出500场，观众200余万人。其中，倾力创作、打造的大型壮族原生态歌剧《壮锦》，于年初在自治区人大、政协两会期间举行了4场专场演出，深受好评，并在纪念百色起义80周年大庆中，成功向中央代表团及各地佳宾进行汇报演出，得到中央领导和自治区领导的好评。

【一批艺术作品获得各级奖项】 乐业县古骆越歌舞剧《谷魂》荣获第七届广西戏剧展览会大型剧目展桂花银奖。在第五届广西音乐舞蹈比赛上，右江民族歌舞团创作的舞蹈《爷孙》荣获节目一等奖、表演一等奖、编导一等奖、作曲二等奖。西林县歌舞团创作的舞蹈《彝乡酒趣》荣获比赛节目二等奖、表演二等奖、舞蹈编导二等奖、作曲三等奖。隆林县歌舞团创作的舞蹈《迁徙记忆—腊染》荣获舞蹈编导一等奖、节目二等奖、乐舞表演二等奖、舞蹈作曲二等奖、服装设计奖，该节目代表广西参加全国舞蹈比赛。市粤剧团创作的粤剧《红棉》荣获第七届广西剧展小戏小品展桂花铜奖。隆林县创作的苗族舞蹈《笙鼓·图腾》参加全国山花奖舞蹈决赛荣获优秀奖。市合唱团参加全区庆祝中华人民共和国成立60周年“爱国歌曲大家唱”歌咏比赛荣获二等奖。我市选送参加全区军休老干部国庆60周年文艺会演节目，获三等奖；参加中华人民共和国成立60周年“爱国歌曲大家唱”歌咏大赛获二等奖；参加全区老干部文艺会演获二等奖；油画《红色记忆》参加全国部分老区国庆60周年画展获百色赛区一等奖；参加全区美术书法比赛获二等奖1幅、三等奖1幅、优秀奖3幅；参加全国第七届剧展获舞美优秀奖；论文《创新，新农村文化致富工程建设的必然选择》、《海洋文化与内陆的比较研究》参加广西北部湾群文理论研讨会获二等奖。

【文艺创作出现一批佳作】 田阳县文化馆黄玉珍创作的电影文学剧本《芒果熟了》于7月

由北京中盟盛世影视公司投入拍摄。隆林县赵素君与他人合作的电影剧本《金画眉》已在国内外发行，目前该作者另一部电影《苗语童音》已获审批，正在筹拍当中。在纪念百色起义80周年活动中，拍摄了电视连续剧《红七军》，文艺理论研究专著《凌云泗城壮族七十二巫调》出版，《广西壮剧志》完成前期编撰工作。

群众文化

【举办纪念百色起义80周年专场大型文艺演出】 12月11日上午在森林广场举行，我市隆重举行纪念百色起义80周年文艺专场演出，来自中国人民解放军总政治部歌舞团等单位的演员及各界代表6000多人相聚百色，重温80年红军情。由广西歌舞剧院、广西百色市凌云县玉洪瑶族长号队等单位演出的歌舞《千姿百色》拉开了演出序幕，展现了革命老区百色80年来的新发展、新变化。舞蹈《父辈》再现了战争年代革命先辈们浴血奋战的情景，震撼人心。由中国人民解放军总政治部歌舞团带来的男子群舞《士兵与枪》则展现了士兵的刚毅。谭晶、阎维文等著名歌唱家也来到了演出现场，为纪念百色起义、龙州起义80周年献唱。田东县平马镇百谷红军村农民合唱团现场演唱了原生态民歌《红军歌谣》，其中的《红军红又红》《工农兵联合起来》等唱出了红军后代对革命先烈的深情。67岁的合唱团团长李瑞云说，百谷红军村的男女老少都会唱老一辈传下来的30多首红军歌，50名合唱团成员均是红军后代或亲属。

【举办大型艺术赛事】 举办了第五届广西音乐舞蹈比赛百色选拔赛，共收到音乐、舞蹈作品138件，其中11件作品入围第五届广西音乐舞蹈比赛决赛，6件作品入选广西“八桂群星奖”决赛。举办百色市少年儿童音乐舞蹈比赛活动和“唱响百色”原创歌曲电视展播活动，共收到歌曲作品48首。开展“百色之歌”歌曲征集活动，共收到歌曲作品112首。举办纪念百色起义80周年“唱红歌·赞百色”大型歌咏比赛。

【举办独具民族特色的节庆活动】 全市举办了田林北路壮剧艺术节、田东芒果节、田阳布洛陀旅游文化节、凌云茶文化节、平果“壮乡天籁”歌圩音乐节、隆林苗族跳坡节、彝族火把节等大型民族文化艺术活动，繁荣了民族文化，提升了文化品牌的层次。其中田阳布洛陀旅游文化节、田林壮剧艺术节，在全区、全国都产生了良好影响。年内平果县嘹歌演唱队4次走进中央电视台演播大厅现场录制节目，3次参加全国性民歌大赛。

【八桂群星奖】 在全区第十五届“八桂群星奖”活动中，我市隆林县舞蹈的《迁徙的记忆—腊染》、平果县乐队演唱的《妈勒》、右江区的舞蹈《瑶依朵》和《天堂鸟落脚的地方》、田阳县男女声二重唱《蜜峰最爱芒果花》等节目获得荣誉称号。全市获优秀组织奖。黄凤厅《三月歌》、黄娇燕《彝族跳坡节》、林肯《乡韵》、施永洪《饮马爱布河》、向志文《晨读》、胡耀南《行草文天祥正气歌》获荣誉称号。

【优秀文艺队和小康示范户】 年内，右江区汪甸乡两琶村小调剧团、德保县清水业余文艺队、隆林县民权街业余文艺队被评为2009年度全区“农村优秀文艺队”。凌云县下甲乡平怀村农户郁再俭、西林县那劳乡那来屯农户韦周铁、那坡县百合乡那乐村那乐屯农户黄关林、右江区阳圩镇平圩村农户韦祖生被评为年度全区农村“小康示范户”。

【乡镇文化站建设】 在2008年建设的基础上，今年全市又投资349万元，新建乡镇文化站15个，其中田东县2个、德保县4个、靖西县4个、那坡县5个，使全市的乡镇文化站总共达45个，总投资1879万元。

公共图书馆

【送书下乡工程】 年内，送书下乡工程成为我市农村文化建设的重要文化工程之一，以此不断扩大各县（区）乡镇图书馆和文化站的藏书量，是我市提供公共文化服务产品的重要抓手。把广大农民急需的科学文化知识送到他们家门口，帮助他们学科技、用科学致富，受到欢迎。年内共送书下乡 21000 册。

【文化信息资源共享工程建设】 积极开展农村现代远程教育与文化信息资源共享工作的培训，参加培训人员达 400 多人次，有效发挥现代远程教育终端站点的作用，按照“共建共享”的要求，整合农村党员干部现代远程教育，使农业信息化和文化信息资源共享工程等资源成为农村农业、文化等相关的农村服务重要平台，并成为农村党员干部政治教育、农业技能培训、信息交流和文化活动的重要阵地。田阳县、田东县、德保县、凌云县、乐业县、田林县、隆林县等 7 个县成为第二批自治区文化信息资源共享工程县支中心试办点建设单位。

文化市场

【文化市场经营单位】 年内，全市共有文化经营单位 691 家，其中网吧 426 家，电子游戏厅 80 家，歌舞娱乐场所 185 家，从业人员 3197 人。完成了全市 963 家文化市场经营单位的年审换证工作，办理变更和新申请文化行政许可的经营单位 38 家（次）。市文化局被评为年度全区法制工作先进集体。

【文化稽查】 坚持“一手抓繁荣，一手抓管理”，全市文化市场开放有序，年内，全市共出动执法人员 16181 人（次），检查网吧 16641 家（次），检查娱乐场所 3898 家（次），电子游戏经营场所 1649 家（次），检查音像单位 4354 家（次），受理举报电话 20 个，立案 191 起，收缴非法音像制品 19317 盒（张），收缴电子游戏机 360 台，收缴非法书报刊 19862 册（张），罚款 36.585 万元，停业整顿 11 家。

文化产业

【文化致富工程】 实施“文化富农工程”与“文化致富工程”，利用丰富的民族民间传统文化产业资源，极力推介特色民族文化产业。目前已把靖西旧州绣球、凌云石刻、凌云乐业绣花鞋等一批有民族特色的文化产业推上市场。特别是靖西旧州绣球，更有着重要的经济价值和文化内涵，现靖西旧州村已有 300 多户人家、600 多人从事绣球生产制作，年产量达到 15 万只。全村仅绣球一项年收入就达 200 万元，户年均收入近万元。村里采取专业化分工，社会化协作的方式，采用“公司＋协会＋农户”的发展模式，给周边农民提供了 2 万多个就业岗位，使绣球生产成为乡村经济的支柱产业，被评为第三批国家文化产业示范基地。此外，旧州绣球村还建成了风情浓郁、建筑独特、产品丰富的工艺品旅游一条街，建成全国第一座壮族生态博物馆。目前，绣球产品丰富的工艺品知名度日益提高，市场需求量不断增大，产品远销欧美，东南亚等国家和地区。旧州的绣球也带动了靖西的旅游业。

文化遗产

【文物保护工程】 百色旧石器檀河遗址保护工程、红七军军部旧址安全技防工程、右江民主政府旧址安全技防工程、右江民族博物馆安保监控系统、凌云县水源洞石刻保护工程、隆林民族博物馆建设等 6 个文物保护项目全面实施。

【第三次文物普查】 稳步推进第三次文物普查工作，年内全市累计投入普查经费210.36万元。至12月15日止，全市12个县级行政区域全部启动实地文物调查，按乡镇计全境普查启动率97%，全境普查完成率89.6%，平均完成普查任务87.9%，共调查登记不可移动文物899处，其中新发现430处，复查459处，调查登记消失文物73处。

【文物管理数据库】 全面实施“文物调查及数据库管理系统建设”项目，全市完成3490份文物数据信息的采集报送工作，有效促进了我市文物藏品的科学化、规范化管理。

【免费开放及宣传活动】 博物馆、纪念馆免费开放工作进展顺利，全市博物馆年内共接待观众140多万人次，博物馆宣传教育职能得到充分发挥。“5·18国际博物馆日”、“第四个文化遗产日”宣传活动富有特色，活动期间，全市文博单位共接待观众50000多人，散发宣传资料30000多份，制作宣传版面25块，张挂宣传横额32幅，接受群众咨询5000余人次。

【博物馆评级】 年内，全市有百色起义纪念馆被评为全国二级博物馆，右江民族博物馆、靖西县壮族博物馆、右江革命纪念馆等单位被评为全国三级博物馆。

【非物质文化遗产普查】 全市非物质文化遗产普查工作顺利进行，年内全市12个县(区)共完成非物质文化遗产普查17035项(条)，其中完成重点项目普查488项，其分别为：民间文学93项、民间音乐77项、民间舞蹈51项、传统戏剧28项、曲艺9项、杂技与竞技30项、民间美术17项、传统手工技艺59项、传统医药4项、民俗120项；完成资源线索普查16547条，其中民间文学11105条、民间音乐1877条、民间舞蹈500条、传统戏剧281条、曲艺108条、杂技与竞技301条、民间美术418条、传统手工技艺242条、传统医药488条、民俗1227条。

【非物质文化遗产名录工程】 在抓好非物质文化遗产普查的同时，我们还注重抓好项目申报入项目建设名录体系工作。在继续做好已列入国家名录的6个项目入自治区名录12项的传承保护的同时，集中做好两个申报国家第三批保护名录的编报及25个拟申报市收名录的材料编制工作。

【民族文化生态保护区建设】 经过两年多的努力，全市已初步建立一套比较符合实际的百色民族文化遗产整体性保护制度和运行机制，建设一批有利于百色民族文化遗产保护的基础设施，大大改善了百色民族文化遗产保存、保护的环境，濒危和重要的民族文化遗产以及一批传承人得到有效的保护，全社会民族文化遗产保护意识不断提高，初步形成以东部古人类文化、壮族始祖文化、民歌文化为主要特色的“右江河谷文化”，以南部壮族织锦文化、黑衣壮文化为主要特色的“边境文化”，以北部民族文化、民族服饰文化为主要特色的“山区文化”，三个区域文化圈。为2010年自治区全面启动百色民族文化生态保护区建设试点，积极探索生态型、整体性保护模式，全面提升我市非物质文化遗产保护工作，作了准备。

【非物质文化遗产普查工作获得奖励】 年内，市文化局、市群众艺术馆、田阳县文化和体育局、靖西县文化馆、隆林县文化馆，荣获2009年自治区非物质文化遗产普查“先进集体”光荣称号。罗桂梅、潘泰新、麻高、何杏元、黄国清、黄达纯、张柳玲、农佳明、李向阳、农正甫、农宝琴、黄志元、腾光耀等13位同志荣获“先进工作者”光荣称号。

县域文化

【右江区】 右江区文化局位于百色市中山二

路13—1号，是百色城集文化、图书、群文、文物、艺术于一体的文化中心。局机关设办公室、市场股、艺术股、社文股、计财股、电影服务站。局机关编制7个，实有在职人员9人，下辖文化稽查大队、文化馆、图书馆、艺术团和文物管理所。整个系统现有在职人员58人，其中行政人员9人，专业技术人员34人。2009年，右江区文化局在区委、区人民政府的正确领导和上级业务主管部门的精心指导下，紧紧围绕右江区委、区人民政府关于实施“23456”科学发展思路和年度文化目标管理的内容，明确任务，开拓创新，努力在文化建设新的历史时期开创率先发展、科学发展、和谐发展的新局面。一年来，经过广大干部职工的共同努力，各项工作稳步推进，成效显著。

右江区文化局专业文艺表演工作坚持以人民群众满意为准则，通过群众喜闻乐见的形式组织专业演员排演具有浓厚地方特色的文艺节目。今年，出色完成右江区2009年春节联欢晚会和春节团拜会、茶话会、五四青年节文艺晚会等活动的文艺编导和演出。组织右江区全年业余文艺会演。代表广西参加由文化部、国家民委等6个单位主办的第七届中国西部民歌(花儿)歌会并荣获优秀奖。代表百色市赴香港参加华润集团总部团拜会演出。参加2009年东盟博览会旅游推介会文艺演出。代表右江区赴大新县参加由广西电台主办的庆祝中华人民共和国成立60周年广场文化活动启动仪式暨风情东南亚大型文艺晚会共三场。抽调演员配合百色市到南宁参加大型歌剧《壮锦》的演出。另外，编排文艺节目先后到四塘、大楞、阳圩、永乐等乡镇和百色市武警支队、消防支队、右江矿物局、建华厂等单位进行慰问演出。一年来，右江区专业艺术团体参加各类大小演出共计93场，其中农村37场，城区56场，观众人数约8万人次，圆满并超额完成区委、区政府下达的演出任务。

为推动右江区群众文化活动进一步繁荣。2009年，右江区制定《右江区文化资源整合推进工作方案》，开始实施“文化四项工程”建设。在区委、区人民政府的部署下，右江区文化局充分发挥现有资源，把文化与旅游资源整合、文化与体育资源整合、社区文化建设、民族民间文化挖掘作为重点工作来抓。一是加快右江区社会主义新农村旅游景点的文化建设工作进度。右江区文化局充分发挥阵地优势，积极配合区委、区政府、阳圩镇着力打造并成功举办具有本地民族特色的“阳圩山歌节”，同时指导平圩山歌队编排民俗山歌《饮酒三部曲》作为接待游客的节目。通过举办具有民族特色的山歌节活动，提高平圩民族新村的知名度和旅游文化品味。组建永乐乡濑浩新村“壮乡美”艺术团，指导该团创作歌曲15首。其中选送山歌《改革开放好》参加广西第二届山歌大赛获金奖，同时组织该团多次参加百色市、右江区的各类演出活动，为宣传赖浩新村“农家乐”旅游起到了积极的推动作用。组建华润希望小镇文艺队，并对该文艺队进行文艺辅导，使其圆满完成了华润希望小镇落成典礼文艺演出的任务，并为小镇发展旅游业奠定了文化基础。二是加大扶持力度，确保群众文化活动正常开展。右江区文化局通过各种途径，积极争取上级及社会各界的支持，从资金、设备、活动场地和业务上加大对业余文艺团队的扶持和辅导力度。先后为四塘、永乐、汪甸、龙川等乡镇分别配送价值5万元的文化活动设备。为百城六苜村等十个业余文艺队分别配送价值2万元的文化活动设备。同时开展基层文艺辅导活动30次，辅导社区文艺骨干625人次，农村文艺爱好者520人次，辅导排演节目70个。一年来，业余文艺团队及农村文艺队开展各类公益性群众文化活动720场，其中城区595场，农村125场，实现右江区城乡晚晚

有节目，天天有歌声，月月有演出的群众文化活动新格局，极大丰富了右江区各界群众的业余文化生活，促进了右江区社会主义精神文明建设。今年，汪甸乡两琶村小调剧团荣获2008年度广西农村“优秀村(屯)文艺队”光荣称号。三是开展民族民间文化挖掘工作，推进非物质文化遗产普查。今年我们完成了市文化局下达的非物质文化遗产资源信息的采集和录入工作，充实和完善21项县级非物质文化遗产项目的内容。其中《大楞岑氏将军祭典》、《逛呜达》两项非物质文化遗产项目通过了百色市的评审，列入市级保护名录。同时完成了龙川“卜牙调”、“衣过街彩调”；大楞、阳圩一带“乖阿咧”山歌调；永乐“雅芒传说”等四项民族民间文化挖掘和整理工作。四是以申报第八届全国“游泳之乡”活动为契机，将文化资源和体育资源结合起来，进一步挖掘我区传统赛龙舟的习俗。今年端午节，组织有关工作人员参与央视直播民俗解说工作，组织艺术团演员参加了龙舟比赛现场的演出活动，营造了热烈的文化氛围。

为加强对传统文化的挖掘和提炼，努力发挥传统文化优势，让作品更具有冲击力和影响力，让文艺精品因为具有传统文化特色而更有魅力。年内，右江区文化局组织创编人员先后到云南富宁、田东、靖西、那坡等地进行实地采风，深入挖掘并创作舞蹈类作品18个，美术作品2幅，舞美设计16台，戏剧类作品6个，文学类作品2篇，调研报告2篇，录像资料片1部。其中《瑶依朵》、《天堂鸟落脚的地方》分别获得广西第十五届“八桂群星奖”总决赛银奖和铜奖。论文《非物质文化遗产保护与公共责权财的定位浅议》在2009年广西文化厅公共文化服务体系建设理论研讨评奖中获三等奖。快板《六老太太说计生》获百色市计划生育文艺汇演第一名。撰写通讯报道200篇，其中26篇在广西电台播报，87篇在百色市电视台“右江区新闻”、百色电台播报，32篇在《右江日报》刊登，55篇在百色新闻网发布。

年内，右江区文博工作坚持“保护为主、抢救第一、合理利用、加强管理”的文物工作方针，切实做好文物调查、保护、管理、宣传等工作。一是深入开展第三次全国文物普查，按时完成野外调查任务，同时发现23个新的文物点。二是顺利完成“那毕渡碑刻”石碑的挖掘抢救工作。三是在百色森林广场开展2009年“世界文化遗产日”宣传活动。向广大市民展示了文物及非物质文化遗产方面的实物和图片(活动当天，共发放宣传单5896份，接受群众咨询1856人次)。四是整理革新桥、百达、坎屯、大梅等遗址的出土文物，为广西考古研究所计划今年在百色市召开的新石器时代国际考古会议提供标本。五是配合中科院考古发掘队考察百色旧石器遗址。六是配合广西考古研究所进行百隆高速公路沿线新旧石器时代遗址的考古发掘工作。七是配合百色电视台完成了“百色故事”栏目《贝币的故事》和《古币故事》节目的拍摄，向公众宣传普及有关历史文物知识。

牢固树立“读者至上，服务第一”的理念，为读者提供优质服务。一年来，共接待各类读者32542人次，外借图书31564册次，外借杂志5863册次。摘录制作专题信息368条，接受读者各种咨询84人次，为读者提供各种专题服务113次。整理、排序、校对图书30000多册，补贴书标5000多张。同时加强了对馆内数据库的管理，确保自动化借阅的正常运转。

认真抓好“文化信息资源共享工程”建设，完善基层点配套设施。右江区文化局在组织图书馆做好文化信息资源共享工程支中心各项工作的前提下，积极协助搞好乡镇(村)共享工程基层点的建设，不断完善基层点的设备，先后为龙川、四塘、永乐、汪甸4个基层点发放了价值20万元的电脑、投影仪、

卫星接收器、打印机、媒体播放器、桌椅等共享工程设备，为龙景街道办江凤村、百城街道办东合村、永乐乡南乐村、阳圩镇阳圩村、汪甸乡汪甸村分别配送价值5000元的投影设备一套，并组织人员对这些设备进行安装调试，使各基层点充分发挥应有的作用。

做好农家书屋和社区文化室建设。先后为9个农家书屋配送价值14.4万元的各类图书15300多册，统一制作书架36个。为百城和龙景街道的4个社区(村)文化室捐赠各类图书1830多册，同时加强了对农家书屋管理人员的业务辅导。争取文化项目经费36.2万元，维修图书馆办公楼，采购新书和书架一批。

为推动右江区农村公益文化建设，保障农民群众的基本文化权益，让电影改革发展的成果惠及广大农民群众。今年来，右江区文化局按照上级有关部门的部署，克服各种困难，认真实施农村电影放映“2131工程”，并开展“华润希望小镇电影活动周”、“百部爱国电影下基层进校园”和“集体林权制度改革”文艺电影宣传活动，圆满完成了年初既定的1296场的电影放映任务，累计观众达25万人次。

右江区文化和新闻出版物市场管理工作在加强执法队伍建设的基础上，坚持“一手抓建设，一手抓管理，打建并举，疏堵结合”的原则，采取以常规管理为主联合突击为辅的模式，进一步强化了文化市场和新闻出版市场的管理，使文化市场经营秩序得到进一步规范，非法淫秽盗版物品泛滥的势头得到全面遏制。年内，组织开展了一系列整治活动。一是开展整治互联网低俗之风专项行动和文化市场经营场所安全大检查活动。二是开展净化社会文化环境专项整治和全区“扫黄打非”专项行动。三是与有关部门开展打击未经行政许可的非法网吧(“黑网吧”或“变相黑网吧”)专项行动。四是查缴政治性非法出版物，清查淫秽色情和宣扬恐怖、封建、迷信等有害青少年身心健康的各类非法出版物和各类印刷品。五是开展进校书刊专项整治行动，重点查缴非法教材教辅，净化校园文化环境。今年全年共出动执法人员1467人(次)，执法车辆283辆(次)，检查经营单位1166家(次)，其中检查音像单位144家(次)，互联网上网服务营业场所391家(次)，书报刊经营单位631家(次)。受理举报14件，立案调查9件，移交案件2件，办结案件12件。收缴非法音像制品1977余盘(张)，非法书报刊10180本(份)，警告15次，罚款8950元，惩戒教育138家(次)。另外，为增强新闻出版、文化市场经营业主和从业人员的法律法规意识，先后举办了两期共有165人参加的培训班。

【田阳县】 田阳县文化系统共有3个下属单位，现有在编人数62人，其中，局行政机关10人，文化馆(民族歌舞团)41人，图书馆6人，博物馆5人。年度财政拨款：如县文化馆2200元，图书馆9800元，博物馆9800元。

坚持按照“三贴近”要求，组织创编人员深入基层体验生活，围绕布洛陀文化、瓦氏文化、舞狮文化、歌圩文化进行文艺创作采风，创作出既体现优秀历史传统又具有时代特点和浓郁地方特色的文化精品，共创作了音乐、舞蹈、小品、快板等文艺作品共36个。其中舞蹈《迁徙》、歌曲《布洛陀的故乡》等一批反映本土文化的优秀艺术作品参加市、区、国家级的文艺比赛中获奖。由文化馆创作员黄玉珍创作的电影文学剧本《芒果熟了》于7月由北京中盟盛世影视公司投入拍摄，于11月完成后期制作，目前已通过国家广电总局评审，预计年底公开发行。音乐作品《神秘的敢壮山》荣获“唱响百色”原创歌曲电视展播优秀曲目奖。应中国合唱团艺术研究会、中国民族舞蹈研究会、国际模特艺术发展协会、北京

夕阳秀文化艺术中心的邀请，田阳县夕阳红艺术团赴京参演，其中《敢壮山》荣获“牡丹金奖”和一名；《布洛陀的故乡》荣获“我和祖国一起成长”大型文艺展演奖第二名。征集创作了布洛陀民俗文化旅游节主题歌《敢壮山》。争取县领导的重视和支持，落实了创作经费，并特邀区艺术创作中心副主任胡红一作词，国内知名作曲家王佑贵(《春天的故事》作曲者)作曲，歌唱家黄春燕演唱主题歌《敢壮山》，并于2009年4月在布洛陀文化旅游节隆重推出，获得好评。制作了《寻根问祖布洛陀》、《敢壮山》歌曲DVD专辑，并于2009年布洛陀文化旅游节期间推出。落实经费8万元，邀请歌唱家黄春燕拍摄制作了《敢壮山》、《我的壮乡多么美》等18首原创音乐MTV。宣传包装《布洛陀圣乐》。争取了县政府支持经费5万元，并于2009年3月份完成摄制制作《圣乐》DVD光碟，对《圣乐》进行宣传包装和推介。组织创作小品《保安》、《漂亮的新房》参加百色市正大房产杯小品大赛分别获一二等奖。

打造布洛陀文化品牌。一是圆满举行布洛陀民俗文化旅游节迎宾文艺晚会“布洛陀之夜”的演出。晚会上演了《朝拜盛典》、舞蹈《撑天》等19个节目，并特邀了著名歌唱家黄春燕演唱主题歌曲《敢壮山》，广西焦点乐队、龙州女子天琴弹唱组合、平果哈嘹乐队、那坡黑衣壮演唱组合联袂演出。二是组织举办全市歌王擂台赛，来自全市十二个县(区)均出队参赛，场面热烈精彩，吸引数十万游客。三是组织文艺团体、舞狮队参加旅游节开幕式文艺展演活动。共举行民俗文艺展演3场次，组织了本县民间艺术团及百色市老年大学艺术团文艺演出，使旅游节山歌不断，歌舞飞扬，龙狮竞技，好戏连台。

田阳县重视抓好节庆文化和群众文化活动，坚持做到大节日有大活动，小节日有小活动，使节庆文化和群众文化活动精彩纷呈，丰富了全县广大人民群众的精神文化生活。今年以来在县城举行各种文艺演出60多场，文化下乡演出110多场，观众达20万多人次。群众文化活动丰富多彩。全年组织群星艺术团、县关心下一代工作委员会艺术团、常青艺术团、老体协艺术团、夕阳红艺术团、芒乡艺术团、百育镇濑觉文艺队等团队在布洛陀文化广场举行迎春文艺晚会共10场次。配合县文联、县书法协会在布洛陀文化中心举行田阳县2009年春节书法现场比赛。组织县文化馆、民族歌舞团到驻田阳空军部队进行慰问演出。承办在布洛陀文化广场举行的2009年欢乐元宵花灯展。协助县妇联、总工会举行庆“三八”、“五一”劳动节文艺晚会。配合县国土资源局在布洛陀文化中心露天舞台举行田阳县“6·25”全国土地日宣传文艺晚会，组织举办庆祝建党82周年文艺晚会，中央公园房地产“烁城杯”卡拉OK歌唱比赛等。举办“春之歌·夏之声·秋之乐·冬之韵”系列广场群众文化活动，打造布洛陀文化广场特色文化品牌。组织业余文艺团体开展欢乐广场群众文化活动30多场次。全力以赴完成好赴四川省西昌市参加少数民族文艺展演的排练、演出工作。于8月12日组织县文化馆、民族歌舞团前往四川西昌市参加该市建市30周年大庆暨凉山彝族自治州火把节，“绽放在春天的喜悦”大型少数民族文艺展演。选送了具有浓郁布洛陀壮族民族文化特色的曲艺演唱《贝侬唱颂布洛陀》、多声部壮族原创歌曲《丰收乐》两个节目参加演出，圆满完成了此次文化交流演出任务。积极协助广西电视台到本县开展“惠农政策进农家”宣传活动，组织县民族歌舞团和舞狮艺术团完成好8月30日、31日分别在布洛陀文化广场、那坡中心校举行的宣传活动文艺演出和舞狮表演。举行纪念中华人民共和国成立60周年暨纪念百色起义80周年“六大主题”文艺活动。即9月26日晚顺利举行“唱红歌、

赞百色"群众歌咏比赛，9月27日晚举行田阳县庆祝中华人民共和国成立60周年大型综艺晚会；9月29日晚举行"民营之声"文艺晚会，9月30日晚举行首届"关爱农民工，构建和谐社会"文艺晚会，10月1日举行升国旗仪式，举行国庆10月1日—7日天天演的"秋之乐"欢乐广场庆祝国庆群众文化活动。共演出11场，参加演出的演员达2000多人次，前来观看的群众达6万人次。组织县民族歌舞团、敢壮艺术团等文艺团体于10月22日晚在布洛陀文化广场露天舞台举行中国—东盟(百色)现代农业展示交易会迎宾文艺晚会，观众达1万多人次。10月20日，配合我县在南宁举行的中国—东盟博览会旅游专场推介会，选送男女声二重唱壮族原创歌曲《蜜蜂最爱芒果花》参加展示表演。积极参加百色市纪念百色起义80周年"唱红歌·赞百色"群众歌咏比赛。配合县委宣传部，组织开展纪念百色起义80周年"欢乐红城"群众文化周"冬之韵"广场群众文化活动、红色电影放映、书画摄影展、广场健身舞、交谊舞、山歌演唱会、文艺演出等系列活动，隆重庆祝百色起义80周年。

文化下乡活动有声有色。一是开展迎春文艺下乡慰问演出活动，组织县文化馆、民族歌舞团、敢壮艺术团、常青艺术团等深入百育镇四那村那生屯、头塘镇府、头塘镇百沙村和坡洪镇古美村、五村乡等乡村进行迎春文艺慰问演出20场，观众2万多人。二是组织县文化馆、民族歌舞团、敢壮艺术团、常青艺术团等业余文艺团体到坡洪镇传统花炮节、巴别乡歌圩、桥业歌圩、五村乡端午节歌圩、玉凤镇歌圩庙会等送戏下乡演出25场，观众2万多人。三是做好社会主义新农村建设、"农事村办""廉政文化""送法律""婚育新风进万家"等专题文艺下乡宣传演出。组织县民族歌舞团、敢壮艺术团、常青艺术团、夕阳红艺术团等业余文艺团体深入那坡镇平朴村、田州镇龙河村、百育镇新民村、那满镇内江村、头塘镇平泗屯、百里村、坡洪镇古美村等为当地群众进行文艺宣传演出45场，观众5万多人。四是组织县民族歌舞团、百育光彩艺术团、那生社区文艺队于10月23—25日晚在那生广场开展系列民俗文艺展演活动，丰富中国—东盟(百色)现代农业展示交易会的活动内容。五是配合广西壮族剧团于11月20—30日到本县开展"壮剧下乡"演出活动，共演出25场。

重视传统文化保护工程，加大非物质文化遗产的挖掘、保护、传承和申报工作。开展非物质文化保护项目传承人申报。上报了布洛陀、壮族舞狮技艺传承4人，其中3人获自治区非物质文化遗产保护项目传承人称号，1人获国家级第三批非物质文化遗产项目传承人。完成了《布洛陀圣乐》、《古美山歌》、《抢花炮》3个百色市第二批非物质文化遗产项目申报工作，完成《田阳壮族舞狮技艺》申报第三批国家级非物质文化遗产保护名录。制定了布洛陀口传史诗传承保护基地建设方案。开展非物质文化遗产普查。完成了全县10个乡镇非物质文化遗产项目普查登记表和第一批非物质文化遗产名录分布情况及活动时间的普查。完成了50个重点非物质文化遗产普查项目和2600多条非物质文化遗产普查项目线索的普查，全部进入整理、归档、电脑录入阶段，全县非物质文化遗产普查工作取得一定的成效。完成县非物质文化遗产普查验收材料的上报和上报田阳县布洛陀及传承人保护工作报告。

认真开展为读者服务工作。今年读者总流量为34783人次。抓好"知识工程"的实施，开展多种形式的主题阅读活动，开展送书下乡4000多册。向头塘镇百沙村图书室捐赠8张阅览桌，30把椅子充实该村图书室的建设。建设"农家书屋"8户，得到区新闻出版局辅助图书1万多册；落实农家书屋配套经费3万元，配备30个农家书屋一批书柜、牌匾及制度上墙。开展“农事村办”文化服务，充实“农事村办”服务点图书共5000多册。完成图书馆大楼维修项目工程的装修工作，同时做好书报刊杂志的归档整理、装订工作。配合市新闻出版局搞好坡洪镇陇含村图书室建设，得到扶持书架4个，图书2000多册、图书室管理制度、牌匾共折款5000多元。

认真组织开展第三次全国文物普查工作。完成了百育镇、那坡镇、头塘镇、巴别乡、五村乡、洞靖乡、坡洪镇等乡镇的文物普查任务。复查文物点57处，新发现文物点10处。瓦氏夫人墓、粤东会馆被列入广西文物保护单位。开展自治区文物保护单位申报工作，我县“那赖遗址”、“粤东会馆”获公布为自治区文物保护单位。开展第七批全国重点文物保护单位申报，按时上报申报材料，申报单位为“那赖遗址”和“瓦氏夫人墓”。开展“6·13文化遗产日”宣传活动，6月13日，组织博物馆、文化馆在布洛陀文化广场举行第四个世界文化遗产日宣传活动，活动以悬挂横额、宣传资料、图片展等形式向广大群众宣传文物法、文物普查以及非物质文化遗产的定义、内容、保护意义、保护方法等，共向群众发放宣传资料5000多份。协助区文物考古研究所完成华能百色电厂新山厂址、百里厂址的文物勘探，面积约1500平方米。9月份协助广西电视台拍摄纪念百色起义80周年有关专题片。协助县旅游局征集壮族民间生产、生活用具，丰富布洛陀文化陈列室展品。

剧目获奖收获颇丰。一是应中国合唱团艺术研究会、中国民族舞蹈研究会、国际模特艺术发展协会、北京夕阳秀文化艺术中心的邀请，田阳县夕阳红艺术团赴京参演，其中《敢壮山》荣获“牡丹金奖”和第一名；《布洛陀的故乡》荣获“我和祖国一起成长”大型文艺展演奖第二名。二是参加第五届广西音乐舞蹈大赛百色选拔赛，韦晴晴的《布洛陀的故乡》获音乐类演唱一等奖。舞蹈《迁徙》获节目二等奖、表演三等奖、编导三等奖，而表演者吴昊、陈燕、黄华东都获表演奖。在全区第十五届“八桂群星奖”百色赛区中，男女二重唱《蜜蜂最爱芒果花》，女声独唱《布洛陀的故乡》获音乐类金奖。陈燕编舞的歌伴舞《瓦氏夫人》获铜奖。吴昊编导的《姆勒甲的长头巾》《迁徙》获舞蹈类银奖。歌舞团荣获优秀组织奖。韦晴晴的女声独唱《布洛陀的故乡》参加第五届广西音乐舞蹈大赛广西决赛获音乐类演唱奖。广西第十五届“八桂群星奖”广西决赛，覃军丽、罗东的男女二重唱《蜜蜂最爱芒果花》获音乐类铜奖。小品《保安》、《漂亮的新房》参加百色市正大房产杯小品大赛分别获一二等奖。音乐作品《神秘的敢壮山》荣获“唱响百色”原创歌曲电视展播优秀曲目奖。田阳县文化和体育局获2009年全区非物质文化遗产普查先进单位称号。

【平果县】 平果县年内，文化机构数量、在编人数、年度财政拨款情况：平果县文化和体育局，核定编制10人，在编人数9人，年度财政拨款456597元；平果县文化馆，核定编制9人，在编人数9人，年度财政拨款404861元；平果县图书馆，核定编制6人，在编人数4人，年度财政拨款207171元；平果县铝城艺术团，核定编制15人，在编人数15人，年度财政拨款601823元；平果县博物馆，核定编制3人，在编人数2人，年度财政拨款263010元；平果县文化稽查大队，核定编制5人，在编人数1人，年度财政拨款176246元。

举办“壮乡天籁”2009年歌圩音乐文化晚会、平果县庆祝中华人民共和国成立60周年和纪念百色起义80周年系列文化活动“魅力平果、教育强县”文艺晚会及“和谐平果，红歌飞扬”大型群众合唱比赛。据统计，8次活动共投入经费462000元。同时，节庆期间组织夕阳红业余文艺队、金秋业余文艺队、朝阳社

区业余文艺队、腰鼓队等深入乡镇、社区、厂矿企业、学校演出12场(次),演出节目289个,观众6万多人次。组织文化馆、铝城艺术团文艺辅导员深入学校、厂矿企业、农村辅导文艺节目67个,指导组织文艺演出和指导举办文化艺术节5次。开展书画展6次。组织黄荣清、韦耀武、黄光颜、廖华源、甘日、潘旭春等9人创作书画作品18幅参加全市庆祝中华人民共和国成立60周年和纪念百色起义80周年书画展览活动。黄荣清创作的《大地飞歌》和潘旭春创作的《卖烟叶的老人》入选全区美展。

指导太平、果化、坡造等乡镇、村民族民间传统歌圩活动开展的策划和组织。组织县文化馆文艺辅导组深入活动实地开展活动。组织功底较深的嘹歌手参加歌圩表演唱和对唱,同时组织县城几支业余文艺队参加歌圩的演出活动,增添了歌圩的活跃气氛,得到有关乡镇、村负责人和广大群众的好评。

精心组织文艺创作,继续将我县文艺精品推向全国。积极引导文艺创作人员深入基层,贴近生活、贴近群众,认真搞好文艺创作,组织参加各级各类演出活动,赢得了广大群众的好评。我县艺术团嘹歌演员3月28日参加了在江西南昌举行的大型文艺晚会"紫荆龙情在江西"的演出。4月3日晚,在田阳参加了田阳布洛陀文化艺术节开幕式晚会的演出。7月22日至29日,应中央电视台邀请到中央电视台音乐频道"民歌中国"栏目录制节目,时长180分钟,全面展示我县的各种嘹歌曲调及民俗风情等。9月4日至16日参加文化部在山西太原举行的中国风民歌会——中国原声民歌展演演出。今年,我县嘹歌演唱队4次走进中央电视台演播大厅现场录制节目,3次参加全国性民歌大赛,获得国内外广大观众的好评。

【田东县】 田东县文化和体育局下辖四馆一团一队一公司,即文化馆、右江革命纪念馆、图书馆、博物馆,民族艺术团,文化稽查大队,电影公司。电影公司6月份改制后归广播电视局管理。局机关设办公室和和社会文化体育股。局机关编制12人,在编14人。文化馆编制11人,在编10人。右江革命纪念馆编制8人,在编6人。图书馆编制8人,在编9人。博物馆编制3人,在编2人。民族艺术团编制24人,在编16人。文化稽查大队编制3人,在编3人。

年内,辅导队深入学校、厂矿、企业、社区进行辅导100多场次,组织各业余团队到全县各乡镇、村、屯演出达110多场次。新组建祥周"祥和"艺术团、布兵村艺术团、九合村文艺队、六洲村文艺队。

参加百色市青少年音乐、舞蹈大赛获金奖1名,银奖1名,铜奖20名。农正甫代表百色市参加全区"六十大庆爱国歌曲大家唱"获二等奖。

调查文物类型有新旧石器遗址、窑址、古墓葬、古建筑等11处,累计达112处。其中,新发现文物遗址45处,复查67处。

图书馆订阅报刊110种,接待读者34592人次,书刊流通28746册,读者办证168本,读者咨询3680人次,新书宣传板报6期,图片板报宣传3期。

稽查人员632人次,检查单位1822家次,收缴盗版音像制品共计3476张(盘),非法出版书报刊468册,六合彩码报1643份。

7月份,举办全国红歌比赛,邀请江西、四川等革命老区20多名歌手参赛,参加人数达10万多人,提高了田东对外宣传力度。10月份,百谷红军村合唱团参加"2009南宁国际民歌艺术节"。

【田林县】 田林县文化和体育局内设办公室、艺术研究室、体育综合股、文化市场股等四个职能股(室),编制8人,现有人数8人。

隶属管理的事业单位有县文化馆、县图书馆、县博物馆、县壮剧团等4个单位，编制37人，现有人数25人。今年财政下拨文化经费130万元。

4月26至29日，成功举办了2009田林·广西北路壮剧文化艺术节，有来自贵州黔西南州兴义市万峰林歌舞团、云南省文山州壮剧团、靖西中山壮剧团、右江区新兴壮剧艺术团、右江区壮剧彩调团和田林县各业余剧团共21个剧团参演，参加演出人数达700多人。广西北路壮剧文化艺术节的举办，确立了北路壮剧文化在广西壮族文化中的显著位置，树立了田林的特色文化品牌。11月22日，中国少数民族学会到我县考察论证后，同意接纳田林县为中国少数民族学会团体会员，并授予田林"中国壮剧传承研究基地"。11月至12月，我县博物馆在对驮娘江流域进行的文物普查中，发现15处新、旧石器文物点，其中最突出的是八渡乡百劳坡新石器时代遗址，在该处采集到的标本18件，有广西罕见的石斧、磨器等，根据专家断定，该处是最典型的石器加工面。9月27日—28日在县城举办田林县庆祝中华人民共和国成立60周年和纪念百色起义80周年"唱红歌、赞祖国"歌咏比赛活动。共组织39个队参赛，其中县直25个，乡镇14个。

年内，获9个乡镇文化站综合楼建设工程项目，至12月底，9个文化站综合楼全部竣工，投入建设资金480万元。今年，县获得上级扶助54.4万元建立田林县文化资源知识共享工程项目建设，安装30台电脑、1套投影仪，56个座位、1套卫星地面接收站等设备。

5月选送的《田林瑶族铜鼓舞》光碟在参加中国非物质文化遗产保护中心与浙江省文化厅共同举办的"浙江·中国非物质文化遗产节"中荣获"全国传统舞蹈展演"活动银奖。

【靖西县】 靖西县文化和体育局下辖文化馆、图书馆、博物馆、文工团和19个乡镇文化广播电视站，全县文化系统有干部职工116人。其中县文化和体育局人员编制10人，一正两副，现在编14人，其中女3人，男11人，大专学历10人，中专学历3人，高中学历1人。内设办公室2人，文化市场办4人，社会文化艺术股1人，群体股2人。年度财政拨款39万元。

县文化馆人员编制：现有在编人员13人，其中女9人，男4人，大专学历10人，中专3人，专业技术人员中级职称3人，初级职称4人。配有文学、戏剧、曲艺、音乐、舞蹈、美术、摄影技艺门类辅导员。年度财政拨款36万元。

县图书馆：人员编制10人，现有工作人员11人（其中：馆员1人、助理馆员6人、管理员2人、资料员2人）。年度财政拨款33.6万元。

县博物馆（含旧州壮族生态博物馆）：人员编制9人，一正一副。馆内设有展厅、文化艺术陈列、历史文物陈列、革命文物陈列、民俗风情陈列、碑园等6个厅（室）。年度财政拨款21.1万元。

县文工团人员编制：28人，一正二副。现在职职工20人。内设办公室、排练场、道具室、服装室等。年度财政拨款66.7万元。

乡镇文化站队伍情况：靖西县辖有19个文化广播电视站。据统计，文化广播站队伍总人数41人（其中文化20人，广播21人），其中男33人，女8人，年龄结构为20—35岁22人，36—50岁15人，50岁以上4人。学历结构为本科以上3人，占7.3%，大专18人，占44%，中专5人，占12%；高中13人，占32%，初中2人，占4.8%。

业余文艺团体情况：全县有业余文艺队125个，山歌队210个，提线木偶队16个，抛绣球队100个，文化户200户，舞龙舞狮队20个，举办全县性大型文化活动9次，县文工团

演出35场，其中农村20场，观众82500人次。县文化馆组织辅导人员对安德新农村文艺队、老体协艺术团、环城社区艺术团、中山社区壮剧团、旧州街艺术团、那足壮剧团部队文艺队等进行辅导，辅导业余团队10个，节目11台，为县城区有关单位制作舞台布景25台，配合时事政治、中心工作出版墙板报22期。

年内，靖西县结合各种节日和纪念日，开展了丰富多彩的群众文化活动。春节期间(元月29日到2月12日)，举行了靖西县民族民间文艺展演，全县19个乡镇400多名演员参加了此次比赛。还举办"迎新春"山歌比赛、第二十六届迎春征联比赛、猜迷游园活动以及19个业余壮剧团、艺术团的专场演出，观众达25000多人次。2月在旧州街举办了"二月三鬼王节"。3月，在中山文化休闲广场举行"三月三歌节"山歌比赛，共有10个队参加，观众人数达5000多人次。5月4日，在人民会堂举行五四青年节文艺晚会，共14个演出单位，130名演员参加。5月27日，在城中路延长线举行了"靖西端午药市"活动，当晚在中山文化休闲广场举行了中越联欢晚会，邀请了越南高平省艺术团、广西壮剧团到场演出，观众达8000多人。9月17—23日在休闲文化广场举行了九个社区的文艺汇演，共300多名演员参赛。9月24—25日，在人民会堂举办了靖西县庆祝中华人民共和国成立60周年群众性"爱国歌曲大家唱"歌咏比赛，县直组有四家班子领导、县委系统、政府系统、教育系统等10个单位参赛；乡镇组19乡镇全部参赛比赛，演员人数2500多人。9月25日，在中山休闲广场举行靖西县2009年纪念人民政协成立60周年山歌比赛，共有8个队参加双循环赛，观众达3000多人次。9月28日，在人民会堂举行靖西县庆祝中华人民共和国成立60周年"歌唱祖国"文艺晚会，我县有7个演出单位，160多名演员参演，还邀请了广西壮剧团的何一文等演员到我县演出。12月12日，"纪念百色起义80周年中央慰问演出文艺小分队到靖西慰问演出"在中山休闲广场举行，观众人数达5000多人次。

年内，靖西县文工团努力打造精品，创作戏剧2台，其中有歌曲1首《蝴蝶恋水莲》；小品《面试》、《警诫》2个；舞蹈3个、曲艺2个。县业余艺术团全年创作小壮剧3个，舞蹈10个，歌曲8首，曲艺3个，演出48场，观众12400人次。

年内，靖西县图书馆按照上级创建二级馆标准进行完善外，还免费对学生开放电子阅览室及其他室，扎实开展"知识工程"、"农家书屋"工作。

年内，积极开展文物普查工作，我县共普查19个乡镇282个行政村2309多个自然屯65个待复查文物点及30多个新发现文物点。现已全部完成了19个乡镇的野外普查任务，普查不可移动文物65处。其中复查45处，有20处由于天灾和人为破坏而消失；新发现27处文物点。

年内，全县完成非物质文化遗产普查调查项目1699条，其中含民间文学1034条，传统音乐57条，传统舞蹈86条，传统戏剧16条，曲艺86条，传统美术18条，传统技艺5条，生产商贸习俗1条，传统体育、游艺57条，传统医药329条，其他10条。这些项目已收入非普数据库。还完成了非普工作报告，国家级非物质文化遗产名录项目和代表性传承人保护工作。

县新靖镇、地州乡、禄峒乡、南坡乡等4个乡镇列入了国家"十一五"期间乡镇综合文化站项目建设规划，也是第四批扩大内需中央投资项目之一。2009年10月份任务下达后，我县采取超常规举措，如期完成4个乡镇综合文化站的主体工程建设。

由于文化体育局创造性地开展文化工作，成绩突出，今年十一月份被中华人民共和国人力资源和社会保障部、中华人民共和国文化部授予全国文化系统先进集体荣誉称号。

【那坡县】 那坡县文化和体育局机构由文化馆、图书馆、博物馆、文化稽查队、文工团及新闻出版管理等六个单位组成，在编人数为77人，年度财政拨款额为5032262.97元。

以重大节日和民族民间传统节日为龙头，积极组织开展了一系列群众文化活动。如广场文艺、山歌节、农历四月初十达腊跳弓节、龙合五月五花炮节、坡荷中山村“请仙姑”（坐巫胲）、百省红彝“祈雨节”、“庆中华人民共和国成立60周年‘唱红歌，赞那坡’”全县歌咏比赛等活动。同时，地处中越边境的百省、平孟等乡镇利用民族民间传统文化活动邀请越南民间团体进行民间文化交流活动，体现出了“文化搭台，经济唱戏，促进旅游”的群众文化发展繁荣场面。据统计，全县年内开展文化活动128场，观众人数达12.5万多人（次）。

开展丰富多彩的群众性体育活动。全县举办篮球比赛15次，举办气排球比赛活动3次，足球比赛活动2次，拔河比赛2次，老年人开展体育活动2次。参加群众体育比赛活动的总人数为6803人，观众为13.58万人次；经费总投入为70.2万元。

继续开展文物普查田野调查工作，复查文物点数从12处增加到32处。完成感驮岩遗址第六批全国重点文物保护单位材料和《黑衣壮生态博物馆资料汇编》收集、整理。完成《广西那坡黑衣壮生态博物馆管理条例》初稿。组织人员深入黑衣壮村开展“开星”、“朝峒”、“拜庙”等活动仪式，撰写资料，准备制作能反映黑衣壮民风民俗的表演节目，予以展示。制作“泰山石敢当”等具有黑衣壮特色文化的工艺品送广西民族博物馆在国庆期间展示。

年内征订报纸45种，杂志70种，订报刊费2万元。定期组织馆员进村入寨、上哨所进军营开展读书活动。全年接待读者22701多人（次），图书流通18219册。做好“文化资源共享工程”建设工作，电子阅览室正常对外开放，年内接待读者3000多人次。

群文活动方面，选派歌手罗景超、梁维军、梁莉英等参加田阳县布洛陀敢壮山山歌擂台赛，荣获第2名。大力挖掘我县文化遗产，截至11月底，已收集完成2020项非物质文化遗产资源普查项目，已完成撰写《那坡县非物质文化遗产普查工作报告》、《国家级非物质文化遗产名录和代表性传承人保护工作报告》以及相关表格、资料的填报工作。同时完成我县彝族跳弓节申报国家级第二批非物质文化遗产保护名录项目的上报工作。完成龙合五月五花炮节申报百色非物质文化遗产保护名录材料的上报工作。着力打造广场群众文化。今年我们重新编排了一套广场舞蹈，每晚安排人员到文化广场带舞、领操。城区干部群众踊跃参加。据统计，年内有2万多人（次）参加广场舞、健身操活动。效果非常明显。7月组织本县黑衣壮歌手罗景超、农兰美到柳州参加“中国西部原生态山歌·柳州歌会”，两人分别荣获最佳金嗓子组合演唱奖和最佳金嗓子对唱演唱奖。那坡县文化馆被评为优秀组织奖。

整顿文化市场，开展净化社会文化环境专项行动。年内共检查各类出版物销售点13家（次），收缴各类非法出版物近80件，检查非法经营电子游戏室6家，收缴电子游戏机112台，取缔黑网吧2家。同时对全县中小学周边非法经营、无证游商、无证摊点、三无食品、不健康玩具进行了集中清理，进一步净化了我县的文化市场。开展“扫黄打非”行动。2009年我县组织“扫黄打非”检查12次，收缴各类非法出版物259件，盗版出版物总数456件。2009年4月24日在县文化广场开展集

中销毁非法出版物活动，销毁收缴的各类非法出版物。通过以上活动，使经营业主进一步明确权利和义务，增强了经营业主辨别真伪音像制品的能力。已建成并投入使用6家“农家书屋”，每个“农家书屋”有图书3000多册、价值2万元，为农民群众就近看书、看好书、看适用的书，提供了方便快捷的服务。

文化体育项目建设方面，一是革命老区专项转移支付的城厢镇弄力村等九个村级文化活动室建设项目及县田径场维修改造、县图书馆维修、县图书馆扩建项目于年底全部完工。二是积极开展乡镇综合文化站项目建设工作，目前该项目已全面启动，有的子项目已告竣工。三是完成平孟镇灯光篮球场项目的建设工程。其他31个村级篮球场项目建设也在紧锣密鼓地进行，有的球场已建成投入使用。

【德保县】 德保县文化和体育局现有行政编制6个，事业编制1个，实有行政岗位人员7人，事业岗位(司机)1人；局直属事业单位文化市场管理稽查队事业编制3人，实有人数2人。下辖县文化馆、县壮剧团、县图书馆、县文物管理所4个单位。2009年全年财政拨款381万元。

1月4日，德保县壮族民间马骨胡乐队应邀到广西民族大学作专场演出，乐队聘请广西社会科学院壮学专家潘其旭教授为艺术指导，百色右江歌舞团作曲家李上昆为音乐创编。这次演出是在广西非物质文化遗产研究中心揭牌仪式上进行，广西民族大学、广西文化厅为主办单位，广西民族文化艺术研究院、广西民族大学文学院、德保县人民政府为承办单位。

1月9日—13日，国家民委“祖国情·民族团结进步宣传活动”到我县开展慰问活动，慰问团由国家民委文化宣传司司长金星华带队，国家民委、中央民族歌舞团及特邀的中央人民广播电台、中国民族报、新华社广西记者站等新闻媒体共87人，观看演出的观众超过2万人次。

11月28日—30日在县城举办德保县首届南路壮剧会演，来自全县12个乡(镇)共25个业余壮剧队参加了比赛，共产生优秀组织奖、最佳剧目奖等15个奖项82名奖，参与演职员共1000多人，观众达5万人次，广西文联副主席、广西艺术创作中心主任、广西戏剧家协会主席常剑钧，广西群众艺术馆馆长廖昆铭等领导及专家亲临指导。

“壮族山歌”、“南路壮剧”、“壮族马骨胡艺术”等三个项目获百色市非物质文化遗产保护名录。完成第三次全国文物普查田野调查工作。

完成2009年第四批扩大内需中央预算内投资项目的城关镇、敬德镇、足荣镇、荣华乡4个乡镇综合文化站主体工程建设任务。完成全国文化信息资源共享工程县级支中心及5个乡镇(马隘、都安、那甲、隆桑、燕峒)文化信息资源共享工程和城关镇南隆社区、城关镇莲城社区、都安乡都安村、隆桑镇政府、足荣镇政府5个村级基层服务点设备的安装调试并投入使用。完成“以奖代补”工程文化建设项目，共有5个乡镇文化站文化活动专用设备和9个村级文艺队演出设备已于4月发放到单位。东凌仁和村文艺队、那甲村街上文艺队、马隘村街上文艺队等已利用发放的演出设备在当地举行文艺演出，设备共折合人民币45万元。

施永红作品《饮马爱布河》获由自治区文化厅主办的广西第十五届群众艺术比赛“八桂群星奖”银奖，《渠洋渔火夜未眠》获由中国摄影家协会主办的“天下山水”2009年全国摄影大展银奖。县内文学期刊《云山鉴水》、《云山诗刊》定期出版，作品享誉区内外。

【西林县】 年内，西林县文化和体育局(下简称文体局)下辖文化市场管理办公室、体育股和文化馆、图书馆、博物馆、民族歌舞团、电影发行放映公司5个二层机构单位及8个乡镇文化站。文体局设局长1人,党组书记1人,副局长3人,纪检组长1人。文化市场管理办公室设主任1人,副主任1人,下辖文化稽查大队。县文化馆在编9人,设馆长1人,副馆长2人,工作人员7人,主要是组织辅导群众活动的事业单位,分设社文辅导组、美术摄影组、文艺创作组、文化阵地组。县图书馆在编4人,编外3人,设馆长1人,副馆长2人,工作人员4人,获中级职称1人,助理职称2人,管理员职称3人。县博物馆编制6人,在职6人,设馆长1人,副馆长2人,工作人员1人,文物保卫2人。县电影发行放映公司属事业单位,企业管理,财政自收自支。全公司有职工37人,其中县城电影院职工30人(承包),乡镇电影站职工17人,流动电影队职工8人,县公司9人,2009年7月行政管理职能调整划转后,现行政归属西林广播电视局。

积极开展丰富多彩的群众文化活动。围绕县委、县政府的中心工作安排和部署,在春节期间举办了一系列文化体育活动,1月19日新春团拜会,1月27日至2月1日举办的群众性拔河比赛、八达彩调表演、舞龙舞狮、街舞、拉丁舞表演、摄影、书画、文物、图书展览、广场电影放映、三人板鞋比赛等文体娱乐活动。极大地丰富和活跃群众文化活动,展现全县群众良好的精神面貌,配合县直各单位和乡镇完成了“三月三”歌节晚会、第七个助残日文艺晚会、“庆祝六一”晚会活动、庆祝建党88周年红歌合唱大赛、林权改革宣传巡回演出、西林新车站落成庆典专项演出等活动。并按照区、市的工作部署,积极参加各项演出,9月底参加了百色市庆祝中华人民共和国成立60周年联欢晚会。全年共演出41场,其中群众性文艺演出15场,专题文艺晚会10场,对外专题演出6场(次),接待性演出10场。

全年创作新舞蹈5个,美术作品10件、音乐歌曲5首,并在参加各级会演和比赛中取得了好成绩。组织民间歌手参加田阳布洛陀民俗旅游节歌王大赛,我县代表队荣获二等奖。创作美术作品《牧归》获广西壮族自治区成立50周年百色展区三等奖,并入选参赛自治区比赛。参加第五届广西音乐、舞蹈比赛百色选拨赛,选派男子双人舞《彝乡酒趣》荣获一等奖,同年7月参加了在南宁举办的第五届广西音乐、舞蹈比赛复赛,荣获节目二等奖、表演二等奖、编导二等奖、作曲三等奖。

县民族歌舞团是专业艺术表演团体,以声乐、舞蹈、曲艺、戏曲为主。全年共演出50场,其中群众性文艺演出24场,专题文艺晚会10场,对外专题演出6场(次),接待性演出10场。在各级比赛中取得优异成绩。组织我县少年儿童参加百色市少年儿童音乐舞蹈大赛获两项优秀奖。组织参加百色市纪念百色起义80周年“红歌大家唱”歌咏比赛,获得演唱三等奖和组织奖。参加西林县庆祝建党88周年红歌合唱大赛,组织参加宣传口演唱队荣获一等奖。举办“绿色浪潮”林权改革专题文艺晚会巡回全县八个乡镇演出。

一年来,共开展“扫黄打非”集中统一行动3次,出动稽查人员87人次,检查书报刊摊点、印刷厂、盗版音像制品销售、计算机软件及中心学教程读物销售共160家次,收缴非法音像出版制品89碟、书刊40本。开展4次大规模的净化社会文化环境专项整治活动,对全县城的网吧、KTV、歌舞娱乐场所及校园周边进行检查,重点对电子游戏经营场所进行突击检查和专项整治,共出动稽查人员220人次,稽查246家次,取得了较好的成效。进一步净化了我县文化市场环境。根据市局相关文件,举办了“拒绝盗版,从我做起”读书活动,向八达一小、二小赠送了40本《版

权保护小卫士——青少年版权知识教育读本〉,并对全县校园周边的文具店等经营场所进行检查,严防盗版书籍进入校园。

一年来,认真抓好如下工作:第一,抓好馆藏建设。年末县图书馆藏书总量74248册,全年新书入藏720册,报刊阅览室上架532册,其中报纸110册,杂志422册。第二,做好读者服务工作。为了满足读者的需求,阅览室、外借处坚持每周开馆48小时,节假日、星期六、星期日照常开放。全年为读者办理外借图书借书证162本,阅览室共接待读者达4828人,外借人次2382人,外借册次43151册,内阅人次22321人次,读者内阅42134册。外借处共接待读者3826人次,外借册次8615册。电子阅览室共接待读者8131人次,查阅信息人次达823人次,查阅信息2136条。为群众解答咨询628条。为古障镇渭归、小岛葡萄、草莓种植基地两个挂钩服务点上门提供实用技术方面书籍及资料1000册(份)。第三,做好采编工作。今年图书采购720册,购书费20000元;报纸征订60份,计9700元;杂志240种,计10300元。全年购书费和报刊费40000元,分类新书720册、上架1252册(包括杂志合订本),登记财产号720册,著录卡片1800张。第四,做好文化信息资源共享工程工作。西林县资源共享工程县级支中心对外开放以来,已举办了培训班一期,对农业系统人员进行为期3天的培训,共计80人。第五,做好"全民读书月"活动。制定开展"全民读书月"活动实施方案。举办各种活动:一是举办书展活动,展出各类新书278册。二是开放文化信息资源共享工作西林县级支中心,通过全国互联网为我县广大群众提供内容丰富的优秀文化信息资源。三是开展捐书活动,向普合苗族乡渭行村、八达镇土黄村捐献图书323册,并向渭行屯捐献四套图书桌椅。四是开展推荐新书、好书等活动。

坚持文物工作方针,发挥文博事业优势。我局认真贯彻"保护为主、抢救第一、合理利用、加强管理"的文物工作方针,加大文物抢救保护和管理工作力度,推进文博事业发展。第一,做好全国第三次文物普查工作,开展全县8个乡镇93个村屯的认真细致普查。目前,已复查了30个文物点,新发现了旧石器、新石器、汉代古遗址17处,占普查任务80%。并通过开展普查工作,培养了一支爱好、支持、熟悉文物保护工作的基层队伍,为今后的文物普查工作打下了坚实的人力基础。第二,做好文物陈列展览参观接待工作,一年来,先后在县博物馆文物展厅、那劳岑氏土司府古建筑内举办了"句町历史文物展""岑氏家族文物展"等专题展3次,共接待来自区内外参观人数1300多人(次),并不定期向社会各界人士及中小学生开放参观,起到宣传文物知识和发挥爱国主义基地的作用。第三,积极开展文物宣传工作,利用"5·18国际博物馆日"作为宣传突破口,通过不同渠道方式宣传《中华人民共和国文物保护法》,树立起"保护文物,人人有责"的观念。第四,完成那劳岑氏古建涉及户搬迁方案,根据县委、县人民政府的指示精神,协同县相关部门完成搬迁方案,促进了文保单位的申报工作。第五,继续完成文物数据库录入工作,按自治区文物局指示和要求,完成了一千多件文物藏品资料录入工作,完成此项工作总任务80%。

投资196万元,完成西平、那佐、古障、足别四个乡镇文化站综合楼建设。并完成了普合乡、马砷乡等乡文化站设备发放和人员培训工作,促进了县文化基础设施的建设。

【隆林县】 年内,隆林县文化机构数量共22个(含乡镇文广站16个),在编人数103人,年度财政拨款190.0952万元。

争取到乡镇综合文化站建设项目经费265.8万元,兴建8个乡镇综合文化站,已全部竣工并验收合格交付使用。争取到上级建设资金64万元(其中自治县配套资金14万元)筹建隆林文化信息资源共享中心,已竣工交付使用并向公众开放。争取到上级财政资金50万元对隆林县图书馆进行全面装修改造并添置新设施和设备,改造后的县图馆新增加89个新钢制书架、18个密集柜、电脑30台、阅览台16个、椅子60把及一定数量的书梯、书车、文件柜等。争取到区、县两级政府拨款350万元兴建隆林民族博物馆,于5月完工,10月开馆向公众开放。争取到8个新建的综合文化站设备购置经费80万元购置文化站设备,已全部运营使用。争取到上级建设资金30万元对隆林县文化馆进行装修改造和购置设备。争取到区财政厅"农村文化以奖代补"专项资金44万元购置设备充实和完善全县11个村级业余文艺团队的设施和设备,极大地改善了农村业余文艺团队的设备和设施。

举办县城2009年春节文艺晚会、洙江源头三月三歌会、"七一"歌咏比赛,参加人数为300多人,观众6万多人次。举办隆林彝族大型火把节,策划创作的《风情隆林—彝山色》大型专题歌舞演出获得成功,受到区内外专家和观众的好评和赞誉。参加人数近5万人次。分别举办春节、元旦、国庆、重阳节等大型节庆群众文化活动,参加人数1200多人次。组织全县书法、美术、摄影、舞蹈作品参加广西八桂群星奖评比活动。组织隆林壮族民间山歌队参加百色布洛陀民俗文化旅游歌节大赛及乐为桂滇黔三省区壮族歌王赛。举办隆林辉煌60年大型图片展,参展和阅览人数规模空前。

苗族舞蹈《笙鼓·图腾》参加中国文联举办的全国民族民间山花奖舞蹈大赛,获提名奖;《迁徙记忆—腊染》参加全区音乐舞蹈比赛获编导一等奖、节目二等奖、服装设计奖;《迁徙记忆—腊染》参加"八桂群星奖"获得金奖;《迁徙记忆—腊染》参加全国第八届舞蹈比赛获文华优秀表演奖。

【凌云县】 凌云县文化和体育局位于县民族文化活动中心,是全县集文化、图书、文艺、文物、艺术的汇集中心,设有办公室、文体股、财务室,下辖文化稽查大队(文化市管理办)、文化馆、图书馆、博物馆、民族歌舞团、业余体校等二层机构,现有在职干部职工68人,其中在编49人,中级以上技术职称12人,2009年财政拨款6231382.14元。

在凌云县委、县人民政府及百色市文化局的领导下,凌云县文体局坚持以邓小平理论和"三个代表"重要思想为指导,全面落实科学发展观,坚持文化工作"二为"方向、"双百"方针,立足当地实际,围绕全县"三个文明"建设目标,以提高全县人民群众思想文化素质和改善文化体育生活质量为根本出发点,大力开展文化体育工作,促进文化体育与社会各项事业的协调发展,文化体育基础设施建设不断更新完善,群众性文体活动蓬勃发展,文化市场健康有序,图书文博事业稳步发展,文艺创作取得较好成绩。

4月举办第五届"凌云白毫茶文化旅游节",参加人数5000多人,通过举办茶节各种活动对外宣传推介凌云古府文化,拉动了凌云经济发展。

9月底泗城文庙修建竣工,并于国庆节正式对外开放,深受游客及当地百姓的欢迎,据统计泗城文庙开放三个月以来,共接待游客5600多人。

年内文化系统职工在市级以上报刊杂志上发表文学、论文、诗歌、歌曲、摄影、书画等文艺作品56篇。

年内全县加大力度搞好第三次非物质文化普查,整理收集了1169项非物质文化名录,超额完成了市非普办下达的普查任务。

新建县图书馆于2月中旬竣工并交付使

用，购置标准铁制书架330个、期刊阅览架25个以及办公桌椅、资料柜等设备设施，6月份正常对外开展阅览业务。2009年订阅杂志259份、报刊36份，现馆内图书总藏量为120885册，新增图书548册。全年新办理读者借书证34本，阅览证20本，读者到馆内借书阅览2356人（次）。整理装订新杂志756册，修补破旧图书183册，整理装订报纸94册，采编分类杂志和图书756册。举办读者座谈会、图书知识竞赛活动等，参加人数246人。全年送书下乡5932册，送乡镇社区书架50个。

群文方面共组织策划群众文化活动25次，主要内容有壮、汉山歌表演、麦浪个人国画艺术展、中国名茶之乡优秀摄影作品展等。组织全县12个业余剧团在县城、乡镇演出25场，观众达15000余人次，极大地丰富了城乡人民群众的文化生活。同时开展下乡文艺辅导6次，提高了农村文艺演出的质量。

除了做好文物征收、馆藏文物陈列开放等工作外，积极配合县“三普”办开展第三次文物普查工作，收集相关的文物信息，做好普查功课，完成普查覆盖率达92.7%（完成102个行政村的普查任务），全县共调查登记不可移动文物44处，其中新发现文物22处；复查文物22处，占完成任务的95%，按要求完成了上级业务主管部门下达的普查工作任务。博物馆、中山纪念堂今年接待观众游客为19500多人次。

办理文化经营许可证25本，共出动执法检查人员688人次，检查文化经营摊点1010个（次），收缴非法音像制品155张，参加由县“扫黄”“打非”办统一部署、县委宣传部带领，会同公安局、工商局等部门联合执法大行动12次。

【乐业县】 年内，乐业县文化和体育局设有文化市场办、稽查大队、文化馆、图书馆、博物馆、艺术团、业余体校、户外运动管理中心等8个二层机构，在编人数47人，聘用人员15人，年度财政拨款168万元。

全年共完成下乡演出80场，创作歌曲6首、曲艺8个、舞蹈8个，其中话剧小品《难灭的火》、音舞快板《满舅娘夸乐业》分别获百色起义80周年“百色市小品、相声大赛”一等奖和二等奖；参加“百色市国庆60周年歌咏比赛”获一等奖；与广西歌王公司合作的古骆越歌舞剧《谷魂》荣获第七届广西剧展桂花银奖；摄影作品1幅获“广西首届网络图文摄影大赛”一等奖。

《把吉古老造纸术》、《壮族刺绣》已经通过市级评审；将《乐业逻沙唱灯》项目申报区级非物质文化遗产代表作；成功举办了“三省十四县山歌歌王擂台赛”。

组建了两支农村业余文艺队伍，在节假日正常开展演出活动，丰富了农村人民群众业余文化生活。

文化市场办和稽查队全年共举办2期互联网业主培训班；共出动文化执法人员96人次，检查各类文化经营场所162家次，收缴并销毁了105张非法音像制品及非法出版书报刊86册。

博物馆全年接待参观观众15000人次；开展了全国第三次文物普查，共发现新文物点11处。

图书馆全年接待来馆阅览和借阅读者共32800人次，杂志和图书流通量共28500册次；出版宣传板报20期，发放科技资料5500份；上送图书馆现代化管理知识培训8人次；送书到9个农家书屋共2600多册。

举办国庆60周年“乐业县城乡业余文艺汇演”，历时3天，共有8个乡镇派队参加，观众达2万人次；举办“唱红歌·赞乐业”歌咏比赛，共有24支队伍参赛，历时2天，观众达5万人次；承办“行摄天坑之都·玩转魅力乐业——影像网络图文大赛”，成效显著；举办

“三省十四县山歌歌王擂台赛”，活动历时2天，参赛队伍22支，观众达4万人次。

乐业县文化艺术中心项目于2008年5月开工，今年7月底竣工，于9月通过验收并投入使用；新建县级文化信息资源共享工程支中心1个，已经投入使用；新建图书馆1个，已经投入使用；新建乡镇文化站5个，已经竣工通过验收。

防城港市

全市文化工作综述

2009年，防城港市有文化行政主管部门5个，文化稽查队5个，文物管理所2个，群众艺术馆（文化馆）3个，民族歌舞团（艺术团、文工团）3个，公共图书馆4个，乡镇综合文化站24个。一年来，全市文化系统按照“常规工作认真抓，重点工作精心抓，创新工作大胆抓”的思路深入贯彻落实科学发展观，大力推进公共文化服务体系建设，倾力打造边、海、山特色文化，各项工作稳步推进，取得了显著的成效。

城乡文化活动丰富多彩，群众文化需求不断满足。年内，防城港市以节庆为契机，以举办四大节庆、大型文艺晚会、组织“文艺下乡”为载体，通过不断满足群众文化需求来推动文化工作发展。全市全年成功举办了“首届防城港国际龙舟节”、“2009防城港市京族哈节”、“2009上思县森林文化旅游节”、“广西防城港首届金花茶节”等四大节庆活动和2009年防城港市军警民迎春文艺晚会、元宵节大型文艺焰火晚会、“五一”职工文艺晚会、防城港市旅游大篷车走进广西各市文艺演出、“中越边民友好大联欢”、2009防城港市京族哈节文艺晚会、防城港市庆祝中华人民共和国成立60周年暨“歌唱祖国”第八届群众歌咏比赛及其颁奖文艺晚会等大型文艺活动共55场。组织“送戏下乡”、广场群众文艺活动等各类群众文化活动300多场次，参与群众达65万人次。

特色作品纷呈迭出，艺术创作成果丰硕。年内，防城港市围绕庆祝中华人民共和国成立60周年以及第七届广西戏剧展、广西“八桂群星奖”、“音乐舞蹈大赛”等重要活动、赛事，坚持“以赛事带动创作，以创作服务赛事”的思路，立足“边、海、山”文化特色，倾力打造文化文艺品牌。推出了一批贴近生活，贴近实际，贴近群众的艺术作品。全年全市共创作、改编艺术作品80多个，作品包含歌曲、舞蹈、小品、美术、摄影、小说等多个门类，例如歌曲《赶歌圩》、《美丽的十万大山》、《浮萍》、《轻轻的北仑河》。舞蹈《迎亲》、《山欢水笑》、《故乡金花茶》、《京岛灯韵》。白话相声《牛年讲牛》。说唱《打响算盘唱民生》。小说《心路》等。其中，由防城港市市委书记禤沛钧创作反映防城港特色的诗词《放飞梦想的海岸》的配乐朗诵在哈节文艺晚会演出产生了巨大反响。此外，选送参加自治区及全国性各类文艺比赛的节目，共获得了29项国家及自治区奖项。

基础设施建设力度不断增强，公共文化服务体系日渐完善。年内，防城港市以文化基础设施建设为抓手，带动和促进全市公共文化服务体系的不断完善。于2009年9月正式启动了总投资2个多亿元的市科技图书馆、市文化艺术中心、市博物馆等三大文化场馆项目建设。建设完成了总投资355万元的东兴京族博物馆和2008年底下达我市的中央扩大内需投资的5个乡镇综合文化站等项目，完成了13个乡镇综合文化站、95个行政村文化活动设备的配备。夯实了防城港市公共文化服务体系的设施基础，市、县（市、区）、乡（镇）三级公共文化服务体系日臻完善。

文博工作成绩突出，相关做法获得肯定。年内，防城港市文博工作的重点是完成全市非物质文化遗产普查和第三次文物普查田野调查工作。面对工作任务重、专业人员有限、普查经费不足等困难，防城港市创新工作方法，按时完成了非物质文化遗产普查工作，高标准通过自治区的验收。同时，全市第三次文物普查田野调查工作也如期高质完成，有效的工作方法和认真负责的工作态度，赢得了自治区文化厅、文物局领导的充分肯定。在全市非物质文化遗产普查中，防城港市充分利用手机短信、互联网及报纸等多种媒体向全市各界群众宣传普查工作，征集非物质文化遗产线索，并通过向学校学生发放调查表，发挥乡镇文化站贴近群众，了解“行情”等优势广泛、深入、持久地开展普查，最终实现了全市普查覆盖率达100%，初步摸清了全市非物质文化遗产的种类、数量与分布状况(全市共调查非物质项目3347个，涵盖12个门类)。还形成了18册上百万字的文字资料，并汇编出版了《防城港市非物质文化遗产田野调查资料汇编——边海风物》一书。在全市第三次文物普查田野调查中防城港市采取了集中各县(市、区)相关工作人员组成市文物普查工作小组在全市范围内开展地毯式的普查。至11月底提前完成了国务院下达的12月底前完成文物普查田野调查的工作任务。登记文物点335处，复查文物点153处，新发现182处，普查覆盖率为100%。在全力推进非物和文物普查的同时，防城港市于11月将“大清国钦州界”国界碑、簕山古民居公布为市级文物保护点。12月18日防城港市人民政府公布了第一批市级文物保护单位。此外，还积极着手潭蓬运河和古人类贝丘遗址申报第七批国家级保护单位的相关准备工作。

文化市场健康有序，文化产业渐具规模。年内，防城港市各级文化部门不断加强对文化市场的监管力度，把日常监管检查作为文化市场管理的首要任务，在坚持日常巡查的基础上，开展了针对网吧、音像、演出、电子游戏、歌舞厅市场的专项集中整治，全市全年共出动执法稽查人员2663人次，检查经营单位13689家次；受理12318举报电话举报16次，立案调查32件，行政处罚32件，确保了文化市场健康有序发展。在维护文化市场的健康有序的同时，防城港市还大力促进文化产业的繁荣，积极推动网吧、ktv的经营走向规模化的连锁发展。目前已经形成了以网吧、ktv等文化娱乐业为主体的文化产业群体。

对外文化交流影响扩大，城市知名度不断提高。年内，防城港市在继续做好对越南文化交流的同时，加强了与韩国和国内其他城市的交流力度，对外文化交流在广度和深度上不断得到拓展。年内防城港市通过举办中越边民友好大联欢、中越“首届防城港国际龙舟节”、“2009防城港市京族哈节”、“2009越中(芒街—东兴)商贸旅游旅游博览会”青年界河联欢活动及中越民间文艺交流等系列活动，加强了与越南下龙市、芒街市的文化交流，活动得到了全国政协副主席李兆焯、全国人大前副委员长顾秀莲和越共中央总书记农德孟等中越两国领导人的高度评价。防城港市还利用与韩国永同郡的友好关系，邀请韩国永同郡兰溪国乐团到本市访问演出。此外，为了加大与区内其他城市的交流与合作，提升防城港市的知名度，防城港市还组织了旅游大篷车走进广西各市活动，整个活动得到了区内外主流媒体的跟踪报道，引起了巨大反响。

专业艺术

【文艺作品创作生产】 年内，全市共创作、改编艺术作品80多个，作品包含歌曲、舞蹈、小品、美术、摄影、小说等多个门类，例如歌曲《赶歌圩》、《美丽的十万大山》、《浮萍》、《轻轻的北仑河》；舞蹈《迎亲》、《山欢水笑》、《故乡金花茶》、《京岛灯韵》；白话相声《牛年讲牛》；说唱《打响算盘唱民生》；小说《心路》；学术论文《京族独弦琴演奏技术的多元性》、《以科学发展观促进艺术馆、文化馆（站）的发展》、《社会、民间力量在公共文化服务体系中的地位和作用》、《浅谈京族小歌剧〈海风轻轻吹〉的结构》等。其中，由防城港市市委书记裲沛钧创作反映防城港特色的诗词《放飞梦想的海岸》的配乐朗诵在2009防城港市京族哈节文艺晚会演出产生了巨大反响。

【文艺赛事获奖情况】 年内，防城港市精心选送文艺作品、组织文艺人才参与自治区及全国性各类文艺赛事，共获各类奖项29个，其中国家级银奖1项，自治区级金奖3项，银奖5项，铜奖9项。京哈剧《虾公与虾婆》参加第七届广西戏剧展览获得桂花铜奖、优秀表演奖、优秀作曲奖、优秀服装设计奖和编剧奖等5项奖。

群众文化

【四大节庆】 年内，防城港市分别于6月6日、7月30日、9月8日、12月27日举办了“首届防城港国际龙舟节”、“2009防城港市京族哈节”、“2009上思县十万大山森林旅游节”、“广西防城首届金花茶节”等四大文化节庆活动，参与群众达30多万人次。

【2009年防城港市军警民迎春文艺晚会】 1月15日晚，由中共防城港市委、防城港市人民政府、防城港市军分区主办，市委宣传部、市文化局、防城港市军分区政治部、市广电局等单位共同承办的2009年防城港市军警民迎春文艺晚会在海港影剧院举行，整台晚会由歌舞、小品、杂技等15个节目组成，观众达2000多人。

【2009防城港市元宵节大型文艺焰火晚会】 2月9日晚，由中共防城港市委、防城港市人民政府主办，市委宣传部、市文化局承办的2009年防城港市元宵节大型文艺焰火晚会在行政中心北部湾广场隆重举行，约2万多观众参加了活动。

【五一职工文艺晚会】 4月29日晚，由中共防城港市委、防城港市人民政府主办，市委宣传部、文化局、市总工会共同承办的五一职工文艺晚会在桃花湾广场隆重举行，约3万群众参与活动。

【中越边民友好大联欢文艺晚会】 6月5日晚，中国东盟协会、中越友协、越南友好组织联合会、越中友协主办，中共防城港市委、防城港市人民政府承办的“中越边民友好大联欢”文艺晚会在防城港市行政中心大礼堂举行，晚会由10多个中越双方节目组成，近1000名群众到场观看演出。

【2009年防城港市京族哈节文艺晚会】 7月30日晚，由中共防城港市委、防城港市人民政府主办，市委宣传部、市委统战部、中共东兴市委、东兴市人民政府等联合承办的2009防城港市京族哈节文艺晚会在东兴市文化广场隆重举行，来自区内外及东盟国家的200多名演员同台演出，为3万多观众献上了15个精彩节目。

【2009年边海科普行动启动仪式文艺演出】 9月22日，由防城港市政协主办，市文化局、科技局、卫生局等单位承办的2009边海科普行动启动仪式文艺演出在上思县南屏瑶族乡举行，约3000名群众到场观看文艺演出。

【防城港市庆祝中华人民共和国成立60周年暨“歌唱祖国”第八届群众歌咏比赛】 9月28日晚，由中共防城港市委宣传部、防城港市文化局主办，市群众艺术馆承办的防城港市庆祝中华人民共和国成立60周年暨“歌唱祖国”第八届群众歌咏比赛在海港影剧院隆重举行，防城港市市直机关、驻港单位及四个县

(市、区)共17支队伍参赛,近3000群众到场观看比赛。

【文化下乡】 年内,防城港市全市共开展图书下乡活动40多次,送图书下乡10000多册;"送戏下乡"120场次,参与群众达30万人次。仅国庆(中秋)前后,就举办了30多场文艺下乡活动,参与观众达10万人次。

【组织群艺人才参赛情况】 青年歌手杨海红参加第五届广西音乐舞蹈比赛获得演唱三等奖、参加第七届中国西部民歌(花儿)大赛获银奖;选手江利参加自治区"我邀明月颂中华"——历代经典爱国诗词配乐诗朗诵比赛获得二等奖;岳建宵在广西第二届歌王大赛获广西十大歌手称号;苏海珍等八人组成的京族哈妹组合获第十四届青年歌手电视大奖赛广西赛区原生态唱法三等奖;在第一届全区群众艺术馆、文化馆业务干部专业技能比赛中,防城港市获金奖2项,银奖2项,铜奖3项,优秀奖1项。

公共图书馆

【图书机构及藏书】 全市有图书馆4个,分别是市图书馆、防城区图书馆、上思县图书馆和东兴市图书馆。2009年全市图书馆藏图书290203册。

【市图书馆借阅业务】 年内,全市图书馆接待读者9万多人次,外借书刊14.21万次,其中市图书馆共接待流通读者3.9万人次,外借书刊2.8万册次。全市开展图书下乡活动达40多次,送图书下乡10000多册。

文化市场

【文化市场稽查】 年内,全市共出动执法稽查人员2663人次,检查经营单位13689家次,其中检查网吧6256家次;检查娱乐场所4315家次;检查演出单位等其他文化经营单位3118家次。受理12318个举报电话,立案调查32件,行政处罚32件,警告6家,停业整顿13家,取缔无证电子游戏室4家。

【网吧专项整顿】 年内,防城港市认真贯彻落实《中央办公厅国务院办公厅关于进一步净化社会环境促进未成年人健康成长的若干意见的实施方案》,开展了净化社会文化环境网吧专项整治行动。自3月起,组织专项检查组开展了为期60天的集中整治网吧专项行动,全市"整治网吧"联合执法部门共出动车辆50辆(次),执法检查人员295人次,检查网吧85家次,查处接纳未成年人进入和未按规定核对、登记上网消费者有效身份证件的网吧6家,下发停业通知书3份,停业整顿3家。

文化产业

【文化产业规模】 防城港市有包括艺术演出业、图书馆业、群众文化业、文博业等在内的文化产业机构45个,从业人员380人。有歌舞娱乐、音像出租零售、网吧等文化经营单位共有440家,总投资达5000万元,从业人员3300多人。

文化遗产

【第三次文物普查】 3月防城港市正式启动全市第三次文物普查田野调查工作,至11月底提前完成田野调查的工作任务。登记文物点335处,复查文物点153处,新发现182处,普查覆盖率为100%。

【非物质文化遗产保护】 年内,防城港市完成了全市非物质文化遗产普查工作,共调查非物质文化遗产项目3347个,涵盖12个门类多个种类,全市普查覆盖率达100%。形成

了18册上百万字的文字资料，并汇编出版了《防城港市非物质文化遗产田野调查资料汇编——边海风物》一书。

【日常文物管理】 11月，防城港市将“大清国钦州界”国界碑、簕山古民居公布为市级文物保护点。12月18日防城港市人民政府公布了第一批市级文物保护单位。此外，还积极着手潭蓬运河和古人类贝丘遗址申报第七批国家级保护单位的相关准备工作。

文化交流

【中越文化交流】 6月5日—8日，由广西防城港市承办、以“睦邻友好，互利合作”为主题的2009中越边民友好大联欢在中国广西防城港市和越南芒街市如期举行。全国政协副主席李兆焯，越南祖国阵线主席黄担，中国—东盟协会会长顾秀莲，中国驻越南大使孙国祥，越南友好组织联合会主席武春鸿、副主席陈德利，中国—东盟协会副会长石广生，越中友好协会副主席裴鸿福，广西壮族自治区政协副主席李达球等领导人出席了大联欢开幕式。整个联欢活动包括大联欢文艺晚会、“中越边民友好论坛”暨《中越边民友好大联欢宣言》签署仪式、国际海上龙舟赛、中越边境中学生文化体育交流活动、《中越边民友好合作宣言》发布仪式等。

【中韩文化交流】 10月25日至27日，韩国永同郡兰溪国乐团应邀到防城港市进行了友好访问演出，并于26日晚为防城港市市民带来了一台由韩国传统音乐和韩国国乐管弦乐共9个节目组成的精彩文艺晚会。

【旅游大篷车五一走进各市交流】 五一期间，防城港市旅游大篷车先后走进南宁、玉林等8个区内城市，宣传防城港市独特的“边、海、山”文化和丰富的旅游资源。

文化设施

【三大文化场馆建设】 9月，计划总投资2亿多元的防城港市文化艺术中心、市科技图书馆、市博物馆等三大文化场馆正式开工建设，目前项目进展顺利，预计2010年10月主体建设竣工。

【乡镇综合文化站建设】 年内，防城港市建设完成了总投资288万元的公车镇、光坡镇、企沙镇、滩营乡、华石镇、大录镇、那良镇、在妙镇、华兰乡等9个乡镇综合文化站项目。

县域文化

【港口区】 港口区有文化行政主管部门1个，文化稽查大队1个，文化馆1个，乡镇综合文化站3个。2009年，港口区以服务征地拆迁工作为契机，大力推进文化建设。举办了2009港口区迎春晚会等几场大型文艺晚会；积极推进“文化进农村”、“文化进社区”、“文化进基层”、“文化进安置点”等公共文化服务系列活动的开展；完成了企沙镇、公车镇、光坡镇等3个乡镇综合文化站项目建设；协助市文物普查田野调查小组完成了辖区内的调查工作；对辖区内文化市场开展了50多次日常性的文化稽查；成功承办了首届防城港国际龙舟节等全市性文化节庆活动。

6月6日，由防城港市人民政府、自治区体育局主办，港口区人民政府、防城港市体育局承办的首届防城港市国际龙舟节在西湾海域隆重举办。越南广宁省、海防市、下龙市龙舟队，印度尼西亚槟港市龙舟队，香港青衣圆玄添福龙舟队，澳门龙青龙舟队，南宁江南区龙舟队，扬美古镇龙舟队，桂林雁山区龙舟队，隆安县龙舟队，百色市龙舟队，崇左市龙舟队，广西民族大学龙舟队、外国留学生龙舟队，防城区龙舟队、港口区华侨龙舟队、其沿龙舟队、永泽龙舟队等18个国内外及港澳的龙舟队参加了角逐，有近8万群众到场观看比赛。

【防城区】 防城区有文化行政主管部门1个，有文化馆、民族艺术团、文化稽查大队、图书馆、博物馆各1个，有乡镇综合文化站10个。2009年，防城区以群众文化建设为抓手，充分利用中华人民共和国成立60周年等节日契机，大力活跃群众文化生活。举办了迎春文艺晚会、庆八一警民联欢晚会、防城区庆祝建国60周年文艺晚会等10多场大型文艺活动。组织开展了46场“送戏下乡”，观众人数达8万多人次。完成了华石镇、大录镇、那良镇、滩营乡等4个乡镇综合文化站项目建设。协助市文物普查田野调查小组完成了辖区内的调查工作。组织稽查人员对辖区内网吧、ktv、电子游戏室等文化娱乐场所检查350多家次。成功承办了广西防城首届金花茶节。

12月27日—29日，由中共防城港市委、防城港市人民政府主办，防城区人民政府承办的广西防城首届金花茶节在防城区隆重举行。活动为期3天，期间举办了金花茶摄影展、金花茶园艺花卉展、金花茶观赏活动、特色商品展、车展、旅游美食节、“情定金花”集体婚礼仪式、金花茶论坛、文艺晚会等一系列活动，有近8万群众参加了活动。

【上思县】 上思县有文化行政主管部门1个，有文工团、文化稽查大队、图书馆、文物管理所各1个，有乡镇综合文化站8个。2009年，上思县深入实施“文化惠民工程”，举办了贺新春文艺晚会、广西上思县十万大山原始森林旅游节万人山歌会等10多个大型文艺活动；开展了“和谐上思·大家乐”广场群众文化活动；组织了100多场“送戏下乡”活动，惠及群众约10多万人；创作完成了《赶歌圩》、《美丽的十万大山》等52个文艺作品；完成了文化信息资源共享工程县级支中心和华兰乡、在妙镇2个乡镇综合文化站项目建设；协助市文物普查田野调查小组完成了辖区内的调查工作；组织稽查人员对辖区内网吧、ktv、电子游戏室等文化娱乐场所检查6617多家次。

9月8日，由中共防城港市委、防城港市人民政府主办，中共上思县委、上思县人民政府承办的2009上思县十万大山森林旅游节隆重举行。期间举办了万人山歌会、旅游产业发展主题演讲、十万大山森林小姐决赛暨颁奖晚会、广西特色美食暨汽车、运动休闲服装展销会、旅游节项目推介会暨签约仪式、十万大山风光风情摄影大赛展、群众性文体娱乐系列活动、旅游节暨迎国庆大型群众歌咏比赛等系列活动，有近10万群众参与活动。

【东兴市】 东兴市有文化行政主管部门1个，有文化馆、文化稽查大队、图书馆、博物馆各1个，有乡镇综合文化站3个。2009年，东兴市以举办对越文化交流系列大型活动来带动全市文化发展。举办了东兴—芒街2009年元宵节足球友谊、“2009越中(芒街—东兴)商贸旅游博览会”青年界河联欢活动等10多个大型活动；组织了3场综合文艺节目，36场采茶戏开展“送戏下乡”；完成了总投资355万元的京族博物馆项目建设；协助市文物普查田野调查小组完成了辖区内的调查工作；对辖区内文化市场开展了90多次日常性的文化稽查。

7月30日至8月5日，由中共防城港市委、防城港市人民政府主办，市委宣传部、统战部、中共东兴市委、东兴市人民政府承办的2009防城港市京族哈节在东兴市沥尾金滩举行。活动包含有开幕式、京族风情文艺晚会、旅游推介、百位各族各界知名书画家共绘防

城港艺术峰会、京族博物馆开馆及展览和祭祀、万人餐、体育竞技、拉大网、唱哈等内容，整个活动获得了区内外新闻媒体的高度关注。活动举行期间共有16家新闻单位近40名记者参加采访报道，人民日报、新华社、经济日报、光明日报、中国新闻社、文汇报、广西日报、广西电台、广西电视台、广西新闻网等主流媒体均派记者参加了报道。有近9万多群众参与了此次活动。

来 宾 市

全市文化工作综述

2009年，来宾市辖6个县(市、区)66个乡(镇)，4个(街道办事处)，724个村委会。全市设有县(市、区)文化行政管理机构7个，专业艺术表演团体6个(除忻城县没有专业艺术团体)，艺术创作室1个，公共图书馆6个，群众艺术馆1个，文化馆6个，博物馆4个，文物管理所6个，文化稽查支队1个(属参公事业单位)，文化稽查大队6个。乡镇文化广播站66个、乡镇图书馆66个、农村业余文艺队828支、农村文艺舞台723个、国家文物保护单位1个，自治区级文物保护单位7个，市级文物保护单位22个。一级文物3件、二级文物54件、三级文物318件、未定级文物3950件。网吧253家、娱乐场所131家、音像制品出租(零售)94家、电子游戏26家。全市文化系统在编在职干部、职工424人，正高级职称1人，副高级职称13人，中级职称118人，初级职称198人。全市文化工作者以邓小平理论和“三个代表”重要思想为指导，认真学习实践科学发展观，根据市委提出“推动来宾科学发展，建设桂中新兴城市”为主题及“环境立市、工业强市、城建塑市、农业稳市、商贸旺市”工作思路，以科学发展观统领我市文化工作，紧紧围绕繁荣与发展这一主题，按照“把握文化方向、重点放在基层，突出民族特色，加强设施建设，整合文化资源、打造艺术精品、提高文化品位、培养文化产业、繁荣文化市场、活跃城乡文化”的总体思路，抓住机遇，转变作风，努力构建和谐社会，文化事业和文化产业有了很大发展，为我市文化大发展，大繁荣奠定了坚实的基础，基层文化事业呈现出一派喜人景象。

加强基层公共文化设施建设，让人民群众得到身心快乐。一是2009年8月12日至13日，自治区在北海市召开全区公共文化服务体系建设经验交流会，来宾市人民政府副秘书长吴立同志代表我市作题为《以“三求”文化惠农工程为抓手，构建农村公共文化服务平台》经验介绍。二是2009年8月20日至21日，自治区在我市召开全区“三求”文化惠农工程建设现场会，自治区人民政府副主席李康、自治区发展改革委员会、财政厅、建设厅、国土资源厅、文化厅、卫生厅、体育局、人口与计划生育委员会、科学技术厅、新闻出版(版权)局、广播电视局等有关厅、局领导，14个地级市分管文教工作的副市长、各市发展改革委员会及财政局主要领导，全区72个试点县分管文化工作副县长、中央驻广西多家新闻媒体及区内多家新闻媒体，351人参加会议。自治区有关领导在大会上对我市“三求”文化惠农工程建设予以高度评价，“三求”文化惠农工程为全区村级公共文化服务体系提供了经验借鉴。

注重创作，争创佳绩。武宣县文体局广泛发动作者踊跃创作，多出作品、出精品；武宣县桐岭镇街委文艺队展演舞蹈《老朋友》，武宣县文化馆创作演出快板小品《一壶浊酒夫妻逗》分别获2009年来宾市农村文艺大展演一等奖；桐岭镇街委文艺队演出舞蹈《红土情》、秧歌《中国歌最美》、小品《六合彩让我老婆“发”了》，桐岭镇盘龙村文艺队演出舞蹈《翡翠鸟舞》，忻城县樊圣林创作表演唱《壮锦处处挂》，分别获得2009年来宾市农村文艺

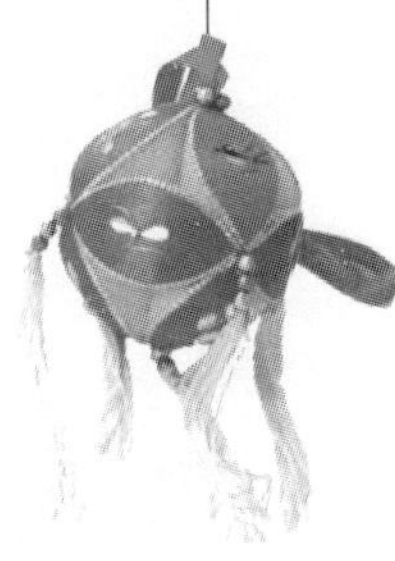

大展演二等奖；桐岭镇盘龙村文艺队演出舞蹈《红苗伞》、桐岭镇大祥村文艺队演出的《山歌一唱娃就好》分别获来宾市2009年首届农村文艺大展演三等奖；罗正、江燕娥、廖宁、韦美洁、区毅端、胡云强获优秀演员奖；郭月若、赖露津、覃世传、谭茂同获优秀导演奖；忻城县舞蹈《壮乡甘蔗林》参加来宾市首届农村业余文艺大展演获一等奖，该县还获优秀组织奖。

打造壮族土司文化品牌、塑造魅力来宾。 3月27日，由我局协助中共广西来宾市委员会、广西来宾市人民政府在京召开“魅力来宾，全国土司文化研讨会”新闻发布会，在京的中央专家和新闻媒体及海内外新闻记者参加新闻发布会，这是我局首次承办的新闻发布会，达到了预期目的，获得了圆满成功。市委、市政府有关领导予以充分肯定，夸奖市文化局能承担办事的政府职能部门，多家新闻媒体予以报道。4月16日至17日，中共来宾市委员会、来宾市人民政府主办，中共忻城县委员会、忻城县人民政府、来宾市文化局承办的“魅力来宾，全国土司文化研讨会”在我市忻城县召开，国家文化部文化产业司副司长、兰州市副市长孙若风、中国群众文化学会会长郭沫勤、中国群众文化学会秘书长赵林英、自治区人民政府副主席李康、原自治区人民政府副主席张声震、自治区文化厅厅长余益中、自治区文物局局长覃溥等国家部委、自治区领导以及国内、区内专家学者共60多人参加这次盛会。共收到学术论文36篇。中央电视台、新华社、中央人民广播电台等30多家新闻媒体到会并作报道。会议达到预期目的，获圆满成功。全国土司文化研讨会在我市召开，扩大了来宾市土司文化的影响力。6月12日至13日，国务院《大西南历史与现状》课题组到我市忻城县进行了专题调研。

群文活跃，精彩纷呈。 局受中共来宾市委员会、来宾市人民政府委托，组织、策划、承办“来宾市首届农民文艺大展演”，全市724支业余文艺队从7月上旬至8月上旬，先后在全市66个乡（镇）进行初赛，8月中旬至9月上旬在6个县（市、区）复赛，筛选出13支代表队，从9月13日至25日在来宾市兴宾区人民礼堂进行决赛，9月28日晚在来宾市行政中心礼堂举行来宾市庆祝中华人民共和国成立60周年文艺晚会暨“移动·和谐”杯首届农村文艺大展演、第一届农民运动会颁奖文艺晚会。此次活动共评选出“十大明星队长”、“十大明星编导”、“十大明星演员”、“十佳文艺队”，还评出一批优秀节目：一等奖4名、二等奖6名、三等奖10名、优秀演员奖140名。我市将以此为契机，今后每年举行一次农村文艺大展演，作为我市农村文艺赛事的一个永久性文化品牌，为全市农村业余文艺队提供一个展示平台。兴宾区积极举办元旦、春节文艺晚会，广场文艺演出，舞龙舞狮表演活动，电影晚会，国庆60周年文艺晚会、宣传党的十七届三中全会精神文艺演出，征地拆迁文艺演出、人口与计生、“三求”文化惠民工程等文艺演出活动。

专业艺术

【文艺作品创作生产】 3月7—10日，自治区文化厅在象州县召开全区舞蹈创作、编导研讨会，国家文化部艺术司司长于平、区文化厅厅长余益中、区文化厅艺术处、艺术研究所等有关处（室）和部门领导，全区14个地级市文化局分管艺术工作的领导以及创作、编导人员共80多人参加研讨会。我市张国明、韦娜、谭文锋等同志创作编导瑶族舞蹈《最后一支乌铳》，韦净瑜、杨锴创作编导《红水河石韵》参加全区舞蹈创作编导研讨会。

【拍摄专题片《盘古》】 来宾市文化局协助中共来宾市委、来宾市人民政府拍摄第一部盘古文化专题片——《盘古》，纵横每个角度阐述来宾是盘古文化重要发祥地。

【剧目获奖情况】 积极组队参加广西第五届音乐舞蹈比赛。韦净瑜、杨锴创作舞蹈《红水河石韵》获创作二等奖，音乐二等奖、演出三等奖，灯光设计奖；张国明、韦娜、谭文锋同志创作《最后一支乌铳》获节目创作、服装设计奖、道具舞美二等奖，演出三等奖；韦少艳同志演唱《梦里伤心人》获演出三等奖，兴宾区壮族蜂鼓说唱《禾镰情》参加自治区第十五届“八桂群星奖”获曲艺铜奖。由来宾市文化局组织象州县文工团代表来宾市参加广西第七届剧展。蓝雅同志创作彩调剧《请保姆》获桂花剧目铜奖；罗育鸣获优秀导演奖，巫洪菁、何瑞武、覃永丽获优秀表演奖。该团配合县委、县政府中心工作送戏下乡演出80多场次，宣传党和政府的方针、政策。承办该县庆祝建国60周年大型文艺晚会和节庆文艺晚会。得到县委、县政府的充分肯定。

群众文化

【送戏下乡】 来宾市文化局与市司法局联合组织法制宣传月“六进”文艺演出活动，由来宾市民族歌舞剧团创作排练法制专题文艺节目先后分别到6个县(市、区)，66个乡(镇)巡回演出。组织编导人员先后到金秀瑶族自治县、象州、忻城等县举办基层文艺骨干培训班，共有315名农村文艺骨干参加培训，采取理论与实践相结合(讲座、排练节目等形式)。培训内容包括声乐、舞蹈、戏剧(小品)表演、现代舞基本功、舞台化妆等技能培训，有效促进我市“三求”文化惠农工程顺利开展，得到市委、市政府领导的表扬。象州县文工团、文化馆分别举办两期少儿美术培训班和声乐培训班，培养艺术人才。

【组织培训业余文艺队】 来宾市文化局抽调市群众艺术馆辅导老师先后分别到武宣县、合山市、兴宾区举办农村业余文艺骨干培训班，从8月11日至31日，历时21天，培训农村业余文艺骨干580人。此外，市群艺馆还分别到桥巩乡桥北街、下料村、高槐村、忻城县古逢镇社区等辅导培训文艺骨干75人(次)，辅导业余文艺队员2250人(次)。金秀瑶族自治县文体局配合我市文化局在县城举办一期为期7天的农村业余文艺骨干培训班，开设舞蹈、音乐、戏剧小品等培训内容，共培训来自全县10个乡(镇)87个行政村业余文艺骨干103名。象州县派专业文艺人员到乡村帮助筹建农村业余文艺队、举办业余文艺骨干培训班。合山市文工团、文化馆先后分别到北泗、河里乡、岭南镇的溯河村、北泗村、六龙屯、屯山村、瀑泉村、东亭村、石村、里兰村等开展40多次文艺辅导培训，300多人参训，同时举办各种文艺演出53场，观众达6.3万人(次)。兴宾区8月13日至15日，积极配合市文化部门举办农村业余文艺骨干培训班，培训内容有音乐、舞蹈、小戏、小品、曲艺、舞台技术等，200多人参训，为该区24个乡(镇)4个街道办事处培训农村文艺骨干400多人(次)。

【群文活动】 金秀瑶族自治县在9月25至26日期间，在县城举办“金秀瑶族自治县迎国庆60周年农村文艺调演”，全县10个乡(镇)，10支农村业余文艺队，200多名演员参加比赛，经过两夜一天三个类别的文艺比赛，生动展示建国60年来特别是改革开放30年来，该县农村发生的翻天覆地的变化，同时充分展示该县农民群众“求乐、求知、求技”文化惠农工程新成就。象州县经常组织群众开展形式多样，内容丰富多彩的群众文化活动，五一、国庆、春节等节庆文化活动精彩分呈，尤其是庆祝中华人民共和国成立60周年大型广场歌咏比赛、卡拉OK赛等，全县11个乡

镇组队参赛，寺村镇代表队获一等奖，科教文卫广代表队获一等奖，以及每月3次以上由县直机关各部门负责开展的广场文化活动等，全县农村文艺队年内共演出600多场。忻城县成功举办"三节一会"活动，各项文化活动和全国土司文化研讨会获圆满成功。主题式大型歌舞综合晚会，忻城县土司文化印象是文化活动的重头戏，整台晚会通过生动、形象地宣传，艺术地揭开土司文化神秘的面纱，打造了忻城一张金灿灿的土司文化名片。该县还首次承办全国土司文化研讨会，规模大、档次高、成果显著。国家文化部、自治区领导及全国50多名资深专家学者云集忻城研讨土司文化，重新对我国土司制度的历史地位进行了辩证客观的定位，同时也指明了今后壮族土司文化研究的突破方向，有力推动了忻城土司文化研究朝着更深领域发展。

【文化基础设施建设】 充分利用扩大内需有效契机，全市有31个乡(镇)综合文化站建设项目已落实建设相关材料。全市第一批合山市(岭南镇、河里乡)2个、忻城(古蓬镇、新圩乡、北更乡、果遂乡)4个乡(镇)综合文化站于12月31日前全部建成。第二批投资608万元的17个乡(镇)综合文化站于10月全部动工。6个县(市、区)级文化信息共享工程支中心建设任务全部完成。20个文化信息乡(镇)基层中心及50个农村基层点建设均全部完成建设任务。其中：金秀瑶族自治县争取新增中央投资乡(镇)综合文化站建设192万元，每个32万元。10月，该县的罗香、六巷、长垌、三角乡、金秀镇6个乡(镇)综合文化站全面开工建设。武宣县东乡镇综合文化站，总投资44.9万元，建筑面积447m²，已完成主体工程。武宣镇、通挽镇综合文化站总投资各32万元，建筑面积均350m² 均完成基础工程。忻城县争取到项目多，成绩显著，荣获项目建设三等奖。

【群艺馆特色文化作品】 年内，市群众艺术馆创作各类文艺作品15件。其中：美术作品5件，舞台类文艺作品16件。积极参加全区各类赛事，展览10件全部获奖。其中：唐云端创作小品《安全线》获全区安全生产文艺汇演二等奖，小品《短信风波》获广西第十五届"八桂群星奖"铜奖，覃革的油画《黄金海岸》获"八桂群星奖"铜奖，覃小原的国画《家园之二》获广西首届"鱼水情"双拥书画作品展三等奖。

公共图书馆

【县图书馆情况及活动】 市级无图书馆，全市金秀瑶族自治县、象州、武宣、忻城县、合山市、兴宾区6个县(市、区)均有公共图书馆，全市66个乡(镇)均建有图书馆。象州县图书馆积极利用有限经费采集图书，共采购新书1333种，1800册。接待读者22万人次，读者借阅书刊37万册次，积极开展"知识工程"活动，制订2009年全民读书活动方案，开展全民阅读活动。开展"读书好少年"评选和以我读书我快乐，"阅读伴我成长"为主题的读书征文活动，在村、屯建设14个"农家书屋"，每个书屋获上级配送价值2万元的图书架。武宣县图书馆，2009年投资56万元进行维修改造，完成了天面补漏，内外墙装修、书架书库扩容、更新117组铝合金书架，报刊架、期刊架、目录架、档案柜。完成电子阅览室装修，投入60万元，配套资金11万元。订期刊211种，报刊46种，接待读者11556人次。忻城县图书馆投入流通图书7475册，接待读者8135人次。其中外借4020人次，本年度共办借书证和阅览证60本。合山市图书馆积极配合上级有关部门做好农家书屋配送工作。给里兰村、长模村、环山村农家书屋各配送图书1620册，折合人民币金额达20828.95元，赠送古邦村图书2020册，折合人民24828.95

元，给那丰村、里兰村、古邦村、长模村、环山村各赠送三个书架。举办两期青少年读者电脑打字比赛活动，100多人参加。新办借书证72本。接待读者2130多人（次），借图书1500多册（次），日接待读者平均达100多人（次），装订报刊250多册。兴宾区图书馆狠抓“知识工程”工作，争取中央专项资金107万元，对图书馆墙面、天面等进行维修及设备更新，使图书馆面貌焕然一新。

【“三求”文化惠农工程】 来宾市“三求”文化惠农工程启动以来，金秀县“三求”文化惠农工程共投入资金1064.44万元，不含市级配送的篮球架及灯光设备（其中自治区部门支持331万元，市级财政投入99.594万元，县级财政投入265.72万元，责任部门帮扶79.594万元，社会捐助127.14万元，群众投工投劳折合人民币161.8万元），已完成科技文化卫生综合楼工程建设12个（其中新建8个），组建农民篮球队164个，农民文艺队101个。2009年全年共开展农民篮球赛500多场，开展农民文艺演出225场，组织农村技术培训班235场次。象州县“三求”文化惠农工程成绩显著，全县建有业余文艺队112支，演员2000多人，全年演出700多场，社区文艺队15支，全年演出200多场，舞龙舞狮队26支；举办文艺骨干培训班4期，培训人员250人。举办美术，舞蹈培训班8期，培训人员220人（次）；派出文艺辅导员310人次，辅导村、社区文艺骨干890人次。武宣县共有142个行政村，2009年应建灯光篮球场及戏台各142个，实际完成篮球场155个、文艺舞台143个，其中包括15个自然村自发筹资建设的篮球场，3个自然村建好文艺舞台，8个示范的科技文化卫生室已全部完成建设任务，并投入使用。多方筹措建设资金744万元，群众投工投劳10.2万人次，超额完成建设任务。组建和完善农民文艺队193支，农民篮球队257支，实现了村村建有文艺队和篮球队，培训农民文艺骨干和体育骨干2900多人次。忻城县122个行政村完成了篮球场建任务，发放灯光球场设备128套（其中上级发122套，县自行购买6套）已全部安装完毕。建成农家书屋17个，每个书屋配送图书23包（共计5000多册图书），各配3个书架。合山市文工团、文化馆加大对“三求”文化惠农工程的支持，派文艺辅导员到溯河村、北泗村、六龙屯、屯山村、暴泉村、东亭村、古邦村、石材、里兰村等开展40多次文艺辅导，辅导300多文艺骨干。赠送15吨水泥给古邦村搞道路硬化，送一副篮球架给溯河村桥段屯。兴宾区20个乡（镇）已建好文艺舞台246个，科技文化卫生综合活动室209个，组建280支农村业余文艺队。

【文化信息资源共享工程】 金秀瑶族自治县文化信息共享工程支中心，总投资68万元，其中县财政配套资金16万元，建成电子阅览100m²，机房面积30m²，分为必配项和选配项两大类（必配项包括应用服务器、业务服务器、业务终端计算机25台、移动硬盘、资源应用管理系统、防雷系统、选配项包括卫星接收系统、移动存储播放器、IP通讯服务器、媒体网站等）年底已建成，等待验收。象州县已建成文化信息资源共享工程县级支中心，建立了7个乡（镇）（马坪乡、妙皇乡、石龙镇、运江镇、寺村镇、罗秀镇、中平镇）基层服务点，申请得到上级补助88万元，利用图书馆大楼背面报刊库旧楼，改建集少儿借阅、多媒体培训、阅览、图书报刊库为一体的多功能少儿活动服务中心大楼，建筑面积1260m²。武宣县向自治区争取给本县黄茆镇、三里镇各配置10万元的群众文化设备和文化信息共享工程设备；获以奖代补18个业余文艺队，每队配备价值2万元的灯光音响设备（共36万元），新建15家农家书屋，统一配置实用书籍345

件，新购置书柜45组。忻城县文化信息共享工程的机房装修、线路安装、设备调试全部完毕，电子阅览室已投入使用。

文化市场

【文化市场管理机构】 来宾市文化局内设有文化市场管理科（对外为文化市场管理办公室）有机构，有编制，无专职人员（兼职1人）。设有文化稽查支队，编制7人，在编7人，设队长1人（兼职），副支队长2人，内设稽查一组、稽查二组、综合组三个部门。6个县（市、区）中除金秀瑶族自治县有机构、无编制外，其他3县1市、1区均设有文化市场管理办公室、文化稽查大队，实行"两块牌子一套人马"，现有干部、职工27人。全市网吧253家，娱乐场所131家，影剧院5家，电子游戏厅26家，音像制品出租（零售）94家。

【完善市场管理制度】 先后制定完善《首问责任制》、《限时办结制》、《责任追究制》、《岗位责任制》、《学习培训制度》、《日常巡查制度》、《义务员监督制度》等7个规章制度。坚持市场管理与日常巡查相结合，坚持市场管理与专项治理相结合，坚持市场管理与业主自律相结合，坚持市场管理与社会监督相结合的原则。采取日常检查、突击检查、专项整治、联合执法、交叉检查等多种措施，确保文化市场繁荣稳定。

【网吧管理及演出市场整治】 金秀瑶族自治县在开展三项专项行动工作中，共出动检查车辆21台次，出动检查人员59人（次），检查各类文化经营场所175家次，联合县委宣传部、公安局、工商局、广电局、精神文明办联合执法3次，对一些网吧、电子游戏室违法违规接纳未成年人进行了文化行政处罚，取缔无证经营网吧1家，暂扣电脑主机3台，查缴盗版光碟167张（盒），六合彩、赌博资料211份。象州县坚持依法行政，严格执法，经常开展日常检查活动，开展"扫黄打非"工作，及时查处文化市场违法违规行为，有效地解决群众关注的热点、难点问题，维护文化市场管理秩序，促进文化市场健康发展。查处违法经营网吧7家、取缔无照经营黑网吧8家，对2家歌舞娱乐场所进行停业整顿，取缔无证经营娱乐场所1家；罚没非法盗版音像制品3692碟（盒），收缴盗版非法书报刊876册。此外，还聘请47名离退休干部组成的网吧义务监督员队伍，加强对经营性网吧的监督；举办文化市场业主培训班2期，对业主进行法制宣传教育。武宣县举办三期文化经营业主培训班，培训网吧、娱乐场所、音像制品业主管理人员116人；查处无证经营音像制品摊点4个，查缴盗版DVD、VCD碟2543张（盒），查处无证电子室8家；联合公安部门查处娱乐场所6家；收缴电子板102块、马机6台、赌博机53台、六合彩赌博机10台。查处13起网吧违规案件，其中：4家违规接纳未成年人，9家未如实核对登记上网人员的有效证件。共出动检查人员1609人次，检查各类文化经营场所681家（次），忻城县出动稽查人员120多人次，检查经营户250多家次，召开业主会3次，对全县27家网吧、10家歌舞娱乐场所及音像制品经营摊点、图书报刊市场等进行全面检查，共处罚违规接纳未成年人进入网吧7家，罚款8000多元；加强对各歌舞娱乐场所的稽查管理，重点整治超时营业和噪音扰民的热点问题。要求业主按照《娱乐场所管理条例》相关规定，统一着装、挂牌上岗、填写《营业日志》、在场所明显位置张贴警示牌等。对全县18家音像制品经营摊点实行不定期检查，共收缴非法音像制品1600多碟，盗版图书23册，积极配合"扫黄打非"工作，与县委宣传部、文化、公安、工商等部门联合开展"扫黄打非"行动，收缴非法出版物和"六合彩"资料3800多份（张），警告教育违规人员3人。合山市强化对全市文化市场的稽查执法力度，先后两次配合合山市人大、多次与公安、工商、团委、教育、环保、电信等部门联合执法，对全市文化娱乐场所联合整治行动，采取“零点”、“凌晨”、“周日”、“假日”等突击行动，对娱乐场所实行不定期检查和随时受理举报，每周一小查，每月一大查，共出动130人(次)，车辆43台(次)，检查经营户150户(次)，取消无证经营音像店2家，收缴盗版影碟212张(盒)，收缴非法书刊438册(本)，非法资料396份，取缔农村黑网吧14家；在“五老”中招募志愿者做网吧义务监督员，共招募2名网吧义务监督员，有效地打击违法经营活动，维护消费者的合法权益；兴宾区文化稽查大队联合公安、工商、电信等有关部门开展“扫黄打非”行动，出动检查人员110多人次，车辆40台(次)，检查网吧36家(次)，8月19日配合市文化局开展对农村“黑网吧”展开查处行动。

【文化市场法规宣传】 围绕“进一步净化社会环境，促进未成年人健康成长”、“国庆保障行动”、“音像制品宣传周”、“保护知识产权宣传周”、“十月科普大行动”等内容活动，深入宣传造声势，加大文化市场法律法规的宣传力度，使广大人民群众知法守法，从而在全社会形成“守法经营”、“健康消费”新理念。我们采取多种形式进行宣传。一是电视宣传，充分利用媒体优势，切实加强舆论监督的宣传力度，弘扬文明优质经营，曝光违法经营现象。每一次整治行动，来宾电视台、来宾日报都进行全面跟踪报道。二是印发资料宣传，积极采取编印、发放法律法规等多种形式，在市区迎宾广场和市政府广场，重点县(市、区)等进行宣传，并且通过讲解形式向群众传授如何辨别音像制品真伪的方法，编印宣传资料并向群众发放6000多份。三是培训宣传，举办各类文化经营业主、从业人员法律法规培训班7期(次)，参培人员1500多人(次)，特别是在9月份国庆60周年之前，组织召开来宾市城区经营业主“迎国庆”动员大会，将各项任务落实到各经营场所。

【严格审批程序】 在文化市场行政审批过程中，严格按照法律法规的规定，对符合审批条件的经营单位(业主)，在法定的审批期限内及时审批。对不具务审批条件的经营单位，耐心地解释并出具不能行政审批的文字说明书，全年共批准符合开办条件的经营户3家，KTV娱乐场所2家，网吧3家。

文化产业

【实行新型产业推广模式】 推介民族风情团体到旅游景点商演。通过加强与区内外旅游景点合作。由来宾市民族歌舞剧团和市群众艺术馆创办的民族风情艺术团到河北野山坡、北京、天津、狼牙山、来宾桥巩水电站、柳州两面针、柳州监狱、柳钢等旅游景点、企事业单位演出，总共商演600多场，为单位创收30多万元，弥补单位业务经费，取得了经济和社会效益双丰收。采取“走出去，请进来”办法，引进资金80多万元。在来宾市区新开设2家KTV娱乐市场，丰富群众业余文化生活。

文化遗产

【第三次文物普查工作】 组织各县(市、区)文博人员搞好第三次文物普查野外调查工作，组织文博人员培训学习，并同时组织文博人员到各县(市、区)进行调研，指导各县(市、区)开展野外调查。金秀瑶族自治县对全县野外不可移动文物进行一次全面调查，完成了10个乡(镇)63处文物点的普查工作，其中填写普查登记表的文物点为51处(新发现文物点30处，复查21处)，消失文物点12处。

象州县第三次文物普查工作已进入第二阶段，已完成全县各乡（镇）村、屯的95%，普查工作除了复查登记在册的不可移动文物点外，重点挖掘新的不可移动文物点。复查、新发现和消失不可移动文物点数量：复查数51、新发现43，消失文物点13，在“娘娘村贝丘遗址”的普查过程中，跨越地表采集到磨石器5件，普查中注意调查和征集文物，共征集文物24件。武宣县在第三次文物普查中，启动普查10个乡（镇），在10个乡（镇）中已完成9个乡（镇）的普查工作，普查覆盖率达90%。共普查文物点119处，其中复查71处，新发现47处，普查消失文物点13处，所消失的文物点没有文物保护单位。文物点消失原因：一是文物点无法寻找。二是文物点被破坏后没有再立点的意义。忻城县在第三次文物普查野外调查中，组织普查人员下乡180天，走遍全县130个行政村，完成了12个乡（镇）的野外文物调查任务，发现文物100处，复核文物58处，现已进入整理数据库录入工作，完成了第三次文物普查任务。土司文化博物馆新展馆已竣工，现正组织展馆的陈列艺术设计。合山市完成了对合山煤业有限公司、岭南镇、北泗乡合山煤业有限公司共计47处普查登记工作，完成任务80%，对清代初期建造的合山市溯河原始码头的挖掘抢修工作已完成。兴宾区积极开展文物征集和文物保护管理工作，对第三次文物普查野外作业的资料进行详细填表和录入，已完成20个乡（镇）200多个村屯的普查任务，普查覆盖率为100%。市文化局对“文辉塔”护栏工程建设和新建东汉塘“百人坑”爱国主义教育基地，盘古庙维修改造工程资金到位，这些项目正在建设（维修）中。

【生态博物馆建设】 由自治区“10＋1”工程投资67万元的金秀瑶族自治县六巷乡下古陈屯的坳瑶生态博物馆于12月底竣工。由自治区扶贫办扶持资金25万元建设的六巷乡门头屯的花瑶生态博物馆于26日建成并验收合格，已正式对外开放。

【非物质文化遗产后续工作】 市文化局已完成金秀瑶族自治县、象州县非物质文化遗产项目传承人推荐、申报工作，目前已上报3人。象州县普查到非物质文化遗产项目共2680个，对重点的非物质文化遗产项目进一步收集资料，整理、归档入库。县人民政府将壮族师公舞、民间歌谣壮欢、民间风味红谷糟、民间舞蹈板登龙、寺村大黎古建筑群、壮族三期、马坪壮族婚俗、九子娘娘洞庙会、妙皇二月社、民间风味“三夹三”等10个项目公布列为象州县第一批非物质文化遗产保护名录。武宣县委完成1000项非物质文化遗产项目登记，实际普查登记非物质文化遗产资源项目3390项；5月份政府已公布第一批县级非物质文化遗产代表保护名录5个。忻城县共收集到非物质文化遗产项目名录1200项，完成23篇调查报告，拍摄照片150张，录制音像资料一批，部分资料已录入数据库，申报国家级非物质文化遗产名录《壮族悲歌》材料已报区文化厅。合山市完成市文化局下达的1000件非物质文化遗产普查工作任务，并按照要求完成15884件普查的电子表格。

【先进表彰】 中共来宾市文化局支部委员会，被中共来宾市直属机关工作委员会授予“红旗党支部”；2009年度来宾市文化局经来宾市目标管理工作考评领导小组考核评为市直机关“六个一”目标管理二等奖。张庆琨同志被自治区筹备庆祝国庆60周年活动筹备小组授予先进个人。该同志2009年被来宾市人事局授予三等功。龚槐林同志被中共来宾市委、市人民政府授予来宾市2006－2009年度先进工作者。陈礼猛同志被自治区“扫黄打非”领导小组办公室授予全区“扫黄打非”先进个人。

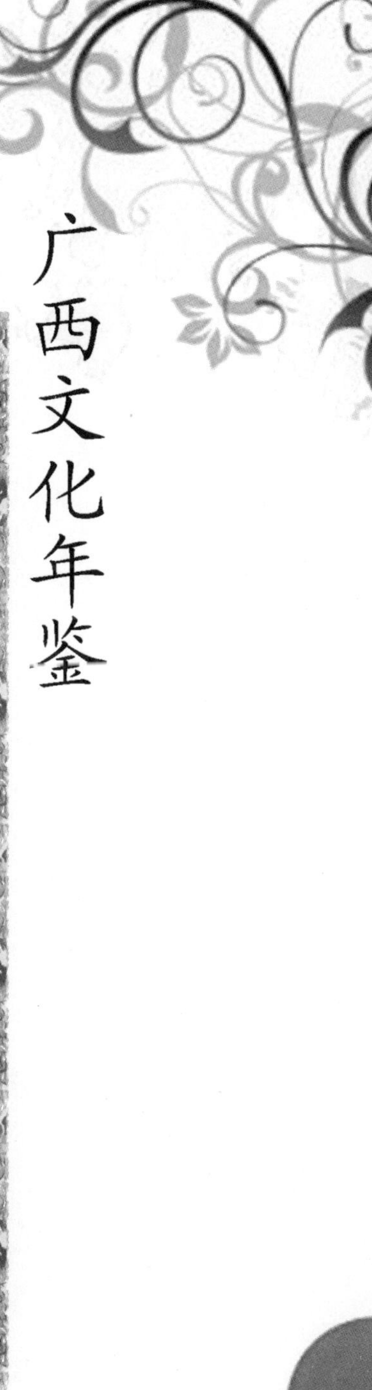

文化政策法规

文化政策法规

广西壮族自治区文化厅关于表彰全区公共文化馆群艺馆先进集体和先进工作者的决定

桂文发[2010]59号

各市文化局,厅直属各单位:

近年来,在自治区党委、政府正确领导下,全区公共文化馆(群艺馆)广大干部职工以邓小平理论和"三个代表"重要思想为指导,深入贯彻落实科学发展观,在建设公共文化服务体系,推动全区公共文化馆(群艺馆)事业发展,服务经济建设和社会发展中,与时俱进,开拓创新,扎实工作,为推动新时期社会主义文化事业建设作出了突出贡献,涌现出一大批先进集体和先进个人。

为表彰先进,树立一批在新时期公共文化馆(群艺馆)建设中做出突出成绩的典型,发挥先进典型引领和示范作用,自治区文化厅决定,授予南宁市群艺馆等21个单位"全区公共文化馆(群艺馆)先进集体"荣誉称号;授予韦小海等35名同志"全区公共文化馆(群艺馆)先进工作者"荣誉称号,希望受到表彰的集体和个人,珍惜荣誉,再接再厉,争取更大的成绩。

全区公共文化馆(群艺馆)广大干部职工要以受表彰的先进集体和个人为榜样,坚持先进文化的前进方向,解放思想,团结拼搏,努力开创文化建设的新局面,为促进经济社会的全面协调可持续发展作出新的贡献。

附件:1. 全区公共文化馆群艺馆先进集体名单
2. 全区公共文化馆群艺馆先进工作者名单

2009年9月1日

附件一:全区公共文化馆(群艺馆)先进集体名单

南宁市

南宁市群众艺术馆　　横县文化馆

柳州市

柳州市群众艺术馆

融水苗族自治县文化馆

桂林市

桂林市群众艺术馆

荔浦县文化馆

桂林市叠彩区文化馆

梧州市

梧州市长洲区文化馆

玉林市

玉林市玉州区文化馆

北海市

北海市群众艺术馆

百色市

田东县文化馆

靖西县文化馆

河池市

南丹县文化馆

都安瑶族自治县文化馆

钦州市

钦州市灵山县文化馆

贵港市

贵港市群众艺术馆

防城港市

防城区文化馆

贺州市

昭平县文化馆

来宾市

来宾市群众艺术馆

崇左市

凭祥市文化馆

广西壮族自治区群众艺术馆

（共 21 个）

附件二：全区公共文化馆（群艺馆）先进工作者名单

南宁市

韦小海	南宁市群众艺术馆
甘　莹（女）	南宁市兴宁区文化馆
陆泽英	南宁市邕宁区文化馆

柳州市

吴新华	三江县文化馆
徐文初	鱼峰区文化馆文化馆
韦　娜（女）	鹿寨县文化馆

桂林市

韦海涛	桂林市群众艺术馆
郑卫东	临桂县文化馆
汪守良	阳朔县文化馆
唐丽娟（女）	永福县文化馆

梧州市

陶　灿	万秀区文化馆
陈小敏	苍梧县文化馆

玉林市

苏华聪	玉林市群众艺术馆
范向健	北流市文化馆

北海市

傅　刚	北海市群众艺术馆
兰江丽(女)	北海市群众艺术馆

百色市

林　肯	百色市群众艺术馆
梁　爱(女)	田阳县文化馆
王福干(女)	田林县文化馆

河池市

覃晓琳(女)	环江毛南族自治县文化馆
朱昌辉	凤山县文化馆
余雯雯(女)	罗城仫佬族自治县文化馆

钦州市

罗小林	钦州市群众艺术馆
卢　生	灵山县文化馆

贵港市

梁远辉	桂平市文化馆
梁　奇	平南县文化馆

防城港市

赖晓红(女)	东兴市文化馆
黄泳韬	防城港市群众艺术馆

贺州市

白　奎	八步区文化馆
钟新建	富川县文化馆

来宾市

覃　革	来宾市群众艺术馆
何瑞武	象州县文化馆

崇左市

翁最先	龙州县文化馆

广西壮族自治区文化馆

王小鸽(女)	广西壮族自治区群众艺术馆
梁晓犁(女)	广西壮族自治区群众艺术馆

(共 35 个)

广西壮族自治区人民政府关于核定并公布第六批自治区文物保护单位的通知

桂政发[2009]38 号

各市、县人民政府，自治区农垦局，自治区人民政府各组成部门，各直属机构：

自治区人民政府核定自治区文化厅确定的第六批自治区文物保护单位(共计 79 处)，现予公布。

文物是文化遗产的重要组成部分，蕴涵着中华民族特有的精神价值、思维方式、想象力，体现着中华民族的生命力和创造力。保护和利用好文物，对于继承和发扬民族优秀文化传统，增进民族团结和维护国家统一，增强民族自信心和凝聚力，促进社会主义精神文明建设，都具有重要而深远的意义。

各地区、各部门要依照《中华人民共和国文物保护法》等法律法规和《国务院关于加强文化遗产保护的通知》(国发[2005]42 号)的要求，进一步贯彻"保护为主、抢救第一、合理利用、加强管理"的工作方针，科学规划，妥善处理文化遗产保护与经济发展、人民群众生活条件改善的关系，认真做好自治区文物保护单位的保护、管理和合理利用工作。

2009 年 5 月 4 号

附件:第六批广西壮族自治区文物保护单位名单

(共 79 处)

一、古遗址(共 7 处)

序号	编号	名称	时代	地址
1	Ⅰ－1	那赖遗址	旧石器时代	田阳县城西约 3 千米
2	Ⅰ－2	大岩遗址	旧石器时代 新石器时代	临桂县临桂镇临二塘村委小太平村下岩门山北麓
3	Ⅰ－3	晓锦遗址	新石器时代	资源县延东乡晓锦村后龙山
4	Ⅰ－4	大浪古城遗址	西汉	合浦县石湾镇大浪村委古城头村
5	Ⅰ－5	蓬莱洲象州故城遗址	宋	来宾市兴宾区城厢乡二沟村蓬莱洲
6	Ⅰ－6	圣堂山石墙	明	金秀瑶族自治县长垌乡圣堂山

7	Ⅰ—7	南江古码头遗址	明—民国	贵港市港南区南江村郁江岸边

二、古墓葬（共5处）

8	Ⅱ—1	九头山汉墓	汉	柳州市鱼峰区九头山村
9	Ⅱ—2	融安南朝古墓群	南朝	融安县大巷乡安宁村、木樟村，浮石镇泉头村，大乐乡红卫村、东圩村等
10	Ⅱ—3	刘蕡墓	唐	柳州市柳南区西鹅乡文笔村
11	Ⅱ—4	张翀墓和张翀母亲墓	明	柳州市城东区河东乡油榨村蜈蚣岭
12	Ⅱ—5	杨廷理及其家族墓群	清	柳州市鱼峰区柳石路底村、马鹿山

三、古建筑（共38处）

13	Ⅲ—1	封阳石城	汉—民国	贺州市八步区铺门镇中华村
14	Ⅲ—2	宾州南桥	明	宾阳县宾州镇南街与三联街交接处
15	Ⅲ—3	柳州镇南门古城墙	明	柳州市城东区曙光中路
16	Ⅲ—4	覃村石拱桥	明	柳城县古砦仫佬乡覃村屯
17	Ⅲ—5	文辉塔	明	来宾市兴宾区迁江镇扶济村
18	Ⅲ—6	虹桥	明	桂林市象山区南门桥阳江南岸
19	Ⅲ—7	平洛乐登桥	明	罗城仫佬族自治县东门镇平洛村
20	Ⅲ—8	合浦文昌塔	明	合浦县廉州镇南郊四方岭
21	Ⅲ—9	古廨古建筑群	明—清	柳城县古砦仫佬族乡古廨屯
22	Ⅲ—10	和里三王宫	明—清	三江侗族自治县良口乡和里村、南寨村
23	Ⅲ—11	榜上村古建筑群	明—清	兴安县漠川乡榜上村
24	Ⅲ—12	高山村古建筑群	明—清	玉林市玉州区城北街道办事处高山村
25	Ⅲ—13	大芦村古建筑群	明—清	灵山县佛子镇大芦村
26	Ⅲ—14	丹洲古城	明—民国	三江侗族自治县丹洲镇丹洲村
27	Ⅲ—15	养利州古城门楼	明—民国	大新县桃城镇旧城区及城墙
28	Ⅲ—16	南宁魁星楼	清	南宁市江南区江西镇杨美村望小学校内
29	Ⅲ—17	邕江防洪古堤	清	南宁市青秀区邕江北岸距邕江大桥以东约300米处
30	Ⅲ—18	邕宁五圣宫	清	南宁市邕宁区蒲庙镇团结街
31	Ⅲ—19	惠迪公祠	清	隆安县南圩镇发立村积发屯
32	Ⅲ—20	武宣北门城楼	清	武宣县武宣镇北街
33	Ⅲ—21	平乐粤东会馆	清	平乐县平乐镇大街55号
34	Ⅲ—22	南边山双凤桥	清	临桂县南边山乡双凤桥村

35	Ⅲ—23	六塘清真寺	清	临桂县六塘镇西水街17号
36	Ⅲ—24	水源头村古建筑群	清	兴安县白石乡水源头村
37	Ⅲ—25	四方灵泉	清	灵川县潭下镇山口村
38	Ⅲ—26	黄田戏台	清	贺州市八步区黄田镇黄田圩建设路42号
39	Ⅲ—27	慈云寺和瑞光塔	清	富川瑶族自治县富阳镇瑞光公园内
40	Ⅲ—28	东水村古建筑群	清	富川瑶族自治县朝东镇东水村
41	Ⅲ—29	龙道村古建筑群	清	钟山县回龙镇龙道村
42	Ⅲ—30	石龙戏台	清	钟山县石龙镇石龙街
43	Ⅲ—31	庞村古建筑群	清	兴业县石南镇庞村
44	Ⅲ—32	灵洲会馆	清	百色市右江区解放街6号
45	Ⅲ—33	丹桂塔	清	那坡县城厢镇人民公园内
46	Ⅲ—34	田阳粤东会馆	清	田阳县田州镇隆平村牌楼屯
47	Ⅲ—35	伯玉公祠	清	浦北县小江镇平马村委长安村
48	Ⅲ—36	大郎书院	清	浦北县小江镇平马小学内
49	Ⅲ—37	合浦武圣宫	清	合浦县廉州镇奎文路
50	Ⅲ—38	大桐木湾村古建筑群	清—民国	灵川县海洋乡大桐木湾村

四、石刻(共4处)

51	Ⅳ—1	合掌石石刻	宋	钟山县钟山镇白马村
52	Ⅳ—2	碧云岩石刻	宋—民国	钟山县钟山镇大岩山
53	Ⅳ—3	白虎山石刻	明—清	忻城县古蓬镇周安街
54	Ⅳ—4	碧莲峰石刻	明—近代	阳朔县阳朔镇碧莲峰东麓和东北麓

五、近现代重要史迹及代表性建筑(共25处)

55	Ⅴ—1	授三公祠	清末	藤县古龙镇大垌公路边
56	Ⅴ—2	青莪馆	清末	陆川县温泉镇新洲北路140号
57	Ⅴ—3	罗浮恒望天主教堂	清末	东兴市东兴镇楠木村
58	Ⅴ—4	镇宁炮台	民国	南宁市兴宁区公园路人民公园望仙坡西南
59	Ⅴ—5	广西高等法院办公楼	民国	南宁市兴宁区朝阳路3—5号旧址
60	Ⅴ—6	施恒益大院	民国	横县横州镇城司街东二巷
61	Ⅴ—7	业秀园(陆荣廷旧居)	民国	龙州县水口镇水口旧街

62	Ⅴ—8	张公岭环山工事碉	民国	柳州市柳南区竹鹅乡张公岭堡群遗址
63	Ⅴ—9	廖磊公馆	民国	柳州市城东区中山东路36号
64	Ⅴ—10	广西省立艺术馆	民国	桂林市秀峰区解放西路85号
65	Ⅴ—11	陈济桓故居	民国	岑溪市筋竹镇政府院内
66	Ⅴ—12	凤山红军岩	1929年～1930年	凤山县凤城镇恒里村
67	Ⅴ—13	红七军二十一师兵工厂遗址	1930年	凤山县袍里乡坡心村三门国家地质公园燕子洞内
68	Ⅴ—14	韦拔群烈士牺牲地（香刷洞）	1932年	巴马瑶族自治县西山乡弄烈村香刷弄场内
69	Ⅴ—15	凌云中山纪念堂	1938年	凌云县泗城镇胜利街
70	Ⅴ—16	越南共产党驻龙州秘密机关旧址	近代	龙州县龙州镇南街99号
71	Ⅴ—17	广西农事试验场旧址	近代	柳州市柳北区沙塘镇
72	Ⅴ—18	梧州近代建筑群（梧州海关旧址、美孚石油公司旧址、英领事署旧址、思达医院旧址、梧州邮局旧址、新西酒店、天主教堂）	近代	梧州市内
73	Ⅴ—19	朱锡昂烈士故居遗址	近代	博白县沙河镇山桥村上垌屯
74	Ⅴ—20	泗峡坳抗日烈士墓园	近代	灵山县太平镇南村泗峡坳
75	Ⅴ—21	东兰劳动小学旧址	近代	东兰县东兰镇虎头街62号
76	Ⅴ—22	韦拔群故居遗址及旧墓	近代	东兰县武篆镇东里村特牙山
77	Ⅴ—23	越南中央学舍区（广西南宁育才学校）总部旧址	近代	南宁市西乡塘区心圩镇和德村九冬坡
78	Ⅴ—24	广西省土改工作团第二团团部旧址	1951年—1955年	南宁市江南区江西镇锦江村麻子畲坡
79	Ⅴ—25	大瑶山团结公约石牌	现代	金秀瑶族自治县金秀镇功德路

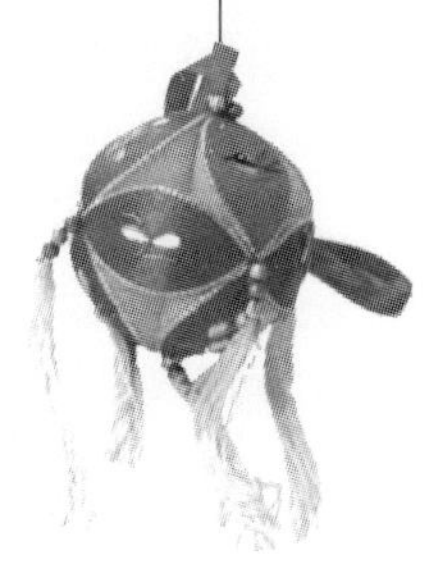

关于印发《广西壮族自治区第三次文物普查专项经费使用管理办法》的通知

桂财教[2009]64 号

各市财政局、文化局：

根据《国务院关于开展第三次全国文物普查工作的通知》(国发[2007]9 号)财政部、国家文物局关于印发《第三次全国文物普查专项经费使用管理办法的通知》(财教[2007]154 号)和《广西壮族自治区人民政府关于开展第三次全区文物普查工作的通知》(桂政发[2007]24 号)精神，为加强我区第三次文物普查专项经费的使用管理，提高资金使用效益，结合我区实际，我们制定了《广西壮族自治区第三次文物普查专项经费使用管理办法》。现印发给你们，请遵照执行。

附件：广西壮族自治区第三次文物普查专项经费使用管理办法

2009 年 6 月 11 日

附件：广西壮族自治区第三次文物普查专项经费使用管理办法

第一章　总　则

第一条　根据《国务院关于开展第三次全国文物普查工作的通知》(国发[2007]9 号)财政部、国家文物局关于印发《第三次全国文物普查专项经费使用管理办法的通知》(财教[2007]154 号)和《广西壮族自治区人民政府关于开展第三次全区文物普查工作的通知》(桂政发[2007]24 号)的精神，为加强我区第三次文物普查专项经费(以下简称普查专项经费)的使用管理，提高资金的使用效益，进一步规范普查专项经费开支的范围，明确经费支出渠道，规范列支科目，合理安排预算，确保第三次全区文物普查工作的顺利进行，结合我区文物普查工作实际，制定本办法。

第二条　第三次全区文物普查的范围和内容：普查从 2007 年 4 月开始，至 2011 年 12 月结束。对我区境内地上、地下、水下的不可移动文物本体及环境的基木情况进行全面调查、登录，依法登记、建档和公布，并统筹制定相关保护措施。

第三条　普查专项经费是中央和自治区为开展第三次全国文物普查而设立的专项补助经费，以及各级地方财政投入的普查经费。

第四条　根据《中华人民共和国文物保护法》第八条“地方各级人民政府负责本行政区域内的文物保护工作”和第十条“县级以上人民政府应当将文物保护事业纳入本级国民

经济和社会发展规划，所需经费列入本级财政预算”的规定，文物普查所需经费应主要由文物所在地政府解决。中央和自治区财政根据普查工作的实际需要，对我区地方财政给予适当补助，补助经费主要结合各地文物分布情况、地理环境和区域经济状况等因素统筹安排。

第五条 各级普查机构使用普查专项经费，必须接受财政、文化、审计、纪检等部门的监督和检查。

第二章 经费支出范围和渠道

第六条 普查专项经费主要用于以下支出：

（一）试点费：指组织对第三次文物普查方案进行试点工作所需的费用。

（二）培训费：指组织普查师资、普查队（组）长、普查队员进行普查工作专业技术培训的各种费用。

（三）补助费：指支付给在野外调查、勘验、测绘的普查队员及无固定工资收入的普查员、录入员等人员的补助费。

在野外进行调查、勘验、测绘等普查工作的普查人员，按野外调查实际出勤天数每人每天不低于30元的标准计发野外调查补助费，具体执行标准由各地根据当地实际情况确定。补助时间从2009年1月1日起。

（四）设备购置费：指普查队主要设备配置的费用，如笔记本电脑、数码照相机；GPS定位仪等费用。

（五）数据处理费：指普查数据采集、录入、统计分析等所需软件开发费用；购买电子地图、各种磁盘、光盘、纸张、档案装具等材料的费用。

（六）资料档案费：指收集整理普查资料、建立普查档案、编制普查报告、采集文物标本以及资料、档案、报告、标本的包装、运输、保管等费用。

（七）出版印刷费：指出版印刷普查报告、不可移动文物名录、普查登记表、过录表、指标解释、指导手册、工作手册、培训教材、资料汇编、简报、工作报告、文件等与普查工作直接有关的出版和印刷费用。

（八）公务费：指开展普查业务必须支付的办公费、电讯费、会议费等费用。

（九）其他费用：指普查工作必须的普查人员人身意外伤害保险费以及上述（一）至（八）项未包括的普查工作必须支出的其他费用。

第七条 根据第三次全区文物普查的实际情况，中央财政对各市、县（区）予以适当补助，自治区财政对国家扶贫工作重点县、自治区扶贫工作重点县和边境县等予以适当倾斜。中央、自治区财政补助用于：基本设备购置费、培训费、数据处理费、出版印刷费、资料档案费和野外调查补助费等。以上未包括部分的经费，由各地财政予以解决。各地为了满足需要，扩大文物普查规模和内容以及进行普查试点而增加的费用，由各地财政负担。

第八条 第三次文物普查原则上不单设机构，所需工作人员应从有关单位职工中选调。被选调人员的工资、福利、交通费、伙食补贴等应由原单位负担。

第三章 经费使用与管理

第九条 开展第三次全区文物普查，需耗费大量的人力、物力和财力，各级财政在相应的普查年度应安排普查专项经费，并加强资金使用的绩效考核。

第十条 普查专项经费实行“统一领导，分级管理，分级负责”的原则。为便于经费管理和统筹安排，凡属中央、自治区财政安排的普查专项经费，均直接下达到各地财政部门，

并抄送自治区文化厅、地方文化部门。中央、自治区普查专项经费和各地安排的普查专项经费由各地财政部门负责管理。

第十一条 各地财政部门在收到普查专项经费后，需及时拨付用款单位，培训、设备购置、数据处理和出版印刷费由自治区级普查机构按配置标准和政府采购程序统一组织、统一管理。同时，凡属地方财政安排的普查专项经费应抄报自治区财政厅。

第十二条 要加强国有资产管理，防止国有资产流失。用普查专项经费购置的固定资产，必须履行相关手续，登记入账，专人管理。

第十三条 普查专项经费必须按规定用途，专款专用，不得挤占和挪用，不得用于基本建设，不得抵充行政、事业经费，不得用本办法规定范围以外的项目。

第十四条 普查专项经费，统一列入"文物"经费"款"级科目下的"其他文物支出"的"项"科目。

第十五条 年终决算，资金使用单位应将普查专项经费使用情况及说明，报各级文化、财政主管部门审核并批准。各级财政、文化主管部门要切实加强普查专项经费使用情况的监督。

第四章 附则

第十六条 本办法适用于参加广西第三次全国文物普查工作的所有相关单位。

第十七条 本办法由广西壮族自治区财政厅、文化厅负责解释。

第十八条 本办法自印发之日起实施。

广西文化年鉴

文化调研报告

文化调研报告

新形势下广西农村群众文化建设导向研究

（2009年广西壮族自治区人民政府发布12项重点研究课题之一）

自治区文化厅专题写作组

在全球金融危机阴霾尚未完全散去的大背景下，面对农业产业结构调整转型缓慢，尤其农业现代化发展后劲不足，农民收入来源不稳、增长乏力，尤其农民技能培训滞后、就业门路狭窄，农村各项基础建设发展不平衡，尤其基层农村整体文明素质普遍不高的新情况，积极探索加强农村群众文化建设，特别是不发达地区农村群众文化建设导向的新路径。开展内涵丰富高水平的群众文化活动，健全高效的公共文化服务体系，提高广大农民的思想道德素质和科学文化素质，以文化软实力提升经济硬实力，大力促进广西农村经济更快发展、社会更加稳定、文明更大升华、生态更趋美好。实现全区科学发展、和谐发展、跨越发展和全面建设小康社会的宏伟目标，具有十分重要的现实意义。

一、现状·失重导向——审视农村群众文化建设的弱化特征

改革开放以来尤其是近年来，广西农村群众文化建设呈现加快发展的态势。一是农村公共文化设施明显改观。2000年以来，广西不断加大对农村文化基础设施建设的投入，各级财政投入3亿多元新建扩建县（市）文化（图书）馆6个、乡镇综合文化站505个（每个建筑面积400m²）、村级示范图书室400个，县、乡、村三级公共文化服务网络逐步形成，特别是以相继开展“边境地区县市”、“东巴凤三县”、“大石山区五县”和“桂西五县”基础设施建设大会战的方式为全国独创，切实解决了“老少边山穷”地区乡镇综合文化站硬件建设达标的多年难题。二是农村重点文化工程不断推进。多年来，广西着力推进“文化先进县评选”、“文化信息资源共享工程”、广播电视“村村通”工程、“农家书屋”工程、“送书下乡”工程、农村电影放映“2131工程”、“小康文化户建设工程”、“民族民间文化保护工程”、民族生态博物馆“1＋10”工程、新农村“文化致富工程”等重点项目建设取得了良好成效，“边境文化长廊”、“知识工程”等一些富有创意和特色的工程项目由广西发轫受到中央肯定并在全国推广。三是农村群众文化活动丰富活跃。目前，全区农村3888个业余演出队、673个民办剧团、4384个山歌队、2178个舞龙舞狮队、525个农民自建文化广场（公园）、450个村图书室、70个电影院（队）、3.05万个各种类型小康文化示范户遍布乡镇村寨常年活跃在基层，自发组织开展各种群众喜闻乐见和民族特色的文化活动，各级专业文

化艺术团体每年下农村演出约5000场，观众728万多人次，举办培训班1.11万多个，培训35.2万人次，举办展览2357个，发放科普资料20多万份，组织文艺活动1.29万次，观众达上千万人次，放映公益电影11.51万场，农村群众文化日益红火。四是农村文化产业发展亮点频现。目前全区共7483家各类文化产业经营企业，分布在乡镇的文化经营单位3158家，占42.2%。其中，诸如阳朔县大型山水实景演出《印象·刘三姐》，龙胜县“龙脊梯田”和那坡县吞力屯黑衣壮“呢的呀”少数民族原生态文化旅游，靖西县旧州村绣球、临村县五通镇“三皮画”、阳朔县福利镇画扇以及都安县地苏乡、岑溪市南渡镇和博白县的芒竹藤草编织民间手工艺品，北海市及苍梧县六堡镇宝石加工业和钦州市坭兴陶等一地一品特色文化产业项目凸显的比较优势，已形成了在全国有相当影响的文化品牌。然而，我区农村群众文化建设在取得巨大成就的同时，不可忽视地也突出存在着导向上缺失重点把握的内质弱化特征。

1. 思想上重经济、轻文化的失位

党中央、国务院对农村群众文化建设极为重视，各级党委、政府虽较以前也日益重视农村文化发展，但不少的基层领导在思想上对农村群众文化建设重要性的认识仍然不到位，重视程度不够。普遍存在着重经济发展而轻文化建设的倾向，认为文化建设是软任务，经济建设是硬指标；抓文化工作只有花钱、花架子，抓经济工作才是实在、真功夫。甚至认为文化无非是唱唱跳跳而已，可有可无。加之上级党委政府对下级党政班子的考核更多地注重于经济发展的硬指标，而文化建设又很难在短期内彰显政绩，以至农村文化发展在基层党委政府工作中处于边缘的位置，因而相当多的乡镇没有把农村文化建设任务列入当地经济社会发展的总体规划和年度工作计划，没有纳入党委政府工作重要议事日程和干部目标管理的责任考核指标体系。由此不少的基层干部对农村群众文化建设仍然存在着“说起来重要、做起来次要、忙起来不要”的现象。各级基层党委、政府思想上或多或少存在的重经济、轻文化的失位，是造成农村群众文化发展严重滞后，导致物质文明建设与精神文明建设“一手硬、一手软”的根本性原因。

2. 投入上重城市、轻农村的失衡

城乡发展不平衡的问题在文化建设投入上的落差尤为明显。受到城乡二元体制及原有制度的惯性影响，用于城市文化建设的财政收入远远高于农村，与五光十色的城市形成鲜明对照的是，农村文化因人、财、物投入严重不足或比例偏低而无多大起色乃至日渐式微，城乡文化服务差距越来越大，农村文化建设长期弱化及农民文化饥渴状态，并没有从根本上得到扭转和缓解。从全国来看，2007年文化事业费总共198.96亿元，而对占大多数人口的农村文化建设投入仅56.13亿元，只占28.21%。从广西来看，城乡文化事业经费投入的差距更为突出，城市仅排演一台大型文艺晚会，投入动辄几百万元，多则几千万元，更不用说一个大的所谓标志性建设项目了。对比农村，目前全区60%的县级文化馆、图书馆和乡镇综合文化站，财政拨款基本上只能维持其人头费，馆站的正常业务经费和购书经费根本得不到保障，导致许多文化馆无法开展群众文化服务活动，图书馆未能购进新书而读者寥落，全区1126个乡镇综合文化站中年度业务经费在5000元以上的仅有76个，只占乡镇总数的6.75%，很多乡镇综合文化站业务活动处于停滞状态，文化下乡深入农村服务农民受到了很大的制约。更严重的是，随着城市文化设施日益光鲜亮丽，我区农村至今仍有24个县级(城区)图书馆、11个县级(城区)文化馆没有馆址，有12个县的专业剧团没有业务场地，有484个乡

镇综合文化站是有站无址或有站址但不达标，符合标准的村文化室还不到1000个。相当多虽有馆址的文化馆、图书馆都已年久失修或房屋陈旧，设备老化或缺少配套，不少文化站只有一块牌子、几张桌子，成为“空壳”。这种投入上重城市、轻农村的失衡，从客观上冷落和漠视了占总人口绝大多数的农村民众希冀享受基本文化权益的渴望，对于构建和谐社会和全面建设小康社会极为不利。

3. 载体上重硬件、轻软件的失调

近年来，我区在推进农村公共文化服务体系各个工程、项目建设中，不断加大对各个文化工程项目设施建设的投入力度，这是应该且必需的。然而，在重视硬件建设的时候，却忽略或忽视了各个工程项目中包括强化制度效能管理、效益评价体系、绩效激励和督查考核方式等推进农村文化体制改革机制创新上的软件建设，这几乎是全区农村群众文化建设普遍存在的最致命内伤。譬如，各市县对县级文化馆、图书馆和乡镇综合文化站设施建设比较重视，总是希望从国家和自治区下达的建设指标中争取获得更多的设施项目，但对于文化馆、图书馆、文化站如何更多更好地开展农村群众文化服务活动，如何向农民提供更好更多优质的文化产品却重视不够或少有对应之策，这与市县领导乃至文化部门负责人极力争取上级支持更多的硬件建设形成了鲜明的对比，而对《自治区党委办公厅、自治区人民政府办公厅关于进一步加强农村文化建设的意见》(桂办发[2006]48号)作出的“文化馆平均每人每年深入农村不少于60天，文化站平均每人每年不少于80天，图书馆平均每人每年不少于30天”的规定等软件建设的落实执行情况却很少关心似乎不闻不问，全区绝大多数的“两馆一站”没有达到这一文化下乡辅导服务的指标要求。例如宜州、罗城两县文化馆业务人员深入农村辅导的时间年人均不足10天，县图书馆下乡年人均不到3天。更令人担忧的是，对农村群众文化体制改革包括内部机制和载体建设上的创新等重大问题，思考和关心的人甚少，这种重硬件、轻软件建设的倾向，对农村群众文化乃至整个文化事业全面协调可持续发展造成的危害极大。

4. 活动上重通俗、轻高雅的失缺

广泛开展农村群众喜闻乐见、丰富多彩、品优质高的文化活动，在注重普及的基础上着力提高，在兼顾通俗的基础上培育高雅，应该成为改革开放30年后发生翻天覆地巨变并生机勃勃向着全面建设小康社会迈进的当代群众文化活动的主旋律。然而，从总体上看，农村中民族文化活动项目和通俗节目在流行时尚的嫁接下往往变味走样，被渗入粗俗或媚俗的元素后，演变为劣质流行文化反而被青少年热烈追捧，而那些内容形式格调品位高雅的文化节目却一直不被重视和引起高度的关注。农村一些地方在开展文艺演出和群众文化活动中，人为塞进所谓吸引眼球的感官刺激乃至色情表演，歌舞厅、卡拉OK厅、电子室、网吧等成为时尚，而高雅文化的项目和节目难得一见，难于在农村群众文化活动中普及提高。在输往农村的众多电视文艺节目中，电视台为实现其商业目的热衷登场的媚俗选秀节目等，也加剧了农村群众文化活动低俗化的泛滥。令人扼腕的是，相当多的从事农村群众文化辅导工作的国有各级文化单位机构，并没有认识到农村开展高雅群众文化活动的重要性和必要性，并没有意识到多一些组织举办诸如群众性经典流行歌曲演唱会、优秀地方戏曲剧目演出、歌唱新农村主题群众文艺会演、家庭才艺展示、民间手工艺展示、民间文物藏品和非物质文化遗产展览、绘画书法摄影比赛、读书用书成才演讲等这类农村高雅文化活动项目，对于提高广大农村人文素质和构建和谐社会产生的巨大作用，因而失缺思想洞见和清醒把握，失缺宏

观思维和微观运作，失缺周密思考和具体谋划，结果必然导致开展农村群众文化活动提高农民思想文化素质和娱乐审美身心的基本功能逐步丧失，必须引起足够的重视。

5. 内容上重娱乐、轻教育的失误

增强艺术趣味性的娱乐功能，无疑是群众文化活动具有魅力和赖以生存的基础，但寓教于乐、寓知于娱仍然是群众文化活动所追求的基本目标，是提高群众文化品位的必然要求，也是提升群众文化建设内质的实际步骤。然而遗憾的是，多年来农村开展的群众文化活动，普遍存在的重娱乐、轻教育的失误令人忧虑。随着改革开放的推进，国外流行的大众娱乐文化，先后在全国掀起一波又一波的热潮，诸如录像放映热、桌球热、舞厅热、卡拉OK热、流行音乐热、美国大片热、过西方洋节热等也无一例外地从城市向农村蔓延，农村仅存的群众文化活动项目或一些村业余文艺队的偶尔演出节目，有些也充塞进跟风模仿追求所谓流行时尚娱乐的粗鄙庸俗乃至近乎黄色表演的内容，再也鲜见歌唱农村好人好事、颂扬农村新风貌和宣传国家方针政策等内容的表演唱、快板、小戏这类群众喜闻乐见的节目了，也难于见到举办农民读书致富演讲比赛、农村实用科技知识培训班、农业科普讲座等这一类内容的项目了，难得一见的民族民间传统戏剧、曲艺演出，观众也渐渐地少了，甚至过去经常定期进行党和国家重大新闻及方针政策的村头广播和黑板报宣传栏也听不到看不见了，而代之以言情、戏说、武打、滑稽、情杀等内容的影视片占据着作为农村最大观众群体的家庭电视荧屏，农村相当多的青少年把欧美、日韩流行的电视、音乐、录像、电影、游戏尤其是动漫类、卡通类等节目当成自已的娱乐选择，而对自己国家民族传统节目不感兴趣，对本国文化不闻不问，同时，农村中小学生出现轻读文重看图喜欢娱乐读物的倾向，这些都强化和突出了感官刺激功能，而文化的认知教化功能甚至审美功能都不同程度地受到了抑制，这种低俗的娱乐节目内容往往在经济利益的驱使下，打着活跃群众文化生活的幌子却排斥了潜移默化的思想认知教化作用。农村群众文化活动内容疏于对农民进行党和国家方针政策的宣传教育、知识技能培训以及思想文化素质的培育提高等存在的重娱乐、轻教育的失误，如不能有效改正，必将使中华民族的未来发展付出沉重的代价，这并非危言耸听。

6. 方式上重临时、轻长远的失策

组织开展农村群众文化活动，向广大农民提供优质的公共文化服务，维护农民群众的基本文化权益，满足农村日益增长的精神文化需求，是各级国有文化部门和单位义不容辞的神圣职责。能否切实做好农村文化惠民服务工作，是考验各级文化部门和单位工作成效的试金石，而组织开展农民文化活动和进行文化惠民服务的方式，将决定农村群众文化建设是否能够长期有效开展的关键因素之一。然而，当前组织开展农村群众文化活动和文化惠民服务存在的问题之一是，各级文化部门和单位送文化下乡开展文化惠民服务活动的方式，基本上是“蜻蜓点水式”的在一个地方举办一场演出或一二场活动，即匆匆地连夜赶回城里，而群众真正所需要的是，希望有一支能够长期坚持扎根在农村基层的长效服务型群众文化工作队伍，不仅为他们提供精神文化娱乐需求，而且能帮助他们提高文化科学知识和致富发展技能，为他们培养本土的当地农民文化业余骨干，建立本地能坚持开展活动的业余文化队伍，留下“不走”的文化工作队。其实，方式上的问题，归根结底还是认识上和策略上的问题。如果各级文化部门和单位的领导能提高认识并改变组织开展农村群众文化活动及文化惠民服务方式的策略，则目前文化下乡“送”得热热闹闹而“种”得冷冷清清，缺乏坚持活跃开展

长效机制的被动局面，将得到根本上的改观。

7. 管理上重突击、轻制度的失控

农村群众文化管理上存在的突出问题，不仅在于承担农村基层群众文化服务和管理职能的乡镇综合文化站存在多头管理，文化、广播电视、体育、新闻等部门协调不力，文化站专干一年中有过半时间服务于中心工作而不能专事文化业务工作，乡镇领导对文化站工作缺乏宏观把握协调等普遍存在结构性体制上的问题，而且更普遍存在于从自治区到市、县文化部门对基层农村群众文化管理忽略或轻视制度化建设的缺失上，尤其是在对农村文化市场管理上的重突击性检查而轻制度化建设的失控上。由此形成的思维惯式和行为范式必然是：每逢重大节庆日或上级部署安排的专项整治行动时，上至各级党委政府，下至各部门单位，一窝蜂地涌到农村各个文化活动点和文化市场点，进行所谓拉网式的临时性突击检查，轰动效应一过，一切依旧照样又恢复原来的状态，这种习惯热衷于搞大哄大嗡式的突击性临时管理模式，其结果只能是徒劳无功。然而尽管如此，却少有人从制度上狠下功夫去探索实施一套行之有效的管理措施，更鲜有人从制度创新的根本点上去进行科学管理的日常性机制运行。由此，管理上重突击、轻制度造成的失控后果是：农村群众文化活动放任自流，农村文化市场无序混乱，六合彩赌博严重泛滥，黄色制品随处可见，封建迷信沉渣泛起，群架斗殴时有发生等严重影响农村社会的稳定。这些丑恶现象的发生，不能不说与各级党委政府特别是文化部门对农村群众文化管理的疏失有很大的关系。

8. 政策上重出台、轻执行的失效

农村群众文化建设成效不彰的根本原因，归根结底是政策法规上缺乏强有力的保障护航措施，即国家及至地方制定出台的扶持农村文化发展的各项政策法规得不到有效贯彻落实执行所致。改革开放特别是近年来，国家出台的对农村文化建设扶持优惠政策法规可谓不少，但在落实执行上都大打折扣，上级红头文件发下来了，但一到下面就是执行实施不了，贯彻落实不下去。而且，有些支持农村文化建设政策文件的内容，出台下发的文件不只一两次乃至三四次，前届政府已有文件，上届政府也有出台，现届政府还要再发文强调，尽管三番五次有政策文件出台，但就是落实执行不到位。譬如，对强调“基本实现县县有文化馆、图书馆、乡镇有文化站”的目标，早在20世纪80年代国务院总理的政府工作报告及国家“七五”期间的文件中出现，尔后历届五年计划乃至“十一五”计划都少不了提及，但直到现在仍然实现不了。自治区党委办公厅、自治区人民政府办公厅《关于进一步加强农村文化建设的意见》(桂政发[2006]48号)中提出：“到2010年，基本实现有符合相关标准的文化馆、图书馆，乡镇有综合文化站，行政村有文化活动室。”然而谁来保证文件的贯彻落实执行呢？在这里，缺乏的依然是没有能够坚决确保有效落实执行的强有力措施，最后是政策文件说了也白说，照样一事无成。遗憾的是，上行下效的现象也发生在不少的乡镇文化站身上，尽管文化站的墙上张贴了管理责任制、图书借阅制度、观看电视录像制度等，但其规章制度只是为了敷衍上级检查，而并非是在严格执行。导致党和国家及地方政府政策法规及至部门单位规章制度只重出台而轻执行的全面失效，特别是神圣威严的国家法规在一些领导人心目中如儿戏不当回事，农村群众文化建设哪来的蓬勃发展呢？

二、对策·目标导向——突出农村群众文化建设的内涵特质

群众文化包罗万象，加强农村群众文化建设应该从何入手？自治区党委、自治区人民政府在贯彻中共中央办公厅、国务院办公

厅的中办发[2005]27号文件作出的《关于进一步加强农村文化建设的意见》(桂办发[2006]48号),已在“加强农村公共文化建设,着力构建公共文化服务体系”、“创新农村文化活动方式,丰富农民群众文化生活”、“加快体制改革和机制转换,增强农村文化事业发展活力”、“采取多种措施,动员社会力量支持农村文化建设”、“加强组织领导、为加快农村文化建设提供有力保障”五个方面做了明确的部署。当前,结合广西农村群众文化建设的状况,尤其是针对农村群众文化建设存在导向失重持续弱化的严峻现实,在有效细化贯彻落实中央和自治区关于进一步加强农村文化建设的过程中,必须要突出强化农村群众文化建设任务要求内涵特质目标导向的高效实施。

1. *在总体文化发展规划实施中,要更加注重确保农村群众文化建设的优先攻坚落实*

过去的情况表明,各级政府和文化主管部门制定五年一度的文化发展规划特别是在实施计划过程中,相当多的政府财政和文化主管部门,即便不是思想上但却是在实际行动上,总是自觉或不自觉地把城市文化发展放在重要的优先位置上,或因为要参加全国的各类比赛评选,或因为要应付各项的庆典活动,或因为要展现本地文化的实力水平,都会把主要财力、物力、人力、精力放在打造所谓城市文化魅力的锦上添花方面,从而在事实上忽略或忽视了覆盖绝大多数人口的农村群众文化的雪中送炭建设,这种文化建设导向上的偏差,是造成农村群众文化发展严重滞后的根本原因。因此,在总体文化发展规划实施中,应当突出强调要更加注重确保农村群众文化建设的落实攻坚,这尤为重要。

——确保农村群众文化建设“五纳入”工作优先落实。各级党委和政府在把农村群众文化建设纳入农村经济社会发展规划全局,并在规划实施的过程中,要把农村基层群众文化建设的各个方面,真正纳入党委政府的重要议事日程,纳入财政支出预算,纳入扶贫攻坚计划,纳入政策优惠扶持范畴,纳入干部考核评价体系,确保农村群众文化建设各项目任务的优先实现。

——确保农村群众文化建设各个项目资金优先安排。各级文化行政主管部门在制定文化发展计划时,不仅要让农村群众文化建设项目和资金安排占据相应的比重,而且在文化发展计划的具体实施中,包括在项目建设拨款、业务经费投入、设施设备配套完善、队伍人才建设、管理制度措施、业务辅导培训等优惠扶持方面切实予以优先安排,尤其是对乡镇综合文化站、村级文化室基础文化设施设备配套建设和业务活动开展方面给予必要的资金投入,确保优先安排落实。

——确保农村群众文化建设具体目标任务优先实施。各级文化部门单位尤其是市、县、乡镇群众艺术馆、文化馆、图书馆、艺术剧团、文化站等基层单位要把业务工作的重点真正放到农村基层中去,把着眼点、立足点真正移到加强农村群众文化建设、有效开展农村群众文化活动的具体工作上来,确保农村群众文化建设各项目标任务的有力实施。有关部门和社会各界在总体文化发展规划的实施中,也要把农村群众文化建设放在优先的位置上给予特别关注和大力支持,保证农村群众文化建设各项目标任务高水平高质量如期完成,惠及广大基层农民。

2. *在农村群众文化活动开展中,要更加注重当代农民核心价值观的潜移默化教育*

活动是群众文化的生命和灵魂。在文化建设包括文化人才队伍培训、文化设施建设、文化内部机制管理、文化改革创新、文化经费投入等各个要素的整个工作中,检验其结果成效主要还是体现在经常开展文化活动及其活动的质量上,广大群众只能从开展丰富多彩而有意义的文化活动中得到思想启迪、知识增量、信息获取、技能提高乃至娱乐开心和精神愉悦的收获实惠，可见，开展活动尤其是提升活动质量，成为评判群众文化建设整个工作成败得失的关键指标和最终检验标准。当前，针对农村群众文化普遍存在“重娱乐、轻教化”的现实情况，一个突出的根本性问题是，如何在开展农村群众文化活动并提升活动质量的努力中更加注重进行当代农民核心价值观的潜移默化教育？

——开展农村群众文化活动要尽可能体现当代农民核心价值观的主题内涵。要强调在开展戏剧电影图书下乡、群众业余文艺演出、琴棋书画比赛、读书上网电子游戏、展览讲座培训甚至传统的广播黑板报宣传等农村群众文化活动中，更加注重进行爱国爱乡、遵纪守法、民族团结、邻里互助、家庭和睦、勤劳致富等当代农民核心价值观的潜移默化教育，使体现当代农民核心价值观的主题溶入群众文化活动的项目和节目内容，让广大农民在娱乐活动中能够容易接受，以生动形象的文艺表现形式，诠释体现当代农民核心价值观的深刻道理。

——开展农村群众文化活动要尽可能反映广大农民群众的现实需求。要坚持以群众喜闻乐见的各种文艺形式通过反映农民身边人身边事的先进典型，来形象生动阐释弘扬马克思主义指导思想、中国特色社会主义共同理想、以爱国主义为核心的民族精神和以改革创新为核心的时代精神、社会主义荣辱观构成社会主义核心价值观的基本内容，结合当前农村各地的不同情况和广大农民求知、求技、求富、求乐、求美的迫切需要，使构建当代农民核心价值观的具体实践工作，融入建设社会主义新农村的时代洪流中去，融入农民脱贫致富奔小康的实际工作中去，让广大农民在踊跃参与丰富多彩而有意义的群众文化活动的愉快情境中，思想道德素质和科学文化素质潜移默化地得到不断提高。

3．在农村文艺创作演出中，要更加注重反映农民改革开放新时代精神风貌的现实题材作品

大力抓好农村群众业余文艺创作演出，是活跃繁荣农村群众文化生活的基础保证。在农村文艺作品创作中，对题材的选取、内容的把握、主题的挖掘、人物的塑造乃至艺术表现形式等，对于实现作品价值取向的社会效益最大化、有利于农民思想道德水平和精神境界的提升乃是至关重要的。因此，各级文化部门要更加注重抓好农村文艺优秀节目的创作和农村优质文化产品的生产，着力推出一批反映农村改革开放新时代精神风貌和农民勤劳致富奔小康先进典型的农村现实题材精品力作。

——要注重加强农村题材文艺创作人才队伍的建设和提高。除了加强对本地农村业余作者的创作指导，鼓励支持他们热心致力于创作反映当地建设社会主义新农村中涌现出来的先进典型模范人物和新人新事新风尚的文艺作品，还要充分发掘发挥各级文化馆(站)和专业剧团等富余创作力量的潜能，鼓励和支持专业文艺创作人员乃至身体健康的离退休创作辅导员深入农村基层，积极开展农村重大题材的文艺创作或进行创作指导，努力创作出反映农村时代风貌和火热生活的优秀作品。

——要争取农村现实题材作品成为文艺下乡演出的主流。有必要强调，专业剧团和相关文化部门组织送戏下乡的演出节目，必须保证反映农村现实题材的作品占据绝对多数的比重，演出节目内容要符合贴近农村实际、贴近生活、贴近群众的原则，弘扬主旋律，提倡多样化，整台剧节目下乡演出活动均有利于农村社会主义精神文明建设和农民整体素质的提升。

——要抓好农村文艺创作选题规划和内容建设。自治区、市有关部门要把农村题材

创作纳入舞台艺术精品生产、电影和电视剧精品制作计划，保证高质量的农村题材文艺作品在出品总量中占一定比例，并通过组织农村文艺会演、农村文艺演出年、比赛评奖等形式推动创作数量的增加和作品质量的提高。

——要加大对农村重点题材创作和重点剧目演出的资助力度。加大宣传文化专项资金对农村题材重点选题的资助扶持，全区性文艺评奖要安排一定资金数额用于奖励反映当代农村题材而农民喜闻乐见的文艺精品，报刊、电台、电视台对优秀农村题材文艺作品，在刊发、播出和宣传评介方面要给予重点支持。

4.在农村文化培训辅导中，要更加注重广大农民科学知识实用技术的综合能力提高

加强对农村业余文艺队伍和农民文化活动的培训辅导，是各级文化业务部门单位的一个基础性工作。要在认真做好农村业余文艺节目排演、农村群众娱乐文化活动、农村业余美术书法摄影、农民艺术欣赏等辅导培训的同时，更加注重并切实抓好农民科技文化知识、农业科学种养技能、信息网络运用知识、农民读书用书致富本领等方面的培训辅导工作，着力提高广大农民科学知识和实用技术的综合能力。

——实施“农民科技文化培训工程”。以各市群众艺术馆、县(市)文化馆、图书馆、乡镇综合文化站、村文化室为培训基地，开展多层次、多形式的农村实用技术培训，力争在5年内培育自治区级科技文化致富模范100人，市级科技文化致富标兵1000人，县级科技文化致富典型10000人，乡镇村屯科技文化致富带头人100000人，使农民科技文化致富领军人物占全区农村劳动力10%左右，成为农村支柱产业和特色经济发展的骨干力量。

——实施“文化信息资源共享工程”。在目前已建成48个县级中心、119个乡镇基层点以及开设“农村科苑”、“土特产”等15个资源库共累计资源1DB的基础上，着力抓好培训提高工作，争取在五年内实现县县建有较高标准的文化信息资源共享工程中心、乡乡建有基层服务点的目标，加强对基层农民熟练运用科技文化信息的培训辅导，使农业科技知识、农民生产生活、农村致富信息的内容占数字资源总量30%以上，力争对当地农民提供的有效信息增加50%，努力为促进当地农民致富和县域经济发展发挥更大的作用。

——实施“文化创业致富培训工程”。借助自治区大力促进全民创业若干政策意见的出台，文化部门要积极配合做好农民创业致富的相关培训辅导工作，通过与科技部门的人才优势互补，结合星火培训学校、星火课堂和农村科技培训基地，开展农民从事文化产业方面的专业技术培训和劳动力转移的相关科技文化知识培训，创建一批依靠科技文化致富的科普示范村、小康文化示范户。同时，争取将农村文化创业培训资金纳入各级财政预算，保证各级农村辅导培训专项经费得到落实。

5.在农村文化下乡服务中，要更加注重帮助农村文化活动制度化经常性开展的长效机制构建

开展文化下乡服务活动，10多年来从中央到地方，从文化、广电、新闻等部门到有关企业社团机构，基本上都轰轰烈烈地行动起来了。但是，令人遗憾的是，在文化下乡服务工作中，至今也未能建立起农村群众文化活动坚持活跃开展的经常性制度化长效机制。切实扭转这种状况，建立有效的文化下乡长效机制，让文化下乡工作更持久深入、更具成效，是当下开展文化下乡活动必须确立的导向思路和工作重点。

——建立健全文化下乡长效管理目标责任制。各级文化部门单位在继续组织开展送

戏、送电影、送图书、送展览、送宣讲等各种形式文化下乡活动的同时，要更加重视引导帮助乡镇、村屯建立农民演出队、电影放映组、农家书屋、舞狮舞龙队、山歌队、摄影书法美术兴趣小组等当地农村业余文艺组织，引导帮助这些业余文艺组织建立健全经常开展活动的有效制度措施，包括文化部门业务人员进行制度化辅导的经常性日程安排等，列为各部门单位主要负责人的一项目标管理责任制和本部门单位的重要工作任务，让临时组成文化下乡的业务团队变为长期扎根不走的文化下乡工作队，让“有任务下乡”变成“自觉常下乡”。

——落实制度化经常性文化下乡必要经费。制度化经常性的文化下乡首先需要制度化必要性的经费做保证，这需要从各级政府到各级文化、财政部门都能确保并逐年增加文化下乡活动的经费，对文化下乡的项目和产品采取财政补贴和奖励的办法。同时，对重要的文化下乡项目、产品应采取政府采购的方式，直接送到乡镇、村屯基层农村，保证文化下乡服务的项目和产品快速有效发挥作用。

——增加购置配备文化下乡流动服务车。自治区和各市县应按实际需要，给革命老区、民族地区、贫困山区、边境地区的县文化部门配置相应的集影视放映、文艺演出、图片展览、图书销售借阅、科技宣传为一体的流动文化服务车，充分发挥流动文化服务车和文化小分队的作用，使文化下乡活动小型化、经常化，努力做到灵活多样行之有效长期开展农村基层的文化惠民服务活动。

——推动文化下乡与重点工程建设紧密结合。在开展农村文化下乡长效机制构建中，要注意使之与实施广播电视“村村通”工程、文化信息资源共享工程、社会主义新农村文化致富工程，创建文化先进县（市）和文明村镇以及评选农村小康文化户、农村先进业余文艺队等重点文化工程建设有机结合起来，使强化文化下乡的长效机制建立在更加坚实的基础上。

6. *在农村文化产业开发中，要更加注重安排返乡农民工参与本地特色实体项目的就业*

着力培育农村民营文化产业加快发展，促进多种所有制农村文化经营活动和文化企业扩大规模提高效益，吸纳更多农村剩余劳动力就业特别是安排外出打工农民工失业返乡实现再就业，是当前应对金融危机时期开发农村文化产业的一个思考点，也应该列为各县（市）、乡镇政府和村委会以及文化部门在当前形势下的一个特殊责任予以高度重视。

——引导支持返乡农民工积极创办形式多样的文化经营活动。通过民办公助、政策扶持和运用市场准入、财税优惠等措施，引导有一定资金能力和对从事文化创业有兴趣的返乡农民工，或与文化专业户联合，或自行组织电影放映队、民间职业剧团、网络服务经营等领域，开展自我经营、自负盈亏、自己管理的自办文化经营活动，文化及相关部门要制定扶持优惠经济政策，简化审核程序，大力支持农民工创办文化实体就业。

——鼓励支持当地文化企业尽可能吸收安排返乡农民工实现再就业。各级政府和文化部门要从各方面帮助支持当地文化企业扩大规模，大力促进诸如壮锦绣球、制锈编织、画扇制作、三皮绘画、芒竹藤编、宝石加工、红陶工艺、奇石雕刻等“一地一品”民间工艺美术品牌的集约化发展，使企业有能力安排招收更多的返乡农民工就业，尽可能多地帮助他们融入“市场＋公司＋基地＋农户”的新型生产模式开发市场，安心在本地就业创业。

——帮助支持返乡农民工经营乡村文化旅游业。在各级政府和文化旅游部门的扶持下，失业返乡农民工可以利用当地优势资源，

依托山清水秀、民风淳朴、独特民居、民族服饰、民族节庆、民间饮食、民俗风情等文化特色，开展包括少数民族节日文化游、原生态古村落民居游、中越边关村寨民俗风情游、民间农家乐特色体验游，特别是山水田园观光游等乡村旅游文化市场的项目经营，实现再就业。

——推动支持返乡农民工参与农村文化重点工程建设就业。几年来，自治区和各地人民政府以及文化厅先后主导实施并不断推进的新农村“文化致富工程”、“文化信息资源共享工程”、民族生态博物馆“1＋10工程”等重点文化工程的众多项目建设，可以优先给予失业返乡农民工安排扶持项目，使其能够在这些政府实施的工程项目中担任力所能及的工作职位以解决部分农民工的就业。

7. 在农村文化遗产保护中，要更加注重吸收更多农民志愿加入抢救及科学利用工作的实践行动

文化遗产是人类的宝贵财富，是不可再生的文化资源。加强文化遗产保护尤其农村文化遗产保护，任务紧迫。面对地形复杂的野外条件和文物盗窃分子利令智昏的猖狂作案，农村文化遗产保护形势严峻而工作艰巨，难度也很大。因此，除了文物部门进一步加大保护措施的力度外，更关键的还是要动员号召全社会尤其鼓励吸收当地农民自觉积极加入到文化遗产保护的志愿队伍行列中来，主动参与文物保护及科学利用的志愿工作实践，使农民成为农村文化遗产保护及科学利用的主力军和受益主体。

——要建立有农民志愿者参与的农村文化遗产保护监督管理机制。完善自治区、市、县、乡镇、村屯五级的物质文化遗产和非物质文化遗产保护体系，形成以政府为主导、以文化执法部门和相关执法部门为重点、以农民志愿者为生力军的包括新闻舆论、部门团体和全社会广泛参与支持的监督管理机制。

——要设立农村文化遗产保护的农民义务宣传员制度。农民义务宣传员土生土长，熟悉当地群众，对本地不可移动文物也非常了解，掌握情况，由他们自己宣传进行文化遗产保护效果要好得多，可以调动更多的积极因素和发挥更多的有利条件，有效增强人们的责任意识，容易唤起全社会保护文化遗产的自觉行动，有利于营造保护文化遗产人人有责的良好氛围。

——要健全农村文化遗产保护基层领导责任制。明确各级政府是文化遗产保护的第一责任人，强调村委会是农村文化遗产保护的基层责任人，这有利于贯彻落实“保护为主，抢救第一，合理利用、加强管理”的方针，有利于强化农村文化遗产保护的行政执法，有利于把文化遗产保护列入农村群众性精神文明建设和村规民约的要求予以实施。

——要建立农村文化遗产保护传承基地。有了农村文化遗产保护传承基地，就能更好地推进文化遗产的保护与展示更好地结合，静态与动态更紧密地结合，扶持与奖励更有效地结合，让农民志愿者的农村文化遗产保护工作实践更加充实丰富而更具可持续性。

8. 在农村文化市场管理中，要更加注重建立完善农民主动参与督察治理工作的体制机构

坚持一手抓繁荣、一手抓管理的方针，大力加强农村文化市场，营造扶持健康文化、抵制腐朽文化的良好社会环境，在加强和充实县级文化市场执法队伍、充分发挥乡镇综合文化站监管作用的同时，注重建立健全农民主动参与的农村文化市场管理体制，让农民成为监管农村文化市场情况动态的基础力量，这是解决当前农村文化市场管理稽查队伍力量不足、鞭长莫及存在“短腿”问题的有效手段和可靠办法。

——充实健全农民参与的农村文化市场监管机构。吸收当地群众威信较高、热心公益文化事业的农民参与本村屯文化市场的稽

查管理工作，调整充实农村基层管理队伍，健全农村基层一线监管机构，制订监管规章制度，规范执法管理行为方式，落实必要的管理执法经费，使农民在整顿和规范文化市场秩序，严厉打击违法违规活动，取缔无证经营，重点加强对演出娱乐、电影放映、出版印刷和销售、网吧管理，坚持打击传播色情和封建迷信等违法活动中发挥积极的作用，确保农村文化市场健康有序发展。

——在加强监管中促进农村文化市场繁荣。加强有利于农民参与文化市场开发的政策调控，积极引导和鼓励有实力、诚信守法的农民多领域开发农村文化市场，使其成为农村文化市场的经营主体，运用市场准入、资格认定、价格调节、财税优惠等政策，扶持本地农民经营者在出版发行、电影放映、文艺表演、网络服务等领域，积极开发农村文化市场。重点推动面向大众的文化产品和文化服务进入老少边穷地区，并通过各种有效的调控，把发挥市场机制积极作用和构建公共文化服务体系有机结合起来，努力使广大农民群众享有更加充分、质优价廉的文化产品和服务。

三、措施·服务导向——强化农村群众文化建设的体系特色

加强农村群众文化建设，是一个宏大的系统工程，做好统筹协调及综合服务的导向工作极为重要。必须在注重抓好农村群众文化建设各项工作任务、推动加快发展的具体落实过程中，调动各方面的积极性，致力形成强大凝聚力量的公共文化服务体系建设综合导向特色，建立起党委统一领导、政府协调主导、主管部门具体组织实施、有关部门密切配合、全社会大力支持的领导体制和工作机制，重在落实，取得实效。

1. 观念更新先导

观念更新是思想解放的前提，是改革创新的先驱，是加快发展的前导。有什么样新的思想观念，就有什么样新的思路对策和措施效果。加强农村群众文化建设，首要的是上至各级党委政府领导，下至各级文化部门干部职工乃至社会团体各界人士的观念更新和思想解放，尤其是党政一把手的思想观念更新最为重要。这些担当公共文化服务的责任主体和实施主体，特别是党政主要领导，如果在思想观念的深处，能够从贯彻落实"三个代表"重要思想和科学发展观，从实现全面建设小康社会宏伟目标和构建社会主义和谐社会的高度，从建设社会主义新农村和建设富裕文明和谐新广西的高度，深刻认识和牢固树立加强农村群众文化建设对于提高广大农民的思想道德素质和科学文化素质，造就有道德、有文化、懂技术、会经营的一代新型劳动者的重要性和紧迫性，深刻认识和牢固树立加强农村群众文化建设在促进整个经济社会全面协调可持续发展提供思想保证、精神动力、智力支持中所起的独特作用和意义，那么，农村群众文化建设必定成为党委、政府的重要工作领域之一得到切实有效地加强。如果在观念意识的深处，进一步认知加强农村群众文化建设，是兴起文化建设新高潮、推动社会主义文化大发展大繁荣、发展社会主义先进文化的必然要求，是构建公共文化服务体系、维护广大农民基本文化权益、满足农村基层民众文化需求的重要举措，是保护地域原生态文化基因、传承民族传统优秀文化、弘扬民族精神的主要途径，那么，农村群众文化建设也必定成为党委、政府的重要行动范式之一得到切实有效地保障，从而以观念更新的先导，高度重视和大力支持推进农村群众文化加快发展。

2. 党委统一领导

加强农村群众文化建设，党委统一领导是关键。加强党委统一领导农村群众文化建设，需要各级党委部门从加强党的执政地位、提高党的领导水平和执政水平的战略全局高

度，坚持“两手抓、两手都要硬”的方针，予以高度重视，把农村群众文化建设的目标任务，纳入党委思考的关注点之一，纳入党委的中心工作和重要议事日程，与经济社会发展的目标任务一起部署、一起落实、一起实施、一起检查、一起推进。需要建立党政班子工作责任制和目标考核评价体系，把农村群众文化建设作为评价地区发展水平、均衡发展质量和基层领导干部工作实绩的重要内容。需要遵循农村群众文化建设的自身特点和发展规律，适应社会主义市场经济发展的要求，结合新的时代发展趋势和本地的实际情况，坚持谋全局、管大事，加强对包括农村群众文化建设在内的整个文化发展重大问题的研究，科学制定文化发展的方针政策，始终把握文化建设的正确方向尤其是农村群众文化建设目标任务的正确导向和发展路径。需要按照政治强、业务精、纪律严、作风正的要求，加强各级文化部门领导班子和文化队伍尤其是农村文化队伍的建设，确保党对文化发展的宏观控制力和对农村群众文化建设的目标导向力，确保中国特色社会主义核心价值观牢牢占领农村群众文化阵地。从而对农村群众文化建设形成党委统一领导、党委主要领导亲自抓、党委分管领导具体负责、党委宣传部门协调指导的宏观领导体制格局。

3. 政府强势主导

各级政府作为责任主体，对加强农村群众文化建设发挥强势主导作用甚为重要。在推进农村群众文化建设目标任务的各项工作落实和具体实施过程中，各级政府发挥强势主导作用之一是要统揽农村群众文化工作全局，协调各方面的联系，明确各有关部门的职责，形成部门之间密切协作、各负其责、齐抓共管，全区农村文化建设工作整体推进的良好局面。各级政府发挥强势主导作用之二是要进一步转变政府职能，加强政府机关效能建设，强化基层服务意识，提高服务效率，推进服务理念、内容、方式和手段的全面创新，切实解决和引导农村群众文化建设中面临的难点、热点问题，提供均等、优质的有效服务，充分运用法律、行政、社会舆论等手段，保护农村群众文化公益资产安全，为确保发挥效益提供有力保障。各级政府发挥强势作用之三是要加大农村群众文化建设投入力度，每年必须安排有农村公益性文化基础设施建设项目，强化政府在农村文化基础设施建设中的主导作用，根据各地的财力可能，设立农村群众文化建设专项资金，扩大公共财政覆盖农村群众文化建设的范围，增加对乡镇、村屯公益文化建设的经费投入，落实每年新建改扩建县文化馆、图书馆、乡镇综合文化站、村文化室基础设施建设资金并确保建设目标如期实现，着力解决这些农村公益文化事业单位开展群众文化活动所需要的业务工作经费，保证农村群众文化建设健康较快发展。

4. 部门业务辅导

文化部门尤其县(市)、乡镇文化单位，是农村群众文化建设的骨干力量，承担着辅导农村群众文化活动的职责重任，其业务辅导的组织能力、培训水平、活动内容、工作计划等对农村群众文化建设的成效影响极大。确保文化主管部门和文化业务单位对农村群众文化建设进行高水平、高质量、高效率地业务辅导，使广大农民得到实惠，赢得农民群众的信任和满意，就要稳定和发展专兼结合的农村文化工作队伍，努力提高队伍的整体素质；就要切实落实县文化馆、图书馆、文管所、文工团和乡镇综合文化站等公益性文化单位人员编制、工资待遇和业务经费等，解除他们开展农村群众文化工作的后顾之忧；就要提高从事农村文化工作人员的业务素质，充分调动广大基层文化工作者的积极性和创造性，确保各文化(群艺)馆、站和图书馆业务人员按自治区桂办发[2006]46号文件规定，平均每人每年深入农村辅导农民开展群众文化活

动的指标要求保质保量完成任务；就要贴近农民生产生活实际，坚持业余自愿、形式多样、健康有益、便捷长效原则，组织辅导开展丰富多彩的农村群众文化活动；就要充分利用农闲、节庆、集市和民族传统节日，组织辅导开展文艺演出、对歌、农业知识讲座、劳动技能比赛等活动，不断增强活动的趣味性、知识性和实效性，吸引农民群众广泛参与，在参与中获取信息、增长知识、掌握技能、受到教育、提高素质；就要紧密结合农民脱贫致富的需求，引导、辅导他们读书用书、学文化、学技能，普及先进实用科技致富知识；就要紧紧围绕社会主义核心价值体系，根据时代特点和农民精神文化需求的变化，进一步深化科学发展观和党的路线、方针、政策学习教育辅导活动，提高广大农民的思想道德素质和科学文化素质，以农民在参与文化活动中获得知识技能增加财富和满意度作为业务辅导工作取得成效的检验标准。

5．社会支持帮导

推进农村群众文化建设，需要社会各方面的共同努力。除了在改革、经贸、民族、财政、建设、税务、工商、旅游、国土、人事劳动保障等部门在农村群众文化发展规划、项目用地协调报批、规划选址、资金拨付监督、税收优惠政策等方面予以不可或缺的大力支持之外，还要充分发挥工会、共青团、妇联、文联、作协、记协等人民团体在联系群众、组织群众、推动农村群众文化建设方面的自身优势和重要作用，更要积极争取当地企业和企业家、各界知名人士的热心相助和鼎力支持，以及广大农民的热情参与，尤其充分发挥民间艺人、文化能人在活跃农村群众文化生活、传承发展民族民间文化方面的带动作用，巩固农村文化建设的群众基础。充分调动全社会各方面的积极性和主动性，形成农村群众文化工作的整体合力，努力营造有利于农村群众文化发展的良好氛围。

6．农民创业指导

指导农民创业，是农村群众文化建设一项极具难度和深度的挑战性工作，也是真正实践文化惠民富民的一项艰巨性任务和根本性措施。要紧紧围绕和依托当地文化资源的优势，充分发挥文化工作者自身的特长，从自己最擅长的文化领域着手，选准指导服务农民创业的切入点，帮助农民摆脱传统农业生产的旧有模式，迈上创建绿色农业、特色农业、农产品加工业和非农产业等农业现代化精细化的发展致富之路。提供创业信心指导，通过各种艺术形式的创业典型人物先进事迹经验介绍，加强对农民创业思想观念的引导，点燃农民的创业激情，指导帮助他们克服自卑心理和畏难情绪，勇敢面对挑战，增强创业信心。提供创业信息指导，通过各种途径掌握农业新兴产业项目发展动态、农村特色产品开发前景、农民用工需求、政策优惠措施等信息，及时向农民提供创业信息资料技术咨询、创业策划、政务代理、政策宣传、市场开拓等全方位周到的信息服务，指导农民选择创业项目。提供创业技能指导，通过文化部门在指导农村文化建设中密切与劳动和社会保障、农业、林业、扶贫等部门以及职业技术学校和区内外劳动中介机构开展多种联合方式，对农民分门别类地进行创业知识、创业技巧、专项业务等新技术职业培训指导，提升农民的创业素质和创业成功率。

7．政策扶持引导

加强政策扶持引导，完善和落实农村文化发展的各项优惠政策，是加快农村群众文化建设的重要保障。要切实贯彻执行中央和自治区已出台的加强农村文化建设的各项优惠政策，重点落实财政、税收、土地、信贷、价格、市场准入、社会保障、人才和投融资等政策，充分发挥政策扶持引导对农村群众文化建设的强大促进作用。尤其要切实贯彻执行《广西壮族自治区人民政府关于文化广西建

设若干政策的规定》(桂政办发[2006]60 号)、《自治区党委办公厅、自治区人民政府办公厅关于进一步加强农村文化建设的意见》(桂办发[2006]48 号)、《广西壮族自治区促进全民创业若干政策意见》(桂办发[2009]41 号等一系列扶持农村文化建设的优惠政策措施,包括关于加大农村文化基础设施建设力度,新增文化事业经费主要用于农村的优惠政策;鼓励社会资本在政策允许的范围内,以各种形式举办农村公共文化事业和文化实体的优惠政策;设立农村文化建设专项资金,加大对乡镇和农村文化建设资金投入的优惠政策,以及鼓励对农村文化事业的捐赠政策、实施优惠的税收政策、实行有利于加快农村文化事业发展的土地政策、培育引进并发挥农村文化人才的激励政策等,狠抓各项政策的真正落实和有效执行,并根据形势发展的需要,抓紧研究制定我区进一步支持农村文化事业发展的经济政策,以强有力的政策扶持引导农村群众文化建设又好又快地向前发展。

8. 媒体造势宣导

新闻媒体进一步加大对农村群众文化建设的宣传力度,大力报道宣传加强农村群众文化建设对活跃农村群众文化生活、满足农民日益增长的精神文化需求、保护农民基本文化权益、促进农村群众性精神文明创建活动、提高农民思想道德素质和科学文化素质、构建和谐社会、推动社会主义新农村建设和农村经济社会发展等方面发挥的独特作用和重要意义,大力推介宣传各地农村群众文化建设的先进经验和典型,引导全社会关注支持农村群众文化事业发展,引导全社会形成共识,充分发挥新闻媒体对农村群众文化建设的宣传导向作用。切实扭转一直以来农村群众文化建设不受重视、遭受冷落、远离新闻媒体宣传中心的边缘地位,提高增加对农村群众文化建设报道的数量和质量,拓展宣传的广度和深度,从而唤起全社会更加关注和重视农村群众文化建设,改善这一"弱势文化群体"目前的生存状态和发展空间,形成强大的舆论造势氛围,这应该成为新闻媒体一个重要的工作职责和义不容辞的时代担当。

概而言之,通过强化八个导向,最终要形成广西农村群众文化建设强大而成效显著的合力疏导服务体系特色。唯其如此,新形势下广西农村群众文化建设就能展现出更加蓬勃兴旺的景象,开创建设社会主义新农村更加美好的未来。

(课题组组长:余益中厅长,副组长:陈映红副厅长,成员:黄燕熙、李武斌同志)

参考书目

1. 自治区党委办公厅、自治区人民政府办公厅:关于进一步加强农村文化建设的意见(桂政发[2006]60号,《广西"十一五"时期文化发展规划纲要》,自治区党委宣传部编,广西民族出版社,2007 年第一版。

2. 陈映红:关于广西农村文化建设的调查报告,《广西兴起文化建设新高潮·聚焦》(2009·下册),余益中主编,广西人民出版社,2009 年 7 月第一版。

3. 李武斌:广西推进文化与经济深度融合的多维视角,《2009 年广西蓝皮书·广西文化发展报告》,李建平主编,广西人民出版社,2009 年 3 月第一版。

4. 李武斌:审视地域文化诗意呈现的农民财富创造,《广西兴起文化建设新高潮·聚焦》(2008),余益中主编,广西人民出版社,2009 年 3 月第一版。

文化专题报道

文化专题报道

广西，多民族文化共繁荣

《光明日报》2009－07－26

在广西，以《八桂大歌》为代表的一批舞台艺术精品一路高歌，走向市场；以《印象·刘三姐》为代表的文化创意产业品牌引得世界各地纷纷效仿；以南宁国际民歌节为代表的节庆文化品牌越唱越响亮……

不仅如此，广西还出现了政府扶持引导、项目策划人运作、社会资金进入的《印象·刘三姐》模式；广西彩调剧团与北京文化公司异地携手复排经典名剧《刘三姐》跨地区合作模式；广西著名作家东西的小说《耳光响亮》，通过经纪人牵线搭桥投资上千万元拍成电视剧的经纪人作用模式……

多民族文化的发展，唱响了广西、唱美了广西。文化产业的繁荣，让广西更加自信、更加开放，把广西带到了世界的舞台上。

文化体制改革的先行者

6 月 28 日，苍翠的独秀峰下，古老的王城院内，广西师范大学出版社宣布改制为广西师范大学出版社有限责任公司，并在此基础上成立广西师范大学出版社集团。我国首家地方大学出版社集团、广西首家出版集团就此正式宣告成立。

殊荣缘何垂青偏于一隅的广西师范大学出版社？从 2000 年起，广西师大出版社就走出桂林，探索"自我裂变，内涵发展"的道路，在北京、广州、南京、南宁、上海成立控股公司。同时，位于桂林的出版社本部也开始主动裂变，相继成立了社科分社、文献分社。

2007 年 4 月，广西师大出版社被确定为大学出版社转企改制的试点单位。如今，水到渠成，瓜熟蒂落，出版社集团董事长、出版社有限责任公司董事长兼总经理何林夏表示，转制以后，集团将走"做强传统出版主业，多元化发展"的道路，力争把集团建设成为华文世界里最有影响力的出版机构之一。

实际上，广西唯一的全国优秀出版社——接力出版社早就尝到了转企改制的甜头。2007 年 1 月 9 日，接力出版社有限公司顺利挂牌，使得接力出版社成为我国地方出版社单个转企改制的"第一人"。

在宽松的环境里，接力出版社输出中国原创儿童文学作品的步伐走得更快了。"淘气包马小跳系列"被输出到法国、美国、英国等世界主流图书市场，《黑焰》版权输出到法国，《地狱的第 19 层》版权输出到泰国……

2008 年，接力出版社在市场的洪流中显示出极强的抵御能力和应变能力，图书市场发展平稳，发货总码洋 3.1 亿元，实现销售收入 1.53 亿元，利润 1642.84 万元，同比增长 2.48%。

不仅如此，早在 2004 年 2 月，广西第一家文化产业集团——广西新华书店集团有限公司正式成立，率先实施文化体制改革，改变了新华书店半个世纪来计划经济模式，并通

过变革在市场中成功地探索出新的经营格局，成为广西文化系统吃“螃蟹”的先行者。

文化创意产业的探索者

“唱山歌哎，这边唱来那边和……”优美的歌声从浓浓的夜色里溢出，飘散在江面上，瞬间，光影撩开夜的幕布，远处的山峰魔幻般闪现……大型实景演出《印象·刘三姐》就这样盛大开演。

自从 2004 年 3 月公演至今，《印象·刘三姐》一直保持着“全国演出业中观众最多、影响力最大、年营业额最高”的演出地位。到 2008 年底，《印象·刘三姐》演出总场次近 2000 场，观众约 300 万人次，票房收入约 6 亿元。

在阳朔镇木山村，23 岁的莫桂花忙碌而充实。白天，在家里的餐馆是老板；晚上，脱去围裙，穿上艳丽的服装成了一名演员。让农民演自己、唱自己，把日常生活变成艺术，不仅实现了农民自我价值的升华，而且展示了新型农民的个性美和自信心。

《印象·刘三姐》的成功上演，还改变了桂林的旅游格局。过去，一般游客游完漓江上岸，往往只在阳朔西街作短暂停留后即返回市区。如今，游客观赏完演出后，多会选择在这里住下。

刘三姐，一个从歌圩中走来的壮家女，已经成为了一张著名的民族文化名片，这无疑是广西文化产业成功的范本。

受其启示，不少地方也因地制宜地推出了《印象丽江》、《印象西湖》、《印象海南岛》等实景演出，在全国形成了“印象系列”。

《印象·刘三姐》的项目模式还走出了国门。2006 年底广西与越南签署了越南下龙湾海上实景演出项目，并与柬埔寨吴哥窟实景演出项目《高棉的微笑》达成合作意向。这一系列有益的探索，开创了广西文化产业输出新模式，标志着广西文化产业团队已具备进军国际市场的能力与实力，将成为中国文化产业开辟国际文化市场的又一新亮点。

广西民族大学人类学研究专家徐杰舜教授说：“民族传统文化的传承发展，正是在国家扶持、政府支持、民族努力的情况下实现的，适应时代潮流的文化作品涌现，恰恰是广西多民族文化共同繁荣发展的集中体现。”

城市品质的塑造者

每逢瓜果飘香的金秋时节，南宁国际民歌艺术节总是准时地盛大亮相，以不断前进的民歌姿态和不断丰盈的艺术内涵，叫醒世界的耳朵。

花开十载，南宁国际民歌艺术节越办越红火，其中的诀窍何在？面对这样的提问，民歌节艺术总监、南宁市文化局局长陈晓玲告诉记者：“定位准确，特色突出，机制保障，成就了今天的民歌节。”

2006 年，民歌节踏上了欧洲。由民歌节组委会与中央电视台、奥地利国家电视台三方联合举办的“大地飞歌·音乐家舞台——中奥萨尔茨堡之夜”文艺晚会，把壮乡风土人情带到欧洲。

有人称南宁国际民歌节为广西带来了“旅游冲击波、投资冲击波、城建冲击波”。十年过去，人们发现，南宁越来越开放了，越来越包容了，越来越美了！

借助民歌节这一阶梯，大踏步走向世界的南宁人也发现，有意识地培育一个节庆文化品牌，和一个城市发展有着内在的关联。悠悠民歌不仅传开了绿城南宁的知名度和美誉度，更唤醒了这座城市自身蕴藏着的冲动和渴望，继而变成一种强大的自我升华的激情和动力，使其以大开放、大发展的姿态，阔步前行。

有着同样认识的不仅仅是南宁。

在柳州，市歌舞团排演的民族音画《八桂大歌》连续在 22 个省市进行了 38 场演出，创造了广西乃至全国的多个“第一”：国家级精品剧目第一次最大规模、最大范围的巡演活动;全国会堂(剧院)有史以来针对舞台艺术作品第一次最大范围的规模化运作;广西舞台艺术史上最大规模、最大范围的一次全国性剧目巡演。

2007年底,国内第一部音、画、诗风格的动漫精品《心灵之窗》在柳州诞生,全区唯一一个动漫游戏产业园——柳州市柳东新区蓝海动漫游戏产业园也已奠基……

这一系列大手笔,描绘出了工业柳州的真正意图:文化产业不仅可以给人们带来欢声笑语,而且还可以调整、改善柳州三次产业结构的平衡关系,解决经济增长和资源、环境的矛盾,促进城市可持续发展。

(刘 昆 李 静)

我们尝到了文化旅游致富的甜头

——广西梧州市文化致富工程惠及千万农家

《中国文化报》2009－03－13

“自从文化致富工程实施以来，我们道家村石表山的文化旅游业红火起来了。现在，我们争创国家4A级风景区成功了，到村里来游玩的人多起来了，我们就在家门口就业，搞文化旅游服务业，环境比以前好多了。”广西藤县象棋镇的村民王大华高兴地说。

王大华的这番话，说出了道家村村民的心声。近年来，梧州市文化部门立足全市的历史文化资源，以“文化致富”工程为抓手，助推新农村建设工作，把藤县象棋镇道家村、万秀区旺甫镇老义村等7个乡村作为试点，深挖乡村文化潜力，着力推进藤县道家村文化旅游业建设。在道家村，一大批具有丰富文化内涵的新景观、新项目成为藤县乃至梧州旅游的新亮点。旅游与文化的交融提升了乡村旅游的品位，为旅游产业发展增添了新的活力，也为农民群众解决了就业难题，找到了脱贫致富的新路子。

藤县象棋镇道家村原是一处名不见经传的山村，美丽的北流河从村里流过，峻峭的石表山位于村落附近，但由于当地人不懂得挖掘旅游文化内涵，道家村的经济发展一直处于落后状态。从2007年开始，梧州市文化局启动文化致富工程，选取藤县象棋镇道家村作为试点。如何让该村凸显文化魅力，使文化内涵转变为经济推动力，将该村打造成文化休闲旅游型新农村？为此，文化部门对道家村进行了深入调研和整体策划，在充分调研和论证的基础上，提出要整合该村的山水文化资源，把乡村文化和美丽山水融为一体，充分利用境内原有赤壁丹崖、流水飞瀑、苍松翠柏、田园风光、沙滩水域等自然景观，以及道家历史、福隆庄、窦家司、古埠头等古文化景观进行市场运作，通过招商引资建设石表山休闲文化旅游度假区，实现文化与旅游的有机融合。

确定工作目标后，梧州和藤县文化部门上下联动，多方筹措，为道家村石表山风景区的建设出谋划策，从多方位支持道家村的文化旅游建设。文化部门为该村进行宣传策划，提炼道家文化和石表山风景区的旅游文化内涵，吸引有关客商业主前来投资建设。同时，文化部门把送文化下乡与村镇文化建设结合起来，为该村景区投入了一批音响设备，派出专业人员对景区舞狮队进行辅导培训，推动景区特色文艺节目和体育演出活动的蓬勃开展，为风景区增添了文化魅力。道家村石表山风景区计划总投资11872万元，据估算，项目建成后可使当地村民800人就业，可融入150户村民参与农家旅馆经营，每户可年增收入1万元，90%的旧村民房按规划将得到全面改造，村基础设施可以进一步完善，实现当地村民人均收入增加2000元的致富目标。

文化与旅游的结合使道家村的旅游业从无到有、从小到大发展起来，经过几年的精心打造，该村景区的文化旅游业开发了舞台艺术、实景演出、民俗风情、文化节庆等多类具有地域特色的文化旅游项目。以乡村度假、漂流休闲、民族风情旅游为主的、具有地方特色的旅游产业在道家村日益兴盛起来。现在，景区花大力气投入交通基础设施、景区旅游设施建设。王大华和众乡亲都成了风景区的一员，他当起了河面漂流竹筏的“船夫”，获得了一份收入不菲的工作。有的乡亲则担任了景区营业员、服务员，大家忙得不亦乐乎。也有乡亲在村里创办了农家旅馆和风味饭店，在自家门前做老板，其乐融融！

道家村通过旅游与文化的巧妙结合，不仅发展了乡村经济，也展示了当地优美的风光，还为村民群众找到了一条务工致富之路。难怪王大华说：“我们尝到了文化旅游致富的甜头！”

（刘创举　陈智锐）

深化改革文化体制　大力发展文化产业

——马飚考察广西壮族自治区文化体制改革和文化产业发展侧记

八桂大地暖阳普照。近日，自治区主席马飚来到多家驻邕区直文化单位、新闻媒体和文化产业企业，考察调研广西壮族自治区文化体制改革和文化产业发展情况，召开广西文化体制改革暨文化产业发展工作座谈会，并作重要讲话。

面对新的形势，站在新的起点，广西上下，立足现实，着眼长远，以科学发展之观念，密锣紧鼓谋划广西文化发展振兴之路，吹响广西文化体制新一轮改革的号角，激活广西文化产业发展潜力，兴起文化建设新高潮，实现广西文化大发展大繁荣。

在新的历史性机遇中，广西文化事业正乘风破浪、扬帆远航。

一、考察出版企业经营状况、看演出单位排练演出、听媒体改革发展思路、检查图书发行动态

一路走来，马飚步履匆匆，细加分析，深入思考。

在广西出版总社，马飚为这家广西出版业“龙头老大”取得的成绩深感振奋：主要经营指标均为全国出版社平均水平的两倍多，一批优秀出版物屡次在全国和国际获奖，在国内出版界声誉日隆。

马飚有感而发：“当今时代，谁赢得了文化，谁就赢得未来！广西文化大发展大繁荣的时期就要到来！”

在广西木偶剧团，马飚被《小美人鱼》等木偶剧深深吸引：精妙的木偶设计、绚丽的场景、动听的音乐，构建了一个亦真亦幻的童话世界。

马飚看到了这些精彩文化产品的巨大市场：“这些剧目既有科技含量又有故事情节，既有较高的观赏价值又有教育意义，小朋友们喜欢，大人们也会喜欢！”

连日紧张深入地考察调研后，12 月 3 日，马飚召集全区各有关部门及重要文化企业负责人齐聚一堂，座谈广西文化体制改革暨文化产业发展工作。

会议总结成绩，探讨问题，交流经验，深入分析当前新形势和新任务，对我区文化产业发展再动员、再部署，为我区兴起文化建设新高潮拉开了序幕、吹响了号角，是一次重要的、标志性的会议。

马飚跟大家谈形势，论发展。他说，站在新的历史起点上的广西，形势喜人，形势逼人。当今世界，文化生产力已成为生产力中最活跃、最关键的因素之一。他指出，提升文化的软实力就是增强发展的硬实力。只有加快推动文化建设和文化产业发展，才能更好地凝聚我区各方面的力量，提升我区综合实力和综合竞争力，才能实现广西的科学发展、和谐发展、跨越发展。

马飚对全区兴起文化建设新高潮提要求，作部署。他强调，全区各级党委和政府务必从战略和全局的高度，充分认识兴起文化建设新高潮的重要意义，切实增强加快推进文化建设的紧迫感、责任感和使命感，把文化建设放在建设富裕、文明、和谐新广西的大局中来谋划、来布局、来推动，迅速兴起文化建设新高潮，推动我区经济社会又好又快发展。

座谈会的召开，辨清了形势，指明了方向，从我区文化事业发展的实际出发，因地制宜，务求实效，谋划长远，积极部署，发起了一场足以影响到整个文化事业乃至整个广西发展的行动，顺应了时代发展要求，顺应了广西各族人民过上更好生活的新期待，顺应了文化建设的内在规律和发展趋势，必将推动我区文化体制改革和文化产业发展的大大提速，推动我区文化大发展大繁荣，推动我区经济社会又好又快发展。

二、八桂大地珍藏着奇美的山水风光，也蕴含着丰富的文化宝藏

自治区党委、政府长期以来高度重视广西文化产业发展，始终把文化建设放在建设富裕、文明、和谐新广西的大局中来谋划、来布局、来推动，通过出台一系列政策措施，推动我区文化建设进入了一个快速发展的新时期，我区文化发展呈现出日益繁荣的发展局面。

但当前我区的文化建设仍存在不少的困难和问题。从总体上看，与国内一些文化建设先进省市相比还有不小的差距。

广西文化发展如何破局？如何登高？如何拓展？答案在于两个字：改革！

在调研和座谈中，一家家文化企业表现出的旺盛生命力，以及自我改革、不断创新、积极向上的精神，让人看到了我区文化产业的无限潜力和蓬勃动力。

马飚来到广西日报社的日子，正是我区这个新闻战线"排头兵"创刊60周年纪念日的前夕。

在广西日报社创刊60周年特别节目录制现场，马飚拿起麦克风，信心满怀地给全区媒体工作者和文化产业工作者鼓劲："我区对外开放的深入和扩大以及经济社会快速的发展，为传媒业和其他文化产业的发展提供了广阔的市场空间。通过积极的体制改革、机制转换，成立广西日报传媒集团，广西日报社必将迸发更强大的前进动力，进一步发挥'领头羊'作用，引领广西文化产业的发展！"

经深入思考，仔细筹划，座谈会吹响我区文化体制改革号角，提出我们要在解决影响和制约文化科学发展的一些深层次矛盾和问题上实现重点突破，推动文化体制改革向纵深发展，革除体制性障碍，形成有利于文化发展的体制环境，释放全区文化产业生产力。

文化体制内这样的一场改革，对我区文化事业单位来说，是一次文化生产力的解放和促进，对全区各族人民群众来说，是新形势下文化需求的满足和文化权利的实现，对全区各级政府来说，意味着文化执政能力的提高，通过改革使健康的文化、先进的文化得到更有效的传播。

我区文化体制改革大幕正徐徐开启。可以预见，一系列改革措施将陆续出台，我区文化生产力将得到极大释放。文化体制改革，将成为促进我区文化大发展大繁荣的强大动力，成为推动我区经济社会发展的新引擎。

三、文化是一个民族的灵魂和标志，是广西经济社会又好又快发展的强大的精神动力和智力支持

而文化的大发展大繁荣，又需要有文化产业的强大支持。

此次座谈会指出，广大人民群众对文化市场有迫切的需求，在我区加快发展文化产业很重要、很必要、很迫切，也有很强的可行性。大力发展文化产业，是我区兴起文化建设新高潮的突破口，是提升我区文化软实力的重要途径，是我区文化大发展大繁荣的重要增长点。只要我们共同努力，在不远的将来文化产业必将成为我区又一千亿元产业。

座谈会为全区各族人民描绘了一幅广西文化产业得到迅速发展的蓝图——

广西成为在全国有较大影响力的区域文化中心，成为中国—东盟文化产业发展与交流的枢纽和交流的聚集区，中国文化走向东盟的主力军、生力军，成为具有广西气派、壮乡风格和时代特征、开放包容的先进文化省区。

为此，我区需要通过深化文化体制改革，调整文化产业结构，完善文化产业政策，建设

一批文化产业的基础设施和公共服务平台，扶持一批骨干文化企业和重点文化基地，引进一批文化战略投资者，实施一批重大文化产业项目和对外文化产业工程，推出一批文化品牌、产品，构建有广西气派的文化产业基地、文化产业园区、文化产业项目集群。

14项具体工作在此次座谈会上得到了具体部署。从文化产业发展规划、战略重点，到整合优势资源建设文化产业重大工程，开拓文化产业的市场，组建文化产业集团，建设文化产业基地，从筹措广西文化产业资金，到培养文化产业人才，促进文化产业对外交流等等相关问题，在此次座谈会上都进行了深入讨论、积极谋划。

四、近年来，我区动漫产业从小到大、迅速发展，取得了可喜的成绩

从儿童漫画《神脑聪仔》，极具壮乡风情的大型故事漫画《漫画刘三姐》、《八桂歌画》，到在国际上斩获电影节大奖的动画片《象山》，广西动漫产业的发展局面，令人兴奋、令人欣喜。其中重要经验，就是利用了我区丰富的文化资源、发挥了我区文化特色，从而顺利打开了全国和国际市场，在业界引起了关注。

为此，发展动漫产业，成为我区推进文化产业发展的重要内容，成为实现广西文化产业发展"弯道超车"，超越经济发达地区的重要途径之一。

此次座谈会上，动漫产业发展，成为大家讨论的热点与焦点。仅仅一个南宁动漫城，大家就提出了多个方案，表现了极大的建设热情。

"南宁市对动漫城的建设大力支持！"

"木偶剧团想增加一个快乐城堡……"

"若论动漫产业，广西以及整个东盟国家都是盲区，在南宁打造国际品牌的动漫产业，时不我待！"

座谈会对动漫产业发展作出战略性部署，提出我区动漫产业的发展目标：

——力争经过5至10年的努力，使广西原创动漫产品的数量和质量大幅度提升，动漫产业总体水平达到西部领先，与全国先进省区的差距逐步缩小，与东盟国家在动漫产业领域的交流、合作和影响不断扩大。

届时，一到两家在国内有影响力的大型动漫龙头企业，以及一批充满活力、具有潜力的中小型动漫企业将在广西崭露头角；两到三个具有广西特色的动漫品牌将在国内外取得较大影响力；南宁将建成动漫城，桂林、柳州、北海等将建成动漫创意创作基地；两到三个效益突出的动漫产业园区即将建成；一支广西动漫产业高端人才队伍将成为我国动漫产业的生力军。

战略部署令人振奋，总体目标催人奋进。大幕已经拉开，号角已经吹响。我们相信，广西必将迎来文化的大发展大繁荣。

（宋春风）

深化改革文化体制　大力发展文化产业

《广西日报》2009－12－07

连日紧张深入地考察调研后，12月3日，马飚召集全区各有关部门及重要文化企业负责人齐聚一堂，座谈广西文化体制改革暨文化产业发展工作。为此，发展动漫产业，成为我区推进文化产业发展的重要内容，成为实现广西文化产业发展“弯道超车”，超越经济发达地区的重要途径之一。

八桂大地珍藏着奇美的山水风光，也蕴含着丰富的文化宝藏。自治区党委、政府长期以来高度重视广西文化产业发展，始终把文化建设放在建设富裕、文明、和谐新广西的大局中来谋划、来布局、来推动，通过出台一系列政策措施，推动我区文化建设进入了一个快速发展的新时期，我区文化发展呈现出日益繁荣的发展局面。

但当前我区的文化建设仍存在不少的困难和问题。从总体上看，与国内一些文化建设先进省市相比还有不小的差距。

广西文化发展如何破局？如何登高？如何拓展？答案在于两个字：改革！

在调研和座谈中，一家家文化企业表现出的旺盛生命力，以及自我改革、不断创新、积极向上的精神，让人看到了我区文化产业的无限潜力和蓬勃动力。

马飚来到广西日报社的日子，正是我区这个新闻战线“排头兵”创刊60周年纪念日的前夕。

在广西日报社创刊60周年特别节目录制现场，马飚拿起麦克风，信心满怀地给全区媒体工作者和文化产业工作者鼓劲：“我区对外开放的深入和扩大以及经济社会快速的发展，为传媒业和其他文化产业的发展提供了广阔的市场空间。通过积极的体制改革、机制转换，成立广西日报传媒集团，广西日报社必将迸发更强大的前进动力，进一步发挥‘领头羊’作用，引领广西文化产业的发展！”

经深入思考，仔细筹划，座谈会吹响我区文化体制改革号角，提出我们要在解决影响和制约文化科学发展的一些深层次矛盾和问题上实现重点突破，推动文化体制改革向纵深发展，革除体制性障碍，形成有利于文化发展的体制环境，释放全区文化产业生产力。

文化体制内这样的一场改革，对我区文化事业单位来说，是一次文化生产力的解放和促进，对全区各族人民群众来说，是新形势下文化需求的满足和文化权利的实现，对全区各级政府来说，意味着文化执政能力的提高，通过改革使健康的文化、先进的文化得到更有效的传播。

我区文化体制改革大幕正徐徐开启。可以预见，一系列改革措施将陆续出台，我区文化生产力将得到极大释放。文化体制改革，将成为促进我区文化大发展大繁荣的强大动力，成为推动我区经济社会发展的新引擎。

广西宣传文化系统文化惠民工程系列活动启动

——沈北海出席启动仪式上的讲话

《广西日报》2009－01－19

1月8日，“文化惠民，欢乐八桂——广西宣传文化系统文化惠民工程活动”启动仪式在南宁举行。本次活动是由自治区党委宣传部、自治区文明办、广西日报社、自治区文化厅、自治区广播电影电视局、自治区新闻出版局、广西出版总社、广西文联、广西新书店集团、广西人民广播电台、广西电视台等单位主办。自治区党委常委、宣传部部长沈北海出席并讲话。

沈北海说，实施文化惠民工程，通过一系列具体项目，把健康向上的文化产品和文化服务送到基层特别是广大的乡村，让广大人民群众共享文化成果，是我区宣传文化系统学习实践科学发展观的具体行动，体现出宣传文化工作者更加主动、更加自觉地为人民服务、为基层服务的精神，体现宣传文化系统转变工作作风、加强行政效能建设的成效。我们一定要把好事办实、实事办好。通过持之以恒的努力，把文化惠民工程做成一个品牌，使之成为我区宣传工作贴近实际、贴近生活、贴近群众的好方式，成为我区宣传文化系统为基层群众办实事办好事的新载体。

沈北海希望，各地要按照《自治区党委宣传部关于组织开展2009元旦、春节期间文化活动的通知》精神，组织好节日期间的文化节活动，确保全区各族人民过一个欢乐、文明、祥和、安定的节日。要积极开展和精心组织形式多样、内容健康的群众性文化娱乐活动，特别是要把好戏、好电影、好书送到革命老区、民族地区、边境地区、贫困地区，把党和政府的关怀和温暖送到当地群众的心上；要深入开展城乡清洁工程，营造干净整洁、欢乐祥和的节日氛围；要加强文化市场管理，加大监督力度，净化文化市场，繁荣文化市场；要切实抓好安全和稳定工作，确保安全有序，万无一失；要利用节日期间的文化活动做好新闻宣传和外宣工作，树立广西的良好形象。

本次系列活动内容包括：文化科技卫生“三下乡”，百场舞台艺术精品基层巡演，千场电影基层巡映，文化帮扶快车村屯行，送书下乡建农家书屋，2009年春联征集大赛、春联展，山歌唱和谐——第二届广西山歌大赛，“手拉手”艺术团民族地区行活动，自治区50年。大庆摄影作品巡展，千名书法家书写春联送农家活动。

（蒋　林）

2009年2月全区文化工作会议召开

《广西日报》2009－02－18

面对文化促进社会经济发展的作用日益凸现，人民群众参与文化建设的热情高涨，2月15日召开的2009年全区文化工作会议提出，要抓住机遇，真正把机遇变成推动广西文化大发展的强大动力和实际成果。

完善一批文化基础设施。续建广西民族博物馆建设工程，启动广西文化艺术中心（含自治区群众艺术馆）建设前期工作，做好广西铜鼓博物馆、自治区自然博物馆建设项目的前期工作，指导自治区博物馆陈列大楼、民族文物苑改造维修。加快推进南宁剧场维修改造工程的实施，做好部分区直剧团排练场所的改造和维修工作。推进乡镇综合文化站项目建设，为499个乡镇综合文化站配送文化信息资源共享工程设备，指导桂西五县基础设施建设中文化项目建设和柳北革命老区七县大会战文化项目建设。大力扶持、引导南宁会展节庆产业中心和文化产品物流业、柳州动漫产业中心、桂林旅游文化产业中心、北海以及广西北部湾海洋文化为核心的产业中心等重点文化产业集群的建设。促进以工艺品为主的“一地一品”文化产业发展，拓宽农民致富增收渠道。积极开展以东盟和港澳台地区为重点的文化交流贸易活动。

会议要求全区各级文化部门，要紧紧围绕全区科学发展三年计划和兴起广西文化建设新高潮三年行动计划的实施，大力实施文化惠民、富民工程，使文化氛围更加和谐，文化创新更加积极，文化产品日益丰富，服务质量不断提高，文化建设与政治、经济、社会建设协调发展，彰显文化在经济社会发展中的基础性作用，形成文化领域大团结、大繁荣、大发展的良好局面，以优异成绩庆祝建国60周年。

（尹华平）

广西全面加快非物质文化遗产保护工作

《广西日报》2009－07－02

为保护传承和对外宣传我区列入国家级非物质文化遗产名录，经自治区同意立项，批准组织编纂《广西国家级非物质文化遗产丛书》和录制《广西国家级非物质文化遗产专题纪录片》的实施方案。6月中旬，《丛书》和《纪录片》的组织领导机构在南宁正式成立。据悉，做好非物质文化遗产保护工作，由政府立项出资，将出书和拍片作为一个整体工程来进行，我区走在全国各省（区、市）之先。

广西各民族在长期的生产和生活中，用自己的勤劳、勇敢和智慧，创造了独具民族特色的文化，留下了丰富多彩、特色鲜明的非物质文化遗产。这些仍然活跃在民间的多元文化有一部分被列为非物质文化遗产。广西共有28个项目进入第一和第二批国家级非物质文化遗产保护名录，但随着现代化进程的加快，部分非物质文化遗产正濒临消亡，保护和纪录这些非物质文化遗产已到了时不我待的紧要时期。

此项由自治区立项的出书和拍片整体工程，以广西12个世居民族为主线，以列入国家非物质文化遗产名录的民族传统文化为素材，图文并茂、直观生动地记录各民族多元文化的丰富内涵和鲜明的民族特色，使其成为具有权威性的历史资料和文化精品。整个工程将历时3年，由自治区文化厅负责组织协调，广西民族文化艺术研究院负责具体实施。自治区文化厅厅长余益中在领导机构成立会议上发言强调，要改变长期以来人们对"广西有历史没文化，有民族没文化"的偏颇看法，就要挺起腰杆，拿起笔杆，通过政府立项"出书"、"拍片"这个大好时机，努力扩大广西文化影响力，真正做到编写起点要高，编写内容要实，编写视角要新，编拍画面要美，编写成果要用，进一步扩大广西的民族文化在全国和世界的影响。

（尹华平）

全区少数民族文化工作会议在南宁召开

《广西日报》2009－10－17

10月16日，全区少数民族文化工作会议在南宁召开。自治区相关部门、全区14个市政府及其相关部门共100多人参加了会议。这次会议是贯彻落实今年6月份国务院召开的全国少数民族文化工作会议精神的一次重要会议，也是广西壮族自治区成立以来召开的第一次全区少数民族文化工作会议。

会议回顾总结了我区少数民族文化工作的成绩和经验，明确了今后的主要任务和重点工作，部署了下一阶段的少数民族文化有关工作。中华人民共和国成立60年以来，党中央、国务院和广西各级党委、政府高度重视民族文化工作，我区的民族文化取得了长足的进步：文艺精品层出不穷，屡获国家级大奖，民族文化遗产得到有效的保护和开发，民族节庆活动蓬勃发展，各族人民群众的文化需求得到了较好的满足。此次会议的召开，对于开创我区少数民族文化工作新局面，繁荣发展少数民族文化事业，促进我区经济社会的又好又快发展，将产生很大的推动作用。

自贸区建设将加强文化产业交流合作

《广西日报》2009－11－03

中国—东盟自由贸易区将于2010年1月1日如期建成，而在今年10月28日于南宁开幕的中国—东盟文化产业论坛，由于其为在全球应对金融危机之时、国家发布《文化产业振兴规划》之际、中国—东盟自贸区建立之前在广西南宁举办的一次重要文化产业论坛，因而具有特别的意义，备受社会关注。

在10月24日于泰国举行的第十二次中国与东盟领导人会议（10＋1）上，国务院总理温家宝说，中国和东盟山水相连，彼此怀有深厚的情谊，拥有广泛的共同利益。面对国际金融危机的严峻挑战，中国和东盟相互帮助，加强合作，在携手应对挑战中促进共同发展。他强调说，即将于2010年如期全面建成的中国—东盟自贸区将成为双方关系史上又一重要里程碑。同时，关于下一阶段合作，温家宝总理在六点建议的第五点中还特别提到了要加强社会文化交流。

而在前不久召开的2009中国—东盟文化产业论坛新闻发布会上，2009中国—东盟文化产业论坛组委会主任、广西文化厅厅长余益中也谈到，文化产业能进一步深化中国—东盟自由贸易区的交流合作内容、拓宽交流合作领域、提升交流合作层次，是建设中国—东盟自由贸易区的迫切需要和重要组成部分，并将惠及自贸区内11国19亿人民，最终在服务中国—东盟自由贸易区建设、广西北部湾经济区开放开发、推动广西文化产业大发展大繁荣等方面发挥积极而重大的作用。

据悉，南宁已经成功举办了三届的中国—东盟文化产业论坛，中国与东盟国家在文化产业发展方面，通过多角度、多层次的交流探讨，达成了诸多共识。共同发表的《南宁宣言》，肯定了文化产业对中国和东盟各国经济的强大推动作用，并一致同意中国和东盟各国应当通过中国—东盟文化产业论坛这一平台，进一步加强文化产业方面的交流与合作。

广西文化如何更好地服务广西北部湾开放开发与中国—东盟自由贸易区在经济层面的对接？余益中表示，本届论坛的主题和议题将结合文化产业领域发展情况，以东盟博览会的主题和议题为借鉴参考，紧跟东盟自由贸易区建设进程并以“文化产业与社会发展”为本届论坛主题展开讨论，其内容主要包括：金融危机给中国与东盟各国文化产业带来的机遇和挑战、民族文化的传承保护与产业开发、大型实景演艺的特点及效果评价、创意与城市发展、奥林匹克与文化产业、中国—东盟自由贸易区框架下文化产业的合作等。

2009年广西(昭平)茶王节暨生态旅游文化年启动

《广西日报》2009－04－11

4月10日上午，由自治区农业厅、文化厅、旅游局、贺州市委、贺州市人民政府联合主办的2009广西(昭平)茶王节暨生态旅游文化年在昭平县城启动。当日举行的昭平县大型招商引资集体签约仪式上，共引进工业、农业、旅游等产业项目12个，投资总金额达8.26亿元。

昭平县具有良好的气候生态环境，森林覆盖率80.71％，绿化率98.18％，境内有丰富的林业、水电、旅游、茶果等资源，曾先后获得国家级生态示范区、全国绿化模范县、中国最佳休闲旅游县、全国文明县城等荣誉，黄姚古镇被评为中国历史文化名镇、国家4A级旅游景区并列入全国农业旅游示范点。近年来，该县大力发展茶叶生产，种植、加工科技水平不断提高，“昭平银杉”在各类茶叶评比中屡获大奖，已逐步发展成为统一的茶叶品牌。目前，昭平县茶园面积已达10.5万亩，有将军峰等13家大型茶业专业公司。去年，全县茶叶总产值达3.01亿元，全县农民人均茶叶纯收入620元。

昭平县领导介绍说，这几年，昭平通过挖掘悠久的种茶历史，利用精湛的制茶工艺和优良的茶叶品种，孕育茶叶王国的“后起之秀”，加大对昭平茶文化的挖掘、弘扬和宣传，走旅游业与茶产业相结合的发展路子，加快茶文化开发建设。

(王万程　徐有秀　黎祖叠)

繁荣监管　齐头并进

——访自治区文化厅厅长余益中

《广西日报》2009－04－08

核心提示：繁荣监管　齐头并进——访自治区文化厅厅长余益中　自治区文化厅积极配合自治区文明办和其他部门，一手抓繁荣，积极促进优秀文化产品的创作和传播，满足未成年人的文化生活需求；一手抓监管，打击非法文化产品，对网吧进行专项治理。对此，自治区文化厅厅长余益中回答了记者的相关提问。

记者：重点开展网吧专项治理工作，主要从哪几方面开展进行？

余益中：一是依法查处违法接纳未成年人进入网吧的经营行为，各级文化行政执法机构要投入80%的稽查力量加强对网吧的巡查，要以农村及城乡结合部为重点分片包干，责任到人，在法律法规规定的范围内强化处罚力度；二是依法审批，严格控制网吧总量，在专项治理期间，一律停止新设网吧的审批工作；三是加快网络文化市场科技监管系统建设，争取8月底实现自治区监控平台与南宁、柳州、桂林、梧州、玉林等市的互联互通，10月底完成自治区与文化部监控平台的互联互通；四是协同有关部门，严厉打击未经行政许可的非法网吧即黑网吧、变相黑网吧。

记者：游艺娱乐场所的规范和设置，对促进未成年人的健康成长产生重要影响，我区在这方面将如何依法行政、严格执法？

余益中：首先围绕“阳光娱乐，和谐文化”这一主题，动员经营者、消费者及社会各界积极参与，为娱乐场所的健康有序发展营造良好的市场环境；其次是严格设定游艺娱乐场所的开办条件，依法开展审批工作，严厉打击违规接纳未成年人、超时经营、赌博等违法经营行为，切实改变娱乐场所的社会形象。

记者：为未成年人提供更多更好的精神“食粮”，是繁荣我区精神文化产品的创作生产重要组成部分，现在正在做哪些工作？

余益中：广西木偶剧团将创作两部舞台动漫作品《瞎水母智斗大鲨鱼》和大型童话故事《金凤凰》；广西话剧团将陆续推出《雷雨》、《马兰花》、《小红帽》、《睡美人》、《安徒生》等童话剧、音乐剧、人偶剧；广西彩调剧团将演出红色经典剧《三朵小红花》、《闪光的足迹》；广西桂剧团复排《刘胡兰》、《一、二、三起步走》，等等，通过为未成年人提供一批优秀的文艺作品和优质的文化服务，以优异成绩迎接建国60周年，向党和人民交上一份满意的答卷。

为未成年人提供更好“精神食粮”

广西新闻网 2009－04－08

作为净化社会文化环境工作的责任单位之一，广西各级文化部门认真贯彻中央和自治区党委政府的决策部署，坚持“守土有责，守土负责，守土尽责”，切实加强对网吧、娱乐游艺场所、动漫产业、音像市场的管理，依法行政，严格执法，从严查处打击危害未成年人身心健康的违法经营行为，强力净化社会文化环境取得了明显成效。

与此同时，各级文化行政部门认真贯彻中央、自治区有关精神，在国家财政对公益文化事业增加投入的基础上，全区各图书馆、博物馆陆续免费向社会和未成年人开放；启动了未成年人阅读年活动，并组织开办了儿童阅读专家讲坛、评选优秀儿童读物、阅读嘉年华系列活动；全区专业文艺表演团体和广大文艺工作者响应号召创作了一大批深受未成年人喜爱的儿童剧、木偶剧等优秀的舞台艺术作品。记者近日就相关问题采访了自治区文化厅党组书记、厅长余益中。

记者：目前，银幕上充斥着国内外的各种大片，适合未成年人观看的节目较少，自治区文化部门对此有什么措施，推出适合更多未成年人观看的节目？

余益中：自治区直属艺术表演团体、艺术研究、艺术创作单位将有计划有步骤地创作、改编、演出一大批青少年喜爱的文艺作品。广西木偶剧团将创作两部舞台动漫作品：《瞎水母智斗大鲨鱼》和大型童话故事《金凤凰》；广西话剧团将陆续推出《雷雨》、《马兰花》、《小红帽》、《睡美人》、《安徒生》等童话剧、音乐剧、人偶剧；广西彩调剧团将演出红色经典剧《三朵小红花》、《闪光的足迹》；广西桂剧团复排《刘胡兰》、《一、二、三起步走》，广西京剧团、广西歌舞剧院将组织京剧、交响乐进校园。

广西民族艺术研究院、广西艺术创作中心将投入较大的人力、财力推出一批反映青少年喜爱的电视剧、舞台剧和广播剧，柳州市委宣传部、柳州市蓝海科技股份有限公司联合出品的优秀动漫片《心灵之窗》在柳州市电视台试播，受到广大观众、未成年人的欢迎和专家的好评，并将在中央电视台和各省市电视台播放。

记者：未成年人的成长离不开社会文化活动，如何充分利用公共的文化设施，开展丰富多彩的社会文化活动？

余益中：各级文化行政部门将充分利用现有图书馆、文化馆、博物馆、青少年活动中心、爱国主义教育基地等地举办各类适合未成年人的文化活动，阅读年活动、专家讲坛、儿童阅读服务论坛、小学生作文比赛、中小学生书画大赛、优秀儿童读物评选等系列活动。自治区文化厅还将在7—12月，分别举办广西“八桂群星奖”文艺会演（含未成年人文艺会演），全区少年儿童艺术大赛、建国60周年全区小学生征文比赛等项奖赛活动，并对优秀作品和获奖个人给予奖励。

记者：网络传播已经成为新型的信息传播手段，同时，网吧的日益增多，很多的社会问题也出现在网吧里，有关部门应该如何重点开展网吧专项治理工作？

余益中：加强管理力度，重点开展网吧专项治理工作，我们重点从以下方面进行：一是依法查处违法接纳未成年人进入网吧经营行为。全区在3月5日至6月10日开展为期三个月的净化社会文化环境专项治理。各级文

化行政执法机构要投入80%的稽查力量加强对网吧的巡查，坚决制止未成年人进入网吧。

二是依法审批，严格控制网吧总量。严把审核关，在2009年净化社会文化环境专项治理期间，一律停止对新设网吧的审批工作。

三是加快网络文化市场科技监管系统建设。抓紧实施网吧监控平台建设，争取8月底实现自治区监控平台与南宁、柳州、桂林、梧州、玉林等市的互联互通，10月底完成自治区与文化部监控平台的互联互通。

四是协同有关部门，严厉打击未经行政许可的非法网吧即黑网吧、变相黑网吧。一旦发现黑网吧和挂羊头卖狗肉的变相黑网吧，要立即函告工商行政管理部门、公安部门及通信管理部门，以便他们及时采取相应措施，坚决予以取缔。

记者：娱乐场所一向给人“乌烟瘴气”的感觉，治理起来也是一个比较头痛的问题，随着专项整治行动的深入开展，文化部门将如何进一步深入娱乐场所的专项治理工作？

余益中：第一，我们加强部门间的分工协作，形成合力，围绕“阳光娱乐，和谐文化”这一主题，动员经营者、消费者及社会各界积极参与，共建和谐娱乐文化。

第二，严格设定游艺娱乐场所的开办条件，依法开展审批工作，要科学地制定游艺娱乐场所的总量和布局规划，严厉打击违规接纳未成年人、超时经营、赌博等违法经营行为，建立健全游艺娱乐市场长效管理机制，深入实施歌舞娱乐场所“阳光工程”，切实改变娱乐场所的社会形象。

（伍永志　吴婷婷　雍　莉）

文化大事记

文化大事记

1 月

12 日 国家图书馆和广西壮族自治区图书馆达成合作协议，共同建设“中国国家数字图书馆广西分馆”。中国国家图书馆向河池市、东兴市、田阳县、上林县、大新县、兴业县等基层图书馆赠送了 8 万册图书作为“西部援助计划”书籍。

12 日 广西黑衣壮尼的呀合唱团获首届星海国际合唱节金奖。

12 日 南宁国际民歌艺术节及其相关单位在第四届中国节庆产业年会上夺得 5 项节庆大奖。

16 日 “国家级非物质文化遗产名录广西桂剧保护传承基地”在广西桂剧团揭牌。自治区文化厅厅长余益中、副厅长李格训、陈映红等领导为传承基地揭牌。

16 日 自治区文化厅召开贯彻落实科学发展观情况分析检查报告评议暨整改阶段动员大会。文化厅领导余益中、陈映红、韦奉祯，厅机关党员干部和直属单位领导班子 120 余人出席会议。

23 日 由自治区文化厅组织的广西艺术团代表国家出访泰国，参加国家文化部举办的为期 14 天的“2009 中国春节文化活动”，为泰国观众带去富有广西文化特色元素的歌舞、杂技等。

2 月

15—16 日 全区文化局长会议在南宁召开。余益中厅长在会上做了题为《抓住历史发展新机遇，兴起广西文化建设新高潮》的工作报告。

15—16 日 根据广西壮族自治区机构编制委员会(桂编[2008]153 号)文批复，《广西文化报》编辑部更名为广西文化信息中心。

3 月

3 日 广西壮族自治区文化厅干部教育培训基地揭牌仪式在广西图书馆报告厅举行。

3 日 区直文化系统召开深入学习实践科学发展观活动情况通报暨群众满意度测评大会。

3 日 自治区文化厅召开 2009 年党风廉政建设工作会议。

20 日 广西电视台驻自治区文化厅记者站正式挂牌。自治区文化厅厅长余益中与自治区广播电影电视局、广西电视台领导共同为记者站揭牌。

26 日 国家文化部文化产业司、文化部对外文化联络局、广西壮族自治区文化厅等中国—东盟文化产业论坛主办单位在北京广西大厦举行《中国—东盟文化产业论坛评估报告》论证会。

4月

23—29日 第七届广西戏剧展览会小戏小品展演在南宁举行。

27日 广西壮族自治区成立50周年文艺晚会《山歌好比春江水》演出活动表彰大会在明星剧场隆重举行。

5月

4日 自治区文化厅召开广西区直文化系统庆祝中华人民共和国成立60周年，纪念“五四运动”90周年大会，对近年来涌现出的一批区直文化系统优秀青年岗位能手和2008年度区直文化系统先进团组织、优秀团干部、优秀共青团员进行了表彰。

21—30日 “2009年桂台经贸合作研讨会”活动期间，新版歌舞剧《刘三姐》赴台首演获圆满成功。

6月

3日 全区文化信息工作会议在南宁召开。全区14个市文化局、厅直属文化单位主管文化信息和宣传工作的领导、宣传信息员，以及厅机关各处室宣传信息员近60人参加了会议。当晚还举行了广西文化信息中心正式成立庆祝活动。余益中厅长、李格训副厅长、陈映红副厅长、唐正柱副厅长等领导为广西文化信息中心成立揭牌。

13日 广西开展系列活动迎第四个“文化遗产日”。

16日 《广西国家级非物质文化遗产丛书》编纂委员会和《广西国家级非物质文化遗产专题纪录片》录制委员会举行成立大会。

7月

13—17日 广西文化厅第一期全区文化馆(站)长培训班在防城港东兴市开班，标志着为期五年的广西文化馆(站)干部轮训工作正式启动。

7月25日 由自治区文化厅、自知区文学艺术界联合会、广西电视台共同举办的第五届广西音乐舞蹈比赛在南宁举行。

27日 由自治区文化厅申报、广西文化信息中心承担的“广西文化电子信息服务平台建设”项目正式获得“2009年度文化部科技创新项目”立项。

29日 东兴京族博物馆暨东兴京族生态博物馆开馆。

8月

12—13日 广西公共文化服务体系建设经验交流会暨全区公共文化服务体系建设理论研讨会在北海举行。自治区人民政府副主席李康出席并做重要讲话。自治区文化厅厅长余益中作了工作部署。

21日 全区村级篮球场建设暨整合村级社会事业项目构建综合服务平台试点工作现场会在来宾市召开。自治区副主席李康出席现场会并做重要讲话。

23—24日 作为广西唯一的一台入选剧目，广西歌舞剧院演出的音乐剧《桂花雨》晋京参加“庆祝中华人民共和国成立60周年献礼演出”，在京城引起热烈反响。

9月

9日 自治区文化厅举行新办公楼乔迁挂牌仪式。自治区副厅长李格训、副巡视员马红英以及厅机关处室领导及工作人员出席

和参加了乔迁挂牌仪式。

10—26 日 由自治区文化厅、自治区文学艺术界联合会、广西电视台共同举办的第七届广西剧展大型剧目展演在南宁举行。来自全区 14 个专业艺术团体的 15 台优秀剧目参演，这是继今年 4 月举办的第七届广西剧展小品小戏展演之后的又一次规模较大的剧目展演，是比历届剧展规模更大、覆盖面更广、影响力更强的一次艺术展演活动。

18 日 中国西部原生态山歌柳州赛歌会在柳州拉开帷幕。

30 日 广西壮族自治区庆祝中华人民共和国成立 60 周年大型文艺晚会——歌舞交响音画《五星红旗》在南宁上演。

10 月

1 日 广西彩车亮相中华人民共和国成立 60 周年庆典。

9 日 第二届"中国—东盟京剧爱好者南宁演唱会"在南宁举行。

18 日 由中国国家图书馆、广西壮族自治区新闻出版局主办，广西壮族自治区图书馆、广西新华书店集团有限公司承办的 2009 中国—东盟图书展暨图书馆业合作论坛在南宁开幕。

27—29 日 广西第十五届"八桂群星奖"评奖决赛开赛。

28 日 2009 中国—东盟文化产业论坛在南宁开幕，参加国家数量创下历届之最。

11 月

7 日 广西艺术学校举行建校 50 周年庆典。

20 日 我国成立最早的 10 大省级图书馆之一、广西历史最悠久的图书馆——桂林图书馆迎来了百年华诞。文化部副部长周和平，自治区副主席陈章良，国家图书馆馆长詹福瑞，自治区文化厅厅长余益中，桂林市委书记、市人大常委会主任刘君等领导，以及来自全国图书馆界的嘉宾、读者代表近 200 人出席了当天上午在榕湖分部隆重举行的建馆百年庆典仪式。自治区副主席李康也发来了贺电。

12 月

2—3 日 自治区主席马飚来到区直文化单位、新闻媒体和文化产业企业等多家单位，考察调研全区文化体制改革和文化产业发展情况，召开广西文化体制改革暨文化产业发展工作座谈会并做重要讲话。

8 日 广西壮族自治区文化厅与崇左市人民政府在宁明县花山岩画所在地举行花山岩画保护工程建设开工仪式，标志备受国内外广泛关注的宁明花山岩画保护工程，在经过多年调查研究、勘查实验和优化设计后正式进入本体保护实施阶段。自治区副主席李康，国家文物局副局长童明康，自治区人民政府办公厅副主任吴建新，自治区文化厅厅长余益中，崇左市委书记、市人大常委会主任崔智友，中国文化遗产研究院院长顾玉才等领导，以及自治区发改委、财政厅、建设厅、国土资源厅、民委、旅游局、环保局等单位领导出席了当日举行的开工仪式。自治区副主席李康宣布工程开工。

7—10 日 在百色起义 80 周年纪念日到来之际，广西文化厅组织近年来在舞台艺术、文化经营管理、文物保护等方面获得表彰的广西文化系统先进青年代表及部分共青团优秀干部走进百色、河池等地实地体验生活，通过与当地的文艺青年一起举办文物保护宣传、举行系列文化沙龙等联谊活动，宣传广西本土青年文艺明星，为"培星运动"营造氛围。

23 日 自治区文化厅召开厅务会议，总

结了2009年文化工作，并对2010年工作做了计划安排。余益中厅长在听取各处室的工作汇报后对2010年新形势下的文化工作提出了新的思路和三点要求：第一，抢抓机遇争主动。即在拉动内需中争份额；在服务发展中争作为；在结构调整中争位置；在全面开放中争贡献。第二，突破重点带全局。即“完善一个体系——公共文化服务体系，突破一个瓶颈——文化体制改革，开辟一方新天地——发展文化产业”。第三，狠抓落实求实效。努力营造干事创业的环境，鼓励干部敢想敢干敢负责任，“戒空、戒假、戒虚、戒懒、戒骄、戒奢”。

24日 “广西古籍重点保护单位”授牌仪式暨“广西古籍保护工作成果展”活动在广西图书馆举行。自治区副主席李康、自治区文化厅厅长余益中等领导向自治区图书馆、自治区博物馆、桂林图书馆、柳州市图书馆、广西师范大学图书馆、自治区少数民族古籍整理出版规划领导小组办公室等5家第一批全区古籍重点保护单位颁发“广西古籍重点保护单位”牌匾和“第一批广西珍贵古籍名录”证书。

28日 自治区文化厅和自治区文联召开古笛从艺60周年座谈会。原自治区人大副主任、自治区文联主席潘琦，文化厅厅长余益中，副厅长李格训，唐正柱以及古笛的朋友、学生等广西文艺界知名人士齐聚一堂，共同祝贺古笛先生从艺60周年。

30日 广西城市规划建设展示馆、铜鼓博物馆、美术馆项目建设在南宁启动。自治区领导郭声琨、马飚、马铁山等为“三馆”建设启动剪彩。

（唐　筠　供稿）

南宁市：文化

①　②　③

南宁市近年来文化建设蓬勃发展，以恢弘的气势不断续写着新的辉煌，北京奥运会火炬接力广西南宁市传递活动结束仪式庆典、联合国工业发展组织2008年全球投资促进高峰论坛专场文艺演出、自治区成立50周年大庆广场文艺演出《锦绣壮乡》等系列重大文化活动提升了城市形象。南宁国际民歌艺术节成为广西引以为傲的名片，开幕式晚会《大地飞歌》每年都有创新突破，先后获国际节庆协会（IFEA）颁发的全球节庆行业综合大奖、2008年中国节庆产业“十大节庆城市”和“十大文化艺术类节庆”奖，2009年获“纪念改革开放30周年中国创意城市文化名片”荣誉称号。

中国—东盟博览会和南宁国际民歌艺术节举办以来，有200多个国家和地区，逾2000人次的外国艺术家到南宁参加民歌艺术节演出；2006年为中国—东盟建立对话十五周年纪念峰会专门打造《金凤送来山水情·风情东南亚》庆典晚会，深受中国和东盟十国领导人的高度赞扬，成为当年中国三大外交晚会之一。同年由南宁国际民歌艺术节组委会与中央电视台、奥地利国家电视台联合举办的《音乐家舞台·大地飞歌——中奥萨尔茨堡之夜》大型晚会作为中奥建交35周年、莫扎特诞辰250周年的献礼，受到欧洲观众的热烈欢迎。

舞台艺术精品大放异彩，大型话剧《苍天有泪》晋京参加2007年第五届全国优秀话剧展演暨话剧100周年庆典演出获得文化部颁发的演出二等奖，舞蹈《歌催月圆》参加第六届中国舞蹈“荷花奖”民族民间舞比赛获优秀奖和十佳创作奖，邕剧《歪打正着》参加第二届中国小戏小品大赛获本次赛事最高奖——中国戏剧奖·优秀奖和观众最喜爱的节目奖，小品《旅店夜话》获第三届全国小戏小品比赛一等奖，粤剧《此恨绵绵》获第五届羊城国际粤剧节“精彩粤韵”优秀剧目展演奖。仅2009年全市各类艺术作品创作获国际奖3项、国家级奖12项、自治区级奖86项。

公共文化服务体系建设成效显著，实施文化惠民工程一年多来，扶持了200多个村屯文艺队，组织开展3000多场农村文化活动，专业艺术院团送戏下乡100多场，送电影下乡20000多场，参与观众约500万人次；完成文化信息资源共享工程7个县级支中心建设，建成社区文化活动室237个、村文化室672个、农家书屋700多个；南宁人民会堂和市区内的民歌广场、五象广场相继建成并投入使用，南湖广场被评为全国特色文化广场。每年除了重点举办“少年儿童艺术节”、“农民工文化艺术节”外，2008年还帮助南宁市残疾

④

发展气势恢弘彰神采

南宁市文化新闻出版局局长：陈晓玲

人建立首个残疾人艺术团——南国之光艺术团，并为其长期提供活动场地和艺术指导。

文化遗产得到有效保护，顶蛳山遗址、昆仑关战争遗址和上林智城峒被列入国家级文物保护单位，建成邓颖超纪念馆、横县博物馆等一批文化设施；第三次文物普查新发现各类不可移动文物76处，完成承担全区孔庙专项普查工作；全市有4个国家级、45个自治区级、53个南宁市级的非物质文化遗产名录项目，市级以上非物质文化遗产代表性传承人47人，全市建立了35个濒危项目传承培训基地。

南宁市成立"大地飞歌文化传播有限责任公司"以市场化运作民歌节取得良好的经济和社会效益，推出南宁市新会书院"邕州神韵"天天演项目，积极扶持"唐人文化园"、"南宁文化创意印刷产业园"等新型产业形态，重点建设广西文化艺术中心、南宁孔庙、南宁博物馆、民歌博物馆、南宁民族艺术基地等重大项目，促进文化旅游业加快发展，2008年南宁市文化局被国家文化部评为文化产业工作先进集体。

① 顾秀莲原副委员长（左三）参观邓颖超纪念馆
② 陈晓玲局长（右）在执导2010年泛北部湾经济合作论坛文艺晚会
③ 陈晓玲局长考察卢权智红陶艺术
④ 陈晓玲局长（左二）在2000年中国—东盟产业论坛上发言
⑤ 新组建的南宁市文化新闻出版局领导在新春联欢会上拜年
⑥ 2009年南宁国际民歌艺术节
⑦ 中越青年大联欢
⑧ 元旦由南宁市委宣传部主办、市群众艺术馆承办的"广场音乐会"在朝阳广场举行
⑨ 风情东南亚
⑩ 广西壮族自治区成立50周年庆祝大会现场
⑪ 广西壮族自治区成立50周年庆祝大会文艺演出《锦绣壮乡》

贺州市：精心打

贺州市近年来围绕打造瑶族和客家文化品牌，全市有6个剧目获国家级奖，40个剧目获省级奖，其中客家小戏《仙姑岭茶歌》、《跳龙门》分获第七届广西剧展小戏小品展演桂花金奖和第十五届广西“八桂群星奖”金奖，《瑶族蝴蝶歌：流水欢歌迎客来》获第五届广西音乐舞蹈比赛演唱二等奖并代表广西参加第十四届CCTV青年歌手电视大奖赛获优秀奖，且与《仙姑岭茶歌》一起获文化部全国第十五届“群星奖”。大型客家风情歌舞集《贺州春色赋》与瑶族专题歌舞晚会《瑶乡之恋》分别在广西电视台综艺频道和公共频道播出，成功承办2009’中国（贺州）瑶族盘王节歌舞晚会。

全市每年举办大型文艺活动30次以上，先后组织举办全市农村文艺调演、群星奖比赛、“兴林杯”声乐大赛等活动，市、县（区）广场文艺已成为贺州群众文化品牌；2007年广西农村文化建设经验交流现场会和2008年广西乡镇文化站规范化建设现场经验交流会在贺州市召开。

全市完成野外文物普查工作，实地调查文物点808处，其中复查文物点260处，新发现548处；维修市、县级文物保护单位21个；成功申报国家级文物保护单位1处目前共有2处，获批自治区级文物保护单位8处目前共有36处。完成全市非物质文化遗产普查工作，分别有4项和19项被列为国家级、自治区级非物质文化遗产名录，市县两级公布第一批、第二批非物质文化遗产名录123项，其中市级22项。八步区文化馆被评为全国非物质文化遗产保护工作先进集体，贺州市文化局、昭平县文化馆被评为全区非物质文化遗产保护工作先进集体。

全市2009年建成1个文化信息资源共享工程市级分中心、2个县级支中心，建成6个乡镇综合文化站，另开工建设19个，还为16个乡镇综合文化站和46个村文化室配备了共享工程等设备；县（区）政府投资370万多元新建了八步区文化馆和钟山县、昭平县图书馆；对市图书馆进行了改造，全市县（区）、乡镇、村三级公共文化设施网络初步形成。昭平县被评为全国文化先进县，市文化局获全区社会主义新农村文化致富工程建设优秀组织奖。

全市现有文化经营单位536家，娱乐场所（含电子游戏室）59家，音像制品经营单位19家，互联网上网服务营业场所41家，共有从业人员1154人，资产总计1.3亿元，年内实现营业收入7312.5万元。近两年来民间工艺品如贺州黄蜡石雕刻发展快速，现有作坊21家，主要产品有旅游工艺品、民间收藏品、装饰品等50多种，有从业人员约300人，年产值约1000万元。

造瑶族及客家文化品牌

贺州市文化局局长：廖　平

① 市委常委、宣传部长、副市长刘建军（中），市文化局局长廖平（左）陪同自治区文化厅厅长余益中（右）视察市博物馆

② 市委书记赵乐秦（左四）到市博物馆视察工作

③ 贺州市文化局领导班子成员（左起：吴宁、廖平、李宏夫、李琼永）在市文化中心建设用地上现场办公

④ 市文化局认真打造客家艺术精品，成绩显著，曾先后受邀到国内外多个城市进行演出。图为在陕西西安演出时与金利来集团主席曾宪梓合影

⑤ 平桂管理区沙田镇文化站评为全国文化信息共享工程先进集体

⑥ 送戏下乡演出

⑦ 建军81周年大型文艺晚会演出

⑧ 民族服饰展演

⑨ 客家山歌戏《仙姑岭茶园》获全国第十五届群星奖，图为演出剧照

⑩ 2008年春节中老年妇女太极扇队表演

⑪ 歌舞晚会

钦州市：着力锻

①

②

③

钦州市“十一五”期间着力锻铸北部湾特色文化品牌，一批作品获国家级大奖，仅2009年就有海歌小戏《豪叔与秀姑》获第七届广西剧展“桂花金奖”，舞蹈《梦幻八寨沟》获广西第十五届“八桂群星奖”金奖，文艺节目《钦州坭兴陶鼓》获第四届全国少数民族曲艺展演三等奖，《鹤舞》获第八届中国民间艺术节银奖，9月份组织节目参加广西第三届粤曲大赛获1金2银，为广西14个市中最好成绩。钦州坭兴陶产品“和谐中华牡丹图”、“九龙九凤瓶”获上海世博会“中国国粹文化金奖”。

打造“和谐之声”百场文艺演出进农村活动品牌，从2007年以来已下农村演出480多场次，受益群众170多万人次；举办“欢乐田园”农村文艺汇演，让来自基层业余文艺工作者及爱好者登台演出，成为农村群众自办文化的新载体；“快乐周末”社区广场文化活动、“社区文化大家乐”活动让街道群众在家门口就可以享受到参与文化活动的乐趣。钦南区文峰街道文昌社区获全国文化先进社区，灵山县梓崇村曲艺队等7个民间文艺团体被评为“全区优秀村（屯）文艺队”，钦南区康熙岭镇高沙村洪家石等18家农户被评为自治区小康文化示范户。

全市有坭兴陶烧制技艺被列入国家级非物质文化遗产名录，7项列入第二批自治区级名录，有1人和2人分别被评为国家级和自治区级非物质文化遗产项目代表性传承人，公布了16项市级非物质文化遗产名录。基本完成全市非物质文化遗产普查工作，建立了档案和资料库，编写《钦州市非物质文化遗产汇萃》一书。投资2000多万元建成刘永福广场，修缮刘永福、冯子村旧居和整治周边环境，灵山县新博物馆建成投入使用，灵山大芦村古建筑群等一批沿海历史文物得到有效保护，征集民间、民俗生活用具共20件，其中“独木舟”属国家二级文物；开展全市第三次文物普查共475处，其中新发现175处，特别是古运河遗址等具有很高的历史价值。

全市有各类文化产业经营单位共1091家(不含广电、体育、旅游)，从业5962人，年产值3.329亿元，总利润4334万元，上交税金1790.84万元。坚持不懈地开展整治“黑网吧”、网吧接纳未成人上网、娱乐场所噪音扰民和“扫黄打非”斗争，加大了执法力度和密度，全市文化市场健康有序发展。

全市几年来投资5500万元先后建成钦州市文化艺术中心和4个城区小戏台、灵山县文化馆和博物馆、浦北县文化馆和图书馆新馆；2008年以来投资756万元建成27个乡镇综合文化

铸北部湾特色文化精品

钦州市文化新闻出版局局长：林钦娟

④

⑤

⑥

⑦

⑧

站，全市镇镇有了综合文化楼；总投资3.5亿元的广西北部湾博物馆落户钦州，36个村级公共服务中心正在建设中。文化信息资源共享工程钦州市级分中心、灵山县级分中心和浦北县级分中心先后建成投入使用，556个村建设了文化资源共享工程节点。

⑨

① 国家乡镇综合文化站检查组到钦州检查乡镇综合文化站建设
② 自治区文化厅厅长余益中(右)视察钦州文化遗产保护工作
③ 2009年全市文化工作会议
④ 小戏《豪叔与秀姑》获“桂花金奖”牌匾
⑤ 快乐周末专场演唱会
⑥ 2009年“新春文化惠民”文艺演出
⑦“科学发展观·走进新农村”文艺演出
⑧ 和谐之声百场文艺演出进农村
⑨ 钦州城区2007年新春广场文艺演出

党组书记、局长：谢华南

陆川县文

2001年12月，陆川县文化和体育局由县文化局和县体育局合并而成，行使主管全县文化艺术、文物保护、文化市场管理、新闻出版和版权管理、体育事业的政府职能，内设政秘股、文化股、体育股、文化市场管理办公室，行政编制9人，“扫黄打非”办公室编制3人，其中局长1人，副局长3人，下设二层机构有县文化市场稽查队、县图书馆、县文化馆、县文物所、县歌舞团(教育艺术团、客家山歌剧团)、县体校、县“扫黄打非”办公室，业务指导全县14个乡镇文化站。整个文化系统现有干部职工75人。

近年来，全县文化工作紧紧围绕县委、政府的中心任务全面落实科学发展观，团结干部职工，克服各种困难，创造性地开展工作，取得了可喜的成绩。一是精心组织陆川县春节联欢晚会等大型文艺演出，参加广东卫视陆川客家文化节目录制演出和广西电视台“夺宝奇兵”节目在陆川录制现场演出等。二是成功举办首届中国名猪(陆川) 文化节，大力宣传陆川悠久的历史文化和现代气息，彰显丰厚的文化底蕴。三是加强文体基础设施建设工作，县宣传文化体育中心已进行开工剪彩，完成了马坡、温泉、大桥、横山、乌石5个乡镇综合文化站的建设任务，为7个乡镇综合文化站配备文化演出设备和文化信息资源共享工程设备，为15个村配备文化活动演出设施，建成“农家书屋”59家。四是加快推进文化资源共享工程建设，投资55万元建设了全国信息资源共享工程陆川县分中心，并建设了有24万册电子图书的多媒体数字图书馆。五是加强文物保护和非物质文化遗产保护工作，认真开展第三次全国文物普查工作，将22处新发现的文物公布为县级文物保护单位，全县共搜集挖掘整理非物质文化遗产项目共1837项，公布陆川县二批非物质文化遗产名录共191项，协助玉林市文化局出版发行《玉林市非物质文化遗产普查资料汇编·陆川卷》。六是大力宏扬客家文化，挖掘整理客家山歌和客家小戏，尤其以客家小戏的形式宣传传承发展客家文化。

创作编排的客家小戏《情结》获广西第十五届“八桂群星奖”银奖；县文化馆馆长李德禄获评为“全国文化系统先进工作者”称号；文化馆刘丽曼被评为自治区非物普查工作先进个人；陆川县马坡镇被评为全国群众体育先进单位。

①陆川县文体局与文管所负责人陪同玉林市文化局李克局长和县政府徐娜庆副县长到谢鲁山庄检查工作
② 文体局局长谢华南陪同县人大副主任温文彪(中)、副县长徐娜庆(右)观看非物质文化宣传日图片
③ 县图书馆馆长林忠葵在工作
④ 全国文化系统先进工作者县文化馆馆长李德禄
⑤ 县业余体校负责人到乒乓球训练馆指导工作
⑥ 县文体局班子成员到县歌舞团指导工作
⑦ 陆川县客家山歌剧团演员
⑧ 获2009年“广西第十五届八桂群星奖”银奖的客家小戏《情结》演出剧照
⑨ 陆川县第一届中国名猪文化节开幕式晚会
⑩ 县城广场文化剧照
⑪ 非物质文化日文艺表演
⑫ 县图书馆电子阅览室

化和体育局

人生能有几回搏现在不搏待何
⑤

⑥

⑦

⑧

⑨

响文化发展　谱写和
⑩

陆川县2009年"文化遗产日"非物质文化遗产宣传展示活动
⑪

⑫

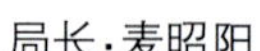
局长：麦昭阳

兴业县文

兴业县是1997年设立的新县，县文化和体育局内设秘书股、群众文化和体育股、艺术训练和体育竞赛股，并挂县新闻出版（版权）管理办公室、县“扫黄”“打非”领导小组办公室。下属有县文化馆、县图书馆、县文物管理所、县文化市场管理稽查大队、县业余体育运动学校5个二层机构。现在编在职21人。近年来，在县委、县政府的正确领导下，在各上级部门的具体指导下，县文体局积极创设和营造制度化与人性化相融合的管理模式，坚持科学发展，克服了基础差、底子薄以及人员紧缺的困难，取得可喜成绩。一是加强县、镇、村三级公共文化服务体系建设，先后建成县文化馆、县图书馆和网络信息资源共享工程兴业支中心；石南镇和葵阳镇四新村在广西率先建成具有室内标准篮球场和舞台的镇村文化活动中心，全县建成4个镇宣传文化中心，在建6个镇综合文化站，还建设了一大批村级图书室、文化活动中心或公共服务中心。二是成功举办“中国·兴业金凤凰文化节”，进一步宣传和展示了兴业悠久的人文历史和浓郁的现代信息，不断充实和丰富了兴业的文化底蕴。三是基层文化活动丰富多彩，成立了县鹩剧团，并获国家捐赠流动舞台车一辆；390多个业余文艺团队常年活跃在乡村。四是打造本土文化艺术精品。创编兴业地方小戏鹩剧《长恨碑》参加第四届“中国滨州·博兴小戏艺术节”获稀有剧种保护（发掘）奖、适宜农村和基层推广演出的“优秀推荐剧目”、剧本创作突出贡献奖、主演杨禄有获表演创作突出贡献奖等4个奖项；兴业县画家覃德华创作大型油画《刘三姐》参加由广西美术家协会主办的在广西人民会堂举行的首展。

兴业县文体局先后荣获全国群众体育先进单位、广西未成年人思想道德建设工作先进单位、玉林市“三会一庆”先进单位、玉林市“扫黄打非”先进集体。兴业县先后荣获“全国体育先进县”和“全国实施农民体育健身工程先进县”称号。

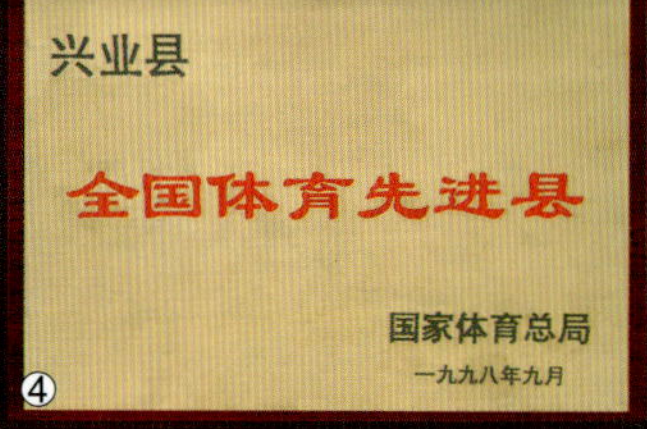

化和体育局

① 兴业县文化和体育局领导班子成员
② 兴业图书馆
③ 2009 年国家支持兴业县 6 个镇文化设备赠送仪式
④ 县文体局荣获国家和自治区级先进单位四块牌匾
⑤ 2009 年 5 月 22 日举办村级文化演出设备赠送仪式
⑥ 2009 年 1 月 20 日举办迎春晚会
⑦ 兴业地方小戏鹩剧演出
⑧ 画家章德华在广西人民会堂举行”刘三姐·歌海情韵”大型油画展
⑨ 2009 年 8 月传统民间舞蹈十打舞参加广西八桂群星奖玉林赛区演出
⑩ 2008 年 10 月金凤凰文化节开幕式大型歌咏比赛
⑪ 2009 年 5 月农村文艺汇演
⑫ 2009 年 6 月 26 日举办贵港、兴业两地文化交流